K. D. Schmidt, Grundriß der Kirchengeschichte

KURT DIETRICH SCHMIDT

Grundriß der Kirchengeschichte

8., ergänzte Auflage

VANDENHOECK & RUPRECHT
IN GÖTTINGEN

CIP-Kurztitelaufnahme der Deutschen Bibliothek

Schmidt, Kurt Dietrich:
Grundriß der Kirchengeschichte / Kurt Dietrich Schmidt. – Göttingen: Vandenhoeck und Ruprecht

[Hauptbd.]. – 8. Aufl., 3. erg. Nachdr. d. 5., durchges. Aufl. – 1984.
ISBN 3-525-52170-7

8. Auflage 1984

 Gesamtherstellung: Hubert & Co., Göttingen.

VORWORT ZUR ERSTEN AUFLAGE

An Darstellungen der Kirchengeschichte fehlt es nicht. Wenn hier, vielen Bedenken zum Trotz, doch ein neuer Versuch gemacht wird, sie zu schildern, so kann er nur gerechtfertigt sein, wenn er neue Wege zu gehen sucht. Sie sind durch zwei Dinge gekennzeichnet. Zunächst scheint mir die Zeit gekommen, nachdem mehr als ein Jahrhundert mit Mühe und Erfolg an der Erweiterung des kirchengeschichtlichen Materials gearbeitet hat, nun für den theologischen Unterricht mit Ernst an eine Reduzierung der Stoffmengen zu denken. Sie sind für den Theologen, der nicht speziell Kirchengeschichtler ist, unübersehbar geworden; er verliert in ihnen vor allem den klaren Überblick. Hier muß ihm geholfen werden. Daneben scheint mir der Längsschnitt so viele Vorteile zu bieten, daß er, soweit irgend angängig, angewandt ist. Die einzelnen Gebiete des kirchlichen Lebens haben weithin ein eigenes Schwergewicht und damit eine eigene Geschichte. Sie nach Kräften zur Geltung zu bringen, war das zweite Anliegen bei der Abfassung dieses Buches. Der praktische Gebrauch wird zeigen, ob es die erhoffte Hilfe beim Studium der Kirchengeschichte wirklich bietet.

Die Literaturangaben sind bewußt knapp gehalten, die Fülle der Titel verwirrt zunächst nur.

Hamburg, im Juni 1949 K. D. Schmidt

AUS DEM VORWORT ZUR DRITTEN AUFLAGE

Der „Grundriß“ mit seinem Versuch, die Kirchengeschichte in einer neuen Weise darzustellen, ist von der Forschung mit einhelliger Zustimmung aufgenommen worden; auch nicht nur von theologischer Seite, sondern zur besonderen Freude des Verfassers auch von den Historikern. Selbstverständlich sind aber nicht selten Einzelwünsche erhoben worden zur Stoffausweitung auf den verschiedensten Gebieten. Wären sie alle berücksichtigt, so wäre praktisch der Charakter des ganzen Werkes dadurch verändert.

Dazu aber konnte ich mich nicht entschließen. Das Buch konnte, so wie es ist, nur unter der Voraussetzung geschrieben werden, daß seine Benutzer praktisch alle einen kirchengeschichtlichen Unterricht genossen haben oder in ihm stehen, der auch Einzelheiten berücksichtigt. Das gilt für den Studenten, das gilt sogar auch für den Diakonen und die Gemeindehelferin. Von dieser Voraussetzung her und nur von ihr her ist das Buch verfaßt worden. Von ihr her geht es auch jetzt wieder in der alten Form, nur sorgfältig überarbeitet, hinaus; lediglich die Literaturangaben sind etwas erweitert. Es hat sich freilich gezeigt, daß auch Nichttheologen das Buch gelesen haben. Aber gerade sie brauchen keine lückenlose Darstellung, gerade ihnen geht es um eine klare Übersicht über den Gesamtablauf und der ihn tragenden Grundkräfte. Sie zu erfassen ist aber auch für den Studenten das Hauptgebot. In der Hoffnung, dafür eine Hilfe zu bieten, wird das Buch erneut auf seinen Weg geschickt.

Hamburg, im April 1959 K. D. Schmidt

ZUR FÜNFTEN AUFLAGE

Kurt Dietrich Schmidt ist am 27. 7. 1964 heimgegangen, noch ehe er die beabsichtigte Neubearbeitung des Bandes in Angriff nehmen konnte. In die vorliegende Auflage wurden Nachträge und Ergänzungen aus dem Handexemplar des Verfassers eingearbeitet. Die §§ 46 und 62 hat Herr Dr. Erwin Fahlbusch, Bensheim, im Sinne des Verfassers ergänzt und weitergeführt.

Der Verlag

VORWORT ZUR ACHTEN AUFLAGE

Der Grundriß Kurt Dietrich Schmidts hat neben den inzwischen erschienenen Gesamtdarstellungen der Kirchengeschichte seinen Platz behaupten können (vgl. die Sammelbesprechungen „Gesamtdarstellungen der Kirchengeschichte“ in: Verkündigung und Forschung, H. 1/2, 25. Jahrgang, München 1980).

Die thematisch orientierten Längsschnitte, die Reduzierung der Stoffmenge auf übersichtliche Zusammenhänge, der gut lesbare Stil und das theologische Urteil in der Interpretation der Epochen der Kirchengeschichte geben der Darstellung ihren bleibenden Wert.

Die vorliegende achte Auflage ist im Textteil mit der fünften identisch, nur die §§ 46 und 62 sind wieder von Dr. *Erwin Fahlbusch*, Bensheim bis in die jüngste Vergangenheit weitergeführt. Ergänzend hinzugefügt wurde von Professor Dr. *Gerhard Ruhbach*, Bethel, eine Auswahlbibliographie, die Hinweise zur Weiterarbeit im Rahmen des fortgeschrittenen Forschungsstandes enthält.

Göttingen, im April 1984 Der Verlag

INHALT

Einleitung

ALLGEMEINE GRUNDLEGUNG

§ 1. Aufgabe und Methode der Kirchengeschichte

1. Der Gegenstand der Kirchengeschichte. Die Kirchengeschichte ist nichts weniger als die **Geschichte des in der Welt fortwirkenden Christus.** Christus aber wirkt Kirche. Deshalb bildet die Kirchengeschichte auch einen unaufgebbaren Bestandteil der Theologie. So sieht es das Neue Testament. Der Verfasser der Apostelgeschichte, mag es nun der Arzt Lukas oder ein anderer sein, beginnt dies sein zweites Werk im Rückblick auf das erste, unser Lukas-Evangelium, mit den Worten: „Das erste Buch habe ich geschrieben, lieber Theophilus, von alledem, das Jesus anfing, beides, zu tun und zu lehren.“ Es gehört zu den literarischen Rätseln der Apostelgeschichte, daß dann die Ankündigung dessen, was nun das „zweite Buch“ bringen soll, fehlt; wahrscheinlich ist die Fortsetzung des Vorwortes verlorengegangen. Aber wenn das erste Buch berichtet hat, womit Jesus zu tun und zu lehren *anfing*, so kann das zweite eigentlich nur enthalten, womit er *fortfuhr*. Auch dies zweite Buch schildert also das Tun und das Lehren Christi. Als solch Tun und Lehren Christi beschreibt der Verfasser denn auch das Schicksal der Kirche, ihre Geschichte „zu Jerusalem und in ganz Judäa und Samarien und bis ans Ende der Erde“ (1,8).

Von Jesus selbst wird freilich nur noch die Himmelfahrt erzählt, und es ist nicht einmal sicher, daß sie zum ursprünglichen Text der Apostelgeschichte gehört hat. Fortan tritt Jesus selbst, außer vor Damaskus, nicht mehr handelnd auf. Die eigentlich tätige Größe in der Apostelgeschichte ist vielmehr der *Heilige Geist*. Er wird den Aposteln verheißen als die Kraft, die sie zu ihrem Zeugendienst befähigt (1,8); er ermöglicht die Predigt vor den Völkern der Erde, und zwar so, daß alle sie verstehen (Kap. 2); er gibt Petrus die Rede vor dem Hohen Rat ein (4,8 ff.); er schenkt allen Gemeindegliedern Freudigkeit, dem Verbot der Obrigkeit zu trotzen und den Namen Christi doch weiter zu verkündigen (4,31); er führt Philippus auf die Straße bei Gaza zu dem „Kämmerer aus dem Mohrenlande“ (8,26 ff.); er hindert

Paulus, in einer Stadt zu predigen (16,6f.), ruft ihn dafür aber in eine andere (16,8ff.). Jedoch die Tatsache, daß der Heilige Geist die eigentlich handelnde Größe in der Apostelgeschichte ist, bildet kein Gegenargument gegen die behauptete These, daß die Geschichte der Kirche die Geschichte Christi in der Welt ist, denn „der Herr ist der Geist" (2.Kor.3,17; Röm.8,1ff.); dieser baut auch nach 1.Kor.12 den Leib Christi auf. Die Kirche aber ist der Leib Christi; so muß auch ihre Geschichte die Geschichte des Fortwirkens Christi sein.

Das ist auch nicht nur die Anschauung des Paulus, das spricht die Apostelgeschichte auch selbst aus. Saul verfolgt die Christenheit; aber der Herr selbst stellt ihn darüber vor Damaskus zur Rede mit den Worten: „Saul, Saul, was verfolgst du *mich*?" (9,4). Die Verfolgung der Kirche ist also eine Verfolgung Christi, und wer die Kirche belügt, belügt den „Geist des Herrn" (5,3 und 9). Die Ausdrücke aber, die das Neue Testament für die Kirche benutzt — „Volk Gottes" (*λαὸς τοῦ θεοῦ, ἐκκλησία τοῦ θεοῦ*), „Staatswesen" (*πολίτευμα*), „Israel" — zeigen, daß diese als eine reale geschichtliche Gemeinschaft verstanden wird, eine Gemeinschaft, die zwar aus dem Heiligen Geist stammt, die aber trotzdem nicht eine unsichtbare Kirche bildet, sondern der wirkliche irdische Geschichtlichkeit eigen ist, und das gerade, weil alle diese Ausdrücke eine eschatologische Wirklichkeit meinen.

Daß auch die Kirche eine *geschichtliche* Daseinsform hat, muß unterstrichen werden, denn wenn es so ist, versteht nur der sie, der auch ihre Geschichte kennt. So gewiß es in der Kirche um die ewige und also unwandelbare Gotteswahrheit geht, so gewiß haben wir auch sie hier auf Erden nur in „irdischen Gefäßen", d.h. in geschichtlich wandelbarer Form. Das gilt sogar für das geschriebene Gotteswort, die Bibel. Schon die Notwendigkeit der Textrevision zeigt es; mehr noch der Bedeutungswandel aller sprachlichen Begriffe; am stärksten jedoch das sich dauernd wandelnde *Verständnis* der biblischen Aussagen. Und nur in diesem jeweiligen Verständnis sind diese ja geschichtlich wirksam. Karl Barth hat die Dauer in der Wandelbarkeit und die Wandelbarkeit trotz aller Kontinuität einmal formuliert, indem er sagte: „Jede Periode der Kirche will ... als Periode der *Kirche* verstanden werden, d.h. als eine Zeit der Offenbarung, der Erkenntnis, des Bekenntnisses der einen christlichen Wahrheit, aber als eine *besondere*, als *diese* Zeit solcher Offenbarung, solcher Erkenntnis und solchen Bekenntnisses" (Geschichte der Theologie im 19. Jahrhundert § 2). Die Kennzeichen des Geschichtlichen, Wandelbarkeit und Kontinuität, ja Identität, treffen auch auf die Kirche zu.

So ist also die Geschichte der Kirche die Geschichte des Wirkens Christi in der Welt. Das ist der Grund, warum die Kirchengeschichte seit den Tagen des Neuen Testaments genau so unaufgebbar einen

Bestandteil der Theologie bildet, wie die Apostelgeschichte ein integrierender Teil des Kanons ist. Wieso dies Wirken Christi aus der Theologie sollte ausgeklammert werden können, ist unerfindlich.

Wenn aber die Kirchengeschichte, so gesehen, ein unaufgebbarer Teil der Theologie ist, so ist eben damit auch das Entscheidende gesagt über den *Gegenstand der Kirchengeschichte*. Hier scheint freilich Luthers Kirchenbegriff große Schwierigkeiten zu bieten. Er unterscheidet, wie später noch genauer darzulegen ist, zwischen der ecclesia interna, spiritualis und der ecclesia externa, meist als „unsichtbare" und „sichtbare" Kirche unterschieden. Die ecclesia interna ist der Leib Christi; zu ihm gehören nur die wahrhaft Gläubigen. Wer das ist, weiß nur Gott allein. Eine Geschichte dieser verborgenen Kirche kann deshalb auch niemand schreiben. Seit der Aufklärung ist so denn auch immer wieder versucht worden, die Kirchengeschichte auf die Geschichte des soziologischen Gebildes, der äußeren, der sichtbaren Kirche zu reduzieren. Aber damit wird ja gerade die entscheidende Seite der Kirche verfehlt, die, daß sie von Gott und Christus gewirkt ist.

Johannes von Walter hat hier weiterzukommen gemeint, wenn er die Kirchengeschichte als „Geschichte des Christentums" faßte. Aber der christliche Glaube hat sich von Anfang an — gegen Harnack muß das gesagt werden — als zu einer „Kirche" zugehörig gewußt; das Bewußtsein „Kirche" gehört zum Christsein einfach elementar dazu.

Gerhard Ebeling hat in einem neuen Ansatz schön die Bedeutung des jeweiligen Verständnisses der Heiligen Schrift herausgearbeitet und möchte die Kirchengeschichte deshalb als die Geschichte der Sinnentfaltung der Heiligen Schrift verstehen. Aber das ist, so wichtig es ist, nun doch zu eng. Gott wirkt zwar durch sein Wort; aber er wirkt nicht nur Verständnis für sein Wort, er wirkt das ganze vielgestaltige Leben, das die Kirche füllt. Ist die Botschaft also auch das Zentrum, so ist sie doch nicht das Ganze.

Christus wirkt eben **„Kirche".** Wie er die Kirche, das neue Gottesvolk gesammelt hat, als das alte ihn größtenteils verstieß, so sammelt er es durch den Heiligen Geist auch weiterhin. Und all die Einzelwirkungen, die von ihm ausgehen, machen das Leben der Kirche aus. Als Glied an seinem Leibe dichtet ein Paul Gerhardt seine Choräle, komponiert ein Bach seine Kantaten, baut ein Sonnin seine Kirchen, sinnt ein Theologe über seinen Büchern, von dem, was im engsten Raum des Herzens geschieht, zu schweigen. Das alles ist auch, so wahr es Leben des Volkes Gottes, der ecclesia interna ist, geschichtlich faßbar. Es ist denn auch keine Frage mehr, daß Luther diese innere Kirche, das echte Volk Gottes, so gewiß es für menschliche Augen nicht scharf abgrenzbar ist, doch als eine geschichtliche und d. h. zugleich als eine geschichtsmächtige Größe angesehen hat. Das *echte* Volk Gottes hat nach ihm eine, seine Geschichte hier auf Erden. *Seine* Geschichte zu erfassen, ist die eigentliche Aufgabe der Kirchengeschichte.

Natürlich gehen gewisse Wirkungen Christi, gewisse Lebensäußerungen der Kirche auch über den Raum der Kirche hinaus, sie wirken hinein in die Bewegungen der allgemeinen Kultur oder in die Vorgänge des Staats- und Völkerlebens. Auch sie zu erforschen, ist sinnvoll. Aber sie sind nicht mehr ein Teil der Kirchengeschichte, sondern gehören in die Kulturgeschichte.

Diese von Christus gewirkte Kirche und ihr Leben sind nun aber unscheidbar und oft kaum unterscheidbar hineingebettet in die Geschichte der äußeren verfaßten Kirche, *in* der vom Geist Gottes getriebene Menschen handeln *und* Sünder handeln, *an* der Fromme wie Gottlose handeln. Ja, der Antichrist erhebt sich nach biblischer, von Luther erneuerter Lehre gerade *in* der Kirche, und Luthers Sünde ist auch ein kirchengeschichtlicher Faktor. Auch der Gläubige wird eben nach evangelischer Auffassung von seiner egozentrischen Sündhaftigkeit nicht wirklich frei, solange er in diesem Leben weilt. Aber diese bleibende Sündhaftigkeit scheidet ihn noch nicht vom Volke Gottes, das tut erst der Unglaube oder die Unbußfertigkeit. Da es aber Ungläubige und Unbußfertige inmitten der Christenheit immer gibt, ist die äußere Kirche unausweichlich ein coetus permixtus von wahren Gliedern am Leibe Christi und solchen, die diesem nicht angehören; letztere können im ungünstigen Fall sogar die Leitung der äußeren Kirche in die Hand bekommen. Doch sieht Luther an sich und mit Recht die wahren Christen als entscheidend auch in der äußeren Kirche an; insofern ist die Existenz einer äußeren, verfaßten Kirche kein Gegenargument gegen die behauptete These, daß die Kirchengeschichte ihrem eigentlichen Sinn nach die Geschichte des Volkes Gottes zu sein hat. Da aber auch die *wahren* Glieder der Kirche sündhafte Menschen sind, und da sie außerdem noch dem Irrtum unterworfene Menschen sind, so findet sich Sünde *und* Irrtum auch in der Kirche. Das simul peccator et iustus, das Luther vom Gerechtfertigten gesagt hat, gilt also auch von der Kirche.

Eine Schwierigkeit, die sich hier erhebt, muß noch gesondert besprochen werden. Christus wirkt Kirche, so sagten wir. Aber welche Kirche wirkt er denn?, so wird demgegenüber gefragt werden. Es gibt doch mehrere Hunderte! Ja, die gibt es leider; aber diese Tatsache hebt nicht die Möglichkeit auf, von *der* Kirche zu reden. Denn in, mit und unter all den Denominationen, die es gibt, gibt es, lebt das eine Volk Gottes, das die Kirche ist. *Keine* Konfession hat einen alleinigen Anspruch darauf, *das* Volk Gottes zu umfassen, so nahe sie auch dem Evangelium stehen mag. Keine ist ganz davon ausgeschlossen, so stark sie auch von Häresie befleckt sein mag. Das ist die ekklesiologische

Voraussetzung, unter der die Kirchengeschichte steht. Von dieser Voraussetzung her kann keine Denomination aus der Kirchengeschichte ausgeschlossen werden; von hier aus *müssen* sogar alle in die Darstellung einbezogen werden. Daß diese Weite ein eigenes klares Urteil nicht ausschließt, wird sich in einem anderen Zusammenhang gleich noch ergeben.

2. **Der Raum der Kirchengeschichte.** Die Tatsache, daß er die Geschichte des Christus schrieb, wurde für den Verfasser der Apostelgeschichte aber nun kein Anlaß, ein reines Goldgrundgemälde zu schaffen. Die Leiden, die die Kirche zu erdulden, die Nöte, die sie zu bestehen hat, die Rückschläge, die sie auf ihrem Weg von Jerusalem bis an das Ende der Erde hinnehmen muß, werden ebenso klar geschildert wie bei Jesus selbst. Sie sind ein wesentlicher Teil ihrer wie seiner Geschichte. Aber auch die Spannungen, die sich *in* der Gemeinde finden, werden nicht verschwiegen. Zwar treten sie nicht mehr mit derselben Schärfe heraus wie bei Paulus, etwa im Galaterbrief; im Wissen um die Lösung, die der Zurückblickende kennt, ist der Ton vielmehr gedämpft. Aber verschwiegen werden sie nicht, weder die Mißhelligkeiten, die zwischen den Hellenisten und den Juden in der Gemeinde zu Jerusalem entstanden, noch die Kämpfe zwischen Paulus und den Uraposteln in der Frage des Gesetzes. Auch menschliche Unzulänglichkeiten werden ruhig berichtet. Die Geschichte von Ananias und Sapphira, sowie die von Simon Magus sind unübersehbare Zeugnisse, vor allem aber der Bericht über den Verrat des Apostels Judas (Kap. 1). Selbstverständlich, so ist die Geschichte der Kirche verlaufen; die Wahrheit erforderte es, solche Dinge nicht zu verschweigen. Aber hier erhebt sich nun doch die Frage, in welchem Sinne die Kirchengeschichte die Geschichte des Wirkens Christi sein kann, wenn solche Dinge nicht nur *an* ihr geschehen können — *an* Christus geschahen sie ja auch! —, sondern auch *in* ihr sich ereignen.

Die Antwort auf diese Frage ist nur im Zusammenhang mit der *neutestamentlichen Auffassung von der Geschichte* überhaupt zu geben. Diese aber steht unter einer merkwürdigen Doppelheit der Betrachtung.

a) Der göttliche Kairos, Gottes Königsherrschaft, *ist* herbeigekommen. Von dieser Tatsache aus wird alles durchdacht. Mit Jesus *ist* das Reich Gottes angebrochen. Die für die Juden entscheidende Frage: *wann* kommt das Reich? gilt nicht mehr, weil es nicht mehr *im* Kommen, sondern schon *ge*kommen ist. So hat Jesus selbst es verstanden. Sein Sieg über die Dämonen ist ein entscheidendes Anzeichen dafür, ebenso die Erfüllung der prophetischen Weissagungen für die Endzeit, die in ihm gegeben ist (Mt. 11,4 ff.).

b) Aber so wahr das ist, so sicher ist doch auch das andere, daß das Reich Gottes noch kommen *soll*. Wenn Jesus sich als den „Menschensohn" bezeichnet, so weiß er sich damit als der, der da kommen *wird*, um die Welt zu richten und zu erlösen. Mit dieser Erlösung und diesem Gericht über die Welt bringt er aber zugleich das Ende der Geschichte.

Die Zeit zwischen seinem Gekommensein und seinem Kommen ist die Zeit der Kirche. *Nur hier* hat sie ihre Statt. Und diese Zeit steht nun eben unter dem Zeichen der Geschichte. Indem Jesus seine Person mit dem kommenden Weltrichter und -erlöser gleichsetzt, setzt er die jüdische apokalyptische Erwartung und den jüdischen Mythus um in geschichtliche, persongebundene und real wirksame Eschatologie (H. D. Wendland). Die Heilsgeschichte beginnt in seiner konkreten, geschichtlichen Person; zu bestimmter Stunde wird er geboren (Lk. 2) und zu bestimmter Zeit stirbt er auch, „gekreuzigt unter Pontius Pilatus". Dieser geschichtliche Mensch Jesus ist der Träger des jetzt gegenwärtigen, wie zugleich auch der Bringer des endlichen Gottesreiches. Christus *ist* gekommen, in die Geschichte gekommen, und Christus *wird* kommen, geschichtlich kommen, wie er das erste Mal in der Geschichte gekommen ist. Christus herrscht, und Christus wird die Herrschaft erst antreten. Die Spannung dieser eschatologischen Aussagen ist unauflösbar. So nur, als unter ihr stehend, sieht das Neue Testament die Geschichte.

Mit dieser Spannung ist aber gesetzt, daß das Reich Gottes hier in der Jetztzeit, in der Zwischenzeit, sich nur verhüllt entwickelt, genau so wie Jesus seinen persönlichen Anspruch nur eigentümlich verhüllt und indirekt ausgesprochen hat. Er trat den Menschen ja nicht in der vollen Majestät des Gottessohnes entgegen, sondern so, daß das Geheimnis seiner Gottessohnschaft die Entscheidung der Menschen forderte.

Nur von dieser Spannung her, die Glauben, Entscheidung fordert, wird das neutestamentliche Verständnis der Geschichte deutlich. Das Reich Gottes *ist* herbeigekommen; *jetzt* ist die Stunde des Heils, in der geschichtlichen Sendung Jesu *ist* sie gegeben. Aber zugleich, weil das Reich noch aussteht, weil der Menschensohn erst kommen *wird*, deshalb ist jetzt auch noch Weltzeit. Beide, Heilszeit *und* Weltzeit, sind zugleich da, und beide sind unscheidbar. So sehr sie inhaltlich einander entgegengesetzt sind, so sehr sind sie doch auch merkwürdig miteinander verflochten; schon deshalb, weil auch der Christ noch in *beiden* Welten leben muß. Gewiß gilt, daß in Christus nicht nur die Möglichkeit des Heils da ist, daß es in ihm vielmehr schon real gegenwärtig ist; durch ihn wird der Mensch frei von den Mächten, die ihn bis dahin versklavt hatten, frei zu einem neuen Leben in Gott. Aber derselbe Mensch, der so frei geworden ist, bleibt bis zum endgültigen Kommen des Herrn doch zugleich auch noch in der alten Weltzeit.

Deshalb muß immer wieder die Aufforderung an ihn ergehen: „Sei, was Du geworden bist“; *deshalb* ist die Neuschöpfung nicht für jedermann sichtbar, sondern nur verhüllt da. Deshalb ist auch die **Geschichte der Kirche nur eine Geschichte Christi in der Verhüllung;** sie ist die Geschichte der Kirche *in der Welt.* Wie die Gottessohnschaft Christi in seiner Menschheit verborgen war, so ist auch die Kirche keine direkte und unmittelbare Kundmachung Gottes, sondern kann als Leib Christi nur *geglaubt* werden; „abscondita est ecclesia, latent sancti“ (Luther).

3. Die wirkenden Kräfte der Kirchengeschichte. Diese Verborgenheit der Kirche hebt aber den Satz nicht auf: Die Kirche ist das von Christus erfüllte Volk Gottes, sein Leib, der vom Heiligen Geist in alle Wahrheit geleitet wird. Jedoch daß die Kirche Christi nur verhüllt da ist, das wirkt sich nun auch aus. Und zwar bedeutet das: **Die Kirche ist zugleich eine Gemeinschaft, die von menschlichen Kräften gestaltet wird** und deren Geschichte Menschen machen, fehlsame, irrende, vielfach versagende Menschen! Und die Kirche steht zugleich mitten in der Welt. Nur als einen Teil der Weltgeschichte kann man die Kirchengeschichte sehen, nein mehr, sie *ist* ein Teil der Weltgeschichte, so wahr das Wort „Fleisch“ geworden ist; denn das heißt eben, daß es in die Geschichte dieser Welt eingegangen ist.

Wenn „Geschichte“ heißt, in Raum und Zeit dieser Welt eine einmalige, nicht wiederholbare und nicht umkehrbare Entwicklung durchmachen, so war das Leben Jesu ein geschichtliches und dann ist auch die Entwicklung seiner Kirche eine geschichtliche. Dann aber ist auch diese Geschichte nicht unabhängig von dem Raum, in dem sie sich abspielt, mit allen seinen Gegebenheiten, insbesondere auch seinen geistigen Kräften. So ist es schon berechtigt, von dem „geistigen Raum“ zu sprechen (Lortz), in dem jeweils die Geschichte der Kirche statt hat. Das heißt aber zugleich, daß die kirchliche Entwicklung nicht unbeeinflußt bleiben kann von den Eigentümlichkeiten der Völker, unter denen sie arbeitet. Wie der Herr selbst hier auf Erden nicht den Typ Mensch abstrakt verkörpert, sondern, den Bedingungen konkreten Menschseins entsprechend, einem bestimmten Volk und Geschlecht in einer bestimmten Periode seiner Geschichte angehörte, so kann auch seine Kirche nicht abstrakt über den Völkern stehen, sondern nur mitten in ihnen, von ihrer Eigenart mitbestimmt. Das ist eine unaufhebbare Bedingung ihres geschichtlichen Weges. Daß in dieser Tatsache freilich zugleich eine große Gefährdung der ihr anvertrauten ewigen Botschaft liegt, ja daß sie in Gefahr ist, statt Teil des Leibes Christi Teil eines irdischen Volkes zu sein, ist ebensowenig zu übersehen. Auch die Kirche muß eben das gefährliche Leben leben. Wer sie in reiner Göttlichkeit darzustellen versucht, hebt ihre Geschichtlichkeit auf und verfällt damit dem Doketismus und dem Illusionismus. In Wahrheit wird die Kirche in ihrer geschichtlichen Entwicklung von Gott und Menschen zugleich gewirkt.

Diese Doppelheit der Aussagen, die von ihr gemacht werden muß, teilt die Kirchengeschichte aber nur mit der Geschichte überhaupt. Diese ist — so hat Luther es uns gelehrt — ganz allein *Gottes* Werk. Alle Größen, die in ihr handeln, alle Menschen, die in ihr tätig sind, sind doch nur Gottes „Arm", Gottes „Larven und Masken", hinter denen er sich zwar verbirgt, die aber doch seine Alleinwirksamkeit nicht aufheben, durch die er vielmehr die Welt regiert.

Aber *zugleich* ist die Geschichte der Ort der *menschlichen* Entscheidung; der grundsätzlichen Entscheidung für oder gegen Christus; aber auch der konkreten Entscheidung in der gegebenen historischen Situation. Beides, die Stellungnahme zu Christus wie das konkrete geschichtliche Handeln führt Menschen gegeneinander. So wird die Geschichte und mit ihr die Kirchengeschichte ein Kampffeld, eine Stätte schwersten, härtesten Ringens; als solche weist sie sich dem Betrachter denn ja auch immer wieder aus. Die Entscheidung gegen Gott und das heißt: die Wirklichkeit des Bösen in der Welt macht sogar recht eigentlich erst die Geschichte zur Geschichte. Ohne das „Böse" in der Welt würde Gottes Plan sich in einem schönen, harmonischen Spiel entwickeln, das wir niemals Geschichte nennen würden, wie wir uns denn ja auch die Ewigkeit nicht als Geschichte vorstellen können.

Gottes Alleinwirksamkeit in der Geschichte und die menschliche Entscheidungsfreiheit in ebenderselben Geschichte bilden inhaltlich in ihrem logischen Widereinander, das doch sachlich unaufhebbar ist, eine echte **Antinomie.** Luther erneuert mit dieser seiner antinomischen Geschichtsanschauung auch nur das antinomische Denken des Neuen Testamentes, das besonders bei Paulus und Johannes mit Händen greifbar ist. Nur unter dieser Antinomie dürfen wir also die Kirchengeschichte sehen.

4. Die Aufgabe der Kirchengeschichte. Von hier aus kann nun endlich die Aufgabe der Kirchengeschichte bestimmt werden. Wenn die Geschichte der Kirche die Geschichte des in der Welt fortwirkenden Christus ist, dann genügt es nicht, in ihr nur die Geschichte einer kirchlichen Institution zu schildern, oder auch, in weiter ausgreifendem Sinn, alledem nachzugehen, was von christlichen Impulsen irgendwie gestaltet oder berührt ist; nein, dann muß die Geschichte der Kirche auch als Geschichte des fortwirkenden Christus sichtbar werden.

Man wird vielleicht einwenden, solche Geschichte des Wirkens Christi sei wissenschaftlichem Zugriff unzugänglich, sie erschließe sich nur dem Glauben. Dieser Hinweis ist zweifellos richtig. Aber ihm gegenüber ist dann doch zweierlei zu sagen:

a) Die wissenschaftliche Verarbeitung von Dingen, die allein dem Glauben zugänglich sind, teilt die Kirchengeschichte mit der gesamten Theologie. Diese hat es als ganze mit Gegenständen zu tun, die dem Verstand nicht offen stehen, sondern die zunächst nur glaubend erfaßt werden können, um dann erst wissenschaftlich durchdrungen zu werden. Es wäre, so gesehen, nur gut, wenn auch die Kirchengeschichte wieder am Gesamtschicksal der Theologie Teil bekäme.

b) Die Wissenschaft vom Alten Testament begnügt sich keineswegs damit, eine Geschichte des Volkes Israel zu schreiben, oder innerhalb der Religionsgeschichte des Volkes Israel die kultische und nomistische Entwicklung aufzuzeigen; sie erarbeitet vielmehr entschlossen neben diesen Dingen eine „heilsgeschichtliche" Linie, die auf Jesus Christus hinzielt. Allerdings hat es die Wissenschaft vom Alten Testament insofern leichter als die Kirchengeschichte, als sie in Jesus einen festen Endpunkt hat, der die Schau sehr erleichtert. Dieser fehlt der Kirchengeschichte. Die Wiederkunft Christi, auf die die Kirchengeschichte zuläuft, ist ein noch ausstehender Faktor. Diese Erschwerung ist sachlich unvermeidbar. Sie berechtigt aber nicht, überhaupt von dem *Versuch* abzusehen, etwa in der Art der alttestamentlichen Wissenschaft auch *in der Geschichte der Kirche eine heilsgeschichtliche Schau mit der rein historischen zu verbinden.* Nur so werden wir der vor uns liegenden Aufgabe wirklich gerecht werden[1].

5. Die Methode der Kirchengeschichte. Von der geschilderten, harmonisch nicht auflösbaren Antinomie her kann nun auch allein die Methode der kirchengeschichtlichen Arbeit bestimmt werden. Die Kirche ist

a) eine Gemeinschaft, die von Menschen in echter Entscheidungsfreiheit und entsprechender Verantwortung gelenkt und geführt wird. Gottes Allmacht selbst hat es geordnet, daß die Geschichte nicht ohne solche verantwortliche Beteiligung des Menschen sich abspielen sollte. So also, als *von Menschen in Freiheit gestaltet,* muß sie deshalb auch geschildert werden. Hier liegt das innere Recht der Bearbeitung der Kirchengeschichte rein vom Menschen her, das Recht der anthropologischen Kirchengeschichte, die mit der Aufklärung *(Mosheim)* anhob, und die in der *„profanen" Kirchengeschichtsschreibung* der jüngsten Zeit ihre Vollendung gefunden hat. Für sie ist die Kirchengeschichte nur noch ein Teil des allgemeinen Geschehens. Man kann diese allgemeine Geschichte unter verschiedenen Blickpunkten betrachten. *Eine* der damit gegebenen Möglichkeiten realisiert man, wenn man die Geschichte der *Kirche* ins Auge faßt. Weil aber die

[1] In seiner Schrift „De ecclesia et de autoritate verbi Dei" von 1539 sieht schon Melanchthon die Geschichte der Kirche als Heilsgeschichte.

Kirchengeschichte ein Ausschnitt aus der Universalgeschichte ist, deshalb muß sie auch nach den gleichen Methoden und Gesetzen geschildert werden wie diese. Folgerichtig wurde jede theologische und christliche Methode für die Kirchengeschichte radikal abgelehnt. Es gibt nur *eine* Methode, die historische; sie gilt es anzuwenden. Alles das ist auch unstreitig richtig. In der Tat spielt sich das kirchliche Geschehen inmitten des übrigen Weltgeschehens ab und ist in der mannigfachsten Weise mit der politischen und kulturellen Entwicklung verbunden, auch kausal verbunden. Es wäre ein Vorbeisehen an der Wirklichkeit, wollte man dies Hineinverflochtensein der Kirche in die Geschichte der Welt nicht gelten lassen. Das Ineinander muß vielmehr mit aller Nüchternheit gesehen und geschildert werden. Also kann auch die Methode, die die profane Geschichtsforschung ausgebildet hat, *gar nicht sachlich genug* angewandt werden. Eine Form der Kirchengeschichte, die von ihr absähe, würde einfach der Wirklichkeit der Kirche nicht gerecht werden.

b) Aber andererseits ist ebenso klar, daß eine Methodik, die die Kirche *nur* als ein menschlich-soziologisches Gebilde betrachtet und sie dementsprechend *allein* mit den Mitteln rationaler Wissenschaft erforscht, der Wirklichkeit der Kirche keineswegs gerecht wird. Die Kirche ist ja zugleich der Leib Christi; nicht Menschen regieren sie, sondern *Gott selbst leitet sie* durch seinen Heiligen Geist. Wenn schon die ganze Geschichte von Gott als der eigentlich tragenden Kraft gestaltet wird, die die Menschen nur als ihre Werkzeuge gebraucht, so gilt dies erst recht von der Kirche und ihrer Geschichte. Diese Lenkung der Kirche durch Gott ist zwar der ratio, der Wissenschaft, nicht zugänglich; Zugang zu ihr hat allein der Glaube. Aber der Glaube ist auch überzeugt, in dem Handeln Gottes das *eigentliche* Zentrum des geschichtlichen Geschehens ergriffen zu haben. Eine Betrachtung der Kirchengeschichte, die von diesem Glauben absähe, brächte also gerade die entscheidenden Aussagen nicht zum Ausdruck.

Das folgt auch zwingend aus den Voraussetzungen, nach denen die Kirche, wie die Geschichte, eine *Antinomie* umschließt. Das besagt: *Jede* Seite dieser Antinomie kann für sich genommen und in einem *lückenlosen* Zusammenhang als für sich bestehend geschildert werden. Dementsprechend sind denn auch neben die wissenschaftlichen Bearbeitungen der Kirchengeschichte immer wieder „erbauliche" getreten, die sie von Gott her, vom Glauben her, zu schildern versuchten. Der Zug zu ihnen war unausrottbar. Hier liegt auch das Recht der *altkirchlichen* Kirchengeschichtsschreibung, die von *Eusebius von Caesarea* bis zu den *Magdeburger Zenturien* und zu den *Annalen des Baronius* reicht und die die Kirchengeschichte streng transzendental, fast dualistisch, als einen Kampf zwischen Gott und dem Teufel schilderte, wie es die Apokalypse des Neuen Testamentes schon vor ihr getan hatte. Das gleiche Bestreben drängte auch in der *wissenschaftlichen* Kirchengeschichtsschreibung immer wieder elementar nach vorn. So etwa, wenn *Neander* die Geschichte der Kirche darstellen wollte „als einen sprechenden Beweis der göttlichen Kraft des Christentums, als eine Schule christlicher Erfahrung, und als eine durch alle Jahrhunderte hindurch tönende Stimme der Erbauung, der Lehre und der Warnung für alle, die hören wollen"; oder wenn selbst einem so eminent kritischen Geiste wie *Ferdinand Christian Baur* nach Dilthey bei seiner Geschichtsschreibung das Ziel vor Augen schwebte, die ewigen Gedanken des ewigen Geistes, dessen Werk die Geschichte ist, in sich nachzudenken. Auf gleicher Linie fordert *Walter Nigg* in seiner Geschichte der Kirchengeschichtsschreibung, daß *die Kirchengeschichte die „transzendente" Seite der Kirche ebenso berücksichtigen müsse wie die „immanente"*, weil nur beide zusammen eine vollständige Darstellung ergäben.

Die *Schwierigkeit solcher Darstellung* der Kirchengeschichte ist freilich unübersehbar. Denn die klare Schau des göttlichen Tuns in der Geschichte ist uns verwehrt; die Geschichte des Reiches Gottes kann niemand schildern. Es ist vielmehr schon ausgesprochen worden, daß die Geschichte der Kirche die Geschichte Christi in der *Verhüllung* ist. Das heißt, daß Gottes Wille zwar, weil Christus gekommen ist, schon jetzt auf Erden geschieht, daß er aber doch nicht evident ist. Aber mögen Augen, die nicht durch das Licht des Glaubens erhellt sind, in der Geschichte nur den Zwiespalt zwischen Wahrheit und Irrtum, Güte und Bosheit, Gerechtigkeit und Gewalttat, Genialität und Dummheit, Glaube und Unglaube sehen, in Wirklichkeit wirkt sie doch der eine Gott, und das bedeutet, daß wir alle Geschichte nur recht verstehen, wenn wir „Gottes guten, gnädigen Willen" in ihr wirksam sehen. Und weil wir in Christus das Herz dessen kennen, der die Geschichte lenkt, deshalb können wir auch glaubend erspüren, welchen Sinn die Wege haben, die er sie führt, und dürfen, ja müssen das aussprechen.

Freilich sind auch diesem glaubenden Erkennen noch enge *Schranken* gesetzt, und sie dürfen auf keinen Fall überschritten werden.

a) Weil der Glaube Gott in *aller* Geschichte im Regiment weiß, weiß, daß Gott allein der „agens" und „movens" aller Geschichte ist (Luther in „De servo arbitrio"), deshalb kann er in ihr nicht scheiden zwischen Göttlichem und Ungöttlichem, zwischen Gottes Wirken und Satans Tun (Robert Frick); deshalb kann der Historiker also nicht das Amt des Weltenrichters übernehmen; deshalb heißt Geschichte schreiben zunächst in der Tat nur: sehen, beobachten, was gewesen ist, und dem nachdenken, wie es so gekommen ist.

b) Für den gläubigen Christen wird dies Nachdenken dann allerdings getragen sein von der Ehrfurcht vor Gott, der der Herr ist im Gericht *und* in der Gnade, bei dem der Mensch Gericht und Gnade nicht zu scheiden hat, sondern bei dem der Mensch im Gericht die Gnade glauben darf, und bei dem er in der Erfahrung der Gnade das Gericht zu fürchten hat. Die Spannung zwischen Weltzeit und Heilszeit wird als Gegensatz zwischen dem erbarmenden und dem zürnenden, dem offenbaren und dem verborgenen Gott so direkt zu einer Spannung im Gottesbegriff selbst. So gerade schaut Luther es in „De servo arbitrio". Eben damit aber wird die Spannung für menschliche Augen unaufhebbar.

Man könnte nun auf den Gedanken kommen, daß eine doppelte Betrachtung der Kirchengeschichte, eine weltlich-menschliche, profane, und daneben eine gläubige, als Glaubenszeugnis und zur Glaubensstärkung geschriebene Geschichte der Kirche die letzte Möglichkeit bilde, der Antinomie gerecht zu werden, vor der wir angesichts der Kirche und ihrer Geschichte stehen. So wie etwa *Rudolf Bultmann* die Predigt, das kerygmatische Zeugnis, als notwendig, ja als die eigentlich entscheidende Ergänzung neben der wissenschaftlichen Exegese fordert. Solche Scheidung der Betrachtungsweisen ist ja auch ohne Zweifel überaus sauber und kaum zu tadeln, sofern jede die andere neben sich gelten läßt, ja als notwendiges Korrelat fordert, deshalb fordert, weil nur so *beide* Seiten der Antinomie zur Geltung kommen. Aber letztlich ist dies Auseinandergehen der beiden Betrachtungsweisen doch nicht befriedigend. Schon die Tatsache, daß die Begriffe „Kirche" und „Geschichte" Antinomien umschließen, ist ja nicht eine Aussage der Vernunft, sondern des Glaubens. Nur er sieht in der Kirche noch etwas anderes als eine rein menschliche Gemeinschaft zum Zweck gemeinsamer religiöser Erbauung; nur er sieht auch in der Geschichte mehr als nur menschliche Kämpfe und Wirrungen. So ist schon die Besinnung über Gegenstand und Methode der Kirchengeschichte nur auf dem Grunde des Glaubens möglich. Dieser bestimmt ferner auch die Grundhaltung des Forschers. Ob jemand die Kirchengeschichte als einen „Mischmasch von Irrtum und Gewalt" (Goethe) ansieht und folgerichtig in der Skepsis endet, oder ob er letztlich Gott über ihr stehen weiß und deshalb trotz aller Bosheit, die sich in ihr auswirkt, doch voller Vertrauen auf sie blickt, das entscheidet sich hier. So ist es ein Erfordernis der Ehrlichkeit, daß die beiden möglichen und notwendigen Betrachtungsweisen nicht völlig getrennt werden, sondern daß um eine Methode der Kirchengeschichtsschreibung gerungen wird, die *beiden* Seiten der Antinomie gerecht wird. Es gehört freilich zum Wesen einer Antinomie, daß das menschliche Denken nicht beide Seiten in *einem* Akt zu fassen und die menschliche Sprache nicht beide Seiten in *einem* Satz auszudrücken vermag; aber das ist auch nicht erforderlich. Notwendig ist allein, daß die Glaubensaussagen über die Kirchengeschichte ebenso klar zum Ausdruck kommen wie die Ergebnisse der wissenschaftlichen Erforschung der menschlichen Tätigkeit, die diese Geschichte gestaltet hat. Das ist die methodische Forderung, die in der augenblicklichen forschungsgeschichtlichen Situation an die Kirchengeschichte gerichtet werden muß.

Wie die gläubige Schau der Kirchengeschichte durchzuführen ist, ist freilich kaum zu sagen. Die profane, menschlich-rationale Betrachtung kann auf eine lange Tradition zurückblicken. Forscher von größtem Format haben sich ihr gewidmet und eine sichere Grundlage geschaffen, auf der weitergebaut werden kann. Die „theologische" Darstellung dagegen steht vor einem völlig neuen Anfang. Nur in Einzeldarstellungen sind tastende Versuche gemacht[2]. Über die Methodik ist auch noch kein öffentliches Gespräch geführt worden. Hier ist deshalb größte Zurückhaltung erforderlich. Sicher ist nur, daß eine bloße Verbrämung der profanen Forschungsergebnisse mit ein paar erbaulichen Floskeln nicht zum Ziele führen kann. Ferner muß *Robert Fricks* Warnung vor der Versuchung beachtet werden, in der Geschichte zwischen Gottes Stunden, Gottes Fügungen einerseits und dem Ungöttlichen, Satanischen andererseits zu scheiden. Solche Scheidung würde in der Tat die Gefahr bedeuten, aus Gott einen leeren Namen für Glück, Erfolg, Macht oder Fortschritt zu machen und die Alleinwirksamkeit Gottes zu bestreiten. *Alle* Stunden sind Gottes Stunden, wie sie *alle* der Menschen Stunden sind. Die Scheidung zwischen Gott und Mensch oder Gott und Satan ist kein Mittel, aus der Antinomie eine Harmonie zu machen. Das Problem liegt ernster. Endlich dürfen die auf dem Glauben ruhenden theologischen Aussagen über die Geschichte auch nicht als eine Offenbarung Gottes mißverstanden werden. Gott wirkt die Geschichte, aber er *redet nicht* durch sie. Er hat gehandelt, *bevor* er sich offenbarte, etwa bei der Schöpfung der Welt oder in der Urgeschichte der Menschheit; er handelt auch, *nachdem* er sich in Christus offenbart hat; aber geredet hat er abschließend in Christus (Hebr. 1, 2). Der in der Verhüllung, in der Geschichte Wirkende kann also immer nur von dieser seiner Offenbarung in Christus her recht verstanden werden; man darf sein Handeln nicht aus sich selbst deuten. Wohin solche geschichtsimmanente Deutung des Han-

---

[2] *Ansätze* zu einer theologischen Schau finden sich in Gesamtdarstellungen z. B. in Hans Preuß' Buch „Von den Katakomben bis zu den Zeichen der Zeit", 1936, sowie auch bei Theodor Brandt, Die Kirche im Wandel der Zeit, 1947[3] und Walther von Loewenich, Die Geschichte der Kirche, 1948[3]; bezeichnenderweise also in Darstellungen, die sich in erster Linie an die Gemeinde wenden.

delns Gottes führen kann, hat die Theologie der „Deutschen Christen" ein für allemal kundgetan; die in ihr liegende Warnung darf nicht überhört werden.

Luther sieht in der Geschichte denn auch, auf das Wesentliche gesehen, nur eine Beispielsammlung für die von der Bibel her feststehenden Eigenschaften Gottes. Als solche war sie ihm freilich so wertvoll, daß er sie der Heiligen Schrift fast gleichsetzte. Vielleicht müssen wir auch auf diesem Gebiet wieder bei ihm in die Lehre gehen, um vorwärtszukommen. Auf jeden Fall müssen wir *unter* der Antinomie bleiben, bis Christus wiederkommt; eine diesseitige Lösung für sie gibt es nicht. Erst vom Ende der Geschichte dürfen wir sie erwarten. In ihm wird das Rätsel, das in dem Ineinander und Zugleich von Heilszeit und Weltzeit liegt, gelöst werden. Bis dahin müssen wir es tragen.

7. **Die Frage des geschichtlichen Urteils.** Von dem entwickelten Ausgangspunkt aus wird nun auch die Frage des historischen Urteils neu aufgerollt werden müssen. Daß der Historiker urteilen muß, ist klar. Weder kann er sich selbst völlig ausschalten — schon die Fragen, mit denen er an die Geschichte herantritt, sind individuell oder zeitgeschichtlich bedingt —, noch würde eine Darstellung, die sich jedes Urteils enthielte, irgendwelchen Reiz haben. Notwendig ist lediglich, daß der Historiker sich um ein wirklich *der Sache entsprechendes Urteil* bemüht. Die Aufgabe aber, *sachlich* zu urteilen, schließt eine rein von subjektiven Meinungen getragene Stellungnahme aus. Es geht nicht um die Person des Historikers; das ist selbstverständlich. Die Frage ist nur, was sachlich urteilen in bezug auf die Kirche und ihre Geschichte heißt. So wenig es heißen kann, menschlich individuelle Einsichten sprechen zu lassen, so wenig kann es auf der anderen Seite heißen, wie schon gesagt, Gottes Urteil über die Geschichte kundzutun. Das hat Gott keinem Menschen offenbart.

Die Orientierung wird, wenn ein sachliches Urteil gefällt werden soll, vielmehr *von dem Wesen und der Aufgabe der Kirche aus* erfolgen müssen. Mit dieser Bestimmung stehen wir aber vor einer allein *konfessionell* zu erfassenden Aussage, denn das Wesen und die Aufgabe der Kirche bestimmt jede Konfession verschieden. Wir haben eben das Christentum nur noch in konfessionell gemünzter Form. Es ist zwar eine Not, daß es so ist; aber es ist das zugleich eine Tatsache, an der niemand ungestraft vorbeisieht. Von daher muß der konfessionelle Einschlag, der alle theologische Arbeit bestimmt, auch in der Kirchengeschichte anerkannt werden. Entsprechend wird die Zugehörigkeit zum Luthertum die Urteilsgrundlage für die hier vorgelegte Kirchengeschichte abgeben.

Literatur

Walter Nigg, Die Kirchengeschichtsschreibung, 1934;
Heinz-Dietrich Wendland, Geschichtsanschauung und Geschichtsbewußtsein im Neuen Testament, 1938;
Hanns Lilje, Luthers Geschichtsanschauung, 1932;
Heinz Zahrnt, Luther deutet Geschichte, 1952;
Emanuel Hirsch, Grundlegung einer christlichen Geschichtsphilosophie (Zeitschr. für Systematische Theologie 3, 1926, S. 213—247);
Robert Frick, Der Herr der Geschichte (Jahrbuch der Theologischen Schule Bethel 6, 1935, S. 9—32);
Joseph Chambon, Einführung in das Verständnis der Geschichte, 1947;
Ders., Was ist Kirchengeschichte? Maßstäbe und Einsichten, 1957;
Heinrich Bornkamm, Grundriß zum Studium der Kirchengeschichte, 1949;
Reinhard Wittram, Das Interesse an der Geschichte, 1958.

Literatur zur Gesamtkirchengeschichte

Handbuch der Kirchengeschichte, hrsg. von Gustav Krüger, 4 Teile, 1923 ff.[2]
Karl Heussi, Kompendium der Kirchengeschichte, 1960[12];
Johannes von Walter, Geschichte des Christentums, Bd. I[2], 1948, Bd. II, 1938;
(kath.) Joseph Lortz, Geschichte der Kirche in ideengeschichtlicher Betrachtung, 1958[20];
Karl Heussi und Hermann Mulert, Atlas zur Kirchengeschichte, 1937[3];
Carl Mirbt, Quellen zur Geschichte des Papsttums und des Römischen Katholizismus, 1924[4];
Denzinger, Enchiridion symbolorum, definitionum et declarationum de rebus fidei et morum, 1963[32];
Neuner-Roos, Der Glaube der Kirche in den Urkunden der Lehrverkündigung, 1965[7];
Ernst Stähelin, Die Verkündigung des Reiches Gottes in der Kirche Jesu Christi, 7 Bde., 1952 ff.

§ 2. Die Einteilung der Kirchengeschichte

1. Die Frage der Unterteilung der Kirchengeschichte stellt vor ganz besondere Schwierigkeiten, die zum Teil in der Sache, zum Teil aber auch in der menschlichen Unvollkommenheit begründet sind. Unser Auge kann verschiedene Gegenstände gleichzeitig erfassen, aber unsere Stimme — und die Schrift ist ja nur Sprachersatz — vermag das nicht; sie kann gleichzeitige Dinge nur nacheinander schildern; die geistige Tätigkeit des Hörers oder Lesers muß die Verzeichnung korrigieren. Von da aus ergeben sich aber **zwei Möglichkeiten der Darstellung.**

a) Man kann eine Reihe von *Querschnitten* durch die Geschichte legen; also etwa schildern, was, auf die ganze Breite des Geschehens gesehen, im Jahre 200 oder 313 oder 451 geschah, im Verfassungsleben, im Verhältnis der Kirche zum Staat, auf dem Gebiet der Lehre, des Gottesdienstes usw. Auf diese Weise tritt die Synchronistik gut heraus, aber alle Sachzusammenhänge werden zerrissen. Oder aber man kann

b) alle diese Sondergebiete nehmen und ihnen allen monographisch durch die Jahrhunderte nachgehen; man macht *Längsschnitte.* Das hat den Vorteil, daß die einzelnen Sachgebiete in den ihnen eigenen Entwicklungstendenzen gut heraustreten, zwingt aber zu vielen Wiederholungen.

In der Einzelforschung geht man heute meist diesen zweiten Weg. In der Darstellung der Gesamtkirchengeschichte versucht man dagegen, die beiden Möglichkeiten miteinander zu verbinden. Man teilt also die Geschichte in einige sachlich gebotene Zeitabschnitte und läßt in diesen dann möglichst die ganze Fülle des Lebens, das sie umschließen, wieder lebendig werden.

2. Die drei Hauptabschnitte, die in der **Periodisierung** noch so gut wie immer zur Anwendung kommen, sind *Altertum, Mittelalter, Neuzeit.* Die Unterteilung nach diesem Schema ist freilich noch verhältnismäßig jung. Das erste große protestantische Geschichtswerk, das in der zweiten Hälfte des 16. Jahrhunderts entstand, die Magdeburger Zenturien, teilte, wie sein Name besagt, die Geschichte noch einfach nach Jahrhunderten. Ihr großes katholisches Gegenwerk ging sogar, um sie gleich gründlich zu übertrumpfen, zur Einteilung nach Jahren über; es sind die Annales ecclesiastici des Baronius, 1588 ff. Erst im zweiten Viertel des 19. Jahrhunderts, im Zeitalter der Romantik, kam die Dreiteilung auf. Sie stammt letztlich von den Humanisten des 15./16. Jahrhunderts. Die Namen bezogen sich bei ihnen freilich lediglich auf die Antike, deren Leben, Tod und Wiedergeburt sie bezeichnen sollten. Christoph Cellarius übernahm die Einteilung am Ende des 17. Jahrhunderts für die Weltgeschichte. Aus den weltgeschichtlichen Darstellungen ging sie dann, wenn auch mit neuer Begründung, in die Kirchengeschichte über.

Schwierigkeiten bereitete dabei

a) *die Abgrenzung des Altertums.* Neander, Jacobi, Baur begannen das Mittelalter mit Papst Gregor d. Gr. (590), andere mit dem sechsten allgemeinen Konzil (680), wieder andere mit Bonifatius (719) oder gar erst mit Karl d. Gr. (Hahn). Das heißt: Die einen zählten die lange Zeit des Übergangs zwischen Altertum und Mittelalter, die Zeit des Niederganges des Römischen Reiches, zum Altertum, die anderen mehr oder weniger entschlossen zum Mittelalter. In Wirklichkeit muß jede feste Zeitangabe hier irreführen. Kein Ereignis oder keine Person ist wahrhaft epochemachend. So ist man denn auch mit Recht dazu übergegangen, hier nicht chronologisch, sondern sachlich abzuteilen, die Geschichte der Kirche auf dem Boden der hellenistisch-römischen Kultur abzugrenzen gegen die Geschichte der Kirche auf dem Boden der germanisch-römischen bzw. slawischen Völkerwelt. Daß auch damit noch nicht alle Schwierigkeiten behoben sind, ist klar.

b) Eine zweite Kontroverse erhob sich über den *Beginn der Neuzeit. Ernst Troeltsch* stellte die These auf, daß die Neuzeit erst mit dem 18. Jahrhundert beginne. Luther sei nach Haltung wie Denkbewegung noch ein durchaus mittelalterlicher Mensch. Erst mit der Aufklärung fange in Wirklichkeit die neue Zeit an. Troeltsch hat mit dieser Behauptung eine erhebliche Streitliteratur ausgelöst. Aber er urteilt in erster Linie als *Kultur*historiker. Unter diesem Gesichtspunkt mag dem 18. Jahrhundert auch vielleicht mit Recht der Vorrang vor dem 16. zugesprochen werden. Aber daß für die *Kirchen*geschichte mit Luther eine neue Epoche beginnt, braucht kaum im einzelnen begründet zu werden.

Trotzdem kann mit Ernst gefragt werden, wie es *Karl Heussi* getan hat, ob die Dreiteilung „Altertum, Mittelalter, Neuzeit" wirklich der Sache gerecht wird. Einmal liegt besonders im Terminus „Mittelalter" überhaupt keine inhaltliche Kennzeichnung des Zeitabschnittes. Dann enthält der Begriff „Neuzeit" ein subjektives, auf weltanschaulichen Voraussetzungen beruhendes Urteil. Daß im 16. und auch im 18. Jahrhundert neue Perioden der Geschichte beginnen, bezweifelt niemand. Also begnüge man sich, so schlägt Heussi vor, mit dieser Feststellung und lasse die überkommene Bezeichnung beiseite. Er unterteilte denn auch seit der sechsten Auflage seines Kompendiums (1928) die Kirchengeschichte einfach in neun Perioden: 1. die Kirche im heidnischen Römerreich; 2. die Römische Reichskirche; 3. die Kirche in der Zeit des germanischen Landeskirchentums (500—900); 4. die Höhe der geistlichen Herrschaft im Abendland (10.—13. Jahrhundert); 5. Vorreformation und Renaissance; 6. Reformation und Gegenreformation; 7. das Zeitalter der Aufklärung; 8. von der romantischen Reaktion bis zum Weltkrieg; 9. die Kirche unter den Einwirkungen und Nachwirkungen des Weltkrieges. Aber mit dieser starken Unterteilung zerreißt Heussi nun doch wieder Zusammengehöriges. So bildet die Geschichte der Kirche auf dem Boden der hellenistisch-römischen Kultur unfraglich eine Einheit gegenüber der in der germanisch-römischen Völkerwelt. Ebenso muß das sogenannte Mittelalter als eine geistige Einheit betrachtet werden trotz der Spannungen, die es durchziehen. Dasselbe gilt eigentlich auch für die protestantischen Kirchen. Aber der Einschnitt, den das 17. Jahrhundert heraufgeführt hat, ist doch so tief, daß hier neu eingesetzt werden muß. Die Neuzeit muß von der

Geschichte der Reformation und der Gegenreformation gesondert werden. So ergeben sich vier annähernd gleiche Teile, was auch aus praktischen Gründen zu begrüßen ist[1].

Literatur

Ernst Troeltsch, Protestantisches Christentum und Kirche in der Neuzeit, 1906 (=Kultur der Gegenwart Teil I Abt. IV);
Karl Heussi, Altertum, Mittelalter und Neuzeit in der Kirchengeschichte, 1921;
Hermann Heimpel, Über die Epochen der mittelalterlichen Geschichte (Der Mensch in seiner Gegenwart, 1957², S. 42—66).

[1] Auch die größte katholische Darstellung der Kirchengeschichte, die in Deutschland erschienen ist, das — noch nicht vollständige — Lehrbuch der Kirchengeschichte von J. P. Kirsch, teilt in *vier* Perioden ein.

Erster Teil

DIE GESCHICHTE DER CHRISTLICHEN KIRCHE AUF DEM BODEN DER HELLENISTISCH-RÖMISCHEN KULTUR

§ 3. Eigenart und Hauptprobleme des Zeitalters

Die beiden Probleme, die diese Zeit der Kirchengeschichte umschließt und die für das Verständnis der ganzen alten Kirchengeschichte maßgebend sind, seien zunächst ganz scharf herausgestellt. Sie ergeben den Rahmen, in den alles Einzelne gehört.

1. Um das Jahr 30 lebt da in Palästina ein einzelner Mann, der eine neue göttliche Botschaft verkündet und dafür eine Anhängerschar findet. Sie zerstiebt bei seinem gewaltsamen Tode zunächst in alle Winde; aber eine kleine Schar Getreuer, eine Schar von Handwerkern und Gewerbetreibenden, findet sich dann doch im Glauben an ihn wieder zusammen. Am Ende des Zeitraumes steht eine große, mächtige Organisation da, festgefügt bis in alle Einzelheiten, die *einzige* Größe unter alledem, was das Imperium Romanum umschlossen hat, die den Untergang dieses Reiches überdauert, ja mehr, die nicht nur selbst in den Stürmen der Völkerwanderung erhalten bleibt, sondern die soviel innere Kraft hat, daß sie alle die neuen Völker, die ins Reich eindringen oder die an seinen Grenzen siedeln, sich zu unterwerfen vermag; der Besiegte besiegt geistig den Sieger. Diese Nebeneinanderstellung ergibt mit voller Klarheit *das erste große Problem*, das die alte Kirchengeschichte stellt, die Frage, *auf welchen Wegen die Kirche von den unscheinbarsten Anfängen her diese große Machtstellung errungen hat?* Welche *inneren* Kräfte sind in ihr lebendig gewesen, um so Unerwartetes zu vollbringen? Welche *äußeren* Umstände sind ihr zu Hilfe gekommen, deren bewußte oder unbewußte Benutzung den Sieg herbeigeführt hat?

Der Sieg des Christentums selbst ist eine altbekannte Tatsache. Deshalb wird er oft als selbstverständlich angesehen. In Wirklichkeit war er es keineswegs. Ausgangs- und Schlußpunkt der Periode stehen in gar keinem Verhältnis zueinander; das zeigt schon das bloße Nebeneinanderstellen klar. Man könnte aber, um dasselbe deutlich zu machen, auch fragen, wie es kam, daß nicht der *Mithraskult,* sondern Christus den Sieg davongetragen hat. Der persische Sonnengott Mithras hat *vor* der Erscheinung Christi auf Erden seinen Weg begonnen; genau so wie das Christentum suchte er durch eine planmäßige Mission seinem Glauben neue Anhänger zu gewinnen, und er hatte, im Gegensatz zum Christentum, oft die Fürsorge der römischen Kaiser und der römischen Großen helfend auf seiner Seite. Trotzdem siegte nicht er, sondern Christus. Wie kam das? Je tiefer der Blick in das Ringen der Religionen während der hellenistischen und späthellenistischen Zeit geht, um so erstaunlicher wird der Sieg des Christentums. So erhebt sich ernsthaft die Frage: Was hat das Christentum befähigt, die Oberhand zu gewinnnen? Das ist das eine Problem.

2. Das zweite ergibt sich, wenn wir noch einmal wieder Ausgangs- und Schlußpunkt nebeneinandersetzen. Den Anfang der christlichen Geschichte bildet die Verkündigung und das Heilandswerk Jesu. Er weist die Juden, die unter Last eines Gesetzes seufzen, das ihnen unsinnige und das ganze Leben auf Schritt und Tritt beengende Vorschriften gibt, — Vorschriften, die nur deshalb beachtet werden müssen, weil sie formell nun einmal geboten sind —, hin auf den Gott, der sein Gesetz in die Herzen der Menschen geschrieben hat, dessen Wille so einfach und so klar ist, daß auch der Ungebildete, der Mann aus dem Volk, auf den der Schriftgelehrte mit Verachtung herabsieht, ihn erkennen kann. Und diese Vereinfachung bedeutet zugleich eine ungeheure Vertiefung. Zum Beweis dafür braucht nur an die Bergpredigt erinnert zu werden. Jesus wies ferner die Juden, die unter der Last der Sünde seufzten, weil sie das Gesetz ernst nahmen, das sie doch nicht erfüllen konnten, hin auf den Vater, der ihn zur Erlösung der Menschen gesandt hat und der ohne jede menschliche Gegenleistung die Sünde vergibt, dessen freischenkende Gnade schon daran erkannt werden kann, daß er auch den Übeltäter in seinem irdischen Leben mit dem versorgt, wessen er zu seines Lebens Notdurft bedarf. Und er löst zugleich, indem er die Menschen von der Last der Sünde befreit, die denkbar größte sittliche Kraft aus. Nun *kann* der Mensch gar nicht anders, als den in sein Herz geschriebenen Willen Gottes, der sein Herze dahin hat, auch in der Tat befolgen. Eine ungeheure Reduktion, verglichen mit dem Spätjudentum. Das ganze religiöse Leben spielt sich nur noch zwischen drei Polen ab: Gott, Christus, der Mensch. Nichts von vermittelnden Institutionen, nichts von gebotenen Sühne- und Reinigungsleistungen, nichts von verbotenen Einzelheiten des

Lebens. Und doch ist das ganze Leben, auch das Verhältnis zu den Mitmenschen, gemeistert mit dem einen Zug: er euer Vater, ihr aber Brüder, nämlich alle Kinder des einen Vaters.

Und nun wieder das Gegenstück dazu am Ende des sechsten Jahrhunderts! Eine über die ganze Welt verbreitete Kirche, die ganz bestimmte Vorschriften für ihre Glieder erläßt. Ein Reinigungsbad, die Taufe, ist die *einzige* Möglichkeit, den Weg zu Gott überhaupt zu eröffnen; ein ausgeklügeltes System von Opfergottesdiensten und Bußleistungen versöhnt den Sünder mit Gott; der Gottesdienst selbst ist nach genauen Vorschriften geregelt; ein Priestertum, wie es der Opfervollzug und die notwendige Kenntnis des Kultes erforderlich machen, steht wieder zwischen Gott und den Menschen; ein ausgeführtes ethisches System, das neue Gesetz, regelt das Leben der Menschen bis in Speisevorschriften hinein (Fastentage und Fastenzeiten!). Und man weiß genau, wann ein Verstoß gegen dies Gesetz eine tödliche und wann nur eine lässige Sünde darstellt. Dogmen schreiben vor, wie der Christ über den dreieinigen Gott zu denken hat, oder wie er über die Gottheit und über die Menschheit Christi zu denken hat. Die legalistische Verfestigung von Dogma und Liturgie, Ethik *und* Organisation ist unübersehbar. Geweihte Täfelchen schützen vor den Dämonen, die diese Welt beherrschen; auch die Reliquien der Heiligen sind zu diesem Zweck hochgeschätzt; diese selbst bilden den Heerstaat des himmlischen Königs und treten fürbittend bei ihm ein für die einzelnen Menschen. Alles das, was wir Protestanten noch heute in der katholischen Kirche kritisch betrachten: Weihwasser und Heiligenverehrung, Bilderdienst und Prozessionen, Priesterschaft und Mönchtum, alles das hat jetzt seine Statt in der Kirche im Namen desselben Christus, von dem die Evangelien berichten. Ja, um das Furchtbarste zu nennen, die Abweichung von den kirchlichen Lehren stellt ein Verbrechen dar, so schwer, daß es nur durch den Tod des Sünders gesühnt werden kann. (Allerdings haben die Gesetze der christlichen Kaiser, die die Todesstrafe für Ketzer vorsahen, nicht in allen kirchlichen Kreisen Zustimmung gefunden.)

Man kann sich die Lage, in die das Christentum am Ende des sechsten Jahrhunderts versetzt ist, kaum ernst genug vorstellen. Ursprünglich um den Sieg des Christentums sinnfällig zu dokumentieren, wurden die heidnischen Tempel in Kirchen verwandelt. Das Ergebnis war oft ein ganz anderes: Das Heidentum fand eine Möglichkeit, unter der kirchlichen Hülle fortzuleben. Man war vorher in den Tempel der jungfräulichen Göttin, der Minerva, beten gegangen; jetzt betete man an demselben Ort zur jungfräulichen Maria; Maria sopra Minerva steht noch heute in Rom und in anderen italienischen Städten. Man hatte sonst Apollo um Hilfe in Krankheitsnot angefleht; jetzt ging man zum hl. Sebastian, der in Funktion *und Stätte,* da er erreichbar war, die Rolle des Apollo übernommen hatte; selbst die Heiligenlegende erfuhr eine ungeahnte Bereicherung aus der heidnischen Mythologie. Man war früher mit dem Panbildnis durch die Felder gezogen; jetzt trat die Prozession mit dem Christusbild an dessen Stelle. Man hatte vorher die Götterstatuen im Tempel geküßt, jetzt küßte man die Statuen Christi und der Heiligen in den Kirchen.

Genug der Beispiele! Was deutlich werden sollte, wird deutlich geworden sein: der einfach ungeheure Abstand, der zwischen der Verkündigung Jesu klafft und dem, was in sechs Jahrhunderten daraus geworden ist, der katholischen Kirche des ausgehenden Altertums. Die inhaltliche Überfremdung durch Aufnahme von Kult- und Organisationsformen, Lebens- und Denkgewohnheiten aus der umgebenden heidnischen Welt ist wieder unübersehbar. Und wieder bildet gerade dieser klaffende Unterschied das Problem, vor das sich die alte Kirchengeschichte gestellt sieht. Wie konnte es nur dahin kommen? *Welche Kräfte haben diese Entstellung der Kirche herbeigeführt? Das ist das zweite große Problem,* vor dem die alte Kirchengeschichte steht.

3. Dies zweite große Problem steht aber in merkwürdigem Widerspruch zu dem ersten. Hier mußten wir den ungeheuren *Tiefstand* feststellen, mit dem die Geschichte der alten Kirche endet; dort schloß unsere Betrachtung mit der Erkenntnis der ungeheuren *Mächtigkeit* eben dieser selben Kirche. Hier mußten wir fragen, welche Kräfte die christliche Kirche so weit herunterziehen konnten; dort fragten wir, welche Kräfte es waren, die der Kirche so große Macht verliehen, daß sie selbst im Chaos der Völkerwanderung als Siegerin bestehen blieb. Beide Fragen dürfen für den, der die Gesamtheit der alten Kirchengeschichte überschaut, nicht voneinander getrennt werden. Beide müssen vielmehr gleichzeitig ihre Lösung finden. So kompliziert sich die Aufgabe, vor der die alte Kirchengeschichte steht, denn sie hat die Frage zu beantworten: *Wie kommt es, daß die christliche Kirche trotz ihres immer tiefer sinkenden inneren Lebens doch befähigt wird, die Religion des römischen Reiches zu werden,* die das ganze Heidentum beseitigt und auch den Sturz dieses Reiches überdauert?

4. In und mit der Beantwortung dieser Frage ist zugleich noch die andere zu klären: *wie das Einzelne und das Ganze vor Gott zu schauen* ist. Es ist die heilsgeschichtliche Linie herauszuarbeiten, die wir im Glauben an die ecclesia perpetuo mansura, die immerwährende Kirche, auch hier postulieren müssen.

5. Weil unsere Schilderung den Längsschnitt bevorzugt, muß hier noch ein kurzes Wort über die wichtigsten *Perioden* der Kirchen-

geschichte auf dem Boden der hellenistisch-römischen Kultur gesagt werden.

Das Christentum war entstanden in einem Winkel des römischen Reiches, in Palästina, als jüdische Sekte. Im Schatten des Judentums ist es zuerst auch ins Reich selbst eingedrungen. Aber es hat dann sehr bald auch den Kampf mit der hellenistisch-römischen Kultur, mit der Gesellschaft dieses Reiches und mit dem Reich selbst aufnehmen müssen. Von da aus ergibt sich die Notwendigkeit, daß der Boden, auf dem das Christentum entstand, und die Kultur, in die es dann hinübertrat und mit der es den Kampf aufnahm, der geistige Raum also dieser seiner Geschichte wenigstens in den Grundzügen dargestellt wird. Der erste Teil wird sich also mit dem Judentum z. Zt. Jesu und mit dem römischen Reich, seiner Struktur und seiner Kultur, zu befassen haben.

Dann gilt es, den Kampf des Christentums mit diesem Reich, dieser Kultur, dieser Gesellschaft ins Auge zu fassen. Ausdrücklich muß betont werden: den Kampf auch mit der *Gesellschaft* dieses Reiches. Die römische Gesellschaft hat die Fremdartigkeit der neuen Gruppe, die da in ihrer Mitte auftauchte, viel früher empfunden als der Staat, und der Gegensatz zwischen ihr und dem Christentum war viel tiefer als der zwischen Staat und Kirche. Gar nicht verwunderlich! Die Christen machten wirklich alles anders, als man gewohnt war, nicht nur auf dem Gebiet des religiösen Lebens, nein, auch auf dem Gebiet der gesellschaftlichen Sitte. Sie gingen nicht in das Theater, diese Volkseinrichtung der alten Welt; sie gingen nicht zu Gericht, wenn sie Streitigkeiten miteinander hatten, was doch im Rechtsstaat Rom jeder vernünftige Mensch tat; sie heirateten sich nur gegenseitig; sie hatten eine ganz merkwürdige Art, ihre Sklaven zu behandeln oder sich als solche zu benehmen; sie kümmerten sich in ebenso auffälliger Weise um Alte und Kranke, die sie nichts angingen; sie ließen sich für einen bloßen Aberglauben vor die wilden Tiere werfen. So ergibt sich wirklich ein ganz tiefreichender Gegensatz. Beachten wir schon hier, daß der Staat oft nur im Gefolge dieser Gesellschaft, nicht von sich aus, gegen die Christen eingeschritten ist. Diese Kampfzeit des Christentums bildet die erste Periode der „alten" Kirchengeschichte. Sie endet mit der Anerkennung der christlichen Religion durch den heidnischen Staat, durch Galerius bzw. Konstantin den Großen.

Mit ihr beginnt eine neue Epoche für die christliche Kirche. Sie erhält zunächst Duldung, sie wird sehr bald die einzige offizielle Religion im Staat; die Kirche wird Reichskirche. Diese Zeit des Reichskirchentums, in der die Kirche unter ganz neuen äußeren Bedingungen sich entwickeln konnte, bildet die zweite Periode der alten Kirchengeschichte. Sie dauert bis in die zweite Hälfte des 6. Jahrhunderts.

Wieder unter ganz andere Bedingungen tritt die Kirche, als die Auflösung des Reiches durch die Stürme der Völkerwanderung akut wird. Diese Auflösung des Reiches in seine Bestandteile oder auch in ganz neue Gruppen brachte die bis dahin einheitliche Kirche nicht nur in Gefahr, auch in eine Anzahl von Landeskirchen aufgelöst zu werden und zugleich ihre Schlagkraft einzubüßen (diese Gefahr ist im Osten wirklich eingetreten); die Auflösung brachte vor allem die Gefahr, daß die eindringenden Germanen die Existenz der Kirche völlig wieder in Frage stellten. Wie sich die Kirche in diesen Sturmzeiten behauptet hat, ja sogar so behauptet hat, daß sie angriffsfähig gegenüber der neu hereinbrechenden heidnischen Flut blieb und damit die Grundlage zum christlichen Mittelalter vorbereitete, das hat die letzte Periode der alten Kirchengeschichte zu zeigen, wenn man periodisch vorgeht.

Quellen

Migne, Patrologiae cursus completus. Series Graeca et Latina (MPG bzw. MPL);
Corpus Scriptorum Ecclesiasticorum Latinorum (CSEL);
Die Griechischen Christlichen Schriftsteller der ersten vier Jahrhunderte (GCS);
Corpus Christianorum (CC);
Konradus Kirch, Enchiridion fontium historiae ecclesiasticae antiquae, 1923[4].

Literatur zur alten Kirchengeschichte

Reallexikon für Antike und Christentum (RAC);
Karl Müller und Hans Frh. von Campenhausen, Kirchengeschichte Bd. I[3], 1941;
Hans Lietzmann, Geschichte der Alten Kirche, 4 Bde., 1932 ff.;
(kath.) Johann Peter Kirsch, Die Kirche in der antiken griechisch-römischen Kulturwelt, 1930;
Albert Ehrhard, Die katholische Kirche im Wandel der Zeiten und Völker. Bd. I: Die Kirche im Bereich der alten Völker, 1935 ff.

§ 4. Das Römische Reich; die hellenistisch-römische Kultur

1. Der römische Staat. *Christi Geburt fällt in die Abschlußzeit einer weltgeschichtlichen Entwicklung. Das Weltreich*, um das erst die Perser, dann Alexander d. Gr. gerungen hatten, war unter Roms Vorherrschaft tatsächlich verwirklicht worden. Augustus schloß den Ring römischer Herrschaft um das Mittelmeer. Die Kaiserzeit führte die stolzeste Periode des Imperium Romanum herauf. In diesem seinem Staatsaufbau und in seinem Recht liegt zugleich der einzige fast, zweifellos aber der wertvollste Beitrag, den Rom für die Weltkultur beigesteuert hat.

Daß durch den römischen Geist auch die Kirche beeinflußt worden ist, ist vorauszusetzen. Wie er sich im einzelnen ausgewirkt hat, steht noch nicht fest. Zu sehen ist nur schon, daß sich der *Aufbau* der späteren katholischen Kirche organisatorisch eng an den Aufbau des Reiches anlehnte. Die Städte waren der Sitz der untersten staatlichen Verwaltungseinheit und zugleich die Zentren der hellenistisch-römischen Kultur; über ihnen erhoben sich die Provinzen. Die Kirche folgte diesem Beispiel. Wohl nicht zufällig wird auch heute noch von Rom aus eine Weltorganisation geleitet, die römisch-katholische Kirche. Und es ist wohl ebenso wenig zufällig, daß diese Kirche ganz stark juristisches Gepräge trägt, bis weit in das spezifisch religiöse Gebiet hinein. Aber abgesehen vom organisatorischen Aufbau ist der Zusammenhang kaum einmal nachgewiesen. Daß er vorhanden ist, ist trotzdem, wie gesagt, kaum zweifelhaft. Daß hier Anknüpfungspunkte zum eigenen Aufbau zugleich Ansatzpunkte für eigenen Niedergang sind, liegt auf der Hand, jedenfalls dann, wenn Martin Luther am 10. Dezember 1520 theologisch einwandfrei gehandelt hat, als er ein kanonisches Rechtsbuch neben der Bannbulle ins Feuer warf.

Aber auch sonst war es unendlich wichtig, daß das Christentum in ein Weltreich eintrat. Nach den unerträglichen Zuständen, die die Bürgerkriege heraufbeschworen hatten, empfand man die Sicherheit, die das Kaisertum verbürgte, geradezu als ein Geschenk des Himmels und verehrte den Kaiser willig als *κύριος* und *σωτήρ*, als dominus und deus, als Herrn und Heiland.

2. Das Reich schloß in sich eine ausgesprochene **Weltwirtschaft.** Glänzende, unserem Asphalt durchaus ebenbürtige Straßen, die z. T. noch heute dem Verkehr dienen, führten bis zu jeder Grenze, schon um der militärischen Grenzsicherung willen. Regelmäßige Postverbindungen, ein ausgebautes Schiffahrtswesen ergänzten das Straßennetz. Weltverkehr bedeutet aber nicht nur *Reise*möglichkeit für den Missionar; Weltverkehr bedeutet auch selbst schon Austausch von Personen und Ideen. Der Kaufmann, der die ganze Welt kennt, der Soldat, der von einer Grenze an die andere geworfen wird, der Gelehrte, der in Alexandria studiert, aber in Bordeaux seine Professur bekommt, das alles sind dem Römerreich wohlbekannte Erscheinungen. Und jeder nimmt die ihm eigenen Ideen auf die Wanderung mit, wie alle andern so auch der christlich gewordene Kaufmann und Soldat.

Noch eine andere Folge ist wichtig. Das Durcheinanderwogen der Menschen und Ideen mußte notwendig eine *kosmopolitische Grundstimmung* erzeugen. Dieser Kosmopolitismus aber bedeutet eine Erleichterung für die christliche Mission, die gar nicht überschätzt werden kann. Einmal zeigt die Erfahrung, daß der heimatlich Entwurzelte sich viel schneller zu einem Religionswechsel entschließt als der auf Väterboden Seßhafte. Dazu aber hätte die nötige Umstellung auf immer neue nationale und kulturelle Eigenheiten dem Missionar die persönliche Aufgabe aufs höchste erschwert. Es hätte ein schier unübersteigbares Hindernis bedeutet, wenn das universale Christentum jeden der ursprünglichen antiken Stadtstaaten mit ihrem Gegeneinander einzeln hätte erobern sollen. So liegt in dem Staats- und Wirtschaftsgefüge des Römischen Reiches eine starke Hilfe für die christliche Mission. Hier kann man wirklich von einer Erfüllung der Zeiten reden.

3. **Kultur und Religion.** Innerlich umschloß der römische Staat, aufs Große und Ganze gesehen, auch eine *einheitliche Kultur.* Zwar behielten die unterworfenen Völker weithin ihre eigene Sprache und auch ihre eigene Kultur, wie sehr, das zeigte sich beim Zerfall des Reiches. Aber über diesen Nationalkulturen erhob sich doch eine gemeinsame Hochkultur. Das erst macht die römische Weltmonarchie wirklich zu einer Einheit. Diese Kultur aber wurde getragen vom *griechischen Geist.* Schon Alexander d. Gr. und seine Nachfolger hatten ihn nach dem Orient verpflanzt. Als Rom beides, den Orient und Griechenland, eroberte, unterwarf es sich seinerseits willig dem griechischen Geist. Der äußere Beweis dafür liegt in der Tatsache, daß das Spätgriechische, die *κοινή*, die Einheitssprache des Reiches bildete. Alle christlichen Schriftsteller der ersten Jahrhunderte, wo sie auch leben, schreiben griechisch. Und selbst ein römischer Kaiser wie Mark Aurel verfaßt seine Bekenntnisse, also die allerpersönlichste Lebensäußerung, in griechischer Sprache.

Wenn wir erkennen wollen, was der Übertritt in die Welt des Griechentums, der zum Teil schon in apostolischer Zeit erfolgte, für das Christentum bedeutete, so stehen wir also vor der Frage, um welche Gedankengruppe das reine griechische Denken in erster Linie gekreist hat, ob und welche Lösungsversuche sich ihm dabei als allgemeingültig ergeben haben. **Was heißt griechischer Geist?**

a) Die Frage mag zunächst von der *Anschauung* aus beantwortet werden. Wie stehen die Griechen vor uns? Zweifellos doch als ein Volk heiteren Lebensgenusses, als ein Volk, in dem ein Gefühl für harmonische Schönheit bis zum äußersten ausgebildet war. Homer, die Tragiker, die bildende Kunst, alles spricht für diese These. Aber in aller Freude, bei aller Schönheit, blieb *ein* bitterer Tropfen: der der Vergänglichkeit aller Lust, der der Vergänglichkeit aller Schönheit. Der *Tod* steht als das große Schreckgespenst über dieser ganzen Welt. Gerade *weil* die griechische Seele so stark ästhetisch eingestellt, so stark lustorientiert war, gerade deshalb mußte der Tod für sie eine ganz besondere Qual bedeuten. Wer der Seele diesen Stachel nehmen konnte, der konnte allerdings auf Gehör hoffen.

Bei dem Grübeln über den Tod, bei der Beobachtung, daß alles Menschentum ohne Ausnahme dem Tode verfallen ist, ergab sich dem Griechentum aber auch schon ein Lösungshinweis: *Ewiges Leben zu haben* ist ein schlechterdings göttliches Vorrecht; noch schärfer, *ist eine Eigenschaft der göttlichen Natur.* Wenn also der Mensch des ewigen Lebens teilhaftig werden will, dann muß er selbst der göttlichen Natur teilhaftig, dann muß er vergottet werden. Anders ausgedrückt: Die Erlösungssehnsucht des Griechentums ist primär nicht ethischer Art = Erlösung von Sünde und Schuld, sondern physischer Art = Erlösung von der am Leibe haftenden Sterblichkeit. Darin liegt ein tiefgreifender Unterschied gegenüber der jüdischen Auffassung.

b) Dasselbe Resultat ergibt sich von einer ganz anderen Grundlage aus. Jedes Nachdenken philosophischer Art stößt bald auf die *Frage nach der Entstehung und dem Sinn der Welt.* Im Alten Testament ist die Welt *Gottes* Welt und deshalb kann der Mensch nur beschränkt über sie verfügen. Im Griechentum ist „der Weg der denkenden Welterhellung und Weltbemächtigung ... konsequent gegangen" (Bultmann). Das ist von bestimmender Bedeutung für die abendländische Kultur geworden. Schon die jonische Philosophie hat die Frage nach dem Ursprung und damit die nach der letzten Einheit hinter der Vielfalt der Erscheinungen aufgeworfen; diese Frage wird deshalb so ernst, weil die Welt unverkennbar eine *Gestalt* hat, ein *Kosmos* ist. Gestaltet aber ist ein Stoff. So ergibt sich fast zwangsläufig ein Dualismus von Stoff und Form, Material und gestaltender Kraft. Und das Gestaltende, die Idee, der Geist, muß dann natürlich das Entscheidende sein. Weil der Mensch aber ein Teil des Kosmos, ja selbst ein Mikrokosmos ist, deshalb ist eine innere Harmonie der Seelenkräfte Voraussetzung seiner Eudämonie, seiner Glückseligkeit. Harmonische Selbstgestaltung muß so der Zielpunkt griechischer Ethik werden; ein konsequenter ethischer Idealismus ergibt sich unausweichlich. Die Erkenntnis der Ordnung des Alls, seiner Gesetzmäßigkeit und auch der ordnenden Kräfte des Menschen ist aber die Voraussetzung solcher Gestaltung. *Gnosis ist also Voraussetzung der Ethik.* Der Dialog als das gemeinsame Ringen um diese Erkenntnis bekommt dabei einen spezifischen Sinn.

Selbst sein Leben gestalten kann aber nur, wer frei ist. Die immense Bedeutung der Freiheit ergibt sich so von selbst. Zugleich wird deutlich, daß es sich hier um die Freiheit *wozu* handelt und nicht um die Freiheit wovon, wie etwa bei Paulus.

Aber mag die Welt noch so sehr der Gestaltung fähig sein, ja sogar gestaltet sein, ein Zweites steht doch zugleich fest, dies, daß sie vergänglich ist, und zwar deshalb vergänglich, weil sie veränderlich ist. Veränderung *ist* schon Vergänglichkeit. So schon die Eleaten. Gott aber ist ewig. *Grundaxiom des Gottesgedankens wird* also *die Unveränderlichkeit.* Wer es anders sagt, der rührt an die Gottheit Gottes.

c) Beide Gedankenreihen verbinden sich dann. Die unveränderliche, unsterbliche Gottheit tritt der veränderlichen, sterblichen Welt- und Menschennatur gegenüber. Wenn trotzdem der Mensch der Unsterblichkeit teilhaft werden kann, — und der Glaube, daß er es kann, ist sehr lebhaft gewesen — so muß also trotz der Geschiedenheit doch ein *Fünkchen Gottesnatur im Menschen,* in der ganzen Welt, vorhanden sein. (Die andere Lösungsmöglichkeit, der Glaube an die schöpferische Kraft Gottes, der Auferweckungsglaube, ist durch das Grundaxiom der Unveränderlichkeit Gottes ausgeschlossen.) Es muß wenigstens ansatzmäßig eine Gleichartigkeit zwischen der göttlichen und der menschlichen *Natur* bestehen. Wieder stehen wir vor der Tatsache, daß wir im Griechentum im Verhältnis von Mensch und Gott ein Verhältnis von Natur zu Natur vor uns haben, nicht von Wille zu Wille, wie im Judentum und Urchristentum. Man findet den Gedanken des göttlichen Funkens im Menschen eigentlich bei allen Griechen, wenn auch im Einzelnen verschieden ausgeprägt: im *λόγος* Heraklits wie im *νοῦς* des Anaxagoras, in der *ἰδέα* des Platon wie im *πνεῦμα* der Stoa. Und alle sind sich in späterer, hellenistischer Zeit auch darin einig, daß sie im Geist das Göttliche, in der Materie, dem Körper, das erdgebundene, vergängliche, minderwertige Element des Lebens sehen. Das Ziel des Lebens kann dann folgerichtig nur darin gesehen werden, dem göttlichen Lebensfunken zur Befreiung, zum Leben zu verhelfen; das heißt: Die Grundhaltung ist dualistisch, *der Grundgedanke griechischer Geistigkeit* aber *ist mystisch* (im theologischen Sinne des Wortes).

d) Wie der Mensch freilich zum **Ziel, zur Einung mit Gott,** dem der Welt gegenüberstehenden absoluten Sein, kommen kann, diese Frage wird sehr verschieden beantwortet.

α) Als ganz spezifisch griechisch muß doch der intellektualistische Weg zur Befreiung gelten. Es hat ja bisher wohl kaum ein Volk gegeben, in dem die Sehnsucht nach Erkenntnis, nach *γνῶσις*, so stark gebrannt hat wie in dem griechischen. Dieser *Drang nach Erkenntnis* tritt durchaus neben den Drang nach Leben, von dem eben die Rede war. Ja, Erkenntnis bedeutet hier Leben. Schon die Eleaten glaubten nur im Denken das ewige Sein hinter dem Geschehen erfassen zu können. Für Platon ist der „Eros“ die entscheidende seelische Kraft, das unstillbare Begehren der Seele nach dem Höchsten und Vollkommensten. Und im Neuplatonismus wird der Denkprozeß geradezu das Mittel, stufenweise zur Gottheit — sie tritt seit Poseidonius an die

Stelle des Guten und Wahren — aufzusteigen; denkend erreicht man die Einung mit ihr. Und wenn man den Vollkommenen bezeichnen will, so nennt man ihn einen γνωστικός (Gnostiker). Er ist zugleich auch der θεῖος ἄνθρωπος, der Gottmensch.

Hier wird Anknüpfungspunkt wie Gefährdung für das Christentum greifbar. Erkenntnis: Die neue Religion trat mit einer Lösung für die Fragen der Kosmogonie und des Sinnes des Lebens vor die Griechen, die als eine Antwort von Gott selbst her sich darbot, Erfüllung also von deren Sehnsucht. Aber es *konnte* zugleich fast gar nicht ausbleiben, daß der griechische Geist, da und indem er die Antwort auf das *eigene* Nachdenken aufnahm, nun die Prinzipien eigener Gottesanschauung in die Antwort hineintrug.

β) Eine ganz andere Lösung des mystischen Einungszieles bietet der Weg der *Mysterien*. Die Mysterien sind eine uralte Einrichtung des Griechentums, so sehr sie später auch vom Orient her beeinflußt wurden. Aber die religionsgeschichtlichen Hintergründe der altgriechischen Mysterienreligiosität müssen hier dahingestellt bleiben. Der Grundgedanke ist fast überall der, daß in einem geheimnisvollen Handeln (*μυστήριον*) die Seele von der durch die Sinnlichkeit gegebenen Unreinigkeit befreit und so in den Stand gesetzt wird, das künftige Gericht, die Gefahren des Weges nach droben ins ewige Licht zu überstehen. Hier bricht der Gedanke an die Unsterblichkeit mit besonderer Kraft hervor. Daneben aber steht der Gedanke, daß die Leiblichkeit, die Sinnlichkeit, das Gebundensein an die Materie das ist, was die Unsterblichkeit verwehrt. Derselbe Gedanke begleitet übrigens auch die intellektualistische Mystik. Von da aus ergibt sich als Begleitmelodie aller späteren griechischen Mystik die Selbsterlösung vom Leibe, die *Askese*. Sie ist Vorbedingung des Heils. Die Begriffe „Gnostiker" und „Asket" werden geradezu Synonyme. Aber die Askese gilt im Bereich der Mysterien meist doch nur als Vorbereitung. Vollendet wird die Erlösung erst durch das sakramentale Handeln, durch das der Mensch die Vergottung erlangt, indem er mit göttlicher Materie in Zusammenhang gebracht wird oder indem er in den Lebensprozeß der Gottheit hineingezogen wird. Solange er in diesem Leben lebt, geschieht das freilich nur sporadisch, auf Höhepunkten des Lebens; in der Ekstase, in der mystischen Schau wird das zukünftige Leben für Augenblicke vorweggenommen. Aber darin hat der Mensch doch zugleich ein Unterpfand für die Zukunft.

Wieder liegt der Anknüpfungspunkt für das christliche Sakrament zutage, wieder aber auch eine Quelle für das Eindringen eines fremden Geistes. Denn auch hier bleiben wir durchaus im Rahmen griechischen Denkens. Auch wo die Reinigungsvorschriften der Mysterien nach der sittlichen Seite hin erweitert werden, bleibt doch, wie es auch in der Stoa und bei den Kynikern der Fall war, das Verhältnis zwischen Gottheit und Menschheit immer das von zwei Naturen, nicht von zwei Willen. Entweder führt eine Steigerung der *wahren* menschlichen Natur, des Geistes, durch Hochzüchtung, Aufwärtsbewegung zu Gott, zum Eingehen in die Gottheit, oder aber die Vernichtung der menschlichen Leibesnatur und ihre Überkleidung mit der Natur Gottes ist das erlösende Moment.

e) In dem allen aber kristallisiert sich zugleich ein den Polytheismus überwindender **Monotheismus** heraus, freilich ein Monotheismus, der nicht an einen persönlichen Gott, sondern an eine philosophische Gottheit denkt.

f) Auch über die **Religion** im engsten Sinne muß noch ein kurzes Wort gesagt werden. Man hat ein Recht, den griechischen Geist in der Philosophie und der Frömmigkeit der Mysterien zu suchen, denn der Götterhimmel selbst hat der philosophischen Bewegung gegenüber nicht standgehalten. Die Philosophie aber hatte ihrerseits nicht vor der Religion haltmachen können; denn ihr Fragen betraf (und betrifft ja noch heute) weithin dieselben Dinge, die auch im Umkreis der Religion behandelt wurden. Das heißt: Die philosophische Entwicklung des damaligen Abendlandes setzte die Volksreligion außer Kraft, wenigstens innerlich; äußerlich blieb der ganze Pomp des Kultus erhalten bis zu späten Zeiten.

Aber Eines hat sie nicht außer Kraft zu setzen vermocht: das religiöse Sehnen des Volkes. An den eigenen Göttern irre geworden, wendet es sich fremden zu. Das große Wandern der zahlreichen Kulte des Ostens nach dem Westen beginnt. Und keiner ist so fremdartig, daß er nicht doch Anhänger findet; teils solche, die sich ihm ganz ergeben, teils solche, die nur einzelne Gedanken übernehmen, andere Gedanken aber von anderen Systemen entlehnen. Eklektizismus und Synkretismus werden so die beiden Kennzeichen der Religiosität der ausgehenden Antike. (Der Synkretismus hat freilich auch noch eine andere, in den antiken Religionen selbst liegende Wurzel.)

g) In diesen großen synkretistischen Prozeß wird dann aber auch die Philosophie wieder hineingezogen. Und damit erst wird das Bild dieses *Synkretismus* voll. Denn nun wogen schließlich alle Religionen, die das Kaiserreich von Italien bis Babylon in sich barg, durcheinander; nun wogen alle philosophischen Schulen durcheinander; nun wogen Religion und Philosophie durcheinander. Und doch ist das alles, so fremd es uns vorkommt, doch wieder ein einziges gewaltiges Zeugnis von der Macht des Religiösen in dieser Zeit. Sogar die Philosophie muß sich der Priorität der religiösen Sehnsucht beugen und zu ihrer Magd werden, seit Poseidonius († etwa 51 v.Chr.)[1].

Es braucht kaum noch im einzelnen ausgesprochen zu werden, was es für das Christentum bedeutete, gerade *diese* Situation vorzufinden, als es seine Mission begann. Die alten Volksreligionen aufgelöst; ohne das wäre der missionarische Erfolg zum mindesten sehr erschwert gewesen. Aber nun doch die Kraft der religiösen Sehnsucht nicht gebrochen; wie hätte auch eine religiös gleichgültige Zeit aufhorchen können, wenn eine neue religiöse Botschaft verkündet wurde. Endlich: Man war gewohnt, neues, vom Osten kommendes, religiöses Gut zu prüfen; so machte man es auch mit dem Christentum.

Zugleich aber wird deutlich sein, daß das Christentum nicht in einen leeren Raum vorgestoßen ist. Es hat wirklich ringen müssen um den Sieg, ringen mit der ganzen Welt der Religiosität, die es damals gab. Man hat es sogar in letzter Zeit ganz besonders stark betont, daß die Kraft des Heidentums keineswegs gebrochen war, als die christliche Mission einsetzte, und hat vor allem auf die Restaurationsversuche der altrömischen Religion hingewiesen, die gerade ein Augustus vorgenommen hat. Solche, von oben um der Massen willen vorgenommenen Restaurationsversuche dürfen freilich in Wahrheit nicht allzu hoch bewertet werden. Die Kraft der altrömischen Religion war doch dahin. Geblieben war nur die antike Religiosität des Synkretismus. Und auch sie zu überwinden, hat es noch einen sehr ernsten Kampf gekostet.

Aber auch hier waren positive Anknüpfungspunkte vorhanden. Das religiöse Sehnen der Zeit konnte nur eine Religion erfüllen, die die Erlösungssehnsucht der Menschen befriedigte, und zugleich nur eine Religion, die dem monotheistischen Zug recht gab, der aufgebrochen war, und endlich auch nur eine Lehre, deren Ethik den ersten wie den letzten in ihren Bann zog. Indem das Christentum die positive Antwort auf die Fragen der Zeit bot, setzte es sich durch.

h) *Keinen Anknüpfungspunkt* für die christliche Mission, *lediglich Kampf*, gab es zwischen der Kirche und der einzigen religiösen Neuschöpfung, die die Kaiserzeit hervorgebracht hat, dem **Kaiserkult.**

Die Wurzeln des Kaiserkults sind sicher orientalischen Ursprungs. In Ägypten z. B. galten die Könige seit alters offiziell als Inkarnationen der Götter und fanden eine dementsprechende Verehrung. Aber auch andere Herrscher des Orients sind in göttlichen Formen verehrt worden. Dieser orientalische Brauch ist dann zuerst von Orientalen auf Alexander d. Gr. übertragen worden, zum Teil gegen den Willen seiner

---

[1] Daß die ganze Breite epikuräischen Lebensgenusses zu gleicher Zeit eine große Rolle im Römischen Reich spielte, ist mit dem Gesagten nicht ausgeschlossen.

griechischen Untertanen. Immerhin gab es aber auch in der griechischen Religion einen Anknüpfungspunkt für solche Verehrung des Königs; auch der griechischen Frömmigkeit ist ja der Gedanke nicht fremd, daß große Helden, Heroen, nach ihrem Tode unter die Zahl der Götter versetzt werden. Und seit dem 4. Jahrhundert sind auch lebende Personen, Staatsmänner wie Philosophen, mit göttlicher Verehrung bedacht worden. So konnte auch ein Grieche die göttliche Verehrung Alexanders als einen folgerichtigen Ausdruck für die überragende Stellung ansehen, die dieser einnahm. In den Erbreichen Alexanders, den Diadochenreichen, hat der Herrscherkult dann eine Fortsetzung erfahren. Als schließlich Rom sich den Osten unterwarf, sind dort im Osten, zunächst noch in den Zeiten der Republik, die römischen Statthalter göttlich verehrt worden. Darin kam deutlich zum Ausdruck, daß die Verehrung jetzt nicht mehr der Person an sich, sondern dem Vertreter des Staates galt. Hier konnte der Kaiserkult ohne jede Schwierigkeit seinen Anschluß finden.

So fremdartig der Gedanke, lebende Menschen göttlich zu verehren, in Rom selbst zunächst empfunden werden mußte, einen gewissen Anknüpfungspunkt fand der Kaiserkult in der *römischen Religion* doch, denn diese ist ihrem Wesen nach nicht persönliche Religiosität, sondern öffentlicher Staatsakt. Durch den Kult bekommen die Götter, was ihnen gebührt, eindeutig damit sie ihrerseits geben, was die Menschen nötig haben. Das Opfer wird so zu einer Pflicht allerersten Ranges für alle Staatsbürger. „Das Wohlwollen der höheren Macht wird verspielt, wenn es nicht durch den Kult festgehalten wird" (Symmachus, Ep. I 46). Je stärker freilich der Individualismus auch in Rom um sich griff, desto unbefriedigter mußte der Einzelne von dieser Religion bleiben. Hier liegt die Wurzel für den *römischen* Synkretismus.

Der stärkste Eingriff war, daß neben den alten Götterkult der Kaiserkult trat. Eine Apotheose Verstorbener konnte sich Rom schon vorstellen. In der Tat ist auf Senatsbeschluß 42 v. Chr. Cäsar nach seinem Tode als Divus Julius unter die Staatsgötter eingereiht worden. Cäsars Nachfolger, Octavian, der dem Reich den Frieden schenkte, hatte noch größeren Anspruch auf die Verehrung des Volkes wie dieser selbst. Es war nur ein lebendiger Ausdruck für diese Verehrung, wenn der Genius des Kaisers, der himmlische Doppelmensch, den er wie alle Menschen hat, zu den Göttern hinzugezählt wurde. Als er dann 27 v. Chr. vollends den Titel *Σεβαστός*, Augustus, d. h. der im religiösen Sinn Verehrungswürdige, der Erhabene, erhielt, stand er tatsächlich schon über dem Volk. Und der Osten hat ihn freiwillig als Gott verehrt; als Weltheiland ist er in Inschriften gefeiert. Dieser Brauch hat sich schließlich auch in Rom durchgesetzt, zumal die Verehrung der Göttin Roma mit dem Kaiserkult verbunden wurde. Auch in Rom ist dann bald schon dem Lebenden wie einem Gott geopfert worden. Eigene Tempel wurden den Kaisern errichtet, eigene Priester für sie angestellt, eigene Festtage eingeführt. Der Kaiserkult wurde schließlich das Band, das die verschiedenen Völker des Reiches über alle Gegensätze der Nationalität und auch der Kultur hinweg religiös einte. Die Juden, die durch ein ausdrückliches Privileg von der Teilnahme an ihm befreit waren, mußten dafür täglich im Tempel von Jerusalem für den Kaiser opfern. Bei dieser Sachlage war es außerordentlich bedeutsam, daß die Christen den Kaiserkult radikal ablehnten.

Literatur

K. Prümm, Religionsgeschichtliches Handbuch für den Raum der altchristlichen Umwelt. Hellenistisch-römische Geistesströmungen und Kulte mit Beachtung des Eigenlebens der Provinzen, 1943;

A. Friedländer, Darstellungen aus der Sittengeschichte Roms, 1922 ff.[10];

Johannes Geffken, Der Ausgang des griechisch-römischen Heidentums, 1920;

Paul Wendland, Die hellenistisch-römische Kultur in ihren Beziehungen zu Judentum und Christentum, 1912[3];

Karl Stürmer, Judentum, Griechentum und Gnosis (ThLZ 73, 1948, Sp. 581 ff.);

Rudolf Bultmann, Das Urchristentum im Rahmen der antiken Religionen, 1963[3].

§ 5. Das Judentum zur Zeit Jesu

Es ist ein eigentümlich widerspruchsvolles Verhältnis, in dem das Christentum zum Judentum steht. Auf der einen Seite ist es ganz zweifellos nicht als Gegensatz gegen das Judentum entstanden, sondern hat nur, im Kern gut jüdisch, dessen Religion zur Vollendung führen wollen, nämlich als Erfüllung alter Verheißungen. So ist das Judentum der Grund, auf dem das Christentum erwachsen ist; Juden waren die ersten, die Jesus anhingen; Juden haben seine Botschaft in die weite Welt getragen; jüdische Synagogen waren die ersten Missionsstationen des Christentums im weiten Römischen Reich.

Aber auf der anderen Seite ist schon bald der Gegensatz gegen die Heiden, in dem die Urchristenheit sich doch wahrhaftig stehend wußte, nicht mehr so tief empfunden worden wie der gegen die Juden. Und wenn Tertullian um 200 n. Chr. gefragt wird, wo die Brunnenstuben der Verfolgung liegen, so weist er auf die jüdischen Synagogen hin.

Beide Beziehungen zum Judentum sind für das Christentum wichtig geworden. Hier ist zunächst aber nur der positive, fördernde Zusammenhang zu schildern, der nicht allein vom Judentum der Heimat, dem Judentum Palästinas, ausging, sondern an dem ganz besonders das Diasporajudentum beteiligt war. Diese Förderung ist um so auffälliger, als *das Judentum* im Römischen Reiche fast so *verachtet* war, wie es das in Deutschland gewesen ist. Taeterrima gens, Abschaum der Menschheit, nennt Tacitus es. Und selbst von blutigen Pogromen, zum Teil sehr blutigen Pogromen, sind Nachrichten überliefert.

Trotzdem ist der Prozentsatz der Juden im Römischen Reich schon zur Zeit Jesu sehr groß gewesen. Wie heute lebten sie allerdings nur in der Kulturwelt. In Ägypten müssen sie 10—12 % der Bevölkerung ausgemacht haben; in Rom waren etwa 2 % der Einwohner Juden. Im ganzen Reich schätzt man die Zahl der Juden auf 4—4½ Millionen; bei 60 Millionen Einwohnern sind das also 7 % der Gesamtbevölkerung (zum Vergleich sei bemerkt, daß in Frankfurt a/Main die Judenschaft vor ihrer Vernichtung nur 6,3 % der Bevölkerung ausmachte). Selbst wenn man die verhältnismäßig große Vermehrungsziffer der Juden in der damaligen Zeit in Betracht zieht, ist das ein unglaublich hoher Prozentsatz. Er kann nur dadurch erklärt werden, daß zahlreiche Nichtjuden sich der jüdischen *Religions*gemeinschaft angeschlossen haben und deshalb als Juden mitgezählt wurden. Man versteht ohne weiteres, was es für das Christentum bedeutete, daß es im Schatten einer so großen Gruppe seine erste Mission im Reich vornehmen konnte.

Wie konnte das *Judentum* angesichts der Stärke des antiken Antisemitismus solch *große missionierende Kraft* entfalten? Das ist die Frage, vor der wir angesichts dieser Tatsache stehen. Auf dreierlei muß zur Lösung des Problems hingewiesen werden:

1. Auf die **Eigenart der alttestamentlichen Religion.** Im Alten Testament wird die Welt *nicht* als ein natürlicher Kosmos verstanden, sondern im strengen Sinne des Wortes als Schöpfung des transzendenten Gottes, und zwar als Schöpfung aus dem Nichts. So auch der Mensch. Dieser ist also nicht in die Natur eingeordnet — so die Stoa —, sondern steht ihr gegenüber, zur Herrschaft über sie berufen. Das hat besonders R. Bultmann betont. Als Schöpfung hat sie auch Teil an der Geschichte, dem eigentlichen Herrschaftsgebiet Gottes nach dem Alten Testament, wie besonders am Jahwisten deutlich wird. Der alttestamentliche Fromme sucht aber nicht die ewig gleichen Gesetze geschichtlichen Geschehens zu erfassen — so der griechische Historiker —, sondern den Plan Gottes, der in ihr verwirklicht wird, ihren theonomen Sinn.

Israel hat nun insofern eine besondere Stellung zu Gott, als dieser das Volk zu *seinem* Volk erwählt hat. *Nicht* wegen der hohen Vorzüge Israels, sondern aus reinem Erbarmen. So gewiß dieser Bund allein in Gott seinen Ursprung hat, so gewiß bindet er nun doch beide Partner. Gottes Exklusivität schließt vor allem den Dienst anderer Götter aus.

Weil Gott in der Geschichte das Volk Israel erwählt hat, deshalb bleibt dieses auch an die Geschichte gebunden; an die Geschichte, die Gottes Heilswille gesetzt hat. So sind denn auch die wesentlichen Feste Geschichtsfeste. Das unterscheidet sie diametral von den Mysterien, in denen das Schicksal der Gottheit selbst im Mittelpunkt steht.

Die Erwählung *kann* nun nationalistisch mißverstanden werden und zwar als sicherer Besitz, nicht als ständig neu zu bewährende Gabe. Hier bricht dann die prophetische Unheilspredigt auf, aber auch, da Gott treu ist, die prophetische Heilspredigt, die auf die Zukunft weist, so daß Prophetie und Eschatologie dasselbe werden.

Nach dem Verlust der nationalen Selbständigkeit wird diese Prophetie, daneben freilich der Kult und das Gesetz, der Halt des Volkes.

Nicht Selbstentfaltung auf ein Ideal hin, sondern Gehorsam gegen Gottes Gesetz ist danach das ethische Ziel. Das Böse ist keine zu überwindende Stufe, sondern ein Verstoß, der Sühne verlangt. *Ver*bote, nicht *Ge*bote bilden sinnentsprechend die entscheidende Norm.

Diese seine strenge, exklusive Eigenart ist das erste werbende Moment des Judentums gewesen.

2. Das Judentum hatte seine *nationale Beschränkung aufgegeben.* Drei Momente sind es wieder, die es in dieser Richtung vorwärtsgetrieben haben.

a) Der strenge, exklusive Nationalismus selbst, der nur Juden den Zutritt zu Gottes Reich offen stehen ließ. Wenn das nämlich der Fall ist, dann ist es einfach sittliche Pflicht, möglichst eifrig *Mission* zu treiben, um so möglichst vielen den Eingang in dieses Reich zu ermöglichen. Die Exklusivität wird also zum größten Anreiz für eine planmäßige Mission. Dazu kommt, daß die Bekehrung der Heiden nach jüdischer Erwartung eine Vorbedingung für das Hereinbrechen des messianischen Zeitalters bildet; seit Deuterojesaja ist dieser Gedanke lebendig; auch in ihm liegt ein starker Anreiz für eine intensive Missionsarbeit (vgl. Mt. 23, 15). Diese mußte aber, wenn sie Erfolg hatte, zu einer nationalen Entschränkung führen.

b) Schon das Judentum Palästinas war keine einheitliche Größe mehr. Neben den Pharisäern standen andere Gruppen, die sich der sie umgebenden Kultur mehr oder minder bereitwillig geöffnet hatten, wie die Sadduzäer, oder solche, die noch strenger waren als die Pharisäer, die Nazoräer, und vor allem die Essener, die uns jetzt durch die Qumranfunde so gut bekannt geworden sind. Hier ist daran wichtig, daß vor allem die iranische Enderwartung die *jüdische Apokalyptik* stark beeinflußt hat. Statt eines irdischen Reiches unter einem irdischen König erwartet man jetzt in anscheinend nicht kleinen Kreisen, daß Gott selbst oder sein Gesandter diese ganze Welt vernichten und eine *neue Welt* der Herrlichkeit schaffen wird; an ihr werden auch Nichtjuden Anteil haben, wenn sie ihr Leben nur den sittlichen Grundforderungen entsprechend geführt haben. Hier liegt deutlich eine nationale Entschränkung vor. Freilich ist die Enderwartung keineswegs einheitlich.

c) Endlich war es wichtig, daß der Tempelkult seine Stelle im Mittelpunkt der jüdischen Religion verlor. Endgültig freilich erst durch die Zerstörung des Tempels im Jahre 70 n. Chr., eine Katastrophe, die durch die nationalistische Richtung innerhalb des Judentums selbst herbeigeführt wurde. In Wirklichkeit hatte der Tempelkult seine Bedeutung aber schon lange vorher eingebüßt. An seine Stelle war das *Gesetz* getreten. Nur weil der Kult im Gesetz geboten war, blieb er. Aber die religiös entscheidende Größe war eben das Gesetz geworden. Damit verlor das Judentum die Bindung an einen bestimmten Ort. Zugleich rückten die sittlichen Gebote statt der zeremoniellen in den Vordergrund. Schon der Schriftgelehrte antwortete auf die Frage nach dem wichtigsten Gebot: „Du sollst Gott, deinen Herrn, lieben von ganzem Herzen ... und deinen Nächsten wie dich selbst“ (Lk. 10,27). Und mit dieser Verschiebung war endlich ein rein geistiger Gottesdienst auch außerhalb des Tempels ermöglicht, ein Gottesdienst, an dem sich, wie die Evangelien zeigen, ein jeder beteiligen konnte. Ein Priestertum ist nicht mehr unbedingt nötig. Das ist um so mehr zu beachten, als gerade in der gleichen Zeit im außerjüdischen Religionswesen der Sakramentalismus seinen Siegeszug antrat, nämlich im Mysterienwesen.

In diesen drei Dingen: Mission, Aufgabe der national-irdischen Zukunftserwartung zugunsten der Hoffnung auf eine Welterneuerung, Lösung des gottesdienstlichen Lebens vom Tempel zugunsten eines rein geistigen, wesentlich auf das Sittliche gerichteten Synagogengottesdienstes, liegen die Hauptmomente, die das Judentum in der damaligen Zeit befähigten, über seine Stammesgrenzen hinauszuwachsen.

Das ist das zweite Moment, das den Missionserfolg des Judentums verständlich macht.

3. Das Dritte ist damit eng verwandt. Mögen sich auch manche, vor allem im Orient, den jüdischen Gemeinden angeschlossen haben, um an den großen Vorrechten teil zu haben, die die Juden in der Fremde erworben hatten, so bleiben doch genug echte Griechen und Römer übrig, die in die jüdischen Gemeinschaften eingetreten sind. Das aber ist nur so zu begreifen, daß das Judentum wirklich *als Religion das religiöse Sehnen* dieser Heiden *befriedigt* hat; das ist jedenfalls die einzige Erklärung, die die Überwindung der antisemitischen Grundstimmung durch diese Heiden verständlich macht. Die

Großmacht des Judentums aber war sein Gottesbegriff. Hier allein auf der ganzen weiten Welt gab es das, wonach sich auch die Heiden damals sehnten, einen ethischen Monotheismus. Der *eine* Gott, sein über alle Sitten erhabenes Sittengesetz, sein Weltgericht, das sind die Dinge, die der Jude der Diaspora, der Missionar, den Römern verkündete. Alles andere trat dem gegenüber zurück. Alles andere trat schon im Synagogengottesdienst in Palästina selbst zurück; wieviel mehr mußte es als nebensächlich gelten gegenüber den Nichtjuden. Die Entschränkung trug hier in der Mission reiche Frucht.

Diese Entschränkung mußte aber in der Diaspora noch weit über das Maß hinausgreifen, das schon in Palästina üblich geworden war. Mochte sich auch der Diasporajude immer und durchaus als Jude fühlen und von daher eine besondere Stellung im Endreich erwarten, er konnte doch nicht anders, als den Verkehr mit den Nichtjuden aufnehmen, den der Pharisäer Palästinas ablehnte. Er mußte die Sprache seines Gastvolkes sprechen, die *κοινή*. Ja, er verlor die Kenntnis des Hebräischen so weit, daß sogar seine Bibel ins Griechische übersetzt werden mußte; in der Septuaginta liegt uns diese griechische Bibel vor. Und wie in der Heimat der Urtext als inspiriert angesehen wurde, so galt nun draußen die Septuaginta als inspiriert. Am stärksten aber tritt der neue, von der hellenistischen Kultur stark beeinflußte Geist des Diasporajudentums in dem eigenen religiösen Schrifttum hervor, das dort erblühte. Geschichtliche Werke wie das II. Makkabäerbuch, eine Sammlung populärer Lebensregeln wie die Weisheit Salomos, rein philosophische Schriften wie die Philos von Alexandrien, Apokalypsen wie die des Baruch sind hier etwa zu nennen.

Auch der am meisten vom Hellenismus beeinflußte Geist, *Philo*, will freilich immer und zu allererst Jude sein. Er hält an den Hoffnungen des Judentums fest, er setzt sich persönlich beim Kaiser für sein Volk ein, er glaubt im Gesetz *die* Fülle aller Weisheit und aller Gotteserkenntnis zu haben. Und alles, was er in Alexandrien an griechischer Weisheit und philosophischer Spekulation in sich aufgenommen hat, ist für ihn doch nur etwas, was auch der eigentliche Gehalt des Gesetzes ist. Allegorische Exegese des Alten Testamentes erschließt gerade diese griechische Weisheit in ihm. Dem Historiker von heute ist es ganz klar, daß Philos Gottesbegriff z. B. wesentlich von der Stoa und von Plato her bestimmt ist; aber Philo hatte etwas, was keine philosophische Schule aufweisen konnte: eine angeblich aus uralter Zeit stammende *Urkunde*, in der Gott selbst diesen monotheistischen Gottesbegriff kundgetan hatte. Und er hatte zugleich vom Judentum her etwas, das seinen Monotheismus dem der Philosophen überlegen machte: Als Jude konnte er sich Gott wirklich als ein rein geistiges und persönliches Wesen denken, während die griechischen Denker eigentlich immer nur bis zu einem sublimierten Materialismus und dem Gedanken einer Gott*heit* vorgedrungen waren.

So ist hier in der Diaspora altes jüdisches und neues hellenistisches Gut völlig durcheinander gewürfelt. So stark das Neue aber auch eingewirkt hat, die alten jüdischen Grenzen vermag es nicht zu verwischen. Die ganze hellenistische Kultur wird freudig übernommen, und doch bleibt man auch als Hellenist immer noch Jude. Gerade aber diese Verbindung des Judentums mit der Kultur der Gastvölker mußte diesen den Übergang zum Judentum stark erleichtern. Wie erschwert es die christliche Mission heute, daß der Übergang zum Christentum fast immer zugleich den Übergang in eine neue Kultur bedeutet! Die Hellenisierung des Judentums in der Diaspora hat den Anstoß, den das Judentum an sich mit seinen Anschauungen beim Hellenisten erregen mußte, weithin beseitigt. Was aber konnte man ihm da nicht alles bieten?! Einen Monotheismus, wo das Heidentum eben selbst anfing, an seinem Polytheismus irre zu werden; eine Ethik, die der der höchsten heidnischen Philosophen mindesten gleich kam, die die der heidnischen Masse aber weit überragte; eine bildlose und geistige Verehrung Gottes, wie sie gerade die Religiosität der gebildeten, aufgeklärten Oberschicht im römischen Reich verlangte; eine sichere Vergeltungshoffnung statt der unsicheren Unsterblichkeitshoffnung der Philosophie. Und das alles nun — und das ist das Entscheidende — nicht als philosophische Spekulation, sondern als eine historische Religion, die ihren Ursprung auf eine Offenbarung Gottes selbst gründete, eine Offenbarung, die in Urkunden aus so alter Zeit zu der Gegenwart redete, daß keine griechische oder römische Überlieferung bis dahin zurückreichte. Diese heiligen Urkunden aber wiesen über sich selbst hinaus; sie verkündeten selbst, daß ein Messias kommen sollte, der die Welt erlösen würde. Uralte Tradition und lebendigste Zukunftshoffnung reichten sich hier also die Hand und machen den Erfolg der jüdischen Mission verständlich.

Aber auch das Christentum konnte sich absolut organisch dem alten Aufbau anfügen. Sein Auftreten und sein Anspruch brauchte niemand in Erstaunen zu setzen, denn es wußte sich ja nur als die Erfüllung der alten Verheißungen, auf die jeder Jude hoffte. So ist es selbstverständlich, daß die christliche Mission sich zunächst an die Juden des Reiches wandte.

Die jüdische Mission im Reich hat der christlichen also das Feld bereitet, indem sie in den meisten Städten Gemeinden gegründet hat, an die sich die christliche Botschaft zuerst wandte, in denen sie Gehilfen und Mitarbeiter fand, sogar solche, die über gute biblische Vorkenntnisse verfügten und die auch schon eine katechetische und liturgische Schulung durchgemacht hatten. Und auch die Verpflichtung zur

Mission war ihnen schon vom Judentum her selbstverständlich. Man kann die Hilfe, die hier geboten ist, also kaum überschätzen.

Als besonders wichtig für das Urchristentum hat sich inhaltlich die Septuaginta erwiesen, dazu die jüdische Volksliteratur der letzten vorchristlichen Jahrhunderte, die unter dem Zeichen der Apokalyptik stand. Nicht nur in dem Sinne, daß die Erwartung der Endzeit sie füllte, sondern auch in dem Sinn, daß sie die ganze Geschichte unter dem end- und heilsgeschichtlichen Aspekt betrachtete. Die Geschichtstheologie des Neuen Testaments wurzelt hier; zentrale Begriffe in ihm sind hier vorgebildet (Reich Gottes, Menschensohn), entscheidende Probleme vorbereitet (Gottes Gerechtigkeit, die Verknüpfung der kosmischen Geschichte mit der Menschheitsgeschichte, der Kampf der Aeonen miteinander usw.). „Die apokalyptische Gedankenwelt ist die geistige Welt, in der die Männer des Neuen Testamentes zu Hause waren" (Stauffer). *Nicht* die Welt der hellenistischen Religiosität! Gerade die lexikographische Durchforschung des Neuen Testamentes hat vielmehr gezeigt, daß Altes Testament und LXX seinen Quellgrund bilden. Der hellenistischen Gnosis gilt sein Kampf.

Literatur

E. Kautzsch, Die Apokryphen und Pseudepigraphen des Alten Testaments, 1900;

Wilhelm Bousset und Hugo Greßmann, Die Religion des Judentums im späthellenistischen Zeitalter, 1926[3] (= Handbuch zum Neuen Testament, 21);

H. Bardtke, Die Handschriftenfunde am Toten Meer, Bd. I 1953[2], Bd. II 1958.

§ 6. Jesus und das Urchristentum

Die wissenschaftliche Theologie und die öffentliche Meinung standen sich in bezug auf Jesus in den letzten Jahrzehnten in einem klaffenden Zwiespalt gegenüber. Versuchte letztere weithin, Jesus so stark wie möglich oder gar ganz vom Judentum zu trennen, so steht die Theologie vielmehr vor der brennenden Frage: Was scheidet Jesus denn eigentlich vom Judentum? Für jedes seiner Worte, auch die der Bergpredigt, lassen sich Parallelen aus dem jüdischen Schrifttum beibringen. Sein gesamter religiöser Wortschatz entstammt dem Judentum; er hat keinen einzigen Begriff neu in die Religionsgeschichte eingeführt. Was ist also das Neue an ihm?

Noch von einem anderen Ausgangspunkt her wird dieselbe Frage akut. Jesus hat unzweifelhaft an die von Johannes dem Täufer ausgelöste Bewegung angeknüpft. Johannes den Täufer hat das Judentum ertragen, Jesus brachte es ans Kreuz. Worin liegt der Unterschied zwischen beiden?

1. **Johannes der Täufer.** Waschungen und Taufen waren dem Judentum vom levitischen Reinigungszeremoniell her geläufig. Man kannte sogar zwei notwendige Formen der Taufe:

a) die Proselytentaufe, die Taufe zur Beseitigung der heidnischen Unreinheit, der sich jeder unterziehen mußte, der als Heide zur jüdischen Religion übertrat;

b) die eschatologische Taufe; auch sie eine Reinigungstaufe, die aber nun den Zugang ins Reich Gottes eröffnet und der sich deshalb ein jeder unterwerfen muß, der an ihm teilhaben will.

Als solche eschatologische Taufe muß die Taufe des Johannes verstanden werden; sie erfolgt, weil „das Himmelreich nahe herbeigekommen ist", als Vorbereitung für sein Kommen, zur Reinigung auf dies Reich hin, nämlich „zur Vergebung der Sünden". Und das Teilhaben an diesem Reich ist auch nicht auf die leiblichen Abrahamskinder beschränkt; Gott kann Abraham auch aus den Steinen der Wüste Kinder erwecken.

Die Eigenart des Johannes scheint in seinem Namen ausgesprochen zu sein. Er taufte, während sonst Selbsttaufe dem jüdischen Brauch entsprach.

Diese johanneische Taufvorbereitung auf das Reich Gottes hat das Judentum trotz der herben Bußpredigt ertragen, die mit ihr verbunden war.

2. **Jesus.** In dreifacher Hinsicht steht Jesus vor uns: als Prophet, als Messias, als Erlöser.

a) Zunächst als ein **Prophet,** der eine neue Botschaft von Gott und Gottes Reich zu verkünden hat. Und diese Botschaft kehrt das Gott-Mensch-Verhältnis, wie es das Judentum sah, gerade um. Gesetzeserfüllung eröffnet nach jüdischer Anschauung den Weg zu Gott; eventuell kann die Buße, als Ersatzleistung verstanden, an die Stelle der Gesetzeserfüllung treten. Auch ein Johannes der Täufer sieht in der Buße die Haltung, die Gottes Erbarmen herbeizwingt. Dieses Verhältnis dreht Jesus um. Nach ihm ist nicht Gott dem Sünder gnädig, weil dieser Buße tut, sondern dieser tut Buße, weil Gott ihm gnädig ist, weil Gott durch seine Güte das Herz des Menschen gewinnt. Dieser an nichts gebundene, durch keine Tat des Menschen zu verdienende Vergebungswille kommt z.B. im Gleichnis vom verlorenen Schaf unvergleichlich schön zum Ausdruck; oder in Jesu Schilderung Gottes als des barmherzigen Vaters, der seine Sonne aufgehen läßt über Gute wie Böse, der nicht fragt: „Wie stehst du zu mir?" und der eben dadurch das Herz des Menschen gewinnt, des Menschen, der dieser Güte inne wird.

Diese Zuneigung des Herzens, diese Hingabe an Gott aber kann sich nicht anders vollziehen als eben in der *Buße*. Wenn der Mensch sich vor die Majestät, diese Majestät Gottes gestellt sieht, muß ihm die eigene Nichtigkeit zum Bewußtsein kommen. „Ihr sollt vollkommen sein, wie euer Vater im Himmel vollkommen ist!" Das ist der Mensch *nicht*. So wird die Güte Gottes zum Gericht über die Menschen, aber zum Gericht, das nicht Gericht bleibt. Gott überwindet vielmehr auch die Willensgetrenntheit von ihm, die sich in der Zerknirschung kundtut; über sie hinaus ruft er den Sünder zur Sohnschaft.

So kommt der Mensch aus der Gedrücktheit irdischer Sorgen, aus der peinvollen Not dräuender Gesetzesforderungen zur Seligkeit der Kindschaft Gottes. Erlösung! Aber keine Erlösung, die auf einem strebenden Bemühen des Menschen beruht, keine Erlösung des Gerechten, keine Vergeltung der Bußleistung; der Mensch, der seinen Wert verloren hat, steht Gott vielmehr besonders nahe; gerade ihm neigt Gott sich zu.

Mit dieser Predigt hebt Jesus in der Tat den Wert des Gesetzes auf. Dieses bildete ja nicht mehr die Grundlage des Gottesverhältnisses. Mit dieser Predigt lästerte er für jüdische Ohren sogar Gott, denn die Beziehung Gottes zum *Sünder* behaupten, hieß nach jüdischer Auffassung, die Heiligkeit Gottes verspotten. Das Kreuz ist die notwendige Antwort auf diese Lästerung. Ebenso aber empfand der hellenistische Heide. Widersinnig, ja verwerflich, nennt Celsus die christliche Gottesvorstellung. Wie wenn der Gott der Christen ein Räuberhauptmann wäre, der Verbrecher um sich sammelte, so sammeln nach ihm die Christen das Lumpengesindel der Welt auf und meinen, damit Gottes Willen zu vollziehen, während Gott doch in Wirklichkeit nur reine Hände ansieht, die zu ihm erhoben werden (Origenes, Contra Celsum III 59). Das sittliche Empfinden revoltierte einfach gegen diese Möglichkeit — „den Juden ein Ärgernis und den Griechen eine Torheit" (1.Kor.1,23) — und revoltiert bis heute hin immer wieder gegen sie.

In Wirklichkeit freilich hat Jesus aus diesem angeblich unsittlichen Gottesbegriff eine *Ethik* hergeleitet, die an Einfachheit zugleich wie an Tiefe ihresgleichen sucht. Denn die das Herz des Menschen bezwingende Güte Gottes löst — man denke an die Geschichte von der großen Sünderin (Lk.7,37ff.) — eine Dankbarkeit aus, die nur im vollendeten Kindesgehorsam und in der vollendeten Dienstbereitschaft ihr Genüge finden kann. Und dieser Gehorsam wird verstanden als die Hingabe des ganzen Herzens an Gott und an dessen Kind, den Nächsten. Reflektionslos, gesetzlos! Der barmherzige Samariter!

Das alles findet seine letzte Vollendung freilich erst im Reiche Gottes, das zwar als eine eschatologische Größe vor den Menschen steht, aber als solche auch schon gegenwärtig ist. Daß dies Reich da ist, das ist die Botschaft des Propheten, die frohe Botschaft!

b) Aber Jesus ist mehr als der Prophet, der das Reich verkündet; er ist selbst sein Bringer, er ist selbst der **Messias.** So hat er selbst erkannt sein wollen. Freilich will er zunächst nichts anderes sein als wir alle sind, eines Menschen Sohn. Die Synoptiker zeigen es deutlich: Müdewerden und Verzagtsein, Ringen-Müssen um die rechte Gotteserkenntnis und den rechten Gottesgehorsam, ja, an Gott Verzweifeln, wenn auch nur für einen Augenblick, das alles sind Züge, die nur bei einem *Menschen* denkbar sind; aber eben dieser Mensch Jesus weiß sich als der Messias, der Gesandte des Herrn. Freilich nicht im Sinne alles dessen, was die jüdische Messiaserwartung mit dem Begriff verbunden hatte. Als teuflisch wird das alles schon in der Versuchungsgeschichte abgetan. Aber andererseits: Ohne die Annahme der Würde wäre seine ganze Predigt vom Reich Gottes hinfällig gewesen. Dann hätten seine Hörer noch eines anderen warten müssen. Das aber ist nicht der Fall. Er selbst bringt das Reich. Auch dieser Anspruch liegt im Titel „Menschensohn", wie er uns aus Daniel 7 und der Apokalypse des Henoch bekannt ist; „die anspruchsvollste Selbstprädikation, die ein Mensch im antiken Orient überhaupt in den Mund nehmen konnte" (Stauffer). Er ist der vom Himmel Kommende, dem Gott die Weltherrschaft überträgt. An seiner Person entscheidet sich deshalb die Stellung des Menschen zu Gott. Das „Richter-Sein" ist das Erste, was Jesus als der Messias für sich in Anspruch nimmt. Aber: dieser Richter *vergibt* (Mc. 2). Die Vollmacht, Sünden zu vergeben auf Erden, ist das Zweite, das Jesus in Anspruch nimmt. Durch sie führt er die Menschen in die Gemeinschaft des Vaters. Durch sie wird er der *κύριος*, der Herr, für alle, denen er die Pforte zum Vater ward. Durch sie bringt er das Reich.

In ihm ist das Reich Gottes gegenwärtig (Luk. 17, 21), freilich nicht für jedermann sichtbar, sondern verborgen, so verborgen, daß sich viele an ihm ärgern, nur dem Glauben schaubar. Dem Glauben ist es in Christus aber auch real gegenwärtig. Zugleich ist das gegenwärtige Reich aber auch noch ein kommendes; erst bei der Wiederkunft des Menschensohnes in Herrlichkeit wird es allen offenbar. Diese Doppelheit der Aussagen vom Reich Gottes ist für das ganze Neue Testament charakteristisch (vgl. § 1).

c) Und endlich ist Jesus der **Erlöser.** Auch hier ist wieder ein Doppeltes wichtig.

Inhalt der Botschaft wie Vollmacht des Botschafters bringen den Menschen aus dem Knechtes- ins Sohnesverhältnis zu Gott. Das ist schon Erlösung. Aber beides bringt den Träger der Botschaft in das

Gericht der Menschen. Erst indem er *nicht* weicht, erst indem er die Botschaft nicht preisgibt vor der Gefahr, vollendet er die Erlösung. Die Preisgabe hätte ihn gerettet, die Menschheit aber in der Knechtschaft gelassen. Der Tod am Kreuz ist wirklich das Siegel der Tat auf die Botschaft; er erst vollendet sie.

Aber dazu ein anderes! Die Synoptiker lassen es in einer ganz erstaunlichen Erzählertreue noch deutlich werden, daß der drohende Sklaventod für Jesus schwere, ja schwerste Anfechtung bedeutet hat. Das Ende in Not — ist das wirklich das Ziel, das Gott seinem Messias gesetzt hat? Der Schandtod am Pfahl, welchen Sinn hat er bloß? Es ist nirgends mit dürren Worten ausgesprochen, was Jesus selbst den Sinn erschlossen hat, und doch ist kaum zweifelhaft, daß Jesaja 53 hier die Brücke geworden ist, die ihm den Zugang eröffnete. Das stellvertretende Leiden des Gerechten! „Der gute Hirte leidet für die Schafe." Ein Gericht wird hier vollzogen, das die ganze Fehlsamkeit der Menschen in der denkbar größten Steigerung der Sünde enthüllt, ein Gericht zugleich, das die ganze Heiligkeit des die Sünde verdammenden Gottes offenbart, ein Gericht aber auch, das, indem es getragen wird in Geduld, der Strafe enthebt. Sophokles läßt Oedipus auf Kolonos das Wort sprechen:

„Denn *eine* Seele, wenn sie reingesinnt erscheint,
kann, mein ich, büßen für Unzählige."

So ist Jesus der Erlöser geworden. „Die *Strafe* liegt auf ihm, auf daß wir Frieden hätten, und durch seine Wunden sind wir geheilet."

d) Indem Jesus das Gottesreich begründet, verwirklicht er Gottes eschatologischen Heilsplan und begründet so das neue Gottesvolk, d. h. **er gründet die Kirche.** Seine Arbeit gilt primär den verlorenen Schafen vom Hause Israel. Die Zwölfzahl der Apostel zeigt aber, daß es um *ganz* Israel geht; ihre Aussendung besagt dasselbe. Aber die Führung des Volkes entscheidet sich gegen ihn, darin aber das Volk selbst. So muß Gottes Heilsplan auf einem neuen Wege verwirklicht werden; sinnvoll ist Mt. 16, 18 der Spruch von der Kirche Jesu mit der Leidensankündigung verbunden. Es ist aber auch sinnvoll, daß hier futurisch geredet ist, denn die Absage des Volkes muß noch vollendet werden und Gott muß seinen Messias durch die Auferweckung noch beglaubigen, ehe das neue Gottesvolk in Erscheinung treten kann, die Verwirklichung des *neuen* Bundes. An ihm aber hat auch die Völkerwelt teil: Das Wort vom Lösegeld und auch das Kelchwort beim Abendmahl zeigen diesen universalistischen Charakter deutlich, wie besonders Joachim Jeremias gezeigt hat.

Wenn die Kirche das neue, echte Gottesvolk ist, dann ist verständlich, daß auch die Prädikate des Gottesvolkes auf sie angewandt werden: Die *Christen* sind das auserwählte Geschlecht, das Volk des Heiligtums, ja sie sind *die* Heiligen.

Zugleich damit ist der Zusammenhang mit dem Alten Testament zwingend gegeben: Der *neue* Bund ist die Erfüllung *seiner* Verheißungen. Aber auch die Scheidung zwischen der Synagoge und der Kirche ist damit gegeben, nämlich als Scheidung zwischen Fehlbildung und Vollendung. Doch hat es noch einige Kämpfe gekostet, bis das allen deutlich war.

3. **Petrus und die Urgemeinde.** Den Sinn des Todes Jesu hat die Jüngerschar zunächst nicht verstanden; sie zerstiebt vor dem Kreuz in alle Winde. Erst die Ostererfahrung führt sie wieder zusammen, und die Pfingsterfahrung legt den Grund zu einem Wirken in Kraft. Merkwürdigerweise aber zunächst nicht in Gegensatz zur alten jüdischen Gemeinde, sondern mitten in ihr. Man behielt als selbstverständlich ihre Bibel, das Alte Testament, wie Jesus sie behalten hatte. Man behielt aber auch das Gesetz, wie man es immer gehalten hatte. Selbst dem Tempelkult blieb man treu. Nur eines hatte man eigen: Man hatte den Christus gefunden, auf den die andern warteten; man lebte in seiner fortdauernden Gegenwart, man wußte sich als seine, als Gottes *ἐκκλησία*, die wahre Gemeinde Gottes, die Berufene, auf deren selige Heimholung man sehnsüchtig wartete.

In dieser Kirche aber bekamen die Apostel eine Sonderaufgabe, nicht nur als Sendboten an die 12 Stämme Israels und als die künftigen Führer der Kirche, sondern auch als die bevorrechtigten und bevollmächtigten Träger der Botschaft.

In diesem Kreis der Zwölf hat nun *Petrus* wieder eine Sonderstellung eingenommen. Er ist der Sprecher des Kreises. Er ist auch der Erste, dem der Auferstandene sich offenbart. Er bekommt endlich von Christus eine besondere, und zwar geradezu fundamentale Aufgabe für die werdende Kirche (Luk. 22,31 ff.; Matth. 16,18 f.; Joh. 21,15 ff.). Der Anfang der Apostelgeschichte zeigt Petrus deutlich in der beherrschenden Stellung, die diesen Worten der Evangelien entspricht. Diese Führerstellung aber hat Petrus nicht als Person inne — als Person ist er schwach —, sondern es handelt sich um einen ihm vom Herrn selbst verliehenen Vorrang; daran kann nach den Forschungen der letzten Jahre kaum mehr gezweifelt werden. Schon die jüdische Theologie der damaligen Zeit kannte irdische Personen, die, unter dem besonderen Schutz eines himmlischen Fürsprechers stehend, stellvertretend die Verantwortung für das Heil des Gottesvolkes trugen. In diesem Sinne etwa wird Petrus von dem auferstandenen Herrn mit der Leitung der Kirche beauftragt sein; so wird er der Fels, auf dem die Kirche erbaut wird.

Aber in Jerusalem verliert Petrus die Führung. Sie geht über auf den Herrenbruder *Jakobus*. Dieser wollte Jerusalem zur heiligen Stadt des Neuen Bundes machen, zur zentralen Stelle zugleich für den kirchlichen Aufbau, der die Christen des ganzen Reiches umfassen sollte. Doch blieb das eine Episode. Indes in Syrien und Kleinasien verlor Petrus die Führung auch. Dort wird Paulus zunächst die maßgebende Autorität, dann Johannes. Vielleicht ist diese doppelte Verdrängung der Grund gewesen, warum Petrus sich nach Rom begeben hat. Von der Reichshauptstadt suchte er die Primatstellung, die ihm anbefohlen war und die er im Osten verloren hatte, zu halten (Stauffer).

Die paulinischen Briefe zeigen, welch große Spannungen das Ringen um die Führung in die Urchristenheit hineingetragen hat.

Einig war man sich aber in dem Bewußtsein, daß Jesus von Nazareth der Messias Gottes sei. Es konnte gar nicht ausbleiben, daß daraus *Schwierigkeiten mit dem Judentum* erwuchsen. Sie steigerten sich bis hin zu blutigen Verfolgungen. Aber wichtig an diesen Verfolgungen sind nicht so sehr sie selbst, sondern wichtig ist an ihnen erstens, daß sie zu einer weiteren Verbreitung des Christentums den Grund legten, wie die Apostelgeschichte deutlich zeigt, und zweitens, daß die Christengemeinde sich dadurch vor die Frage „Judentum und Christentum" gestellt sah; anders ausgedrückt, daß die Frage des Gesetzes dadurch für sie akut wurde. Der, der hier die Entscheidung heraufführte, war Paulus.

4. **Paulus.** a) Die Frage Paulus — Jesus ist ein unendlich viel verhandeltes Problem. Trotz allem, was Gegenteiliges darüber geschrieben ist, ist kaum zweifelhaft, daß Paulus Christus wirklich im Tiefsten verstanden hat. Er weiß von der Höhe der Gottesforderung, die kein Mensch erfüllen kann; er weiß also, daß jeder Mensch verloren ist, der Gott mit seinen Taten gegenübertritt. Das Gesetz schafft nicht Gerechtigkeit, sondern Zorn. Aber Paulus hat demgegenüber auch von Jesus gelernt, daß Gott die unbedingte Liebe ist, die Liebe, die dem Gottlosen die Sünde vergibt, oder, wie der Rabbiner Paulus es ausdrückt, ihn rechtfertigt. Paulus hat schließlich auch gewußt, daß mit der Sündenvergebung zugleich alles andere uns von Gott geschenkt ist, ewiges Leben und Herrschaft über alle Mächte, die wider Gott sind (Röm. 5, 17—21).

Diese Liebe Gottes aber leuchtet den Menschen auf im Angesicht Jesu Christi. „Gott hat einen hellen Schein in unsere Herzen gegeben ... zur Erkenntnis der Herrlichkeit Gottes im Angesicht Jesu Christi" (2. Kor. 4, 6).

Christus nämlich hat sich aus Liebe für die Sünder dem schwersten Tod, dem Kreuzestod, überantworten lassen. Daran erkennen wir *seine* Liebe. Der Kreuzestod ist aber zugleich auch der Beweis für die übergroße *Liebe Gottes*. Denn Paulus weiß, daß alles, was auf Erden geschieht, von Gott gewirkt wird. Gott selbst hat also Jesus, seinen Sohn, in den Tod an dem Galgen dahingegeben. Der Vater hat den Sohn so sterben lassen, damit uns das Heil nicht verlorengehen sollte, also für uns. Es ist wirklich der Gedanke, den Johannnes dann auf die klassische Formel gebracht hat: „Also hat Gott die Welt geliebt, daß er seinen eingeborenen Sohn gab, auf daß alle, die an ihn glauben, nicht verloren werden, sondern das ewige Leben haben" (3,16). Von da aus ist verständlich, daß für Paulus gerade das Kreuz zum Symbol des Christentums schlechthin wurde. Und Gott läßt nun auch fernerhin diesen seinen Liebeswillen den Menschen verkündigen durch das Amt der Versöhnung.

Das alles zeugt wirklich von so klarem Verständnis der Botschaft und des Werkes Jesu, daß man nur wünschen könnte, die christliche Kirche hätte alle Zeit ein ebenso klares Gefühl für diese Dinge bewahrt.

b) Von diesem Grunde aus aber war es Paulus zugleich klar — obwohl oder vielmehr weil er selbst ein Pharisäer gewesen war —, *daß das Gesetz keine Statt mehr habe im Christentum*. Denn der Gehorsam gegen den Buchstaben des Gesetzes hat Israel dazu geführt, den Gesandten Gottes zu verwerfen. Und in leidenschaftlichem Kampf mit seinen Gemeinden, in leidenschaftlichem Kampf vor allem mit der Urgemeinde hat er die **Befreiung der Heiden vom** jüdischen **Gesetz** ertrotzt. Damit hat er die Vorbedingung geschaffen, von der geradezu alles abhing für die weitere Geschichte der Kirche. Denn nur wenn das Gesetz fiel, konnte das Christentum die universale Bedeutung gewinnen, die es bekommen hat.

Und nun denkt Paulus das *„Christus allein"*, das ihm an der Gesetzesfrage aufgegangen ist, ernsthaft durch, wahrscheinlich im Anschluß an Gedanken, die schon in der jüdischen Apokalyptik lebendig geworden waren. Christus wird ihm der Schlüssel für die Heilsgeschichte Gottes (Röm. 1—5), Christus ist der Herr auch über den Kosmos und alle Schicksalsmächte und gewinnt so wahrhaft kosmische Bedeutung (Röm. 8; Kol. 1 und 2); ja, Paulus gewinnt so schließlich den Gedanken, daß Christus am Ende alle Gegenmächte Gottes besiegt und zu Gott führt, eine wahrhaft universale Heilsschau (Röm. 5 und 11; Phil. 2 und Kol. 1).

In der Beseitigung des Gesetzes und in der kosmisch-zentralen Schau Christi liegt die erste große Tat des Paulus, die Vorbedingung der Mission.

c) Dazu kommt die zweite. Er hat zugleich auch selbst den entscheidenden **missionarischen Vorstoß in die antike Welt** unternommen.

Juden waren die ersten gewesen, die sich Jesus im Glauben angeschlossen hatten. Aber schon früh war in Jerusalem selbst der Kreis erweitert worden. Hellenisten, d. h. Diasporajuden, schlossen sich der Kirche an. Spannungen zwischen ihnen und der Urgemeinde blieben nicht aus. Zu ihrer Überwindung wurden sieben aus der Mitte der Hellenisten zu Diakonen bestellt. Deren Haupttätigkeit scheint dann freilich nach der Apostelgeschichte die *Missions*arbeit unter den Hellenisten gewesen zu sein. Als einer von ihnen, Stephanus, Jesu Botschaft vom baldigen Ende des Tempels und des Gesetzes verkündete, kam es zu einer Verfolgung seitens der Juden, die diese Hellenisten — nur sie! — aus Palästina vertrieb. In der Diaspora, nämlich in Phönizien, Syrien und auf Cypern arbeiteten sie weiter. Die dort entstandenen Gemeinden wurden von Jerusalem aus, wohl nach dem Muster der jüdischen Kultverfassung, visitiert.

In diese Missionsarbeit der Diaspora trat Paulus ein und erweiterte sie zur *Heidenmission.* Vom syrisch-griechischen Antiochien aus stieß er in den geistigen Brennpunkt Kleinasiens, Ephesus, vor, und in das Herz des Griechentums: nach Thessaloniki, Athen und Korinth; schließlich in die Hauptstadt der Welt, Rom. Herkunft und Erziehung — Diasporajude mit römischen Bürgerrecht! — hatten ihn geradezu dafür prädestiniert.

d) Und endlich: Niemand anders als der jüdische Rabbiner Paulus hat das Christentum verkündet in der Sprache der Missionswelt selbst, der *κοινή*. Es ist nicht zu verkennen, *wie* stark er damit seiner Gräzisierung vorgearbeitet hat, obwohl er selbst wesentlich von der jüdischen Tradition bestimmt war; seine Sakramentslehre z. B. steht inhaltlich der der Mysterien direkt gegenüber. Aber indem Paulus aus den Mysterien Sprache und Vorstellungswelt aufnimmt, bietet schon er hellenistischem Geist eine Möglichkeit, sich des Evangeliums zu bemächtigen. Dasselbe tut er, wenn er in der Abwehr einer judaisierenden Gnosis deren Begriffe aufnimmt und auf Christus überträgt, wie im Kolosserbrief geschehen. Diese Hineinstellung des Evangeliums in die griechische Geisteswelt war gewiß Voraussetzung für den Erfolg, missionarische Großtat; aber man *kann* gar nicht verkennen, daß hier zugleich Fremdartiges seinen Ansatzpunkt suchen konnte und gesucht hat.

5. **Johannes.** Das wird noch stärker bei Johannes spürbar, der nach Paulus die Leitung der kleinasiatischen Gemeinden übernimmt und dort eine johanneische Tradition begründet hat, die sich noch lange gegen die römisch-petrinische zu behaupten wußte. Zwar hat auch er, und gerade er, die Grundkonzeption des Evangeliums energisch festgehalten. Daß in der *geschichtlichen* Person Jesu Gott entscheidend

mit uns handelt und nicht nur ein Geist in ihm die Welt streift, diese Lehre ist geradezu die Rettung des Christentums vor einer Verkehrung in eine gnostische Spekulation gewesen. Aber in der Hineinziehung Christi ins Kosmische, die auch Johannnes eigen ist, in seiner Mystik und in seiner Übertragung des Logosnamens auf Jesus liegen zugleich wieder stärkste Möglichkeiten der Umdeutung und der Mißdeutung vor.

Auf jeden Fall ist klar: Der Ansatzpunkt für die weitere Entwicklung des Christentums ist schon in der apostolischen Zeit gelegt. Es klafft kein prinzipieller Riß zwischen ihr und der nachapostolischen Zeit.

Literatur

Ethelbert Stauffer, Die Theologie des Neuen Testaments, 1948⁴;
Rudolf Bultmann, Theologie des Neuen Testaments, 1961⁴;
Karl Holl, Urchristentum und Religionsgeschichte (Gesammelte Aufsätze II, 1928, S. 1—32);
Hans Walter Wolff, Jesaja 53 im Urchristentum, 1942;
Eduard Lohse, Märtyrer und Gottesknecht, 1964²;
Ethelbert Stauffer, Jesus, Gestalt und Geschichte, 1957;
Günther Bornkamm, Jesus von Nazareth, 1957²;
Oskar Cullmann, Petrus, 1951;
M. Dibelius-W. G. Kümmel, Paulus, 1951.

§ 7. Die Ausbreitung des Christentums

In zwei Gruppen ist das Christentum seit Paulus aufgespalten, eine judenchristliche und eine heidenchristliche; beide haben aber trotz des ungeheuer tiefgreifenden Unterschiedes in der äußeren Lebensgestaltung, der zwischen ihnen obwaltete, zunächst die Gemeinschaft untereinander aufrechterhalten können.

1. Das **Judenchristentum** blieb unter der Führung des Herrenbruders Jakobus dem Gesetz treu. Jakobus bekam sogar den auszeichnenden Beinamen „der Gerechte“, der nur Männern von beispielhaftem Wandel im Gesetz verliehen wurde. Es ist ein Rätsel, daß er trotzdem den gesetzesfreien Heidenchristen die Bruderschaft in Christus zugestand; denn darin liegt doch ausgesprochen, daß auch ihm das Gesetz bzw. die Zugehörigkeit zum jüdischen Volkstum nicht mehr als heilsnotwendig galt. Ein Rätsel freilich auch, daß die Juden ihrerseits die gesetzestreuen Christen solange trugen, wie sie es taten. Daß sie es taten, beweist das Verhalten des Paulus bei seinem letzten Aufenthalt in Jerusalem (Apg. 21).

Die judenchristliche Gemeinde scheint schnell gewachsen zu sein (vgl. Apg. 21, 20), ohne daß Einzelheiten berichtet werden können. Vielleicht deswegen kam es auch bald zu Reibungen mit dem Judentum. Selbst Jakobus ist durch seine Gesetzestreue nicht vor dem Martyrium bewahrt worden; er wurde, wohl im Jahre 62, gesteinigt. Aber auch diese Erfahrung löste die Gemeinde nicht vom Gesetz. Sie wählte wieder einen Verwandten Jesu, seinen Vetter Simeon, Sohn des Klopas, zu ihrem Vorsteher. Und auch nach dessen Märtyrertod unter Trajan blieb sie noch bei dieser Praxis. Nur verließ sie schon vor dem jüdischen Krieg den heißen Boden der heiligen Stadt und siedelte nach Pella im Ostjordanland über. Dadurch, daß das Judenchristentum beim Kampf der jüdischen Nationalisten mit Rom bewußt abseits stand, rettete es sich zwar vor der Vernichtung, die es sonst zusammen mit dem jüdischen Nationalstaat erlitten hätte. Aber mit der Vernichtung des Tempels und seines Kultes verlor es zugleich die religiöse Grundlage seines Anspruches; es wurde eine Sondergruppe, die von der heidenchristlichen Großkirche schon bald als ketzerisch beurteilt wurde. Aber auch von den Juden wurde es bald radikal abgelehnt und unter Barkochba wieder blutig verfolgt. Immerhin hat es, in verschiedene Gruppen aufgespalten, noch ein paar Jahrhunderte vegetiert, ehe es, vielleicht erst 635 bei der arabischen Invasion, verschwand. Seine „unklare Mittelstellung“ zwischen dem gesetzesfreien Heidenchristentum paulinischer Observanz und dem echten Judentum ließ einen anderen Ausgang kaum zu. Die Zukunft der Kirche lag bei den Heidenchristen.

2. Die heidenchristliche Mission. Schon die hellenistischen Judenchristen hatten die neue Botschaft in die *hellenistische* Welt getragen. Paulus löste die dortige Christenheit vom Gesetz und ging von der Mission unter Diasporajuden zur echten *Heiden*mission über. Das bedeutet: Schon die Christenheit der ersten Generation mußte den Übergang aus dem Volk ihres Ursprungs in ein anderes vollziehen und deshalb in ihrer Botschaft zwischen Kern und Schale unterscheiden (Harnack). Indem sie dazu die Kraft bewies, war die Bahn für das Wachsen ins Weite freigemacht.

Ein Rätsel ist es freilich wiederum, daß auch der Mann, der den Galaterbrief zu schreiben innerlich genötigt war, Gemeinschaft mit den gesetzestreuen Judenchristen halten konnte. Hat er das Gesetz, soweit es sich um Juden handelte, nur als deren völkische Lebensgewohnheit angesehen, die heilsindifferent ist? Die für die Juden schwierig bleibende Frage des gemeinsamen Kultmahles ist auf dem Apostelkonzil durch einen Kompromiß bereinigt. Aber diese Stellung ist in der Folgezeit nicht innegehalten; die Kirche gab den Kompromiß zugunsten einer eindeutigen Haltung auf. Auf jeden Fall war es aber für die jungen heidenchristlichen Gemeinden von lebenswichtiger Bedeutung, daß sie auf diese Weise den Zusammenhang mit den Aposteln und der Urgemeinde nicht verloren; nur so reichte ihre eigene Traditionskette wirklich bis zu Jesus hinauf.

Indem nun das Christentum die Predigt unter den Heiden aufnahm, trat es in den großen Wettbewerb der Religionen ein, die im Römerreich miteinander um die Weltgeltung rangen. Wenn man verstehen will, auf welchen Wegen und mit welchen Mitteln die christliche Mission unter den Heiden ihr Ziel erreicht hat, so muß man sich zunächst grundsätzlich über den Weg klar werden, den die Mission einschlug. Ein missionarischer Sieg, wie ihn die Kirche im Römischen Reich erfocht, kann auf zwei Wegen errungen werden. Einmal kann es gelingen, die Regierung des Landes, den Herrscher zu gewinnen, während das Volk noch heidnisch ist. In solcher Lage pflegt die Bevölkerung meist ziemlich rasch dem Vorbild des politischen Führers zu folgen. Es ist der Weg von oben nach unten, der einen schnellen, aber in der Regel wenig tiefen Sieg verbürgt.

Jedoch im Römischen Reich mußte *der andere Weg, der von unten nach oben* gegangen werden. Er war außerordentlich erschwert durch die Todesgefahr, in die sich jeder durch seinen Übertritt begab. Wenn das Martyrium auch nur wenige wirklich traf, die *Gefahr* schwebte doch über allen. Er wurde weiter stark erschwert durch die überaus *rigorosen sittlichen Forderungen,* die die Kirche damals an ihre Angehörigen stellte. Die Kirchenordnung Hippolyts stellt z. B. neben anderem eine lange Liste von Berufen auf, die aufgegeben oder eingeschränkt werden müssen, ehe jemand zur Gemeinde zugelassen wird (c. 41). Trotz dieser Hindernisse gelang es, in einem langen, inneren Ringen die Bevölkerung des Reiches für Christus zu gewinnen. Diesem inneren Sieg mußte der äußere, die Kapitulation des Staates vor der neuen geistigen Macht, die sich in seiner Mitte erhoben hatte, früher oder später folgen.

a) Auf welchen Wegen, *mit welchen Mitteln hat die Kirche die Bevölkerung des Reiches* trotz dieser großen Hindernisse nun *gewonnen?*

α) Da muß zunächst daran erinnert werden, daß *die Vorbedingungen* für diesen Sieg trotz der Hindernisse außerordentlich *günstig* waren: „*ein* Imperium, *eine* Weltsprache, *ein* Verkehrsnetz, *eine* Kultur, *eine* gemeinsame Entwicklung zum Monotheismus und *eine* gemeinsame Sehnsucht nach Heilanden“ (Harnack).

β) Weiter ist *die christliche Verkündigung der geistigen Lage,* die sie vorfand, wirklich im Innersten *gerecht* geworden, schon weil die Christen selbst an ihr teilhatten. Alle die Waffen, die die philosophische Aufklärung zunächst rein negativ gegen den heidnischen Götterkult geschmiedet hatte, wurden sehr bald und mit Vollmacht benutzt. Aber wichtiger als die Polemik ist immer die positive Verkündigung.

Sie aber rückte nun gerade *die* Punkte im Ganzen der Botschaft in den Vordergrund, die dem religiösen Sehnen der hellenistischen Welt entsprachen. An Stelle des philosophischen *Monotheismus*, der doch immer nur zum Begriff einer Gott*heit* vorgestoßen war, verkündete sie den einen, lebendigen, allmächtigen Gott. Dem Drang nach *Erkenntnis und Leben* gegenüber stellte sie den christlichen Glauben gerade als Quelle aller Erkenntnis und als Unterpfand ewigen Lebens dar. Schon die Abendmahlsgebete der Didache, die noch aus dem Ende des ersten oder doch aus dem Anfang des zweiten Jahrhunderts stammt, danken eigentlich nur für diese beiden Gaben, die in Christus dem Gläubigen geschenkt sind: „Wir danken dir, unser Vater, für das *Leben* und die *Erkenntnis,* die du uns kundgetan hast durch Jesus, deinen Knecht" (cap. 9,3). Auch der Märtyrerbischof Ignatius von Antiochien († 117) rückt die Gabe der Unsterblichkeit, die Jesus gebracht hat, ganz stark in den Vordergrund, so sehr, daß er das Abendmahl eine die Unsterblichkeit wirkende Medizin (*φάρμακον ἀθανασίας*) nennen kann. Und auch die Apologeten des zweiten Jahrhunderts, ein Athenagoras, ein Justin der Märtyrer, preisen es als das Höchste am Christentum, daß es Erkenntnis über alle Erkenntnis und ewiges Leben bringt. So wird das Fragen der Zeit vom Evangelium her beantwortet. Die Frucht dieser seelsorgerlichen Liebe ist der missionarische Erfolg gewesen.

γ) Neben die genannten Dinge muß dann noch als weiteres werbendes Mittel das *sittliche Verhalten der Christen* gestellt werden. Die Schriftsteller der alten Kirche werden nicht müde, zunächst grundsätzlich die Überlegenheit des christlichen Sittengesetzes über das der Heiden, auch das der größten Philosophen, zu betonen. Und entscheidend wichtig ist nun, praktisch, daß sie es nicht nur in Form von hohen Ermahnungen, weitgespannten Forderungen verkündigen, gerade auch in bezug auf die Redlichkeit des täglichen Lebens, sondern daß die Verteidiger des Christentums voller Zuversicht öffentlich behaupten können, daß die Christen diesen Forderungen wirklich entsprechen. So liefern diese den Tatbeweis des Lebens für die Echtheit ihres Glaubens; für den Erfolg jeder Mission ist aber entscheidend, ob die junge Christenheit das tut oder nicht.

αα) Einen Tatbeweis des Lebens lieferte insbesondere die soziale Fürsorge, mit der die Gemeindeglieder einander halfen, die *Liebestätigkeit.* Die Unterstützung der Witwen und Waisen, die Hilfe für die Kranken, Schwachen, Armen und Arbeitsunfähigen, die Sorge für die Gefangenen und die zur Zwangsarbeit in die Bergwerke Verschleppten, die Sorge für das Begräbnis der Armen — auch in Pestzeiten bewährt! —, die Sorge für die Sklaven, die Sorge für die Arbeitslosen, die Hilfeleistung in allgemeinen Notzeiten, die Sorge für zugereiste Brüder, für arme oder gefährdete Gemeinden, all das bildet einen leuchtenden Ruhmestitel der alten Christenheit. In dem allen bewies sie sich als eine wirkliche *Bruderschaft*. In einer „Welt ohne Liebe“ hat gerade dieses brüderliche Füreinanderstehen größten Eindruck gemacht. Die heidnische Polemik gegen das Christentum bestätigt selbst diese Tatsache.

ββ) Der Tatbeweis des Lebens fand seine Krönung aber im *Martyrium*. Der Einsatz für Christus begann in der Fürsorge, die die Gemeinde den Verhafteten angedeihen ließ und die die römische Haftpraxis ermöglichte. „Hören sie, daß einer von ihnen wegen des Namens ihres Christus gefangen oder bedrängt ist, so sorgen alle für seinen Bedarf und befreien ihn womöglich“, stellt Aristides in seiner Apologie fest (15). Schon diese, immer mit persönlicher Gefahr verbundene, Hilfeleistung machte Eindruck. Aber gekrönt wurde der Zeugendienst für Christus durch das Martyrium selbst, das Tertullian geradezu als „Samen“ des Christentums bezeichnet (Apol. 50). Schon die Verhöre fanden öffentlich statt; sie scheinen von den Angeklagten vielfach zu einer breit angelegten Kundgebung für ihren Glauben benutzt worden zu sein. Wahrscheinlich heißen sie zunächst nur dieses Zeugendienstes wegen *μάρτυρες*. Vor allem aber waren die Hinrichtungen im Altertum immer öffentliche Akte; wenn sie in der Arena des Zirkus vollzogen wurden, fanden sie sogar in allerbreitester Öffentlichkeit statt. Das staatliche Vorgehen gegen die Christen hatte also zunächst zur Folge, daß die ganze Bevölkerung einer Stadt auf die neue Religion aufmerksam gemacht wurde. Und der Eindruck, den das Verhalten der Christen angesichts des Todes machte, muß bei vielen sehr nachhaltig gewesen sein. So wird Tertullian mit seinem Wort nur eine Tatsache beschrieben haben.

b) Neben dem Inhalt der christlichen Verkündigung und dem Leben der Christen ist schließlich noch die *Missionsmethode* der alten Kirche wichtig. Sie kannte das Amt eines berufsmäßigen Missionars nur in der Anfangszeit. Und nach Paulus scheint kein bedeutender Mann mehr in ihm gestanden zu haben. Schon gegen Ende des zweiten Jahrhunderts erlischt es zudem. Die Kirche kennt auch keine Missionspredigt mehr. Auch die Heiden hörten immer nur die gewöhnliche Gemeindepredigt.

Dieser methodische Mangel wurde aber vollauf ersetzt durch die Tatsache, daß jeder einzelne Christ ein Missionar war. Verbergen konnte er seinen Glauben auch kaum. Die christlichen Lebensregeln verboten vieles, was für den Heiden selbstverständlich war; sie kannten auch Gebräuche, die die Zugehörigkeit zur Kirche sofort kundtaten; z. B. war es Sitte, Abendmahlsbrot mit nach Haus zu nehmen und jede

Mahlzeit mit einem Stückchen gesegneten Brotes zu beginnen. Darüber hinaus müssen die Christen aber auch ihre Lebensbeziehungen zu andern Menschen direkt missionarisch benutzt haben. Der Freund bezeugte dem Freunde, der Arbeiter dem Kollegen, der Gastfreund dem Gastfreund Christus. Und da das Römische Reich trotz des großen Verkehrs kein Hotelwesen kannte, muß gerade die Gastfreundschaft als ein besonders wirksames Missionsmittel angesehen werden. Es ist einer der größten Ruhmestitel der alten Kirche, daß *alle ihre Missionsarbeit* ganz *allein von den Kräften der Gemeinde getragen* gewesen ist. Auch alle Gefährdung hat diese Kräfte nicht gelähmt. Mit ihnen gelang es, die Bevölkerung des Reiches im Laufe von knapp drei Jahrhunderten soweit zu gewinnen, daß der Kaiser es schließlich geraten fand, mit der Kirche Frieden zu schließen. Der sichtbare Segen Gottes ruht auf diesem Einsatz der Gemeinden. Und es verstärkt nur das Lob der altkirchlichen Mission, wenn festgestellt werden muß, daß sie nur befolgt hat, was das Neue Testament fordert. Dieses sieht in *jedem* Gemeindeglied einen Zeugen Jesu Christi. Die Botschaft vom Christus Gottes, die Heilsbotschaft, *muß* verkündet werden, und *jeder* ist zu ihrer Verkündigung berufen, mögen einige auch einen Sonderauftrag dazu haben. Das gerade hat die lexikographische Untersuchung der Wörter, die um den Sachbegriff des Zeugnisses kreisen, gezeigt.

Die Tatsache, daß die alte Kirche nur die Form der *Gelegenheitsmission* kannte, brachte es aber mit sich, daß das *Schwergewicht auf die Städte* fiel (außer im Gebiet von Arbela jenseits des Tigris). Die Städte sind nun einmal der Brennpunkt des Verkehrs. Schon Paulus hatte bewußt den Brauch angefangen, jeweils den Vorort einer Provinz aufzusuchen. Die der alten Kirche eigene Missionsmethode erzwang seine Fortsetzung. Die Gewinnung der umliegenden Dörfer gelang auf diesem Wege auch keineswegs schnell; paganus und Heide werden synonym. Das ist eine Schranke dieser Missionsmethode. Die Tatsache, daß die Städte die Vororte des christlichen Glaubens wurden, ist auch auf die Formen seiner Ausprägung nicht ohne Einfluß geblieben. Holl führt in diesem Zusammenhang beispielsweise die Freude an klingender Rhetorik an, dazu das hochfahrende Gebaren der Leitenden, die Bettelhaftigkeit des Volkes, weiter auch die Eifersucht der Städte aufeinander, die sich in Rangstreitigkeiten der Bischöfe, wie im Wettbewerb der Bauten austobte.

Die Gelegenheitsmission führte ferner dazu, daß die Mission im wesentlichen auf den damaligen Verkehrskreis, das Römische Reich, beschränkt blieb. Fremdvölker, die auf den Boden des Reiches kamen, sind freilich sofort von dieser Mission erfaßt; die Westgoten bieten ein typisches Beispiel dafür. Über die Reichsgrenze drang die Mission aber nur selten hinaus. Verhältnismäßig stark, wenn wir von den Germanen absehen, gelang das nur im Osten, weil der Handelsverkehr mit dem Inneren Asiens in der späthellenistischen Zeit recht lebhaft gewesen zu sein scheint.

c) Die *Stände*, unter denen das Christentum zuerst Eingang gefunden hat, sind mit voller Sicherheit vor allem die niederen gewesen. Insbesondere muß die Zahl der Sklaven prozentual sehr groß gewesen sein. Nicht umsonst nehmen die Mahnungen an Sklaven schon im Neuen Testament einen so großen Raum ein. Nur hier fanden diese, die sonst nur als Sache galten, volle menschliche Gleichberechtigung. Aber eine Religion der Mühseligen und Beladenen findet bei Bedrückten von selbst leichter Eingang als bei Satten. Doch müssen auch Reiche sich zum mindesten vereinzelt schon früh der Kirche angeschlossen haben. Die Rücksicht, die sie finden, wird mehrfach getadelt, so schon Jak. 2. Philemon ist Sklavenbesitzer. Der Prokurator Plinius berichtet in seinem Reskript über die Christen an Kaiser Trajan, das zwischen 111 und 113 geschrieben sein muß, aus Bithynien, daß alle Stände in der Kirche vertreten sind. Besonders in Rom scheinen sich auch einflußreiche Kreise verhältnismäßig früh der Gemeinde angeschlossen zu haben. Tacitus erwähnt eine Pomponia Graecina (Annal. XIII 32), die zum höchsten Adel gehörte und die, da sie unter Nero ihrer Religionszugehörigkeit wegen vor Gericht gestellt wurde, wahrscheinlich Christin war. Unter Domitian (81—96) haben der Konsul Flavius Clemens, der 95 hingerichtet wurde, und seine Frau Flavia Domitilla, die die Strafe der Verbannung erlitt, Verwandte des Kaisers, höchstwahrscheinlich der Kirche angehört (Cassius Dio LXVII 4). Die Überbringer des ersten Clemensbriefes nach Korinth (96 n. Chr.) waren kaiserliche Freigelassene.

Eine große Rolle haben die *Frauen* in der ersten Christenheit gespielt. Zum erstenmal in der Geschichte der abendländischen, hellenistischen Religiosität erhielt die Frau hier volle Gleichberechtigung. Schon diese eine Tatsache muß große Anziehungskraft für viele gehabt haben. Frauen treten bei Paulus und noch bis ins zweite Jahrhundert hinein als Prophetinnen auf. Phöbe scheint nach Röm. 16,1 der Mittelpunkt der Gemeinde von Kenchreae gewesen zu sein. Priska ist so bedeutend, daß sie sogar, antikem Brauch völlig widerstrebend, *vor* ihrem Manne Aquila genannt wird (Röm. 16,3 und 2. Tim. 4,19); Harnack wagt, sie *ἡ ἀπόστολος* zu nennen. Ja, die Frauen müssen sich so in den Vordergrund gedrängt haben, daß fast alle alten Schriftsteller von Paulus an Mahnungen erlassen, mit denen sie sie in die gebührenden Schranken zurückweisen. Die Frauen haben diese ihre Stellung in der Kirche denn auch auf die Dauer nicht halten können; nur in der Liebestätigkeit haben sie sich noch lange Zeit behauptet. —

d) Als die Kaiser dann der Kirche Duldung, ja Förderung gewährten, strömten ihr auch die *Massen* zu. Die heidnisch bleibenden Reste sind schließlich leider sogar durch staatliche Gewalt, durch Gesetzeszwang, der Kirche zugeführt. Daß die Kirche sich diese Zwangshilfe, wenn auch gegen den Protest Einzelner, hat gefallen lassen, ist nur von ihrer Selbsteinschätzung her zu verstehen.

Sie wußte sich als den Leib Christi, außerhalb dessen es kein Heil gibt (Näheres S. 74f.). Wenn das so ist, so kann missionarische Liebe schließlich auf den falschen Gedanken kommen, Abseitsstehende wie irrende Kinder zu ihrem Heil zu zwingen, d.h. in diesem Fall, sie in die Kirche hineinzuzwingen, damit diese dann mit ihren Heilsmitteln die Arbeit an ihnen beginnt. Die Kirche versteht sich also jetzt in erster Linie als Heilsanstalt (vgl. S. 125). Vielleicht an keiner Stelle wird die unheilvolle Veränderung, die das neue Staatsverhältnis ausgelöst hat, so stark spürbar wie hier auf dem missionarischen Gebiet.

Literatur

Adolf von Harnack, Die Mission und Ausbreitung des Christentums in den ersten drei Jahrhunderten, 1924[4];

Karl Holl, Die Missionsmethode der alten und die der mittelalterlichen Kirche (Ges. Aufsätze III, S. 117 ff.);

K. Latourette, A History of the Expansion of Christianity, 7 Bde., 1937 ff.; dasselbe deutsch, in einem Band, hrsg. von Richard M. Honig, 1956;

Hans Freiherr von Campenhausen, Die Idee des Martyriums in der alten Kirche, 1936;

Gerhard Uhlhorn, Die christliche Liebestätigkeit in der alten Kirche, 1882.

§ 8. Innere Krisen des frühen Christentums

All das, was eben von der Ausbreitung des Christentums berichtet wurde, darf nicht so verstanden werden, als ob es die *katholische* Kirche gewesen sei, die da allerorts gegründet wurde. Die Christenheit war vielmehr in mancherlei Gruppen gespalten, deren Verhältnis zueinander zunächst noch völlig unklar war. An manchen Orten scheinen, wie *Walter Bauer* gezeigt hat, zunächst nur solche Formen existiert zu haben, die später als ketzerisch beurteilt sind. Sie haben auch noch lange neben der Großkirche bestanden. Dieser ist der Sieg über sie auch keineswegs leicht gefallen. Um der Rückwirkungen willen, die die Auseinandersetzung mit solchen Gruppen auf die Kirche selbst gehabt hat, muß auf sie etwas näher eingegangen werden.

1. **Die Gnosis.** Der Ursprung der Gnosis ist umstritten (Bericht darüber in RGG³ II 1651 [Colpe]). Sie ist auf jeden Fall eine synkretistische Religionsform des Spät-Hellenismus, deren Anfänge so gut wie sicher in die vorchristliche Zeit hinaufreichen. Der aus Persien

stammende Dualismus mit seiner Aufspaltung der Welt in einen Bereich des Lichtes und des Dunkels, Gottes und des Satans, die in einer kämpferischen Auseinandersetzung miteinander stehen, ist hier verbunden mit einem monotheistischen Zug, wohl semitischen Ursprungs, der jenseits des Gegeneinanders doch eine letzte einheitliche Macht schaut. Durch die Entfaltungen dieser Macht entsteht das All. Aber Entfernung von ihr ist Entfernung vom Prinzip des Guten, Bosheit. Erlösung bedeutet Rückkehr dorthin; sie ist gleichbedeutend mit Vergöttlichung: „Das ist das erreichte gute Ziel derer, die die Gnosis besitzen, zum Gott zu werden" (Hermetische Schriften I 26). Der Weg dorthin ist aber gebunden an das göttliche Geschenk der Erkenntnis, eben die Gnosis.

In diesen angedeuteten synkretistischen Prozeß sind dann von manchen auch das Judentum und das Christentum hineingezogen worden. Schon das Neue Testament hat gegen die judenchristliche Gnosis zu kämpfen (Kol., Hebr., Pastoralbriefe, das Johannes-Evangelium, die Johannesbriefe). Auch der Anfang der heidenchristlichen Gnosis, mit der wir es hier allein zu tun haben, fällt schon in das erste Jahrhundert nach Christus. Ihr Höhepunkt liegt im zweiten. Die Fülle der gnostischen Systeme muß als Beweis für die geistige Lebendigkeit gewertet werden, die in diesen Kreisen herrschte. Sie hebt aber die relative Einheitlichkeit der Gruppe nicht auf. Scheidungen in eine männliche bzw. weibliche Gruppe je nach dem Geschlecht der obersten Gewalt oder solche nach geographischen Gesichtspunkten sind versucht.

Tertullian, der große Gegner der Gnostiker, hat ihr Streben einmal dahin gedeutet: „unde malum et qua in re, unde homo et quomodo, et, quod maxime Valentinus proposuit, unde deus?"[1]. Theodot sagt, daß die Gnosis enthüllt, „wer wir sind und was wir geworden sind; woher wir stammen und wohin wir geraten; wohin wir eilen und wovon wir erlöst sind; was Geburt und was Wiedergeburt meint" (78, 2). Das sind Fragen, die sich jedem philosophisch und religiös denkenden Menschen stellen. Alles, was die Gnostiker darüber nun zu wissen meinten, führten sie auf Offenbarung zurück. Entweder auf eine geheimnisvoll überlieferte mündliche Kunde, die der Gottesbote ihnen anvertraut haben sollte, oder sie erhoben die Lehre vermittels der allegorischen Methode aus der heiligen Schrift. Eine gnostische Lehrschrift aus der Feder des *Basilides* bietet z. B. den ersten Kommentar zu einem Evangelium im Sinne einer fortlaufenden Auslegung.

Ein feines Beispiel für die *Stimmung*, die in gnostischen Kreisen herrschte, bietet ein Naassener-Psalm von der Seele:

---

[1] „Woher das Böse, und worin es besteht, woher der Mensch und wie er geworden, und, eine Frage, die besonders Valentinus vorlegte, woher Gott?"

Urprinzipium aller *Dinge*,
erster Grund des Seins und Lebens
ist der *Geist* —
zweites Wesen, ausgegossen
von dem ersten Sohn des Geistes,
ist das *Chaos* —
und das *dritte*, das von beiden
Sein und Bildung hat empfangen,
ist die *Seele* —
und sie gleicht dem scheuen Wilde,
das gehetzt wird auf der Erde
von dem Tod, der seine Kräfte
unentwegt an ihr erprobet.
Ist sie heut im Reich des Lichtes,
morgen ist sie schon im Elend,
tief versenkt in Schmerz und Tränen
(der Freude folgt die Träne,
der Träne folgt der Richter,
dem Richter folgt der Tod),
und im Labyrinthe irrend
sucht vergebens sie den Ausweg.
Da sprach Jesus: Schau, o Vater,
auf dies heimgesuchte Wesen,
wie es fern von deinem Hauche
kummervoll auf Erden irret,
will entfliehn dem bittren Chaos,
aber weiß nicht, wo der Aufstieg.
Ihm zum Heile sende, Vater,
mich, daß ich herniedersteige,
mit den *Siegeln* in den Händen
die *Äonen* all durchschreite,
die *Mysterien* all eröffne,
Götterwesen ihm entschleire
und des *heilgen Wegs* Geheimnis,
Gnosis nenn ichs, ihm verkünde[2].

Als Beispiel für ein gnostisches *System* sei eine kurze Übersicht über *die Valentinianische Gnosis* gegeben.

Am Anfang aller Dinge steht nach Valentin das Urwesen, Bythos (Abgrund) genannt, von dem nur negative Prädikate ausgesagt werden können. Als weibliches Komplement ist bei ihm seine Sige (Schweigen); ehe Gott sich zu offenbaren beginnt, ist Schweigen bei ihm (vgl. Sap. Salom. 18, 14 f.). Die beiden bilden zusammen die erste Syzygie, das Urpaar. Nun entfaltet sich aber das in dem Abgrund Gottes enthaltene Leben; d. h. in der Sprache Valentins: Gott zeugt mit der Sige zusammen das zweite Paar, Nous (Verstand) und Aletheia (Wahrheit). Diese Vier bilden die erste göttliche Tetras (Vierheit) — die Zahlenspekulation spielt eine große Rolle. Die erste Tetras bringt dann eine

[2] Nachdichtung von Harnack, Text bei Völker (s. Lit.), S. 26 f.

zweite hervor, diese zeugt elf weitere Paare. Jedes Glied nennt Valentin einen Äon. Im ganzen gibt es also dreißig Äonen, die der Mond mit seinen dreißig Tagen spiegelt (Irenäus XVII 1); sie bilden zusammen die Fülle der Gottheit, das Pleroma. Fast alle Äonennamen sind biblische Begriffe.

Je mehr sich nun die Äonen innerhalb des Pleroma von dem Bythos entfernen, desto mehr nimmt das Göttliche in ihnen ab. Aber alles, was von Gott ausgegangen ist, hat den Drang, den Bythos in Vollkommenheit zu erkennen. Dieser Drang wird in dem letzten weiblichen Äon, der Sophia (Weisheit), so stark, daß sie sich in den Bythos zu stürzen versucht; der Äon Horos, der Grenzwächter des Pleroma, hindert sie freilich daran. Aber Sophia hat durch ihre Leidenschaft — „erkennen" hat, wie im Alten Testament, eine geistige und eine geschlechtliche Bedeutung zugleich! — die ganze Ordnung des Pleroma gestört; diese muß durch ein besonderes Geschehen wiederhergestellt werden.

Zu dem Zweck erzeugen Nous und Aletheia ein neues Äonenpaar, Christus und den Heiligen Geist. Christus klärt die Äonen über ihr Verhältnis zum Bythos auf. Der Heilige Geist lehrt sie die Gemeinschaft untereinander. Sie werden dadurch zum reinen Lobpreis des Urvaters befähigt. Und aus dem Schönsten, was sie haben, erzeugen sie dann den Äon Jesus, die gemeinsame Frucht des Pleroma. Er bekommt die Aufgabe, göttliches Leben auch außerhalb des Pleroma zu verbreiten.

Damit beginnt der Übergang vom Pleroma zur außergöttlichen Welt. Diese hat ihren Ursprung in dem krankhaften Sehnen der Sophia, in welchem diese ein den Leidenschaften unterworfenes Geschöpf, die niedere Weisheit, Achamoth genannt, zeugte. Aus deren Affekten sind die verschiedenen Substanzen der unteren Welt, der Welt der Materie, entstanden: Pneuma (Geist), das Beste, was die Welt hat, aus dem Sehnen der Achamoth nach oben; Psyche (Seele), das Prinzip des Bewußten, aus ihrer Bekehrung; Hyle, die Materie, aus ihrer Leidenschaft.

Zur Region des Psychischen gehört auch der Weltschöpfer, der Demiurg; er erbaut die Welt aus den Affekten der Achamoth. Nur durch den Sündenfall innerhalb der Gottheit wird die Welt also möglich. Sie ist dreigeteilt in eine Engelwelt, eine höllische Welt und zwischen beiden die Menschenwelt, in der Psychisches und Hylisches vermischt ist. In die Menschenwelt wirkt nun über den Demiurgen hinweg aber auch die Achamoth direkt ein; sie haucht den Menschen Pneuma ein. Dadurch werden diese über den Demiurgen erhoben. Daraufhin verbietet dieser den Menschen, vom Baume der Erkenntnis zu essen. Der Mensch tut es doch; seine Ausstoßung aus dem Paradiese in die Welt der Materie, in der wir leben, ist die Strafe dafür. Aber damit ist auch der Tiefpunkt der Entwicklung erreicht; es beginnt der Wiederaufstieg.

Ihn ermöglicht der Soter (Heiland), der Äon Christus Jesus. Er erscheint selbst auf Erden, indem er sich bei der Taufe auf Zeit mit dem jüdisch-irdischen Messias Jesus verbindet. Durch ihn erhalten der Demiurg wie die Menschen die Erkenntnis von der Welt des Pleroma und damit die Erlösung. Deren Sinn ist also die Befreiung des göttlichen Pneuma aus seiner Verbindung mit der Materie. Von dieser Erlösung sind freilich die reinen Materialisten, in denen gar kein geistiges Streben ist, ausgeschlossen. Sie werden schließlich mit der gesamten Materie durch ein aus dem Bythos hervorbrechendes Feuer zerstört.

Die Erlösung selbst vollzieht sich in zwei Stufen. Für die Psychiker ist die katholische Kirche da, die die Lehre Jesu in ihrem Wortlaut festhält und befolgt. Sie bildet zugleich die unumgängliche Vorstufe für die Pneumatiker. Nur vom Boden des Kirchenchristentums aus können auch diese die obere Welt, das Pleroma, mit Hilfe des Soter finden. Allegorische Auslegung der Worte Jesu erschließt den Weg der Erkenntnis. Sind alle Pneumatiker aus den Banden der Materie befreit, so kommt das Ende der Welt. Jesus heiratet die Achamoth, führt sie in das Pleroma ein und mit ihr alle pneumatischen Menschen. So wird dann alles, was von der oberen Welt einmal ausgegangen ist, wieder in sie zurückgekehrt sein. —

Hinter diesem System steht eine tiefe menschliche Erfahrung, die Empfindung nämlich der eigenen Zwiespältigkeit. Der Mensch ist in einer Welt gefangen, die ihm feind ist und aus der er sich mit allen Kräften seiner Seele hinaussehnt, der er aber mit eigenen Kräften doch nicht entfliehen kann. Daß es in der Gnosis um das Menschentum des Menschen geht, ist heute wohl sicher. Da der Mensch sich aber selbst nicht helfen kann, vollbringt ein Abgesandter aus der oberen Welt die Erlösung. Auch daß nicht alle Menschen sich nach ihr sehnen, ist eine Tatsache der Erfahrung. Die obere Welt wird im Anschluß an hellenistische Spekulationen vielgestaltig geschildert, indem alle göttlichen Eigenschaften und Regungen personifiziert gedacht werden. Die Reihenfolge bedeutet zugleich eine Wertstufe nach unten. Nur so glaubte man wohl die Entstehung der bösen materiellen Welt, die doch zugleich einen pneumatischen Einschlag hat, sich vorstellen zu können.

Typisch *griechisch* ist an dieser Lehre,

a) daß die Beurteilung des Menschen wesentlich auf Grund seines Erkenntnisdranges erfolgt; ihm wird das Sittliche untergeordnet;

b) die Gottesauffassung. Das Wesen Gottes besteht darin, daß er unbewegtes seliges Leben in sich selbst ist.

Typisch *orientalisch* ist, daß nicht Sein und Nichtsein, sondern Gut und Böse als zwei sich widerstreitende Prinzipien konfrontiert werden. So wird die Welt als der Inbegriff des Materiellen als schlecht angesehen; dem entspricht die rigoros asketische Ethik Valentins; die Heirat z.B. gilt für *alle* als verpönt.

Aber diese griechisch-orientalische Religionsphilosophie will nun zugleich *christlich* sein. Sie verkündet sogar begeistert die Absolutheit des Christentums. Nicht nur die Götter Griechenlands, nein, auch der Gott der Juden, der mit dem Demiurgen in eins geschaut wird, steht weit unter dem Erlöser, der aus dem Pleroma kommt. Und da sein Erscheinen zugleich das Schicksal des ganzen Kosmos beschließt, so wächst Christus ins Unermeßliche. Die Existenz der heidnischen Gnosis ist also ein grandioser Beweis für die Hochwertung, die man Christus gezollt hat.

Dessen ungeachtet wird das Christentum bearbeitet, zurechtgestutzt, soweit nur das Bedürfnis dazu da ist. Von der Theologie der Kirche bis hin zu grobsinnlichen Mysterien eines banalen Gnostizismus gibt es fast jeden Übergang, ebenso von radikaler Askese zu vollendetem Libertinismus. Das Neue Testament bot auch, sogar noch ohne allegorische Auslegung, mancherlei Anknüpfungspunkte für gnostische Spekulationen, sofern hier nicht selbst schon Übernahme gnostischer Ideen vorliegt oder Anpassung an den Sprachgebrauch der Gnosis, etwa in der Scheidung der zwei Reiche, von Licht und Dunkel, oder in seiner Personifizierung der Mächte Tod und Leben, Licht und Finsternis. Und auch die kosmische Bedeutung Christi klingt bei Paulus schon auf. Der zweite Clemensbrief weiß sogar von einer vorweltlichen Ekklesia (Kirche), die mit Christus zusammen als seine Syzygie auf die Erde kommt. Und das *φάρμακον ἀθανασίας* des Ignatius (vgl. S. 59. u. 96) steht der himmlischen Mysterienspeise der Gnosis, durch die den Menschen eine höhere Substanz aus der himmlischen Welt gereicht wird, erschrecklich nahe.

So wird verständlich, daß es der Kirche außerordentlich schwer fiel, Klarheit über die Berechtigung oder Nichtberechtigung der christlichen Gnosis zu gewinnen. Dafür, daß es doch geschah und sie als häretisch abgewiesen wurde, sind nach den Schriften Tertullians, Irenäus' und Hippolyts folgende Hauptgründe maßgebend gewesen: Man wehrte sich

a) in paulinischen Bahnen gegen die Entwertung des Glaubens, die die Gnosis zugunsten des Erkennens vornahm;

b) gegen die Aufhebung des Heilsuniversalismus; die Hyliker *können* der Erlösung ja nicht teilhaftig werden;

c) gegen die Äonenlehre, die als eine Erschütterung des Monotheismus empfunden wurde;

d) gegen den Doketismus, die Lehre, daß der himmlische Christus nur eine Scheinverbindung mit dem Jesus der Evangelien eingegangen sei. Darin lag eine Preisgabe des geschichtlichen Lebens Christi, die schon durch den Evangelisten Johannes bekämpft wurde;

e) gegen die Abwertung der Welt, die in dem Glauben an ihre Schöpfung durch den Demiurgen lag; sie ist der Gnosis ja das Gottfremde, Gottwidrige.

Über die Notwendigkeit dieser Abwehr braucht kein Wort gesagt zu werden. Es wird an der Gnosis beispielhaft zum erstenmal deutlich, wohin eine Gemeinschaft, die christlich sein will, kommt, wenn sie nicht *allein* auf ihren Herrn hört, sondern zugleich das Denken der Welt für sich gültig sein läßt. (Über die Rückwirkungen des Abwehrkampfes gegen die Gnosis s. § 9.)

2. Marcion. Wollten die Gnostiker die Kirche überhöhen durch eine vertiefte Erkenntnis, so ging es Marcion († ca. 160) vielmehr um ihre Rückführung auf den ursprünglichen Stand. Diese Reformation der Kirche sollte durch eine judaistische Verfälschung nötig geworden sein, die angeblich in sie eingedrungen war.

Marcion ist innerlich von demselben gefangengenommen worden wie Luther, von der Größe der paulinischen Botschaft. Die Gnade Gottes in Christus, das war das A und O seiner Verkündigung. Von hier aus lehnte er innerlich vor allem den Gott ab, den er im Alten Testament reden hörte. In ihm spricht seiner Meinung nach nur der Gott des Judentums, ein zorniger, gerechter Gott, der nichts kann als vergelten; der zugleich in seiner Größe überall beschränkt ist, denn er muß seine eigenen Werke nachher ändern. Insbesondere ist für Marcion auch das alttestamentliche Gesetz, das von diesem Gott stammt, bei aller seiner ehernen Gültigkeit doch eine widerspruchsvolle Größe, gerecht und brutal zugleich, ebenso wie der Gott des Alten Testaments. Genau so sieht Marcion aber auch das Wesen der Welt, gerecht und brutal zugleich. Deshalb erscheint es ihm auch durchaus glaubhaft, daß dieser Gott des Alten Testaments zugleich der Schöpfergott ist.

Mit Hilfe der allegorischen Methode oder einer irgendwie sonst gearteten christologischen Auslegung den Vater Jesu Christi nun schon im Alten Testament zu finden, lehnt Marcion ab. Auch daß im Alten Testament eine frühere Offenbarungsstufe vorliegt, wie doch sein Meister Paulus selbst lehrte, glaubt Marcion nicht. Trotzdem hat

Marcion das Alte Testament als eine beachtenswerte Urkunde gewertet, wenn er die berichteten Gedanken aus ihm herauslas. Aber daß diesem Gott der vergeltenden Gerechtigkeit nicht der Glaube Marcions gehören konnte, ist klar. Sein Vertrauen galt vielmehr dem Gott des Evangeliums, der nicht nur von der Welt, sondern auch von ihrem Gott, dem Gott des Alten Testaments, erlöst. Dieser wahre Gott, der Gott der Liebe, der Schöpfer der *unsichtbaren* Welt, ist erst in Christus den Menschen offenbar geworden. Vorher hat niemand weder von diesem Gott noch von seinem Christus etwas gewußt. Und die Menschen waren Gott auch „fremd". Es ist also in jeder Beziehung ein „fremder" Gott, den das Christentum verkündet.

Wie Marcion sich den Zusammenhang und den Unterschied zwischen dem guten Gott und seinem Christus gedacht hat, ist nicht sicher zu sehen. Christus scheint ihm die „Erscheinungsform" des guten Gottes auf Erden gewesen zu sein. Aber von der Welt des Demiurgen hat Christus dabei nichts angenommen; sein Leib ist ein Scheinleib.

Göttlich ist dagegen seine Verkündigung, das reine Evangelium. Sie besagt, daß Gott es nicht mehr mit ansehen konnte, daß die Menschen vom Demiurgen so geschunden wurden. Deshalb ruft er durch Christus die Mühseligen und Beladenen in sein Liebesreich. Der Demiurg bringt Christus dafür ans Kreuz; damit verliert er aber zugleich sein Recht an den Menschen. Wer sich zu Christus wendet, kommt in das Liebesreich Gottes. Die anderen verfallen mit dem Demiurgen dem Feuer, das die ganze materielle Welt verzehren wird.

Die düstere Beurteilung der Welt nötigte Marcion zu einer überaus streng asketischen Ethik. Völlige Enthaltung von der Welt ist unabdingbare Pflicht. Hier landet der leidenschaftliche Bekämpfer des Gesetzes selbst wieder in der Gesetzlichkeit.

Nun konnte Marcion natürlich nicht übersehen, daß manche Züge im kirchlichen Christentum, die er ablehnte, schon in neutestamentlichen Schriften ausgeprägt sind. In einer umfassenden historischen Kritik, die er vom Boden seiner Anschauung aus vornahm, hat er sich mit diesem Einwurf auseinandergesetzt. Er nimmt an, daß die judaistische Verfälschung des Christentums schon sehr früh begonnen hat. Schon die Apostel, geborene Juden, haben Christus in vielen Punkten mißverstanden. Nur die von judaistischen Interpolationen gereinigten Paulusbriefe und ein von Zusätzen befreites Lukasevangelium ließ Marcion deshalb gelten; diese Schriften bilden für ihn den Kanon.

Die Kirche hat Marcion 144 endgültig ausgeschlossen; er gründete daraufhin eine eigene, die noch im vierten Jahrhundert im Osten eine wirkliche Gefahr bildete und erst im fünften Jahrhundert den kaiserlichen Ketzergesetzen erlag. Die Ablehnung Marcions war indes unumgänglich. Die Auseinanderreißung von Schöpfergott und Erlösergott zerstörte das Zentrum des christlichen Gottesglaubens, den Monotheismus; sie gefährdete zugleich die Erlösung, denn deren Gewißheit beruht darauf, daß der Herr der Welt zugleich der ist, dessen Liebe uns zur Gemeinschaft ruft.

Marcion tut beispielhaft kund, wohin eine Kirche kommt, die das Alte Testament nicht entschlossen christozentrisch versteht. Sie *muß* irregehen.

Wenn aber die Kirche Marcion gegenüber die Identität des Erlösers mit dem Schöpfer behauptete, war sie damit vor die Aufgabe gestellt, diese Identität auszugleichen mit ihrer Urlehre des Monotheismus. Wie ist dieser zu vereinen mit der Tatsache zweier göttlicher Personen? Indem Marcion der Kirche diese Frage energisch zuschob, nämlich durch seine Trennung der beiden Götter, hat er ihrer Dogmatik eine wirklich in die Tiefe reichende Denkaufgabe gestellt.

3. **Der Montanismus.** Der Montanismus ist nicht, wie die von Marcion ausgelöste Bewegung, als ein Reformversuch, sondern als eine Weiterbildung der Kirche in spiritualistischen Bahnen aufzufassen.

Wahrscheinlich 156/57 (nach anderen erst 172) traten in Phrygien ein eben erst zum Christentum übergetretener Mann, Montanus, und bald mit ihm zwei Frauen, Priscilla und Maximilla, mit dem Anspruch auf, Gefäße, Werkzeuge des Heiligen Geistes zu sein, der in der Ichform aus ihnen redete. So sagt Montanus von seiner Art zu prophezeien: „Siehe, der Mensch ist wie eine Leier und ich (nämlich der Heilige Geist) fliege über sie wie das Plektron. Der Mensch schläft und ich wache.“ Und Maximilla betonte: „Der Herr hat mich als Verkünder dieser Botschaft gesandt, gezwungen, wollend oder nicht wollend, die Erkenntnis Gottes kundzutun.“ In Montanus sahen seine Anhänger den Joh. 14,26 verheißenen Parakleten, der jetzt leibhaftig erschienen sei, um die abschließende Offenbarung Gottes zu bringen.

Inhaltlich bringt die montanistische Botschaft kaum etwas Neues. Dogmatische Korrektheit wird ihr auch von ihren Gegnern bezeugt. Charakteristisch ist vor allem die apokalyptische Grundstimmung. Man glaubt, daß die Wiederkunft Christi unmittelbar bevorsteht und deutet die Nöte der Zeit als ihre Vorzeichen. In einer Ebene bei Pepuza in Kleinasien wird das himmlische Jerusalem herabkommen. Dort soll sich die ganze Christenheit versammeln, um es in Empfang zu nehmen.

Die Erwartung des nahen Weltendes löste eine stark asketische Grundstimmung aus. Der Herr kommt, deshalb muß ernst gemacht werden mit der Heiligung. Die Ehe ist nur *gestattet;* jede zweite Ehe unbedingt verboten; z.T. haben Frauen ihre Männer verlassen. Die Fastenpraxis war sehr streng. Todsünden nach der Taufe können nur durch das Martyrium getilgt werden (vgl. § 12, 1). Dies selbst wird gefordert; Flucht vor ihm ist Verrat am Herrn. Schon hier zeigt sich die starke Gesetzlichkeit, die die kirchengeschichtliche Erfahrung als stete Begleiterscheinung des schwärmerischen Enthusiasmus bestätigt. „Man redet vom Geist und ist doch ein Knecht des Buchstabens" (von Loewenich). Der Montanismus hat dann freilich seine ursprüngliche, enthusiastische Art auch nicht festhalten können. Auf die im eigentlichen Sinn prophetische Phase in Kleinasien folgt eine zweite, bei der die Prophetie als lebendige Erscheinung der Gegenwart so gut wie gar keine Rolle mehr spielt. Die Schriften der montanistischen Urpropheten werden wieder gesammelt und treten neben das Alte und Neue Testament als dritte Offenbarungsurkunde. Eine Berufspriesterschaft leitet die Kirche. In diesem Stadium hat sich Tertullian in Nordafrika dem Montanismus angeschlossen.

Die katholische Kirche kannte auch Propheten, die den Willen Gottes neu verkündeten. Im Pastor Hermae haben wir eine kirchlich prophetische Schrift erhalten. Aber die montanistische Form der Prophetie hat die Kirche abgelehnt. Ihre ekstatische Art wurde als fremd empfunden, der Rigorismus der Ethik als überspannt, die Ergänzung des eben entstehenden neutestamentlichen Kanons (vgl. § 9, 3) als unmöglich. In letzterem ist auch der theologisch entscheidende Punkt zu sehen. Wie immer verlor auch hier der Enthusiasmus den geschichtlichen Christus über der neuen Prophetie.

Literatur

Walter Bauer, Rechtgläubigkeit und Ketzerei im ältesten Christentum, 1934 (Beitr. z. hist. Theol. 10);
Walther Völker, Quellen zur Geschichte der christlichen Gnosis, 1932 (Sammlg. ausgewählter kirchen- und dogmengesch. Quellenschriften N. F. 5); die meisten Stellen dieses Heftes deutsch bei:
Hans Leisegang, Die Gnosis, 1955^4 (Kröners Taschenausgabe 32);
G. Quispel, Gnosis als Weltreligion, 1951;
Hans Jonas, Gnosis und spätantiker Geist I, 1964^3; II, 1, 1966^2;
Adolf von Harnack, Marcion, 1924^2;
Wilhelm Schepelern, Der Montanismus und die phrygischen Kulte, 1929;
P. de Labriolle, La crise Montaniste, 1913.

§ 9. Die Konsolidierung der Kirche in festen Formen

1. Wir sahen uns gleich am Anfang vor die Frage gestellt, welche Kräfte den inneren Niedergang der christlichen Kirche im Verlauf der ersten Jahrhunderte herbeigeführt haben. Gewöhnlich spezialisiert sich das Problem, vor dem wir damit stehen, in der Forschung zu der Frage nach der **Entstehung der katholischen Kirche.** Zu diesem Problem ist zu sagen:

a) Die katholische Kirche selbst führt alle Einrichtungen von irgendwie entscheidender Bedeutung, die sich in ihrer Mitte finden, auf die Einsetzung durch Christus oder die Apostel zurück. Demgegenüber sah die altprotestantische Forschung in der Kirche der Urzeit ein Ideal apostolischer Reinheit — selbstverständlich ohne den katholischen Sauerteig — und wertete die Entwicklung zum Katholizismus, die sie z. T. sehr spät datierte, als Abfall. Es war, historisch gesehen, ein großer Fortschritt, als im 19. Jahrhundert das Problem der *Entstehung* der katholischen Kirche ernsthaft in den Bereich der Erörterungen gezogen wurde. Die von *Albrecht Ritschl* entworfene, von *Adolf von Harnack* ausgebaute Anschauung ist dann lange Zeit als allgemeingültig hingenommen worden. Beide sehen, nicht ganz mit Unrecht, in der Christenheit der ersten Zeit eine organisationslose, rein auf die Leitung durch den Heiligen Geist vertrauende Größe, die noch nicht „Kirche" war. Zur Kirchenbildung soll es erst in den Kämpfen bzw. als Folge der Kämpfe mit der heidenchristlichen Gnosis gekommen sein. In der Abwehr dieser Gefahr soll eine feste Organisation entstanden sein, eben die katholische Kirche, die um 200 voll ausgebildet dasteht. Die um das Jahr 200 vorhandenen drei Größen des monarchischen Episkopats, des Kanons und der Glaubensregel bezeugen ihr Dasein.

Einen ersten Einbruch in diese Konzeption unternahm der Kirchenrechtler *Rudolf Sohm,* der für das Jahr 95 die Existenz eines mit göttlicher Autorität auftretenden Rechtes in der Kirche nachwies. Er glaubte, solch göttliches Kirchenrecht als Charakteristikum des Katholizismus werten zu müssen, und datierte deshalb die Entstehung der katholischen Kirche auf das Jahr 95 zurück. Beide genannten Gruppen sind sich, im Gegensatz zur altprotestantischen Auffassung also darin einig, daß die erste *Kirchen*form, die es auf dem Boden des Christentums gab, die katholische gewesen ist; beide scheiden die Zeit der Kirchenbildung von der kirchenfreien, der sog. enthusiastischen, der apostolischen Zeit.

Inzwischen hat sich die Forschung noch weiter rückläufig bewegt. Beide Antworten, sowohl die Ritschl-Harnacksche, wie die Sohmsche, sind in der Tat nicht zu halten. Sie kranken beide an demselben Fehler, daß sie sich nämlich spekulativ überlegen, was charakteristisch katholisch ist. Von dem Augenblick an, wo dies Charakteristische in der Geschichte nachweisbar ist, muß die Kirche als „katholisch" angesprochen werden. Die historische Betrachtung basiert hier also deutlich auf einem konfessionellen *Vor*-Urteil, im eigentlichen Sinne des Wortes Vorurteil.

b) Eine wirklich geschichtliche Betrachtung wird anders vorgehen müssen, dadurch aber auch zu anderen Resultaten kommen. Jede spekulative Überlegung ist auszuschalten und allein das Ergebnis der exakten Beobachtung geltend zu machen. Auf diesem Wege ist die Forschung in den letzten Jahren dahin gekommen:

α) die *Existenz der Kirche schon für die allerersten Zeiten* anzunehmen. Selbst die Echtheit von Matth. 16, 18 wird von den meisten Forschern nicht mehr angezweifelt. Man traut es also Jesus selbst zu, von seiner Kirche gesprochen zu haben. In der Tat hat die allererste Christenschar sich, nach dem Befund der Quellen, schon durchaus als ein selbständiges, Eigenart und Eigenleben besitzendes Gebilde gewußt. Es ist auch nicht zweifelhaft, daß ein lebhaftes Einheitsbewußtsein diese Schar beseelt hat. Wir können uns freilich die organisatorischen Formen dieser jungen Kirche gar nicht fließend genug vorstellen. Kirche lag trotzdem vor, sowie das Bewußtsein um ein Eigenleben da war und die Sonderung vom Judentum vollzogen wurde. Das ist spätestens geschehen, seit man in Jesus, im Unterschied von den anderen Juden, den Christus und κύριος verehrte. Das Petrusbekenntnis und die Aussage „Kirche" stehen in Matth. 16 also kaum zufällig zusammen. Dieser Urkirche fehlten freilich, wie gesagt, noch alle festen Organisationsformen. Es fehlte vor allem jeder juristische Einschlag. Alles stand unter der unmittelbaren Leitung des Heiligen Geistes, der der Kirche an jedem Ort *und* in ihrer Gesamtheit darreichte, was sie zu ihrem Leben brauchte: dem einen Mitglied die Gnadengabe der Zungenrede, dem andern die der Deutung; dem einen die der Gemeindeleitung, dem andern die der Prophetie, d. h. die Gabe, Gottes Willen immer neu zu verkünden, Gottes Wahrheit zu offenbaren. Allmählich scheinen sich, noch in neutestamentlicher Zeit — die Entwicklung ist sehr undeutlich — daraus drei charismatische Funktionen mit gesamtkirchlichem Wirkungsbereich herausgeschält zu haben: Apostel, Propheten, Lehrer, und daneben zwei mit örtlichen Aufgaben betraute Ämter: Presbyter bzw. Bischöfe und ihre Stellvertreter, die Diakonen[1]. Trotzdem behält aber jedes Gemeindemitglied das Recht eigener Sakramentsverwaltung, etwa im Hausgottesdienst; ferner behält die Gemeinde das Recht der freien Bestimmung über den Leiter des gemeinsamen Gottesdienstes sowie auch das der Beurteilung des Dargebotenen. Daß von Jerusalem aus ein ernsthafter Versuch gemacht ist, eine feste Organisation unter dortiger Leitung ins Leben zu rufen, ist schon berührt. Da er gescheitert ist, darf er uns nicht näher beschäftigen.

β) Aber obwohl jeder statutarische Einschlag fehlte, trug die Urkirche doch schon *ein* wichtiges Kennzeichen des Katholizismus an sich: sie, die irdische Größe, *die sichtbare Gemeinde, wußte sich als das*

---

[1] Die Funktion der sieben „Diakonen" von Apg. 6 darf nicht als typisch für den Diakonat angesehen werden.

σῶμα Χριστοῦ, den Leib Christi. Eben als solcher wußte sie sich vom Heiligen Geist, dem Geist Christi, gelenkt und in alle Wahrheit geleitet. Diese Tatsache, daß die Kirche sich als der Leib Christi wußte, muß ganz besonders ernst beachtet werden. Sie besagt, daß der Leib Christi handelt, wenn die Kirche handelt; was die Kirche tut, tut Christus oder gar Gott. Nur wer diese Selbsteinschätzung der Kirche kennt und im Auge behält, kann die Entwicklung der alten Kirche verstehen; nur er kann aber auch zu dem modernen Problem „Katholizismus" einen Zugang gewinnen.

c) Freilich, die Frage nach der *Entstehung* der katholischen Kirche kompliziert sich dadurch.

α) Von einer *Entstehung* der Kirche im 2. Jahrhundert, also nach Ablauf einer kirchenfreien Geistesperiode, kann nicht mehr die Rede sein. Kirche entsteht in und mit der Entstehung des Christentums selbst.

β) Diese uranfängliche Kirche trägt bereits ein Merkmal an sich, das die „katholische" Entwicklung nahelegt, die Gleichsetzung von ecclesia visibilis und corpus Christi[2].

Von daher scheint die Frage nach der *Entstehung der katholischen Kirche* so beantwortet werden zu müssen: *Die christliche Kirche entsteht in und mit der Entstehung des Christentums als einer eigenen Gruppe als „keimhaft" katholische Kirche.* Sie bildet dann immer neue spezifisch „katholische" Einrichtungen aus. Eben diese letzte Entwicklung, die im zweiten Jahrhundert beginnt, die Herausbildung neuer katholischer Züge, haben wir hier weiter zu betrachten.

d) An Voraussetzungen aus apostolischer Zeit bringt die Kirche in diese Entwicklung mit:

α) (der Vollzähligkeit halber sei es noch einmal genannt) das Bewußtsein, der Leib Christi zu sein;

β) eine Reihe von Gemeindefunktionen, die aber alle auf freie Geistwirkung zurückgehen, kein „Amt" darstellen, denn die volle Selbständigkeit der Gemeinde ist mit ihnen nicht aufgehoben;

γ) endlich die Bindung an eine *Tradition.* Darüber muß noch ein weiteres Wort gesagt werden. Es ist kein Zweifel, daß der Heilige Geist nicht nur als ein die Lebensäußerungen der Gemeinden ordnendes Prinzip galt, sondern daß man von ihm auch *neue* Gotteserkenntnis, neue Offenbarungen erwartete. Der „Prophet" spricht im Namen Gottes zur Gemeinde, ja Gott spricht in der Ichform durch ihn (vgl. Offbg. 16, 15: „Siehe, *ich* komme wie ein Dieb"; Apg. 13, 2: „Sondert *mir* aus Barnabas und Saulus zu dem Werk, dazu ich sie berufen

[2] Von sichtbarer Kirche und Leib Christi.

habe“); d.h.: Im Heiligen Geist hat die christliche Kirche ein progressives, Neues verkündendes Element. Die Offenbarung ist nicht abgeschlossen, sondern kann in der Kirche erweitert werden. Aber schon in der allerersten Christenheit tritt neben dies „dynamische“ Element in der Kirche ein statisches, eben die Bindung an die Tradition. Als „Zeugen“ Jesu Christi im besonderen Sinne galten zunächst die Apostel, d.h. die, die eine Christusvision gehabt und eine Berufung zum Apostelamt erhalten hatten, die Elf und Paulus; dieser schon ein ἔκτρωμα[3] unter ihnen. Nun hörten aber die Christuserscheinungen eines Tages auf. Diese Tatsache ist von entscheidender Bedeutung für die ganze Kirchengeschichte gewesen, wie *Karl Holl* gezeigt hat. Denn in dieser Tatsache wurzelt der Gedanke der apostolischen Tradition. Gewiß, die Kirche hat das Pneuma. Aber die höchste pneumatische Erfahrung, das Sehen des erhöhten Herrn, blieb zeitlich beschränkt. Die Kenntnis von ihr konnte nur durch Überlieferung an die späteren Geschlechter weitergegeben werden. Damit ist aber von vornherein ein Doppeltes gegeben:

αα) Diese Tradition ist *apostolische Tradition,* denn nur die Apostel konnten von ihr berichten; von da aus mußte ein besonders helles Licht auf alles fallen, was die Apostel hinterlassen hatten.

ββ) Diese Tradition mußte an Wert die pneumatischen Erkenntnisse überflügeln, denn die Höhe dessen, von dem die Tradition zu berichten hat, war dem fortwirkenden Pneuma nicht zugänglich. Das bedeutet: Der Kampf zwischen Enthusiasmus und Recht ist eigentlich zugunsten des Statischen, Organisatorischen, Institutionellen entschieden gewesen, ehe er ernsthaft begann. Zu einer Ausscheidung des Pneumatischen hat er freilich nie geführt, nur zu seiner Dämpfung.

2. Diesem „Kampf“ wenden wir uns nun direkt zu, wobei besonders die die Entwicklung bestimmenden Kräfte zu beachten sind.

a) Zunächst die Frage der **Organisation** der Kirche. Wir sahen, daß es gewisse Funktionen in der Gemeinde gab. Auch wenn sie durch die Gemeinde einem Menschen übertragen waren, rührten sie doch nach altchristlicher Anschauung von Gott selbst her, der die Gemeinde, die Kirche leitet; das kommt in den liturgischen Formeln deutlich zum Ausdruck. Die Gemeinde hat aber auch die Befugnis, sie jederzeit wieder zurückzunehmen und einem anderen zu übertragen; sie ist völlig selbstherrlich über ihren *Gottesdienst;* denn um den handelt es sich hier vor allem. Hier setzt aber auch die erste Änderung ein. Den Gottesdienst leiteten ursprünglich geistbegabte prophetische Personen. Fehlten sie, so übernahm einer aus dem Stande der Ältesten die

---

[3] Das heißt wörtlich: eine „Fehlgeburt“.

Leitung. Dabei scheint sich dann allmählich ein primus inter pares (ein Erster unter Gleichrangigen), der Bischof, herausgeschält zu haben. Und dieser bekommt schließlich den Gottesdienst allein in die Hand, und zwar als ein *Recht;* die Gemeinde verliert jede Mitwirkungsgewalt, abgesehen von der uranfänglichen Wahl des Betreffenden. Die Änderung wird deutlich an einem Streit, der darüber gegen Ende des ersten Jahrhunderts in Korinth ausbrach. Dort war die Leitung des Gottesdienstes von der Gemeinde an durchwandernde Propheten übertragen worden. Dagegen empörten sich die Ältesten; *sie* hätten das *Recht,* ihn zu leiten. Und Rom trat dabei energisch auf ihre Seite im sogenannten ersten Klemensbrief (95 n. Chr.). Der untadelige Bischof *darf* nach ihm dieses Rechtes nicht beraubt werden. Dabei fällt sogar schon das harte Wort an die doch selbständigen, doch selbst geistbegabten Gemeindeglieder: *μάθετε ὑποτάσσεσθαι,* „lernet, euch unterordnen!" Die Begründung für diese Forderung ist typisch:

α) Ordnung muß sein! Man empfand also den urchristlichen Enthusiasmus bereits als Unordnung;

β) beruft man sich auf das Alte Testament, nämlich auf seine gottesdienstlichen Ordnungen;

γ) auf die Tradition der Apostel, die Bischöfe und Diakonen für den Vollzug der Eucharistie eingesetzt hätten.

Das war die Theorie. Praktisch ist die Änderung wohl vor allem auf sachliche Nötigungen zurückzuführen. Der Leiter des Gottesdienstes hatte zugleich die Verfügungsgewalt über das Kirchengut, das im Gottesdienst als Liebesgabe dargebracht wurde. Dieses konnte man von dem Augenblick an, wo die Gemeinden größer, unübersichtlicher wurden, keinem Ortsfremden mehr zur Verteilung überantworten. Ein zweiter, praktischer Grund wird aus den Briefen des Ignatius von Antiochien sichtbar. Die Gemeinden standen in schwerem Kampf mit Menschen, die auch Christen zu sein behaupteten, ja, die für sich in Anspruch nahmen, das wahre Christentum zu haben, nämlich den christlichen Gnostikern. Die Kirche empfand diese aber als ketzerisch; empfand sie, mehr darf man nicht sagen, denn feste Maßstäbe, an denen man messen konnte, gab es noch nicht. In dieser Lage sah Ignatius in der Bindung der Gemeinde an den Bischof, an ihre Unterwerfung unter ihn — daher *monarchischer* Episkopat! — die Lösung. Der Bischof entscheidet, wo die Wahrheit ist. Wo er ist, da ist die Kirche Gottes, die *katholische* Kirche. Das Wort fällt hier für unsere Augen zum erstenmal.

Was bedeutet diese Änderung?

α) Vor allem die *Einführung von formalem Kirchenrecht.* Da aber dies Recht Recht des Leibes Christi ist, ist es göttliches Recht. Wer es verletzt, vergeht sich gegen Gott. Vorher galt die Kirche, es sei noch einmal wiederholt, als in jedem einzelnen Augenblick unter der freien Leitung des Heiligen Geistes stehend; Gott schenkt der Gemeinde Einsicht und Verständnis, jederzeit zu bestimmen, wer in ihrem Namen das Gebet spricht. Jetzt wird diese ihre Freiheit auf den Einsetzungsakt beschränkt; dieser steht nach wie vor unter Gottes Leitung; Gott selbst erwählt sich, vermittels der Gemeindewahl, den Bischof. Aber dann kann die Gemeinde auch nicht mehr zurück. Nach seiner Einsetzung ist der Bischof rechtens Herr der Gemeindefeier, nicht mehr die Gemeinde selbst.

Schwerwiegende *Folgen* ergaben sich schon aus diesem ersten Ansatzpunkt. Zwar *nicht* die, die meist angeführt wird, als ob jetzt ein Kirchenbeamter an die Stelle des Geistbegabten getreten sei. Das ist falsch. Auch der beamtete Bischof ist geistbegabt; er hat von Gott, der ihn erwählt, das Charisma, das er für die Amtsführung braucht. Aber andere Folgen sind tatsächlich eingetreten.

$\alpha\alpha$) Jetzt kann es in jeder Gemeinde nur noch *einen* Bischof geben, nicht mehr wie früher, mehrere. Damit entstehen zugleich *Gemeinden im Rechtssinn,* organisatorische Gebilde, nämlich Amtsbezirke des Bischofs, während vorher alle Grenzen fließend waren.

$\beta\beta$) Die *Aufhebung des allgemeinen Priestertums aller Gläubigen.* Hatte vorher jeder das Recht, z.B. in seinem Hause ein Abendmahl zu veranstalten, das dann auch unter der Leitung des Hausherrn stand, so fällt dies Recht jetzt fort. Nur *eine* Eucharistie ist noch gültig, die, die der Bischof leitet. Und die andern Sakramente werden ihm für den Regelfall auch sofort reserviert. Damit ist zugleich gesagt, daß sich wieder ein Mensch zwischen Gott und die Seele schiebt. Nicht wie bisher, wo zwei oder drei versammelt sind in Christi Namen, da ist Kirche. Nein, nur wo der Bischof ist, da ist der Leib Christi, als dessen Glied man allein selig werden kann. Und noch einmal: Als *Gottes* Anordnung setzt sich die Neuerung durch, bei Klemens wie bei Ignatius von Antiochien. Die neue Verfassung der Kirche ist *Glaubensgesetz,* nicht nur Rechtssatz.

$\gamma\gamma$) Herr des Gottesdienstes wird der Bischof. Hat er das alleinige Recht, ihn zu leiten, so hat er auch allein das Recht, zugunsten eines andern zu verzichten.

Mit dem Recht über den Gottesdienst aber bekommt der Bischof auch das *alleinige Recht der Wortverkündigung* in der Gemeinde. Sprach vorher der Prophet im Namen Gottes zu ihr, so tut es jetzt der Bischof. Ja mehr, das Prophetenwort wurde früher nur wirksam, wenn die geistig freie Gemeinde es annahm als Gottes Wort an sich, indem sie ihr Amen dazu sprach (1. Kor. 14). Jetzt aber hat der Bischof *ein Recht*, im Namen Gottes zur Gemeinde zu reden, lebenslang, ohne Zustimmung. Nun ist wirklich Hierarchie, die geistliche Herrschaft eines Priesters, aufgerichtet.

δδ) Indem er Herr über den Gottesdienst wird, wird der Bischof auch Herr über das Vermögen der Kirche, denn ihre Einkünfte stammen aus dem Gottesdienst. —

Die große Bedeutung der Einführung des monarchischen Episkopates wird damit deutlich sein; sie inauguriert die Entwicklung zur Rechtskirche und zur Priesterkirche. Nicht allein das Dasein des Wortes Gottes und dadurch des Heiligen Geistes, sondern eine bestimmte Organisationsform ist fortan konstitutiv für die wahre Kirche Gottes. Nur eines bleibt trotz der Änderung konstant: der Anspruch der Kirche, der Leib Christi zu sein und vom Heiligen Geist geleitet zu werden.

β) Die Neuerung rief gleich eine zweite nach sich, die jetzt erst praktisch möglich wurde. Der Bischof hatte die Führung der Einzelgemeinde in die Hand bekommen. Wenn nun Fragen auftauchten, die viele, ja gar alle Gemeinden innerlich beschäftigten, was lag da näher, als daß die Bischöfe zu gemeinsamer Beratung zusammentraten, d.h. was lag näher als die Bildung von **Synoden.** Im Kampf um Berechtigung oder Nichtberechtigung des Montanismus sind solche für unser Wissen zum erstenmal zusammengetreten. Auch sie eine bedeutungsvolle Neuerung, denn in ihnen konstituiert sich zum erstenmal eine den Gemeinden *übergeordnete* Größe. Was wir bisher besprochen haben, bezog sich noch alles auf die Einzelgemeinde. Hier aber beginnt nun *der Zentralisationsprozeß der Kirche.*

Die neugebildete Zentralinstanz der Kirche war aber von besonderer Autorität. Schon in der Urchristenheit standen sich zwei Geistprinzipien gegenüber, die geistbegabten Einzelmenschen, die im Namen Gottes sprechen konnten, auf der einen Seite; die Ganzheit der Gemeinde als Teil des Leibes Christi auf der anderen Seite, auch sie als solcher geistbegabt. Die Leitung der Gemeinde im Geist hatte nun allein der Bischof bekommen. Aber auch weiterhin galt die Ganzheit der Kirche als geistbegabt. In der Synode erhielt nun die Kirche als Gesamtkörper ein handelndes Organ, wie die Gemeinde es im Bischof hatte. Die naturgegebene Folge war, daß die Synode als vom Geist geleitet angesehen wurde. Ihre Beschlüsse galten als inspiriert. So schon in Apg. 15,28: „Es gefällt dem Heiligen Geist und uns"; so auch später; wir haben ausdrückliche Zeugnisse dafür[4]. Es wird wieder

[4] Z.B. Synode von Arles 316; Mirbt, Quellen[4] Nr. 100, S. 41 f.

deutlich sein, *was* für eine Autorität die neue Zentralinstanz der Kirche, die Synode, darstellt.

Nur eine Einschränkung blieb auch für die inspirierten Synoden noch in Kraft. Wie die Aussage des geistbegabten Propheten nur dann Gültigkeit erlangte, wenn die Gemeinde ihr Amen zu seiner Rede sprach, so war auch für die Gültigkeit der inspirierten Synodalbeschlüsse ihre Rezeption durch die Gesamtkirche notwendig. Nur von daher sind die Kämpfe, die in der alten Zeit auch um klare Synodalbeschlüsse noch geführt worden sind, verständlich. —

b) Neben die Herausbildung fester Verfassungsformen, die aber, wie Ignatius von Antiochien zeigt, auch Lehrbedeutung haben, tritt dann die Herausbildung relativ fester Normen für die kirchliche Lehre, *Kanon* und *regula fidei* (Glaubensregel). Zunächst der **Kanon.**

Auch auf diesem Gebiet gehen die ersten Ansätze für die Neuerung einfach auf die Praxis zurück. Von vornherein sind in der christlichen Gemeindeversammlung, d.h. *im Gottesdienst,* neben dem Alten Testament andere Schriften zur Verlesung gekommen: die *ἀπομνημονεύματα τῶν ἀποστόλων,* d.h. unsere Evangelien, die Briefe der Apostel, aber auch ganz andere Schriften, die erst im zweiten Jahrhundert entstanden sind, z.B. der I. Klemensbrief (95 n.Chr.), der Hirt des Hermas (ca. 140) usw. Es scheint so, als ob zuerst um dieser gottesdienstlichen Praxis willen *Sammlungen* solcher Schriften veranstaltet sind. Ein irgendwie besonderes Gepräge trugen diese indes noch nicht. Die Kanonsbildung im strengen Sinne des Wortes scheint vielmehr auf ein außerkirchliches Vorbild, das gnostische, zurückzugehen. Die Gnostiker beriefen sich gegenüber der Kirche nicht nur auf eine mündlich überlieferte Geheimtradition, die nur für Eingeweihte, Bevorrechtigte galt, sondern auch auf eine Reihe von besonderen Evangelien, die heute sogenannten „apokryphen" Evangelien, von denen wenigstens Bruchstücke erhalten sind. Diese Bruchstücke zeigen, auf was für einer geistigen Grundlage das betreffende Evangelium ruht. Die Gnostiker beriefen sich also wirklich auf einen *Kanon* heiliger Schriften als Quelle für ihre Lehre. Einen ähnlichen Weg schlug Marcion ein; er legte seiner Lehre, und, als die Kirche ihn ausschloß, der von ihm gegründeten Sonderkirche eine Sammlung paulinischer Schriften — zehn Briefe — und ein gereinigtes Lukas-Evangelium als Kanon zu Grunde.

Wollte die Kirche sich gegen diese Gruppen abgrenzen, wie sie es zweifellos mußte, und wollte sie sich zugleich ihnen gegenüber behaupten, so blieb ihr gar nichts anderes übrig, als auch ihren eigenen Gemeinden zu sagen, welche Schriften sie nun ihrerseits als kanonisch, als Quelle der Kirchenlehre, ansah. Sie *mußte* zur Kanonsbildung schreiten. Von besonderer Bedeutung ist dabei wahrscheinlich das Vorgehen Marcions gewesen. Die Kirche hatte sich, wie in anderem Zusammenhang zu schildern sein wird (§ 12), von Paulus recht weit entfernt, ja ihn, abgesehen von der Gesetzesfreiheit, im Grunde genommen preisgegeben. Dadurch, daß Marcion seine Lehre ganz allein auf Paulus gründete, wurde die Kirche gezwungen, ihn auch ihrerseits in ihrem Kanon entsprechend zu berücksichtigen. Im übrigen scheint das in der Stadt Rom aufgestellte Schriftenverzeichnis sich als Heilige Schrift allmählich die ganze christliche Kirche erobert zu haben. Doch blieb die Abgrenzung des Kanons bis ins hohe Mittelalter hinein umstritten. Auf jeden Fall aber gilt der Kanon als ein Kanon *apostolischer* Schriften.

So tritt also jetzt im Laufe des zweiten Jahrhunderts ein Kanon des Neuen Testaments neben den des Alten Testaments. Das Letztere hielt man in scharfem Kampf gegen Marcion, der es verwarf, fest. Durch die Gleichstellung beider aber mußte, was vom Alten Testament galt, zwangsläufig auch auf das Neue Testament übertragen werden. Auch dies galt fortan als eine von Gott inspirierte Größe. Die Spannung in der Aussage, daß das Wort der menschlichen Schrift *zugleich* Gottes Wort ist, wird so zugunsten der alleinigen Aussage: Gottes Wort, beseitigt. Neben das feste autoritative Amt tritt damit im Laufe des zweiten Jahrhunderts eine feste, autoritative, ja göttliche Größe als Lehrgrundlage. Auch sie kann freilich keine Alleingültigkeit für sich erobern. Wie die mündlich überlieferte apostolische Tradition, so hält sich auch das enthusiastische Element fernerhin in der Kirche, die Anschauung also, daß geistbegabte Personen auch neue Offenbarungen mitteilen können. Das enthusiastische Element wird nur stärker zurückgedrängt. Insofern bedeutet die Herausbildung des Kanons in der Tat einen wichtigen Schritt vorwärts auf dem Weg zur Herausbildung einer festen kirchlichen Organisation.

c) Zeitgeschichtlich größere Bedeutung als die Bibel hat die dritte der hier zu nennenden Größen, **die Glaubensregel** oder, wie sie auch heißt, das Symbol, für die Fixierung der kirchlichen Lehre gehabt. Auch das Bekenntnis ist freilich nicht ad hoc gebildet, sondern aus der kirchlichen Praxis hervorgewachsen.

Die Gegenwart Gottes in Christus bewirkt

α) das Bekenntnis des Glaubens (Mt. 16, 18) als eine geistgewirkte Antwort auf die Anrede des Herrn; es schließt in seinem „Du bist der Christus“ schon eine dogmatische Aussage ein; aktuelles Bekennen und sachliche Aussage gehören also zusammen;

β) das Sündenbekenntnis (Luk. 5, 8);

γ) den Lobpreis Gottes (Phil. 2, die Hymnen der Apc.). Die Wörter *ὁμολογεῖν* wie confiteri umschließen alle diese drei Funktionen, das deutsche „Bekennen" nur noch die beiden ersten.

δ) Schon das Neue Testament zeigt aber auch bereits die antihäretische Bedeutung des Bekenntnisses, z. B. 1. Joh. 4, 2, wo die antignostische Tendenz der positiven Bekenntnisaussage unübersehbar ist;

ε) Damit aber bekommt das Bekenntnis noch einen neuen Sinn. Indem der Einzelne *seinen* Glauben bekennt, bekennt er zugleich den *Glauben der Kirche:* Das Bekenntnis wird kirchliches Bekenntnis und bekommt damit später sogar eine rechtliche Bedeutung. Die Entwicklung der alten Symbole scheint wesentlich vom gottesdienstlichen Gebrauch her bestimmt gewesen zu sein, vor allem bei der Taufe.

Die allerältesten *Formen* des Symbols handeln nur von Christus, denn im Bekenntnis zu ihm lag die Besonderheit der neuen Religionsgemeinschaft; auch wurde ursprünglich nur auf den Namen Christi getauft. Sehr bald ist dann dies christologische Taufbekenntnis zum dreigliedrigen (triadischen) erweitert worden. Formalgrund für die Änderung ist sicher der Übergang von der Taufe auf den Namen Christi zu der auf Vater, Sohn und Geist gewesen. Sachlich waren wohl die Bedürfnisse der heidenchristlichen Gemeinden dafür ausschlaggebend. Der Heide, der Christ wurde, bekannte sich damit ja nicht nur zu Christus, sondern auch weg von den Göttern Griechenlands oder Roms zu dem einen Gott Himmels und der Erden. Und auch der Begriff des Heiligen Geistes, der in der Taufe Besitz von ihm ergriff, war ihm neu. So kommt es zur triadischen Taufformel und in ihrer Folge dann auch zum dreiteiligen Taufbekenntnis, das aber nicht überall einheitlich ist. Weitere Verbreitung hat das altrömische erlangt (entstanden um 140), das auch dem sog. Apostolikum zu Grunde liegt[5]. Aber auch dies haben sich die einzelnen Gemeinden, die es

---

[5]) *Πιστεύω εἰς θεόν,*	Ich glaube an Gott,
πατέρα παντοκράτορα,	den Vater, den Allmächtigen;
καὶ εἰς Χριστὸν Ἰησοῦν	Und an Christum Jesum,
τὸν υἱὸν αὐτοῦ τὸν μονογενῆ	*seinen* eingeborenen *Sohn,*
τὸν κύριον ἡμῶν,	*unsern Herrn,*
τὸν γεννηθέντα ἐκ πνεύματος ἁγίου καὶ Μαρίας τῆς παρθένου,	der geboren ist aus dem Heiligen Geist und Maria, der Jungfrau,
τὸν ἐπὶ Ποντίου Πιλάτου σταυρωθέντα καὶ ταφέντα,	der unter Pontius Pilatus gekreuzigt und begraben ist,
τῇ τρίτῃ ἡμέρᾳ ἀναστάντα ἐκ νεκρῶν, ἀναβάντα εἰς τοὺς οὐρανούς,	am dritten Tage auferstanden von den Toten, aufgefahren gen Himmel,
καθήμενον ἐν δεξιᾷ τοῦ πατρός,	sitzend zur Rechten des Vaters,
ὅθεν ἔρχεται κρῖναι ζῶντας καὶ νεκρούς,	von wo er kommen wird zu richten die Lebendigen und die Toten;

übernahmen, nur in Freiheit angeeignet, d.h. den Text ruhig geändert, wenn sie es für nötig hielten.

Diese Taufbekenntnisse erhalten nun, sehr verständlicherweise, im Laufe des zweiten Jahrhunderts die Bedeutung der Glaubensregel, d.h. an ihnen beginnt die Kirche die mancherlei Geisteshaltungen zu messen, die christlich zu sein vorgeben. Allerdings wohl auf dem Umweg über *die apostolische Tradition.* Der Kanon war als Kanon apostolischer Schriften fixiert. Buchstäblich in dem Augenblick, wo er entstand, meldete sich das Problem seines Verständnisses, das hermeneutische Problem, denn die Gnostiker und Marcion verstanden ihn anders als die großkirchlichen Theologen. In dieser Notlage griff ein Irenäus auch für die Auslegung der Schrift auf die apostolische Tradition zurück. Er selbst hatte noch Polykarp von Smyrna gekannt, Polykarp den Johannes; der direkte Traditionszusammenhang war noch vorhanden; so konnte das *kirchliche* Verständnis der Schrift als das *apostolische* gelten. Eben das behauptet Irenäus. Zur Unterstützung seiner These erweist er historisch den Zusammenhang gewisser Gemeinden mit den Aposteln; die apostolischen *Gemeinden* sind so die echten Traditionsbewahrer; das ist der erste Sinn der successio apostolica. Ausdruck dieser Tradition ist unter anderem auch das Taufbekenntnis, nämlich als ein kurzgefaßter Teil des Ganzen. Das Bekenntnis war ja die Zusammenfassung der Lehre, zu der sich der Täufling bekennen sollte. Daß man darauf zurückgriff, wenn man erkennen wollte, ob eine neu aufkommende Theologie anzuerkennen sei oder nicht, leuchtet ein. Es muß aber noch einmal betont werden, daß in der Neuheit einer Lehre als solcher ursprünglich noch kein Grund zur Ablehnung lag; die Prophetie galt noch. Es muß auch noch einmal betont werden, daß die Heilige Schrift für sich allein den hier nötigen Abwehrdienst kaum tun konnte. Abgesehen von ihrem Umfang und der Mannigfaltigkeit ihres Inhalts war eben ihre Exegese umstritten. Was konnte allegorische Auslegung nicht alles aus ihr herauslesen! Was die Kirche brauchte, war wirklich eine kurze, knappe Zusammenfassung der christlichen Zentrallehren. Sie hatte man im Taufbekenntnis. So wird dieses recht eigentlich *die* Regel des Glaubens, das frühchristliche Dogma — es besteht kein Grund, den Begriff nicht schon hier anzuwenden.

καὶ εἰς πνεῦμα ἅγιον,	Und an heiligen Geist,
ἁγίαν ἐκκλησίαν	eine heilige Kirche,
ἄφεσιν ἁμαρτιῶν	Vergebung der Sünden,
σαρκὸς ἀνάστασιν.	Auferstehung des Fleisches.
Ἀμήν.	Amen.

Das älteste griechische Textzeugnis bietet Marcell von Ancyra, Mitte des vierten Jahrhunderts, der lateinische Text stammt sogar erst aus dem siebenten Jahrhundert. Zur Deutung vgl. Karl Holl, Ges. Aufsätze II, S. 115 ff.

Und damit, nicht schon mit dem Kanon, wird die Kirche, die sich, wie wir sahen, zur Rechts- und Priesterkirche entwickelt hatte, zugleich eine Dogmenkirche. Oder anders ausgedrückt: Parallel mit der Verfestigung der äußeren Formen verfestigt sich auch der geistige Gehalt, soweit es sich um die Zentrallehren handelt.

Das hat eine sehr weit reichende Bedeutung gehabt. Die Heilige Schrift ist an sich nach dem Gesamtverständnis des christlichen Glaubens, wie es in den apostolischen Gemeinden vorhanden ist, auszulegen, praktisch aber nach der fixierten regula fidei. Dies ist die hermeneutische Norm. Indem aber die Schrift dieser Norm unterworfen wird, ist sie selbst praktisch entthront, eigentlich gleich im Augenblick ihrer Bildung entthront; denn *die* Größe, die den *Sinn* der Schrift feststellt, ist natürlich die Herrin der Schrift. Dem Begriff nach ist diese Herrin die apostolische Tradition, der Sache nach aber der Konsens der Kirche, der damit gleichgesetzt wird. So aber kann die Schrift nie zu einem Regulativ der Kirche werden; der consensus ecclesiae, die Kirche selbst, bestimmt ja, was der Sinn der Schrift ist.

d) Im Grunde genommen besteht nun aber gar kein Anlaß, bei den drei genannten Gebieten stehen zu bleiben. Auch in bezug auf die Ordnung des kirchlichen Lebens, z.B. in bezug auf die Liturgie des Gottesdienstes und den Vollzug der Sakramente und manchen anderen Zweig kirchlicher Lebensäußerungen, läßt sich der Verfestigungsprozeß beobachten. Auf einzelnes wird in anderem Zusammenhang noch einzugehen sein.

3. Überschaut man das Ganze, so ergibt sich, daß *die Ordnung der Kirche* mit all ihren einzelnen Bestandteilen *ihren wesentlichen Quellort im Gottesdienst gehabt hat;* Amt, Kanon, Taufbekenntnis, Liturgie, alles führt sich auf ihn zurück. *Die konkrete Ordnung der Kirche ist* also *zunächst die Ordnung ihres Gottesdienstes.*

Wer an das ungebundene gottesdienstliche Leben der christlichen Gemeinden in der apostolischen Zeit zurückdenkt, der kann geneigt sein, diesen ganzen Prozeß der Verkirchlichung, der Erstarrung in feste Formen — ein Prozeß, der selbstverständlich auch nach dem zweiten Jahrhundert noch weitergeht — als Abfall anzusehen, als die erste Stufe hinab zu dem, was dann schließlich daraus geworden ist. Und selbstverständlich bedeutet die Verfestigung der Formen zugleich auch ein Stück Erstarrung. Aber wer *nur* einen Abfall in ihr sähe, der würde doch irren. Es soll jetzt gar nicht als Entschuldigung angeführt werden, daß jede noch so lebendige Bewegung schließlich dazu kommen muß, eine Organisation auszubilden; viel wichtiger sind zwei andere Dinge. Von den Kämpfen um die wahre Form des Christentums und dem Dienst, den die Verfestigung der Lehrnormen in ihm leistete, ist schon gesprochen. Darin liegt das eine Positive. Daneben wurde die Christenheit sehr bald zu einem mehr als ernsten Kampf um ihre äußere Existenz gezwungen. Es war von allergrößter Bedeutung, daß sie in diesen Kampf eintreten konnte, nicht nur gestützt auf das Einheits*bewußtsein*, daß die einzelnen Gläubigen und die Gemeinden ursprünglich verbunden hatte, sondern daß die Kirche als feste Organisation unter autoritativer Führung diesen Kampf aufnehmen konnte. Ja, es ist kaum zuviel gesagt, wenn man behauptet, daß darin einfach die Voraussetzung für das siegreiche Hervorgehen aus diesem Kampf lag. Wer das sieht, der wird nicht nur geneigt sein, auch in diesem Entwicklungsprozeß Gottes Hand im Spiele zu sehen, dem wird vor allem das innere Verschlungensein von niederziehenden und aufbauenden Elementen deutlich. Dasselbe Moment, das, geistig beurteilt, eine Erstarrung bedeutet, sichert der Kirche äußerlich die Existenz und damit die Möglichkeit, ihre Aufgabe weiter zu erfüllen.

Literatur

A. Hahn, Bibliothek der Symbole und Glaubensregeln, 1897³;
Rudolf Sohm, Wesen und Ursprung des Katholizismus, 1912²;
Ad. von Harnack, Entstehung und Entwicklung der Kirchenverfassung, 1910;
Hans Frh. von Campenhausen, Kirchliches Amt und geistliche Vollmacht in den ersten drei Jahrhunderten, 1953;
Gerhard Ebeling, Die Geschichtlichkeit der Kirche und ihrer Verkündigung als theologisches Problem, 1954.

§ 10. Der Kampf der Kirche mit dem römischen Staat

1. Es ist eben schon angedeutet: Das Verhältnis der christlichen Kirche zum Staat konnte entscheidend werden für ihren Bestand. Freilich, die Frage nach Recht oder Unrecht des Christentums wurde für den Staat erst akut in dem Augenblick, als das Christentum nicht mehr als eine Sekte des erlaubten Judentums angesehen wurde, sondern als eine selbständige Größe. Daß das bald geschah, dafür sorgten die Juden selbst.

Aber trotzdem ist es keinesfalls selbstverständlich, daß es zum Konflikt kam.

Einmal war die Loyalität der Christen gegenüber dem heidnischen Staat außerordentlich groß, so groß, daß auch blutige Verfolgung sie nicht von dem Gebet für den Kaiser abgehalten hat. Und Justin brüstet sich vor der Obrigkeit geradezu damit, daß die Christen freiwillig mehr Steuern zahlten, als überhaupt verlangt wurden.

Auf der andern Seite aber war der römische Staat religiös sehr duldsam. Das hängt schon mit der polytheistischen und synkretistischen

Grundlage zusammen, auf der das öffentliche Religionswesen damals ruhte.

Wie kam es trotzdem zu den Verfolgungen der Christen? Eine Reihe von *Gründen* scheint dabei zusammengewirkt zu haben.

a) Schon der Gründer der neuen Religion, *Jesus* selbst, war als *Staatsverbrecher*, nämlich unter dem Verdacht des Hochverrates, hingerichtet worden.

b) Die Christen nahmen nicht teil *am Kaiserkult*, dem Ausdruck der Ehrfurcht vor dem Genius Roms; ja sie verweigerten ihn derart hartnäckig, daß allein schon diese Tatsache einem polytheistisch erzogenen Beamten verdächtig erscheinen mußte.

c) Vor allen Dingen aber ist zu nennen der *Haß*, der den Christen in *der Bevölkerung* begegnete. Hinter ihm steht nicht nur die natürliche Feindschaft, die der betont Fromme bei religiös Gleichgültigen immer erregt, sondern er ist durch andere, ganz konkrete Dinge wohl in erster Linie ausgelöst. Wer Christ wurde, verließ die alten Bindungen und verkehrte nur noch in dem neuen Kreis. Dieser neue Kreis aber stand dem Prunk des Heidentums mit grenzenloser Verachtung, der Lebensführung seiner allermeisten Bekenner mit sicherem Überlegenheitsgefühl gegenüber. Das aber war angesichts der vollendeten bürgerlichen Bedeutungslosigkeit der Christen ein um so schlimmeres Verbrechen. „Menschen einer bejammernswerten, unerlaubten, verzweifelten Rotte ziehen gegen die Götter zu Felde, indem sie aus der Hefe des Volkes unwissende Leute und leichtgläubige Weiber, die schon die Schwäche ihres Geschlechts zu Verirrungen treibt, zusammensuchen und eine ruchlose Verschwörerbande bilden, die bei nächtlichen Zusammenkünften, bei hungerleidenden Festen und kannibalischen Speisen nicht durch eine heilige Handlung, sondern durch ein Verbrechen sich verbrüdert; ein duckmäuseriges, lichtscheues Volk, stumm in der Öffentlichkeit, nur in den Winkeln redselig ... Jeden muß es empören und ärgern, wenn gewisse Leute und zwar solche, die keine gelehrte Bildung, keine wissenschaftliche Weihe empfangen haben, ja sich nicht einmal auf gewöhnliche Gewerbe verstehen, etwas Sicheres über die Weltregierung zu bestimmen wagen, über die seit so vielen Jahrhunderten bis zum heutigen Tag die Philosophie selbst in ihren meisten Schulen noch im Zweifel ist", so lautet das Urteil eines Gebildeten, das uns bei Minucius Felix erhalten ist. Man wird auch zugeben müssen, daß eine solche Stellungnahme verständlich ist.

Die *Anwürfe des einfachen Volkes* waren massiver. Es wiederholte zunächst den Christen gegenüber alle Vorwürfe, die der Antisemitismus des Altertums gegen die Juden zu erheben pflegte. Wie schon von den Juden gesagt wurde, daß sie in Wirklichkeit gar keinen bildlosen

Gottesdienst hätten, sondern einen Menschen mit einem Eselskopf anbeteten, so soll auch der christliche Gott ein Mensch mit einem Eselskopf sein. Und nun ist er außerdem noch als Verbrecher hingerichtet! Im palatinischen Kaiserpalast in Rom ist eine Zeichnung erhalten, die einen Mann mit einem Eselskopf am Kreuz hängend zeigt. Davor steht eine männliche Figur in betender Haltung. Die Zeichnung trägt die Unterschrift: „Alexamenos betet seinen Gott an". So verhöhnt etwa ein heidnischer Sklave seinen Mitsklaven. Und wo man die bildlose Verehrung ernst nahm, da wurde der Vorwurf der *Gottlosigkeit,* der ἀθεότης, erhoben. Alles andere aber wurde als Aberglaube abgetan: genus hominum superstitiosum ac maleficum[1].

Auch die heute noch zuweilen aufgefrischten Nachreden gegen die Juden, als schlachteten sie zu rituellen Zwecken Kinder, — Märchen, die schon das Altertum aufgebracht hat, — gingen auf die Christen über. In allen Einzelheiten konnte man angeben, wie diese grausige Zeremonie vollzogen wurde. (Es ist nicht ausgeschlossen, daß das Abendmahl die Übertragung dieser jüdischen Nachreden auf das Christentum erleichtert hat; *θυέστεια δεῖπνα = Kinderfleisch essend).*

Der dritte allgemein erhobene Vorwurf war der, daß es in den christlichen Gottesdiensten zu wahren *Orgien* zwischen den beiden Geschlechtern komme. Die starke Vertraulichkeit, die zwischen Männern und Frauen der christlichen Gemeinde herrschte — Brudername und -kuß! — bildete wohl den Anknüpfungspunkt für diese Annahme. In gnostischen Kreisen gab es sie sogar tatsächlich. Auch hier wieder wußte man genau, wie es dabei zugehe.

Und endlich führte die Welt- und Kulturfeindlichkeit der Christen, die teils auf ihrer Erwartung des baldigen Weltendes beruhte, teils aus der heidnischen Grundlage der antiken Kultur sich ergab, zum Vorwurf der *Menschenverachtung,* des odium generis humani.

So kommt es zu einem wahren Christenhaß. Und wo nur irgendein Unglück eintritt, immer müssen es die Christen gewesen sein, die den Zorn der Götter heraufbeschworen haben: „si Tiberis ascendit in moenia, si Nilus non ascendit in arva, si coelum stetit, si terra movet, si fames, si lues, statim: Christianos ad leonem"[2]. Hier liegt zweifellos die eigentliche Grundlage für die Verfolgung in den ersten beiden Jahrhunderten.

2. Volkshaß würde aber nur ausbrechende Pogrome erklären, nicht ein Einschreiten der staatlichen Behörden. Ihrem Vorgehen gegenüber

---

[1] Eine abergläubische und bösartige Art von Menschen; Sueton, Nero 16; Mirbt Quellen[4], Nr. 4.

[2] Wenn der Tiber in die Mauern sich ergießt, wenn der Nil nicht auf die Äcker steigt, wenn der Himmel stillsteht, wenn die Erde sich bewegt, wenn Hunger, wenn Seuche, sofort heißt es: die Christen vor die Löwen (Tertullian).

erhebt sich die Frage nach den **rechtlichen Grundlagen für die Verfolgung.** Das *Strafrecht* (Kriminalprozeß genannt) sah ein Verbot des Christentums nicht vor; ein solches ist auch bis ins dritte Jahrhundert hinein nicht ergangen. Auch für Verbrechen gegen die Staatsreligion (= crimen laesae Romanae religionis oder sacrilegium) gab es keine festen Vorschriften. Strafrechtlich bot, sofern man den Christen nicht eigentliche Verbrechen zur Last legte, eigentlich nur die Verweigerung des Kaiserkultes die Möglichkeit, sie als Hochverrat auszulegen (= crimen laesae maiestatis) und entsprechend vorzugehen. Doch scheint eine gewohnheitsrechtliche prozessuale Neuerung des ersten Jahrhunderts, *institutum* genannt, nach Tertullians Apologeticus auch auf die Christen angewandt zu sein, der Brauch, mit dem Erweis *eines* Verbrechens eine Reihe anderer, die mit ihm vereint zu sein pflegen, als bewiesen anzusehen. So genügte der Beweis des Christseins, um den Angeklagten des Inzestes, der Gottlosigkeit (irreligiositas) oder des Mordes für überführt zu erachten und entsprechend zu bestrafen. Hier bekamen die Vorwürfe des Volkes also eine elementare rechtliche Bedeutung. Die Verurteilung führte, ebenso wie die Anklage auf Majestätsverbrechen, immer zur Todesstrafe. Meist ist wohl auch wegen Religionsfrevel auf Tod erkannt. Dabei wechselte die *Form der Hinrichtung* zwischen Enthauptung, Verbrennung, Kreuzigung und Tierkampf in der Arena. An anderen Strafen finden sich vor allem: Verbannung und Zwangsarbeit in den Bergwerken, für Frauen auch Überweisung in ein Bordell. Die in der neronischen Verfolgung gewählte, sonst nicht vorkommende Hinrichtungsart (Verbrennen in Werg) deutet darauf hin, daß den Christen damals Zauberei und Giftmischerei zur Last gelegt wurden. Doch ist das ein Einzelfall.

Neben dem Kriminalprozeß gab es eine zweite Möglichkeit, die sogenannte *coërcitio,* d. h. eine den römischen Statthaltern (Prokuratoren) in den Provinzen durch Staatsgesetz verliehene Vollmacht, notfalls unter Repressalien für Ruhe und Ordnung in ihrem Bezirk zu sorgen. Es handelt sich um *staatspolizeiliche Befugnisse.* An ein festes Verfahren war der Prozeß nicht gebunden, auch konnten Strafmaße natürlich nicht vorgeschrieben werden. Doch standen Todesurteile nur den Statthaltern selbst zu, nicht den Unterorganen. Auch das Reskript des Kaisers Trajan vom Jahre 111/3 führt praktisch nicht über die coërcitio hinaus. Es ist ohne weiteres deutlich, daß die Christen, wenn auf dem Wege der coërcitio gegen sie vorgegangen wurde, völlig der Willkür der Behörden ausgeliefert waren. Und vor allem konnten Unruhen oder Anklagen der Bevölkerung gegen sie in polizeilichem Vorgehen ihren Niederschlag finden. Aber noch ein drittes ergibt sich aus alledem: daß *kein planmäßiges Vorgehen* gegen die Christen in Frage kam, sondern daß es bei gelegentlichen Bedrückungen bleiben mußte; denn daß nicht alle Statthalter in gleicher Weise vorgingen, liegt auf der Hand.

3. So ist es in der Tat in der langen Zeit vom Jahre 64 bis kurz nach 200 gewesen. Immer sind es einzelne Orte, in denen eine Verfolgung stattfindet; immer sind es auch nur einzelne Personen, die von ihr betroffen werden. Die nach der neronischen blutigste Verfolgung, die von Lyon im Jahre 177, hat z. B. nur 48 Personen das Leben gekostet. Im ganzen muß man also für die ersten beiden Jahrhunderte feststellen, daß das Christsein zwar stets die *Möglichkeit* in sich schloß, mit dem Gericht oder der Polizei in Konflikt zu kommen; daß aber praktisch die Wahrscheinlichkeit dafür nicht allzu groß war. Das Martyrium ist keineswegs das gewöhnliche Ende der Christen, sondern etwas ganz Ungewöhnliches. Das bezeugen die Berichte, die wir über die Martyrien haben, auch direkt. Das beweist aber vor allem die einzigartige Wertung, die den Märtyrern zuteil wurde; nur Einzelschicksale finden solche Beachtung. Diese aufflackernden Verfolgungen haben den Bestand des Christentums nie ernsthaft in Frage gestellt. Eine gewisse Unsicherheit war vorhanden, mehr nicht. Diese hat nicht einmal die Ausbreitung des Christentums zu verhindern vermocht, vielmehr nur sehr heilsam verhindert, daß sich unbekehrte Massen aus unechten Motiven ihm anschlossen.

Auf die Zeit der sporadischen Verfolgungen bis kurz nach 200 folgt dann eine fast 50jährige *Friedensperiode*, nur in Rom unter Maximinus Thrax 235 kurz unterbrochen. In dieser Zeit haben die Christen im übrigen zwar nicht juristisch, aber doch tatsächlich Duldung erfahren. Ja, die syrischen Kaiser dieser Zeit haben dem Christentum als einer aus Syrien kommenden Religion vielleicht sogar schon eine latente Freundschaft zugewandt.

Aber dem Frieden folgte der **Kampf auf Leben und Tod** zwischen der Kirche und dem Staat.

4. Mit **Decius** hatte 249 wieder ein echter Römer den Kaiserthron bestiegen. Schon das Jahr 248 hatte als Tausend-Jahrfeier der Stadt Rom eine bewußt altrömische Restaurationsstimmung herbeigeführt, die sich auch der römischen Religion zuwandte. Zudem war die straff organisierte, auf allen Gebieten ein Eigenleben führende Kirche inzwischen wirklich zu einem Staat im Staate geworden. Auf dem Zusammentreffen dieser Gründe beruht es wohl, daß der ausgesprochen tüchtige Kaiser Decius den offiziellen Kampf mit der Kirche aufnahm und *von Staats wegen* im Jahre 250 (oder Ende 249) eine *allgemeine Christenverfolgung* anordnete, die erste allgemeine Christenverfolgung im römischen Staat. Ein kaiserliches Edikt befahl allen Ein-

wohnern des Reiches bei schweren Strafen Opfer für die römischen Götter. Schon 251, mit dem Tode des Kaisers Decius im Gotenkrieg, brach die Verfolgung zusammen. **Valerian** hat sie 257/58 erneuert; die christlichen Kleriker sollten nach seinem zweiten Edikt ohne weiteres hingerichtet werden; von Laien wurden, auch wenn sie standhaft blieben, nur solche der höheren Stände mit dem Tode bedroht. Aber *Gallienus,* dessen Frau Salonina Christin war, nahm die Befehle schon 260 wieder zurück.

Der *Zusammenbruch dieser Verfolgungen* geht sicher zum Teil auf Schwierigkeiten allgemein politischer Art zurück. Aber entscheidend war das nicht. Wer Christ war, konnte diese Tatsache nicht verbergen. Wenn die Bevölkerung in ihrer Gesamtheit hinter den Staatsanordnungen gestanden hätte, hätte es ein Leichtes sein müssen, das Christentum auszurotten. Aber eben das war jetzt nicht mehr der Fall. Pogrome sind zwar auch jetzt noch vorgekommen. Aber vielfach verbarg die Masse, die vorher die Christen ausgeliefert hatte, diese jetzt vor den Häschern. Das ist der große Umschwung, der in der Zwischenzeit sich vollzogen hatte, die Gewinnung größerer Teile des Volkes für die Kirche und vor allem die Wendung in der Stimmung des Volkes gegenüber den Christen. So hatte die Verfolgung keinen wirklichen Rückhalt mehr im Volk. Dieser mangelnde Rückhalt im Volk aber entschied über den Ausgang. Die Gemeinden waren zwar verstört. Aber eine neue 40jährige Friedenszeit ließ die geschlagenen Wunden schnell heilen. Eine neue Periode der Ausbreitung begann, bis unter **Diokletian** der römische Staat zum zweitenmal den Versuch machte, das Christentum auszurotten.

Die Grundlage für diesen zweiten Versuch ist freilich eine ganz andere als für den ersten. Nach wie vor standen die Kaiser vor einer einzigen Aufgabe: Rettung des Reiches vor dem Zusammenbruch. Diokletian packte sie energisch an, wie besonders seine Reichsreform zeigt. Dabei stützte er seine Regierung vor allem auf die bäuerlichen Kreise Nordafrikas und der nördlichen Balkanhalbinsel, aus denen er auch selbst stammte. In diesen Kreisen aber hatte die einzige Religion, die dem Christentum ernsthaft Konkurrenz gemacht hat, der Mithraskult, seine Hauptanhänger gefunden, daneben im Heer. Wollte Diokletian sich also auf diese Gruppen stützen, so war er fast gezwungen, den Kampf gegen das Christentum aufzunehmen. So kommt es von 303—305, im Morgenland bis 313, zu der schwersten Verfolgung, die das Christentum in alter Zeit überhaupt zu bestehen gehabt hat. Die christlichen Gottesdienste werden in einem ersten Edikt verboten; die heiligen Bücher sollen verbrannt, die Kirchen zerstört werden, die Christen selbst verlieren die bürgerlichen Rechte und unterliegen der Folterung. Ein zweites und drittes Edikt verfügt die Einkerkerung und

Folterung aller Kleriker. Ein viertes verhängt 304 die Todesstrafe für alle hartnäckigen Opferverweigerer. Die Edikte wurden in den einzelnen Provinzen des Reiches aber sehr ungleichmäßig durchgeführt.

5. *Endgültig beendete* **Konstantin d. Gr.** *die Verfolgung.* Dieser Kaiser, der erst nach mancherlei Wirren und Kämpfen die Alleinherrschaft errang, hat sich von vornherein eine andere Grundlage für seine Politik gesucht als Diokletian. Er stützte sich statt auf das Bauerntum vielmehr auf die städtische gewerbetreibende Bevölkerung. Solcher Wandel von Agrar- zu Handelspolitik und umgekehrt ist ja in der Politik nicht ungewöhnlich. Die städtische Bevölkerung aber war die Hochburg des Christentums (paganus, der Bauer = Heide). Wenn Konstantin sich auf sie stützen wollte, dann mußte er dem Christentum mindestens Duldung gewähren und tat es endgültig 313 zusammen mit Licinius. Das hatte sogar noch den besonderen Vorteil, daß damit zugleich die gesamte Macht der organisierten Kirche zum Einsatz für die Person des Kaisers und damit für das Kaisertum gebracht wurde. Die Tatsache, daß von nun an Bischöfe das Heer begleiteten, bezeugt es sinnfällig. Daß auch die Untermauerung des römischen Staates mit der christlichen Kirche den Sturz des Reiches nur aufhalten, aber nicht verhindern würde, konnte Konstantin nicht ahnen. — Aber neben diesen politischen Gründen ist für Konstantin sicher auch sein persönliches Verhältnis zum christlichen Glauben mitbestimmend dafür gewesen, daß er der Kirche Frieden gewährte. Das haben die neueren Untersuchungen doch sehr wahrscheinlich gemacht. Die Tatsache, daß auch Galerius die Toleranzpolitik billigte, beweist aber, daß sie auch politisch allein noch möglich war.

Der politische Einschlag des Friedensschlusses konnte nicht ohne Folgen bleiben. Er bewirkte,

a) daß Konstantin nur an einer *einheitlichen* Kirche Interesse haben konnte, nicht an einer, die in mehrere, sich gegenseitig bekämpfende Gruppen gespalten war. So griff er denn auch sofort in die kirchlichen, rein religiösen Streitigkeiten ein mit dem Ziel, die Einheit der Kirche sicherzustellen. Kaiserliche Sondergerichte sollten ursprünglich die Schlichtung vornehmen. Die Wachsamkeit des römischen Bischofs Miltiades sorgte dafür, daß aus den kaiserlichen Gerichten kirchliche Synoden wurden. Konstantin ließ sich das gefallen, aber er behandelte fortan die Synode als ein kaiserliches Gericht. Er selbst berief sie, so auch die erste ökumenische Synode 325 nach Nizäa, *er* stellte die Tagesordnung fest; *er* leitete sie; die Bischöfe reisten auf Staatskosten und lebten am Synodalort ebenfalls auf Staatskosten. „Gäste" des Kaisers ist doch wohl ein zu harmloses Wort dafür; zum kaiserlichen Sondergericht befohlen, träfe den Sachverhalt doch wohl besser. Der Kaiser sorgte endlich für die Durchführung der Beschlüsse.

b) Der Kaiser hatte, weil die Kirche dem Staat helfen sollte, ein Interesse an ihrer Größe und Stärke. Deshalb wandelte sich die Duldung, die er ihr zunächst gewährt hatte, sehr bald in Fürsorge, vor allem finanzieller, aber auch rechtlicher Art um. Schon 321 wurde z.B. die Sonntagsfeier gesetzlich angeordnet; er selbst ließ Prachtkirchen bauen; ja, er empfahl nach 323 dem Osten sogar die Annahme des Christentums. Selbst einzelne heidentumsfeindliche Akte hat er schon verfügt.

Mit dem allen aber erstarkte die Kirche nicht nur äußerlich; mit dem allen band der Kaiser sie nicht nur an seine Person, sondern die Fürsorge war, wie immer, zugleich ein sicheres Mittel, sich Einfluß zu sichern.

Damit soll gar nicht geleugnet sein, daß Konstantin dem Christentum auch innerlich nahestand; auf dem Totenbett hat er sich auch noch taufen lassen. Seiner Kirchenpolitik hat das aber keine andere Richtung gegeben; eine starke Kirche im *Dienste* des Staates, *unter* dem Staat, das war sein Ziel. Er hat es im wesentlichen erreicht.

6. Schon unter den Söhnen Konstantins kam es dann zu wilden Tempelstürmen. Eine traurige Beobachtung, daß die christliche Kirche so schnell vergaß, was Religionsverfolgung hieß, wo sie sie doch selbst erduldet hatte. 380 wurde durch *Theodosius* d. Gr. und Gratian auch rechtlich der Religionsfreiheit ein Ende gemacht; jeder Bürger war fortan verpflichtet, orthodoxer Christ zu sein; Heidentum *und* Häresie waren zum Staatsverbrechen geworden.

Vollendet wird die Bewegung dann durch Justinian (527—565). Die Kirche wird endgültig **Staatskirche,** indem die Priester Staatsbeamte werden, indem der Staat, vielmehr die Despotie des Herrschers, durch staatliche Gesetze die kirchliche Lehre, die Verfassung, den Gottesdienst der Kirche regelt, ja selbst die Regeln für das sittliche Leben aufstellt, aber *durch* die Synode, das kirchliche Organ.

Eine ganz geradlinige Entwicklung also, die trotz gelegentlicher Rückschläge — vor allem wäre Julian Apostata zu nennen — aus der zunächst nur geduldeten, dann geförderten und bevorrechteten Kirche auf dem Wege über ihre Alleinberechtigung im Staat schließlich die Staatskirche werden ließ. Bis ins 20. Jahrhundert hinein ist die Kirche im Osten Staatskirche geblieben. Da man im Osten den Kaiser aber als das irdische Abbild des himmlischen *κοσμοκράτωρ*, des himmlischen Kaisers, ansah, der *über* der Kirche stand, verlor die Kirche hier auch die Möglichkeit, ihm kritisch entgegenzutreten; weder seine Person noch seine Regierungshandlungen konnten so, auch nicht vom Worte Gottes her, kritisch beleuchtet werden. Ihr blieb nur die Möglichkeit, ihn und sein Tun zu segnen. Damit erst vollendet sich der Byzantinismus, der für den Osten charakteristisch wird, nicht schon mit dem Cäsaropapismus.

Den Westen dagegen hat das Eingreifen der Kaiser in die trinitarischen Streitigkeiten in eine dogmatische Opposition gedrängt, die eine ausgesprochen staatskritische Haltung zeitigte. Und der Zusammenbruch des Römerreiches im Westen hat die Kirche dann dort endgültig vor dem Schicksal des Byzantinismus bewahrt.

Daß hier, besonders im Osten, das die Kirche äußerlich groß machende Moment zugleich inneren Niedergang inauguriert, ist mit Händen zu greifen.

7. Auf einige *weitere Folgen der Tat Konstantins d. Gr.* muß daneben noch besonders aufmerksam gemacht werden.

Die Massen strömten jetzt nur so in die Kirche hinein. Und die Kirche war *nicht* im Stande, sie wirklich innerlich für das Christentum zu gewinnen. Beweise dafür liegen genugsam vor. So konnte es gar nicht ausbleiben, daß

a) die mit Recht gerühmte Sittlichkeit der Christenheit in einem bedenklichen Maße abnahm;

b) daß das nicht wirklich überwundene Heidentum sich *im Innern der Kirche* Ausdrucksmöglichkeiten suchte und fand (vgl. § 13, 2).

Zugleich aber sah sich die Kirche mit einem Mal vor ganz *neue*, vorher gar nicht geahnte *Aufgaben* gestellt. Denn wie vorher das Heidentum, so wurde jetzt das Christentum vor die Notwendigkeit versetzt, den Unterbau für das gesamte öffentliche Leben, ja für eine ganze *Kultur* abzugeben. Staat, Wirtschaft und soziales Leben, Ehe, Familie und Erziehung, Kunst und Wissenschaft, Recht und Sitte, das alles verlangte jetzt mit einem Mal eine Beantwortung vom Evangelium her. Welche Gefahren hier lauerten, ist klar. Aber im Ganzen ist *diese* Folge der Tat Konstantins doch wohl positiv zu bewerten. Neue große Aufgaben bedeuten für eine lebendige Bewegung immer nur, daß neue, bisher gebundene Kräfte ausgelöst werden. Allerdings wäre ein langsames Wachsen an den Aufgaben sehr viel wünschenswerter gewesen, als dieses fast plötzliche Überfallensein.

Aber wie man diese letzte Folge auch beurteilen mag, eines steht fest: Wenig Männer haben so tief in die Geschichte der christlichen Kirche eingegriffen wie Konstantin d. Gr. Auch wenn man Vorteil und Nachteil gegeneinander abzuwägen versucht, kann das begeisterte Lob, das seine Zeitgenossen ihm gesungen haben, heute nicht mehr geteilt werden. Dazu überwiegen die Schattenseiten zu sehr.

Natürlich hätte die Kirche den vom Staat gebotenen Frieden gar nicht ablehnen *können;* selbst wenn sie es gewollt hätte, nicht. Denn wenn der Staat die Verfolgung nicht fortsetzte, so war diese damit einfach beendet. Schon um der Gläubigen willen hatte die Kirche aber auch allen Grund, sich zu freuen, wenn ihr das Existenzrecht staatlich zuerkannt wurde. Wenn der mit Konstantin begonnene Weg der Kirche doch als ein Irrweg bezeichnet werden muß, so liegt die falsche Wendung

a) darin, daß die Kirche sich die *Fürsorge* des Staates gefallen ließ. Wohin das geführt hat, in welch starkem Maße die Freiheit ihrer Verkündigung und Gestaltung dadurch beeinträchtigt worden ist, hat die weitere Geschichte einwandfrei erwiesen. Daß die Kirche diese Gefährdung in den ersten Ansätzen des Staatskirchentums nicht erkannt hat, hat sich an ihr selbst bitter gerächt. Hier beginnt der Bund der Kirche mit der Macht und dem Reichtum, der sie bis heute hin so ungeheuer belastet.

b) Die Gefährdung der Existenz, die im Christsein lag, hatte sich als eine heilsame Hemmung vorschnellen Eintrittes in die Kirche erwiesen. Diese Hemmung wurde durch Konstantin ohne Zutun der Kirche beseitigt. Aber was hätte sie hindern können, nun ihrerseits die Vorschriften für die Aufnahme in die Kirche, d.h. die Prüfung der Katechumenen doppelt ernst zu nehmen? Statt daß sie es tat, ließ sie sich sogar den Druck, ja seit 380 den Zwang zum Kircheneintritt gefallen, den die Kaiser ausübten; selbst ein Augustin bejahte ihn als einen Zwang aus Liebe, der zur Rettung führe. Daß das Heidentum eine Macht *in* der Kirche selbst wurde, ist die *direkte* Folge des hier beschrittenen Irrweges.

Nicht eigentlich Konstantin, sondern die Kirche selbst ist also für die Fehlentwicklung verantwortlich, die als die „Konstantinische Ära der Kirche“ meist mit dem Namen Konstantins verknüpft wird.

Aber das Urteil kann auch hier nicht eindeutig sein; z.B. verdankt die Kirche die Beschlüsse der Synoden von Nizäa 325 und Chalkedon 451 (vgl. § 11,4.5) *nur* dem kaiserlichen Eingreifen. So benutzt Gott Irrwege, um seiner Kirche zu dem zu verhelfen, was sie braucht.

Literatur

Analecta. I. Staat und Christentum bis auf Konstantin. Hrsg. von Erwin Preuschen (= Sammlung ausgewählter kirchen- und dogmengeschichtlicher Quellenschriften. I 8), 1909^{2};

Ausgewählte Märtyrerakten, hrsg. von Rudolf Knopf, 1929^{3};

Ethelbert Stauffer, Christus und die Cäsaren, 1964^{6};

A. Ehrhard, Die Kirche der Märtyrer, 1932;

Ernst Wolf, Ecclesia pressa — ecclesia militans (Theol. Lit. Zeitg. 72, 1947, Nr. 4);

Hermann Doerries, Das Selbstzeugnis Kaiser Konstantins, 1954;

Ders., Konstantin d. Gr., 1958;

Henrik Berkhof, Kirche und Kaiser, 1947.

§ 11. Glaube, Theologie und Dogma

Jedesmal, wenn eine Religion von dem Mutterboden, auf dem sie erwachsen ist, hinübergetragen wird in einen anderen Bereich, entsteht, zumal wenn die Tradierung auf dem Weg der mündlichen Verkündigung erfolgt, die Frage: Was aus dem Gesamtgut der betreffenden Religion wird übertragen? Es entsteht aber auch die Frage, was die Hörer aus dem verkündeten Gedankenkomplex wirklich aufnehmen, so aufnehmen, daß es bei ihnen lebendig wird. Endlich taucht die Frage auf, ob und wie sie das Übernommene mit eigenen Mitteln bearbeiten. Drei Möglichkeiten also einer unbeabsichtigten Veränderung der Religion, die nicht übersehen werden dürfen.

1. Die zwei großen Typen der Gestaltung des Christentums in der apostolischen Zeit waren Paulus und Johannes. Wer aber nun annehmen würde, diese beiden oder auch nur einer von ihnen hätte das religiöse Leben der heidenchristlichen Gemeinden für die Zukunft maßgebend beeinflußt, der würde irren. Die Schriften, die wir aus der nachapostolischen Zeit besitzen, die der sogenannten **„apostolischen Väter“**, zeigen auf das deutlichste, daß nicht Paulus oder Johannes, sondern eine viel stärker abgeschliffene, um nicht zu sagen flachere Verkündigung die heidnische Welt getroffen hat. Drei Dinge treten uns in diesen Schriften besonders entgegen:

a) *das hohe Selbstbewußtsein der Christen.* Man weiß sich als die rechte Kirche und das heißt als das wahre Israel, Gottes Volk. Deshalb gelten alle Verheißungen, die dem Gottesvolk gegeben sind, nun einem selbst. Deshalb bleiben aber auch die heiligen Schriften Israels gültig; nicht nur das Alte Testament, sondern auch andere, die in einzelnen christlichen Werken außerordentlich stark nachwirken, z.B. im I. und II. Klemensbrief oder im Barnabasbrief. Damit schon ist einer judaistischen Verfälschung des Christentums ein weites Tor geöffnet.

Als das wahre Israel weiß man sich vor allem als den Leib Christi und damit als den Tempel Gottes und des Heiligen Geistes.

b) Vielleicht ist es auch judaistischer Einfluß, wenn die apostolischen Väter das Christentum als eine *neue Form der Sittlichkeit* fassen. *Ὁ καινὸς νόμος, das neue Gesetz,* das ist geradezu eine Bezeichnung des Christentums schlechthin geworden. Wir Protestanten sind sehr leicht im Innersten betroffen, wenn wir sehen, daß so schnell eine so starke Verkennung dessen, was nach unserer Anschauung Kern und Stern des Christentums bildet, sich hat einschleichen und durchsetzen können; daß das Christentum so schnell wieder eine Gesetzesreligion geworden ist. Ganz so rätselhaft, wie es uns wohl erscheint, ist die Sache geschichtlich indes nicht. Zunächst muß noch einmal darauf hingewiesen werden, daß der Gedanke einer Gemeinschaft zwischen Gott und dem Sünder dem sittlichen Empfinden des natürlichen Menschen wirklich anstößig ist (vgl. § 6, 2 a). Von da aus lag es an sich schon sehr nahe, die Sittlichkeit, die Jesus an die Gottesgemeinschaft als ihre Quelle und ihren Kraftgrund gebunden hatte, wieder zu isolieren und zu einer Forderung zu gestalten, deren Erfüllung Lohn, d. h. Seligkeit, deren Nichterfüllung aber Strafe, d. h. Verdammnis bringt. Ferner ist daran zu erinnern, daß Paulus in bewußt paradoxer Formulierung von dem „Gesetz" Christi gesprochen hat. Vor allem aber ist wichtig, daß in den katholischen Briefen, also den Johannesbriefen und dem Jakobusbrief, vom „neuen Gesetz" schon voll die Rede ist; wie wir denn überhaupt im Jakobusbrief wohl ein gutes Beispiel für die Botschaft haben, die den Heidenchristen des beginnenden zweiten Jahrhunderts verkündigt ist. Und schließlich ist auf den zweifellos vorhandenen griechischen Moralismus hinzuweisen; das Gute zu wissen, ist das Entscheidende; dann tut man es auch, und dies Tun ist wieder entscheidend für die Stellung zu Gott. Dieser griechische Moralismus mußte begierig die Töne des neuen Gesetzes aufnehmen, die er hörte. Aus alledem wird die Tatsache verständlich, daß das neue Gesetz in Weiterführung jüdischer Gedanken einer der Zentralpunkte des Christentums am Anfang des zweiten Jahrhunderts geworden ist.

c) Stark in den Vordergrund tritt der Begriff der *ζωή*, des *Lebens.* Wer das neue Gesetz hält, dem winkt als Lohn das ewige Leben. Aber auch wer durch das Abendmahl mit den Kräften der zukünftigen Welt begabt ist, kann nach Ignatius von Antiochien des ewigen Lebens gewiß sein. Beide Gedanken können dann auch vereint werden. Wer mit den Kräften der ewigen Welt ausgerüstet ist, muß nun dementsprechend leben, hat aber auch die Kraft zu einem sündlosen Leben. Auf jeden Fall ist die Gewißheit ewigen Lebens wieder eine wesentliche Ursache für die Hochstimmung, die die junge Kirche beseelt.

2. Einen neuen Zug fügten die **Apologeten,** die Verteidiger des Christentums gegen die heidnischen Anwürfe, um die Mitte des zweiten Jahrhunderts dem Bilde ein, der ebenfalls eine gewisse Verzeichnung zur Folge gehabt hat, nämlich einen intellektualistischen Zug. Das liegt sicher zum Teil daran, daß der größte unter ihnen, *Justin* der Märtyrer, selbst Philosoph gewesen ist, ehe er Christ wurde[1]. Das folgt aber auch aus den Nötigungen der Apologetik selbst.

Die Apologetik und Polemik muß zu allen Zeiten auf die Gedankenwelt derer eingehen, an die sie sich wendet; sie muß die eigenen Gedanken in ein Gewand kleiden, das sie den Gegnern annehmbar macht. Auch die christliche Apologetik des zweiten Jahrhunderts hat dies

---

[1] Carl Andresen, Logos und Nomos. Die Polemik des Kelsos wider das Christentum, 1955 (wichtig auch für Justin).

getan, und gerade deshalb hat sie so große Bedeutung für die Entwicklung der Kirche erlangt. Wenn man aber der aufgeklärten Gesellschaft des Römischen Reiches imponieren wollte, so mußte man das Christentum als eine aufgeklärte Philosophie darstellen. In der Tat haben die Apologeten, vor allem eben Justin, den Versuch unternommen, es als solche zu schildern. Das bedeutet zunächst eine prinzipiell wichtige Änderung in der Wesensschau des Christentums. Jede Haltung zu Gott schließt eine Grundanschauung von seinem Wesen in sich. Diese kann man selbstverständlich auch lehrhaft isolieren; in der Gefahr, das zu tun, steht die Theologie immer. Die Apologeten sind dieser Gefahr weithin erlegen. Sie haben bewußt den Versuch gemacht, das Christentum als eine theoretische Lehre darzustellen. Selbstverständlich stellt diese Lehre, wie jede tiefere Philosophie, auch sittliche Forderungen an das praktische Handeln der Menschen. Trotzdem ist nicht zu verkennen, daß das Christentum hiermit eine vollständige Umkehrung erleidet: Aus dem Ruf in das Reich Gottes wird die Zustimmung zu einer Lehre. Diese Umbildung des Christentums zu einer Lehre hat dann von den Apologeten aus weiter gewirkt auch auf die nur für die Kirche selbst schreibenden Theologen der alten Zeit. Diese Auffassung lag griechischen Geistern viel zu nahe, als daß die Theologen, soweit sie Griechen waren, von ihr nicht hätten beeinflußt werden sollen. So beginnt mit den Apologeten wirklich für die ganze Kirche ein neues Verständnis des Christentums, insofern es *wesenhaft* als eine Lehre verstanden wird.

Diese Änderung in der Grundauffassung vom Christentum konnte nun aber auch inhaltlich nicht ohne Einfluß bleiben. Man wollte zeigen, daß die eigene Religion mit den geistigen Errungenschaften der antiken Philosophie vereinbar war. Und da sind es im wesentlichen drei Dinge, die die Apologeten auf diesem Boden als die Hauptsache im Christentum den Heiden vorführten. *Zunächst* Gott als den einen, und zwar allmächtigen Vater. Es war nicht schwer, die Göttermythen der Alten aufzunehmen und von da aus gegen die unsittlichen Gestalten zu polemisieren, die sie enthalten; auch hatte die heidnische Philosophie die nötigen Waffen gegen sie schon selbst bereitgestellt; außerdem hatte sie ja den Gedanken des Monotheismus ebenfalls schon herausgearbeitet, so daß man auch positiv an sie anknüpfen konnte, wenn man die Überlegenheit des Glaubens an *einen* Gott gegenüber dem Glauben an viele Götter darlegen wollte. Und dabei wird nun der philosophische Gottesbegriff platonischer Färbung fast unverändert übernommen. Gott ist trotz des Vaternamens das der Welt gegenüberstehende unveränderliche Sein. Zur Weltschöpfung kommt es durch den aus Gott hervorgegangenen Logos, der die Brücke zwischen oben und unten bildet. Das griechische Interesse an der Kosmogonie und

Kosmologie wird hierdurch zugleich befriedigt; denn als Weltvernunft ist der Logos zugleich das Prinzip der Ordnung der Welt (*λόγος* = Vernunft). Außerdem ist er (*λόγος* = Wort) der Offenbarer Gottes, der Lehrer der Menschen. Diese Gleichsetzung Christi mit dem Logos der griechischen Philosophie, der Weltvernunft, ist wahrscheinlich das stärkste Element der Hellenisierung des Christentums gewesen, das wirksam geworden ist. — *Daneben* spielt *die Sittlichkeit* des Christentums eine ungemein große Rolle. Wenn schon die Apostolischen Väter das Christentum weithin nur als ein neues Gesetz aufgefaßt hatten, so wurde dies jetzt weitergeführt. Das Christentum gilt als das neue, von Christus gegebene Gesetz, das seinem Inhalt nach die beste Sittennorm darstellt, die man nur denken kann. — Und *der dritte Gedanke* endlich: *Unsterblichkeit.* Wonach die griechische Seele verlangt, das wird hier angeboten: ewiges Leben in der Gemeinschaft mit Gott für alle, die sein Gesetz halten. Nicht nur die Fassung dieser Ewigkeitshoffnung ist griechisch: Unsterblichkeit statt Auferstehung, besonders bei Theophilus, sondern auch die Begründung, wenn man sie allerdings auch ebensogut als jüdisch bezeichnen könnte: Sie winkt als Lohn für die Befolgung des Gottesgesetzes. Gott, Tugend, Unsterblichkeit, die drei Schlagwörter der Aufklärung des 18. Jahrhunderts bilden so auch den Hauptinhalt der Schriften der alten Apologeten. Es ist wirklich berechtigt, von einer erschreckend rationalistischen Gesamtkonzeption des Christentums bei ihnen zu reden. Fragt man, ob und wieso das Christentum auch für die Apologeten noch *Erlösungsreligion* ist, so sind nur einzelne Dinge zu nennen, die in diese Richtung weisen.

a) Der Logos erlöst vom Zweifel, der doch über aller Philosophie schwebt, einfach indem er, von Gott selbst kommend, uns sichere Kunde über Gott bringt; *Offenbarung tritt an die Stelle von Spekulation!* Und der Weissagungsbeweis sichert zudem noch die Wahrheit dieser Offenbarung.

b) Die *Taufe* bringt Vergebung der *vor* ihrem Empfang begangenen Sünden. Wer getauft ist, für den ist dann freilich die Befolgung des neuen Gesetzes absolute Pflicht. Immerhin hat eigentlich allein die Taufe den Gedanken der *Erlösung von Sünde und Schuld* aufrechterhalten.

c) Christus bringt *Erlösung von den dämonischen Mächten,* die den Menschen sonst in der Gewalt haben.

Das Zentrum treffen alle diese drei Aussagen nicht. Sie stehen auch nicht einmal im Mittelpunkt der Botschaft. Und doch haben die Apologeten Großes erreicht. Zwar nicht ihren eigentlichen Zweck, die Abwehr der heidnischen Angriffe gegen das Christentum. Dafür aber mehr, denn sie haben den entscheidenden Schritt zur Eroberung der Welt durch das Christentum getan, indem sie den Geist griechischer Weisheit für die Botschaft der Kirche gewannen (Lietzmann), den Griechen ein Grieche werdend (vgl. S. 35 ff.). Daß sie damit zugleich griechischem Denken in der Kirche Raum schufen, ist eben schon ausgesprochen.

3. Zwei Dinge haben dann eine *Selbstkorrektur* des Christentums herbeigeführt.

a) der Versuch, das Christentum als Religionsphilosophie schlechthin zu begreifen, der in der *Gnosis* gemacht wurde. Durch ihn veranlaßt, besinnt man sich wenigstens zum Teil auf den soteriologischen[2] Grundriß und die Tatsache, daß das Christentum ein auch dem Schlichtesten zugänglicher Glaube war und bleiben mußte, wenn es sich nicht selbst aufgeben wollte;

b) die *Bibel. Nicht* das Taufbekenntnis; dieses enthält keine Aussage von der Erlösung, wenn man sie nicht in es hineinliest; nicht einmal ein „für uns" steht ja bei dem „gestorben unter Pontius Pilatus". Aber in der Bibel bekam man wenigstens die Möglichkeit der Selbstkorrektur, wenn auch zunächst die Methode der allegorischen Auslegung der Bibel verhinderte, daß die Korrektur radikal ausfiel. Aber schon daß die Möglichkeit der Selbstkorrektur gegeben war, war wertvoll.

Freilich blieben auch die neuen Bearbeiter des Christentums auf der Grundlage der Bibel, die sogenannten **frühkatholischen Väter,** eines, nämlich *Theologen* — der Ausdruck stammt von Justin. Das heißt, auch sie versuchen, die einzelnen christlichen Gedanken in Beziehung zueinander zu setzen; sie bilden ein System. Mehr oder minder stark versuchen sie außerdem, dies System mit den rationalen oder angeblich rationalen Erkenntnissen auszugleichen, die sie aus der zeitgenössischen Wissenschaft sich erworben haben. Beides eine notwendige, ja in jeder Generation von neuem notwendige Arbeit. Methodisch ist also gar nichts dagegen einzuwenden. Nur besteht immer die Gefahr, daß an Stelle einer klaren Auseinandersetzung das Christentum der Welterkenntnis assimiliert wird.

Unter den Theologen, die, auf den Apologeten fußend, doch im Rückgang auf die Bibel das Christentum klar als Erlösungsreligion zu schildern suchten, ist vor allem *Irenäus* zu nennen, † nach 190 als Bischof von Lyon, von Haus aus Kleinasiate. Die Streitfrage, ob er die in seinen Schriften niedergelegten Gedanken selbst konzipiert oder bloß übernommen hat, kann bei seiner Besprechung außer Betracht bleiben.

---

[2] den heilsgeschichtlichen, die Erlösung betonenden.

Von den Apologeten übernimmt er, wie die ganze kirchliche Theologie der Folgezeit, vor allem eines, den *Logosbegriff*.

Nicht ohne zum Teil scharfen Widerspruch der christlichen Gemeinde. Sie empfand die Abtrennung des Logos als eines selbständigen Wesens von Gott als eine Gefährdung des Monotheismus und suchte deshalb auf verschiedene Weise den Monotheismus mit dem doch auch für das Christentum konstitutiven Glauben an Christus auszugleichen. Die einen sahen in Christus nur einen modus, eine Erscheinungsform Gottes selbst, der sich in Sohn oder Geist verwandelt, je nachdem es erforderlich ist; sie werden von daher Modalisten genannt oder auch Patripassianer (Hauptvertreter Sabellius in Rom 220). Andere glaubten, in Rückgang vor allem auf einzelne Aussagen der synoptischen Evangelien und des Paulus, in Jesus einen bloßen Menschen sehen zu müssen, der jedoch in der Taufe mit göttlicher Kraft und Vernunft begabt wurde, von daher Dynamisten genannt (Haupttypen die beiden Theodote um 200). Beide Gruppen heißen zusammen auch *„Monarchianer"*, weil sie für die Alleinherrschaft Gottes eintraten. Einen vermittelnden Typ zwischen der Logoschristologie und dem Monarchianismus stellte später Paul von Samosata, Bischof von Antiochien, dar (seit 260), der zwar den Logosbegriff akzeptierte, aber rein sittliche, keine natürlichen Qualitäten mit ihm verband. Indem die Kirche sie alle für Ketzer erklärte, wurde gleichzeitig die Logoschristologie als mit dem Monotheismus vereinbar anerkannt. In diesem Sinn ist auch Irenäus Logoschristologe.

Wie schon gesagt, geht es *Irenäus* um das Christentum als Erlösungsreligion. Aber als Grieche versteht er unter Erlösung klar die Erlösung vom Todesschicksal, d.h. von der an unserer Menschennatur haftenden Sterblichkeit; nur dadurch, daß diese, die Sterblichkeit, als in Adams Fall verursacht angesehen wird, wird auch die Not der Sünde berücksichtigt. Irenäus macht ferner die weitere griechische Voraussetzung, daß Unsterblichkeit, Ewigkeit eine *göttliche* Eigenschaft ist. Wenn der Mensch also von der Sterblichkeit befreit werden soll, so muß er vergottet werden; die Folgerung ist unumgänglich. Und eben dies geschieht nun auch durch Jesus Christus, dem freilich eine lange Heilsgeschichte in der alttestamentlichen Zeit vorgearbeitet hat. In Christus nämlich vereinigt sich ein Wesen göttlicher Natur, der Logos Gottes, mit dem Menschen Jesus zu einer Einheit. Da die Einheit aber aus einem allmächtigen (göttlichen) und einem schwachen (menschlichen) Element gebildet wird, kann es nicht anders sein, als daß das Göttliche triumphiert und das Menschliche zu sich hinüberzieht. Entscheidende Heilstatsache ist also Weihnachten, die Geburt Jesu; denn in ihr vollzieht sich die Vereinigung zwischen Gott und Mensch, göttlicher und menschlicher Natur. Und Christus vollendet die Erlösung, indem er als der zweite Adam alle Stufen des Menschseins wiederholt (rekapituliert). Diese Erlösung aber gilt prinzipiell für *alle* Menschen, denn mystisch ist die Menschheit mit Jesus geeint gewesen, wie sie es auch mit Adam war, als dieser sündigte. Praktisch wirksam wird die Erlösung für den einzelnen aber nur durch den Empfang der Sakramente und die Befolgung der Gebote. Dieser Aufriß des Irenäus wird freilich gekreuzt durch einzelne andere Linien, die vor allem von den Apologeten stammen. Aber um der Kürze und der Klarheit willen sollen sie nicht geschildert werden. Hier liegt also ein klarer soteriologischer Grundriß vor: Erlösung ist der christliche Zentralgedanke. Zugleich ist aber deutlich, daß es sich in erster Linie um Erlösung von einer naturhaften Eigenschaft des Menschen handelt; man spricht deshalb von einer *physischen Erlösungslehre*. Diese hat seitdem, im Grunde genommen bis heute hin, die Grundlage der orthodoxen Frömmigkeit des Ostens gebildet. Und endlich liegt hier eine klare Lehre von Christus vor. Irenäus hat die Frage „Warum ein Gottmensch?“ nicht nur aufgeworfen, er hat sie auch beantwortet: „damit wir vergottet würden“.

Das erste wirkliche System auf dem Boden des Christentums, um das dann jahrhundertelang gekämpft ist, hat *Origenes* († 254), die Leuchte der alexandrinischen Katechetenschule, aufgestellt, ein in allen Wissenschaften der Zeit gleich ausgezeichneter Mann, der, wie schon sein Lehrer Klemens von Alexandrien, die Erkenntnisse griechischer Weisheit systematisch zur Darstellung der christlichen Gesamtlehre verwendet hat, aber zugleich ein profunder Bibelkenner war[3].

Dabei macht er mit seinen hellenistischen Zeitgenossen drei Voraussetzungen:

a) Gott ist unveränderlich. Die Gottheit Gottes tastet an, wer Anfang oder Ende bei ihm aussagt. Jede Veränderung bedeutet aber schon Anfang und Ende.

b) Die materielle Welt ist der Inbegriff des Bösen; Wert hat allein das Geistige.

c) Alle geistige Wesenheit bildet mit Gott eine uranfängliche und auf die Dauer unzerstörbare Einheit.

Hier werden Grundvoraussetzungen der Gnosis aufgenommen, aber eben damit wird auch zu ihrer geistigen Überwindung der Grund gelegt.

Auf dem Boden seiner Voraussetzungen entwirft Origenes dann ein ganzes Gott-Welt-Drama, das drei Akte umfaßt. Der erste Akt spielt im Himmel und schildert Gott und seine Entfaltungen; Schöpfungen

---

[3] J. Daniélou, Origène, Paris 1948 (engl. 1955).

darf man kaum sagen. Das sind zunächst die beiden eng zu Gott gehörenden Größen Sohn und Geist, dann die ganze Schar der übrigen Geister. Wie die Apologeten steht dabei auch Origenes vor der Schwierigkeit, die Unveränderlichkeit Gottes und den Weltschöpfungsgedanken zu vereinen. Das Mittel ist auch ihm der Logosbegriff. Daß der Logos den Monotheismus nicht gefährdet, steht seit dem Sieg der Logoschristologie fest. Eine Zeugung oder Emanation des Logos in der Zeit wäre aber nun Anfang, also Veränderlichkeit, ein Aufhören der Zeugung Ende, also Veränderlichkeit. Origenes löst die Schwierigkeit so, daß er in der Hervorbringung des Logos, des Sohnes, einen *ewigen* Prozeß sieht, ohne Anfang und Ende. Die philosophische Prämisse der Unveränderlichkeit Gottes erfordert also die ewige Gottgleichheit (Homousie) des Logos.

Und doch bedeutet der Logos zugleich die erste Stufe hinab zur Welt, denn als der von Gott Gezeugte, wenn auch in Ewigkeit Gezeugte, ist er das πρῶτον αἰτιατόν, der Erstling der Schöpfung, und insofern Gott untergeordnet. Der weitere, stufenweise Abstieg über den Heiligen Geist hinab zu den Geschöpfen, den Geistern, macht dann keine Schwierigkeiten mehr. Die griechische Weltenlehre kommt so zu ihrem Recht. Aber der christliche Glaube an Gott den Schöpfer auch, denn der gottgleiche Logos, wirklich „Gott von Art", schafft sie ja.

Der zweite Akt des Dramas schildert die Entwicklung der geschaffenen Geister, die zum Abfall führt. Die Geister benutzen ihre Freiheit, sich immer weiter von Gott zu entfernen; Entfernung von Gott, dem Prinzip des Guten, aber ist Bosheit, Sünde; die Geister sündigen also; der Sündenfall ist demnach ein *vor* der Weltzeit sich ereignendes Geschehen, präexistent; Origenes teilt diese Anschauung mit den Gnostikern. Dieser Sündenfall der Geister ist nun die Ursache für die Entstehung der materiellen Welt. Denn um die Geister zu zügeln und zu läutern, wird die Welt geschaffen. Die Erde ist also eine Strafanstalt, weiter nichts, und das Schicksal auf ihr richtet sich nach dem Verhalten in der Geisteswelt. Relativ gut gebliebene Geister erhalten einen lichten Leib (Gestirne), die Dämonen und ihr Anführer, der Satan, sind ganz dunkel. Zwischen beiden Gruppen steht die Menschheit, sie auch wieder gespalten in Materialisten und Idealisten, oder vielmehr in drei Gruppen: Somatiker, Psychiker, Pneumatiker oder Gnostiker, nach der griechischen Dreiteilung des Menschen in Geist, Seele und Leib. Mit der Schaffung der Sinnenwelt, deren letzten Pol der Satan bildet, hat der Abstieg von Gott sein Ende erreicht. Es beginnt der Wiederaufstieg, den der dritte Akt schildert.

Das Ziel der Erlösung ist die Wiedervereinigung der Geister mit Gott. Der Weg dazu ist je nach der Beschaffenheit der Menschen verschieden. Für die Materialisten ist die objektive Erlösung durch Jesus

Christus notwendig, für die Idealisten dagegen kommen vor allem seine offenbarende Tätigkeit als Lehrer und sein Beispiel in Frage. Durch Askese Freiheit von der materiellen Welt zu gewinnen, ist das Hauptziel. Das folgt aus der Grundbeurteilung der Welt von selbst. Ein Fegefeuer vervollständigt das, was an Läuterung beim Tode noch fehlt. Das Resultat, ob nun auf dem Herrenwege der idealistischen Selbsterlösung oder auf dem Massenwege der objektiven Fremderlösung erreicht, ist die *Wiederbringung aller* geschaffenen Geister zu Gott. Das Gott-Welt-Drama ist zu Ende.

In diesem mit großer Folgerichtigkeit durchgeführten System des Origenes liegt eine Verschmelzung von hellenistischer Spekulation und christlichem Gedankengut vor, wie sie konsequenter kaum gedacht werden kann. Die Parallelen zu der von der Kirche abgelehnten heidenchristlichen Gnosis drängen sich nur so auf.

Daß die Kirche Origenes trotzdem zunächst begeistert aufgenommen hat, liegt einmal daran, daß das Griechentum durch eine ganze Reihe von Kanälen schon vorher in die Kirche einzudringen begonnen hatte. Die Kirche des dritten Jahrhunderts empfand griechischen Geist schon nicht mehr so stark als fremdartig wie die Kirche des zweiten, die zuerst auf die heidenchristliche Gnosis stieß. Aber daneben steht ein Anderes. Origenes nimmt, der Glaubensregel entsprechend, nur drei Entfaltungen Gottes an, Vater, Sohn und Geist, sprengt also äußerlich den Rahmen des Christentums nicht. Die zügellose Äonenlehre der Gnosis fand dagegen weder im Neuen noch im Alten Testament einen Anknüpfungspunkt; darauf beruhte ihre Ablehnung. Aber wichtiger ist noch ein Drittes. Es gibt einen Punkt, wo Origenes deutlich den Rahmen des Gnostizismus sprengt. Diese Grenzüberschreitung liegt darin, daß er die Hyliker nicht, wie die Gnostiker das taten, zugrunde gehen ließ, sondern daß er den Heilsuniversalismus, den das Christentum verkündigte, aufrechterhielt. Denn für den Somatiker genügt nach ihm ja der Glaube an die von Christus in objektiver, massiver Form geschaffene Erlösung, an die Tatsachen, die das Evangelium verkündet, um auch ihm den Aufstieg aus der Sinnenwelt in die Geisteswelt wieder zu ermöglichen. Mag der Glaube also auch nur ein Notbehelf für die Dummen sein, das Ziel, die Seligkeit, kann man auch auf diesem Wege erreichen; das aber ist entscheidend. So konnte die Kirche Origenes gelten lassen, wenn es auch nicht ohne Schwierigkeiten geschah.

Diese Stellungnahme der Kirche kann über die starke griechische Komponente bei diesem Manne trotzdem nicht hinwegtäuschen. Dafür gibt es ein außergewöhnlich beweiskräftiges Zeugnis. Der große Gegner des Christentums, Porphyrius, der etwas jüngere Zeitgenosse des Origenes, hat von diesem einmal gesagt: „Ὠριγένης, Ἕλλην ἐν Ἕλλησι *παιδευθεὶς λόγοις . . . κατὰ μὲν τὸν βίον χριστιανῶς ζῶν καὶ παρανόμως, κατὰ δὲ τὰς περὶ τῶν πραγμάτων καὶ τοῦ θείου δόξας ἐλληνίζων τε καὶ τὰ Ἑλλήνων τοῖς ὀθνείοις ὑποβαλλόμενος μύθοις*“[4]). Wenn ein heidnischer Philosoph die Gotteslehre des Origenes als einwandfrei anerkennt, dann besagt das sachlich über den Grad ihrer Christlichkeit Entscheidendes.

Derselbe Mann aber, dem dies Zeugnis ausgestellt ist, hat nicht nur selbst Christ sein *wollen*, sondern er hat unter der Folter die größten Marter ausgehalten, ohne sein Christentum zu verleugnen. Sein Herz muß also stärker an Christus gehangen haben, als sein System erkennen läßt.

Historisch ist die vollendete Synthese zwischen Christentum und Griechentum, die Origenes schuf, hochbedeutsam gewesen. Sie ward einmal das Hauptmittel, um das Christentum auf dem Boden der griechischen Welt wirklich zur *Volks*religion werden zu lassen. Vielleicht hat, abgesehen von Konstantin d. Gr., niemand zur endgültigen Überwindung des Heidentums im Römischen Reich soviel beigetragen wie Origenes. Die Abstriche am Christentum, die dabei unvermeidlich waren, sind so als der Preis anzusehen, der für die Gewinnung der ganzen Bevölkerung hat gezahlt werden müssen. Vorteile und Nachteile, Gutes und Böses, liegt also auch hier in demselben Phänomen unscheidbar ineinander.

Origenes hat mit seiner Theologie zugleich aber auch die entscheidende Arbeit dafür geleistet, daß der Ertrag der Arbeit des griechischen Denkens für die Kultur des Abendlandes gerettet wurde. Hätten am Ausgang der griechischen Kultur radikale Geister gestanden, die alles Griechische mit Stumpf und Stiel ausgerottet hätten, so wäre, falls das Christentum auch dann den Sieg davongetragen hätte, keine einzige Schrift der Alten mehr abgeschrieben worden und erhalten geblieben. Nur die Tatsache, daß man Griechentum und Christentum zusammenzuschauen gelernt hatte, erklärt die Arbeit christlicher Gelehrter am Heidentum. Wer aber auch nur einen flüchtigen Blick in die Entwicklung der abendländischen Kultur getan hat, der weiß, wie stark diese bis heute hin von der Antike beeinflußt ist. Die Zusammenschau der beiden entscheidenden Größen, des Christentums und des Griechentums, die Origenes vollzogen hat, bildet also wirklich weithin die Grundlage für die abendländische Kultur. —

4. Die weitere Entwicklung der christlichen Theologie ist völlig geknüpft an die *Bemühungen, das Wesen Christi scharf zu erfassen.*

---

[4] Euseb, H. E. VI 19,7. „Origenes, als ein Grieche in griechischer Wissenschaft erzogen, lebte zwar christlich und gesetzwidrig, in bezug auf die Lehren über die Dinge und das Göttliche dachte er aber griechisch und legte griechische Grundgedanken den fremden Mythen unter.“

Origenes bot entsprechend seiner eigenen zwiefachen Betrachtung Christi einen doppelten Anknüpfungspunkt. Man konnte einmal die Unterordnung des Logos unter Gott betonen; das erleichterte die kosmologischen Spekulationen. Nebenher ging meist eine Betonung der Menschennatur in Jesus; sie empfahl das moralistische Interesse. Die Vertreter dieser Gedanken kamen in nahe Berührung mit den Kreisen um Paul von Samosata. Aber wer sich so einstellte, der gefährdete die Erlösung von der sterblichen Natur, die für andere das Entscheidende war; denn um ihretwillen muß wirklich der eine Gott, den es nach dem christlichen Glauben nur gibt, sich mit der Menschheit verbinden. Von da aus mußte die volle Gottgleichheit des Logos in Jesus betont werden. Wer das aber einseitig tat, der gefährdete die Wissenschaft, denn er machte die Weltentstehung problematisch; bedeutet nämlich der Logos keinen Abstieg von Gott, so gefährdet die Schöpfung die Unveränderlichkeit Gottes. Wer so denkt, kommt zugleich in gefährliche Nähe zum Modalismus. Auf dieser Divergenz beruht letztlich der Streit zwischen *Arius* und Athanasius. Und es ist damit auch schon ausgesprochen, daß er nur schwer lösbar war. Äußerlich freilich siegte durch das Eingreifen des Kaisers 325 in Nizäa das „Homousios", die Lehre von der Gottgleichheit des Logos, dessen Vorkämpfer dann **Athanasius** wurde. Dieser kam zu seiner theologischen Aussage aber nicht von der Religionsphilosophie her — sie bekämpfte er! — sondern, wie Irenäus, von der christlichen Heilslehre aus. Um der „physischen Erlösung" willen, der Erlösung vom Leibe dieses Todes, ist die volle Gleichheit und Einheit von Vater und Sohn erforderlich. Der Mensch muß ferner aber auch von den Mächten des Verderbens befreit werden, die ihn in Knechtschaft halten. Der Sieg über sie, die Dämonen und den Teufel, den Jesus durch sein Leben und Sterben erficht, setzt ebenfalls dessen volle Gottheit voraus; sonst ist er undenkbar. Das ist wieder ein klarer soteriologischer Grundriß: Gott selbst bringt in Christus den Menschen das Heil. Aber Ruhe gab es in der Kirche trotz Nizäa erst, als man im Verlauf der folgenden 50 Jahre gelernt hatte, die nizänische Formel etwas anders zu deuten, als Athanasius es ursprünglich getan hatte. Während für Athanasius die Einheit in der Dreiheit das Wichtigste war, lernte man jetzt die Dreiheit in der Einheit betonen; so war die Wissenschaft gerettet, nämlich der stufenweise Abstieg von Gott zur Welt gesichert. Das ist die Bedeutung der Arbeit der drei großen Kappadozier, Origenesschüler, für die Kirche: Basilius' d. Gr., Gregors von Nyssa, Gregors von Nazianz. Athanasius erkannte auf der Synode von Alexandrien 362 die veränderte Auslegung als rechtgläubig an.

Wir Heutigen können nur froh sein, daß die nizänische Formel sich behauptet hat. Entscheidend ist der Gedanke des Athanasius, daß in

Jesus Gott selbst uns erschienen ist, Gott selbst sich uns kundgetan und uns erlöst hat, wir in ihm den Vater selbst haben. Für *Arius* war Christus ein Geschöpf Gottes, das kosmische Weltprinzip, das dann als Lehrer unsere Freiheit moralistisch unterstützt. Ihm geht es darum, den Menschen einen Weg zu Gott zu zeigen, der aber immer ungewiß bleibt. Für Athanasius handelt es sich um die *Glaubens*aussage, daß in Jesus der Vater selbst uns erlöst. Man braucht dies beides nur einmal so nebeneinanderzustellen, dann verschwindet jeder Zweifel, welche Seite das christliche Gut reiner vertreten hat, welcher man daher im Interesse der Kirche den Sieg wünschen mußte. Hier liegt die unzweifelhaft vorhandene positive Seite der Lehre des Athanasius. Sie bedeutet einen *doppelten Schutzwall des christlichen Glaubens:*

a) gegen den ethischen Idealismus; die Erlösungsbedürftigkeit des Menschen, *aller* Menschen, wird klar herausgestellt;

b) für den Gottesbegriff: Gott ist die erlösende Liebe, nicht nur das Weltprinzip.

Aber die Lehre hat auch schwache Züge. Sie haben zwei Wurzeln. Zunächst zwingt der Streit Athanasius, über die reine Glaubensaussage, daß Gott in Christus die Welt erlöst hat, hinauszugehen und gewisse Konsequenzen aus dieser Grundposition zu entwickeln; er tut das, indem er, der alexandrinischen Tradition gemäß, Lehrformeln des Origenes übernimmt, die in seine Konzeption passen, daß nämlich der Logos und der Heilige Geist Gott dem Wesen nach gleich sind, auch gleich ewig, da sie mit ihm dasselbe Sein teilen (*ὁμοούσιος = ταυτούσιος*); aber er streicht nun jede Subordination, weil sie ihm sowohl den Gottesbegriff wie den Heilsglauben zu gefährden scheint, und kommt so zu Formeln, die einen „kontradiktorischen Widerspruch" in sich selbst tragen. Nun ist zwar der ganze christliche Glaube eine Paradoxie; es kommt also in ihm an sich auf eine mehr oder weniger nicht an. Aber die Not liegt hier wieder darin, daß nicht diese Paradoxie schlicht von den erfahrenen Gottesbegegnungen ausgesagt wird: „in Jesus Christus begegnet mir Gott, durch den Heiligen Geist spricht Gott zu mir", sondern daß bei Athanasius diese Paradoxie zu einer *Lehre* intellektualisiert worden ist, einer Lehre, die man für wahr halten muß, wenn man Christ sein will.

Eine zweite Schwierigkeit liegt darin, daß der Logos nach Athanasius wie auch nach Irenäus den Menschen Jesus allmählich vergottet haben soll; genau so wird jeder von Gottes Geist erfüllte Mensch schon hier auf Erden allmählich vergottet, wie das Beispiel des Antonius zeigt (vgl. § 12). Der Logos ist zugleich das eigentlich handelnde Prinzip in Jesus. Mit dieser Auffassung, daß die zweite Person der Gottheit in Jesus Christus handelt, vertragen sich nun aber nicht die evangelischen Berichte von dem ringenden Menschen Jesus; man war zu ihrer Umdeutung gezwungen. Es kann aber schlechterdings keine Christologie als wirklich dem Sachverhalt entsprechend gelten, die im Widerstreit steht zu dem, was die Evangelien uns über Jesus berichten. Von diesem festen Boden ist auszugehen, wenn man nicht in haltlose Spekulationen verfallen will. Konkret gesprochen: Bei Athanasius ist die Gottheit Christi so stark betont, daß seine Menschheit Schaden leidet. So ist auch die orthodoxe Lehre von Schwierigkeiten bedrückt. Diese sind auch gar nicht verwunderlich für den, der weiß, daß eine uns fremde Erlösungslehre, eben die physische, im Hintergrund steht.

5. Die Lehre von der Homousie des Sohnes war seit 381 endgültig akzeptiert und damit das Verhältnis Christi zu Gott im Sinne seiner Gottgleichheit entschieden. Es wäre wohl Ruhe geblieben in der Kirche, wenn nicht in demselben Augenblick, wo diese Frage erledigt war, eine andere aufgetaucht wäre, nämlich die nach dem *Verhältnis Christi zur Menschheit*. Sie war für die physische Erlösungslehre ebenso entscheidend wie die Gottesfrage, denn auf der realen Verbindung Gottes selbst mit einem wirklichen Menschen beruht ja die Erlösung von der sterblichen Natur. Voraussetzung für diese Erlösung ist ferner, daß beide Naturen sich engstens vereinen, wirklich eins werden, so daß die eine von der anderen verschlungen wird; anders ausgedrückt: Gott und Mensch verbinden sich in Jesus zu einer einzigen und zwar göttlichen Natur. *Monophysitismus* nennt man von daher (seit 451) diese Anschauung. Die synoptischen Berichte werden durch allegorische Interpretation dieser vom Grundansatz erzwungenen Auffassung angeglichen. Vorort dieser Theologie wird *Alexandrien.*

Das moralistische Interesse an einem menschlichen Vorbild wie eine veränderte exegetische Methode, die die Allegorie ablehnte, wie schließlich eine neue philosophische Haltung veranlaßten aber *Antiochien,* nur eine lose Verbindung von Gottheit und Menschheit in Jesus anzunehmen, bei der jedes der zwei Elemente, die in ihm verbunden sind, die Freiheit des Handelns nicht verliert. Wie im arianischen Streit stellt sich Rom, d. h. das Abendland, zunächst auf die Seite der Alexandriner. Das *Konzil von Ephesus* 431/33 entschied, daß Maria als Theotokos, als *Gottes*mutter, verehrt werden müsse. Die Folge war, daß die syrischen Kirchen unter Führung des Nestorius — daher *Nestorianer* genannt — den nationalen Gruppen beitraten, die eine Lösung vom römischen Reich befürworteten. Die kirchliche Unzufriedenheit der Antiochener verstärkte also den Auflösungsprozeß des Reiches.

Als aber der Streit 449 wieder auflebte und Alexandrien nun auch versuchte, die *Formel* durchzusetzen, Christus habe nach der Geburt nur *eine* und zwar gottmenschliche Natur gehabt — die einfache Konsequenz der physischen Erlösungslehre —, da wandte Rom dem Osten den Rücken. Teils aus Treue gegenüber den abendländischen christologischen Anschauungen, teils aus kirchenpolitischen Gründen, um nämlich Alexandrien nicht zu mächtig werden zu lassen, lehnte es den Monophysitismus ab. 451 wurde in *Chalkedon* die Lehre zum Dogma erhoben: „*Christus ist wahrer Gott* **und** *wahrer Mensch,* wesenseins mit dem Vater nach der Gottheit und zugleich wesenseins mit uns nach der Menschheit; er wird in zwei Naturen zwar unvermischt und unverwandelt (gegen Alexandrien), aber auch ungetrennt und ungesondert (gegen Antiochien) erkannt, indem die Eigentümlichkeit beider Naturen, die zu einer Person zusammengehen, gewahrt wird." Mit dieser Formel waren *beide* Extreme abgelehnt; aber die für die physische Erlösungslehre entscheidende Frage nach dem *Wie* der Vereinigung beider Naturen war gerade nicht beantwortet. Und was man doch heraushören konnte, mußte man scharf ablehnen.

Die Folge war, daß nun auch die Griechen, besonders des Südens, d.h. Ägyptens, die reichszentrifugalen Kräfte verstärkten. Demgegenüber saßen die Kaiser in einer wahren Zwickmühle. Jeder Versuch, den Osten durch vermittelnde Formeln wiederzugewinnen, trieb Rom, d.h. das Westreich, in die Opposition. Jede in solcher Lage erfolgende Annäherung an Rom ließ die Opposition im Osten stärker aufflackern. Die Einzelheiten dieses Hin und Her brauchen uns nicht zu beschäftigen. Im Verein mit anderen Kräften hat schließlich der kirchliche Widerstand dazu geführt, daß der ganze Westen *und* der Südosten sich von Byzanz trennten. Im Zentrum aber des Griechentums konnte man sich trotz physischer Erlösungslehre nur deshalb bei der chalkedonensischen Formel beruhigen, weil man entweder im Verlauf des sechsten Jahrhunderts philosophisch vom Platonismus zum Aristotelismus überging und es mit Hilfe der aristotelischen Dialektik möglich wurde, die eindeutig dyophysitische Formel von 451 monophysitisch auszulegen (so geschehen auf dem 5. ökumenischen Konzil von Konstantinopel 553), oder aber sich von der theologischen Arbeit ganz zurückzog, das Unverständliche schweigend verehrte (*σιωπῇ προσκυνείσθω τὸ ἄρρητον*) und im Sakramentalismus Ersatz suchte (vgl. § 13). *Den* Weg sind die meisten gegangen und gehen noch heute die meisten in der Ostkirche. Das diktatorische Vorgehen des Westens, das sich mit Hilfe des Kaisers, der Rom brauchte, durchsetzte, hat also im Osten schwerwiegende Folgen gezeitigt. Trotzdem ist es, gesamtkirchlich gesehen, wieder nur zu begrüßen, daß in Chalkedon so und nicht anders entschieden wurde. Die Behauptung einer selbständigen Menschennatur in Jesus rettete

a) das *biblische Jesusbild* für die christliche Kirche; es hätte unter der Herrschaft des Monophysitismus unrettbar verloren gehen müssen; praktisch ist denn auch in den monophysitischen Kirchen, von denen Reste bis heute existieren, der Zusammenhang mit der Bibel sehr lose geworden;

b) damit zugleich wurde die Grundlage bewahrt, auf der die *sittliche* Erlösungslehre ruht, die das gesamte Abendland vertritt, ganz gleich ob katholisch oder protestantisch.

6. Diese **abendländische Entwicklung** muß uns nun weiter beschäftigen.

Die Verbindung zwischen Morgenland und Abendland war in der Kirche bis ins 5./6. Jahrhundert hinein doch noch so eng, daß eine Lehre, die im Osten Dogma wurde, auch im Westen als solches galt und umgekehrt. Aber wer durch die Hülle offizieller Kirchlichkeit hindurchsieht, der merkt schon früh, daß der spezifisch römische Geist ebenso wie der griechische das Evangelium zu verarbeiten beginnt und daß sich von daher eine *Scheidung zwischen Ost und West* früher oder später einmal ergeben mußte. Diese ist nicht 1054 plötzlich vom Zaun gebrochen. Man darf als Hintergrund der Trennung auch nicht nur die Tatsache sehen, daß in der Zeit des Zusammenbruchs des Reiches, das eine hellenistische Einheitskultur gehabt hatte, die Verschiedenheit römischer und griechischer Geistigkeit wieder durchbrach. Für sehend gewordene Augen ist der Unterschied in der Aneignung des Christentums vielmehr schon in der ersten Hälfte des zweiten Jahrhunderts spürbar; der „Pastor Hermae" gehört deutlich nach Rom. Offensichtlich bricht die römische Eigenart aber in *Tertullian* durch[5]. Das Denken Roms, das sich in der Sphäre des Rechtes vollzog, mußte auf religiösem Gebiet ganz von selbst die Begriffe Schuld und Strafe, Leistung und Lohn in den Mittelpunkt rücken; beides sind ja spezifisch rechtliche Beziehungspaare. Das heißt aber: In den Mittelpunkt der Religion rückt an Stelle der naturhaften Sphäre, um die beim Griechen alles kreist, die sittliche; man muß sagen: *wieder* die sittliche, denn auch für die auf jüdisch-nomistischem Boden entstandene Urgemeinde hatte hier das Schwergewicht gelegen. Wenn aber eine Religion auf dieser Grundlage als Erlösungsreligion gepredigt wird, dann kann es sich bei der geschehenden Erlösung nur um Erlösung von Sünde, Strafe und Schuld handeln. Der Tod kann nur als der Sünde Sold eine Nebenrolle spielen. Das heißt, wir stehen wieder vor der *ethischen Erlösungslehre.* Schon die Erlösungslehre Tertullians gipfelt in der satisfactio

[5] Heinrich Karpp, Schrift und Geist bei Tertullian, 1955.

Dei[6]. Es ist die tiefste Einwirkung, die **Augustin** (354—430)[7] auf den Gang der Kirchengeschichte gehabt hat, und sein größtes Verdienst, daß er die sittliche Erlösungslehre zum Thema der abendländischen Kirchengeschichte schlechthin gemacht hat. Augustin hat in unendlich mannigfaltiger Weise die Geschichte beeinflußt. Das ganze Mittelalter steht unter seinem Bann. Hier liegt doch die nachhaltigste Wirkung.

Aber wieder ist es von ganz entscheidender Bedeutung, daß dieser Mann, der so vor dem gesamten Abendland steht, doch nicht bloß Römer war, sondern daß er ganz tief durch die griechische Philosophie hindurchgegangen und in vielen Dingen zeitlebens stark von ihr beeinflußt geblieben ist, ein wahrhaft universaler Geist. Auch Augustin hat, wie Origenes vor ihm, noch einmal die gesamte Antike zusammengefaßt und sie, aber nun unter der Vorherrschaft römischen Denkens, mit dem Christentum verschmolzen. Auch von ihm aus geht so zusammen mit dem christlichen Gedankengut ein Strom antiken Denkens in das Abendland hinein. Wir stehen noch alle unter den Folgen dieser Zusammenschau.

Um diese *Verbindung von Antike und Christentum* in Augustin deutlich werden zu lassen, muß ein Wort über seinen *Werdegang* gesagt werden.

Man kann in Augustin den Faust des Altertums sehen. Wie Goethes Faust auf der Suche nach der tragenden Grundlage seines Lebens von der intellektuellen Forschung unbefriedigt das Glück zunächst in sinnlichem Genuß, dann in ästhetischer Schau und in der Mystik sucht, um es schließlich in der rastlosen Arbeit zu finden, so zieht auch Augustin von Gedankenkreis zu Gedankenkreis, um das Leben zu ergründen. Auch darin kommt er mit Faust überein, daß er durch eine lange Periode sinnlich bestimmten Genusses zu schreiten und sie zu überwinden hat, ehe er Ruhe findet. „Ich sehnte mich nach Liebe und haßte die zufriedene Sicherheit und einen Weg ohne Fallstricke", so bekennt er selbst. Trotzdem ist ein großer Unterschied zwischen Faust und Augustin. Denn bei Augustin wird die Frage nach der Wahrheit sofort zu einer Frage nach Gott. Was der Tatmensch, den Goethe im Faust malt, gleich im Anfang als unnütz aufgibt, die Philosophie, dem wendet sich der Denker Augustin gerade zu.

Der erste Schritt auf geistigem Gebiet ist bei Augustin durch die Lektüre von *Ciceros* Hortensius in der Rhetorenschule veranlaßt worden. Zweierlei hat ihm das Buch gebracht: Einmal befreite es ihn von der Sucht, reich zu werden; daneben, und das ist das eigentlich Entscheidende, weckte der Hortensius in ihm die Liebe zur Philoso-

---

[6] Genugtuung, die Gott geleistet wird.

[7] Wilhelm Kamlah, Christentum und Geschichtlichkeit, 1951²; G. Nygren, Das Prädestinationsproblem in der Theologie Augustins, 1956.

phie. Der Ruhm des Rhetors scheint ihm nun kein Ziel mehr zu sein, dem die Arbeit zuzuwenden sich lohnt. Eine in sich gegründete Welt- und Lebensanschauung zu erarbeiten, das wird ihm wichtiger.

Damit aber war die Entfremdung vom überlieferten Christentum für Augustin gegeben. Sein Vater war zwar Heide (starb freilich als Christ in Augustins 17. Lebensjahr), aber seine Mutter Monika war Christin. Er kannte also das Christentum von Jugend auf. Aber es war ihm stets nur als das entgegengetreten, was das katholische Christentum in der Tat schon damals war, als eine Autorität, die volle Unterwerfung fordert. Diese Unterwerfung zu vollziehen, war Augustin unmöglich. „Docentibus potius quam iubentibus esse credendum"[8], meint er. Er wandte sich deshalb dem *Manichäismus* zu. Auf diesen haben Funde, die in den letzten Jahrzehnten im Inneren Asiens und in Ägypten gemacht sind, ein neues Licht fallen lassen. Er muß darnach als eine in der Gesamthaltung christliche Sekte gelten. Augustin wird also, darauf weist *Holl* mit Recht hin, nicht vom Christentum an sich haben abfallen wollen, als er Manichäer wurde, sondern er wird geglaubt haben, in der Gemeinschaft der Manichäer dem Drang nach Erkenntnis, der in ihm lebendig war, besser folgen zu können als in der katholischen Kirche. Die Manichäer betonten auch selbst die *Vernünftigkeit* ihrer dualistischen Unterscheidung zwischen Gut und Böse. Auch hat ihre Kritik am Alten Testament Eindruck auf Augustin gemacht. Und schließlich flößte ihm, „der in sinnlichem Genuß schwelgte", wie er selbst sagt, die streng asketische Lebensweise der Manichäer Achtung ein. Doch konnte er sich noch nicht entschließen, sie auch selbst zu übernehmen und auf seine weltliche Laufbahn zu verzichten. So wurde er nicht Vollmitglied, electus, bei den Manichäern, sondern begnügte sich mit der bescheidenen Stellung eines auditor, eines „Hörers". Neun Jahre lang ist Augustin überzeugter Manichäer gewesen; dann kamen ihm Bedenken. Und zwar stieß ihn dasselbe ab, was ihn zuerst angezogen hatte. Der Manichäismus hatte ihm eine einleuchtende Erklärung für die Existenz des Bösen in der Welt geboten. Jetzt ward er an dieser Lösung irre. Denn er erkannte, daß der Kampf des Bösen gegen Gott eine Beeinträchtigung der Unveränderlichkeit Gottes bedeute, die eine der Grundvoraussetzungen auch des augustinischen Gottesbegriffs war. Aber Augustin fand nicht sofort eine Lösung für die Schwierigkeiten, die ihn bedrückten. So wurde er *Skeptiker*. Freilich kein konsequenter. Bestimmte Gedanken, z.B. den der Existenz Gottes, hat er ständig festgehalten. Immerhin hat seine Seele, die von der Sucht nach Lust, die ihm doch als etwas

---

[8] Lehrenden soll man lieber glauben als Befehlenden.

Niedriges vor Augen stand, hinundhergerissen und von dem vergeblichen Drang nach Erkenntnis müde war, jahrelang an der Möglichkeit gezweifelt, zum Ziele zu kommen. Nur langsam hat er diesen Zweifel überwunden, und manche Eigenheit seiner Theologie ist nur als Ausfluß einer durch die Skepsis gegangenen Seele verständlich.

Den Dienst der Überwindung des Skeptizismus leistete ihm die *neuplatonische Philosophie*, die er wahrscheinlich in der Übersetzung der Schriften Plotins durch Marius Viktorinus kennenlernte. Vom Manichäismus her kannte Augustin nur einen materiellen Gottesbegriff und auch das Böse faßten die Manichäer materiell. Jetzt zeigte die neuplatonische Philosophie Augustin die Existenzmöglichkeit eines rein geistigen Wesens. Das ist entscheidend für ihn geworden, denn der philosophische Idealismus, dem er sich vom Materialismus weg zuwandte, ließ ihm nun auch den christlichen Gottesbegriff als denkbar erscheinen. Daß Gott Geist ist, das wird Augustin jetzt klar. Als einem Geist steht Gott aber das Attribut der Unveränderlichkeit zu, denn das Sein schlechthin ist in allen Dingen gleich, nur die Substanzen sind wandelbar. Dies Sein in allem aber ist für Augustin wirklich der christliche Gottesglaube, der ja die Allgegenwart Gottes lehrt. Daß der Glaube an die Unwandelbarkeit und Allgegenwart Gottes *denkbar* ist, das bedeutete für Augustin eine wirkliche Befreiung. Er hatte gefunden, was er so lange gesucht hatte, einen festen Gottesbegriff.

Aber nun wirkte der Durchgang durch die Skepsis und durch den Manichäismus doch auch noch nach. Ja, der Manichäismus verband sich mit dem Römertum: Einen reinen, gestaltlosen Geist zu denken, das war für einen antiken Menschen an sich schon nahezu unmöglich. Und die skeptische Phase von Augustins Leben tat ein übriges, um immer wieder Zweifel aufkommen zu lassen an der Realität, an der vollen Wirklichkeit der platonischen Vorstellungswelt. Es war deshalb von allergrößter Bedeutung für Augustin, daß fast gleichzeitig mit der Entdeckung des Neuplatonismus ihm die katholische Kirche von neuem mit zwingender Gewalt entgegentrat.

Die *Autorität der Kirche* ist es gewesen, die ihm den letzten Zweifel genommen und ihn der Wirklichkeit dessen versichert hat, was die neuplatonische Gottesidee ihm vorführte und worin er eine Lösungsmöglichkeit für alle seine Schwierigkeiten erkannt hatte. Die Autorität der Kirche aber trat ihm in der Person des *Ambrosius* so zwingend entgegen, daß er sich ihr zu unterwerfen jetzt den Mut fand. Das ist der große Dienst, den Ambrosius Augustin geleistet hat. Ein königlicher Priester, der sich nicht scheute, auch den Kaiser, den allgewaltigen Herrn, zur öffentlichen Kirchenbuße zu zwingen; ein Redner von geradezu bezwingender Gewalt, auf den Rhetor Augustin schon dadurch Eindruck machend; ein Kirchenmusiker von Gottes Gnaden, dessen Hymnen den sehr musikalischen Augustin tief bewegten; und endlich unbezweifelbar ein Mann des Geistes. Auch er verkündete in seiner Predigt den geistigen Gott, den Augustin sich allein als den wirklichen Herrn der Welt vorstellen konnte. Außerdem nahm Ambrosius durch seine allegorische Exegese, die er seinerseits von den Griechen übernommen hatte, Augustin die Anstöße am Alten Testament, die ihn so stark geplagt hatten. In vielerlei Not konnte Ambrosius Augustin also die helfende Hand bieten. Am stärksten von allem hat doch wohl gewirkt, daß die Autorität der Kirche, die ihm in Ambrosius entgegentrat, Augustin über die letzten Reste skeptischen Denkens hinweghalf. Er hat sich mit seinen Zweifeln gar nicht an Ambrosius herangetraut, so erhaben, so hoheitsvoll vertrat dieser für sein Gefühl die Autorität der Kirche. Was den Jüngling Augustin gerade von der Kirche abgestoßen hatte, das erschien dem Mann jetzt als aus dem Wesen der religiösen Wahrheit heraus begreifbar. Der geistige Gottesbegriff, den die Kirche verkündigt, ist zunächst den Menschen etwas so vollständig Unfaßbares, daß er gar nicht anders als durch eine autoritative Größe an sie herangebracht werden kann. Erst wer sich dieser Autorität unterworfen hat, dem erschließt sich auch das Verständnis der geistigen Wahrheiten: „credo, ut intelligam“[9].

Aber beides zusammen, die Autorität der Kirche und die Philosophie der reinen Geistigkeit, die ihm im Platonismus entgegentrat, zwei Größen, die sich für Augustin gegenseitig stützten, haben doch seine Bekehrung noch nicht zu vollenden vermocht. Ein großes Hindernis gab es immer noch für ihn. Zwar von der Lust am Gelde und von der Lust am Ruhm, an der Ehre der Welt war er frei, aber von der Sinnenlust war er es noch nicht. Immer noch stand es als höchstes Ziel vor seinen Augen, in der Ehe mit einer edlen Frau die Ruhe zu finden, die seine Seele suchte. Und so lange er noch auf dem Wege war, tat er gerade das, was in Wahrheit seine Unruhe nur noch steigern mußte, er suchte vorläufige Ruhe in dem Eingehen eines Konkubinates. Ein Doppeltes hat diesen Anstoß überwunden. Zunächst zwang ihn ein Lungenleiden, jeden Gedanken an die Welt — und die Ehe war für ihn das Sinnbild der Welt — aufzugeben. Kein Wunder, daß er diese Krankheit als das Unglück seines Lebens betrachtete. Dann hat ihm die Lektüre der Vita Antonii des Athanasius und das Beispiel des Ambrosius die größere Hoheit des ehelosen Lebens gezeigt; aber er fand noch nicht die Kraft, die innere Lust zu überwinden. Schließlich hat *Paulus* mit seinem Wort Röm. 13, 13 f.: „Lasset uns ehrbar wandeln als am Tage, nicht in Fressen und Saufen, nicht in Kammern und Unzucht“ ihm den Dienst getan, sein Wollen zu spornen und ihn zur

---

[9] Ich glaube, um dadurch zur Einsicht zu kommen.

Ruhe kommen zu lassen. Er erkannte, daß die Krankheit vielmehr das Glück seines Lebens war, er fand Gottes Hand in ihr wieder.

Das ist Augustins Bekehrung. Seine Skepsis wird überwunden durch die Autorität der katholischen Kirche; der Neuplatonismus führt ihn in die geistige Welt ein, die seine Denkanstöße beseitigt; das Beispiel der Mönche und die Lektüre des Paulus schenken ihm die inneren Kräfte, auch die praktischen Hindernisse zu überwinden, die seinem vollen Christsein noch entgegenstehen. Jetzt ist er Christ; des zum Zeichen läßt er sich sofort von Ambrosius die Taufe geben. Eine „Bekehrung" kann man diesen Vorgang streng genommen kaum nennen. Vielmehr durch Sturm und Drang und nach verzweifeltem Suchen kommt hier eine komplizierte Entwicklung zur Ruhe. Diese zeigt zugleich, was Augustin von seinem Lebensweg wird festhalten müssen sein Leben lang. Aus persönlichem Willensdrang hat Augustin sich eine Weltanschauung erworben, in der sich der antike Idealismus mit christlichen Elementen untrennbar verbunden hat. Daß Augustin zugleich der letzte antike und der erste moderne Mensch ist, modern eben in der eigenartig antik-christlichen Haltung, das wird aus seiner Entwicklung ohne weiteres verständlich. Sein Leben hat ihn dahin geführt, daß er die Synthese von beidem schaffen *mußte.* Und zugleich wird der ganze Reichtum von Anregungen verständlich, der von Augustin ausgeht. Das antike Lebensgefühl und die Umkehrung dieses Lebensgefühls in der Askese, die antike Skepsis und ihre Umkehrung in der Unterwerfung unter eine absolute Autorität, der antike Materialismus und der antike Idealismus, alles hat Augustin am eigenen Leibe erfahren und durchlebt; er verkörpert so wirklich fast die ganze Antike in sich. So wird an seiner Person verständlich, daß das Christentum nicht nur die Überwindung der Antike, sondern zugleich auch ihr Ausgang ist.

Die Entwicklung Augustins ist mit seiner Bekehrung noch nicht zu Ende gewesen. Er wurde in ein *kirchliches Amt* gerufen, und diese kirchliche Laufbahn hat ihn in ganz bestimmter Richtung noch weiter vorwärts gedrängt. Er begann als Kleriker zunächst einmal, ernsthaft die religiösen Urkunden des Christentums zu studieren, vor allem die paulinischen Briefe. Und dabei gelangte er nun über ein Problem zur Ruhe, das ihn seit den Tagen des Manichäismus beschäftigt hatte, über die Frage des Bösen nämlich, wie gleich näher zu schildern sein wird. Erst von hier aus ist der Augustin verständlich, der Pelagius bekämpft hat. Das bedeutete aber zugleich noch ein Hinauswachsen über den neuplatonischen Gottesbegriff. Dieser erkannte in Gott das höchste *Sein* und das höchste Gut, in dem alles Sehnen des Herzens zur Ruhe kommt. Bei Paulus tritt ihm Gott nun als der absolute *Wille* entgegen, der demütige Unterwerfung und ein Wirken in seinem Dienst verlangt. Geht vom Neuplatonismus ein Quietiv aus, so von Paulus und dem lateinischen Christentum ein Motiv. Auch dies beides wirkt auf Augustin ein; Mystik und reformatorisches Christentum, beide können sich auf ihn stützen.

Dieser Lebenslauf ist also wirklich das Magazin, in dem die reiche Fülle der Gedanken Augustins bereitgestellt ist. Diese selbst und ihre Bedeutung im einzelnen müssen wir uns jetzt vergegenwärtigen.

Zunächst das Zentrum seiner Gedanken, seine *Sünden- und Gnadenlehre.* Augustins Sünden- und Gnadenlehre ist sicher so stark wie keine sonst zwischen Paulus selbst und Luther paulinisch bestimmt gewesen. Trotzdem bleibt sie zugleich doch auch stark vom Neuplatonismus abhängig. Das ist zum guten Teil schon durch den Gottesbegriff bedingt. Auch Augustin faßt Gott zunächst neutrisch, als summum ens et summum bonum[10]. Von Paulus her bekommt sein Gottesbegriff dann zwar ausgesprochen persönlichen Charakter; aber der neuplatonische Grundansatz wirkt doch immer nach. Denn nach Gott als dem höchsten *Gut* trachtet von Haus aus der Mensch. „Cor nostrum inquietum est, donec requiescat in te.“ [11] Aber nun mißbraucht der Mensch Adam seine Freiheit und wendet sich vom höchsten Gut ab. Damit wendet er sich aber zugleich der geschaffenen Welt zu, d.h. anstatt des einen höchsten Gutes steht nun die verwirrende Fülle der Güter vor seiner Seele und reißt diese hin und her. Die concupiscentia, das ungeordnete, maßlose Begehren wird von daher zum Inbegriff der Sünde. Weil aber das Begehren im geschlechtlichen Leben sich am stärksten äußert, darum wird das sechste Gebot zum Hauptbeispiel der Begehrlichkeit. Es wird von daher aber deutlich sein, daß man die Geschlechtslust nicht als *einzigen* Inhalt des augustinischen concupiscere verstehen darf, wie es oft geschieht. Wie in der concupiscentia, dem von Gott, dem höchsten Gut, sich abwendenden Begehren die *Sünde* des Menschen liegt, so liegt darin auch zugleich die Strafe. Denn die Begehrlichkeit ist das Unglück unseres Lebens, die es zernagende Unruhe — eine ganz tiefe Einsicht! —, aus der nur das Ergriffenwerden von Gott befreit: „cor nostrum inquietum est, donec requiescat in te.“ Das alles kann noch wesentlich neuplatonisch verstanden werden. Denn Augustin weiß schon als Neuplatoniker, daß die Gewohnheit des Sündigens eine Macht ist, die schließlich dem Menschen die Fähigkeit raubt, das Gute, das er vor Augen sieht, zu tun, ja, daß sie sogar die Fähigkeit raubt, das Gute zu erkennen. Unfähigkeit zum Handeln und zum Erkennen sind beides Strafen, die dem bösen Handeln auf dem Fuße folgen. Das Böse wird so zu einer den Menschen innerlich bestimmenden Macht; der Mensch handelt nicht mehr gut oder böse, sondern er wird dadurch

[10] Das höchste Sein und das höchste Gut.
[11] Unser Herz ist unruhig, bis es Ruhe findet in Dir.

gut oder böse. Ferner weiß Augustin schon vom Manichäismus her, daß das Böse auch eine *geschichtlich* wirksame Macht ist, daß wir in einer Kette des Verderbens stehen, aus der sich zu befreien dem einzelnen Menschen ganz unmöglich ist. Und Augustin lernt endlich von Paulus noch ein Drittes. Obwohl es unausweichlich für uns ist, daß wir sündigen, ist die Sünde doch unsere Schuld. Einmal aus psychologischen Gründen. Es ist Tatsache, daß der Mensch wollend, ja oder nein sagend, die sündige Tat tut. Ja, selbst die ihn überkommende Kette des Verderbens bedeutet nicht nur Erbsünde, sondern zugleich Schuld. Ganz äußerer Beweis dafür ist Augustin die Tatsache der Kindertaufe und das Leid und die Not, die auch Kinder leiden müssen. Sachlich sagt Augustin, daß wir in Adam seiend an seiner Tat selbst teilgenommen haben. Deshalb trifft uns wie ihn die concupiscentia und der Tod als Strafe. Befreien aus dieser necessitas peccandi[12] und den Strafen, die ihr folgen, kann sich der Mensch nicht selbst; das kann nur das freie göttliche Erbarmen. Es geschieht durch Christi Tod. Dieser hat am Kreuz

a) die Strafe für uns getragen,

b) uns der Gewalt des Teufels entrissen,

c) Gott genug getan, d.h. die Menschheit mit Gott versöhnt.

Daraus folgt das *Werk Christi für uns.* Es ist

a) *Sündenvergebung;* Befreiung von der Schuld, auch der Schuld der concupiscentia; diese selbst bleibt, weil das Begehren ja nicht schwindet; aber von der Taufe an wird dies Begehren nicht mehr als Schuld gewertet. Über die Sündenvergebung hinaus bedeutet das Werk Christi

b) aber auch *Heiligung*, d.h. progressive Freimachung von der concupiscentia und Hinführung zu Gott. Es darf an Augustins eigenes Bekehrungserlebnis erinnert werden, das ja Befreiung von der Lust *und* Kraft zu einem asketischen Leben in sich schloß. Vor allem aber: Die Gnade wirkt so, daß sie dem Willen des Menschen das Objekt des Glaubens, Gott, vorhält, dadurch die Lust zu diesem Objekt in ihm weckt und so den Glauben hervorruft. Die Seele des Menschen bleibt nicht unbeteiligt; sie *will* nun das bonum, Gott. Heiligung, Bekehrung im eigentlichen Sinnn ist also das Ergebnis.

Zugleich folgt aus dem Gesagten, daß Gott bei der Bekehrung der *allein* Handelnde ist; *er* führt in Jesus die Möglichkeit des Heils herbei, er führt auch den einzelnen Menschen durch seinen Geist — der Heilige Geist erhält bei Augustin eine ganz feste Funktion! — zum Heil hin. Die ganze scholastische Theologie lebt von den Formeln, die

[12] Unausweichlichkeit, in Sünde zu fallen.

Augustin hier geprägt hat: gratia praeveniens, gratia concomitans et subsequens, donum perseverantiae usw. Aber auf Einzelheiten kann nicht eingegangen werden.

Von zwei Seiten her mußte diese Sünden- und Gnadenlehre dann noch eine Zuspitzung erfahren.

a) mußte die Frage, von der Augustin seinen Ausgangspunkt genommen hatte, wieder akut werden: *Woher* kommt *das Böse* in der Welt. Der Rückgang auf Adams in Freiheit vollbrachte Tat reichte ihm schließlich als Antwort nicht mehr aus. Da Gott sie voraussah, konnte er sie doch auch verhindern. Wenn er das aber nicht tat, war er dann nicht der Urheber der Sünde? Wir stehen vor der Frage der Prädestination ad malam partem, zum Bösen. Mit ihr ist Augustin trotz mancher Lösungsversuche im Grunde genommen nicht fertig geworden.

b) Wenn die Erlösung allein Gottes Tat ist, nicht des Menschen eigenes in Freiheit vollbrachtes Werk, dann zwingt die Konsequenz dieser Anschauung auch zur Annahme der Prädestination, nun ad bonam partem, zum Guten. Dieser Frage ist Augustin nicht ausgewichen, sondern hat die Prädestination mit Paulus, als erster nach ihm, wieder klar bejaht. Gottes Gnade ist als Tun des allmächtigen Gottes unwiderstehlich. Wenn trotzdem nur wenige Menschen zu Gott kommen, wie Augustin als Erfahrung hinstellt, so kann das nur daran liegen, daß Gott nur wenige zieht. Augustin weiß freilich, daß er die innere Einsicht in dies Tun Gottes nicht oder noch nicht hat; aber es ist ihm nicht zweifelhaft, daß sich in ihm, weil Gott es tut, Zweckmäßigkeit, ja Gutes verbirgt. Aber die Prädestination ist nicht nur eine äußerste gedankliche Konsequenz der augustinischen Sünden- und Gnadenlehre. Letztlich dient sie vielmehr bei ihm wie bei Paulus dazu, Heilsgewißheit zu schaffen. Gott selbst entreißt mit seiner allmächtigen Hand den Menschen dem Verderben. Das ist die sicherste Grundlage des Heils, die sich ein Mensch überhaupt denken kann. Gerade wenn man im Auge behält, wie stark das Christentum in Augustins Zeit sonst zwischen Furcht und Hoffnung schwankte, wird man das Große sehen, das in diesem Dringen auf Heilsgewißheit liegt. Völlig hat freilich auch Augustin den Menschen nicht seines Heils gewiß machen können. Das hängt mit seiner Fassung der Rechtfertigung als einer Gerechtmachung zusammen. Diese *beginnt* in diesem Leben nur, wie wir sahen. Infolgedessen ist nicht alle Furcht dem Menschen genommen. Hat Gott ihm auch das donum perseverantiae[13] geschenkt? Wir dürfen es hoffen, und Augustin kann spes und fiducia, Hoffnung und Vertrauen, viel stärker in eins sehen als seine Zeitgenossen. Aber aus der Hoffnung hat auch er noch keine volle Gewißheit machen

[13] Das Geschenk, bis zum Ende im Glauben zu verharren.

können. Letztlich entscheidet doch erst das jüngste Gericht. Hier ist der Punkt, an dem später Luther noch über Augustin hinausgegangen ist.

Gegen Augustins Lehre von dem auf dem Menschen liegenden Zwang, von Geburt an nur das Böse tun zu können, und von der Alleinwirksamkeit der Gnade, wenn es zum Tun des Guten, zur Freiheit kommen sollte, erhob sich noch zu Lebzeiten Augustins ein sehr lebhafter Protest. Hauptträger dieses Protestes waren der irische Mönch *Pelagius* und der Nordafrikaner *Caelestius.* Sie behaupteten die volle sittliche Freiheit des Menschen. Der Mensch kann, wenn er nur will, alle Sünden vermeiden. Auch Adams Sünde hindert ihn nicht daran. Dieser hat zwar ein böses Beispiel gegeben, das unsere Lage erschwert. Aber unmöglich gemacht hat auch er es nicht, daß sich der Mensch sittliche Verdienste vor Gott erwirbt. Das war die alte, im ganzen kirchlichen Orient schon aus moralistischem Interesse immer vertretene Lehre, und auch das Abendland hatte kaum anders gedacht. Es ist gar kein Zweifel, daß die Wiedererweckung des Paulinismus durch Augustin eine Neuerung auf dem Gebiet der christlichen Kirche bedeutete. Aber nun war das Entscheidende, daß es sich in ihr um die Erneuerung *biblischer* Lehren handelte. Es gelang Augustin, den römischen Bischof Innocenz I. auf seine Seite zu ziehen. Pelagius wurde exkommuniziert und floh nach dem Osten. Dort aber war wieder entscheidend, daß er sich, der Sache entsprechend, mit den Nestorianern verband. So wurde er in deren Verurteilung hineingerissen. 431 hat das Konzil von Ephesus auch ihn verdammt. Ein anthropologisches Dogma ist damit neben das theologische und christologische getreten.

Trotzdem hat sich nicht der reine Augustinismus in der Kirche durchgesetzt, nicht einmal im Abendland, geschweige denn im Morgenland. Eine Einzelheit der augustinischen Gnadenlehre hat sogar im Abendland noch einmal zu einer Kontroverse geführt, seine Prädestinationslehre. Südgallische Mönche zogen daraus den Schluß, sie dürften für ihre Sünden nicht bestraft werden, denn sie könnten sie ja nicht vermeiden. Demgegenüber erkannten die Mönchsführer zwar die Tatsächlichkeit der Erbsünde und die Notwendigkeit der Gnade an; aber sie stellten die These auf, daß der Mensch die Gnade Gottes, wenn dieser sie ihm anbiete, in voller Freiheit annehmen oder ablehnen könne. Die praedestinatio sei in Wirklichkeit nur praescientia [14]; Gott wisse vorher, wie der Mensch sich entscheiden würde. Sie lehrten also eine cooperatio hominis cum Deo [15] und haben damit die für das katholische Denken bis heute hin entscheidende Frage gestellt, die in voller Klarheit wohl auf Papst *Leo d. Gr.* zurückgeht, wie sich nämlich die *ernsthaft* gelehrte

---

[14] Die Prädestination nur ein Vorher*wissen.*

[15] Ein Zusammenwirken zwischen Gott und Mensch beim Zustandekommen des Heils.

Gnade Gottes vereinigen lasse mit dem Gedanken an menschliches Verdienst und Lohn. In der geschilderten Abschwächung ist der augustinische Ansatz katholische Kirchenlehre geworden.

Der *Kirchenbegriff* Augustins steht natürlich in engem Zusammenhang mit seiner Gnadenlehre. Von der Prädestinationslehre her mußte er die Kirche als communio praedestinatorum, als Gemeinschaft der von Gott zum Heil Bestimmten auffassen. Augustin hat gelegentlich in diesem Zusammenhang sogar die Möglichkeit ausgesprochen, daß Gott auch Heiden zum Heil prädestinieren könne. Aber im allgemeinen band er, auf cyprianischen, ja schlechthin altkirchlichen Bahnen wandelnd, das Heil durchaus an die Kirche. Extra ecclesiam nulla salus[16], das Wort hat er oft genug gesprochen. Wir haben gesehen, welche Bedeutung die Autorität der Kirche psychologisch für den Skeptiker Augustin gehabt hat. Selbst die Heilige Schrift bekommt ihre Autorität von der Kirche: „Ego evangelio non crederem, nisi me commoveret ecclesiae catholicae auctoritas“[17]. Da die Schrift von der Kirche als Quelle der Lehre vorgelegt wird, glaubt er ihr. Auch der Glaube an sie ist also im Grunde genommen Glaube an die Kirche. Angesichts dessen wird die Frage nach der *theologischen* (nicht psychologischen) Begründung dieses Glaubens an die Kirche um so dringender. Aber Augustin gibt die Antwort ganz klar: Die Kirche ist corpus Christi, Leib Christi. Weil sie das ist, deshalb verdient sie Glauben und Vertrauen, deshalb ist die Zugehörigkeit zu ihr Vorbedingung zur Seligkeit. Wenn es aber so ist, dann ist es höchste Liebespflicht, alle Menschen in sie hineinzuholen. Von da aus hat Augustin sich nicht gescheut, das Gleichniswort des Herrn: „Nötiget sie hereinzukommen“ (Lk. 14,23) auf diese Sachlage anzuwenden; er hat also den staatlichen Zwang gegen die Donatisten in Nordafrika nach Zaudern nicht nur gebilligt, sondern ihn dann sogar verlangt. Hier wurzelt letztlich die Inquisition des Mittelalters. Hier liegt aber auch *eine* der Wurzeln für die zwangsweise Missionsmethode, die im Mittelalter gegenüber germanischen, slawischen und anderen Völkern zeitweise angewandt ist.

Von Bedeutung ist nun aber, daß Augustin noch keine feste irdische Instanz kennt, die das Recht hätte, im Namen der gesamten Kirche zu sprechen. Der Bischof von Rom hat diese Autorität nicht, das spricht Augustin klar aus; die anderen Bischöfe haben sie auch nicht; selbst die Synode ist, wie früher schon erwähnt, von der Rezeption ihrer Beschlüsse durch die Kirche abhängig. Vielmehr ergibt sich als Autorität, der der Glaube gilt, die Gesamtkirche, die katholische Kirche; sie ist

[16] Außerhalb der Kirche gibt es kein Heil.

[17] Ich würde dem Evangelium nicht glauben, wenn mich nicht die Autorität der katholischen Kirche dazu bewegte.

der Leib Christi; ein sie im Vollsinn repräsentierendes Organ hat sie noch nicht. Einen vicarius, einen Stellvertreter Christi gibt es auch noch nicht. Auch für Augustin gilt das Wort des Vinzenz von Lerinum: „Quod ubique, quod semper, quod ab omnibus creditum est, id est vere catholicum, id teneamus“ [18].

Die katholische Kirche, wie sie hier auf Erden existiert, ist nun aber nicht so, wie sie sein wird und soll. Sie hat in ihrer Mitte noch Böse, ohne sie ausscheiden zu können. So muß man unterscheiden zwischen dem Jetzt und dem Dann der Kirche. Immer ist sie corpus Christi. Aber jetzt ist dies corpus noch vermischt mit Scheinchristen; so heißt es, in *dieser* Hinsicht betrachtet, corpus Christi permixtum (vermischt). *Dann* wird es nur die wahrhaft Gläubigen, die Prädestinierten, umfassen: corpus Christi mysticum [19].

Ein besonderer Vorfall hat dann Augustin noch einmal Veranlassung gegeben, sich über die Kirche im Zusammenhang zu äußern und auch den Staat in seine Betrachtung einzubeziehen: die Eroberung Roms durch Alarich im Jahre 410. Seit über 1000 Jahren war es das erste Mal, daß ein feindlicher Fuß Rom siegreich betrat. Eine ungeheure Erregung bemächtigte sich der Bevölkerung: Das war der Beweis für die Sinnlosigkeit, ja Sündhaftigkeit des Christentums. Die alten Götter hatten Rom geschützt, der neue konnte es nicht. Diesem Ansturm gegen die Kirche verdanken wir die großartigste Apologie, die die alte Kirche hervorgebracht hat, Augustins „De civitate Dei“ [20]. Eine fast manichäisch anmutende Schilderung des Kampfes zwischen dem Reich Gottes und dem Reich des Satans, die in glänzenden Antithesen die Charakteristika beider Reiche zu bestimmen sucht.

Hier die communio sanctorum, dort die communio malorum [21],
hier die Wiedergeburt im Geiste, dort die Geburt im Fleisch,
hier der Friede des Herzens, dort der Friede der Welt,
hier die Demut, dort der Stolz,
hier die Gottesliebe, dort die Eigenliebe.

Und nun ist es von größter geschichtlicher Bedeutung geworden, daß Augustin für beide Größen auch irdische Repräsentanten konfrontiert hat: Die katholische Kirche als das corpus Christi hier auf Erden steht dem römischen Staat als dem Vertreter des Satansreiches gegenüber. Wenn man das so ausspricht, dann könnte daraus die Folgerung gezogen werden: Der Staat ist, da Machtstaat, der Vertreter der superbia, des Stolzes als der Ursünde des Menschen und also ein magnum latro-

[18] Was an allen Orten, was zu allen Zeiten, was von allen geglaubt worden ist, das ist wahrhaft katholisch, das laßt uns festhalten.

[19] Der mystische Leib Christi.

[20] Über die Bürgerschaft Gottes.

[21] Gemeinschaft der Heiligen bzw. der Bösen.

cinium[22], das beseitigt werden muß. Aber diese volle Ablehnung findet sich nur gelegentlich. Vielmehr: wie die Kirche nicht das Reich Gottes im Vollsinn ist — sie ist ja ein corpus permixtum —, so ist auch der Staat nur ein gebrochener Vertreter des Satans. Da er und wenn er in seinem Bereich Frieden, Recht und Gerechtigkeit aufrechterhält, hat er in dieser Welt der Sünde eine notwendige, ja wohltätige Aufgabe. Ein Rechtsstaat, der auch das *innere* Wohl der Untertanen fördert, kann sogar ein Wegbereiter des Reiches Gottes werden. Aber zu dieser Höhe kann sich der Staat nur erheben, wenn er sich füllen läßt mit den Kräften des Christentums. In der geistigen Unterordnung unter Gott erhält er also allein, wenn nicht Daseinsberechtigung, so doch Würde.

Das Thema der mittelalterlichen, ja in bestimmtem Sinne der gesamten Kirchengeschichte bis heute hin war damit durch Augustin angeschlagen.

Literatur

Adolf von Harnack, Lehrbuch der Dogmengeschichte, 3 Bde., 1909 ff.[4];
Friedrich Loofs, Leitfaden zum Studium der Dogmengeschichte, hrsg. von Kurt Aland, 1959[6];
Reinhold Seeberg, Lehrbuch der Dogmengeschichte, 4 Bde., 1922 ff.[3];
Gustav Aulén, Das christliche Gottesbild in Vergangenheit und Gegenwart, 1930;
Hans Frh. von Campenhausen, Griechische Kirchenväter, 1955.
Neuere Biographien fehlen in Deutschland für *alle* großen Theologen der alten Kirche.

§ 12. Das christliche Leben

Ein uns ungeheuerlich dünkender Anspruch ist es, den die Christen im Neuen Testament in ihrer Selbstbezeichnung erheben, wenn sie sich *οἱ ἅγιοι*, die Heiligen, schlechthin nennen. Natürlich hat der Begriff primär kultischen Sinn, bezeichnet das Geheiligt-Sein im Sinne von Rein-Sein; aber zugleich ist damit doch auch eine sittliche Aussage und eine sittliche Forderung ausgesprochen. Das zeigen klar die Beispiele rigoroser Kirchenzucht, von denen das Neue Testament berichtet; der Sünder wird aus der Gemeinde entfernt. Das zeigt die uns schon entgegengetretene Forderung, daß der Christ nach der Taufe ein heiliges Leben in der Befolgung des neuen Gesetzes zu führen hat. Das geht auch aus der Tatsache hervor, daß eine Wiederholung der in der Taufe übermittelten Sündenvergebung schon bald als unmöglich gilt. Nirgends wird deutlicher als an diesen Beobachtungen, daß das Christentum der nachapostolischen Zeit nicht auf Paulus aufgebaut ist.

---

[22] Eine große Räuberbande.

Wer Römer 7 als seine Lebenserfahrung mitsprechen muß, der ist von den eben berührten Dingen radikal geschieden.

1. Nun ist es eine Erfahrung, die in der Kirchengeschichte an allen Gemeinschaften gemacht wird, die die Forderung eines sündlosen, heiligen Lebens an ihre Mitglieder stellen, daß sie nicht bei ihrer ursprünglichen Forderung bleiben. Entweder setzt sich der Gedanke der Vergebbarkeit der Übertretung durch oder aber, die Anforderung wird gemildert.

Das Christentum der alten Kirche ist beide Wege gegangen.

a) *Die Anforderung wird gemildert.* Das zeigen schon wieder die späteren Schriften des Neuen Testamentes. Da das Ideal absoluter Sündlosigkeit nicht durchzuführen ist, beginnt man zu unterscheiden zwischen schweren und leichten Sünden. Die schweren Sünden allein, so meint man, scheiden vom Leib Christi, in dem der Mensch ewiges Leben hat; sie führen durch diese Scheidung den Tod des Sünders herbei; daher nennt man sie Sünden zum Tode, Todsünden. Leichtere Vergehen haben diese Folgen nicht; sie werden durch ein überpflichtmäßiges Handeln der Menschen gesühnt, wobei das Almosengeben eine besondere Rolle spielt („Almosen decket der Sünden Menge"), ferner durch Fasten und Gebet.

Das ist also der *eine* Weg: Milderung der Forderung, Abschwächung des Sündenbegriffs; Scheidung von Todsünde und lässiger Sünde. Schon im 1. Johannesbrief liegt er klar beschritten vor uns (5,16 ff.).

b) Aber auch die andere Möglichkeit, den alten Rigorismus preiszugeben, blieb nicht ungenutzt, die *Einführung der Bußmöglichkeit* im katholischen Sinne, Buße für einzelne *nach* der Taufe begangene Sünden, während *μετάνοια*, Buße, doch im Neuen Testament die einmalige Umkehr des ganzen Lebens meint (so auch Luther in seiner ersten These). Doch ist man diesen Weg zur Einzelbuße nur sehr zögernd gegangen und hat viele Rückschläge auf ihm erfahren. Es ist auch bezeichnend, daß der erste Schritt auf diesem Wege auf eine ausdrückliche Gottesoffenbarung zurückgeführt wird, die außerdem noch mit ganz bestimmten Zeitumständen begründet ist. Der Prophet Hermas verkündet um 140 als eine ihm von Gott zugegangene Botschaft, daß dieser angesichts der unmittelbar bevorstehenden Wiederkunft Christi Gnade vor Recht ergehen und allen Sündern noch ein einziges Mal — aber nur dies eine Mal noch — die nach der Taufe begangene Sünde vergeben wolle (Mandata IV 3). Die Durchführung des Erlasses wird in die Hand des Bischofs gelegt.

Mit der einmaligen Durchführung dieser Buße ist die Möglichkeit wieder aus, obwohl Christus verzeiht. Wieder gilt das Recht, das die Scheidung von Todsünde und lässiger Sünde konstituiert hatte: Die

Todsünde trennt von Gott ohne Möglichkeit der Rückkehr. Doch ist gegen Ende des zweiten Jahrhunderts der Kreis der Todsünden stark verengt, viel stärker, als es heute in der katholischen Kirche der Fall ist. Nur Götzendienst, Unzucht und Mord scheiden von Gott. Hinter dieser Dreiheit steht wohl der abendländische Text des Aposteldekrets (Apg. 15, 29), vielleicht auch eine Praxis der Synagoge, die diese drei Dinge ebenfalls schon heraushob.

Allerdings wird der Todsünder nicht von der *Fürbitte* der Gemeinde ausgeschlossen; auch darf er von der Vorhalle aus am Gottesdienst teilnehmen. Dabei kleidet er sich zum Zeichen seiner Trauer in Sack und Asche, begnügt sich mit spärlichster Nahrung, pflegt seinen Körper nicht und läßt nicht ab, Tag und Nacht unter vielen Tränen um Vergebung zu bitten. Eine Zeitlang scheint noch eine dritte Klasse von Sünden bestanden zu haben, deren Begehung zwar aus der Gemeinde ausschloß, für die aber der Bischof Vergebung und Wiederaufnahme in die Gemeinde nach einer entsprechenden Bußleistung aussprechen konnte.

In Ausnahmefällen konnte aber bald auch ein Todsünder die Wiederaufnahme in die Gemeinde erhalten. Wenn z. B. ein Prophet als Gottesbotschaft verkündete, Gott habe einem bestimmten Mann die Sünde vergeben, oder wenn die Gemeinde, die ja auch den Geist hat, das selbst erkannte, so wurde er in die volle Gemeinschaft wieder aufgenommen. Vor allem aber hatten die Märtyrer diese Vollmacht. Standhaftigkeit vor Gericht brachte nach dem biblischen Zeugnis (Lk. 12, 12) eine besondere Begabung mit dem Heiligen Geist mit sich. Der Tod für Christus führte bei Stephanus sogar zur Schau Gottes noch bei Lebzeiten. Wenn Märtyrer deshalb den Sünder wieder in die Gemeinde aufnahmen, dann waren sie aufgenommen. Es ist klar, das sind außergewöhnliche Möglichkeiten.

Eine ordentliche hat, soweit wir sehen können, wohl zuerst der römische Bischof *Kalixt* (221—227) geschaffen. Er nimmt *als Bischof*, kraft seines apostolischen Amtes, das Recht für sich in Anspruch, Unzuchtsünder — nur sie! — wieder in die Gemeinde aufzunehmen. Wieder geht hier, da Kalixts Vorgehen sich trotz des leidenschaftlichen Protestes Tertullians und Hippolyts durchsetzte, eine Befugnis, die ursprünglich freien Geistträgern allein zustand, auf den Amtsträger über. Dabei scheint die Tatsache, daß schon Hermas die Durchführung der von ihm verkündeten außergewöhnlichen Buße dem Bischof überlassen hatte, eine bedeutsame Rolle gespielt zu haben. — Die decische Verfolgung mit ihrem Massenabfall vom Christentum führte dann dazu, auch die Verleugnung in der Verfolgung, den Götzendienst, aus der Reihe der unvergebbaren Sünden auszuscheiden. Das hat zwar in Afrika und Rom noch zu einer Trennung der Rigoristen von der

Kirche geführt, zu dem sogenannten *novatianischen Schisma;* die weitherzige Praxis setzte sich trotzdem durch. Und nun war kein Grund mehr, die Mörder allein noch auszuschließen, zumal der Fall äußerst selten war. Wann ihnen die Aufnahmemöglichkeit gewährt ist, ist nicht festzustellen. 314 hat die Synode von Ancyra sich auf jeden Fall positiv zu der Frage geäußert. Von da an gab es keine unvergebbare Sünde mehr.

Noch einmal ist es dann zu einem Versuch gekommen, wenigstens einen Rest der ursprünglichen Auffassung, daß die Kirche aus Heiligen besteht, festzuhalten, im *donatistischen Streit.* In der diokletianischen Verfolgung hatten auch Priester, selbst Bischöfe versagt. Nun meinte man stellenweise in Afrika, daß die von solchen Bischöfen gespendeten Sakramente unwirksam seien. Der Gedankenfortschritt über das novatianische Schisma hinaus wird deutlich sein. Dort hatte es sich um die Frage gehandelt, ob ein Verleugner Christi ein einfaches Mitglied der Kirche sein könne; sie war von den Rigoristen verneint. Hier geht es um die Frage, ob er handelndes Organ, Priester der Kirche sein kann. Auch diese engere Frage wird im Sinne der weitherzigen Praxis entschieden, freilich nicht ohne daß dadurch zeitweilig der Bestand der katholischen Kirche in Nordafrika bedroht worden wäre. Das Ergebnis: Die Forderung unbeirrten heiligen Lebens nach der Taufe ist im Laufe einer 200jährigen Entwicklung für alle Kirchenglieder aufgegeben.

Hand in Hand mit dieser Einführung der Buße geht in den meisten Gebieten ein *Nachlassen der Forderung,* die den einzelnen Christen gegenüber erhoben wird. Galten z.B. ursprünglich eine ganze Reihe von Berufen als mit dem Christentum unvereinbar, galt auch die Teilnahme am künstlerischen oder überhaupt am kulturellen Leben als sündhaft, so wird auch hier eine Forderung nach der anderen fallengelassen, bis eigentlich alle Berufe und alle Lebensgebiete dem Christen zur Teilnahme an ihnen freistehen, wenn auch seelsorgerliche Warnungen vor einzelnen selbstverständlich bleiben.

In der Forschung wird meist ungeheuer scharf betont, daß durch diese Entwicklung das sittliche Niveau der Christenheit stark gesunken sei. Es ist auch zweifellos richtig, daß es gesunken ist. Das Einströmen der Massen in die Kirche nach dem konstantinischen Friedensschluß wäre z.B. ohne diese ihre vorhergegangene innere Entwicklung undenkbar gewesen. Aber trotzdem wird hier stark übertrieben.

a) Die Wiederaufnahme in die Kirche bedeutete fortan *keine Sicherheit der Sündenvergebung.* Das hatte sie zunächst bedeutet. Aber diese Anschauung wird im dritten Jahrhundert hinfällig; sie ist erst im Mittelalter erneuert. Man nimmt die Sünder nur auf, einmal um sie nicht in die Verzweiflung zu stoßen; sie wandten sich sonst fast regelmäßig dem Heidentum wieder zu; dann um sie teilhaben zu lassen an den Sakramenten und so an ihrer Heiligung zu arbeiten in der *Hoffnung*, daß Gott sie schließlich wieder anerkenne. Die Sünde blieb also auf jeden Fall ein die Seligkeit höchst gefährdendes Tun.

b) Die Wiederaufnahme blieb in der Regel an sehr ernste Bußforderungen geknüpft, die sich meist über sieben Jahre erstreckten. Sieben Jahre Buße unter den vorhin beschriebenen Umständen — eine Kirche, die das fordert, kann noch nicht allzu sehr von sittlicher Laxheit angekränkelt gewesen sein. Man soll nicht übertreiben.

Und vor allem darf eins nicht übersehen werden, was fast immer übersehen wird: Auf diesem Wege, der zur Einführung der Bußmöglichkeit führte, entdeckte man geradezu eine urchristliche Wahrheit wieder, die fast völlig vergessen war, daß nämlich *Gott ein barmherziger* Gott ist, der nicht den Tod des Sünders will; daß Gott vergibt. So betrachtet, bedeutet die Herausarbeitung der Bußinstitution trotz der Abschwächung der sittlichen Forderung, die in ihr liegt, geradezu eine Reformation der Kirche. Hier bedeutet also die Herbeiführung eines äußerlich tieferen Niveaus zugleich eine innere Vertiefung.

Trotzdem ist nicht zu verkennen, daß sich mit der Durchführung der eben geschilderten Entwicklung hin zur Vergebbarkeit aller Sünden der Charakter der Kirche, *das Wesen der Kirche* von Grund auf *geändert* hat. Aus der communio sanctorum, der Gemeinschaft der Heiligen, der wahren Gemeinde Christi, war damit eine Heilsanstalt geworden. Eine *Heilsanstalt*, denn sie umschloß nicht mehr nur Heilige, ja sie erhob gar nicht mehr den Anspruch, lauter Heilige zu umfassen, sondern sie duldete das Unkraut in ihrer Mitte, bis Gott sie einst sichten und den Weizen vom Unkraut sondern werde. Die augustinische Unterscheidung des corpus Christi mysticum und des corpus Christi permixtum ist nur der theologisch prägnante Ausdruck für die mit Kalixt eingetretene tatsächliche Lage. Ohne den Anspruch, corpus Christi zu sein, aufzugeben, wird es doch zugleich die Aufgabe der Kirche, mit den ihr eigenen Mitteln an der Heiligung ihrer Glieder zu arbeiten. Darin eben liegt der anstaltliche Charakter; sie ist zugleich eine Institution geworden, durch die und in der allein die Menschen zur Gemeinschaft mit Gott geführt werden. Noch anders ausgedrückt: Beruhte vorher ihr Prädikat als „heiliger“ Kirche auf der Eigenschaft ihrer Mitglieder, so beruht es jetzt auf der Heiligkeit der Mittel, der Sakramente, die ihr anvertraut sind und die unabhängig von der Qualität ihrer Träger wirken. Eines der lehrreichsten Beispiele, wie durch nichts anderes als durch allmähliche Wandlung der Bräuche das Wesen einer Institution von Grund auf geändert werden kann.

Das ist die *eine* Linie, die sich bei der Betrachtung des sittlichen Lebens der Kirche ergibt, die Abschwächung der sittlichen Forderung an ihre Mitglieder und die Herausarbeitung des heilsanstaltlichen Charakters der Kirche.

2. Parallel damit geht eine ganz andere Entwicklung, die im Grunde eine entgegengesetzte Richtung einschlägt, nämlich eine *Verschärfung der Forderung* bedeutet, da an ihrem Ende das **Mönchtum** steht.

Die ganze christliche Sittlichkeit hat ursprünglich ziemlich stark asketischen Charakter getragen. *Diese dem Leben abgewandte Haltung beruht*

a) *auf der eschatologischen Grundstimmung.* Das Ende der Welt, die Wiederkunft Christi steht unmittelbar bevor. Was soll man sich da noch um die Dinge dieses Lebens kümmern. Sie hindern die Seele nur, sich ganz Gott hinzugeben. So schon Paulus. Aber das Ausbleiben der Parusie hätte zwangsläufig zu einem völligen Sicheinfügen in die Welt führen müssen, wenn nicht

b) *der hellenistische Dualismus,* die Betrachtung der Materie als Strafort, ebenfalls eine asketische Grundhaltung bedingt hätte. Diese tritt allerdings immer in Spannung zu dem christlichen Schöpfungsglauben; Origenes ist Ausnahme. Vom Schöpfungsglauben aus hat die Großkirche es z.B. abgelehnt, von *allen* Christen Ehelosigkeit zu fordern; nur Teilkirchen haben sie zeitweilig für alle Getauften verbindlich gemacht. Immerhin ist von diesen beiden Grundlagen her verständlich, daß es immer Asketen in der Kirche gegeben hat, ja daß diese einen Ehrenstand bildeten, der, wie man meinte, größere Vollkommenheit besitze und deshalb auch größeren Lohn im Himmel zu erwarten habe als andere. Daß es Stufen der Seligkeit gebe, war allgemein verbreitete Meinung; sie taucht schon in der Didache und bei Hermas auf. Ein Etwas von Askese, nämlich Fasten an zwei Tagen der Woche (Mittwoch und Freitag) und zu bestimmten Zeiten, blieb sogar für alle Christen Verpflichtung. Die spezifische Form der Askese ist im übrigen die Enthaltung vom Geschlechtsverkehr; doch finden sich schon früh auch ganz andere Arten. Hohen Lohn erwartet man von der *ξενιτεία*, dem Wandern in die Fremde um Christi willen, wobei man sich noch Entbehrungen besonderer Art auferlegt: Hunger, Durst, Ertragen von Kälte und Hitze, Ertragen von Spott, Hohn, Verfolgung usw. Auch heimliche Askese gab es. Überall aber treten die Asketen nach dem Aufhören der Verfolgung an die Stelle der Märtyrer. Diese aber waren an die Stelle der Apostel und Propheten als Geistträger getreten. So haben wir im Asketentum zugleich das Fortleben des enthusiastischen, pneumatischen Elements in der Kirche vor uns. Eine gewisse Spannung zwischen den Asketen und denen, die von Amts wegen den Geist haben, den Bischöfen z. B., ist dabei unverkennbar.

Eine starke Steigerung dieses seit alters bestehenden Asketentums brachte das ausgehende dritte und vierte Jahrhundert, besonders in Ägypten, Syrien und den angrenzenden Gebieten, gleichzeitig damit aber auch eine neue Hochwelle des Enthusiasmus.

Die Gründe für diese starke asketische Welle sind noch nicht ganz durchsichtig. Die origenistische, stark dualistisch bestimmte Theologie hat sicher eine Rolle dabei gespielt. Daneben scheinen wirtschaftliche und biologische Gründe mitgesprochen zu haben. Ob auch direkte Einwirkungen außerchristlicher, hellenistischer Religionsgemeinschaften vorliegen, ist in der Forschung noch umstritten, aber wohl kaum wahrscheinlich. Wie dem auch sei, die Tatsache einer gewaltigen Steigerung der Askese und die Tatsache der Herausbildung neuer Formen liegt vor. Früher verließ man die Welt, wenn man in die Kirche eintrat. Seit Konstantin drang die Welt in immer steigendem Maße in die Kirche ein. So zog sich jetzt aus der Kirche zurück, wer Christus im Vollsinn dienen wollte. Dementsprechend wird die Hauptform der Askese jetzt das Wohnen in der Einsamkeit der Wüste, das sich aber immer mit anderen Enthaltungen paart. Der eigentliche Sinn dieses Lebens in der Wüste ist der Kampf mit den Dämonen. Der Zweck aber dieses Kampfes ist die Erlangung der Vollkommenheit, die in der Schau Gottes gipfelt. Der Vollkommene kann schließlich so weit kommen, daß er gar nicht mehr das irdische Leben führt — dazu also die Enthaltung von allem Irdischen! —, sondern schon hier das Engelleben führt: Gott speist ihn mit Manna, er hört den Lobgesang der Engelscharen, er singt ihn selbst mit, seine Sinne überfliegen Zeit und Raum, seine Augen durschchauen das Herz der Menschen — der geborene Seelsorger also! —, die Zukunft ist ihm eventuell erschlossen, sein Gebet hat besondere Kraft bei Gott, sein Leib verwest nicht, er ist Künder des Gotteswillens, und was des Engelhaften mehr ist. Enthusiasmus!

Aus den Eremitensiedlungen sind schließlich ganze Eremitenkolonien geworden und in ihrem Bereich ist es neben dem Eremitentum, das bestehen bleibt, zur eigentlichen *Klostergründung* gekommen. Hinter ihr steht ein besonderes asketisches Ideal. Schon in der vorklösterlichen Zeit ist der Gedanke aufgekeimt, daß die schwerste asketische Leistung, damit aber auch die höchste, die vollkommene Preisgabe des eigenen Willens ist. Diese ist aber nur so durchführbar, daß man einen anderen in jeder nur denkbaren Lebensbeziehung über sich herrschen läßt, daß man sich ihm unterwirft. Dies Ideal verlangt also die Preisgabe des Eremitenlebens zugunsten eines Zusammenlebens. Als erster hat *Pachomius* (282—346) um 320 in

Tabennisi auf dem östlichen Nilufer ein Kloster gegründet. Alle Insassen sind dem Abt und der Regel absolut unterworfen, alle aber auch in anderer Beziehung strenger Askese zugetan. Und solch Leben erhält nun, wie das anachoretische, die Signatur der Vollkommenheit. Diese Entwicklung kommt also zur gleichen Zeit zum Abschluß, wie die Preisgabe der Heiligkeitsforderung an alle Christen sich endgültig durchsetzt. Daß Zusammenhänge bestehen, ist deshalb zum mindesten möglich.

Für die Ostkirche hat dann besonders *Basilius d. Gr.* († 379) mit seinen Mönchsregeln großen Einfluß gewonnen, in denen er die klösterliche Gemeinschaft als das Abbild des wahren Leibes Christi auffaßt, in dem die Liebe des einen den andern trägt. Für das Abendland, in dem das Mönchtum schon in der zweiten Hälfte des vierten Jahrhunderts Eingang fand, wurde entscheidend die Regel *Benedikts von Nursia* († nach 547), die in weiser Mäßigung asketische Überspanntheiten ausschied und mit der Verpflichtung zur Arbeit, die sie den Mönchen auferlegte, diese in eine gesunde Entwicklung führte. Kulturgeschichtlich ist daneben bedeutsam, daß *Hieronymus* († 420) und *Cassiodorus* († um 583), der frühere Minister Theoderichs d. Gr., mit dem mönchischen Leben das Ideal wissenschaftlicher Arbeit verbanden. So wurden die ursprünglichen Kulturgegner wichtigste Kulturträger.

Entscheidend wichtig ist nun, daß die Weltkirche das Mönchtum nicht abgelehnt hat, wie sie es doch mit früheren asketischen Massenbewegungen getan hatte, sondern daß sie es anerkannte, ja sich organisch einbaute. Das konnte nicht ohne schwerwiegende Folgen bleiben. Vor allem hat die Kirche sich damit den Spiegel beschafft, in dem sie ihr eigenes Bild immer wieder kritisch betrachten mußte. Da das Mönchtum als der Stand der Vollkommenheit galt, konnte es gar nicht ausbleiben, daß immer wieder asketische Anregungen von ihm aus in die Kirche hineingetragen wurden. Die ganze Ethik der katholischen Kirche mußte von daher einen asketischen Grundton gewinnen bzw. wiedergewinnen. Alle Reformen, die innerhalb der katholischen Kirche sich ereignet haben, haben im Kloster ihren Ursprung gehabt. Das ist der gar nicht zu verkennende Dienst, den das Mönchtum der Kirche geleistet hat und noch leistet.

Auf der anderen Seite aber bedeutet die Zerreißung der christlichen Gemeinde in einen Stand der Vollkommenheit und einen anderen der Unvollkommenheit und besonders die Aufteilung der christlichen Ethik in Pflicht und Rat eine schwere Schädigung der sittlichen Grundauffassung.

Wenn Luthers Grundsatz gilt, daß nichts verboten ist, was *Gott* nicht verboten hat, und nichts geboten, was Gott nicht geboten hat, so ist das Mönchtum, ja dann sind die meisten asketischen Forderungen damit gerichtet, wie auch gegen den Lohngedanken schwere theologische Bedenken geltend gemacht werden müssen. Obwohl also das Mönchtum unverkennbar eine Reformbewegung von höchstem Ernst und leidenschaftlicher Gottesliebe ist, muß seine Herausbildung doch als eine Verirrung angesprochen werden.

Literatur

Hugo Koch, Quellen zur Geschichte der Askese und des Mönchtums in der alten Kirche, 1933;

M. J. Rouet de Journel S. J. und J. Dutilleul S. J., Enchiridion asceticum, 1930;

Günther Bornkamm, Der Lohngedanke im Neuen Testament, 1947;

Karl Heussi, Der Ursprung des Mönchtums, 1936.

§ 13. Das gottesdienstliche Leben

Wer den geschichtlichen Ablauf der christlichen Kirche wirklich verstehen will, wer insbesondere ihre Entwicklung in der alten Welt verstehen will, der darf an ihrem gottesdienstlichen Leben nicht vorübergehen. In vieler Beziehung gilt, daß hier ihr Herzschlag zu spüren ist.

Wenn ein Einzelner oder ein Volk die Religion wechselt, so bleibt doch eines davon zunächst völlig unberührt, sein Formgefühl. Insbesondere wenn die neue Religion selbst noch keine festen eigenen Formen ausgebildet hat, dann muß die Formensprache der Welt, in die sie neu hineintritt, in ihr herrschend werden. Das ist eine selbstverständliche Folgerung. Die Frage ist nur, ob diese Formen auch den ursprünglichen Inhalt berührt haben, und eventuell inwiefern.

1. Das gesamte *gottesdienstliche Leben* der alten Christenheit wurde, wie noch heute in der katholischen und ursprünglich weithin auch in der lutherischen Kirche, bestimmt durch eine einzige Größe, **das Herrenmahl.** Wer dieses in seiner urchristlichen Gestalt ins Auge faßt und dann damit etwa die Auslassungen Papst Gregors d. Gr. über das christliche Opfer vergleicht, dem wird sofort klar, daß die Welt des Hellenismus auch den *Inhalt* des christlichen Gottesdienstes und damit das Christentum selbst aufs stärkste beeinflußt hat.

Worin besteht diese Beeinflussung, auf welchen Wegen vollzog sie sich?

Der christlichen Gemeinde standen an sich zwei Vorbilder zur Verfügung, an die sie sich bei der Ausbildung ihrer eigenen gottesdienstlichen Formen anlehnen konnte, der jüdische Synagogengottesdienst und die heidnischen Mysterienfeiern. Zwischen allem jüdischen und heidnischen Gottesdienst einerseits und dem christlichen andererseits klafft aber ein grundsätzlich wichtiger Unterschied. Ist es nämlich der

Zweck des außerchristlichen Gottesdienstes, daß er auf Gott wirken will, also z.B. ihn gnädig stimmen will gegenüber eigenem Verschulden oder seine Gegenwart herbeiführen will, damit der Mensch durch sie in die Unsterblichkeit erhoben wird, so fehlt dieser sogenannte theurgische, auf Gott wirkende Charakter dem christlichen Gottesdienst zunächst ganz. Er soll nicht auf Gott wirken. Im Gegenteil! Statt daß der Mensch Gott durch das Opfer beeinflußt, stellt er sich vielmehr im Gottesdienst seinerseits unter die Einwirkung Gottes. Er begibt sich in Gottes Gegenwart, erfährt seine Gemeinschaft, hört seinen Willen, läßt sich Kräfte schenken, ihm zu gehorchen usw. Nur unter steter Berücksichtigung dieses diametralen Unterschiedes darf von dem Einfluß hellenistischer gottesdienstlicher Formen auf das *frühe* Christentum geredet werden.

Aus der Tatsache, daß auch das christliche Herrenmahl schon vom dritten Jahrhundert an als Opfer gewertet wurde — ein Opfer trägt immer theurgischen Charakter —, ergibt sich, daß der ursprüngliche Unterschied in der Zwischenzeit verlorengegangen ist.

Zwei in sich völlig disparate Gedanken scheinen durch ihr Zusammenkommen diese Änderung herbeigeführt zu haben.

a) *Die Entwicklung des Opfergedankens.* Schon im 1. Klemensbrief (44, 4) und in der Didache (14), also um das Jahr 100, ist das Abendmahl als Opfer bezeichnet. Aber der Zusammenhang zeigt klar, daß das Lob und der Dank, den man Gott bei ihm darbringt, die Grundlage für diese Bezeichnung bildeten. Schon im Hebräerbrief ist ja auch, im Anschluß an den Psalter, das Loben und Danken ein Opfer genannt (13, 15). Die Namengebung fällt also zunächst gar nicht auf.

Einen Schritt weiter geht dann freilich schon Justin der Märtyrer, um 150. Nach ihm bilden nicht mehr die geistigen Elemente die Grundlage des Opfers, sondern die Gaben, die die Teilnehmer darbringen, Brot, Wein, aber auch andere Dinge. Der größte Teil von ihnen wird als Liebesgabe verteilt, ein kleinerer an Ort und Stelle als Abendmahl genossen. So verbindet sich von jetzt an der Opfergedanke mit den natürlichen Elementen, Brot und Wein. Dadurch erst ist die weitere Entwicklung ermöglicht, die durch das Hinzutreten des zweiten Gedankens bedingt ist.

b) Für Paulus ist, im Sinne Jesu selbst, das Abendmahl inhaltlich eine Handlung, die der gedächtnishaften Vergegenwärtigung des Leidens Christi dient. Das gebrochene Brot und der vergossene Wein sind das Bild des Leidens und Sterbens Christi.

Zugleich aber ist das Abendmahl für Paulus unzweifelhaft ein Sakrament, das in direkte Verbindung mit dem Herrn bringt und dessen unwürdiger Genuß deshalb auch direkte Gefahr in sich schließt.

Exegetisch sind die Texte doch wohl am leichtesten zu verstehen, wenn man den Gedanken der Realpräsenz von Leib und Blut Christi in den Elementen ausgesprochen findet, obwohl diese *Fragestellung* dem Neuen Testament wahrscheinlich fremd ist. Auf jeden Fall aber handelt es sich um eine *reale Heilsgegenwart Christi.*

Eine Änderung in der Ausdrucksweise nimmt dann *Johannes* vor. Er sagt statt *σῶμα* und *αἷμα σάρξ* und *αἷμα*, *Fleisch* und Blut, d.h. er zerlegt den Leib in zwei Elemente, die erst zusammen, nicht schon jeder für sich, ein Ganzes bilden. Außerdem gibt er als Wirkung des Genusses dieser himmlischen Speise bereits das ewige Leben an: „Wer mein Fleisch isset und trinkt mein Blut, der hat ewiges Leben."

An diese johanneische Auffassung knüpft dann zu Beginn des zweiten Jahrhunderts *Ignatius von Antiochien* an. Das Abendmahlselement des Brotes ist für ihn „das Fleisch unseres Heilandes Jesu Christi, das um unserer Sünden willen litt, das der Vater durch seine Güte erweckte" (Smyrn. 7, 1); die Gabe aber dieser Speise ist das ewige Leben für uns. Am schärfsten pointiert er diese Anschauung, wenn er im Epheserbrief (20, 2) sagt, das Abendmahl sei ein *φάρμακον ἀθανασίας*, eine Unsterblichkeit wirkende Arzenei. Der genossene Leib Christi rettet uns vom ewigen Tode, wie irdische Medizin vorm irdischen Tod bewahrt.

Die Wirkung dieser realistischen Anschauung mußte sein, daß das Abendmahl nicht blieb, was es ursprünglich gewesen war, eine wirkliche Mahlzeit. Am Leib und Blut seines himmlischen Herrn ißt man sich nicht satt; der Gedanke wäre frivol; von ihm genießt man in heiligem Schauer ein Bißchen. So wird denn auch die Eucharistie schon bald von der Abendmahlzeit getrennt und mit dem Wortgottesdienst am Morgen verbunden. Justin ist dessen bereits ein sicherer Zeuge (Apol. 67).

Die Vereinigung der beiden bisher entwickelten Gedankenreihen führt zur Messe: Der in Wein und Brot real gegenwärtige Herr wird Gott als Opfer dargebracht. Schon Cyprian drückt den Gedanken Mitte des dritten Jahrhunderts so aus, daß in dem opfernden Handeln des Priesters das Opfer auf Golgatha nachgeahmt wird (imitatur, ep. 63). Bei Gregor d. Gr. findet sich dann nackt ausgesprochen: „Christus wird erneut für uns geopfert" (iterum immolatur; dial. IV 58).

Dies *Opfer*, das in der Messe vollbracht wird, hat, wie das von Golgatha

a) *propitiatorische,* Gott versöhnende *Wirkung.* In diesem Gedanken ist der eine Teil des urchristlichen Erbes festgehalten: Das Gedächtnis des Sterbens Christi bleibt lebendig; allerdings, was zu beachten ist, bleibt es erhalten in schon theurgischer Auffassung: Die Messe übt eine Wirkung auf Gott aus; ihre durch Menschen vollzogene Darbringung versöhnt Gott. Deshalb wird sie auch für andere, für Verstorbene etwa, oder für bestimmte Personen, besonders aus bestimmten Anlässen, dargebracht. In dieser Auffassung der Messe liegt eine glatte Umkehrung des ursprünglichen „Also hat Gott die Welt geliebet, daß er seinen eingeborenen Sohn gab"; denn hier ist es ja der Mensch, der Gott den Sohn darbringt. Diese Verkehrung in das gerade Gegenteil war der Grund, weshalb Luther die Messe als antichristlich ablehnte.

b) Die zweite Wirkung ist *das ewige Leben;* der johanneische Gedanke.

c) Und endlich bleibt auch die urchristliche Gottesdienstauffassung erhalten, daß der Mensch sich darin unter Gott stellt. Der Leib Christi wird durch die Gemeinde Gott geopfert. Leib Christi bedeutet aber immer zugleich Kirche. So bleibt auch der Gedanke, daß das Abendmahl das Selbstopfer der Gemeinde bedeutet. Aber auch dieser schöne Gedanke muß kritisch betrachtet werden. Wir sind Gott mit *allem,* was wir haben, zum Dienst verpflichtet; Opfer, auch Selbstopfer, schließt aber den Gedanken der Freiwilligkeit in sich. Solche ist nur möglich für das Gebiet, für das die Dienst*verpflichtung* aufhört, also im Umkreis des Christentums überhaupt nicht, nicht einmal in dem eben entwickelten Meßgedanken des Selbstopfers der Gemeinde an Gott.

Zudem tritt dieser letzte Gedanke je länger desto mehr in den Hintergrund vor dem theurgischen Erfolg der Messe; erst in der Gegenwart hat ihn die katholische Kirche wiedererweckt. Das wird deutlich, wenn man nach der *Kraft* fragt, *die die Gegenwart Christi herbeiführt.* Nach heutiger abendländischer Anschauung erfolgt die Wandlung durch die Rezitation der Einsetzungsworte. In der alten Zeit und noch heute in der Ostkirche ist es ein Gebet, die sogenannte *Epiklese,* die die Gegenwart Christi bewirkt.

Über die Art, in der Brot und Wein Träger der Gegenwart Christi werden, wird selten gesprochen. An Tertullians Ausführungen über die Taufe wird aber deutlich, daß hier stoisch-neuplatonische Gedanken zugrunde liegen. Mit der gesamten Antike — an der Stoa wird es immer am deutlichsten — kann man sich auch Gott kaum ernsthaft als Geist vorstellen. Wie schwer ist das selbst Augustin gefallen! Gott ist feinste, allerfeinste Materie, unendlich feine, unsichtbare Substanz. Auch bei der Taufe findet nun eine Epiklese statt, durch die das Taufwasser geweiht wird. Sie bewirkt, daß der Heilige Geist das ganze *Wasser* durchdringt, so daß dieses nun in allen seinen Teilen *Träger der himmlischen Substanz* ist. Indem man den Täufling ins Wasser taucht, bringt man ihn also mit dem Heiligen Geist in Berührung. Die Folgerungen, die daraus gezogen werden, zeigen, daß das keine Konstruktion ist.

a) Wird der Täufling nicht wirklich *körperlich* von dem Taufwasser berührt, etwa bei der Besprengungstaufe, die erlaubt ist, so ist die Taufe ungültig, gilt als nicht vollzogen. Das ist noch heute in der katholischen Kirche so; die applicatio materiae ist ein unbedingt notwendiger Bestandteil des Sakraments.

b) Ebenso wie die geweihten Abendmahlselemente nimmt man sich auch geweihtes Taufwasser mit nach Haus, nehmen die Schiffer es mit auf Fahrt usw. Es ist eben theophor, Träger einer göttlichen Kraft geworden, wirklich substanziell. Entsprechend sieht man auch die Abendmahlselemente nach der Epiklese als theophor an. Von daher ist es zu verstehen, daß das Sakrament ein vehiculum gratiae[1] genannt wird.

Diese ganze gottesdienstliche Entwicklung mit ihrem tiefen Eintauchen in den hellenistischen Geist bedingt nun aber noch ein Weiteres: die Herausbildung einer festen *Liturgie.* Die Ansätze dazu sind freilich alt. Wenn es auch ursprünglich keine wirklich feste Form gab, so erlaubt doch schon die Didache nur noch den Propheten das freie Gebet, den Bischöfen schreibt sie ein festes vor. Hinter dieser Anordnung stehen zweifellos praktische Nötigungen. Aber schon die Herausbildung des heilsanstaltlichen Charakters der Kirche mußte einen Schritt weiter führen. Wenn die Kirche sich als die Anstalt weiß, die ihren unheiligen Angehörigen das Heil vermittelt, dann kann nichts anderes als ihr *Handeln* das Mittel sein, das das Heil überträgt. Wenn aber die Sakramente die Einrichtung der Kirche sind, die objektiv das Heil übermitteln, so ist klar, daß auf ihren objektiven Vollzug alles ankommt. Nur wenn sie rite, in den notwendigen Formen, vollzogen werden, wirken sie. Deshalb *mußte* eine feste Liturgie ausgebildet werden. Auch das wirkt bis heute noch: Der Priester, der die Meßliturgie, aber auch jede andere Liturgie verändert, versündigt sich, eventuell sogar schwer; bestimmte Veränderungen aber machen das Sakrament ungültig.

Welche Form nun die Messe, die Taufe und die anderen kirchlichen Handlungen angenommen haben, das kann hier nicht geschildert werden. Aber auf eine Folgerung der Ausbildung dieser Sakramentsfrömmigkeit muß noch aufmerksam gemacht werden. Sie läßt zugleich den Unterschied zwischen Ost und West wieder deutlich werden. Wenn man sich überlegt, was die katholische Kirche des Westens an der Messe als entscheidend in den Vordergrund rückt, so ist es ganz

[1] Ein Fahrzeug der Gnade.

zweifellos ihre *sündentilgende Wirkung*. Ganz anders der Osten. Wir sahen in anderem Zusammenhang (§ 11, 5), daß das Interesse der Ostkirchen an der physischen Erlösung dadurch unbefriedigt blieb, daß der Westen dem Osten *seine* Formeln für das christologische Dogma aufzwang. Darüber verlor der Osten die Lust an der theologisch-dogmatischen Arbeit. Nun aber hat auch die Messe, wie geschildert, die Wirkung, Unsterblichkeit zu vermitteln; ja Theodor von Mopsuestia († 428) sagt sogar, daß wir durch das Abendmahl „verbunden werden mit unserem Haupte Christus, unserem Herrn, dessen Leib wir sind, und durch den wir teilhaft werden, wie wir glauben, *der göttlichen Natur*". Dem Abendmahl wendet sich deshalb alles Interesse zu. Das Dogma gilt offiziell, aber es wird schweigend verehrt. Das fromme Leben wendet sich dem Sakramentalismus und daneben dem Mönchtum zu. Beides ist noch heute die Signatur der Frömmigkeit der Ostkirchen. Es scheint so, als ob diese typisch hellenistische Auffassung des Abendmahls als einer himmlischen Speise, die uns mit himmlischen Kräften erfüllt, zugleich die Epiklese bedingt und ihr ihre Bedeutung im Osten erhalten hat.

2. Sonstige gottesdienstliche Handlungen. War schon die Messe sowohl nach ihrer östlichen wie nach ihrer westlichen Ausprägung nur von hellenistischen Einflüssen her zu verstehen, so gilt das noch viel stärker von anderen gottesdienstlichen Einrichtungen der alten Kirche oder bestimmten Zügen des Volksglaubens.

Wie andere antike Menschen so hielten auch die Christen an bestimmten Gedächtnistagen an den Gräbern ihrer Angehörigen Feiern ab; auch riefen die Angehörigen diese, das heißt also: alle Verstorbenen, um ihre Fürbitte bei Gott an. Eine besondere Rolle bekamen dann die *Märtyrer*, die Athleten Christi. Ihre Fürbitte bei Gott galt als unfehlbar, weil sie unmittelbar zu Gott emporgestiegen waren. Wie die antiken Heroen wurden sie die Schutzpatrone einzelner Personen und Städte, Helfer in allerlei Nöten. Und wie an den Gräbern der Heroen geschahen nun auch an ihren Gräbern Wunder. So aber wird das Grab eines Märtyrers zugleich ein großer Schatz für die Gemeinde, in deren Mitte es sich befindet. Für jeden Märtyrer aber sind bestimmte Gedächtnistage von Natur charakteristisch, an denen seine Verehrung ihren Höhepunkt erreicht, etwa sein Todestag, der Tag der Übertragung seiner Reliquien usw. So verbindet sich seine Verehrung mit bestimmten Tagen.

Die Fortsetzer der Märtyrer als Athleten Christi aber sind dann die *Asketen;* sie gelten fortan als die Heiligen in besonderem Sinne des Wortes. Erst verhältnismäßig spät treten hervorragende Bischöfe in gleicher Wertung neben sie.

Eine besondere Verehrung erfuhr bald *Maria* als die Mutter des Herrn. Schon Irenäus stellt ihren Gehorsam — „mir geschehe, wie du gesagt hast" (Lk. 1,38) — dem Ungehorsam Evas gegenüber und gibt ihr so teil an der Erlösung der Menschen. Im vierten Jahrhundert spricht Ephräm der Syrer den Gedanken aus, daß ihr Leib durch die Einwohnung der Gottheit unverwesbar geworden und zum Himmel entrückt sei. Das Konzil von Ephesus dogmatisiert sie 431 als *θεοτόκος*, als Gottesmutter; aber schon seit dem Ende des dritten Jahrhunderts war sie als solche verehrt worden.

Wie die liturgisch geweihten Elemente als theophor galten, so waren es nun auch die *Reliquien* der wirklich geistbegabten Personen, also der Märtyrer, der Asketen usw. Als Träger göttlicher Kräfte bieten deshalb auch sie Schutz gegen die Dämonen, ja können sie eventuell sogar Wunder wirken. Zunächst hatte man über den Märtyrergräbern oder auch an ihren Hinrichtungsstätten sog. Memorien, bald aber ganze Kirchen errichtet für das Opfer an den Gedächtnistagen. Gegen Ende des vierten Jahrhunderts drang dann die Sitte durch, auch in den Gemeindekirchen Reliquien unter dem Altar zu bergen.

Die gleiche wunderwirkende Kraft wie den Reliquien wurde dann auch den *Bildern* der Heiligen zugeschrieben, die deshalb bald ebenso eifrig verehrt wurden wie die Reliquien, denn „der in dem Heiligen wirksame Geist überschattet auch sein Bild". Und wie die heidnischen Götterstatuen werden nun auch die christlichen Statuen mit dem Kuß gegrüßt.

Wie aber das Heidentum die Verehrung der Heroen und den Kult der Götter unterschieden hatte, so tut es nun auch die christliche Theologie. Den Heiligen und ihren Bildern gebührt nur *ἀσπασμὸς καὶ τιμητικὴ προσκύνησις*, dagegen nicht *ἀληθινὴ λατρεία*, veneratio aber keine adoratio, wie es dann das siebente ökumenische Konzil 787 abschließend formuliert hat; den Heiligen gebührt danach kultische Verehrung, aber keine wirkliche Anbetung; diese steht nur Gott zu.

Bittgänge zur Sühne oder zum Segen, insbesondere zur Abwehr von Schäden, *Prozessionen* zu Ehren der Götter, jetzt Gottes oder der Heiligen, *Wallfahrten* zu den heiligen Stätten, *Weihrauch*, *Weihwasser*, *Lichter* im Gottesdienst vervollständigen die Liste der Dinge, die aus dem heidnischen Kult in die christliche Liturgie und den christlichen Brauch vornehmlich seit dem vierten Jahrhundert eindringen.

Mit dem allen gewinnt aber nicht nur die heidnische Formensprache in der christlichen Kirche Raum, sondern mit dem allen findet auch *heidnischer Geist* Raum in ihr. Wie die Messe neben dem Lob Gottes zugleich ein heiliges Tun zugunsten des Menschen wird, so trägt auch die Verehrung der Märtyrer und Heiligen ein ganz starkes anthropozentrisches Element in sich, denn auch hier tritt die Hilfe, die die Menschen von ihnen erwarten, ganz stark in den Vordergrund. Die gleiche anthropozentrische Entwicklung ist übrigens auch für den Märtyrerbegriff kennzeichnend, bei dem der Blick auch auf die Leistung des Menschen statt auf die Verherrlichung Gottes hingelenkt wird (von Campenhausen).

Eine ausdrückliche Beurteilung ist unnötig.

Literatur

Hans Lietzmann, Messe und Herrenmahl, 1955[3];
H. Delehaye, Les origines du culte des martyrs, 1933[2].

§ 14. Die Entstehung des Papsttums

Im Innenumgang der Kuppel der Peterskirche erglänzen in riesigen Goldlettern die Worte: Tu es Petrus et super hanc petram aedificabo ecclesiam meam[1]. Darin liegt ausgesprochen, daß das Papsttum seine Einsetzung und die Berechtigung seines Anspruchs auf Christus selbst zurückführt. Nach wie vor sucht auch die katholisch-theologische Wissenschaft mit dem Aufgebot einer ungeheuren Gelehrsamkeit die exegetische und historische Möglichkeit, ja Wirklichkeit dieser Behauptung zu erweisen. Ganz so einfach stellt sich bekanntlich Entstehung und Entwicklung des Papsttums nichtkatholischen Augen nicht dar. Wie müssen sie beides sehen?

1. Es ist kein Zweifel, daß die *erste Hervorhebung* Roms innerhalb der alten Christenheit nur der *Gemeinde von Rom* als solcher galt.

a) Sie war die Gemeinde der *Hauptstadt*, auf die sich von selbst alle Augen richteten, wie denn ja auch Paulus und Petrus durch diese Tatsache zu ihr hingelenkt sind.

b) Rom war ferner die einzige Gemeinde im ganzen Abendland, ja, nachdem Jerusalem und Antiochien ihre Bedeutung verloren hatten, im Grunde genommen auf der ganzen Welt, die ihre Tradition auf *zwei Apostel* zurückführen konnte. Wir haben schon gesehen, daß das nicht ohne Folgen geblieben ist; es ist das *römische* Taufbekenntnis, das sich die ganze Kirche im zweiten Jahrhundert erobert, und es ist der *römische* Kanon des Neuen Testamentes, der fortan in der ganzen Kirche — auch bei uns Protestanten noch — gilt. Und endlich

c) ist es gar keine Frage, daß sich die römische Gemeinde sehr bald innerhalb der übrigen Gemeinden hervorgetan hat. Ganz besonders wird ihre *Hilfsbereitschaft* im zweiten Jahrhundert von anderen Kirchen gerühmt.

[1] Du bist Petrus und auf diesen Felsen will ich meine Kirche bauen.

Als sich dann die Einrichtung des monarchischen Episkopats in der Kirche durchsetzte, mußte die Bedeutung der *Gemeinde* ihrem nunmehrigen Führer, dem *Bischof,* von vornherein eine entsprechende Stellung sichern. Aber damit nicht zufrieden, haben die Bischöfe von Rom es in der Folgezeit bewußt unternommen, ihre Stellung auszubauen. Schon Viktor I. (189—198 [nach Funk]) hat gegen Ende des zweiten Jahrhunderts die Forderung erhoben, daß die ganze Welt sich nach dem *römischen* Brauch der Osterberechnung richte. Kalixt I., sein zweiter Nachfolger (221—227), verkündet bereits urbi et orbi[2], daß nun auch die Unzuchtssünden vergebbar sind (vgl. oben S. 123), und erhebt dabei bereits den Anspruch, episcopus episcoporum[3] zu sein. Stephan I. (254—257) verlangt in der Mitte desselben Jahrhunderts, daß der römische Brauch, die von Ketzern gespendete Taufe anzuerkennen, von der ganzen Kirche übernommen wird. Alle drei finden lebhaften, ja energischen Widerspruch. Aber was schadet das, wenn in der Praxis sich der Anspruch doch im Laufe der Jahrzehnte durchsetzt! Und das war auf allen drei Gebieten der Fall.

Eine weitere Hebung mußte Rom durch die Ausbildung des Metropolitansystems in der Kirche zuteil werden. Der im Übergang vom dritten zum vierten Jahrhundert vorgenommenen neuen Teilung des Reiches in Diözesen paßte sich auch die Kirche an. Die Bischöfe der Provinzialhauptstädte bekamen als Metropoliten eine Aufsichtsbefugnis über die in ihrem Bezirk wohnenden übrigen Bischöfe. Das Prinzip der prinzipiellen Gleichheit der Bischöfe weicht also in der *ganzen* Kirche dem einer Über- und Unterordnung in ihren Reihen. Über den Metropoliten entstanden dann Patriarchate in Alexandrien, Jerusalem, Antiochien, Byzanz, Rom; Rom also als einziges im Abendland. Es konnte fast gar nicht ausbleiben, daß unter diesen Patriarchaten sehr bald ein Rangstreit ausbrach. Byzanz und Rom stehen dabei im Vordergrunde. Durch den Arabersturm des siebenten Jahrhunderts scheiden alle anderen sogar ganz aus. Zwischen den beiden übrigbleibenden ist der Streit nie begraben worden; beide behaupten die Jurisdiktionsgewalt über die *ganze* Christenheit noch heute. Im Abendland haben zwar Mailand, Karthago und Arles in Süd-Frankreich je zu verschiedenen Zeiten versucht, Rom Konkurrenz zu machen; aber Rom hat alle aus dem Felde zu schlagen vermocht; der römische Bischof bleibt *der* Patriarch des Abendlandes.

2. Aber mächtige Patriarchen hat es viele gegeben. Auch das Patriarchat des Abendlandes hätte in den Stürmen, die die Zeit über Rom bringen sollte, sehr leicht auf eine Stadt diesseits der Alpen übergehen

[2] Der Stadt und der ganzen Welt.
[3] Bischof der Bischöfe.

können, zumal bei der Verlagerung des politischen Schwergewichts auf die Nordseite der Alpen, wenn Rom nicht etwas zu Hilfe gekommen wäre, über das keine andere Stadt, kein anderer Bischof verfügte, die Papstidee. Ihre historische Bedeutung als Stütze des angeblichen Stuhles Petri kann gar nicht hoch genug eingeschätzt werden.

Ihren ersten Ursprung hat die Papstidee wahrscheinlich bei Kalixt I., diesem unheimlichen Mann, der einem in der Geschichte der alten Kirche immer wieder begegnet. Er ist, soviel wir wissen, der Erste gewesen, der das Wort Matth. 16, 18 auf den Nachfolger des Petrus in Rom bezogen hat. Voll ausgebildet tritt uns der Papstanspruch dann bei Leo I. (440—461) entgegen, der deshalb auch von manchen als der erste Papst im eigentlichen Sinne bezeichnet wird. Leo glaubt sich als dem Nachfolger Petri

a) die *Schlüsselgewalt über den Himmel* übertragen. Matth. 16, 19: „Ich will dir des Himmelreichs Schlüssel geben; alles was du auf Erden binden wirst, soll auch im Himmel gebunden sein, und alles, was du auf Erden lösen wirst, soll auch im Himmel los sein." Das heißt: Leo weiß sich als der höchste *Richter* über die ganze Christenheit.

b) Er glaubt, daß ihm die höchste *Verwaltung* der Kirche anvertraut ist. Das gründet sich auf Joh. 21, 15: „Da sie nun das Mahl gehalten hatten, spricht Jesus zu Simon Petrus: Simon Jona, hast du mich lieber, denn mich diese haben? Er spricht zu ihm: Ja, Herr, du weißt, daß ich dich lieb habe. Spricht er zu ihm: Weide meine Lämmer." Und endlich

c) weiß er sich das höchste *Lehramt* übertragen nach Lk. 22, 32: „Ich habe für dich gebeten, daß dein Glaube nicht aufhöre, und wenn du dermaleinst dich bekehrest, so stärke deine Brüder."

Diese Privilegien, die Petrus erhalten hat, bezeugen nach Leo für jeden, der sehen kann, daß Petrus der princeps apostolorum, der Führer der Apostel ist, ja mehr, der vicarius, der Stellvertreter Christi, auf dessen Schultern die Kirche Christi, der Leib Christi, ruht. Was Petrus gilt, gilt aber seinem Erben, dem römischen Bischof, ohne weiteres, denn nach antikem Erbrecht besteht juristisch Identität der Person zwischen dem Erben und dem Erblasser; das Bewußtsein, Petrus selbst zu sein, haben denn auch die römischen Bischöfe, Leo I. z. B., oft bezeugt.

Das ist die zwar im einzelnen später noch modifizierte, aber doch in den Grundzügen fertige Papstidee. Und es ist ohne weiteres verständlich, welch ungeheure Hilfe in Zeiten der äußeren Bedrängnis, aber auch in Zeiten des eigenen Niedergangs diese Papstidee für Rom gewesen ist, *nachdem sie sich einmal die Kirche erobert hatte.*

Daß sie sich die Kirche eroberte, ist freilich mit ihrer Aufstellung nicht schon ohne weiteres entschieden gewesen. Im Gegenteil! Obwohl die Geschichte der Rezeption der Papstidee durch die Kirche noch durchaus unerforscht ist, ist doch schon zu sehen, daß sie sich nur sehr langsam durchgesetzt hat. Aber das führt schon über die alte Kirche hinaus.

Literatur

Erich Caspar, Geschichte des Papsttums, 2 Bde., 1930/33;
Johannes Haller, Das Papsttum, 5 Bde., 1950/53²;
(kath.) Franz Xaver Seppelt, Geschichte der Päpste, 4 Bde., 1954³;
Kurt Dietrich Schmidt, Papa Petrus ipse (ZKG. 54, 1935).

§ 15. Der Islam

Der Islam hat für die *Kirchen*geschichte nur die Bedeutung einer *Katastrophe.* Wie im Abendland das weströmische Reich unter dem Ansturm der jungen germanischen Völker zusammengebrochen ist, so ist das oströmische Reich von den Anhängern Mohameds überrannt. Aber während es im Westen gelang, die neuen Völker zu christianisieren und damit die Grundlage für eine neue christliche Epoche zu legen, gelang das im Osten nicht. Für Asien und Afrika bedeutet der Islam praktisch das Aufhören des Christentums, wenn auch noch nicht sogleich bei seinem Eindringen. Diese Tatsache ist allbekannt. Man darf sich aber durch ihr Bekanntsein nicht die Empfänglichkeit für den ungeheuren Ernst rauben lassen, der in ihr liegt. Es ist doch ein erschütterndes Ereignis, das einen in der Zuversicht zur Absolutheit des Christentums wirklich wankend machen kann, wenn man sieht, wie hier der Glaube, den wir für *den* Glauben schlechthin halten, und den den Völkern als *das* Heil zu verkünden wir noch heute ausziehen, vielfach fast ohne Widerstand einfach dahinschwindet vor dem ersten wirklichen Ansturm, der ihn trifft. Und das Ernste, das in dem Wort Islam für jeden Christen liegen muß, wird nur noch erhöht durch die Tatsache, daß er die einzige Religion darstellt, die noch heute wirklich zu missionieren vermag und so noch heute eine ernste Konkurrenz für das Christentum in ganz Afrika und Asien darstellt, während die christliche Mission unter Mohamedanern nur ganz geringen Erfolg gehabt hat.

Als einen geringen Trost können wir es bei dieser Sachlage ansehen, daß

a) Elemente, die außerhalb der Sphäre des Religiösen liegen, bei dem Siegeszug des Islams mitgesprochen haben, daß aber

b) in ihm, soweit er Religion ist, christliche Züge ohne jeden Zweifel mit wirksam gewesen sind.

Es kann natürlich nicht die Aufgabe sein, hier den Islam als solchen ausführlich zu schildern. Aber auf eine kurze Überschau über die Elemente des Islams kann auch der Kirchengeschichtler nicht verzichten, wenn nicht die kirchengeschichtlichen Folgen des Islams unverständlich bleiben sollen.

1. Der Islam ist im vollen Sinn des Wortes die Schöpfung des **Mohamed.** Von der Jugendgeschichte Mohameds wissen wir leider sehr wenig. Er teilt dies Schicksal mit vielen Religionsstiftern. Was späte Quellen darüber wissen wollen, ist geschichtlich meist ohne jeden Wert. Es scheint nach dem Koran so, als ob Mohamed aus einem armen Geschlecht stammt und, früh verwaist, eine harte Jugend durchgemacht hat. Was ihn dazu getrieben, über den Sinn des Lebens näher nachzudenken, ist wieder unbekannt. Die Lösung der Rätselfrage hat sich ihm auf jeden Fall in einer synkretistischen Verarbeitung verschiedener Züge ergeben, die er teils aus dem arabischen Heidentum, teils aber von den „Schriftreligionen", dem Judentum und dem Christentum, entlehnt hat. Mohamed hat höchstwahrscheinlich selbst nicht lesen und schreiben können. Auch die ganze Art, wie er sich über Judentum und Christentum unterrichtet zeigt, beweist, daß er von beiden nur mündliche Kunde erhalten hat, die wahrscheinlich sogar von nicht sehr tief Eingeweihten stammt. Vom Judentum übernahm er vor allem den strengen Monotheismus: Es gibt nur *einen* Gott, Allah, der der absolute Herr ist. Die christliche Trinität und nun gar die Gottesmutter Maria sind Verfälschungen des Monotheismus. — Spätjudentum und Christentum sind sich einig in dem ungeheuer wichtigen Gedanken, daß dieser eine *Gott der* ewige *Richter* ist. In der ersten Verkündigung Mohameds muß der Gedanke, daß alle Menschen aus dem Tode erweckt werden und vor Gott zum Gericht zu erscheinen haben, in dem ihnen Himmel oder Hölle als Los zugewiesen wird, eine ganz große Rolle gespielt haben. Man hat ihn geradezu als die Seele des Islam bezeichnet, die demnach aus den Schriftreligionen stammt. — Dem Gericht oder vielmehr der Verurteilung zu den Qualen der Hölle entgeht und in den sinnlich-schön ausgemalten Himmel kommt, wer Allah hier mit der ganzen Hingebung gedient hat, die dieser verlangt; Hingebung, arabisch Islam, ist geradezu der Name der neuen Religion geworden. Entsprechend heißen ihre Bekenner Muslim (Partizip zu Islam). In die entwickelten Gedanken sind dann freilich auch Züge der altarabischen primitiven Religion, nur ihres polytheistischen Charakters entkleidet, aufgenommen worden. Aus ihnen stammt z.B. die Verehrung der Kaaba und manches andere.

In dem Augenblick, als Mohamed mit seiner Predigt an die Öffentlichkeit trat, mußte auch die Frage brennend werden, welche Bedeutung seine Person für die neue Religion hatte. Mohamed hat sicher als ein ehrlicher, von der Wahrheit seiner Verkündigung überzeugter Mensch zu gelten. Er hat ursprünglich auch geglaubt, daß seine Verkündigung in genauem Einklang mit der Lehre von Moses und Jesus stände. Wie diese als Boten Gottes zu bestimmten Völkern, den Juden und Christen, geschickt waren, so fühlte er sich als Prophet Gottes zu den Arabern gesandt. Gott selbst hat ihm auch die Lehren, die er verkündet, offenbart. Als Mohamed später den Unterschied zwischen dem Judentum und dem Christentum einerseits und dem Islam andererseits erkannte, hat er jene in ihrer geschichtlichen Gestalt für satanische Fortbildungen der einen wahren Urreligion erklärt, die sie ursprünglich einmal gewesen sind und die Mohamed nun wieder verkörpert.

Wahrscheinlich ist Mohamed im Jahre 610 zuerst mit seiner Botschaft in Mekka aufgetreten. Aber er hat dort wenig Anklang gefunden. Nur einzelne haben sich ihm angeschlossen. Schließlich ist es sogar zu Verfolgungen gekommen, gegen die ihm selbst seine Sippe nicht mehr genügend Rückhalt bot. 622 verließ er deshalb mit wenigen Getreuen Mekka und begab sich nach Medina. Das ist die berühmte Hedschra, das „Lossagen" von Mekka, mit der die Mohamedaner ihre Zeitrechnung beginnen lassen. In Medina hat Mohamed schnell die Einwohner zu sich herübergezogen. Der Aufenthalt dort ist auch nicht nur hierdurch folgenreich geworden. Mohamed wurde dort vielmehr zugleich *der politische Herr* des Ortes. Es entsteht also eine regelrechte Theokratie. Auf sie sind die vielen rechtlichen Bestimmungen zurückzuführen, die sich im Koran finden. Hier erst erhält der Islam den Charakter der Gesetzesreligion, der ihm eigen ist. Daneben aber zieht in Medina der kriegerische Geist in ihn ein. Mohameds Augen sind in Medina dauernd auf Mekka gerichtet gewesen und schon früh beginnt der Kampf zwischen den beiden Städten. In den Krieg für Allah zu ziehen, wird jetzt das Vollmaß der Hingabe. 630 hat der Kampf zu einem Sieg Mohameds geführt; er kann in Mekka einziehen; dort ist er 632 gestorben.

In Mekka ist, abgesehen von der endgültigen Einführung der altarabischen Züge, nur noch *ein* neues Element hinzugetreten: die Verpflichtung zur kriegerischen Bekämpfung des Heidentums, wenn dies nicht schon in Medina geschah. Ein Krieg gegen das Christentum ist in den Gesichtswinkel Mohameds selbst nicht mehr getreten, er hat darüber also auch keine Vorschriften erlassen. Ob die kriegerische Auffassung seiner Nachfolger seinem Sinn entsprochen hat, ist umstritten, da sie, wie wir gleich sehen werden, nicht von allen geteilt ist.

Die wohl von Mohamed selbst in dichterische Form gekleideten Aussprüche sind im *Koran* gesammelt. Auf ihn hat sich die mohamedanische Theologie dann genau so gestützt, wie die christliche auf die Bibel. Er hat für sie auch die Bedeutung eines heiligen, inspirierten

Buches. Über ihm ist es sogar auch zur Spaltung gekommen im Islam. Eine Gruppe, unserem Protestantismus entsprechend, hält den Koran *allein* für maßgebend, die *Schiiten*. Eine andere Gruppe glaubt, genau wie die Katholiken, auch der mündlichen Tradition, der Sunnah, autoritativen Wert zuerkennen zu müssen; sie heißen die *Sunniten*. Beide Richtungen bekämpfen sich erbittert, wodurch die Stoßkraft des Islams in späteren Jahrhunderten erheblich gelitten hat.

2. Mohamed hat mit seinem Werk nicht nur eine neue Religion ins Leben gerufen. Er hat vielmehr auf ihrer Grundlage zugleich zum erstenmal in der ganzen Geschichte eine *politische Einigung Arabiens* bewirkt. Vorher zerfielen die Bewohner der Halbinsel in unendlich viele Stämme, die sich unaufhörlich befehdet haben. Sie spielten infolgedessen in der Geschichte auch nicht die geringste Rolle. Geeint verfügten sie mit ihrer unverbrauchten Kraft, die durch den religiösen Schwung noch verstärkt wurde, über eine Macht, der das morsche oströmische Reich in keiner Weise gewachsen war. Die blumigste Schilderung könnte nicht den Eindruck hervorrufen, den die nackte Aneinanderreihung der Tatsachen bewirken muß. Schon 634 war das ganze Land zwischen Jordan und Euphrat in den Händen der Mohamedaner; 635 wurde Damaskus erobert, 638 fielen Jerusalem und Antiochien, 640 erlag der Rest Syriens; in demselben Jahr fiel der vordere Teil des persischen Sassanidenreiches ihnen anheim. 641 eroberten sie Ägypten, die Hauptstadt Alexandrien freilich erst 642, im selben Jahr besetzten sie die Cyrenaica, 643 kam Tripolis hinzu und im Osten das alte Mederreich. 656 war ganz Persien in ihrer Hand, dazu Armenien und Cypern. 673—677 wird Konstantinopel zum ersten Male belagert, das sich aber noch behaupten kann. Außerdem dringt der Islam bereits in Zentralasien und nach Indien hinein vor. Am Anfang des achten Jahrhunderts fallen Turkestan und Kaukasien ihm zu. Karthago war schon 698 in ihren Besitz übergegangen. Konstantinopel muß eine zweite Belagerung aushalten, 711 fällt Spanien in ihre Hand. 100 Jahre nach der Flucht des Propheten stehen sie an der Loire. Alles Land von da bis hin zum Kaukasus und Indus in einem großen Süd-Bogen um das Mittelländische Meer ist also in kaum 100 Jahren in die Hand der Mohamedaner gefallen, ein Reich, größer als das Alexanders des Großen.

Am schwersten getroffen war durch die Expansion des Islams das Oströmerreich. Es ist seit der Mitte des siebten Jahrhunderts auf die Balkanhalbinsel und Teile Kleinasiens beschränkt und ist damit im strengen Sinne des Wortes zum *griechischen* Reich geworden. Unendlich wichtige Gebiete aber, darunter die Heimat des Christentums selbst, das Heilige Land, waren unter die Herrschaft der Häretiker geraten.

Aber auch das *west*römische Reich verlor seine gesamten afrikanischen Besitzungen, dazu Spanien. So ist auch im Westen durch den Arabersturm geographisch der europäisch-abendländische Charakter des Christentums herbeigeführt.

3. Wie gestaltete sich *die Lage des Christentums* in jenen Gebieten? Das ist die für die Kirchengeschichte entscheidende Frage. Eine einheitliche christliche Kirche, die Reichskirche, fand der Islam schon nicht mehr vor. Im Verlauf der christologischen Streitigkeiten hatten sich von ihr aus dogmatischen Gründen einzelne Teile getrennt, die sich dann aber meist mit nationalen Gruppen identifiziert hatten. Eine Reihe von nationalen Sonderkirchen stand so im Osten neben der griechischen Reichskirche, die natürlich auch noch existierte. Zu nennen ist vor allem die äthiopische Kirche, die im vierten Jahrhundert von Ägypten aus gegründet worden ist und heute noch in Abessinien als selbständige Kirche existiert; dann die koptische Kirche in Ägypten, die Jakobiten in Syrien, die Nestorianer-Kirche in Persien und endlich die armenische Kirche. Die Unterwerfung unter den Islam brachte all diesen Kirchen in einer Beziehung zunächst eine Befreiung. Die Katholiken hatten, wie wir sahen, mit allen Mitteln versucht, diesen häretischen Sonderkirchen ihren Glauben aufzunötigen. Durch die veränderte politische Lage wurden sie von dieser Despotie frei. Und wie im Abendland der Völkerwanderungszeit fiel nun auch hier den Bischöfen zugleich die politische Vertretung ihrer Diözesen zu. Es kam nur auf das Verhalten der Mohamedaner ihnen gegenüber an, ob sie der Freiheit froh werden konnten; davon hing aber auch geradezu alles ab.

Für die Frage, wie sich die mohamedanischen Herrscher zu den unterworfenen Christen gestellt haben, sehen wir leider noch nicht überall klar.

Den *Heiden* gegenüber gab es, wie gesagt, die Pflicht zur Zwangsbekehrung; Mohamed hat aber die Heiden von den Schriftbesitzern unterschieden. Mit einem abessinischen christlichen Fürsten hat er sogar einen Friedensvertrag abzuschließen versucht. Einer seiner Nachfolger, Omer, hat diesen Vertrag dann als Muster für Verträge mit Christen des römischen Ostreiches genommen. Diese wurden durch sie zwar zu einer stark benachteiligten Klasse gemacht, aber sie konnten in gewissen Schranken doch ihren Glauben weiterpflegen. Eigentlich wurde nur die Öffentlichkeit des christlichen Kultes (Prozessionen, Glockenläuten usw.) untersagt.

Am schwersten hatten es von den einzelnen Kirchen zweifellos die Glieder der *Reichskirche.* Sie hatten sowieso schon in der Diaspora gelebt und waren nur durch die politischen Verhältnisse gehalten worden. So sind sie fast ganz verschwunden, außer in Syrien, wo sie sich stärker halten konnten; dort hat ja auch Johannes von Damaskus († 754) noch nach der arabischen Invasion seine großen Arbeiten schreiben können, mit denen er der Normaltheologe der Ostkirche wurde.

Die anderen Kirchen hatten einen großen Vorteil vor den Gliedern der Reichskirche voraus; sie waren sich mit den Arabern einig im *nationalen* Gegensatz gegen Byzanz. So hat z.B. die *koptische Kirche* in der ersten Zeit nach der Unterwerfung geradezu einen Aufschwung genommen. Aber im achten Jahrhundert begann auch sie, innerlich zu verfallen. Als gleichzeitig Bedrückungen seitens der Mohamedaner einsetzten, war sie denen nicht mehr gewachsen. Massenweise sind die Christen dort zum Islam übergetreten. Heute zählt sie noch etwa 800 000 Mitglieder (von ursprünglich 6 Millionen) unter einem Patriarchen in Alexandrien.

Auch *die syrische Jakobitenkirche* erlebte zunächst einen Aufschwung. Sie hat unter sarazenischer Herrschaft zeitweilig (im 12. Jahrhundert) mehr als 100 Bistümer umfaßt. Aber auch sie hat die Isolierung nicht auszuhalten vermocht. Bis auf kleine Reste (etwa 80 000) ist auch sie vernichtet.

Sehr stark hat die *armenische Kirche* ihre nationale Eigenart unter mohamedanischer Herrschaft zu erhalten gewußt. Sie ist noch als wirklich stattliche Kirche ins 19. Jahrhundert eingetreten. Aber für sie schlug dann 1895 und besonders im Weltkrieg die Stunde. Unter unsagbaren Leiden ist sie bis auf kleine, meist außerhalb Armeniens weilende Reste dahingemordet worden. Daß die deutsche Regierung nicht vermocht hat, die Abschlachtung fast eines ganzen christlichen Volkes seitens der Türken zu verhindern, ist wohl das traurigste Kapitel der inneren Geschichte des ersten Weltkrieges.

Am günstigsten lagen aber die Verhältnisse für die *Nestorianer*. Sie hatten, seit 431 aus dem römischen Reich vertrieben, zunächst unter heidnischen persischen Herren ein ziemlich bedrücktes Dasein geführt. Der Islam gewährte ihnen, schon um einen Bundesgenossen im Lande selbst zu haben und dadurch seine Stellung in Persien zu sichern, Schutz. So konnte die nestorianische Kirche alle ihre reichen Ansätze entwickeln. Sie hat im siebenten Jahrhundert wohl von *allen* Kirchen das reichste geistige Leben geführt und auch nach außen hin eine Missionskraft entfaltet, die einfach staunenswert ist. Um 750 existierte z.B. ein nestorianischer Bischof in Ägypten. Aber noch merkwürdiger ist ihre Mission nach Asien hinein. Schon im sechsten Jahrhundert ist sie in Indien bezeugt. Von dort ist die nestorianische Mission wahrscheinlich nach Turkestan und durch Zentralasien nach China vorgedrungen. Der Beweis dafür liegt noch heute vor in syrisch-chinesischen christlichen Inschriften. Als im 13. Jahrhundert die ersten Abendländer nach

China kamen, haben sie dort noch chinesische Christen getroffen. Der Venezianer Marco Polo berichtet darüber und andere Zeugnisse beglaubigen seinen Bericht[1]. Nur eines ist auch diesen propagandakräftigen Nestorianern nicht gelungen, nämlich Mohamedaner zu bekehren. Trotzdem haben sie einen großen Einfluß auf die islamische Kultur erhalten. Denn sie haben in ihren syrischen Übersetzungen den Arabern das geistige Gut des griechischen Altertums überliefert und hierdurch den Arabern erst zu einer wirklichen Kultur verholfen. Das Kalifat von Bagdad ist der äußere Beweis dafür.

Auch für die Kultur des *Abendlandes* war das bedeutungsvoll. Denn in der Völkerwanderung war zwar nicht Plato, wohl aber Aristoteles weithin verlorengegangen. Durch die Araber erst hat das Mittelalter vom ganzen Aristoteles wieder Kenntnis erhalten, was zu einer Revolution in der Theologie geführt hat. Erst verhältnismäßig spät ist auch der griechische Aristoteles wiedergefunden worden.

Heute existieren nur noch ganz kleine Reste dieser Nestorianer-Kirche als „Assyrer", die in und nach dem ersten Weltkrieg ebenfalls blutig verfolgt worden sind. Andere Teile der Nestorianer hatten sich vorher mit Rom (chaldäische Christen) oder mit der russischen Kirche uniert.

Mögen sich so auch Reste der Christen unter dem Islam gehalten haben, trotz alledem bleibt der Gesamteindruck doch betrübend. Das Christentum dieser östlichen Provinzen hat, die Tatsache bleibt bestehen, dem Islam gegenüber schließlich versagt. Asien und Afrika scheiden für die Kirchengeschichte aus. Die Geschichte des Christentums ist von jetzt ab die Geschichte Europas. Ja, Europa selbst ist bedroht. Spanien ist bis 1438 zum großen Teil in der Hand der Sarazenen gewesen, und sie hatten zunächst nicht den Sinn, sich damit zu begnügen. Es ist das große Verdienst des Frankenreiches und Karl Martells ihnen Halt zugerufen zu haben. Karl Martell hat damit nicht nur Europa, sondern auch das Christentum gerettet.

Literatur

Tor Andrae, Mohammed, 1932;
E. Kellerhals, Der Islam. Seine Geschichte, seine Lehre, sein Wesen, 1956[2];
Gottfried Simon, Die Welt des Islam, 1948.

§ 16. Rückblick

Wir haben die Entwicklung der Kirche auf dem Boden der griechisch-römischen Kulturwelt betrachtet und schauen zurück.

Am Anfang unseres Weges stand die kombinierte Frage, wie es der Kirche bei immer stärker sinkendem inneren Niveau gelingen konnte,

[1] Vgl. in Heussi-Mulerts „Atlas der Kirchengeschichte" Karte III A.

solche Kraft zu gewinnen, daß sie im Zusammenbruch des römischen Weltreiches bestehen blieb, ja daß sie sogar den Grund für ein neues Aufblühen unter völlig veränderten geschichtlichen Bedingungen legen konnte. Es wird hoffentlich deutlich geworden sein, daß die beiden Linien sich nicht etwa widersprechen, sondern einander geradezu bedingen.

Die Geschichte der alten Kirche zeigt ihre *Hellenisierung und* ihre *Latinisierung*. Dies Eintauchen der Kirche in die Welt, in der sie lebt, ist ein unvermeidliches Stück ihrer Geschichtlichkeit. Es liegt darin aber zugleich auch ein gut Stück Treue gegenüber ihrer Aufgabe. Sie hat das Wort Gottes konkreten Menschen in konkreten Verhältnissen zu verkündigen. Das tat sie, wenn sie den Griechen ein Grieche und den Römern ein Römer wurde. Insofern ist die Kirche in der alten Zeit wirklich „direkt zu Gott". Indem sie den Völkern aber ihre Lebensfragen vom Evangelium her beantwortete und ihnen den Frieden Gottes übermittelte, wurde sie eine lebendige Macht in ihren Herzen. Damit erhielt sie gleichzeitig kulturelle und soziale, und das heißt wirtschaftliche Bedeutung. Mit dem allen aber wurde sie eine *geschichtliche Macht*. Der enge Bund mit dem Reich, den sie organisatorisch und theologisch einging, bedeutete für sie freilich die Gefahr, mit dem Reich zusammen unterzugehen. Aber nun wirkte die Tatsache nach, daß sie ihren Aufbau aus eigenen Kräften heraus getätigt und daß sie Jahrhunderte lang ohne staatliche Hilfe, ja bei starkem und stärkstem feindlichen Druck bestanden hatte, und daß sie sich auch dem Staat nie *ganz* verschrieben hatte; Augustin ist dafür der unübersehbare Zeuge. So bleibt sie im Chaos des Reichsunterganges bestehen. Es ist ein hohes Lied von der Treue gegenüber ihrer missionarischen, seelsorgerlichen und administrativen Aufgabe, das die alte Kirchengeschichte zu singen hat. Von daher ist die Mächtigkeit der Kirche leicht begreiflich.

Aber ihre Stärke ist zugleich ihre Schwäche, das Eingehen auf den Geist ihrer Umwelt zugleich ein Eintauchen in eine ihr geistig fremde Welt. Mag, vom heutigen Missionsfelde aus geurteilt, das Heidentum durch die synkretistische Aufnahme christlicher Gedanken immer reicher werden, der christliche Glaube wird durch heidnischen Sauerteig, der ihn durchdringt, immer schwächer. Schon die wesentliche Abstellung des Heils auf die Überwindung des *Todes*verhängnisses bedeutet eine starke Gefährdung. Mit Händen greifbar wird diese bei dem Eintauchen der Kirche in den hellenistischen Dualismus, wie er in der Askese zum Ausdruck kommt; ebenso in der Übernahme der heidnischen liturgischen Formensprache.

So bedeutet die Hellenisierung und die Latinisierung der Kirche echte Erfüllung ihrer Aufgabe und damit echte Macht, aber *zugleich* innere Gefährdung und enthält darin eine neue theologische Aufgabe. Daß einzelne dieser zeitgeschichtlich bedingten Erscheinungen sogar theologisch dogmatisiert oder liturgisch und rechtlich kanonisiert sind, darin liegt die eigentliche Not.

Auf jeden Fall ist es die Mächtigkeit der Kirche allein gewesen, die ihr im Zusammenbruch das Bestehen gesichert, ja den Sieg über die neuen Völker zugewandt hat, denen sie sich dann gegenübersah. Und darin liegt doch wohl auch der gottgewollte Sinn dieses ihres Weges hin zu solcher Macht.

Zweiter Teil

KIRCHENGESCHICHTE DES MITTELALTERS

§ 17. Abgrenzung und Hauptprobleme des Mittelalters

Wir haben die Entwicklung der Kirche innerhalb des Imperium Romanum betrachtet, des Reiches, das sich stolz als die *οἰκουμένη*, als *die* Welt schlechthin wußte. Dies Reich zerbrach. Eine neue Welt ging aus den Trümmern hervor. Nicht von heute auf morgen, aber doch mit staunenswerter Folgerichtigkeit. Als der Kristallisationsprozeß beendet ist, stehen zwei Größen vor unseren Augen, das Oströmische Reich und das Frankenreich. **Ostrom** auf die Balkanhalbinsel und Teile Kleinasiens beschränkt, ein rein griechisches Reich. Im *politischen* Sinn weltgestaltende Bedeutung hatte das Griechentum nur in der Abwehr der Perser gehabt. Groß war nur seine *spekulative* Kraft; aber auch sie war in den langen dogmatischen Kämpfen mit ihrem unbefriedigenden Ausgang (vgl. § 11) verbraucht. Byzanz bestimmt, trotz einer reichen Nachblüte der Kultur, die es erlebt, die weitere Geschichte der Kirche nur noch durch seine Missionserfolge im Osten. Das Schwergewicht verlagert sich auf das Gebiet **Westeuropas** diesseits der Alpen. In den neuen Verhältnissen, die sich hier entwickeln, entsteht das Mittelalter.

1. Die Frage nach der **Eigenart des Mittelalters,** die Frage, ob es mit Recht als eine eigene Periode des geschichtlichen Ablaufs gewertet werden darf, kommt nicht zur Ruhe. *Heussi* beantwortet sie z.B. negativ und führt seine Anschauung in seinem Kompendium der Kirchengeschichte auch praktisch durch. Aber das ist sachlich doch kaum gerechtfertigt. Man hat kürzlich die Geschichte West- und Osteuropas verglichen und dann formuliert: Das *Abendland ist das Gebiet, das ein Mittelalter hat.* In der Tat, der Osten hat kein wirkliches Mittelalter; es gibt dort zu Beginn kein Ereignis, das epochemachend wäre. Der Islam verkleinert durch seinen Einbruch zwar das Gebiet des oströmischen Reiches erheblich, aber er überlagert es nicht völlig und schafft so in dem von Byzanz abhängigen Raum auch keine neuen Verhältnisse. Ebenso überwinden die von Byzanz aus missionierten

Slawen Ostrom nicht, sondern werden nur angegliedert. Peter Meinhold meint zwar die Christianisierung der Slawen als den Initiationsakt eines östlichen Mittelalters ansprechen zu müssen[1]. Aber das Slawentum bestimmt doch Ostrom nicht, während im Westen eine wirkliche Einheit entsteht. Und wo das östliche Mittelalter endet, sagt auch Meinhold nicht. Für Rußland müßte man wohl Peter d. Gr. als epochal ansehen; aber das beträfe auch *nur* Rußland. Die Frage eines östlichen Mittelalters muß so zum mindesten offen bleiben.

Im Abendland aber beginnt mit dem Einbruch der Germanen in das Römische Reich und mit dessen Ende unbezweifelbar ein neuer Zeitraum und er endet mit Humanismus und Reformation. Das Abendland hat ein Mittelalter.

Die Frage nach den *Epochen dieses Mittelalters*, nach den großen Ereignissen, die es begrenzen und seine Eigenart begründen, macht der Universalgeschichte immer wieder Schwierigkeit[2]. Der Einbruch der Germanen in das Reich, der das Alte stürzt und neue Verhältnisse schafft, ist ja kein einmaliger, elementarer Akt, wie der des Islam im Osten es in der Tat ist. Ein Reich wie das Römische stirbt auch nicht plötzlich ab. Hermann *Aubin* hat vor einem Jahrzehnt erneut gezeigt[3], daß die Zeit seines Niedersinkens volle drei Jahrhunderte umfaßt. Noch viel länger dauerte das Anbranden der Germanen. Soll man diese jahrhundertelange Übergangszeit nun zur alten oder zur mittelalterlichen Geschichte rechnen? *Kirchen*geschichtlich gibt es eine verhältnismäßig einfache Lösung. Wenn, wie Heimpel formuliert, das *Mittelalter inhaltlich charakterisiert* ist *durch das Christentum* als Kirche — deutlicher als Zeit der Alleinherrschaft der katholischen Kirche —, durch *die Antike* als Nachwirkung und durch das *Germanentum* als Adelsherrschaft — aber doch wohl nicht *nur* in dieser Ausprägung —, so ist gegenüber der alten Zeit nur der germanische Faktor neu. Die Christianisierung der Germanen muß also kirchengeschichtlich die Anfangsepoche des Mittelalters bilden. Dies Ereignis setzt den neuen geistigen Raum, in dem sich fortan die Geschichte der Kirche, wenn auch nicht allein, so doch entscheidend abspielt. Daß dann mit Luther kirchengeschichtlich ein neues Zeitalter beginnt, ist ohne Frage. *Ernst Troeltsch* hat zwar auch das bezweifelt; er meinte, Luther nach Art und Haltung noch als einen mittelalterlichen Menschen ansprechen zu müssen, und glaubte, die Neuzeit erst mit der

---

[1] Peter Meinhold, Grundfragen kirchlicher Geschichtsdeutung, in: Die Katholizität der Kirche, hrsg. v. H. Asmussen u. W. Stählin, 1957, S. 156 f.

[2] Hermann Heimpel hat sie 1947 feinsinnig in einem Aufsatz der „Sammlung" wieder erörtert. („Über die Epochen der Mittelalterlichen Geschichte", wieder abgedruckt in: Der Mensch in seiner Gegenwart, 1957², S. 42—66).

[3] Vom Altertum zum Mittelalter, 1949.

Aufklärung beginnen lassen zu dürfen. Daran ist richtig, daß die Aufklärung *kultur*geschichtlich allerdings einen ungeheuren Einbruch bedeutet; aber kirchlich ist die Wiederentdeckung des Evangeliums durch Luther von erheblich größerem Gewicht. Troeltsch hat denn auch kaum Nachfolger gefunden.

Wirklich problematisch ist dagegen der **Name Mittelalter.** Er ist auch noch verhältnismäßig jung. Erst der Hallenser Professor Christoph Cellarius hat ihn 1707 in die Geschichtswissenschaft eingeführt. Sogar erst im Zeitalter der Romantik ist er für die Kirchengeschichte übernommen worden. Die Bezeichnung stammt entweder aus dem Humanismus; medium aevum heißt dann die Zwischenzeit zwischen dem klassischen Latein und seiner Erneuerung im 15./16. Jahrhundert; oder sie stammt aus der Apokalyptik des Spätmittelalters; die Zeit zwischen den verschiedenen Gottesoffenbarungen heißt dort medium aevum, „Zwischenzeit“. Der Begriff verzichtet also völlig auf eine inhaltliche Charakterisierung des Zeitalters. Aber er ist in alle europäischen Sprachen eingedrungen. So wird es kaum möglich sein, ihn wieder auszumerzen.

Versucht man eine inhaltliche Charakterisierung des Zeitalters, so müßte man für das Abendland wohl die Ausbildung des *römischen* Charakters der Kirche betonen. Sie erfolgte aber auf dem Boden der germanisch-romanischen Völkerwelt; das ist das Neue gegenüber der alten Kirchengeschichte, die sich auf dem Boden der hellenistisch-römischen Kultur abspielt. Endgültige Formierung und Sieg des römischen Papsttums, das ist das inhaltlich Charakteristische und zugleich das Unterscheidende von der nachfolgenden Zeit, die auf demselben Boden ihren Schauplatz hat, aber die Zertrennung der Kirche in verschiedene Konfessionen kennt.

Aber das alles gilt nur für das Abendland. Zur Kirche gehört aber auch ihr griechischer und ihr slawischer Teil, der Bereich der Ostkirchen. Eine Kennzeichnung der Periode, die auch ihn inhaltlich miteinschlösse, ist bisher nirgends aufgetaucht. Deshalb ist der nichtssagende Titel „Kirchengeschichte des Mittelalters“ vorerst wohl noch am meisten angebracht.

2. **Die Hauptprobleme des Zeitalters** lassen sich nun nicht einfach, wie bei der alten Kirchengeschichte, durch einen bloßen Vergleich von Ausgangspunkt und Endpunkt gewinnen. Man muß anders fragen. Ein kurzer Überblick zeigt aber schon wieder, daß auch die Kirchengeschichte des Mittelalters durch einen oder gar *zwei missionarische Großsiege* gekennzeichnet ist, die Gewinnung erst der gesamten germanischen, dann der slawischen Welt für den christlichen Glauben. Auf welchen Wegen und mit welchen Mitteln die Kirche diesen Sieg

errungen hat, ist das erste große Problem, das das Mittelalter stellt. Schon in ihm liegt aber weiteres beschlossen. Der Sieg bedeutet für die Kirche den Übergang aus einer alten Kultur, der sie ungeheuer viel verdankt, mag diese jetzt auch im Zusammenbrechen sein, zu neuen, unverbrauchten, aber außerordentlich bildsamen Völkern, immerhin zu Völkern, die erst dazu erzogen werden müssen, die Grundgedanken des christlichen Glaubens zu erfassen; mit ihrem Glauben tradiert die Kirche ihnen so zugleich die geistig bedeutsamsten Elemente der antiken Kultur.

Ein zweiter großer Unterschied gegenüber dem Eindringen des Christentums in die griechische Welt liegt in der Gestalt der Kirche. *Als festgefügte Größe trat die Kirche den Germanen entgegen*, mit hierarchisch straff gegliederter Organisation, die im Patriarchen des Abendlandes, dem Papst, gipfelte; mit einem ausgebildeten Recht, dem kanonischen, mit einer dogmatisch fest formulierten Lehre, einem fast ebenso fest gewordenen Sittenkanon und schließlich mit einer festen Liturgie, während beim Eintritt der Kirche in die griechische Welt dies alles noch fließend war. Die Germanen und Slawen wurden so unter ganz anderen kirchlichen Verhältnissen Christen als die Griechen und Römer.

Mit dem Übergang in die neue Völkerwelt ergab sich aber zugleich eine Reihe anderer Umwälzungen. Vom Anfang des 4. Jahrhunderts an war die Kirche Reichskirche gewesen. Eine solche kennt das Mittelalter nicht. Auch das erneute abendländische Kaiserreich hat nie die *ganze* christliche Welt umschlossen. Stets gab es außerhalb seiner Grenzen große, geschlossen christliche Gebiete; man denke nur an die Ostkirchen. Statt der *einen* Reichs- und Staatskirche bilden sich vielmehr im Mittelalter zunächst Landeskirchen. Damit aber ist von der *einen* Seite her die Verwaltungseinheit der Kirche zerrissen. Man sucht diese Einheit jedoch zu wahren und findet sie schließlich im römischen Bischof, also einer rein kirchlichen Größe, wieder. *Das Papsttum steigt empor* und erobert sich langsam die Herrschaft im Abendland. Eben in seinem Aufsteigen liegt wieder eins der Hauptprobleme der mittelalterlichen Kirchengeschichte.

Ferner: als die Kirche im Altertum ihren Siegeslauf begann, war das römische Staatswesen im wesentlichen ausgebildet. Die neuen Staaten des Mittelalters aber, zu denen sie jetzt kommt, sind erst im Entstehen begriffen. Mit ihnen aber entsteht selbstverständlich nicht nur eine neue Staatsauffassung, sondern es entwickeln sich auch *neue gesellschaftliche und soziale Zustände*. Diese fließende Gesellschaftsordnung stellt auch die Kirche vor neue Aufgaben. Sie mußte versuchen, aus ihren Prinzipien heraus auf das Neue auch sozial und kulturell Einfluß zu gewinnen. Die Kirche hat diese Aufgabe auch tatsächlich in Angriff genommen und, soviel sie sich auch anpassen mußte, dadurch doch eine Stellung erlangt, wie sie sie vorher nie besessen hatte. Das gesamte geistige, ja öffentliche Leben kommt jetzt unter ihren beherrschenden Einfluß und auch auf dem Gebiet der Politik wird sie eine wirkliche Großmacht. Wie die Kirche diese überragende, alles bestimmende Stellung erringt, *das Werden der kirchlichen Universalkultur*, das ist das dritte große und wohl das eigentliche Problem des Mittelalters.

Jeder Blick in die letzten Jahrhunderte des Mittelalters zeigt nun aber, daß Papst und Kirche ihre Stellung nicht einmal für die Dauer des Mittelalters haben festhalten können. Jedoch hat nicht eine Gegenlinie, wie in der alten Kirchengeschichte, die eben angedeutete aufsteigende Linie von vornherein oppositionell begleitet, sondern im Mittelalter steigt die Hauptlinie zu einem Höhepunkt an, um dann wieder abzusinken. Dieser *Niedergang* ist das vierte große Problem, das die Geschichte des Mittelalters stellt.

3. Aus den eben entwickelten Hauptproblemen ergibt sich auch schon das Entscheidende für die **Einteilung des Mittelalters.** Die Zeit der Christianisierung der Germanen und der Konsolidierung der neuen staatlichen und kirchlichen Verhältnisse bildet die erste Periode, das *Frühmittelalter;* es ist zugleich die Zeit des germanischen Landeskirchentums. Aus ihm entwickeln sich die großen Kämpfe zwischen Papsttum und Kaisertum, die die Zeit des *Hochmittelalters* füllen. Die Periode des Niedergangs der kirchlichen Macht bildet das *Spätmittelalter,* in dem zugleich wichtige Voraussetzungen für die Reformationsgeschichte geschaffen werden.

Literatur zum gesamten Mittelalter

a) *Quellensammlungen:*

Monumenta Germaniae historica (MGH);

Die *Geschichtschreiber* der deutschen Vorzeit (Übersetzungen);

Migne, Patrologia s. S. 32.

b) *Darstellungen:*

Albert Hauck, Kirchengeschichte Deutschlands (bis zum Hussitensturm), 5 Bde., 1922[6];

(kath.) Wilhelm Neuß, Die Kirche des Mittelalters, 1950[2];

(kath.) Karl Bihlmeyer, Kirchengeschichte, Teil II.: Das Mittelalter, bearbeitet von Hermann Tüchle, 1948[12] (sehr reiche Literaturangaben);

Gustav Schnürer, Kirche und Kultur im Mittelalter, 2 Bde., 1927[2], 1929;

Gebhardt, Handbuch der deutschen Geschichte, Bd. I, hrsg. von Herbert Grundmann, 1954[8].

§ 18. Kultur und Religion der Germanen

Für die germanische Welt muß dieselbe Frage gestellt werden, die für das Griechentum aufgeworfen wurde: *Was ist germanischer Geist*, worin äußert er sich, wie spricht er sich aus? Fragt man so, so steht man vor erheblichen Schwierigkeiten; denn in das Innere des geistigen Lebens der vorchristlichen Germanen einzudringen, ist außergewöhnlich schwer. Zwar steht eine Fülle von kultur- und religionsgeschichtlichen Tatsachen wissenschaftlich einwandfrei fest; aber welche *Bedeutung* sie für das Leben der Germanen hatten, welcher Glaube die Göttermythen und den Kult beseelte, darüber gehen die Meinungen der Forscher außerordentlich weit auseinander. Daß meist nicht nur eine philologisch andere Interpretation, sondern eine weltanschauliche Gebundenheit der Forscher diese Verschiedenheit bedingt, macht die Sache noch notvoller.

Eine zweite Schwierigkeit erwächst aus dem lückenhaften Quellenmaterial. Über die inneren Verhältnisse gerade der Stämme, die sich als erste dem christlichen Glauben zuwandten, sind wir nur sehr schlecht unterrichtet. Nordische Quellen sind aber nicht ohne weiteres für den Süden maßgebend, späte nicht für die Frühzeit. Denn daß die germanische Religion nicht stagnierte, sondern in lebhafter Bewegung war, ist hinreichend bezeugt. Die Edda enthält z. B. schon Äußerungen eines germanisch-christlichen Synkretismus. Im Folgenden wird versucht, einige Züge aufzuzeigen, die als gemeingermanisch gelten können oder gerade auch für den Süden bezeugt sind.

1. **Die Kultur der Germanen.** Sucht man typische Züge germanischen Geistes zu erfassen, so wird man mit guter Zuversicht zunächst feststellen müssen, daß sie den Römern näher standen als den Griechen. Die Spekulation fehlt, fehlt trotz der großen Lust am Fabulieren, die für die Germanen kennzeichnend ist; auch Kosmogonie und Kosmologie spielen kaum eine Rolle. Die praktische Bewährung in dieser Welt des Kampfes, das ist die Aufgabe, Lust und Ehre zugleich.

Ferner fehlt die auf dem Ästhetizismus der Griechen beruhende Todesfurcht mit ihren weitreichenden Folgen. Eine außerordentliche Todesbereitschaft ist vielmehr charakteristisch für die germanische Welt. Das Leben ist hier wahrhaftig nicht der Güter höchstes, die Ehre steht weit höher.

Kennzeichnend ist weiter ein ungemein lebendiges Gemeinschaftsgefühl; man darf, trotz des stark ausgeprägten Partikularismus, sogar sagen: *eine große staatenbildende Kraft.* Die Staatengründungen der Wikinger in Rußland, in Polen, der Normandie und auf Sizilien tun das schon äußerlich kund.

Die Keimzelle des Lebens war die *Sippe*, nicht die Einzelperson. Jeder ist, was er ist, nur als ein Glied in seinem Geschlecht. Das kommt am klarsten zum Ausdruck in der Blutrache. Durch einen Totschlag oder einen anderen Eingriff in die Lebenssphäre auch nur eines Einzelnen ist immer zugleich die Ehre der ganzen Sippe angetastet. Sie muß unbedingt wieder hergestellt werden, denn Ehre verloren heißt alles verloren. Die Wahrung der Ehre erfolgt primär durch den Racheakt. Aber die Rache braucht keineswegs den Täter selbst zu treffen, sondern kann an irgendeinem Glied der anderen Sippe vollzogen werden. In dem Angreifer hat eben dessen Sippe gehandelt, so trifft sie auch die Rache. Die Sippe erhält auch das Wergeld, wenn durch seine Zahlung die Blutrache abgewehrt wird. So bedeutet die Sippe Schicksalsverbundenheit. Aber sie bedeutet darüberhinaus Artgleichheit, und das heißt zugleich: Teilhabe an den besonderen Gaben des Geschlechts. Nur wer aus königlichem Geschlecht stammt, hat königliche Eigenschaften, nur ein heldenhaftes Geschlecht zeugt Helden. Sippenmord ist dementsprechend die größtdenkbare Untat.

Daneben äußert sich der germanische Gemeinschaftsgeist im *Gefolgschaftswesen.* Der waffenfähig gewordene Jungmann unterstellt sich nach freier Wahl in Treue und Dienstwilligkeit einem Führer, dem er vertraut, in einer Bindung, die eventuell bis in den Tod reicht; denn die Ehre verbietet, lebend aus einer Schlacht heimzukommen, in der der druhtin, der Gefolgsherr, fiel. Aber hier gilt: Treue um Treue! Untreue des Führers würde das Verhältnis lösen. Seine „Milde" ist der Lohn des Dienstes, ja seine Ehre hängt an der Freigebigkeit, mit der er den Seinen lohnt. So paart sich mit dem Gemeingefühl ein ungemein starker *Sinn für Gerechtigkeit,* für einen Ausgleich auf Heller und Pfennig. Aus der unbedingten Gegenseitigkeit der Gefolgschaftsverpflichtung ergibt er sich nicht minder wie aus dem klaren Bewußtsein, daß jedes Vergehen seine Buße fordert.

Die Sippenverbundenheit erzeugt ferner ein lebhaftes *Verantwortungsgefühl,* in dem zugleich die Persönlichkeit zu ihrem Recht kommt. Die Sippe ließ durchaus der Selbständigkeit Raum: In der Wahl des druhtin war der Jungmann frei; in seinem Hause herrschte der Freie unbeschränkt; *da* war er niemand verantwortlich. Ein Bewußtsein für eine übergreifende Verpflichtung ergab sich aber trotzdem aus der Sippschaft. Jede Tat bindet ja zugleich die Sippe, im Guten wie im Bösen. Das muß Verantwortungsgefühl wecken.

Dazu kommt dann noch ein ungemein starker *Aktivitätsdrang.* Eigentlich jeder ist bedacht, seine Lebenskraft zu erweitern, schon weil er damit zugleich die Macht und Ehre der Sippe vergrößert. Dieser Drang trieb die Germanen über die Meere und machte sie zu den Entdeckern Amerikas. Aus ihm quellen die Wikingerfahrten. Er füllt die

Völkerwanderungszeit. Aber er hat auch eine ungeheure Blutlast auf die germanische Welt gelegt, da es keine Staatsordnung gab, die verhinderte, daß der Aktivitätsdrang sich auch in der eigenen heimischen Welt austobte in Gewaltakten. Selbst Sippenmord erwächst gelegentlich aus diesem Drang.

Gemeingefühl, Aktivitätsdrang und Verantwortungsbewußtsein sind Wurzeln, auf denen sich wahrhaftig eine Gemeinschaft aufbauen läßt. Kein Wunder, daß die Germanen, bereichert durch die Anregungen, die aus der Berührung mit dem römischen und christlichen Denken kamen, dann die neue Staatenwelt des Mittelalters aufgebaut haben.

2. Die Religion der Germanen. Hier ist zunächst nachdrücklich zu betonen, daß das religiöse Leben für den Germanen nicht von dem weltlichen zu trennen ist; insbesondere sind auch Politik und Religion nicht zu trennen. Das Heil des Volkes hängt ab von seinem Verhältnis zu den Göttern; das Heil des Volkes ist aber auch das A und O der Politik; so gehören beide unscheidbar zusammen.

Daß sie *treue Helfer im Lebenskampf* sind, ist die primäre Erwartung, mit der man den Göttern gegenübertritt. *Die Götter* kämpfen ihren Kampf gegen die riesigen Unholde, die die Welt bedrohen, und sind darin zugleich Helfer des Menschen. Dieser kann sie aber auch im besonderen Sinn als persönliche Helfer gewinnen und bemüht sich oft ausdrücklich um diese Hilfe, indem er ihnen oder einem von ihnen, dem er besonders vertraut, der sein fulltrúi wird, Opfer gelobt in Land- und Seenot, indem er Acker und Ehe durch ihn weihen läßt, damit sie fruchtbar werden durch seinen Segen. Insbesondere ist der Ausgang des *Kampfes* von dem Willen der Götter abhängig, denen man deshalb etwa vor seinem Beginn die feindliche Schlachtreihe weiht oder nachher die Gefangenen opfert. Nach Adam von Bremen pflegten sie auch, im Kampf in die Enge geraten, einen Einzelnen aus der Götterschar um Hilfe anzurufen; nach errungenem Sieg sollen sie diesem dann besonders zugetan gewesen sein; er wurde also ihr fulltrúi. Das ist typisch germanisches Geschichtsdenken. Die Götter sind als die Herren der Schlacht die Herren der Geschichte. Vom Verhältnis zu ihnen hängt Erfolg oder Mißerfolg ab. Wirklich Heil hat so auf jeden Fall nur, wer im Frieden lebt mit den Göttern. Sie sichern auch den „Frieden", d. h. die innere Wohlfahrt des Stammes und werden so die Hüter der Gemeinschaftsordnung. Entsprechend wird den Göttern geopfert, wer als Verbrecher, als Neiding, diese Ordnung stört.

Aber die göttliche Macht kann sich auch feindlich wenden, den Menschen mit Zorn bedrohen. Das sucht man mit denselben Mitteln abzuwehren, die die Freundschaft stiften, mit Opfer und Gebet. Die Darbringung von Menschen, die unzweifelhaft statt hatte, ist das Opfer höchstgespannnter Weihe.

Dieser Zusammenhang zwischen dem Heil der Menschen und dem Frieden Gottes hat sich nun aber noch nicht zu klaren sittlichen Forderungen der Götter verdichtet. Gewiß, bestimmte seltene Untaten, Neidingstaten, schließen aus diesem Frieden aus. Die Götter erheben auch Forderungen, aber für konkrete geschichtliche Situationen (Losorakel!) oder solche kultischer Art. Aber *Gebote* der Götter gibt es *für die sittliche Sphäre nicht.* Mit dem „du sollst, du sollst nicht“ der christlichen Botschaft tritt also etwas ganz Neues in die germanische Welt ein, das diese tief umgestalten mußte.

Das Fehlen des Gebotes bedingt das Fernsein des Begriffs der Sünde als eines Vergehens gegen *Gott.* Auch das ist im Hinblick auf die Christianisierung bedeutsam.

Ein fester Kult scheint neben den erwähnten Not- und Gelegenheitsopfern schon früh bestanden zu haben. Im lichten Hain, am Quell, am Fels opfert man Gott. Heilig ist auch der Hochsitz des Hauses, den der Hausherr inne hat. Baut ein Grundherr sich einen Tempel, so ist er auch selbst der Priester darin oder der, den er dafür bestellt. Priester des Stammes ist der König oder ein von ihm mit dieser Funktion betrauter Mann. Das Opfer eint die Teilnehmer zur Kultmahlzeit; der Gedanke der communio war den Germanen nicht fremd.

Eine Eigenart germanischen Glaubens kommt in dem Wissen zum Ausdruck, daß *die Götter sterben* müssen. (Die letzten Verse der Völuspá, die von der Wiederkehr der lichten Welt berichten, sind mit Sicherheit christlich beeinflußt.) Während es für den griechischen Glauben geradezu typisch ist, daß die Götter nicht sterben *können,* sondern ewig leben, sieht der Germane auch sie unter dem Todesverhängnis. Wodan-Odin opfert ein Auge, um zu erfahren, wann die Zeit des Unheils naht; Ziu-Tyr, der Kriegsgott, opfert sogar — als Kriegsgott! — seine rechte Hand, um das Unheilstier, den Fenriswolf, zu fesseln. Einst kommt dieser aber doch wieder los; dann ist Ragnarök, das Ende der Waltenden, da. Eine unheimlich düstere Endschau! Den Göttern bleibt nichts, als sich auf den Tag zu rüsten, der ihnen, wie sie wissen, den Sieg doch nicht gewähren wird. Dem Menschen bleibt nichts, als dem Verhängten entgegenzugehen, in gesammelter Haltung, heldenhaft, und gerade in der Art, wie man das Ende erleidet, die Heldenhaftigkeit zu bewähren und so wenigstens die Ehre zu bewahren oder gar zu mehren. Kein freundlicher Schein mildert das Dunkel.

Ja, das Dunkel wird noch vertieft durch den *Schicksalsglauben,* der uns überall begegnet, wo wir von germanischem Denken hören. Gewisse Stellen der Edda deuten freilich darauf hin, daß es ursprünglich die Götter waren, die als die Schicksal setzenden Mächte galten. Aber sie haben diese Stellung nicht bewahren können. Über ihnen steigt, Götter *und* Menschen beherrschend, eine neue Macht auf, eine Macht, mit Namen kaum nennbar; denn wen man mit Namen nennen kann, der ist bekannt, aber diese Macht kennt man nicht. Man kann sie nur notdürftig beschreiben mit Worten, die ein Zumessen (meotud), ein Schaffen (giscapu), ein Werden (werdendi, wurd) andeuten, eine Macht also, undurchschaubar, aber auch unbeirrbar, das Schicksal, wie wir mit einem erst jungen deutschen Wort heute sagen. Dieser Schicksalsglaube vertieft das Dunkel wirklich noch, denn man kann den Sinn des Verhängten nicht erfassen. Warum der beste Sohn in der Blüte der Jahre dahin muß, weiß Egil Skallagrimson nicht; seine „Sohnesklage" gibt davon erschütternd Kunde[1]. Warum wird der Eine zum Brudermörder und der Andere zum Verleugner des Gefolgsherrn, während ein Dritter das Geschick preisen kann, das ihn die Vaterrache gelingen ließ? *Fragen* kann man so, aber eine Antwort bekommt man nicht. Es bleibt nur die eine Möglichkeit, sich dem Verhängten willentlich hinzugeben, Ja zu ihm zu sagen und so mit ihm fertig zu werden. Das geschieht auch. Aber einen Sinn bekommt es auch dadurch nicht. Hier bleibt eine offene Frage. —

Es ist eine immer wieder gemachte missionarische Erfahrung, daß das erste Ja, das der Heide zu Christus spricht, aus seinem *heidnischen* Denken kommt, einfach, weil kein anderes in ihm lebendig ist. Schauen wir deshalb von hier aus auf die Germanenmission, so werden wir ein germanisches Ja zu Christus nur erwarten dürfen, wenn er sich zeigt als der machtvolle Helfer, als der Sieger im Endstreit der Mächte und als der, in dem die Sinnfrage des Lebens gelöst wird. Christi Lohn aber durch Leistung zu erwerben und etwaiges Vergehen durch Buße zu sühnen, das allein kann eigentlich die Haltung sein, mit der man ihm zunächst begegnet.

Literatur

Carl Clemen, Fontes historiae religionis Germanicae, 1928;

Walter Baetke, Die Religion der Germanen in Quellenzeugnissen, 1949³;

Thule, Altnordische Dichtung und Prosa, 24 Bde.; darin auch die Edda, deutsch von Felix Genzmer;

Jan de Vries, Altgermanische Religionsgeschichte, 2 Bde., 1956².

§ 19. Die Christianisierung der Germanen

1. Die Hauptprobleme der Germanenmission. a) Die Bekehrung der Germanen zum Christentum stellt die geschichtliche Wahrheitsfrage forschungsgeschichtlich noch in einer völlig vordergründigen Form, da hier die Richtigkeit der Aussagen noch weithin strittig ist.

---

[1] Thule III, S. 229 ff.

Ein ganzes Bündel von verschiedenen Einstellungen und sachlichen Gegensätzen ergibt sich aus der Forschungsgeschichte etwa der letzten 150 Jahre, die alle auch heute noch umstritten sind.

In bezug auf die *Missionsmethode* behaupteten die einen konsequent die Schwertmission, andere ebenso konsequent die Wortmission; dritte wollen nur eine Kulturmission Roms gelten lassen, von der die Christianisierung eine Teilerscheinung ist.

Im Blick auf die *Kulturkraft* des christlichen Glaubens feiern die einen ihn als den Kulturbringer schlechthin, andere schmähen ihn als Kulturschänder. Die dritten sehen beide Größen, Germanentum und katholisches Christentum, als kulturell minderwertig an, noch andere beide Größen als wertvoll.

Als grundsätzliche *Norm,* an der gemessen wird, gilt den einen der christliche Glaube, den andern die germanische Vorzeit. Auch hier fehlt eine dritte Gruppe nicht, die beide Größen als gleichwertig glaubt ansehen zu müssen.

Daß auch hier die meisten Gegensatzpaare einen klar sichtbaren weltanschaulichen Hintergrund nicht verleugnen können, macht die Frage nicht einfacher. Was ist hier sachlich richtig? Das ist wirklich die zunächst noch entscheidende Frage.

b) Das Geschehen, das wir *Germanenmission* nennen, füllte *zeitlich* den Raum von mehr als *800 Jahren,* also eines kleinen Jahrtausends; im dritten Jahrhundert kommen die Goten an der Donau und kommen Germanen am Rhein in wirkliche Berührung mit dem Christentum, zu Beginn des zwölften Jahrhunderts gibt es in Schweden noch offenes Heidentum. *Geographisch* ist das Gebiet vom Schwarzen Meer und Nordafrika einerseits bis nach Island und Norwegen hin andererseits beteiligt. Diese gewaltigen Unterschiede zeitlicher und örtlicher Art wollen beachtet sein; sie zeitigten sehr tiefgreifende Unterschiede. Daß man diese vielfach nicht bedachte und an sich richtige Einzelbeobachtungen verallgemeinert hat, hat sich als eine starke Fehlerquelle erwiesen.

Ob das Ergebnis dieser Geschichte eine *Bekehrung* der Germanen zum Christentum bedeutet in dem Sinne ihrer echten Gewinnung für ein Leben in und mit Christus *oder* nur ihre Christianisierung, d. h. ihre äußere Eingliederung in die christliche Kirche, ist auch innerkirchlich noch umstritten. Die Antwort hängt z. T. von dem ab, was man unter Bekehrung versteht, z. T. aber auch von dem Urteil über das innere Ergebnis des feststehenden äußeren Vorganges, eben der Christianisierung.

c) Das *eigentliche Rätsel der Christianisierung der Germanen* ergibt sich, wenn man von der Missionsmethode der alten Kirche ausgeht. Es ist oben (S. 60 f.) geschildert, daß diese seit dem Ende des 2. Jahrhunderts nur noch die Gelegenheitsmission kennt, das Zeugnis der Gemeindeglieder in ihrem Lebenskreis, mag dieser nun eng oder weltweit gewesen sein. Es ist auch schon ausgesprochen, daß solche Mission an der allgemeinen Verkehrsschranke, der Grenze des Römischen Reiches, normalerweise ihr Ende fand. Von daher bestand keine Aussicht, die Germanen für das Christentum zu gewinnen. Gewiß, in den römischen Provinzen Ober- und Untergermanien drang der neue Glaube nach dem Zeugnis des Irenäus schon im 2. Jahrhundert auch schon zu Germanen vor. Die Nachricht ist immer wieder bezweifelt worden. Aber die deutsche Wortgeschichte und die Sprachgeographie haben jetzt den eindeutigen Beweis erbracht, daß damals auch Germanen vom christlichen Glauben erfaßt sind; es erwies sich zugleich, daß der Zusammenhang zwischen den so christianisierten Germanen und späteren Geschlechtern nicht wieder abgerissen ist, denn sonst könnten die damals übernommenen Lehnwörter (Kirche, Bischof, offern = opfern, Almosen) nicht noch einen Bestandteil der heutigen Kirchensprache bilden. Aber dieses Christentum am Rhein ist missionarisch nicht geschichtskräftig geworden. Eine Planmission aber, die Missionare in die Fremde gesandt hätte, gab es nicht. Wie fand die christliche Botschaft trotzdem den Weg zu den Germanen? Das ist das eigentliche Rätsel der Germanenmission.

Jedoch seine Lösung ist einfach: Nicht das Christentum kam missionierend zu den Germanen, sondern die Germanen kamen zum Christentum. Eine immer wieder Staunen weckende Fügung Gottes ließ gerade *die* beiden germanischen Stämme, die die tiefste Einwirkung auf ihre Nachbarn und weit darüber hinaus gehabt haben, die Westgoten und die Franken, wandernd auf alten römischen Reichsboden und damit in den Bereich der altkirchlichen Gelegenheitsmission kommen. Dadurch wird die *Grundlage für die Christianisierung* der Germanen geschaffen. Diese steht also in direktem Zusammenhang mit der *Völkerwanderung*.

Die große germanische Wanderbewegung, die die meisten Stämme ergriff und die Jahrhunderte lang die Welt in Atem hielt, ist in ihren letzten Motiven immer noch nicht geklärt. Man hat an eine Klimaverschlechterung gedacht, die die Germanen zum Suchen neuer Wohnsitze gezwungen hätte; aber auch wenn eine solche wirklich nachweisbar wäre, eine fast tausendjährige Wanderbewegung kann durch sie allein nicht erklärt werden, zumal die Stämme nicht ruhten, wenn sie klimatisch so günstige und zugleich so fruchtbare Gebiete innehatten, wie sie das Schwarzerdegebiet Südrußlands und die ungarische Ebene bieten. Landnot infolge von Bevölkerungsüberschuß mag als auslösendes Moment zunächst mitgesprochen haben; eine Erklärung für die Wanderung bietet sie aber auch nur unter der Voraussetzung, daß die Rodetechnik, die in späteren Jahrhunderten den erforderlichen neuen Raum schaffte, noch nicht ausgebildet war. Das wird man in der Tat annehmen müssen. Aber warum landeten die allermeisten Stämme schließlich nach schier endlosen Kämpfen und Leiden auf dem dicht besiedelten römischen Reichsboden? Das kann nur den *einen* Grund gehabt haben, daß die Pracht der römischen Kultur, der Reichtum des Südens sie lockte. Die Erwerbsgier des römischen Kaufmanns hatte ihnen das Ziel und den Weg selbst gezeigt.

Dies Reich lag im Sterben; die Germanen gaben dem schon Fallenden nur noch den letzten Stoß. Der Zusammenbruch des Reiches bedeutet gleichzeitig eine ungeheure Kultureinbuße. Aber die Bildungsfähigkeit der neuen Völker hat, durch die Berührung mit dem, was blieb, befruchtet, eine neue reiche Kultur geschaffen. Die slawischen Völker des Ostens hat der geistige Zusammenhang mit Byzanz, in den sie gerieten, dazu nur geringfügig angestachelt. Auf germanischem Boden ist diese Erneuerung für alle Lebensgebiete unübersehbar, auch für den Bereich der christlichen Kirche. Daß Jahrhunderte des Übergangs für die Ausbildung des Neuen nötig waren, ist kein Gegenbeweis. Von einer Kontinuität der antiken Kultur zu sprechen, wie es Alfons Dopsch in seinem anregenden Werk getan hat, ist allerdings wohl nicht ratsam; ein Neuaufbau war schon nötig. Die Germanen haben ihn, im Bunde mit den Romanen, vollzogen. *So bedeutet die Völkerwanderung politisch und* weithin auch *völkisch die Germanisierung Europas; kulturell* schafft sie *die Grundlage für eine neue Kultur; religiös* ist sie *die Basis der Germanenmission;* ein wahrhaft weltgeschichtliches Phänomen.

d) Die Bindung, in der jeder Germane stand, machte eine Einzelbekehrung fast unmöglich. Als fraendaskǫmm, als Sippenschande, wurde der Übertritt zum Christentum auf Island zunächst angesehen. Andernorts war eine Verfolgung das Schicksal der ersten Christen. Wo die Religion eine öffentliche Angelegenheit erster Ordnung ist, ist ein Verhalten, das alle Stammesgenossen zur Teilnahme am Kult zwingt, auch durchaus verständlich. Der Weg zum Christentum war so eigentlich erst durch den Übertritt des politischen Führers oder nach Thingbeschluß frei. Darin liegt ausgesprochen, daß die germanischen Verhältnisse der Mission den *Weg von oben nach unten* aufnötigten. Er führt meist zu einem schnellen totalen Sieg im Stamm, aber er führt zunächst für viele auch nur zu einem äußeren Anschluß an die christliche Kirche; das Ergebnis ist die Christianisierung, nicht die Bekehrung. Wieweit ein Volk den christlichen Glauben dann auch wirklich lebendig erfaßt, ist eine zweite Frage.

e) Die Frage der *Schwertmission* ist durch die Diskussion der vergangenen Jahre als ziemlich nebensächlich erwiesen. Sie wird an ihrem Ort behandelt werden.

2. Die Bekehrung der Ostgermanen zum Arianismus. Die **Westgoten** haben einen erstaunlich tiefen geistigen Einfluß auf die gesamte germanische Welt ausgeübt. Sie haben, in Verarbeitung fremder Anregungen, den typisch germanischen Stil der Tierornamentik geschaffen und den Bruderstämmen weitergegeben. Auf ihrem Boden ist das Heldenlied als eine neue Form germanischer Dichtkunst erwachsen und ebenfalls von allen Stämmen übernommen worden. Manche Vorgeschichtler sind ferner der Meinung, daß der Übergang von der Leichenverbrennung zur Erdbestattung, die vielfach schon vor der Christianisierung erfolgte, gotischem Einfluß auf die Germanen zuzuschreiben ist. Es war also wahrhaftig von Bedeutung, daß gerade dieser geistig so bewegliche und schöpferische Stamm durch seine Südwanderung in den Bereich der christlichen Gelegenheitsmission kam. Wir sehen sie in mannigfacher Form bei ihnen am Werk. Glieder der unterworfenen römischen Bevölkerung, Sklaven, die sie von ihren Beutezügen ins Reich mit heimgeschleppt haben, übermitteln ihnen zuerst den neuen Glauben. Auch die größte Persönlichkeit unter den westgotischen Christen, *Wulfila* (ca. 311—383), ist der Enkel eines kappadozischen Gefangenen und nur von Vaters Seite her gotischen Blutes. Früh schon ist er Kleriker (Lektor) geworden. Das Amt muß ihm auch Ansehen im Volk verschafft haben, denn der junge Lektor wird einer westgotischen Gesandtschaft zum römischen Kaiser beigeordnet. Bei dieser Gelegenheit wurde er von dem Patriarchen von Konstantinopel, Eusebius von Nikomedien, „zum Bischof der Goten" geweiht, höchstwahrscheinlich 341. In der Tat mußte er, der gotischen, griechischen und lateinischen Sprache mächtig, im Besitz des Vertrauens seines Volkes, als der geeignete Mittler zwischen den Germanen und dem Christentum gelten.

Die Weihe durch Eusebius brachte Wulfila zugleich in eine ganz bestimmte theologische bzw. kirchliche Lage. Eusebius war ein Gegner der nizänischen Theologie (vgl. § 11), weil ihm als einem Origenesschüler an der Unterordnung des Logos unter Gott lag. Die Lehre des Arius, daß der Logos ein Geschöpf Gottes sei, teilte aber auch Eusebius zum mindesten 341 nicht mehr; Arianismus kann man diese Position also eigentlich nicht nennen. Das eigene Bekenntnis Wulfilas, das sein Schüler und späterer Freund Auxentius überliefert hat, betont zwar zunächst auch kräftig die *Unterordnung des Sohnes unter Gott* (filium subditum et oboedientem suo in omnibus Deo patri), betont aber ebensosehr, daß er *Sohn* Gottes ist (unigenitus filius *eius* — dominus et deus *noster*). Es betont schließlich noch stark die Unterordnung des Heiligen Geistes unter den Sohn; seine Gottheit wird sogar geleugnet, was vor 380 aber auch nicht auffällig ist. Das sachliche Interesse Wulfilas an dieser strengen Unterordnungsfolge wird man kaum in der Nähe des origenistischen Denkens suchen dürfen; der griechische Zentralbegriff für Christus, Logos, fehlt sogar in Wulfilas Bekenntnis, und das muß als bezeichnend angesehen werden. Nach Auxentius geht es ihm vielmehr *um die saubere Sonderung der göttlichen Personen,* die die orthodoxe Formulierung in der Tat und mit Recht schwer macht. Für das Verständnis von Wulfilas Lehre liegt es nahe, das germanische Vater-Sohn-Verhältnis als Analogie heranzuziehen. Es ergibt einmal die völlige Unterordnung des Sohnes als eines treuen Dieners unter den Vater, der in allem gehorsam — bis zum Tode am Kreuz! — dessen Willen erfüllt. Die Analogie der Sippe ermöglicht aber auch die wirkliche Sonderung der Personen. Und sie hindert schließlich, das ist sehr wichtig, auch nicht die Verehrung des Sohnes als wahrhaft göttlich. Denn dieser ist nur dem Ursprung, nicht dem Wesen nach von Gott verschieden, selbst göttlich und für uns an Gottes Stelle stehend und mit besonderen Aufgaben und Rechten ausgestattet, deshalb unser „Gott und Herr". So ergibt sich ein anschauliches und zugleich logisch einfaches Bild, bei dem nur fraglich ist, ob der strenge Monotheismus gewahrt blieb.

Daneben ist der *Biblizismus* der von Wulfila geistig abhängenden Germanen bemerkenswert, der die spekulative Theologie ablehnt, und der doch wohl auch auf Wulfila selbst zurückgeht. Auf jeden Fall hat dieser durch seine Übersetzung der Bibel in die gotische Sprache den Grund für ihn gelegt. Mit ihr schuf er zugleich das erste germanische Literaturdenkmal, zudem eine eigene Schrift und schließlich eine Schriftsprache. So schöpferisch macht der Dienst an einer großen Aufgabe.

Eine besondere Fügung ist es nun, daß eine Verfolgung die junge westgotische Christenheit 348 zum Ausweichen auf römischen Boden zwang. Sie blieb dort, *Kleingoten* genannt, am Fuße des Balkans in der Gegend des heutigen Sofia sitzen, auch als der Hauptstamm über Italien zur spanischen Halbinsel abzog. Und in bewußter Neuschöpfung der Planmission, die wohl auf Wulfila selbst zurückzuführen ist, haben diese Kleingoten dann im Donauraum einen germanischen Stamm nach dem anderen für ihre Form des christlichen Glaubens gewonnen. Die Sprachgeschichte hat wieder gezeigt, daß dieser Arianismus insbesondere die Bayern tief beeinflußt hat. Aber auch bei den Alamannen und wohl auch bei den Thüringern finden sich noch seine Spuren.

Die Ostgoten aber, die Wandalen, Gepiden, Heruler, Rugier, Langobarden und Burgunder sind von dieser Mission ganz christianisiert worden, *ehe* sie den Boden des Römerreiches betraten. Was sie zu diesem schnellen Übertritt bewogen hat, ist leider nicht zu sehen. Die Umstände ihres Religionswechsels nötigen nur zu der Annahme, daß sie den christlichen Glauben um seiner selbst willen bejaht haben. Wir stehen auf jeden Fall vor der Tatsache, daß die Verfolgung des Jahres 348 den Grund gelegt hat zur Christianisierung all dieser Stämme; denn nur ihr verdanken die Kleingoten ihre Sonderexistenz. Da wird einmal Gottes Führung der Geschichte mit Händen greifbar.

Der Zug der Langobarden nach Italien im Jahre 568 hat dann den nachdrängenden Awaren den Weg freigegeben. Dadurch ist ein heidnischer Keil zwischen die Kleingoten und die deutschen Stämme gelegt. Die von Südosten kommende Donaumission fand so ihr natürliches Ende. Die ostgermanischen Stämme auf römischem Boden aber verfielen der Romanisierung und in deren Verfolg dem Katholizismus. Immerhin war damit ihre Christianisierung nicht aufgehoben.

Die *Bedeutung des germanischen Arianismus sah von Schubert* in dem nationalkirchlichen *Aufbau,* der sich bei ihm findet. In der Tat wird die Kirche ganz in das Stammesleben eingegliedert. Diese Gestaltung soll, so meinte von Schubert, Chlodwig bewußt für den Aufbau der katholischen Kirche Frankens übernommen haben; gerade deswegen soll sie geschichtlich mächtig gewesen sein. Aber Chlodwigs Werk läßt sich auch ohne das arianische Vorbild verstehen. Ja, es wäre bei solcher Abhängigkeit nicht zu erklären, warum Chlodwig nicht auch die germanische Gottesdienstsprache mit übernommen hätte; die Sprache ist doch viel entscheidender als alle sonstigen Eigentümlichkeiten im Aufbau der arianischen Kirchen. Die Bedeutung des germanischen Arianismus kann also hier nicht liegen; sie kann aber auch nicht im inneren Gehalt seiner *Theologie* gesucht werden. Sie liegt vielmehr im *Missionarischen.* In Männern gleichen Blutes und gleicher Sprache trat die Gottesbotschaft vor die germanischen Stämme hin als „ein allgemein einleuchtendes Beispiel, daß und wie man als Germane Christ sein könnte". Für die Fülle der Stämme die Brücke gewesen zu sein, über die sie noch eben vor ihrem Aufbruch ins Römische Reich in erstaunlich kurzer Zeit den Weg zum christlichen Glauben fanden, das ist also das Entscheidende am germanischen Arianismus gewesen.

3. **Die Katholisierung der Westgermanen.** Zwei Welten standen sich nun gegenüber; auf der einen Seite die germanisch-arianische Gruppe, auf der andern die romanisch-katholische Kirche. Die Frage war, ob das Neben- und Gegeneinander dieser beiden Welten die Geschichte Westeuropas bestimmen sollte, oder ob eine von ihnen Allein-

geltung erringen würde; das heißt zugleich, ob die Entwicklung der Kirche in national gesonderten Bahnen oder in der zentralistisch-katholischen Linie sich bewegen sollte. Die Entscheidung fällte hier praktisch der Frankenkönig Chlodwig.

a) **Die Franken.** *Chlodwig* hat große Bedeutung zunächst dadurch erlangt, daß er

α) die fränkischen Stämme einte (wenn auch auf ethisch keineswegs einwandfreie Weise) und so der *Schöpfer des großfränkischen Reiches* wurde, dessen Grenzen bei seinem Tode das Mittelmeer und die Nordsee, der Golf von Biscaya und der Lech bildeten. Da seine Nachfolger den Herrschaftsbereich noch erweitern konnten, wurde aus dem Frankenreich das abendländische Zentralreich.

Theoderich d. Gr. hatte in der gleichen Zeit zur Sicherung seiner Herrschaft in Italien versucht, die Germanen auf römischem Reichsboden und an den Reichsgrenzen durch eine großangelegte Bündnispolitik zu einen, die durch gegenseitige Heiraten gefestigt werden sollte. Er bemühte sich, als dieser mächtig geworden war, sofort auch um Chlodwig, und heiratete dessen Schwester Audefleda, die, wie auch noch eine weitere Schwester Chlodwigs, zum Arianismus übertrat. Chlodwig selbst erhielt eine Verwandte Theoderichs, die burgundische Prinzessin Chrodechilde, die aber katholischen Bekenntnisses war, zur Frau. Beide genannten Welten, die katholische und die arianische, hatten damit eine Stellung am fränkischen Königshof bekommen. Ihr Ringen konzentrierte sich um die Person Chlodwigs.

β) Wahrhaft weltgeschichtliche Bedeutung bekam Chlodwig nun dadurch, daß er die neuen Herren Europas, die Germanen, durch seinen Übertritt zur katholischen Kirche geistig mit den alten Bewohnern einte. Chrodechilde hat ausgesprochen, daß Chlodwig ursprünglich für seine Person eine Entscheidung vermeiden wollte. Sachlich fällte er sie aber schon in der Form, daß er seine Kinder katholisch taufen ließ. Wenn er dann doch auch selbst noch in die katholische Kirche eintrat, so muß das also als ein Akt persönlicher Überzeugung gewertet werden. In notvoller Lage rief er während der Alamannenschlacht, wahrscheinlich 497 (Levison), Christus um Hilfe an und diente fortan ihm als seinem fulltrúi. Der Vorgang hat eine Fülle von Parallelen in der germanischen Welt; er ist auch quellenkritisch durch *Wolfram von den Steinen* gut als eine Aussage Chrodechildes gesichert. Mit dem König tat seine Gefolgschaft den Schritt hinein in die katholische Kirche unter der bezeichnenden Begründung: „Wir verlassen die *sterblichen* Götter und folgen dem *unsterblichen* Gott."

Diese Entscheidung Chlodwigs für die *katholische* Kirche, die sachlich ja schon vor der eigenen Taufe fiel, entsprang primär wohl einer

Rücksicht auf seine romanisch-katholischen Untertanen; sie hatte aber auch außenpolitische Bedeutung, denn sie sicherte ihm im Falle von Angriffskriegen gegen arianische Stämme die Bundesgenossenschaft von deren katholischen Untergebenen. Indem Chlodwig aber den romanischen und den germanischen Volksteil kirchlich, und das heißt zugleich: geistig, einte, legte er den entscheidenden Grund für das *Werden des Abendlandes;* es ist ohne sein Tun geschichtlich nicht denkbar.

Die katholische Kirche hatte im Frankenreich ihre Organisation aufrechterhalten können; auch ihr Recht galt weiter. Sie hatte zusätzlich erheblichen sozialen und verwaltungstechnischen Einfluß bekommen aus Fürsorge für die Einwohner in einer Zeit, da alle staatliche Ordnung zunächst zerbrach. Angesichts dieser Stärke der katholischen Kirche ist es doppelt beachtlich, daß der Aufbau der fränkisch-katholischen Kirche doch durchaus in der Form der *Landes-*, ja Staats*kirche* erfolgte. Das findet seinen Ausdruck:

α) in dem Fernhalten jedes *rechtlichen* Einflusses, der von außerhalb des fränkischen Reiches hätte kommen können. Die Bistums- und Metropolitangrenzen wurden jeweils sofort den Landesgrenzen angeglichen. Auch der Papst galt nur als moralische Autorität; rechtlich wehrte man seinen Einfluß ab;

β) im Nationalkonzil schuf sich die fränkische Kirche ein eigenes Zentralorgan, das aber *unter* dem König stand, der es berief und ihm auch seine Aufgabe stellte;

γ) die Kleriker blieben, germanischem Brauch gemäß, dem Volksverband nach Rechten und Pflichten eingegliedert. Der Eintritt in den Stand wurde aber von einer Genehmigung des Königs oder seines Grafen abhängig gemacht. Für die Bischofsitze trat Benennung, ja Ernennung durch den König vielfach an die Stelle der kanonischen Wahl.

Da Chlodwig bei alledem den ersten Schritt tat, hat die Vermutung *von den Steinens* große Wahrscheinlichkeit, daß er diesen landeskirchlichen Aufbau der Kirche noch *vor* seiner Taufe in entsprechenden Verhandlungen mit dem gallischen Episkopat festgelegt hat; er sicherte so seine Stellung gegenüber der katholischen Kirche, *ehe* er sich ihr anschloß. Die gedankliche Grundlage für diese Gestaltung der staatskirchenrechtlichen Verhältnisse liegt wohl im gewohnten Brauch; sie bedeutet also ein Stück Germanisierung der katholischen Kirche.

Leider hat Chlodwig, wie schon erwähnt, dabei den Gottesdienst in der Landessprache nicht auch erzwungen, der um 500 an sich noch in der ganzen Kirche üblich war. Offenbar kannte er in Gallien *und* vom burgundischen Königshof her katholischen Gottesdienst nur in lateinischer Sprache. Daß der missionarische Eifer nicht auch die Kirche genötigt hat, hier entgegenzukommen, ist fast erstaunlich. Es ist nicht ausgeschlossen, daß der Gegensatz gegen die Praxis des Arianismus die Kirche des Westens so stark an das *Lateinische als Gottesdienstsprache* gebunden hat, wie es geschehen ist.

Das Verhältnis von Staat und Kirche ist dann unter den Nachfolgern Chlodwigs noch enger geworden als schon unter ihm. Von vollkommener Religionsfreiheit, die auch nach Chlodwigs Taufe noch bestand, ging der Weg über eine Bevorzugung der Christen am Hofe, die staatliche Durchführung einer äußerlich christlichen Sitte, sowie das Verbot erst des öffentlichen, dann jeglichen heidnischen Kultes weiter, bis er schließlich 626 bei klarem Taufzwang gegenüber dem heidnischen Rest durch Dagobert I. endete. Dieser Grundsatz, daß fränkische Untertanen gezwungen sind, Christen zu werden, mußte sich wirklich verhängnisvoll auswirken, wenn das Reich seine Herrschaft über heidnische Stämme ausdehnen konnte. Hier liegt die Hauptwurzel für die stellenweise zu beobachtende Zwangsanwendung in der Germanenmission.

Die *kirchliche* Grundlage solchen Zwanges in Religionssachen ist oben (S. 63) schon berührt. Aber auch *staatlich* sah man damals den Kult ebensosehr als völkische wie als religiöse Pflicht an (vgl. S. 160). Ausdrücklich begründen die fränkischen Könige ihre Maßnahmen denn auch: Sie wollen Gott dienen um des Heiles des *Volkes* willen. Daß kirchlich und staatlich trotzdem ein Irrweg vorliegt, braucht nicht ausdrücklich begründet zu werden.

b) **Die Angelsachsen.** Ein eigener Ansatz führte zur Christianisierung der Angelsachsen insofern, als Papst Gregor der Große aus noch nicht klar ersichtlichen Gründen zur Methode der Planmission zurückfand. Nur seinem energischen persönlichen Eingreifen ist auch der Erfolg der römischen Sendlinge zu verdanken. Ihren Bemühungen ging freilich eine von Norden kommende iroschottische Missionsarbeit unter den Angelsachsen parallel, die noch größeren Erfolg hatte als die römische. Doch siegte 664 auf der Synode zu Whitby (Streaneshalch) die römische Form über die iroschottische. Immerhin entsteht durch das Zusammentreffen der beiden Formen auf angelsächsischem Boden ein eigener Typ des Christentums. Er ist gekennzeichnet:

α) durch eine überaus enge *Bindung an Rom.* Der Apostel Petrus, der nach damaliger Anschauung selbst in Gestalt des Papstes die Kirche lenkt, wird mit einer solchen Inbrunst verehrt, daß damit etwas Neues in die katholische Kirche eintritt. Diese Neuerung zeitigte auch sofort organisatorische Folgen, denn hier zuerst konnte der Papst einen Erzbischof und Bischöfe einfach *ernennen;*

β) bezeichnend ist weiter ein großer *Ernst wissenschaftlicher Forschung*. Iroschottische Einflüsse kommen hier zusammen mit solchen Theodors von Tarsus, des ersten Erzbischofs von Canterbury. Die Blüte der Wissenschaft, auf die ganze katholische Kirche gesehen, hat im 8. Jahrhundert England hervorgebracht. Insbesondere wurde hier auch die antike Tradition liebevoll gepflegt. So ist hier (letztlich bei den Iroschotten) der Grund gelegt, durch den die Kirche selbst, direkt, der Tradent der Antike für die germanische Welt wurde; denn in Rom und Gallien wurde die Beschäftigung mit ihr als mit einer heidnischen Größe gerade damals abgelehnt. Wenn das Mittelalter und damit das ganze Abendland charakterisiert ist durch die Mischung Germanentum, Christentum, Antike, so geht der letzte Faktor also auf die Iren und die Angelsachsen als Vermittler zurück;

γ) für die Angelsachsen ist weiter charakteristisch eine außerordentliche *Strenge der Askese*. Diese führte sie, wie die Iroschotten, zur Missionsarbeit. Denn die peregrinatio propter Christum[1] ist die Krone asketischen Lebens;

δ) organisatorisch ist bezeichnend: kirchlich eine enge Verbindung des Bischofssitzes mit einem Kloster; staatlich eine enge Zusammenarbeit von König und Kirche; eine kirchliche Weihe (Salbung) des Königs, die dem sakralen Charakter altgermanischen Königtums entspricht, biblisch aber durch Saul und David gerechtfertigt ist, ist äußerer Ausdruck dafür.

Indem es außerdem Theodor von Canterbury auf der Synode von Hertford 673 gelang, England, das politisch in sieben Königreiche aufgespalten war, kirchlich einheitlich zu organisieren, legte er den Grund für die politische Einung Englands, die freilich erst mit Alfred dem Großen (849—901) Wirklichkeit wurde. Die Christianisierung hat so auch größte politische Bedeutung für England bekommen.

c) Die Christianisierung von **Ober- und Mitteldeutschland** ruht auf der Vorarbeit, die die römische Restbevölkerung einerseits und der ostgermanische Arianismus andererseits geleistet hatten. Dazu kam die Wirkung der fränkischen Eroberung in Besetzung und Kolonisation, letztere besonders stark im Maingebiet. Eine bewußte Missionsarbeit, die im wesentlichen an Klöstern ihren Halt hatte und vielfach von Iroschotten, aber in engem Bunde mit den Franken, getragen wurde, vollendete im Süden bei den Alamannen und Bayern die Arbeit. Bei den Hessen und Thüringern blieb eine stärkere Nacharbeit zu leisten, die dann die Angelsachsen übernahmen. Die deutsche Kirchensprache hat die Spuren all dieser Gruppen noch heute in sich. Mit Hilfe der Ausgrabungswissenschaft, der Siedlungsgeschichte und der Wort-

[1] Die Wanderung in die Ferne um Christi willen.

geographie den Anteil der einzelnen missionierenden Faktoren jeweils für die konkrete Landschaft zu bestimmen, ist heute die Aufgabe. Dabei wären zugleich die Urpfarreien festzustellen, deren Grenzen nicht selten mit denen eines Gaues zusammengefallen sind.

4. Alle eben für die Angelsachsen als charakteristisch genannten Züge sind durch **Bonifatius** auch dem festländischen Christentum eingeprägt. Er wurzelt geistig ganz in seiner angelsächsischen Heimat, deren Ideen und Lebensformen er in großer Einsatzbereitschaft und Tatkraft bei seiner Tätigkeit auf dem Festland vertreten und so dorthin übertragen hat. Bonifatius hat seine kaum zu überschätzende Bedeutung bekommen:

a) durch seine Wirksamkeit in Friesland als *Missionar*, zuerst mit Willibrord zusammen, und durch die Einbringung einer immerhin noch großen Nachernte in Hessen und Thüringen; auch unter den Sachsen konnte er wirken. Den Namen eines *Apostels* von Deutschland verdient er aber trotz alledem nicht;

b) wenn auch nicht der Missionar, so war er doch der *Organisator der deutschen Kirche*. Soviel Kräftegruppen hier auch missionarisch tätig gewesen waren, nirgends (außer bei den Alamannen) war eine kirchliche Organisation aufgebaut worden; Wanderbischöfe, wie auch Bonifatius zunächst einer war, vollzogen die bischöflichen Funktionen. Durch Bonifatius wurde Bayern und Mitteldeutschland mit einem festen Diözesannetz überspannt, das durch Klostergründungen ergänzt wurde. Der Versuch, auch noch ein Metropolitansystem aufzubauen, gelang Bonifatius nicht mehr;

c) wurde Bonifatius der *Reorganisator*, um nicht zu sagen: der Reformator *der fränkischen Kirche*. Der Zerfall des merowingischen Staates hatte auch eine starke Zerstörung der mit ihm eng verbundenen Kirche zur Folge. Eine große Anzahl von Bistümern war unbesetzt, als Bonifatius das Festland betrat; andere in den Händen von Männern, die aller kirchlichen Gesinnung bar waren; Priester z. T. entlaufene Sklaven, die sich die Tonsur nur deshalb hatten geben lassen, um ihren Herren zu entgehen, ohne Vorbildung, manche schändlichen Lastern ergeben; das Kirchengut, ohne das der Wiederaufbau materiell unmöglich war, weitgehend in fremden Händen. *Kolumban* d. J. hatte von Luxeuil aus vergeblich versucht, die fränkische Kirche nach iroschottischen Grundsätzen zu erneuern. Er mußte sich erst nach St. Gallen, dann sogar nach Bobbio in Oberitalien zurückziehen. Es war also eine besondere Fügung, daß dem Reorganisator des fränkischen Staates, Karl Martell, in seinen Söhnen Karlmann und Pippin Männer folgten, die an der Wiederaufrichtung der Kirche ganz persönlich interessiert waren. *Karlmann* berief 741 den Mann, der sich im Osten so vielfältig bewährt hatte, um mit ihm zusammen die Reorganisation der Kirche durchzuführen. In Anknüpfung an den heimischen Brauch der Zusammenarbeit von Krone und Kirche versagte sich Bonifatius der Bitte auch nicht. Mit dem Concilium Germanicum von 742 beginnt die Arbeit in Austrasien, dem Ostteil des fränkischen Reiches, mit der Synode von Soissons 744 im Westteil, in Neustrien. Die Verbindung zwischen dem Majordomus *Pippin* und Bonifatius muß dann sogar sehr eng geworden sein (gegen Hauck), denn ein Vertrauter Pippins (Fulrad von St. Denis) und ein solcher des Bonifatius (Burckhardt von Würzburg) bildeten die Gesandtschaft zum Papst, als Pippin 751 die Hand nach der Krone ausstreckte. Heimischer Sitte gemäß salbte Bonifatius dann auch Pippin bei der Krönung. Auch das war von weitreichendem Einfluß auf die deutsche Geschichte, denn auf diese Salbung scheint die Bezeichnung der deutschen Könige als „von Gottes Gnaden" ihr Amt führend zurückzugehen. Auf jeden Fall wird durch Bonifatius die Verbindung zwischen dem fränkischen König und der Kirche so eng, daß man geneigt ist, schon bei Pippin von einer Theokratie zu sprechen.

Da Pippin aber Alleinherrscher im fränkischen Reich geworden war, so führte die Zusammenarbeit des austrasischen Erzbischofs mit ihm auch zu einer kirchlichen Gleichheit zwischen dem Osten und dem Westen; darin lag die Schaffung der geistigen Einheit des Reiches überhaupt. Ohne diese geistige Vorarbeit des Bonifatius ist das Reich Karls des Großen kaum zu denken.

d) Diese großfränkische Kirche, die das geistige Einheitsband des Reiches bildete, blieb nun aber nicht in der Isolierung, in der sie bis dahin gestanden hatte, sondern Bonifatius gliederte sie zugleich wirksam der Universalkirche ein, indem er sie *Rom* organisatorisch *unterstellte*. Die Zusammenarbeit mit dem Papst war für einen Angelsachsen selbstverständlich, insbesondere galt er einem solchen als der Herr der Mission. So hat sich schon Willibrord zu seiner Arbeit unter den Friesen vom Papst autorisieren lassen. Bonifatius machte es für seine Arbeit in Deutschland ihm nach. Das kann auch dem fränkischen Empfinden nicht ganz widersprochen haben; denn Karl Martell ließ zu, daß Rom in Bonifatius einen Bischof, ja einen Erzbischof für den fränkischen Herrschaftsbereich ernannte. Pippin d. M. sandte Willibrord 695 sogar von sich aus nach Rom, damit er sich dort das Pallium, das Zeichen der erzbischöflichen Würde, hole. Aber wirklich wirksam wurde die Verbindung mit Rom doch erst durch Bonifatius. Dieser hatte als erster aus dem Gebiet diesseits der Alpen 722 bei seiner Weihe zum Missionsbischof dem Papst den gleichen Gehorsamseid geschworen wie die Bischöfe der römischen Kirchenprovinz und war zeitlebens eifrig, ja ängstlich darauf bedacht, den Zusammenhang mit Rom nicht nur selbst zu pflegen, sondern auch in seinem Einflußbereich für die Gemeinschaft mit Rom zu sorgen; er hatte damit auch vollen Erfolg.

Ob die Kirchen diesseits der Alpen auch ohne Bonifatius diese Verbindung mit Rom bekommen hätten, ist fast müßig zu fragen. Daß auch andere Verbindungen dorthin wirksam waren, ist eben schon berührt. König Theodo von Bayern pilgerte z. B. 716 von sich aus nach Rom. England huldigte dem Stuhle Petri rückhaltlos. Möglich war die Verbindung also auch ohne Bonifatius. Tatsächlich aber hat er sie geschaffen.

Keine Tat ist ihm so leidenschaftlich verdacht wie diese. Wer die deutsche Geschichte des Hochmittelalters kennt, dem ist auch ohne weiteres klar, welch unglückliche Verwicklungen sie, allerdings erst nach einer Weiterbildung der Papstidee, gezeitigt hat. Diese Weiterbildung konnte Bonifatius selbst aber noch nicht in Rechnung stellen. Und der Not steht zudem die andere Tatsache gegenüber, daß das Abendland seine innere Einheit und damit sein konstitutives Element nur der langen gemeinsamen Geschichte unter dem Papsttum verdankt. Wer deshalb zum Abendland Ja sagt, kann auch zu dieser Tat des Bonifatius nicht Nein sagen. Die Basis des Urteils ist entscheidend für seinen Inhalt.

e) Drei Faktoren konstituieren bekanntlich das Abendland: Germanentum, Christentum, Antike. Auch an der *Tradierung der Antike* hatte Bonifatius großen Anteil. Er war selbst den antiken Studien leidenschaftlich ergeben, ein gefeierter wissenschaftlicher Lehrer, schon ehe er die Heimat verließ. Die Klöster, die Bonifatius auf dem Festlande gründete, übernahmen auch diese Tradition. So ist durch den Angelsachsen Alkwin von York die karolingische Renaissance grundgelegt und durch die Bonifatius-Gründung Fulda die ottonische. —

Hat Bonifatius also auch keine neuen Ideen gehabt, so griff er doch ganz tief in die Geschichte des Abendlandes ein, das ohne ihn nicht zu denken ist. Eine Persönlichkeit von großer Lauterkeit und Frömmigkeit, wie schon sein Gebetsleben zeigt, und von offenbar bezwingender Gewalt, hat er in rastlosem Einsatz und mit unendlicher Zähigkeit für das von ihm als richtig Erkannte gekämpft, zur rechten Zeit das Richtige tuend, und so in einem langen Leben Erstaunliches geleistet.

5. **Die Sachsen und der Norden.** a) **Sachsen,** das doch nur in Grenzbezirken erreichte eigentliche Missionsziel des Bonifatius, bietet insofern ein Sonderproblem im Rahmen der germanischen Missionsgeschichte, als Gewalt hier ohne jeden Zweifel eine Rolle bei der Christianisierung gespielt hat. Ihre Anwendung ergab sich aus dem

Ineinander von Mission und Eroberung, das für dies Gebiet charakteristisch ist.

Ein seit 250 Jahren geführter wechselvoller Grenzkrieg wurde in einem 30jährigen Ringen durch Karl d. Gr. endgültig entschieden und mit der Eingliederung Sachsens in das Frankenreich zugleich eine Vorbedingung für das Werden des deutschen Reiches geschaffen. Fränkische Bürger müssen dem Gesetz gemäß Christen sein (vgl. oben S. 166). So sind schon vor Karl Sieg und Taufe miteinander verknüpft gewesen. Als Karl das Land 782 als erobert ansah und die fränkische Grafschaftsverfassung dort einführte, wurde auch durch die capitulatio de partibus Saxoniae, die wahrscheinlich in diesem Jahr erlassen ist (sonst 785), den Sachsen die Taufe zur Pflicht gemacht unter Androhung der Todesstrafe für den Versäumnisfall.

Aber das eigentliche Rätsel der Sachsenmission liegt darin, daß von keinem anderen germanischen Stamm aus der ersten Generation nach der Christianisierung so viele und so tiefe Zeugnisse echtesten christlichen Herzensglaubens vorliegen, wie vom sächsischen, nämlich in der altsächsischen Genesis, dem Heliand und den Liedern Gottschalks. Diese Christusfrömmigkeit kann aber nur durch eine echte Mission geweckt sein. Echte missionarische Verkündigung geht denn auch der Gewaltaktion Karls voran, vor allem von angelsächsischer Seite aus; ihr ist auch vom angelsächsischen Allthing ausdrücklich Duldung gewährt worden[2]; daneben begleitet sie auch das Tun Karls, von ihm selbst nachdrücklich und mit unverkennbarem persönlichen Interesse gefördert.

b) Der **Norden** ist dann teils durch seine Verbindung mit Deutschland, teils durch die mit England und durch gegenseitige Durchdringung christianisiert worden. In Schweden mag auch ostkirchliche Einwirkung (Handelsweg nach Byzanz!) eine gewisse Rolle gespielt haben, in Island ohne Zweifel die Einwirkung irischer Eremiten und sächsischer Missionare. In Norwegen hat der heidnische Rest Gewalt erleiden müssen durch König Olaf Tryggvason und Olaf den Heiligen.

Typisch für die Bedeutung des germanischen Gemeinschaftsgefühls auch in religiösen Fragen ist der Vorgang auf dem Allthing *Islands* im Jahre 1000. Ein früher ergangenes Verbot des Christentums als Sippenschande hatte doch dessen Eindringen nicht verhindern können. Auf dem Thing des Jahres 1000 drohte der dadurch entstandene Gegensatz sich in offener Fehde zu entladen. Um das zu verhüten, wurde dem Gesetzessprecher Thorgeir auf gemeinsamen Beschluß die Ent-

[2] Vita Lebuini antiqua cap. 6 (MGH SS XXX 2, S. 794); zu ihrem Wert als Quelle vgl. Martin Lintzel, Untersuchungen zur Geschichte der alten Sachsen VIII (Sachsen und Anhalt 7, 1931).

scheidung über den künftigen religiösen Weg Islands überlassen, einem Heiden. Er entschied für das Christentum, und sein Spruch wurde durchgeführt.

6. Fragt man nach den **inneren Gründen,** die zu der Annahme des christlichen Glaubens seitens der Germanen geführt haben, so wirkt sich hier die Unsicherheit, die über der Deutung des germanischen Glaubens waltet, verhängnisvoll aus. Als allgemeingültig für die ganze germanische Welt können mit einiger Vorsicht drei oder vier Dinge genannt werden:

a) die werbende Kraft der erfahrenen *Macht Christi.* Dies können wir von den Küsten des Schwarzen Meeres bis zu den unwirtlichen Gestaden Islands beobachten. Ja, man versucht, und gerade das ist typisch germanisch, die Macht Christi, und zwar die *helfende* Macht Christi, indem man sich ihm, etwa in verzweifelter Lage, nur für den Fall angelobt, daß er einem auch hier noch Hilfe bringt. Es gibt Beispiele aus der ganzen germanischen Welt dafür. In solcher Hilfe erweist Christus sich als der wahre Herr der Geschichte, dem anzugehören die Germanen offenbar gelockt hat. Aber indem sie nun ihn als ihren fulltrúi erkiesen, verlieren sie die Wahlmöglichkeit für die Zukunft. Sie haben sich für den alleinigen Gott entschieden;

b) weiter wäre hier zu nennen der *Sieg Christi über die Mächte des Bösen.* Jedenfalls ist auf fränkischem, englischem und sächsischem Boden klar ersichtlich, daß der Sieg Christi über den Teufel und den Tod gewaltigen Eindruck auf Germanen gemacht hat. Sie erwarteten im Ragnarök den Endsieg der Mächte der Finsternis. Und nun ist hier der, der niederfährt zur Hölle selbst, um dort den Sieg zu gewinnen, und der auch den Endsieg über den Teufel gewinnen wird, ja eigentlich Karfreitag und Ostern schon gewonnen hat. Eine ganz neue Enderwartung, die mit ihrem frohen Ausblick der alten, tragisch bestimmten, direkt entgegensteht, nach der nur die Möglichkeit blieb, gewissen Untergang heldenhaft zu bestehen. Daß Christus aber auch für die persönliche Lebensnot Hilfe bietet, ist vielleicht ebenso wichtig wie die Sicherung des Kosmos vor den Unheilsmächten, die in ihm gegeben ist. Die Fülle der alten Segenssprüche führt in diese persönliche Welt hinein;

c) endlich wird der Glaube an das Verhaftetsein an ein blindes *Schicksal* abgelöst durch den Glauben an Gott, den Vater;

d) und nun folgt man *Christus* als seinem *fulltrúi,* als seinem druhtin (Herrn), mit der ganzen Hingabe, der ganzen Einsatzbereitschaft und der ganzen Treue, die für den Germanen im Gefolgschaftsdienst charakteristisch ist, und nimmt auch schwerste Leistung in der militia Christi auf sich, etwa den Klosterdienst. Und verläßt sich auf die Milde des himmlischen Königs so fest, wie auf die des irdischen Großen: „Gib, Herr, was du verheißen hast, weil wir getan haben, was du geboten hast“ (Radegunde). Diese Lohnerwartung bietet zugleich schon ein Stück Germanisierung des Christentums.

7. Die Germanisierung des Christentums. *Harnack* hat noch die These aufgestellt, daß von einer Germanisierung des Christentums nicht wie von seiner Hellenisierung und Latinisierung gesprochen werden könnte. Demgegenüber sieht *Wilhelm Neuß* jetzt die Eigenart der mittelalterlichen Kirchengeschichte gerade darin, daß sie die *germanische* Form des Katholizismus bilde. Dies Gegeneinander spiegelt den Wandel der Anschauung lebhaft, mag bei Neuß auch der eine der drei Faktoren, die zusammen das Mittelalter bilden, etwas überbetont sein.

Die Griechen fanden die tiefste Aussage über *Christus* in der Weise, daß sie ihn mit dem Logos ihrer Philosophie identifizierten (vgl. oben S. 97 f.). Für die germanische Welt wurde entscheidend, daß der *κύριος* bzw. dominus des Neuen Testamentes mit dem althochdeutschen Wort *druhtin* (und seinen Entsprechungen bei anderen Stämmen) wiedergegeben wurde. Der druhtin ist nicht der Herr, dem etwa der Sklave rechtlos und machtlos ausgeliefert ist, sondern der Gefolgschaftsführer, in dessen Schar nur der freiwillige Entschluß hineinführt und der auch selbst durch die Aufnahme gebunden wird. Vertrauen und Dienstbereitschaft begründen dies Verhältnis von der einen Seite, die „Milde“ des Herrn konstituiert es andererseits. Das Verhältnis wurde also als zweiseitig empfunden. Der Mann „erkürt den Willen des Herrn“, wie es im angelsächsischen Gefolgschaftseid heißt, evtl. bis in den Tod hinein. Der Herr bestimmt Stellung und Los des Mannes; sein ist die Ehre, auch von des Mannes Taten. Im Halten seiner Gebote oder gar in der besonderen militita Christi, im Mönchsdienst, erweist der Mann seine Treue. Der Verdienstgedanke beherrscht die ganze Vorstellung. Eigene Taten erwerben den Himmel.

Von der Gefolgschaft her gewinnt die altsächsische Genesis auch den Gedanken der *Sünde.* Auf der Mannentreue beruhte das gesamte staatliche Leben von damals. Wer sie brach, rüttelte an den Grundfesten des Daseins. So bilden Führerverrat und Treubruch die Urkatastrophe, die teuflische Tat im Himmel.

Gesteigerte Gefolgschaftsleistung aber sühnt die Untat. Nur war den Germanen das Prinzip „Auge um Auge, Zahn um Zahn“ fremd. Bei der Sühne brauchten Leistung und Gegenleistung sich nicht haargenau zu entsprechen. Insbesondere war es möglich, persönliche Schuld durch dingliche Leistung abzugelten, Blutrache z. B. durch Wergeldzahlung. Das bürgerte sich leider auch im kirchlichen Bußwesen ein. Geldzahlung trat an die Stelle einer an sich geschuldeten persönlichen Leistung wie

Fasten, Beten, Wallfahrten. Letztlich germanischem Denken entstammte also der Mißbrauch, gegen den Luther sich 1517 erhob.

Es war zugleich germanische Anschauung, wohl auf der Sippenhaft beruhend, daß der Täter die Bußleistung nicht in Person darzubringen brauchte, sondern sich durch einen anderen vertreten lassen konnte. Auch dieser Gedanke gewinnt Raum in der Kirche. Selbst ein so bedeutender Mann wie Bischof Cedd, dem Essex seine eigentliche Christianisierung verdankt, brach ein 40tägiges Fasten, das er gelobt hatte, auf Veranlassung des Königs ab, indem er einen Kaplan an *seiner* Statt weiterfasten ließ. Auch dieser Gedanke findet dann im Ablaß für andere seinen Niederschlag.

Er erleichterte aber auch den Zugang zur stellvertretenden Tat Christi, zumal dieser nach dem Neuen Testament ja nicht nur unser Herr, sondern zugleich unser Bruder, und das heißt unser Sippengenoß ist. Das Denken Anselms von Canterbury z.B. ist weithin germanisch bestimmt. Ein Mensch tastet durch ein Verschulden die Ehre dessen an, der davon betroffen wird. Sie *muß* wiederhergestellt werden. Sie wird aber wiederhergestellt durch Vollzug der Rache *oder* durch den Empfang der Sühneleistung. Diese um den germanischen Zentralbegriff der Ehre kreisende Anschauung überträgt Anselm auf Gott. Seine Ehre ist durch des Menschen Sünde verletzt und muß wiederhergestellt werden, durch Vergeltung *oder* durch den Empfang der ausgleichenden Gabe, die Anselm in Christi Tod sieht, der streng als satisfactio, als Genugtuung, gefaßt wird.

Gefolgschaftsbrauch steht auch hinter dem Gebetsgestus, der auf germanischem Boden die altkirchliche Form der offen emporgehobenen Hände ablöst, dem Händefalten. Es bedeutet: Gott, ich bin dein Mann, dir in Vertrauen und Dienstbereitschaft zugetan.

Eine zweite weitreichende Folge ergab sich aus dem ständischen Denken der Germanen. Der Germane empfand Rechtsgleichheit Ungleicher als Ungerechtigkeit. Das Recht berücksichtigte deshalb stets, ob eine Tat von Freien oder Unfreien, an Freien oder Unfreien geschehen war, und bemaß die Strafe verschieden. So tat es bald auch das kirchliche Sendgericht. Der Freie durfte sich z.B. freischwören, der Unfreie mußte sich durch Gottesurteil reinigen, beides zugleich germanische Beweismittel. Der Freie wurde nur mit Geld oder kirchlicher Satisfaktion bestraft, der Unfreie hatte auch körperliche Züchtigung bis hin zur Skalpierung zu erwarten.

Da ferner nur ein Mann gleichen Standes jeweils richten konnte, aber auch das Bischofsamt mit Befehls- und Gerichtsgewalt ausgestattet war und immer mehr wurde, mußte dieses ein Privileg der edelfreien Geschlechter werden. Die *Adelsherrschaft*, der Feudalismus, der das Kennzeichen des politischen Aufbaus des Mittelalters ist, wird so auch für den kirchlichen Aufbau charakteristisch.

Eine weitere tiefgreifende Änderung ergab sich aus dem Fehlen der Städte diesseits der Alpen. Sie waren die Grundlage auch des kirchlichen Aufbaus in der alten Zeit gewesen (vgl. S. 60). Wo sie fehlten, war es unmöglich, das Land von der Stadt aus kirchlich zu versorgen; *Landpfarreien* wurden zwingend notwendig.

Ihr Aufbau geschah meist nach dem Prinzip des *Eigenkirchenrechts*, das *Ulrich Stutz* zuerst beschrieben hat. Erbauer und Herr der Kirche wurde der Grundherr. Da er auf seinem Gebiet keinen fremden Eigentümer oder Befehlshaber duldete, bekam nicht der Bischof die Leitung der Kirche, sondern der Grundherr behielt sie in jeder Beziehung selbst. Er stellte den Geistlichen an und berief ihn evtl. ab. Sein war der Ertrag der Kirche durch Opfer und Zehnten. Nur sehr allmählich und nur in beschränktem Maße hat die Kirche für den Bischof wenigstens ein gewisses *Aufsichts*recht erkämpft. Im Patronat lebt das Eigenkirchenwesen noch heute weiter.

Man kann sagen, daß die Bischofssitze bald als Eigenkirchen der Fürsten behandelt wurden. Bei der großen wirtschaftlichen und politischen Bedeutung, die die Bischöfe bekamen, mußten die Herrscher ein Interesse daran haben, daß tüchtige und zugleich zuverlässige Männer das Amt bekamen. Königliche Benennung, ja Ernennung höhlte deshalb das altkirchliche Wahlrecht der Gemeinden immer mehr aus. Und wie der Grundherr den Nachlaß seines Priesters erhielt, so erhoben dann die Fürsten Anspruch auf den Nachlaß der Bischöfe und Äbte (= Spolienrecht), gleichzeitig aber auch auf die Einkünfte während einer Sedisvakanz (= Regalienrecht). Praktisch ist schon in fränkischer Zeit, z.B. durch Karl Martell, das Kirchengut als Königsgut behandelt worden.

Der *König* bekam so praktisch die *Leitung der Kirche* seines Landes (vgl. S. 165). Diese Regelung entsprach aber durchaus germanischem Denken, demzufolge der Fürst auch der oberste Kultleiter war. Bedenkt man zudem, daß das germanische Rechtsempfinden konservatives Gewohnheitsrecht sanktioniert, so verstehen wir, daß die Ordnung, die so entstand, für die christlichen Germanen den Wert einer *unantastbaren Gottesordnung* bekam. Dies Empfinden wurde noch verstärkt, wenn der König, wie in England und bei den Franken seit 754 der Brauch, zu seinem Amt kirchlich durch die Salbung geweiht wurde.

In der Leitung der Kirche durch den König haben wir also ein Stück Germanisierung des Christentums zu sehen. Sie bedingt zugleich einen nationalkirchlichen Aufbau, der in der Form der Nationalsynoden, die an die Stelle der Metropolitansynoden traten, auch *sofort* sichtbar wird (Westgoten: Agde 506, Franken: Orleans 511, Burgund: Epao 517). Da das alte kanonische Recht aber nur eine einheitlich organisierte Kirche kannte, ergaben sich schwerwiegende Spannungen zwischen ihm und dem neuen nationalkirchlich-germanischen Aufbau mit seiner vielfältigen Einwirkung der Laien auf die kirchliche Verwaltung.

8. **Die Bedeutung der Christianisierung der Germanen** leuchtet sofort auf, wenn man sich einmal überlegt, was der christliche Glaube auf dem Gebiet des Staatsdenkens, der Wirtschaft, aller Zweige der Kunst, kurz, für die ganze Breite des Lebens gewirkt hat. Die dogmengeschichtliche Entwicklung hatte z.B. unter dem Einfluß griechischen Geistes zu subtilsten begrifflichen Unterscheidungen geführt. Wer das Ringen der althochdeutschen Sprache mit der Fülle der abstrakten kirchlichen Begriffe beobachtet, der spürt sofort, in was für eine Denkschule die Germanen durch die Christianisierung gebracht sind. Oder wer einmal von den ergreifend schlichten kleinen Kirchen Benedikt Biscops († 690) in Wearmouth und Jarrow, die doch hochbewunderte Gipfelleistungen ihrer Zeit waren, die wenigen Meilen nur zur Kathedrale von Durham gefahren ist, diesem Juwel der romanischen Baukunst, der hat den Höhenweg, den die Germanen durch die Christianisierung geführt sind, handgreiflich vor Augen. Oder welche Welten erschließt der Weg von der rein epigraphischen Runenschrift zur Buchschrift an sich schon, der aber ja noch gekrönt wird durch die wunderbaren Leistungen der Buchmalerei, wie sie etwa die Reichenau schuf. Sicher ist, wie der Vergleich mit der slawischen Welt zeigt, die große Begabung der Germanen die Grundlage dieses reichen Schaffens. Aber auch sie brauchte die Anregung, und die Folgezeit hat bewiesen, wie reich sie sich ausgewirkt hat.

Ganz gewiß sind die vorchristlichen Germanen keine kulturlosen Barbaren gewesen. Das hat die Ausgrabungswissenschaft wirklich vor Augen geführt. Die Schätze des ostanglischen Königsgrabes von Sutton Hoo in Sussex aus der Mitte des 7. Jahrhunderts, heute im Britischen Museum in London, tun es jedem Betrachter etwa kund. Trotzdem ist klar, daß die Höhe der mittelalterlichen Kultur, ihr künstlerischer und wissenschaftlicher Hochstand gerade auch diesseits der Alpen, nicht denkbar ist ohne die vielfältigen Anregungen, die vom christlichen Glauben her kamen. Es ist schon ein ungeheurer Reichtum, der hier übermittelt ist.

Aber das wichtigste ist doch, daß durch die Geschichte dieser Jahrhunderte Jesus Christus zu den Germanen gekommen ist.

Literatur

Kurt Dietrich Schmidt, Die Bekehrung der Germanen zum Christentum, 1939 ff.;

ders., Germanischer Glaube und Christentum, 1948;

Walter Baetke, Vom Geist und Erbe Thules, 1944;

Theodor Schieffer, Winfried-Bonifatius und die christliche Grundlegung Europas, 1954;

Sankt Bonifatius, Gedenkgabe zum 1200. Todestag, 1954;

Helge Ljungberg, Die nordische Religion und das Christentum, 1940.

§ 20. Die Christianisierung der Slawen

In das von den Germanen während der Völkerwanderungszeit aufgegebene Gebiet östlich der Elbe und in den Donauraum sickerten überall slawische Stämme ein. Durch die Christianisierung der Germanen kamen sie in grenznachbarliche Berührung mit Christen, unter denen der missionarische Wille lebendig war. Die Gewinnung der gesamten slawischen Völker für das Christentum, der dritte missionarische Großsieg der Kirche, erforderte freilich wieder ein jahrhundertelanges Bemühen, nämlich die Zeit von etwa 600—1400. Im einzelnen zeigt die slawische Missionsgeschichte ein problemreiches Ineinander von echtem missionarischen Ringen um sie, von vernichtenden Kreuzzügen wider sie, endlich von politischer Unterwerfung und kolonisatorischer Überfremdung, das sich überall verschieden gestaltet und jede Verallgemeinerung unmöglich macht. Der Raum verbietet auch, auf Einzelheiten einzugehen.

1. Die **Anfänge der Slawenmission** *gingen von drei Zentren aus.*

a) *Südlich der Alpen* begann die katholische Kirche schon am Ende des 7. Jahrhunderts vom Patriarchat Aquileja aus eine erfolgreiche Arbeit unter den *Kroaten,* deren Christianisierung im Anfang des 9. Jahrhunderts vollendet wurde.

b) *Nördlich der Alpen* ging die Missionsarbeit vom fränkischen Reich aus. Von Bayern her (Salzburg und Passau) wurden die *Karantanen* (Slowenen) in Kärnten und der Steiermark schon im 8. Jahrhundert gewonnen. Als Karl d. Gr. dann seine Oberherrschaft auch über slawischen Stämmen aufrichten konnte, bedeutete das jeweils auch den Beginn der Mission in ihrem Bereich, nämlich unter den *Awaren,* die sich aber bereits im 9. Jahrhundert völkisch auflösten, weiter den *Mähren,* deren Herrschaftsbereich sich damals von den Sudeten bis zum Plattensee erstreckte und zeitweilig auch Böhmen umschloß, und den *Tschechen,* für die Regensburg einen Missionsauftrag erhielt. Einen gleichen Auftrag scheint Verden a. d. Aller im Norden für die *Wenden* und *Obodriten* bekommen zu haben. Der Fortgang der Missionsarbeit ist hier fast überall von dem politischen Verhältnis zu Deutschland abhängig. Ludwig der Deutsche nahm sich der Mission energisch an. An seinem Hofe sind 845 vierzehn *böhmische* Häuptlinge mit ihren Leuten getauft. Schon vor 840 war der *mährische* Fürst Pribina Christ geworden, der dann in Rastislaw (Ratislav) durch Ludwig einen Nachfolger erhielt, unter dem Großmähren oberflächlich christianisiert wurde.

c) Endlich gingen auch von *Byzanz* Bestrebungen aus, das Christentum zu benachbarten Slawen zu tragen. Unter Kaiser Heraklius (610 bis 641) wurden die *Serben* zur Annahme der Taufe veranlaßt. Einen Beweis für die Oberflächlichkeit dieses Religionswechsels bietet aber die Tatsache, daß 827 bei einem Abfall vom griechischen Reich auch das Heidentum bei ihnen wieder auflebte. Doch wurde von Basilius I. (867—886) die Herrschaft über sie erneuert; das bedeutete ihre endgültige Gewinnung für die *griechische* Form des Christentums.

2. Irgendwo mußten bei dem **Gegensatz zwischen Byzanz und Rom** diese lateinischen und griechischen Missionsbemühungen um die Slawen rivalisierend zusammenstoßen. Das geschah im 9. Jahrhundert bei einer Neubelebung der Slawenmission fast auf der ganzen Linie von den Sudeten bis zum südlichen Balkan und später noch einmal in Kiew.

863 forderte Stanislaus von *Mähren,* der in Byzanz Rückendeckung gegen Deutschland suchte, dort Missionare für sein Reich an. Entsandt wurden die sog. Slawenapostel *Cyrillus und Methodius.* Cyrill hatte schon vorher unter Slawen auf der Krim missioniert. Im Dienst dieser Arbeit hatte er die Bibel sowie die Liturgie zu übersetzen begonnen, die Großtat seines Lebens, die ihn zum *„slawischen Wulfila“* gemacht hat. (Ob er auch auf der Grundlage der griechischen Kursive die heute noch gebräuchliche „kyrillische“ Schrift geschaffen hat, ist fraglich.) Papst Nikolaus I. ließ beide nach Rom kommen, wo Cyrill starb. Methodius hat bis zu seinem Tode 885 in Mähren und Böhmen wirken können, aber in scharfem Gegensatz zu den Bistümern Salzburg, Passau und Freising. Als Mähren sich wieder Deutschland zuwandte, mußten seine Schüler das Gebiet räumen. Der Einbruch der heidnischen Magyaren, der auf einen Hilferuf Arnulfs von Kärnten zurückgeht, legte dann einen heidnischen Keil zwischen Byzanz und dies Gebiet, der die Nordgrenze des byzantinischen Einflusses festlegte.

Die Schüler des Methodius fanden begeisterte Aufnahme bei den *Bulgaren.* Dort wurde unter byzantinischem Einfluß Fürst Bogoris (Boris) 864 getauft. Um seiner politischen Unabhängigkeit willen suchte er Anschluß an das Frankenreich und die Westkirche. 866

konnte Nikolaus I. zwei Legaten in sein Gebiet entsenden, denen aus Deutschland Bischof Ermanrich von Passau folgte. Als aber Boris' Wunsch nach einem eigenen Bischof nicht erfüllt wurde, vielmehr Methodius in seiner Eigenschaft als Erzbischof von Sirmium (Mitrowitza) Ansprüche auf das bulgarische Gebiet erhob, wandte Boris sich wieder Byzanz zu. Die bulgarische Kirche wurde schließlich die erste autokephale Ostkirche (vgl. S. 185).

In den weiten Gebieten *Rußlands* hat normannische staatenbildende Kraft zuerst zu politischem Zusammenschluß geführt. Waräger aus dem Stamme Rus gründeten in der zweiten Hälfte des 9. Jahrhunderts dort Staaten mit den Mittelpunkten Nowgorod am Ilmensee und Kiew am Dnjepr. Wiking- und Handelsfahrten führten sie bis nach Konstantinopel. Die dortigen Patriarchen Ignatius und Photius sind durch sie zur Mission unter ihnen angeregt. Um 945 wird ein Teil des normannischen Adels in Kiew als christlich bezeugt. 955 (954) ließ sich auch die Großfürstinwitwe Olga (Helga) auf den Namen Helena taufen. Als sie in Konstantinopel aber vergebens um geistliche Hilfe für ihr Land bat, wandte sie sich an *Otto d. Gr.*, der sofort zugriff. Die ungeheuren Aussichten, die damit eröffnet wurden, sind aber leider nicht verwirklicht worden. Der neue byzantinische Kaiser Romanos II. und die Kaiserin Theophanu hatten inzwischen die Verbindung mit Kiew wieder aufgenommen. Der von Otto entsandte Bischof Adalbert (später Erzbischof von Magdeburg) mußte 962 erfolglos aus Kiew zurückkehren. Entscheidend wurde dann für Rußland der Übertritt von Olgas Enkel Wladimir († 1015), der sich 987 bewußt Byzanz zuwandte, sich taufen ließ und 989 die Schwester des Kaisers Basilius II. zur Frau bekam, um die sich 968 Otto d. Gr. vergebens für seinen Sohn Otto II. beworben hatte[1], ein Beweis für die große Bedeutung, die Byzanz der neuen Verbindung zumaß. Auch die russische Kirche wurde, nachdem noch bis ins 13. Jahrhundert Griechen den Erzbischofsstuhl von Kiew und bis ins 15. Jahrhundert den Bischofsstuhl von Moskau innegehabt hatten, später autokephal.

3. **Die Gewinnung der Westslawen** erfolgte auf verschiedene Weise. *Polen* verdankt seine Staatlichkeit dem Fürstengeschlecht der Piasten, das die Polanen und Wislanen im Gebiet der mittleren Weichsel und Warthe im 9./10. Jahrhundert einigte. 963 zwang Markgraf Gero Miseko I. (neupolnisch Mieszko) die deutsche Oberhoheit anzuerkennen. 965 heiratete Miseko die böhmische Prinzessin Dubrawka und ließ sich ein Jahr später taufen. 968 wurde in Posen ein Bistum gegründet, auf das Magdeburg Anspruch erhob. Deutsche waren vermutlich

[1] P. E. Schramm, Kaiser, Basileus und Papst in der Zeit der Ottonen (Hist. Z. 129, 1923, S. 424 ff.).

die ersten Bischöfe von Posen, Miseko heiratete in zweiter Ehe die Sächsin Oda. Die guten Aussichten, die damit für den deutschen Einfluß geschaffen waren, sind durch Otto III. zunichte gemacht. Im Dienste seiner Auffassung von der renovatio Imperii, der Erneuerung des *Römischen* Reiches, plante Otto eine weite Angliederung östlicher Stämme an das Reich als amici et foederati[2] *und* eine großzügige Mission. So ließ er, gegen den Willen der deutschen Bischöfe, durch den Papst im Jahre 1000 Gnesen zum Erzbistum erheben und gründete für es drei Suffraganbistümer in Kolberg, Krakau und Breslau für die Länder Pommern, Krakowien und Schlesien; Posen kam im Lauf des 11. Jahrhunderts zu Gnesen. Nicht dem Willen des Kaisers nach, aber faktisch war damit die Missionsaufgabe der deutschen Kirche zugunsten einer selbständigen polnischen Kirche aufgegeben; auch rein missionarisch geurteilt auf jeden Fall zu früh. Nach den gleichen Prinzipien baute Otto III. die Kirche in *Ungarn* mit einem eigenen Erzbistum in Gran auf.

Pommern war zu Beginn des 12. Jahrhunderts unter die Oberherrschaft Boleslaws III. von Polen gekommen. Der Friedensvertrag nötigte der Bevölkerung die Taufe auf. Da aber Boleslaw weder in Polen noch in Rom Missionare für Pommern erhielt, wandte er sich 1123 mit der Bitte um Hilfe an Bischof Otto von Bamberg. Dieser zog daraufhin selbst nach Pommern, aber nicht ohne vorher das Einverständnis Kaiser Heinrichs V. eingeholt zu haben. Aus einer polnischen Mission mit deutscher Hilfe wurde so eine deutsche Mission mit polnischer Hilfe. Otto konnte Tausende taufen. In Wollin wurde der Grundstock zu einem Bistum gelegt, das nach wechselvollen Schicksalen schließlich in Kammin errichtet ist und, um der gleichzeitig erhobenen Ansprüche Magdeburgs und Gnesens willen, dem Papst direkt unterstellt wurde. Die missionarische Nacharbeit ist dann wesentlich durch den Zuzug deutscher Bauern seit der Mitte des Jahrhunderts gefördert, die von den Bischöfen, aber auch, um der wirtschaftlichen Hebung des Landes willen, von den pommerschen Fürsten gerufen wurden, ähnlich wie es die Piastenherzöge in Schlesien gemacht haben.

Die Stämme *zwischen Elbe und Oder* (Obodriten, Liutizen, Sorben) waren durch Heinrich I. und Otto d. Gr. dem Deutschen Reich unterworfen. Otto begann auch eine Missionsarbeit unter ihnen, indem er 948 Bistümer in Oldenburg/Wagrien für die Obodriten, in Havelberg und Brandenburg für die Liutizen gründete, die zunächst Mainz unterstellt wurden. Ein Gelübde vor der Schlacht auf dem Lechfeld führte zur Gründung von Merseburg, wozu 967 Zeitz und Meißen kamen.

---

[2] Freunde und Bundesgenossen.

Im folgenden Jahr wurde nach Überwindung großer Schwierigkeiten das Erzbistum *Magdeburg* gegründet, dem die zentrale Leitung der Ostmission anbefohlen wurde. Aber jahrhundertelange Grenzkämpfe, die von beiden Seiten mit äußerster Härte geführt wurden, haben einen echten missionarischen Erfolg hier illusorisch gemacht. Heinrich II., der einzige heilig gesprochene deutsche Kaiser, hat sogar im Interesse seines Kampfes um die Oberhoheit über Polen mit den Liutizen, die ebenfalls von Polen bedroht waren, ein Bündnis abgeschlossen unter der ausdrücklichen Bedingung, daß die Mission aufgegeben würde. Unter Mitführung ihrer heidnischen Feldzeichen haben die Liutizen denn auch mehrfach an den Feldzügen teilgenommen.

Die eigentliche Christianisierung dieses Gebietes zwischen Elbe und Oder ist ohne die deutsche Einwanderung nicht denkbar, die aber ihrerseits eine einigermaßen gesicherte deutsche Herrschaft voraussetzte. Sie war am ersten in der Mark Meißen zwischen Saale und Elbe gegeben. In der Mark Brandenburg schuf sie erst Albrecht der Bär (seit 1134), in Ostholstein Adolf von Schaumburg (von Holstein) seit 1134, wo aber schon vorher der Bremer Scholastikus Wizelin nicht ohne Erfolg missionarisch tätig gewesen war.

Diese ruhige, erfolgversprechende Arbeit ist dann durch kirchliche Leidenschaft noch einmal höchst unerwünscht wieder gestört worden. Die Predigt Bernhards von Clairvaux zum 2. Kreuzzug fand bei den Sachsen keinen Widerhall; sie hätten genug im heidnischen Ostland zu tun. Dadurch ist Bernhard angeregt worden, den Kreuzzugsgedanken auf den Kampf gegen das Heidentum zu übertragen. Vernichtung des wendischen Volkes *oder* seiner Religion, das war das Ziel, das er dem Unternehmen steckte, missionarisch schon damals von Helmold scharf kritisiert. Der Erfolg war auch nur vorübergehender Art. Nur die deutsche Einwanderung, die durch die deutschen Herren der Länder gefördert wurde, zu denen seit 1147 im heutigen Lauenburg und Mecklenburg auch Heinrich der Löwe gehörte, hat das Heidentum hier langsam verschwinden lassen. „Die Slawen, die in den umliegenden Ortschaften wohnten, zogen ab, und es kamen Sachsen und wohnten daselbst; die Slawen aber verschwanden nach und nach aus dem Lande", heißt es in Helmolds Slawenchronik für die Gegend von Plön. So scheint es auch an anderen Orten geschehen zu sein.

4. Im **Baltikum** geht die Mission in Livland zurück auf die Initiative des sächsischen Chorherrn Meinhard, der seit 1180 alljährlich mit den Schiffern an die Düna fuhr, um dort zu predigen. 1184 erbaute er in Üxküll die erste Kirche, die er dem Erzbischof von Hamburg-Bremen unterstellte, der ihn dann zum Bischof von Livland weihte.

Berthold von Loccum wurde sein Nachfolger. Dieser Zisterzienser nahm die Ideen seines Ordensbruders Bernhard von Clairvaux von einem Kreuzzug gegen die Heiden wieder auf. Als er schon in der ersten Schlacht fiel, setzte sein Nachfolger Adalbert im Einverständnis mit dem Kaiser und Papst Innozenz III. den Kreuzzug fort. Deutsche Städtegründungen sollten das Gewonnene sichern. 1207 kann Livland als erobert gelten, 1217 Estland. Die Päpste sammelten für das Unternehmen Geld, sie begleiteten es mit ihren Anordnungen, ein päpstlicher Legat übernahm die geistliche Leitung, indem das Bistum von Hamburg-Bremen getrennt wurde. Was als freies deutsches Unternehmen begonnen war, wurde also als päpstliches fortgesetzt. Darin kommt die neue Stellung des Papsttums klar zum Ausdruck.

Erst nach der Eroberung der baltischen Länder begann der Kampf um *Preußen.* Kurz nach 1200 begann der Zisterzienser Gottfried von Lenko eine Missionsarbeit dort. Nach seinem frühen Märtyrertode trat sein Ordensgenosse Christian von Oliva in die Arbeit ein, der 1215 vom Papst zum Bischof für das neue Gebiet ernannt wurde. Als die Preußen sich gegen ihn erhoben, suchte er vergebliche Hilfe in der Aufstellung eines Kreuzheeres. Schließlich hat der polnische Herzog Konrad von Masovien den Ritterorden der Deutschherren unter Hermann von Salza zu Hilfe gerufen. Aber erst mit kaiserlicher Ermächtigung tat Hermann den Schritt nach dem Osten. So wird hier wieder aus polnischen Anfängen deutsche Arbeit. 1230 begann der Kampf um Preußen, erst 1283 war er beendet. Deutsche Kolonisten folgten dem Orden sofort nach.

Litauen ist erst im 14. Jahrhundert christianisiert. Aber nirgends hat sich soviel Heidnisches unter der christlichen Oberfläche gehalten, nirgends ist auch der christliche Glaube so wenig tief gedrungen wie in diesen Gebieten. Da hat sich die Verquickung von Mission und Eroberung missionarisch wirklich verhängnisvoll ausgewirkt.

Die Durchdringung des Ostens mit dem Deutschtum, die durch das Ineinander von Mission und Kolonisation gefördert wurde, wurde von der Seeseite her gesichert durch die Hanse, die die Ostsee zu einem von Deutschen beherrschten Gebiet machte.

Die geschichtlichen Verhältnisse führten im Ergebnis also dazu, daß der größere Teil der Slawen sich zu Byzanz, ein kleinerer zu Rom hielt. Der konfessionelle Unterschied bedingte auch einen tiefgreifenden kulturellen. Der scharfe Gegensatz zwischen den Kroaten und den Serben, der den jugoslawischen Staat aufspaltete, sowie der zwischen den Ostslawen (Großrussen, Ukrainern, Weißruthenen) und Polen mit seiner politischen Bedeutung bis in unsere Tage hinein, hat hier seinen Ursprung.

Literatur

E. Schick, Kirchengeschichte Rußlands, Bd. I, 1945;
A. Naegle, Kirchengeschichte Böhmens, Bd. I, 1918;
Karl Völker, Kirchengeschichte Polens, 1930;
H. Heyden, Kirchengeschichte von Pommern, Bd. I, 1957²;
Karl Schmaltz, Kirchengeschichte Mecklenburgs, Bd. I, 1935;
E Kreusch, Kirchengeschichte der Wendenlande, 1902;
Hans-Dietrich Kahl, Zum Ergebnis des Wendenkreuzzugs von 1147 (Wichmann-Jahrbuch Jahrgang 11/12, 1957/58).

§ 21. Das Schisma zwischen der Kirche des Ostens und der des Westens

Die *Einheit der Kirche* ist konstitutiv für alles christliche Denken über sie. Es gibt nur *einen* Leib Christi. Wer sich von ihm, und das heißt nun, katholisch geurteilt, von seiner sichtbaren Gestalt, der katholischen (eben allgemeinen) Kirche, trennt, der verliert den Zusammenhang mit Christus selbst. Obwohl diese Anschauung der alten Kirche vollinhaltlich von der mittelalterlichen übernommen wurde, wird die Zertrennung im 11. Jahrhundert doch Wirklichkeit. Aber sie hat die christliche Welt *nicht* im Innersten aufgerüttelt. Dieser höchst auffallende Befund kann *nur* von der Tatsache her verstanden werden, daß sich die griechische und die lateinische Hälfte der Kirche schon seit Jahrhunderten immer mehr auseinandergelebt hatten (vgl. oben S. 109).

Die griechische Kirche und das griechische Reich waren im 8./9. Jahrhundert entschieden wieder erstarkt. Zwar blieb die Kirche in dem Traditionalismus befangen, in den sie schon während des 6. Jahrhunderts hineingeraten war. Es fehlten ihr die vielfältigen Anregungen, die etwa von einem so großen Geist wie Augustin ausgegangen sind. Und auch die neugewonnenen slawischen Völker schufen keine neue kirchliche Lage. Insbesondere fehlt im Osten völlig der aktive, zur Weltgestaltung drängende Zug, der für das Abendland charakteristisch ist. Aber deshalb darf man den Osten doch nicht als tot ansehen. Die große missionarische Leistung unter den Slawen beweist allein schon die Lebendigkeit der damaligen Ostkirche. Ferner hatte der Sarazenensturm das Reich auf seine griechischen Bestandteile zurückgeworfen. Die ihm so aufgenötigte Einheitlichkeit stärkte es ebenfalls. Auch in der Theologie und der Kunst folgte ein spürbares Aufblühen.

Die durch den Zerfall des Römischen Reiches bewirkte Trennung hatte aber daneben beiderseits zur Entwicklung einer Fülle von *Eigenheiten* mehr oder minder großen Gewichtes geführt. Verschieden waren die Sprache und die Kultur, dazu der Volkscharakter. Erhebliche *politische* Differenzen waren entstanden durch die Gründung des Kirchenstaates auf von Ostrom beanspruchtem Reichsgebiet, durch den Anschluß der Päpste an die Franken, durch die Erneuerung des Kaisertitels im Westen und durch die Angriffe etwa der Ottonen auf das noch griechische Süditalien. *Kirchlich* war schon die Anschauung vom Werk Christi grundverschieden (vgl. § 11), was zwar nicht eine für die ganze Kirche gültige Fixierung des trinitarischen und christologischen Dogmas verhindert hatte, was aber in seiner Auslegung zu erheblichen Differenzen führte. Der heftige Streit um das filioque (s. S. 196) gehört hierher und z. T. auch der Bilderstreit, denn seine Wurzeln sind monophysitisch: Christus ist *nur* Gott und kann deshalb nicht abgebildet werden. Dazu kommen Verschiedenheiten in der kirchlichen Verfassung, der Disziplin und der Liturgie. Kirchenpolitisch erhoben der Patriarch von Byzanz und der von Rom Anspruch auf die gleichen Gebiete in Unteritalien und auf dem Balkan und standen sich in einem dauernden Rangstreit gegenüber. So betrachtete man einander höchst mißtrauisch und immer wieder kam es besonders über kirchenpolitischen Differenzen zu akuten Spannungen.

Unter *Gregor d. Gr.* (590—604) führte u. a. die Titelfrage zu einer Auseinandersetzung. Der Patriarch von Byzanz nannte sich, auch in Schreiben nach Rom, ökumenischer Patriarch. Gregor verlangte, natürlich vergeblich, Aufgabe dieses „nefandum elationis vocabulum“ [1]. Er selbst nannte sich nach Matth. 20, 26 f. bzw. 23, 11 demütig „servus servorum Dei“ [2], der erste, der mit diesem Titel um die Weltgeltung des Papstes gerungen hat.

Zu einem offenen Konflikt kam es erneut unter Papst *Nikolaus I.* Die Darstellung freilich, die *Hergenröther* von diesem sogenannten Schisma des Photius gegeben hat, hat jetzt durch *Fr. Dvornik* auf Grund einer neuen kritischen Durcharbeitung der Quellen wesentliche Änderungen erfahren. Alte innerbyzantinische Parteigegensätze führten 857 in Byzanz zu einer abgenötigten Amtsniederlegung des Patriarchen Ignatius, der unkanonisch gewählt war. Sein Amtsnachfolger wurde einer der gelehrtesten Männer der damaligen Zeit, ja der Ostkirche überhaupt, der bisherige Vorsteher der Staatskanzlei Photius , ein Laie, der in einem nach römischem (aber nicht byzantinischem) Brauch unkanonischen Schnellverfahren zum Patriarchen geweiht wurde. Auf die Anzeige seines Amtsantritts hin ergriff Nikolaus I. den Fall auf und forderte vor Anerkennung eine Untersuchung der Rechtslage; er blieb auch dabei, als seine Gesandten, freilich in Überschreitung ihrer Befugnisse, 861 auf einer byzantinischen Synode

[1] Dieses blasphemisch hochmütigen Titels.
[2] Knecht der Knechte Gottes.

gegen erstaunliche Zugeständnisse der Ostkirche an das Papsttum darauf verzichtet hatten. Der innerbyzantinische Streitfall wurde dann unheilvoll verquickt mit der Frage der kirchlichen Jurisdiktion über Bulgarien, für Rom eine Sache des Prestiges, für Konstantinopel eine Lebensfrage, so daß Byzanz ein Entgegenkommen gegen die römischen Wünsche hier praktisch unmöglich war. Da der Papst sich weigerte, Photius anzuerkennen, verdammte ein Konzil in Konstantinopel 867 Nikolaus I.; eine gleichzeitige Verwerfung der westlichen Bräuche zielte offenbar nur auf Bulgarien ab, traf tatsächlich aber den ganzen Westen. Die Ermordung Kaiser Michaels III. wendete die Lage jedoch überraschend zu Roms Gunsten, denn der neue Kaiser brauchte die antiphotianische (ignatianische) kirchliche Partei *und* Rom. So verurteilte eine neue Synode in Konstantinopel 869 Photius. Aber gleichzeitig fiel die Entscheidung betreffs Bulgariens, und zwar für Byzanz. Als dann innerpolitische Umstände den Kaiser nötigten, mit dem Führer der gemäßigten Partei, Photius, wieder Frieden zu schließen, dieser sich 876 auch mit Ignatius aussöhnte, mußte Rom ihn ebenfalls anerkennen, wenn es nicht alles Erreichte wieder verlieren wollte. Die bulgarische Frage wurde durch einen Kompromiß gelöst: Es blieben dort Kleriker *griechischer* Abstammung und Kultur, aber unter *römischer* Oberhoheit. Die Lösung wirkte sich freilich nur als Förderung der bulgarischen nationalkirchlichen Pläne aus, die schließlich zum Ziel kamen. Die Behauptung, daß Photius dann noch ein zweites Mal von Rom exkommuniziert wurde, läßt sich quellenkritisch nicht halten. Das Ergebnis des langwierigen und diplomatisch schwierigen Hin und Her war auf jeden Fall eine Steigerung der Papstrechte im Bereich des Ostens.

Erneut brach der Streit aus unter dem Patriarchen *Michael Cerularius* (1043—1058), einem fanatischen Gegner des Westens, der in den Lateinern nur Häretiker sah. Seine Amtszeit fiel in die Periode, da das Papsttum unter dem ersten Reformpapst Leo IX. (1049—1054) wieder wirklich universale Bedeutung bekam. Damit waren die Voraussetzungen für einen scharfen Bruch gegeben. Als Leo nun Primatsrechte über Unteritalien beanspruchte, wurden 1053 die Kirchen der Lateiner in Konstantinopel geschlossen, die Klöster enteignet, weil sie beim Abendmahl ungesäuertes Brot (= Passahbrot) verwandten, wie es im Abendland seit dem Ende des 8. Jahrhunderts üblich war. Literarisch erließ Erzbischof Leo von Ochrida auf Veranlassung des Patriarchen ein Rundschreiben „An alle Erzbischöfe der Franken und den hochgeehrten Papst selbst", in dem er die Lateiner für halbe Juden erklärte, weil sie samstags fasteten und das Gebot der ungesäuerten Brote beim Abendmahl beobachteten, zugleich aber für halbe Heiden, weil sie Ersticktes mit Blut genössen und in der Fastenzeit das Halleluja nicht sängen. Andere Polemiker griffen auch die Zölibatsfrage auf.

Die Antwort auf diese Vorwürfe übertrug der Papst dem Kardinal Humbert. In seinem Dialogus von 1053 ging dieser seinerseits zum Angriff auf den Osten über. Wie er im Westen die Laieninvestitur mit der Simonie gleichsetzte (vgl. S. 205), so setzte er hier die im Osten übliche Priesterehe mit dem Nikolaitismus der Apokalypse gleich, was er als Häresie bewertete, zieh den Osten auch der mazedonianischen Irrlehre, weil man dort das filioque nicht bekannte, und drohte ihm den Bann an. Der Kaiser Konstantin IX. Monomachos war dem Zwist abhold. Er bat den Papst, Legaten nach Byzanz zu entsenden, damit der Streit beigelegt werde. Es hieß auf den Erfolg von vornherein verzichten, als der Papst die schärfsten Vorkämpfer der römischen Prärogative, die Kardinäle Humbert und Friedrich von Lothringen, als solche abordnete. Nach fruchtlosen Verhandlungen legten die Legaten am 16. Juli 1054 eine von Humbert verfaßte Bannbulle auf den Hauptaltar der Hagia Sophia, in der den Byzantinern nichts weniger als: Simonie, Gnostizismus, Arianismus, Donatismus, Nikolaitentum, Pneumatomachentum, Manichäismus und Judenchristentum vorgeworfen wurde. Solche Übertreibung richtet sich selbst. Sie wurde natürlich mit einem Gegenanathem beantwortet.

Der Osten war, wie es Menschen in schwierigen Verhältnissen leicht sind, damals empfindlich und pochte auch im Äußeren auf seine alte Tradition; im Westen aber war die Reformbewegung (s. S. 205ff.) zu einem kämpferischen Doktrinarismus erstarrt, der die Andersgeartetheit des Bruders ebenfalls nicht brüderlich tragen konnte. Auf dieser geschichtlichen Konstellation beruht der akute Bruch. Daß er trotz des Axioms von der Einheit der Kirche und obwohl — trotz Humbert! — kein dogmatischer Zwiespalt vorhanden war, nicht mehr geheilt werden konnte, beweist aber, wie tief man sich schon vorher auseinandergelebt hatte.

Auch alle späteren Wiedervereinigungsversuche sind bisher gescheitert. Die orthodoxen Kirchen — so nennen sich diese selbst dem häretischen Rom gegenüber — haben sich inzwischen auch so tief in die Autokephalie eingelebt, daß ihre Unterwerfung unter Rom unvorstellbar geworden ist. Im Westen aber sind 1870 die Papstlehren in den Rang von Dogmen erhoben. Damit ist auch für den Westen aus dem Schisma Häresie geworden. Die beiden Kirchen sind dadurch weiter denn je voneinander entfernt. Doch empfindet besonders der Westen die Trennung als einen wirklichen Pfahl im Fleische.

Beiden Kirchen hat sie zudem geschadet, da sie den geistigen Austausch unterband, mag dieser auch schon lange vorher geruht haben.

Literatur

Francis Dvornik, The Photian Schism, 1948;
A. Michel, Humbert und Kerullarios, 2 Bde., 1925/30;
St. Runciman, The Eastern Schism, Oxford 1955.

§ 22. Der Aufstieg des Papsttums zur universalen Macht in Kirche und Welt

1. Der Papst der Herr der Kirche. Die Papst*idee* ist in der alten Kirche ausgebildet und, vor allem im Westen, auch zu einem erheblichen Teil schon praktisch zur Geltung gebracht worden. Die Völkerwanderung mit ihren Folgen hat dann die Stellung des Papstes in der Kirche in doppelter Weise weiter gefördert:

a) Der Zusammenbruch des Römischen Reiches nimmt der Kirche das Band, das sie bis dahin äußerlich einigte, eben dies Reich selbst. *Symbol ihrer Einheit wird* fortan im Westen der Patriarch des Abendlandes, *der römische Bischof*.

b) Der „römische" Charakter der Kirche erfuhr eine besondere Förderung durch die Lage, in die die katholische Kirche in dem germanisch-arianischen Herrschaftsbereich kam. Der zugleich konfessionelle und nationale Gegensatz gegen das Germanentum führte sie dazu, ihren *lateinischen* Charakter stark zu betonen. An sich war es damals üblich, die Messe in der Volkssprache zu halten. Die germanische Sprache im Gottesdienst bekommt hier nun aber einen häretischen, nämlich arianischen Beigeschmack; so wird sie unmöglich. Es vollzieht sich auch für das Volksbewußtsein die Gleichung *katholisch* = *römisch*, die theologisch schon seit Eusebius von Caesarea († 340) weite Verbreitung gefunden hatte.

Andererseits bedeutete die Völkerwanderung auch eine ernste Gefährdung des Papsttums, da die Kirche auch im *katholisch*-germanischen Bereich in der Form der Landeskirchen aufgebaut wurde. Wie diese Gefahr überwunden wurde, und welche Rolle den Angelsachsen insgemein und Bonifatius insbesondere dabei zukam, ist oben schon geschildert worden (S. 166 u. 169).

Aber die Haupthilfe, die der Papst für seinen Anspruch auf absolute Führung der Kirche von diesseits der Alpen erhielt, kam gar nicht von Bonifatius, sondern von anonymen Klerikern in der Diözese Reims, die in der ersten Hälfte des 9. Jahrhunderts lebten. Der Niedergang des Karolingerreiches berührte auch die mit ihm so eng verbundene Staatskirche stark. Diese Not der Kirche und die Gelegenheit, die in der Schwäche des Reiches lag, suchten kraftvolle Erzbischöfe zum Ausbau *ihrer* Macht zu benutzen, wobei sie freilich auf den Widerstand der Bischöfe stießen. In diesem Gegeneinander ließ die bischöfliche Gruppe die berühmte Fälschung der *pseudo-isidorischen Dekretalen* zusammenstellen. Es ist das eine Sammlung von teils echten, teils gefälschten päpstlichen und synodalen Dekreten, die von einem Isidor Mercator stammen soll, der mit dem damals berühmten Kanonisten Isidor von Sevilla († 636) identifiziert wurde. Sie versucht zu erweisen, daß die Bischöfe nicht den nahen Erzbischöfen, sondern vielmehr dem fernen Papst unterstehen; ein Kampf um die Freiheit des Episkopates, der seine Unfreiheit besiegeln sollte. Denn die Sammlung kam sehr schnell nach Rom; Papst Nikolaus I. benutzte sie auf jeden Fall schon im Interesse der Kurie, wobei er nicht verfehlte zu erklären, daß die Dekrete in den römischen Archiven vorhanden seien.

Der Fälschung kommt ungeheure Bedeutung zu, da sie das ganze Mittelalter hindurch als echt gegolten hat; Elemente aus ihr sind auch in die späteren Rechtsbücher der katholischen Kirche übergegangen. Damit aber konnte Rom seinen kirchlichen Führungsanspruch nicht nur religiös mit der Papstidee begründen, sondern sich für ihn auch auf ein Rechtsdokument stützen, und es ist in dieser Welt nun einmal so, daß ein Rechtsdokument größere Beweiskraft besitzt als eine religiöse Begründung.

Dadurch, daß es der Kurie, wenn auch nicht ohne schwere Kämpfe, gelang, ihren Anspruch durchzusetzen, ist

a) die ganze *Stellung des Episkopates* verändert. Früher galt jeder Bischof, wer es auch war, als Nachfolger der Apostel und die Bischofsweihe bedeutete eine Berufung durch Christus selbst zur Weidung seiner Herde. Jeder Bischof ist also eigentlich ein vicarius Christi[1], hat die sollicitudo, die Fürsorgegewalt, über die ihm, Christus, Angehörigen. Diese Würde wird den Bischöfen durch die Änderung geraubt. Es gibt nur noch *einen* Stellvertreter Christi, nur einer hat die sollicitudo über die Gläubigen, der Papst, die anderen werden als seine Gehilfen nur in partem sollicitudinis eius[2] berufen. Anders ausgedrückt, der Papst ist Inhaber des *Universalepiskopates* über die ganze Kirche. In dieser Form ist die Lehre nach jahrhundertelanger praktischer Geltung 1870 zum Dogma erhoben worden, hat aber schon vorher im Dictatus papae Gregors VII. einen klassischen Ausdruck gefunden. Daß sie sich durchsetzen konnte, ist, abgesehen von den schon berührten Gründen, nur denkbar, weil die praktische Tätigkeit der Bischöfe durch sie wenig berührt ist. „Die Bedeutung, nicht der Beruf des Bischofs wurde durch sie geändert", sagt *Hauck* mit Recht.

b) In der kirchenrechtlichen Entwicklung von Pseudoisidor bis zum Decretum Gratiani (vgl. S. 238) ist aber auch *die Kirche ihrem Wesen*

---

[1] Stellvertreter Christi.

[2] In einen Teil *seiner* Fürsorgegewalt.

nach geändert, und auch das hat auf die Papstidee zurückgewirkt. Die rein religiöse oder, wie *Sohm* sagt, sakramentale Größe corpus Christi[3] wird nun, vor allem nach der Erneuerung des römischrechtlichen Denkens in Bologna im 11. Jahrhundert, verstanden als corpus im römisch-rechtlichen Sinne, d.h. als eine Körperschaft, ein Verein. Zwar ist sie insofern eine eigenartige Körperschaft, als sie auch — auch! — einen direkten Auftrag von Gott her hat; dementsprechend gelten auch direkte, von Gott gegebene Vorschriften für sie, die absolut und unabänderlich sind, das ius divinum[4]. Aber daneben setzt sie, wie andere Körperschaften auch, das für sie geltende Recht sich selbst, das ius humanum[5], das sie selbstverständlich dann auch nach Erfordern abändern kann. Die Kirche ist also nun eine Körperschaft nicht mehr *nur* göttlichen Rechtes, sondern zugleich auch eine Körperschaft humanen Rechtes.

Wo diese Unterscheidung der beiden Rechtssphären zuerst stattgefunden und wie sie sich durchgesetzt hat, ist nicht bekannt. Der alten Kirche ist sie auf jeden Fall ganz fremd gewesen. Ihr gilt die Kirche als Leib Christi schlechthin; alles, was sie tut, ist, eben als Handeln des Leibes Jesu Christi, heilig oder sakramental (vgl. S. 74 f.). Es ist deshalb auch nicht möglich, eine bestimmte Anzahl von Sakramenten anzugeben. Auch kann ein Bischof nicht versetzt werden (can. 1 der Synode von Serdika); Gott selbst hat ihn für seine Stadt erwählt. Es ist nicht zu verkennen, daß diese Anschauung in der Praxis zu mancherlei Schwierigkeiten geführt hat; um ihretwillen war eine Änderung dringend erwünscht. Auch setzten sich germanische Könige über solche kirchenrechtlichen Hemmungen einfach hinweg. Möglich ist die Scheidung von ius divinum und ius humanum aber nur in nachaugustinischer Zeit, denn sie setzt dessen Unterscheidung zwischen dem corpus mysticum und dem corpus permixtum Christi[6] voraus. Diese ist hier schon dahin modifiziert, daß man Göttliches und Menschliches nicht nur unter den der Kirche angehörigen *Menschen* unterscheidet, sondern auch *in ihr selbst* als vermischt ansieht.

Eine Körperschaft im Sinne des römischen Rechtes braucht aber ein sie repräsentierendes Organ, das in Vollmacht für sie handeln kann. Ein solches hatte die alte Kirche im Vollsinn nicht gehabt; auch die Synode ist es nicht (vgl. S. 119). Überlegte man jetzt, welche Größe die entsprechende Funktion habe, so kam nur noch der Papst in Frage. Er gilt denn auch fortan als das die Kirche leitende Organ. Entsprechend

---

[3] Leib Christi.

[4] Das göttliche Recht.

[5] Das menschliche Recht.

[6] Dem mystischen, reinen Leib Christi und dem (mit Bösen) vermischten Leib Christi.

verdrängt die neue Bezeichnung für ihn: „vicarius Christi" fast die alte: „successor Petri"[7]. Und alle Eigenschaften, die die Kirche selbst kennzeichnen, gelten nun auch von der sie repräsentierenden Größe; insbesondere gilt, daß der Papst kraft göttlichen Beistandes mit *der* Unfehlbarkeit ausgestattet ist, mit der Christus seine Kirche ausgerüstet hat. Das hat zuerst Gregor VII. für den Papst in Anspruch genommen. Wenn der Papst aber die einzige und die unfehlbare Repräsentation der Kirche ist, *der* vicarius Christi auf Erden, dann trennt sich von Christus, wer sich vom Papst trennt. Die unausweichliche Folge lautet: subesse Romano Pontifici est de necessitate salutis[8]; so zuerst klar Thomas von Aquino; aber auch dieser Gedanke klingt im Dictatus Papae Gregors VII. schon an (Nr. 26).

Rudolf Sohm wertet die Änderung, die die Kirche durch die neue Auffassung des corpus Christi und die Folgen, die sie zeitigte, erfuhr, so hoch, daß er hier eine grundsätzliche Zäsur machen zu müssen glaubt und Alt- sowie Neukatholizismus voneinander scheidet. Ob das richtig ist, ist noch umstritten. Daß das Hochmittelalter eine tiefe geistige Wandlung durchzieht, zeigt die Wende von der Romanik zur Gotik unübersehbar; denn solch tiefgreifender Wandel der Kunstformen ist immer ein Zeichen allgemeinen geistigen Umbruchs. Da er sonst im Mittelalter kaum belegt ist, kommt der These Sohms vielleicht doch größere Bedeutung zu, als bisher meist angenommen wurde.

Aber diese Entwicklung, die den Papst zum absoluten Herrn der Kirche machte, dem alle Gebiete des kirchlichen Lebens unterstellt wurden, ist nur die eine Seite seines Aufstiegs. Neben ihr her läuft eine andere Linie, die den Papst zum souveränen weltlichen Herrscher macht und ihm eine gewaltige politische Macht zuführt, ja ihn zum Oberherrn über Kaiser und Könige erhebt.

2. Der Papst der Oberherr der Welt.

a) Wichtigster Ansatzpunkt für diese zweite Entwicklung ist die *Verlegung der kaiserlichen Residenz* von Rom *nach Byzanz* gewesen, die durch Konstantin d. Gr. erfolgte. Sie befreite den Papst von dem Schicksal, Hofbischof zu werden; sie befreite ihn damit zugleich von dem politischen Druck, dem der Bischof von Byzanz als solcher unterlag, mag dabei auch die grundsätzliche Stellung des Ostens zur Krone eine Rolle gespielt haben (vgl. S. 92f.).

b) Die Kirche war die einzige Großorganisation, die in den Wirren der Völkerwanderungszeit bestehen blieb. So wurde sie in der ungeheuren Not, die diese Zeit für die römische Bevölkerung bedeutete,

[7] Nachfolger Petri.
[8] Es ist Bedingung der Seligkeit, dem Papst untertan zu sein.

von selbst zum ultimum refugium[9] für diese; auch viele staatliche Verwaltungsaufgaben fielen ihr zu. Auf diese Weise tritt, wahrscheinlich zuerst für das Volksbewußtsein, dann auch für das eigene Empfinden die *Kirche an die Stelle des alten Römischen Reiches.* Es vollzieht sich in neuem Sinn die Gleichung katholisch gleich römisch. Die Gesetzgebung Justinians ließ der Kirche auch ausdrücklich die Aufgaben und Rechte, die ihr während der Zeit der germanischen Besetzung in Italien zugefallen waren.

c) Die Entwicklung wurde weiter gefördert durch Papst Gregor d. Gr. (590—604). Es gelang seinem eifrigen Bemühen, den ungeheuer großen Grundbesitz der römischen Kirche, das patrimonium Petri, zentral zusammenzufassen.

α) Dadurch machte er den römischen Stuhl finanziell unabhängig, eine Tatsache von beachtlicher Bedeutung.

β) Die von ihm eingerichtete zentrale Verwaltung dieses Besitzes erinnerte schon stark an politische Herrschaft über ihn. In der Tatsache, daß Gregor die Verteidigung Roms gegen die Langobarden leitete, kommt das z. B. klar zum Ausdruck. Von daher gilt *Gregor d. Gr.* mit Recht als der faktische *Gründer des Kirchenstaates.*

d) Entscheidend für die rechtliche Gründung des Kirchenstaates wurde aber die *Abwendung Roms von Byzanz und die Hinwendung des Papstes zum Frankenreich.* Die Besetzung Italiens durch die Langobarden bedrohte Rom mit dem Schicksal, zum Vorort einer germanischen Landeskirche herabgedrückt zu werden. Ostrom erwies sich als unfähig, gegen diese Gefahr Schutz zu gewähren. So hat Gregor III. 738 den folgenschweren Gedanken gefaßt, sich dem Westen, dem fränkischen Reich, *als seiner Schutzmacht* zuzuwenden; doch der damalige Majordomus Karl Martell versagte sich seinen Bitten. Sein Sohn Pippin aber ließ sich 751 vom Papst, d. h. vom Stellvertreter Christi, die Vollmacht geben, dem merowingischen König die Krone zu nehmen und sie sich selbst aufzusetzen; er wollte so den Mangel königlicher Abstammung, königlichen Geblüts, ausgleichen. Indem er sich dann auch vom Papst noch einmal salben ließ, erschien der Papst als der translator imperii[10].

Als Gegenleistung übernahm Pippin als patricius Romanorum, d. h. als Schutzherr Roms, zu dem ihn der Papst ernannte, die Pflicht der Verteidigung Roms gegen die Langobarden und zugleich im Vertrag von Ponthion und Quiercy die Pflicht, ein bestimmtes Gebiet Mittelitaliens dem Papst als Herrschaftsbereich zu übereignen. Päpstlicherseits wird als Umfang das Exarchat Ravenna, dazu die iura seu

---

[9] Zum letzten Halt.

[10] Übertrager des Reichs.

loca reipublicae[11], d. h. der Umgebung von Rom genannt, die der Papst auch tatsächlich erhielt.

Der Papst verdankte seine tatsächliche Machtstellung in Rom jetzt also vor allem dem Gegensatz zwischen den Langobarden und Byzanz, der ihn weithin zum Herrn in Rom machte. Die Stadt gehörte nur noch nominell zum oströmischen Reich. Aber auch auf das Exarchat Ravenna erhob Rom Anspruch, wie wir sahen. Das ist das Gebiet, das Ostrom noch bis vor kurzem gegen die Langobarden behauptet und durch einen, Exarch genannten, Statthalter hatte regieren lassen. Wie der Papst auf den Gedanken gekommen ist, dies *oströmische* Gebiet für sich zu fordern, auf das Byzanz sofort nach der Eroberung durch Pippin wie selbstverständlich Anspruch erhob, ist bisher noch nicht klargelegt. Einen Anhaltspunkt bietet wahrscheinlich die donatio Constantini. Diese sogenannte Konstantinische Schenkung ist eine Fälschung, die höchstwahrscheinlich in den Jahren zwischen 750 und 760 in Rom oder im Frankenreich, dann aber auch dort in römischen Kreisen, vielleicht 754 beim Besuch Stephans II., entstanden ist (Text bei Mirbt Nr. 228). Das Dokument enthält die Beschreibung einer Schenkung, die angeblich Konstantin d. Gr. dem Papst Silvester nach seiner Taufe durch diesen gemacht hat. (Daß Silvester schon 2 Jahre vor Konstantins Taufe starb, ist Kunstpech des Fälschers.) Der Papst erhält den *kaiserlichen* Palast in Rom, den Lateran, ferner das Recht, *kaiserliche* Insignien zu tragen, endlich „potestatem et ditionem Romae urbis et omnes Italiae seu occidentalium regionum provincias, loca et civitates ad *imitationem imperii* nostri“[12]. Dazu verpflichtet sich der *Kaiser, dem Papst die Steigbügel* zu *halten* (wie Pippin es in Ponthion getan hatte), und begründet die Verlegung seiner Residenz von Rom nach Byzanz mit der Ehrfurcht, die er dem Inhaber der cathedra Petri[13] schuldet. Man kann den Sinn dieses Dokumentes kaum anders verstehen, als daß sich hier der Papst in der Form einer rückdatierten Schenkung die *Kaiserwürde* über das Westreich übertragen läßt. So verstanden, setzt die donatio Constantini das tatsächliche Aufhören der oströmischen Herrschaft in Mittelitalien voraus. Der Kaisertitel besagt aber, daß sein Träger der Herr der *οἰκουμένη*[14] ist. So meldet die Fälschung den Anspruch des Papstes an, auch politisch der Oberherr der Welt zu sein, obwohl er doch der Stellvertreter dessen sein will, der nicht hatte, da er sein Haupt hinlegte. Wie dieser ungeheuerliche Gedanke in der

---

[11] Rechte und Orte der Republik.

[12] Gewalt und Macht über die Stadt Rom und alle Provinzen, Orte und Städte Italiens und (auch zu übersetzen: das heißt) der westlichen Gegenden zur Nachahmung (Nachfolge [?]) unseres Kaiserreiches.

[13] Des Bischofstuhls Petri.

[14] der Welt.

Kurie Platz greifen konnte, liegt vorläufig, wie schon gesagt, noch im Dunkeln. Im Hochmittelalter ist der Anspruch mit augustinischen Gedanken gestützt, so wie man diese damals verstand; nur durch seine Einordnung in das Gottesreich, das hier auf Erden der Papst leitet, bekommt der Staat ein sittliches Existenzrecht. *Deshalb* muß er dem Papst untergeordnet sein. Ob aber Augustin auch schon im 8. Jahrhundert beim *Aufkommen* des Anspruchs Pate gestanden hat, ist sehr fraglich. Es ist nicht ganz ausgeschlossen, daß die tatsächliche Herrschaft, die Gregor d. Gr. in Italien ausüben konnte, den Keim für diese Gedanken bildete. Auf jeden Fall ist der Anspruch jetzt da, und zwar wieder mit einer festen rechtlichen Grundlage, denn die Konstantinische Schenkung ist im ganzen Mittelalter für echt gehalten und als Rechtsdokument von der Kurie benutzt worden. Erst im Spätmittelalter gab diese die Berufung auf sie auf, als die politische Publizistik gelernt hatte, sie gegen Rom auszuspielen: Der Schenker steht höher als der Beschenkte!

Für die Stellung des Papstes in der Welt sind dann auch die *pseudoisidorischen Dekretalen* wichtig geworden. Wie von der Bevormundung durch die Erzbischöfe, so wollten die Kleriker auch von der weltlichen Gewalt frei sein. Deshalb werden dem Papst in ihnen Befugnisse zuerkannt, die bis dahin unbestritten die Fürsten ausgeübt hatten: die Einberufung und Bestätigung von Synoden, das Recht, Staatsgesetze zu annullieren, die mit seinen Dekreten in Widerspruch stehen, das Vorrecht, keinen irdischen Richter über sich zu haben (papa a nemine iudicetur[15]); in diesem Zusammenhang wird auch die konstantinische Schenkung aufgenommen und der Papst als das *Haupt der Welt* (caput totius orbis) bezeichnet. —

So ist es also ein Doppelgesicht, das das Papsttum im Frühmittelalter erhält; es beansprucht

a) die absolute Gewalt über die Kirche, d. h. die administrative und die richterliche Gewalt, dazu die oberste infallible Lehrautorität über die Christenheit;

b) die politische Oberhoheit, mindestens im Westen. Beides mit einem Wort gesagt: Es beansprucht die **Theokratie in der Hand des Priesters.**

Als direkter politischer Herr über den Kirchenstaat erhält der Papst außerdem die *Würde eines souveränen Herrschers.* Auch liegt darin der Anspruch auf vollkommene politische Freiheit des Papsttums. Daß der Papst durch seine Herrschaft über den Kirchenstaat zudem gezwungen wird, die politischen Interessen seines Territoriums ebenso zu berücksichtigen, wie die ihm aus seinem geistlichen Amt zufließenden

[15] Der Papst kann von niemandem gerichtet werden.

Aufgaben, ist für seine Entscheidungen oft von erheblichem Gewicht gewesen. Schon von daher sind die Schenkungen Pippins einerseits und die Übertragung der Würde eines patricius Romanorum auf ihn andererseits außerordentlich folgenreich geworden.

Literatur

Rudolph Sohm, Das altkatholische Kirchenrecht und das Dekret Gratians (Festschrift für Adolf Wach, 1918; auch Sonderdruck);
vgl. ferner zu § 14.

§ 23. Die Entwicklung der Gegenmacht, des Kaisertums

1. Die Erweiterung des fränkischen Reiches zum gesamtabendländischen und die Herrschaft Karls d. Gr. Die Grundlage für die Herrschaft Karls d. Gr. hat in jeder Beziehung sein Vater Pippin geschaffen. Er führt nach der Abdankung seines Bruders Karlmann schon die Alleinherrschaft, erst als Majordomus, dann seit 751 als König. Er rundet den Herrschaftsbereich in *Gallien* ab durch die endgültige Bezwingung Aquitaniens, ebenso in *Deutschland* durch die erneuerte Unterwerfung der Alamannen und Bayern (742/43, 749). Auch mit den Sachsen hat er schon gekämpft. Und durch die Züge nach *Italien* legte Pippin auch den Grund für die Italienpolitik Karls, wie überhaupt für die Romzüge der deutschen Kaiser. Man kann die Bedeutung seiner Herrschaft kaum überschätzen.

Ob Pippin durch seine Schenkungen das Gebiet des Kirchenstaates dem Papst zu *voller* Beherrschung übereignet hat oder ob er die Oberherrschaft selbst behalten wollte, ist umstritten. Unter dem Einfluß seiner Mutter Bertrada hat dann Karl d. Gr. auf jeden Fall zunächst Frieden mit den Langobarden gesucht, so auch Papst Stephan III., während dessen Nachfolger Hadrian I. wieder antilangobardische Politik betrieb. Auch Karls gutes Verhältnis zum langobardischen König Desiderius hatte keinen Bestand, obwohl es durch eine Ehe befestigt war; 774 setzte er sich die Krone der Langobarden selbst aufs Haupt; im selben Jahr wurde er ebenfalls patricius Romanorum. Die Schenkungen seines Vaters an den Papst wiederholte er; ihr Umfang ist wieder strittig; sicher ist aber, daß Karl die *Ober*herrschaft über die dem Papst eingeräumten Gebiete selbst beanspruchte.

Das Ziel des neuen Königs, die Mauren aus *Spanien* zu vertreiben, das doch wohl letztlich hinter seinen Zügen über die Pyrenäen stand, mißlang. Nur eine spanische Mark, die bis an den Ebro reichte, war das Ergebnis.

Dagegen wurden die *Sachsen* völlig unterworfen und dem fränkischen Reiche einverleibt; damit erst war die Grundlage für das spätere ostfränkische Reich geschaffen.

Die Errungenschaften im germanischen Osten wurden dann der Ausgangspunkt neuer Kämpfe und Missionsversuche gegen die Awaren und Slawen. Karl wurde so im Südosten der Gründer der deutschen *Ostmark* (Österreichs). Die Slawen freilich konnten nur zur Anerkennung einer losen Oberhoheit Karls geführt werden. Das Ergebnis der vielen Kämpfe, die die ganze Lebenszeit Karls andauerten, war, daß die gesamte abendländische Christenheit mit Ausnahme des auf den britischen Inseln wohnenden Teils Karl untertan war. Mit der Schaffung dieses abendländischen Universalreiches ist **Karl d. Gr. der Vollender des Abendlandes,** da die innere Politik an Universalität dem äußeren Machtbereich entsprach.

2. Karls geistiges Regiment in Staat und Kirche. Als König „Dei gratia"[1] versteht Karl sein Amt als die höchste irdische Gewalt, die nicht nur den Frieden zu sichern, für Recht und Gerechtigkeit zu sorgen und den Schwachen zu helfen hat, sondern die auch die geistlichen Dinge zu ordnen hat. Diese Verbindung des Geistlichen und Weltlichen in der Hand des Königs entsprach alter germanischer Gewohnheit (vgl. oben S. 175), die biblisch mit dem Beispiel Melchisedeks und Davids, kirchlich mit dem imperator felix[2] aus Augustins „De civitate Dei", dem Lieblingsbuch Karls, gerechtfertigt wurde. Sie hat zwei Seiten.

a) *Die Beteiligung der Kirche am Staatsleben.* Die weltliche lateinische Bildungsarbeit war in der Merowingerzeit untergegangen. Dadurch bekam der Klerus ein Bildungsmonopol, das ihm von selbst auch Einfluß auf staatliche Angelegenheiten verschaffen mußte. Kleriker bildeten das Personal der Hofkanzlei; ihr Vorsteher erhielt etwa die Stellung eines Reichsministers und wurde deshalb auch mit entsprechend hohen geistlichen Ämtern belehnt. Von da aus ist es zu verstehen, daß der Erzbischof von Mainz später die Kanzlerwürde des Deutschen Reiches innehatte. Der Kaiser benutzte ferner Kleriker als seine Ratgeber und als seine Diplomaten. So werden Kirche und Staat schon von hier aus *eine* Größe.

b) *Das Regiment Karls über die Kirche.* Er ernannte die Bischöfe, wie seine Vorgänger es getan hatten, ja er verfügte über das Kirchengut fast wie sein Großvater Karl Martell, aber nun zum *Nutzen* der Kirche. Die schon von Bonifatius erstrebte *Metropolitanverfassung*

[1] Von Gottes Gnaden.
[2] Dem glückhaften Kaiser.

führte Karl durch. Zahlreiche königliche Bestimmungen galten der *Hebung des geistlichen Standes;* für seine Heranbildung wurden in Klöstern und an Kathedralkirchen Schulen errichtet. Auch die *sittliche Hebung des Volkes* ließ Karl sich angelegen sein. Er bestimmte, was jedermann auswendig lernen sollte (Vaterunser, Glaube); er erließ eine Predigtsammlung, die Paulus Diakonus zusammengestellt hat; er sorgte für Sonntagsheiligung und den Besuch des Gottesdienstes.

Der König (Kaiser) entschied aber auch seinerseits kirchliche Lehrstreitigkeiten. So den von Spanien ausgehenden *adoptianischen Streit* über die Frage, ob Christus, der nach seiner göttlichen Natur unbestritten der Sohn Gottes ist, seiner Menschheit nach natura oder aber nur adoptione[3] Sohn Gottes ist bzw. also nur heißt. Das Anliegen der Spanier war, durch die volle Gleichstellung Christi mit uns unsere Erhebung zu Kindern Gottes per adoptionem sicherzustellen. Karl entschied auf der fränkischen Reichssynode zu Regensburg 791/92 gegen die Spanier, deren Führer Felix von Urgellis war.

787 hatte das ökumenische Konzil zu Nicäa im Streit um Recht oder Unrecht der *Bilderverehrung* für diese entschieden (vgl. oben S. 135). Die Franken waren zu diesem Konzil nicht eingeladen. Infolgedessen dissimulierte Karl das Konzil und ließ die Frage im Frankenreich und in England neu untersuchen; das Ergebnis liegt vor in den libri Carolini. 794 entschied auch eine Synode in Frankfurt, daß es kirchlich gleichgültig sei, ob Bilder in den Kirchen wären oder nicht. Das Konzil von 787 wird abgelehnt.

Endlich kommt es zu einem Streit um das sogenannte *filioque.* Während der Osten lehrte, daß der Heilige Geist wie der Sohn direkt vom Vater ausgehe, glaubte man in Spanien unter dem Einfluß Augustins, nach dem immer die *ganze* Trinität handelt, wenn göttlich gehandelt wird, daß der Heilige Geist vom Vater *und* dem Sohn zugleich ausgeht (man lehrt die processio spiritus sancti a patre *filioque).* Im Frankenreich war dieser Zusatz auch in das Glaubensbekenntnis (Nicaenum) aufgenommen worden. Die Synode von Aachen entschied, als es darüber zum Streit mit dem Osten kam, 809 zugunsten der fränkischen Praxis. Da sie sich später auch in Rom durchsetzte, war damit eine Lehrdifferenz zwischen Ost und West aufgebrochen, die Bedeutung hat bis heute hin (vgl. § 21).

Hinter diesen Eingriffen des Kaisers in die dogmatische Sphäre steht der lebendige Wille, um der inneren Einheit des Reiches willen auch nur *einer* Anschauung Geltung zu gewähren. Nichts aber zeigt die kirchliche Bedeutung Karls besser als die Tatsache, daß er es wagte, „sich den Alten gleichzustellen", wie sich der Papst ausdrückte, indem

[3] Von Natur oder nur durch Adoption.

er das Bekenntnis änderte und kirchliche Lehrentscheidungen von sich aus traf.

Der *Papst* selbst hatte die fränkische Hilfe angerufen, um nicht ein langobardischer Landesbischof zu werden; es ist keine Frage, daß er dafür ein fränkischer geworden ist. Karl hat in Rom Akte klarer Herrschgewalt vollzogen. Er hat bestimmenden Einfluß auf die Papstwahl genommen und daraus sogar ein Recht gemacht. Die Beamten Roms mußten neben dem Papst auch Karl den Treueid schwören. Es scheint auch so, als ob er den Papst mit Absicht in diese Stellung gebracht hat; nur wenn dieser zwar der erste und höchststehende Geistliche des Reiches, aber doch *unter* Karl war, war der Einfluß ungefährlich, den er seit den Tagen des Bonifatius auf die fränkische Kirche hatte.

Diese Stellung Karls über Rom fand ihren vollen Ausdruck in seiner Krönung zum Kaiser.

3. **Die Kaiserkrönung Karls.** Obwohl die Quellen uns hier weithin im Stich lassen und einander in dem, was sie berichten, sogar erheblich widersprechen, erscheint sie doch als der natürliche Abschluß der Entwicklung. Das Abendland war eine neue politische Einheit geworden. Der Kaisertitel war als Ausdruck der Herrschaft darüber keineswegs vergessen. Da im Osten eine Frau (Irene) den Thron innehatte, konnte die Würde auch dort als erloschen gelten. Auch politisch konnte es geraten erscheinen, den oströmischen Ansprüchen auf Italien mit der Übernahme der Kaiserwürde ein für allemal Einhalt zu gebieten. Überraschend ist eigentlich nur, daß die Kurie, die selbst laut der Konstantinischen Schenkung Anspruch auf die gleiche Stellung erhob, bei der Krönung Karls mitwirkte. Der Grund ist wohl nur in der völligen Abhängigkeit von Karl zu suchen, in die Leo III., kaum ohne persönliche Schuld, geraten war. Aber der Papst gestaltete die Krönung so, daß er als der Übertrager der Würde erschien und damit für die Kurie rettete, was zu retten war.

4. **Das wissenschaftliche Interesse,** das Karl beseelte und das zur karolingischen Renaissance führte, ist sein ganz persönliches Verdienst, da es weder als Ausfluß der Kaiseridee noch einer kirchlichen Pflicht verstanden werden kann. Er sammelte die führenden Geister der damaligen Zeit, den Leiter der Domschule von York, *Alkwin*, den Historiographen der Langobarden, *Paulus Diakonus*, und andere, unter denen vor allem der Biograph Karls, *Einhart*, zu nennen ist, in einer Art wissenschaftlicher Akademie an seinem Hofe, gab ihnen dort eine Wirkungsmöglichkeit ins Weite und suchte die kulturellen Werte des Altertums durch sie für die eigene Zeit nutzbar zu machen. Das

Interesse des Kaisers erstreckte sich aber auch auf die germanische Vergangenheit, deren poetische Schätze er z. B. sammeln ließ.

5. So hat Karl das fränkische Reich zum abendländischen erweitert und dadurch dem Abendland die *politische Einheit* geschenkt. Mag sie schon bald wieder verloren sein, die *Idee* des corpus unum, die Idee, daß alle diese Gebiete eine Einheit seien, hat doch Jahrhunderte bestanden und ist ein gewaltiger Faktor der späteren geschichtlichen Entwicklung gewesen. Dadurch, daß sein Herrschaftsbereich aber fast den ganzen Westen umfaßte, wurde dieser endgültig auch eine geistige Einheit, die freilich Chlodwig schon angebahnt (vgl. S. 164 f.) und Bonifatius weitergeführt hatte. Fortan gab es wieder ein gemeinsames Denken im Abendland. Die Form aber, in der Karl sein Reich beherrschte, war die einer **Theokratie;** Staat und Kirche werden von der einen Hand, eben der des Kaisers, regiert; wahrhaftig zum Nutzen der Kirche in jeder Beziehung. Und doch war mit dieser Gestaltung die Grundlage für ungeheure Kämpfe gelegt.

Literatur

K. Heldmann, Das Kaisertum Karls d. Gr., 1928;

P. E. Schramm, Die Anerkennung Karls d. Gr. als Kaiser (Hist. Zeitschr. 172, 1951);

Ios. Calmette, Karl d. Gr., 1948.

§ 24. Der Kampf zwischen Imperium und Sazerdotium

1. Die geistige Grundlage des Kampfes. Die Betrachtung des Papsttums schloß mit der Herausstellung des weltbeherrschenden, *theokratischen Anspruches des Papsttums.* Die Betrachtung der staatlichen Entwicklung aber schloß gleichfalls mit der Herausbildung des *theokratischen Charakters des Reiches Karls d. Gr.* Das heißt:

a) in derselben Zeit, nämlich in der zweiten Hälfte des 8. Jahrhunderts,

b) für dasselbe Gebiet, das christliche Abendland diesseits und jenseits der Alpen, erobert der Oberherrschaftsanspruch über die Welt gleich an *zwei* Stellen Hirn und Herz. Von da aus ist klar, daß es zum Kampf auf Leben und Tod zwischen diesen beiden Größen einfach kommen *mußte.* Einer kann nur der Oberherr der Welt sein. Dies Gegenüber der Ansprüche bildet deshalb die unverrückbare Grundlage, auf der die Geschichte der folgenden Jahrhunderte ruht, ruhen muß, solange nicht eine Macht entweder besiegt ist oder aber ihre Idee hat fallen lassen. Das ganze Hin und Her und Auf und Ab der Kampfjahrhunderte wird von hier aus beherrscht, so viel Einzelprobleme diese Jahrhunderte auch noch umschließen.

Einen doppelten *praktischen* Gegensatz enthält der Zwiespalt:

a) beansprucht der Papst die äußere und innere *Leitung der Kirche*. Und dieser Anspruch wurzelt in seinem Bewußtsein, der successor Petri, ja der vicarius Christi zu sein; er ist also unaufgebbar.

Gleichzeitig beanspruchen aber auch die weltlichen Herren, insbesondere der Kaiser, die äußere und innere Leitung der Kirche, und auch er nicht aus Totalitätsgelüsten heraus, sondern weil sie ihm nach germanischem Empfinden gebührt; das ist auch noch biblisch gerechtfertigt durch Saul und David, denen gleich der König und Kaiser gesalbt ist. So wird auch hier der Anspruch unaufgebbar.

b) ergibt sich ein praktischer Zwiespalt um den *Kirchenstaat*. Der Papst will ihn souverän beherrschen, der Kaiser weiß sich als Oberherr auch über ihn.

Prinzipiell bedeutet der Kampf für die *Kirche* zunächst ein Ringen um ihre Freiheit vom Staat. Für das Recht solchen Ringens haben wir heute auch auf evangelischer Seite einen ganz anderen inneren Zugang als die Generation vor uns, die unter der Nachwirkung des Kulturkampfes stand. Trotzdem können auch wir diesen Kampf nicht rechtfertigen. Das macht schon die Tatsache unmöglich, daß hier der Kampf um die Freiheit unentwirrbar verquickt worden ist mit der Machtfrage und so von vornherein tödlich vergiftet wurde. Der Gegensatz zwischen Ambrosius und Theodosius d. Gr. ist geistlich noch sauber ausgefochten. Schon bei Gelasius I. (492—496) mischt sich in seinen Streit mit Kaiser Anastasius die Machtfrage ein. Seit der donatio Constantini ist die Lage eindeutig.

Praktisch kann ferner die Kirche auch unter der Leitung frommer Könige zu ihrem Recht kommen und innerlich wirklich frei sein. Die deutschen Kaiser haben denn auch bis zur Mitte des 11. Jahrhunderts für die geistige und geistliche Hebung der Kirche *einschließlich des Papsttums* entschieden mehr geleistet, als die Päpste selbst, die geradezu verhängnisvoll in die Kämpfe der römischen Adelsparteien verstrickt waren und dabei vielfach auch ihre persönliche Integrität verloren. Es besteht nur immer die *Gefahr*, daß die Kirche bei staatlicher Leitung für weltliche Interessen mißbraucht wird. Sie ist nur schwer zu bannen. So wird man den Kampf der Kirche um ihre Freiheit wenigstens *verstehen* müssen.

Auf *staatlicher* Seite ging es prinzipiell um das angestammte Recht der Krone. Das Mittelalter hatte ein außerordentlich feines Rechtsgefühl, denn das Recht ist für germanisches Empfinden unlösbar verkoppelt mit der Ehre, dem Hauptwert der germanischen Individualethik. Außerdem hing ein gut Teil der kaiserlichen Macht an seinem Einfluß auf die Kirche, wie noch näher zu schildern sein wird.

Ein prinzipielles Urteil über Recht und Unrecht des damaligen kirchlichen Freiheitsanspruches ist angesichts der Verfälschung dieses Anspruchs durch seine Verquickung mit weltlichen Herrschaftsinteressen also nicht zu fällen. Es gilt vielmehr zu verstehen, wie die Kirche durch konkrete geschichtliche Verhältnisse, nämlich durch die Wirren, die die Auflösung des Römischen Reiches mit sich brachte, zunächst rein tatsächlich immer mehr Macht bekam, einfach indem sie ihre Liebespflicht erfüllte an ihren Gliedern. Dann aber wirkt sich die Dämonie der Macht aus und sie beansprucht nun, was ihr zugefallen ist; jetzt *will* sie herrschen.

Geschichtliche Umstände hatten auch den fränkischen Staat allmählich dazu gebracht, die Leitung der Kirche seines Gebietes total in die eigene Hand zu nehmen. Bonifatius wandte sich, als er um seine Mithilfe gebeten wurde, zunächst noch an den Papst; erst als dieser nicht antwortete, stellte er sich den Hausmeiern voll zur Verfügung für ihren Plan, die Kirche neu zu ordnen. Dann *beansprucht* die Krone die Leitung auch der Kirche als ihr Recht.

So ist es schon ein tragisches Gegeneinander, das sich hier entwickelt, tragisch im Sinn einer unentwirrbaren Verflochtenheit von Schuld und Verhängnis, Schuld und Notwendigkeit. Da auf *beiden* Seiten Recht *und* Unrecht, ist es kein Wunder, daß Jahrhunderte nötig gewesen sind, den gordischen Knoten zu lösen.

Aber vielleicht ist es sogar noch zu vordergründig geurteilt, wenn man den Kampf zwischen dem mittelalterlichen Sazerdotium und Imperium als einen solchen zweier Rivalen um dasselbe Objekt oder auch als um die Freiheit der Kirche geführt ansieht. Wir sahen schon (S. 192 f.), daß die Kurie ihre Ansprüche mit augustinischen Gedanken begründet: Nur durch seine Einordnung in das Gottesreich bekommt der Staat, der an sich als der Vertreter der superbia[1] erscheinen muß (S. 120 f.), sittliches Existenzrecht. Der Kampf der Kirche gilt der rechten Ordnung in der christlichen Welt. Es ist nicht zu verkennen, daß dieser Gedanke eine großartige Konzeption enthält: **Es gilt, die Welt zur civitas dei[2] zu gestalten.** Das eben geschieht durch ihre Eingliederung in das Reich Gottes, und das heißt konkret für die damalige Zeit: durch ihre Lenkung seitens des vicarius Christi. Die ganze katholische Kirche erhält durch diese Gedanken einen Impuls zur Gestaltung der Welt, der geschichtlich nur in den mittelalterlichen Verhältnissen sich entwickeln konnte, der aber ungeheure Kräfte entbunden hat und ohne den ihr Wirken bis heute hin nicht verstanden werden kann. Gewiß

[1] des Hochmuts, der Überhebung.
[2] zum Reich Gottes.

ist es, vom Evangelium her geurteilt, ein falscher Reichsgottesbegriff, der hier Raum gewinnt; die Welt läßt sich nicht zum Reich Gottes machen. Aber solch Urteil darf nicht die Augen vor der betörenden Größe dieses Gedankens und vor seiner bezwingenden Gewalt verschließen. Es gibt wenig Ideen in der Geschichte, die so starke Kräfte entbunden haben und noch heute entbinden, als die so verstandene augustinische Lehre von der civitas dei.

Aber Augustins civitas dei lenkte auch das Denken Karls d. Gr. Wir haben schon gesehen, wie er sein Reich auf dem Wege der Theokratie zu formen suchte; wozu? Nicht auch zur civitas dei? So ist es wohl letztlich der säkularisierte Gedanke vom Reich Gottes, der das Papsttum *und* das Kaisertum gerade in ihren besten Vertretern beseelte und auch adelte.

Aber der Widerstreit bleibt auch so bestehen: Einer nur kann Führer sein bei der Gestaltung der Welt. Der Papst aber hat bei dem so verstandenen Gegensatz einen ideellen Vorrang. Das ist unverkennbar. Trotzdem gilt, daß die Dämonie der Macht den Kampf verfälscht hat, auch wenn er so tief verstanden werden muß, wie eben geschildert.

Warum Gott, der Herr der Geschichte, seine Kirche in diese Versuchung und damit in die wirren Kämpfe geführt hat, vor deren Beginn wir stehen, das muß gefragt werden; aber eine Möglichkeit zu antworten, zeigt sich bisher nicht. Sicher ist, daß die staatskritische Haltung, die in dem kurialen, ja schließlich gesamtkirchlichen Streben nach Freiheit *auch* enthalten ist, die Kirche des Westens vor der kritiklosen Hinnahme, ja Segnung aller staatlichen Akte bewahrt hat, die für die Ostkirche weithin charakteristisch geworden ist; sie hat darin zweifellos ein gutes Stück ihrer echten Aufgabe gerettet, die Forderung Gottes *jedermann* zu verkündigen, auch der Obrigkeit. Sicher ist, daß es ihr letztlich vorschwebte, die Welt zum Reich Gottes zu gestalten. Aber sie verweltlichte selbst in den Machtkämpfen, in die sie sich bei der Verwirklichung dieser Idee verstrickte. Welchen Sinn das hat, das ist gerade die Frage, die bisher, wie gesagt, keine Antwort gefunden hat. —

Ein prinzipieller Gegensatz, wie er hier aufgeklafft ist, wird nun aber in der Geschichte nur selten *direkt* ausgefochten. Meist liegt er in Kämpfen um konkrete Einzelfragen verborgen. So ging es auch hier.

Wir vergegenwärtigen uns die einzelnen Phasen der Entwicklung, indem wir in der Kampfzeit besonders auf die Objekte achten, um die jeweils konkret gerungen wird, und auf ihre Lösung.

2. Von Karl d. Gr. bis zu Otto d. Gr. (841—973). Äußerlich beginnt, wie wir schon gesehen haben, die Geschichte der kommenden Jahrhunderte mit einer vollen Verwirklichung der Theokratie in der

Hand des weltlichen Herrschers. Aber diese Stellung war nur zu halten, wenn die Nachfolger Karls ihm ebenbürtig waren. Sie waren es nicht. In dem Maße, in dem das Karolingerreich machtpolitisch zerfiel, stiegen die Aussichten Roms.

Die Bedeutung des *Niederganges des karolingischen Reiches* liegt in einem fünffachen.

a) Der Niedergang führte schon 843 im Vertrag von Verdun auch zum äußeren *Zerfall* des karolingischen Weltreiches *in mehrere,* auch später nie wieder vereinte *Teile.* Damit bekam der Papst in etwaigen Konflikten mit *einem* Reich die Möglichkeit, andere dagegen auszuspielen; er konnte die sich allmählich herausbildenden dynastischen und nationalen Gegensätze Europas für sich benutzen.

b) Die Mißwirtschaft bedeutete besonders in Neustrien wieder, wie unter den Merowingern, zugleich *Niedergang der Kirche,* die ja eine Staatskirche war. Er führte jetzt aber zur Bildung einer klerikalen Partei, die im Anschluß an Rom statt an die Krone das Heil der Kirche sah (Pseudo-Isidor!). Das heißt: Rom fand kirchliche und geistige Hilfe diesseits der Alpen.

c) Innerhalb des Ostreiches, also Deutschlands, ließ die Schwäche der Zentralgewalt das ursprüngliche *Stammesbewußtsein* in Sachsen, Bayern, Schwaben usw. wieder erstarken. Auch damit erhielt der Papst eine Möglichkeit, innere Gegensätze auszuspielen.

d) Aber so wichtig das alles ist, wichtiger ist doch die Tatsache, daß die fränkische Monarchie ihren *theokratischen Charakter verlor.* Schon Ludwig d. Fr., erst recht seine Nachfolger haben nicht mehr daran gedacht, in demselben Maße und demselben Sinne wie Karl d. Gr. auch das innere, das geistige Leben der Kirche zu bestimmen. In *dieser* Beziehung überlassen sie die Kirche sich selbst. Ja, je länger desto mehr sind sie gewillt, dem Papst als dem Inhaber der Schlüsselgewalt eine geistliche Gewalt auch über sich selbst zuzuerkennen. Das bedeutet aber, daß sie ihm an *einem* Punkte, und zwar dem zentralen, eine Überlegenheit wenigstens über die *Person* des Herrschers zubilligen. Das mußte zu einer gebrochenen Haltung ihm gegenüber führen, wenn es zum Konflikt kam. Und endlich

e) hat bis ins Spätmittelalter hinein kein deutscher König das *Recht des Papstes* bezweifelt, die *Kaiserkrone zu verleihen.* Auch hierin liegt ein Schwächemoment auf staatlicher Seite.

Alle diese Folgerungen, die sich aus dem Niedergang des Karolingerreiches ergaben, sind auch bezeichnend gewesen für das erneuerte deutsche Kaisertum. Kaisertitel und Kaiseridee sind gewiß durch **Otto d. Gr.** 962 an das *deutsche* Königtum gebunden worden. Aber in Wirklichkeit hat das neue Deutsche Reich doch niemals die Oberherrschaft über das Abendland wieder ausgeübt, die Karl gehabt hatte, obwohl Versuche, sie zu erringen, nicht gefehlt haben. —

Dem *Papsttum* hat der Niedergang des Karolingerreiches zunächst praktisch wenig genützt. Zwar hat ein so überaus kraftvoller Mann wie **Nikolaus I.** (858—867) zielbewußt versucht, das universale Kirchenstaatstum aufzurichten, das der Kurie vorschwebte; aber er starb vor der Vollendung. Und unter schwächeren Nachfolgern wurde die Kurie dann in den Strudel römischer Parteikämpfe hineingerissen, wie es denn überhaupt den Anschein hat, als ob sich Rom damals als geistige Macht auf sich allein gestellt noch nicht behaupten konnte; es brauchte die Anlehnung an einen starken Freund. So tief führte der Sturz sittlich im 9./10. Jahrhundert, daß man diese Zeit als die Zeit der Pornokratie in der Geschichte des Papsttums bezeichnet hat; der Name enthält nur eine geringe Vergröberung.

Diese Selbstausschaltung des Papsttums hatte zur Folge, daß die *landeskirchliche Idee* sich in Frankreich und Deutschland wieder zu entfalten begann. Es ist allgemein bekannt, in welch enge Verbindung Kirche und Staat durch *Otto d. Gr.* wieder gebracht sind. Das deutsche Königtum hatte nur unter Anerkennung der Stammesherzöge neu begründet werden können; eine eigentliche zentrale Macht fehlte ihm. Eine Stütze der Krone suchte Otto deshalb im deutschen Episkopat, der in den vorhergegangenen Kämpfen zwischen König und Herzögen stets unentwegt auf der Seite der Könige gestanden hatte, um nicht in Abhängigkeit von der Territorialmacht zu geraten. So nahm Otto den Herzögen die Ansätze zur Beherrschung des Episkopates, die sich ausgebildet hatten, und brachte die Ernennung der Bischöfe wieder in seine eigene Hand. Deshalb verlieh er auch den Bischöfen und den Reichsäbten territorialherrschaftliche Rechte und rief so die typisch deutsche Erscheinung des *geistlichen Fürstentums* ins Leben. Die Rechnung hat zunächst auch kaum getrogen. Trotz gelegentlicher Schwankungen hat der deutsche Episkopat sich Jahrhunderte lang als die stärkste Stütze der zentralen Macht erwiesen. Das Deutsche Reich verdankt seine Einheit weithin seinen Bischöfen.

Wichtiger noch ist eine andere Beobachtung. Besonders im Anfang des 11. Jahrhunderts leben die *Nationalsynoden* in Deutschland wieder auf. Und vor allem erkämpft sich deutscher Brauch in einem bedeutungsvollen Bereich Raum in der Kirche, indem die Priesterehe eine selbstverständliche Einrichtung im ganzen Reich wird. Solche hat es freilich zu bestimmten Zeiten auch in andern Ländern gegeben. Entscheidend ist, daß man nun in Deutschland im 11. Jahrhundert wieder daran geht, für die Priesterehe und andere nationale Gewohnheiten klare rechtliche Bestimmungen zu treffen (Synode zu Seligenstadt 1022 und das Decretum, die Kanonessammlung Burchards von Worms).

Das besagt nicht weniger, als daß der Versuch gemacht wird, das zentralistische pseudoisidorische Recht durch ein nationales Kirchenrecht zu korrigieren oder gar zu ersetzen. Aber dieser Weg ist nicht zu Ende gegangen. Man hatte die Macht des Königtums aufgebaut auf die Hilfe der Kirche. Diese Hilfe war aber nur dann wirklich zuverlässig, wenn die Kirche in das nationale Leben eingebaut wurde. Das wurde sie nicht. Von Rom sie auch formal zu trennen, ist in Deutschland niemals versucht worden; in Frankreich keimte der Gedanke gelegentlich auf. Die deutsche Kirche blieb so ein Glied einer überdeutschen Gemeinschaft. Wie wenig das im Augenblick besagte, zeigt die Tatsache, daß das Papsttum sich um die Erhebung der deutschen Bischöfe zu Reichsfürsten überhaupt nicht gekümmert hat. Aber die Verbindung mit Rom konnte doch noch einmal wieder bedeutungsvoll werden. Hier klafft die Lücke in dem von Otto d. Gr. inaugurierten und von seinen Nachfolgern ausgebauten Regierungssystem. Diese haben sogar selbst dafür gesorgt, daß die Lücke nicht bedeutungslos blieb.

Neben den nationalkirchlichen Ansätzen ist wichtig, daß die theokratischen Gedanken, nach denen der König-*Kaiser vor Gott verpflichtet ist, auch die Kirche zu leiten,* sich auch wieder regen, ja wie selbstverständlich als gottgegeben hingenommen werden. Diese Pflicht nötigte den Königen auch ein Eingreifen in Rom ab.

Der äußere Anlaß für die Einflußnahme des deutschen Königtums auf das Papsttum lag in der *Kaiserwürde.* Sie zu erlangen, zogen die Könige nach Rom. Aber zugleich mag noch ein anderes Moment mitgespielt haben, wenigstens bei Otto d. Gr. Er hatte die Beziehung der Bischöfe zu Rom nicht gestört. Wenn er nun, nach dem Vorbild Karls d. Gr., auch den Papst zu einem Untertan des Deutschen Reiches machte, dann war dessen Verbindung mit den deutschen Bischöfen ungefährlich; dann blieb die geistliche Abhängigkeit des Episkopates von Rom *unter* kaiserlicher Herrschaft und stand ihr nicht konkurrierend zur Seite. Auf jeden Fall wird 962 die dauernde Verbindung des Deutschen Reiches mit der Kurie Tatsache.

Otto hatte in Rom sofort energisch im Sinne der Hebung des Papsttums durchgegriffen, auch über den Papst (Johannes XII.), als dieser treulos wurde, Gericht abgehalten, was doch sogar Karl d. Gr. vermieden hatte, indem er Leo III. einen Reinigungseid hatte schwören lassen: papa a nemine iudicetur. Inzwischen hatten Pseudo-Isidor und Nikolaus I. gewirkt. So ist verständlich, daß diese Maßnahme Ottos alle Teilnehmer bedrückte. Auch sorgte Otto d. Gr. so wenig wie seine nächsten Nachfolger für die *prinzipielle* Klärung des Verhältnisses von Papst und Kaiser; die wäre damals freilich auch kaum möglich gewesen. Als diese dann im 11. Jahrhundert doch erfolgte, erging sie im Sinne der Kurie; auch das nicht ohne Mitwirkung des deutschen Kaisertums, das die kirchliche Reformbewegung selbst nach Rom führte.

3. **Die kluniazenische Reformbewegung.** Ursprünglich eine Bewegung zur Reform des verwilderten Mönchtums, die im zweiten Drittel des 10. Jahrhunderts von dem burgundischen Kloster Cluny ausgegangen war, hatten die Kluniazenser bald ein für die ganze Kirche geltendes Reformprogramm aufgestellt. Besonders die *Priesterehe* war für sie ein Stein des Anstoßes. Sie beobachteten ferner, daß das Eigenkirchenrecht, das Recht der Laien über die Kirchen auf ihrem Besitz, zu schweren Schädigungen des kirchlichen Lebens geführt hatte, vor allem durch den Verkauf der Ämter an den Meistzahlenden; die *Simonie* trifft so ihr ganzer Haß. Der Kardinal Humbert erweiterte schließlich in seinen „libri tres adversus simoniacos“[3] (1057) den Begriff der Simonie dahin, daß er jede kirchliche Tätigkeit von Laien, also auch die *Laieninvestitur*, die Besetzung kirchlicher Ämter durch Laien, in ihn einbegriff. Praktisch ist solche Investitur auch wohl selten ohne Gegenleistung erfolgt; solche entsprach germanischem Rechtsbrauch.

Alle genannten Dinge waren aber schon im alten kanonischen Recht verboten. So wird bald als Grundsatz aller Reformer der Satz formuliert — Abbo von Fleury († 1004) und die Lothringer sind die Urheber —: Nur durch Wiederherstellung des kanonischen Rechts kann die Kirche reformiert werden. Zum alten Recht gehörte aber jetzt unbezweifelt auch Pseudo-Isidor mit seiner streng kurialistischen Haltung. Die Reformbewegung mußte also eine furchtbare Waffe in der Hand des Papsttums werden, wenn tatkräftige Männer an der Kurie sie aufgriffen; denn in demselben Augenblick fast mußte der Kampf zugunsten der zentralistischen Papstidee gegen jedes Nationalkirchentum wie gegen die kaiserliche Kirchenhoheit losbrechen.

Heinrich III. (1039—1056), der glänzendste Herrscher, den Deutschland im hohen Mittelalter gehabt hat, führte solche Männer selbst an die Spitze der Kurie. Ganz gewiß nur aus Fürsorge für die Kirche. Er wollte sie von der Regierung durch so verworfene Männer befreien, wie etwa Benedikt IX. (1033—1044) einer gewesen war. Aber mit dem vom Kaiser ernannten Leo IX. (1049—1054) eroberten sich nun die kluniazensischen Reformideen Rom. Nur die starke persönliche Freundschaft, die zwischen Leo IX. und Heinrich III. herrschte, hat es verhindert, daß der Konflikt schon in Heinrichs Regierungszeit selbst zum Ausbruch kam.

[3] Drei Bücher gegen die Simonisten.

4. **Der Investiturstreit** (1056—1122). Als Heinrich III. 1056 starb, war Erbe seiner Krone ein unmündiges Kind. Damit war die Stunde für die Durchführung des Reformprogrammes, und das heißt jetzt zugleich die Stunde Roms, gekommen. Es hat sie unter der Führung des gewaltigen **Gregor VII.** (1073—1085) nur allzu geschickt zu nutzen verstanden. Aus der Vorgeschichte des Streites ist aber deutlich: Der ideelle und der machtpolitische Gegensatz steht *zunächst* völlig im Hintergrund. Der Kampf entbrennt direkt in seiner **ersten Phase** nur um rein innerkirchliche Fragen, vor allem eben um das Recht der Laieninvestitur. Dabei hat das Papsttum

a) die meisten Reformfreunde, wo sie auch wohnen, auf seiner Seite,

b) die Möglichkeit, mit kirchlichen Strafen, d.h. mit dem *Bann* gegen seine Gegner vorzugehen; der Bann bedeutete damals aber den Raub der ewigen Seligkeit für jeden, der vor der Lösung von ihm starb; eine furchtbare Waffe also, solange sie verfing. Zugleich eine unreine Waffe, da sie nicht für das Evangelium eingesetzt wurde, sondern für eine kirchenrechtliche Doktrin, die keineswegs allgemein geteilt, vielmehr von einem anderen Rechtsempfinden her durchaus bestritten wurde. Dieser Waffe konnte das Kaisertum kaum etwas Gleichwertiges entgegensetzen.

Aber wenn das Papsttum seinen Anspruch durchsetzte, statt des Kaisers über die Investitur der Bischöfe zu entscheiden, so erlangte es

a) den Einfluß über die Kirche, den bis dahin der Landesherr gehabt hatte; das bedeutete aber

b) daß die Kurie in ihrem Kampf mit den bisherigen Inhabern des Investiturrechtes Sieger geblieben war. Der Kampf um die kirchlichen Dinge entschied also zugleich die Rangstellung in der Welt. Als ein Kampf um diese ist er von Gregor VII. denn auch bewußt geführt worden; eine für den Kaiser sehr ungünstige Situation.

Aber auch, wenn man von dieser letztgenannten Verflechtung einmal absieht, konnte der Kaiser nicht auf die Investitur verzichten. Der Episkopat war ja doch die Hauptstütze seiner Krone; wie konnte er die Auswahl der Persönlichkeiten einer anderen Größe überlassen!? Der Episkopat hatte zugleich unendlich viel Reichsgut anvertraut bekommen; wie konnte der Kaiser es fahren lassen!?

1075 begann der Kampf mit dem Verbot der Laieninvestitur, das Gregor VII. von der römischen Fastensynode aussprechen ließ, was Heinrich IV. aber nicht abhielt, die Bischofsstühle in Mailand und in anderen Städten zu besetzen. Die gleich das Äußerste androhende Intervention des Papstes beantwortete er 1076 mit der Absetzung Gregors VII., die die Synode von Worms vollzog. Der Papst konterte mit der *Absetzung*, dem *Bann* (in *dieser* Reihenfolge) und der Lösung der Untertanen vom Treueid. Die Exkommunikation hatte damals noch eine zutiefst erschreckende Wirkung. Unter ihrem Eindruck beschlossen die deutschen Fürsten im Herbst 1076 die Absetzung Heinrichs, wenn er nicht binnen Jahresfrist vom Bann gelöst sei. Diese Lösung erzwang der König 1077 durch die Bußfahrt nach **Canossa.** Trotzdem wurde Rudolf von Schwaben zum Gegenkönig erhoben, Heinrich IV. 1080 auch erneut gebannt. Aber in dem so entfesselten Krieg blieb Heinrich IV. Sieger. Als er 1106 starb, hatte er nach einem langen Leben voller Kampf *kein einziges Recht des deutschen Kaisers preisgegeben.* Diese Tatsache entscheidet über Heinrichs Beurteilung, nicht die Canossa-Szene, die übrigens an sich schon einen Teilsieg zur Folge hatte. Und Gregor VII. starb im Exil!

Die Nachfolger Gregors haben zunächst den Kampf um die Weltherrschaft nicht weitergekämpft; sie beschränkten den Streit auf die Frage der Laieninvestitur. Das war die eine Vorbedingung zum Frieden. Andererseits hatte der religiöse Kampf — als solchen erlebten ihn die Zeitgenossen! — Deutschland innerlich furchtbar zerrissen. Schon um der Nation willen mußte sich auch *Heinrich V.* nach Frieden sehnen; die andere Vorbedingung.

Außerdem hatte man in den 50 Jahren des Kampfes etwas gelernt, dessen man sich vorher nicht bewußt gewesen war: nämlich bei den Bischöfen zu unterscheiden zwischen ihren geistlichen und ihren weltlichen Pflichten. Darauf wurde die Vereinigung aufgebaut, die im **Konkordat von Worms 1122** erfolgte. Auf Grund dieser Unterscheidung nämlich wurden die Befugnisse bei der Wahl und Investitur verteilt. Ring, Stab und Szepter waren die Zeichen der bischöflichen Hoheit. Davon waren Ring (Bischofsring) und Stab (Hirtenstab) unbezweifelt Symbole der *geistlichen* Macht; dagegen galt das Szepter als Symbol der *weltlichen* Herrschaft. Auf dieser Grundlage ließ sich eine Verteilung der Investiturbefugnisse sachlich klar erreichen. Die geistliche Gewalt, der Metropolit, erhielt vom König die Investitur mit Ring und Stab zugebilligt; er selbst behielt die Investitur mit dem Szepter. Der König hat sich dazu freilich erst verstanden, nachdem ihm in Deutschland der maßgebende Einfluß bei der Auswahl der Personen zugestanden war, die den Zusammenhang zwischen der Krone und dem Episkopat sicherte.

Für *Deutschland* vollzieht sich die Neubesetzung eines Bistums danach folgendermaßen. Klerus und Volk, also die im Kirchenrecht vorgesehenen Organe, wählen frei einen neuen Bischof. Aber die Wahl muß in der Gegenwart des Königs oder seiner Gesandten erfolgen. Der König kann sogar seinerseits einen Kandidaten vorschlagen. Wer bei zwiespältigen Wahlen entscheidet, ob der König oder der Metropolit, bleibt unentschieden. Danach überträgt der König dem Erwählten die

Regalien durch die Investitur mit dem Szepter. Der Belehnte beantwortet die Szepterinvestitur mit dem Lehens- und Verpflichtungseid. Die königliche Investitur findet also in Deutschland *vor* der Weihe statt, eine Möglichkeit für den König, ihm mißliebige Kandidaten auszuschließen. Außerdem werden durch diese Form die Regalien als Reichsgut anerkannt (nicht Kirchengut). Schließlich erfolgt die Weihe und die Investitur mit Ring und Stab durch den Metropoliten.

In *Italien* war es der Pataria, einer revolutionären Gruppe mit stark antiklerikalem Einschlag, unter Heinrich V. gelungen, die Macht der Bischöfe zu brechen, damit aber zugleich die Macht des Kaisers. Diesen Tatbestand hält die italienische Regelung grundsätzlich fest. Dort verliert der König jeden Einfluß auf die Wahl. Freie kanonische Wahl entscheidet über die Person des neuen Bischofs, der danach sofort geweiht und mit Ring und Stab investiert wird. Die Bischöfe müssen dann innerhalb von 6 Monaten die königliche Investitur mit dem Szepter nachsuchen und den Lehnseid leisten. Praktisch bedeutet das den Verlust des Reichsgutes in Oberitalien. Dieselbe Regelung erfolgte für *Burgund.*

Für *Rom* selbst verzichtete Heinrich ausdrücklich auf das Reichsgut; er überließ es dem Papst. Auch des päpstlichen Lehnseides ging er verlustig (Punkt 2 des privilegium pontificis).

Das Wormser Konkordat beendet einen 50jährigen Kampf. Wer den Ausgangspunkt des Kampfes als Standpunkt zu seiner *Beurteilung* wählt, der sieht klar, wer Erfolge errungen hat. Allein die Kurie! Zwar hat sie ihr *letztes* Ziel nicht erreicht, weder die Weltherrschaft im Dienste der Weltgestaltungsidee, noch den *alleinigen* Einfluß auf den deutschen Episkopat. Aber

a) erhält sie *maßgebenden* Einfluß in Italien,

b) hat sie dem deutschen Kaiser in Deutschland einen *Teil* seiner Befugnisse weggenommen und

c) haben die Kampfjahre innerhalb der deutschen *Kirche,* die bis dahin organisatorisch ein Teil des Reiches gewesen war, das *Bewußtsein der Selbständigkeit* geweckt. Als eine Eigengröße weiß sie sich jetzt dem Staat gegenübergestellt. In der Tatsache, daß 1122 *alle* deutschen Bischöfe gregorianisch gesinnt sind, kommt dies Bewußtsein deutlich zum Ausdruck. Das war der größte Gewinn des Papsttums.

Immerhin blieb der Verlust für das deutsche Kaisertum noch tragbar, da es das meiste Reichsgut und in Deutschland den entscheidenden Einfluß auf die Bischofswahl behielt.

5. Der Kampf zwischen Friedrich I. Barbarossa und Alexander III. Unter veränderten Vorzeichen kam es unter *Barbarossa* (1152—1190) zur **zweiten Phase** des Kampfes. Das Wormser Konkordat hatte, vor allem dank der kirchlichen Zurückhaltung Lothars von Supplinburg sowie der Schwäche Konrads III., eine Zeit des Friedens eingeleitet. Sie bekam dem Papsttum auch diesmal schlecht; es geriet erneut in den innerrömischen Parteienzwiespalt hinein. Als dann Friedrich I. die alte Kaiseridee wieder aufgriff, andererseits kraftvolle Männer Päpste wurden, brach der Kampf von neuem los. Diesmal bildete aber nicht eine kirchliche Frage den Gegenstand des Streites, sondern es ging unverhüllt um machtpolitische Dinge. Schon unter Hadrian IV. (1154 bis 1159) kam es über dem Versuch Barbarossas, das Reichsgut in Oberitalien zurückzugewinnen, zu Spannungen. Als Hadrian 1159 starb, beherrschten diese die neue Papstwahl. Die gregorianisch gesinnte Kardinalsmehrheit wählte *Alexander III.* (1159—1181), die kaiserlich gesinnte Minderheit stellte ihm in Viktor IV. einen Gegenpapst gegenüber. Barbarossa beanspruchte als Vogt der Kirche das Recht, diesen Zwiespalt zu schlichten. Wer von den beiden Prätendenten die Macht haben würde, wirklich den Stuhl Petri zu besteigen, war also jetzt der Gegenstand des Streites. Sein Ausgang entschied zugleich über Sieg oder Niederlage des Kaisers. Das Bündnis Alexanders III. mit den langobardischen Städten und Sizilien, eine das Heer 1176 dezimierende Pest, die auch den kaiserlichen Kanzler Rainald von Dassel dahinraffte, sowie die verweigerte Waffenhilfe Heinrichs des Löwen entschieden kurz vor dem endgültigen Erfolg das Schicksal Barbarossas. Im *Frieden von Venedig* mußte er 1177 Alexander III. als Papst anerkennen, aber ohne daß dieser eine Oberhoheit über das Reich beansprucht hätte.

Das war eine klare *politische Niederlage des Kaisers.* Aber sie hatte

a) *keine* weiteren kirchlichen Folgen für Deutschland. Wenn *ein* Kaiser Herr der deutschen Kirche gewesen ist, dann war Barbarossa es. Schon Alexander III. hat das Wormser Konkordat nicht angetastet. Nach dessen Tod konnte der Kaiser seinen kirchlichen Einfluß noch vergrößern. Auch seinem Sohn, Heinrich VI., blieb er gewahrt.

b) *Friedrich I. erholte sich* auch *politisch rasch.* Heinrich der Löwe wurde besiegt. 1183 beendete der Vertrag von Konstanz den Kampf mit dem lombardischen Städtebund. Und es war ein politisches Meisterstück des Kaisers, durch die Heirat seines Sohnes mit Konstanze, der Erbin des sizilischen Normannenreiches, eine Interessengemeinschaft mit Süditalien herzustellen, das bis dahin mit Rom verbündet gewesen war. Das bedeutete nämlich nicht nur die augenblickliche Isolierung Roms, sondern die völlige Umklammerung des päpstlichen Gebietes seitens des deutschen Kaisertums. Rom drohte damit wieder dasselbe Schicksal, das Karl d. Gr. und Otto d. Gr. ihm bereitet hatten: der Papst deutscher Untertan. Es ist von daher aber zugleich klar, welch außerordentlich gefährlichen Weg das staufische Kaisertum mit dieser Politik beschritt.

Denn Rom setzte selbstverständlich alles daran, diese Kette zu sprengen, besonders als Heinrich VI. tatsächlich von Süditalien Besitz ergriffen hatte. Der Sieg wäre dem Papst aber wohl kaum gelungen, wenn nicht das Geschick wieder, wie schon einmal beim Tode Heinrichs III., in härtester Form eingegriffen hätte: Heinrich VI. starb 1197, als sein Sohn Friedrich II. drei Jahre alt war.

6. Innozenz III. und die deutsche Kaiserkrone. Die Schwächeperiode, in die die Erbfolgewirren das Deutsche Reich stießen, fiel in eine Zeit, in der der größte Papst, vielleicht aller Zeiten, die römische Kurie führte: Innozenz III. (1198—1216). Damit war der neue Kampf zwischen Papstherrschaft und Kaiserherrschaft im Grunde schon entschieden. Es ging bei dieser **dritten Phase** um die Frage, wer die deutsche Krone tragen sollte. Die Verschiebung gegenüber der Zeit Barbarossas wird deutlich sein: Damals ging es um die Frage, ob der Kaiser seinen Gegenpapst inthronisieren könnte; jetzt darum, ob der Papst seinen Thronkandidaten in Deutschland durchsetzen würde.

Innozenz gelang es zunächst,

a) in Italien als der Held der nationalen Unabhängigkeit gegenüber dem deutschen Kaisertum aufzutreten und aus Reichsgebiet den *Kirchenstaat wieder aufzubauen;*

b) durch den frühen Tod der Kaiserin Konstanze auch *Herr über das Königreich Sizilien* an Stelle seines Mündels Friedrich II. zu werden.

Gestützt auf diese realen Machtgrundlagen in Italien konnte er in die deutschen Verhältnisse eingreifen, die gekennzeichnet sind durch eine Doppelwahl. Da er das Königtum eines Staufers grundsätzlich ablehnte, der Welfe *Otto IV.* ihn zudem um Bestätigung seiner Wahl bat und damit die Oberhoheit des Papstes anerkannte, da Otto weiter auch auf die Reichsrechte im Kirchenstaat verzichtete, wurde er 1201 anerkannt. 1208 aber war sein Gegner *Philipp von Schwaben* nach schweren Kämpfen so weit, daß der Papst, ohne daß Philipp ein einziges der kaiserlichen Rechte preisgegeben hätte, ihn anerkennen mußte und anerkennen wollte. Die Niederlage des Papstes war vollständig.

Sie wäre es gewesen, wenn nicht die Ermordung Philipps durch Otto von Wittelsbach die ganze Entscheidung hinfällig gemacht hätte. So auf des Messers Schneide kann in der Geschichte manchmal das Schicksal ganzer Welten stehen. Otto IV. wurde König. Alles, was er dem Papst 1201 zugestanden hatte, behielt Innozenz auch jetzt. Zudem verzichtete Otto 1209 auf das Wormser Konkordat und die Lehensrechte des deutschen Königs gegenüber den Bischöfen (Spolien- und Regalienrecht, vgl. S. 175). Der Papst wurde so der Herr der deutschen Kirche und erhielt durch die Nominierung der Bischöfe auch einen großen politischen Einfluß in Deutschland. Der bischöfliche Teil des Reichsgutes wurde Kirchengut. Die Kurie wurde zudem als oberste Appellationsinstanz für den Klerus anerkannt. Otto hatte sich die Kaiserkrone redlich verdient. 1209 erhielt er sie. Der Sieg des Papstes war vollständig.

Er wäre es gewesen, wenn nicht Otto IV. sofort nach der Krönung den alten Kaiserweg eingeschlagen hätte. Er dachte gar nicht daran, dem Papst seinen Eid zu halten. Schon ein Jahr nach seiner Ablegung war ganz Italien, abgesehen von der Insel Sizilien, in Ottos IV. Hand. Die Umklammerung Roms durch das Herrschaftsgebiet des Kaisers, dieses Kaisers, dem der Papst selbst zur Macht verholfen hatte, war Tatsache.

Trotz aller Enttäuschung mußte der Kampf gegen den einstigen Schützling aufgenommen werden. Mit Philipp II. August von Frankreich schloß der Papst ein Bündnis gegen ihn. Außerdem griff er wieder zu dem alten Mittel päpstlicher Politik: Er schürte unter den Fürsten und Herren Oberitaliens und Deutschlands zum Aufstand gegen Otto. Einem Zeitgenossen, dem Mönch Cäsarius von Heisterbach, verdanken wir die Bemerkung: „Im Streite der Könige sind die Fürsten unbeständig geworden; um Geld, um Liebe, um Furcht schwören sie heute diesem, morgen jenem“ (Dial. X 24). Die Fürsten waren auch jetzt zum Abfall bereit; nur die Frage der Zuverlässigkeit des Papstes flößte ihnen zunächst noch Bedenken ein. Schließlich sind auch diese überwunden. Im Sept. 1211 (endgültig Dez. 1212) wählten sie *Friedrich II.* an Ottos Stelle zum deutschen König, indem sie auf einen ihm schon 1196 geleisteten Treueid zurückgriffen. Auf diese Weise schalteten sie die direkte Mitwirkung der Kurie aus. Mehr als lebhaft hatte sich Innozenz III. bei Beginn seiner Regierung gegen die deutsche Herrschaft Friedrichs II. ausgesprochen. Jetzt half er selbst, ihn zu küren. Freilich vermied er dabei für seine Person jede Bindung; er ließ die *Römer* Friedrich zum Kaiser ausrufen. Daraufhin stellte er ihm die Krönung in Aussicht.

Friedrich II. wußte, daß er sich die Krone, die ihm angeboten wurde, in Wirklichkeit erst erobern mußte. Trotzdem ging er auf das Angebot ein. Aber er konnte nur hoffen, sich durchzusetzen, wenn er den Papst auf seiner Seite hatte. Im April 1212 hat er deshalb einfach alle Bedingungen beschworen, die die Kurie ihm stellte. Er mußte vor allem in aller Öffentlichkeit *dem Papst als König von Sizilien* den *Treueid leisten.* Die auf das Deutsche Reich sich beziehenden Versprechungen sind in der sogenannten *Goldenen Bulle von Eger* enthalten, die am

12. Juli 1213 ausgestellt wurde. Friedrich II. hat in ihr die Zusagen übernommen, mit denen Otto IV. sich 1209 zu Speyer die Krönung erkauft hatte. Die deutschen Fürsten waren Zeugen des Eides, den der König dem Papst schwor; sie haben ausdrücklich die königlichen Zusagen gebilligt. Diese sind damit in aller Form Reichsrecht geworden. Dadurch gehen die Versprechungen von Eger noch weit über die von Speyer hinaus. Innozenz III. war so doch noch Sieger geblieben im Kampfe um die deutsche Kirche. Die Stellung, die der deutsche König seit Chlodwig in der Kirche eingenommen hatte, eine Stellung, die letztlich auf germanischen Anschauungen vom Königtum beruhte, aber durch die augustinische Konzeption vertieft war, war verloren, die Emanzipation der Kirche von der weltlichen Gewalt Tatsache geworden. Daß Otto IV. 1214 bei Bouvines von den französischen Bundesgenossen des Papstes entscheidend besiegt wurde, erhöhte nur noch dessen Triumph. Die dritte Phase endet wieder mit einem klaren Sieg des Papstes.

7. **Der Untergang der Staufer.** Unter Friedrich II. und seinen Nachfolgern kommt es dann zur **vierten** und letzten **Phase** des Kampfes. Zwar kirchlich hatte das Papsttum alles erreicht, was es nur erreichen konnte. Aber Friedrich II. war Herr von Deutschland *und* Sizilien. Unter diesen Umständen konnte es unmöglich Frieden geben zwischen Rom und ihm. Unter dem Vorwand, er habe sein Kreuzzugsversprechen nicht gehalten, bannte Gregor IX. ihn 1227. *Innozenz IV.* (1243—1254) setzte, trotz Friedensbemühungen Friedrichs, den so eingeleiteten Kampf fort. Aber bei der Schwäche seiner militärischen Lage konnte Innozenz IV. nichts erreichen, solange er in Italien war, das Friedrich II. beherrschte. Es war ein Schachzug des überaus gewandten Papstes, der die Niederlage des Kaisers in sich schloß, Italien zu verlassen. Verkleidet floh er auf einer genuesischen Flotte erst in seine Vaterstadt Genua, dann 1244 nach *Lyon.* Dort ist 1245 auf einer Synode, die nach römischer Zählung das 13. ökumenische Konzil bildet, die Verurteilung Friedrichs erneuert.

In Friedrichs II. Persönlichkeit begegnen uns schon höchst moderne Züge. Er hatte sofort, noch unter Gregor IX., auch *geistige Waffen* in den Dienst seines Kampfes mit dem Papst gestellt. Auch das Urteil der Synode von Lyon beantwortete er wieder mit einem Manifest an die Christenheit, in dem er zu offenem Angriff auf das politische Papsttum überging. Die geistliche Gewalt des Papstes wird anerkannt, aber ihm nach göttlichem wie nach menschlichem Recht jede Berechtigung zur Überordnung über Kaiser und Könige abgesprochen. Die staatliche Gewalt ist vielmehr ihrem Wesen nach niemand verantwortlich. *Der Kaiser kann nur von Gott selbst gerichtet werden.* In weiteren Schriften hat Friedrich das Verhalten der Päpste in den letzten Jahrhunderten unter die Lupe nehmen lassen. Die Entbindung von geschworenen Eiden, die Bündnisse mit Aufrührern, die Eingriffe in die Gerichtsbarkeit, das alles sind neben anderem Vorwürfe, die jetzt dem Papsttum in offenen Anklageschriften entgegengehalten werden. Aber der Kaiser konnte kaum bei einem rein negativen Urteil stehen bleiben; er mußte zu positiven Sätzen über eine *rechte* Gestalt des Papsttums fortschreiten. Für sie nahm er das Schlagwort der Zeit auf: *Zurückführung der Kirche zur Einfachheit und Armut der Urzeit.* In ihrem Reichtum hat sie ihre Frömmigkeit verloren. Nur die Preisgabe alles irdischen Besitzes wird ihr die geistige Bedeutung wiedergeben, die ihr zukommt.

Man sieht, in dem Augenblick fast, in dem das Papsttum die Höhe seiner Macht erklommen hat, setzt eine ganz grundsätzliche Opposition ein. Schon dieser, ursprünglich rein politische, Gegner des Papsttums, Friedrich II., wird über den politischen Gegensatz hinaus zur Forderung der *Reform der Kirche,* nun vorerst nur an ihrem Haupt, geführt. Das Schlagwort „Reform der Kirche an Haupt", dann allerdings erweitert „und Gliedern", das die Zukunft beherrscht hat, ist fast in dem Augenblick der Verwirklichung der Papstherrschaft, die der politischen Papstidee entsprach, geboren. Und es ist zu beachten, *wodurch* man die Reform herbeizuführen gedenkt. Rückkehr zur apostolischen Einfachheit ist das Stichwort, das die Lösung aller Schwierigkeiten verheißt. Man bleibt also zunächst, wie der Hauptanstoß vom Äußerlichen kommt, so auch in der Reformforderung noch am Äußerlichen hängen. Der Angriff ist wirtschaftlicher oder politischer und sozialer Natur. Aber man brauchte nur dasselbe Stichwort, Rückkehr zur apostolischen Norm, vom Gebiet des sozialen Lebens auf das Gebiet des Religiösen zu übertragen, d.h. aus der Rückkehr zur evangelischen *Lebens*form (moralisch) die Rückkehr zum Evangelium zu machen, so hat man das, was Luther getan hat. Auch Luther steht in dieser unter Friedrich II. einsetzenden Reformbewegung, aber als ihr Abschluß. Es handelt sich in dem Angriff Friedrichs II. auf das Papsttum also nicht um belanglose Einzelheiten eines politischen Kampfes, sondern mit ihm beginnt eigentlich eine neue Periode der kirchlichen Entwicklung.

Innozenz IV. ist dem Kaiser natürlich die Antwort nicht schuldig geblieben. Der Papst geht dabei aus von der engen Verbindung, die auch nach ihm zwischen Papsttum und Kaisertum besteht. Denn der Papst prüft Wahl und Person des Kaisers und weiht ihn dann, wodurch dieser der Vogt des Papstes wird und das Reich bekommt; dafür hat er ihm auch zu schwören. Von dem Boden dieser Anschauung aus erklärt es der Papst für eine Auflehnung gegen die *gott*gesetzte Ordnung und damit gegen Gott selbst, daß Friedrich II. behaupte, er stehe nicht unter dem Papst. Christus schon ist Priester und König zugleich gewesen (Hebr. 7) und von ihm her hat auch das Papsttum beide Funktionen.

Absolute Selbständigkeit des Staates und absolute Herrschaft des Papstes über ihn — so schroff, so unverhüllt ist der Gegensatz von Papst und Kaiser im Mittelalter vorher kaum ausgesprochen worden wie in den Streitschriften, die Friedrich II. und Innozenz IV. gegeneinander sandten. Die Verständigung war wirklich unmöglich. Der Papst war zwar bereit, Friedrich vom *Bann* zu lösen, wenn er sich bedingungslos unterwarf; das *Absetzungsurteil* sollte trotzdem bestehen bleiben. Und es galt nicht nur Friedrich II. persönlich, es galt seinem ganzen Hause. Ein Päpstlicher hat es mit seinem Schwur belegt: Eher würden die Sterne vom Himmel fallen und die Flüsse sich in Blut verwandeln als der Papst von seinem Willen lassen.

Der Ausgang des Kampfes ist bekannt. Friedrich in Italien. In Deutschland schürt der Papst. Heinrich Raspe wird Gegenkönig. Das gesamte gottesdienstliche Leben Deutschlands wird mit Hilfe der Bettelmönche dem politischen Kampf des Papstes gegen den Kaiser nutzbar gemacht. Der Einfluß auf die Besetzung der kirchlichen Ämter wird ebenso bewußt ausgenutzt. Aber darauf beschränkte sich Innozenz IV. auch. Ein Heer stellte er nicht auf. So aber war ein Mann wie Friedrich II. nicht zu besiegen. Er konnte 1250 als Kaiser sterben, ebenso Konrad IV. 1254 als König. Erst die Nachfolger Innozenz' IV. haben die Franzosen militärisch in ihren Dienst genommen und dadurch über die Staufer gesiegt. Mit der Hinrichtung Konradins 1268 war das Haus der Staufer ausgerottet. Das Sazerdotium hat auch hier gesiegt.

8. **Schlußurteil.** Trotz des eben Gesagten zeigt Innozenz III. die *Verwirklichung der Papstidee* deutlicher noch als Innozenz IV. Die deutsche Kirche war erobert; die deutsche Kaiserkrone in der Hand des Papstes; der deutsche Kaiser zugleich als König von Sizilien sein Lehnsmann, Johann ohne Land von England freiwillig päpstlicher Vasall, Philipp II. August von Frankreich unter den Willen des Papstes gebeugt, ebenso Alphons IX. von León, Peter von Aragon freiwillig seine Krone dem Papst schenkend und von ihm als Lehen zurückempfangend, Portugal, Dänemark, Polen, Böhmen, Ungarn Innozenz gehorsam; durch das lateinische Kaisertum des Ostens (S. 221) der verhaßte byzantinische Nebenbuhler bedeutungslos. Ganz ist die Weltherschaft freilich auch jetzt noch nicht verwirklicht; auch Innozenz III. hat Grenzen seiner Macht zu spüren bekommen. Immerhin ist hier der Ort, *grundsätzlich* von der Weltherrschaft der Päpste zu reden. Wir erinnern uns: Der Gedanke an sich ist alt. Schon der namen-

lose Kompilator der Konstantinischen Schenkung hat ihn aufgestellt; Nikolaus I. hat ihn für das Papsttum übernommen, Gregor VII. im Sinne einer Ordnung der Welt zur civitas Dei diesem eingeimpft. Innozenz gelang seine relative Verwirklichung, nachdem — trotz Gregor! — die zweite Hälfte des 12. Jahrhunderts unter der Vorherrschaft des Kaisers gestanden hatte. Vergegenwärtigen wir uns auch noch einmal die Mittel, mit denen die Herrschaft errungen wurde. Die rein äußere Macht, auf die der Papst sich stützen konnte, die Herrschaft über Rom und über einen mehr oder minder großen Teil von Italien, war an sich *keine* Grundlage für eine solche Weltherrschaft. Man muß sich das einmal ganz klarmachen. Größer ist schon die diplomatische Kunst der Kurie zu werten; ihr meisterhaftes Ausspielen der verschiedenen Gegensätze in der Welt gegeneinander tut sie kund. Auch die zeitweilige Wirkung der kirchlichen Zensuren, die in den Dienst des päpstlichen Machtkampfes gestellt wurden, darf nicht unterschätzt werden. Aber auch mit diesen Mitteln, so viel sie gewirkt haben, wäre ein so imponierender Sieg, wie ihn Innozenz III. erstrebt und erreicht hat, nicht zu erklären; es bliebe vor allem die *freiwillige* Herstellung des Lehnsverhältnisses zum Papst unverständlich. *Letztlich verdankt* deshalb *das Papsttum seinen Sieg* doch *der Idee* von der Freiheit der Kirche, von der Ordnung der Welt durch sie und ihrer Macht über die Gemüter. Der Gedanke der Freiheit der Kirche von allen weltlichen Bindungen, der Gedanke der Gestaltung der Welt durch die Kirche ist eben damals, dank des Wirkens der kluniazensischen Reformpartei im 11. und Bernhards von Clairvaux im 12. Jahrhundert, eine wirkliche Macht gewesen. Gerade bei einem Papst wie Innozenz III., der ein durchaus ernst und persönlich empfundenes Buch De contemptu mundi[4] geschrieben und noch als Papst die Bußpsalmen in diesem Sinne kommentiert hat, und der doch mit allen nur denkbaren Mitteln die *Herrschaft* über die Welt zu erreichen suchte, von sich selbst sagend: geringer als Gott aber größer als der Mensch, zwischen Mensch und Gott stehend, wird die Verflochtenheit dieses Machtkampfes mit den entwickelten Ideen deutlich. Die *Beherrschung der Welt* durch die Kirche *ist die Form, in der* nach dem Glauben der damaligen Zeit, neben anderen Formen freilich, *die Verneinung der Welt sich vollzieht.* Man kann so den Verfasser der Schrift De contemptu mundi und den Weltbeherrscher sehr wohl in einer Person zusammenschauen. In dem Gedanken der Vernichtung des Eigenwertes der Welt durch ihre Unterwerfung unter Gott in seinem Stellvertreter liegt zugleich die Einheit der Person des Papstes *und* der Grund, warum die Weltherrschaft soweit verwirklicht werden konnte. Der Sieg des Papsttums war ein Sieg des kirchlichen Gedankens.

[4] Über die Verachtung der Welt.

Aber nun muß mit allem Ernst festgestellt werden, daß der Sieg nicht das Reich Gottes auf Erden geschaffen hat, das man doch von ihm erhoffte. Zunächst trieft die Zeit des Kampfes um die Durchführung der päpstlichen Weltherrschaft von Blut und Haß, Verrat und Eidbruch, Plünderung und Raub, Gewissensnot und Gewissensverhärtung. Erschütternde Bilder ließen sich davon zeichnen. Hoffte man durch diese Notzeit hindurch zum endgültigen Weltfrieden zu kommen, wie es etwa in unserer Zeit der Bolschewismus erstrebt? Der katholischen Kirche des Mittelalters ist dieser Erfolg auf jeden Fall *nicht* beschieden gewesen. Es ist dem Papsttum gelungen, das mächtigste Reich, das es damals gab, Deutschland, bis in die Tiefe hinein zu erschüttern. Aber neues Leben ist aus diesen Ruinen *nicht* erblüht; denn die Kirche ist nicht das Reich geworden, in dem die Welt in Gerechtigkeit und Liebe hätte nebeneinander leben können. Wenn das aber der Fall ist, dann ist das Resultat des Kampfes um die Idee der Weltherrschaft des Papstes, trotz Innozenz III., auf die Dauer gesehen kein anderes gewesen, als daß das Deutsche Reich über ihm zerbrochen ist. Wer sich heute nach mittelalterlichen Zuständen zurücksehnt — sie werden uns immer wieder als Ideal vor Augen gestellt —, der sollte das eben Gesagte nicht vergessen, nämlich

a) daß eine ungeheure Blut- und Notzeit die *erste* Frucht des Kampfes um die Verwirklichung der päpstlichen Weltherrschaftsidee gewesen ist, und

b) daß das Idealreich der Liebe unter der Herrschaft der Kirche *nie* errichtet ist. Ein *Programm* des Reiches der Gerechtigkeit unter der Herrschaft der Kirche hat es gegeben. Die Wirklichkeit sah ganz anders aus als dies Programm. Die Zertrümmerung deutscher Reichsgröße ist das einzige direkte *politische* Ergebnis des Kampfes um dies Programm. Kein Wunder, daß Barbarossa, der *vor* Innozenz III. lebte, dem deutschen Volke das Ideal deutscher Staatsgeltung geblieben ist jahrhundertelang.

Nachdenkendem Besinnen eröffnen sich dann freilich noch andere Ergebnisse als das eben berührte direkte. Mit der Macht des deutschen Kaisers hat das Papsttum selbst die Größe zertrümmert, an die angelehnt es groß geworden war. Seine eigene Herrschaftsgrundlage aber war, wie gezeigt, viel zu klein, als daß es auf ihr ein Weltreich hätte aufbauen können. Und die *Idee* versagte als Stütze für die Kurie in dem Fortgang der Geschichte. Das Papsttum ist tatsächlich in den Sturz des Kaisertums selbst mit hineingezogen worden, wie zu schildern sein wird.

Nur der Tatsache freilich, daß sie die politische Macht einmal innegehabt haben, verdanken die Päpste es, daß sie die *kirchliche Allein-*

herrschaft erobert haben. Die Mitwirkung des Königs an der Verwaltung der Kirche wurzelte in germanischer Gedankenwelt und war augustinisch-theokratisch vertieft. Nur wenige Herrscher waren innerlich so klerikal gebunden, daß sie freiwillig auf die kirchlichen Rechte der Krone verzichtet haben; politische Unterlegenheit allein hat den Herrschern den Verzicht abgerungen. Der rasche Wechsel der Lage zwischen der Zeit Friedrich Barbarossas, der der Herr der deutschen Kirche war, und der Goldenen Bulle von 1213, in der diese Herrschaft reichsrechtlich preisgegeben wurde, macht diesen Zusammenhang ganz deutlich. Man muß sich auch das einmal ganz klar gemacht haben.

Diese kirchliche Alleinherrschaft des Papsttums hat die Zeit seiner politischen Herrschaft überdauert. Die Päpste haben sie weiter ausgeübt, auch als sie politisch nicht entfernt mehr die Universalmacht in der Hand hatten, die Innozenz III. zu eigen gewesen war. Schon in der Zeit der Blüte des Papsttums hat diese kirchliche Zentralregierung nun aber Mißstände gezeitigt. Je tiefer das Papsttum politisch sank, desto stärker haben sich solche Mißstände bemerkbar gemacht, desto stärker haben sie sich aber auch ausgewirkt. Die Klagen nehmen und nehmen kein Ende. An ihnen vor allem erwacht im späteren Mittelalter die kirchliche Opposition. Ohne diese aber wäre die Durchführung der Reformation trotz Luthers Gewissensernst und Heldenmut nicht denkbar gewesen. Und da liegt nun der Grund, warum oben gesagt ist, daß nachdenkendem Besinnen sich noch andere Ergebnisse eröffnen als die direkten! Uns Protestanten trennen viele einzelne Dinge von der katholischen Kirche. Aber über ihnen wäre es nie zur Wiedergewinnung des reinen Evangeliums gekommen. Dazu mußte an einem *zentralen* Punkt die gegensätzliche Stimmung der Völker allgemein geworden sein; nur dann konnte eine vom Evangelium her begründete Gegnerschaft erfolgreich die Mauern zerbrechen. Am Papsttum, für den Katholiken eine religiöse Instanz erster Ordnung, ist das Aufkommen der Gegenstimmung Tatsache geworden. Aber auch an ihm konnte es nur Tatsache werden, wenn die Papstidee nicht Idee blieb, sondern einmal Wirklichkeit wurde, *nachdem die Papstidee einmal konzipiert war.* Um es einmal auf die Spitze zu treiben, geradezu paradox auszudrücken: Die Verwirklichung der päpstlichen Universalherrschaft in Kirche und Welt ist die Voraussetzung für die Durchführung der Reformation. Unser christliches und unser deutsches Gewissen bäumt sich immer wieder auf, wenn wir die Geschichte des Emporkommens der Papstmacht betrachten. Und doch ist auch diese Episode, so gesehen, eine notwendige Etappe auf dem Wege der Kirche gewesen. Auch hinter ihr erscheint, wenn wir den letzten Ausgang betrachten, der Lenker aller Geschichte, der auch Irrwege für sich benutzen kann.

Literatur

Robert Holtzmann, Geschichte der sächsischen Kaiserzeit (900—1024), 1961[4];
G. Tellenbach, Libertas. Kirche und Weltordnung im Zeitalter des Investiturstreits, 1936;
Karl Hampe, Deutsche Kaisergeschichte in der Zeit der Salier und Staufer, 1963[11] (bearbeitet von Friedrich Baethgen);
Friedrich Heer, Aufgang Europas, 1949;
ders., Die Tragödie des heiligen Reiches, 1952.

§ 25. Die Kreuzzüge

Die Kreuzzüge sehen sich ganz verschieden an, je nachdem, von welcher Seite man sie betrachtet. Für die Geschichte des *Islam* bedeuten sie so gut wie nichts; kleine örtliche Störungen in der palästinensischen Wüste oder in Ägypten, was sind die schon für einen Machtbereich so groß, wie es der des Islam immer noch war! Auch an der *morgenländischen Kirche* geht die Kreuzzugsbewegung fast spurlos vorüber; sie ist zum mindesten innerlich nicht von ihr berührt worden. Aber in die Geschichte West- und Südeuropas einschließlich *der abendländischen Kirche* greifen die Kreuzzüge tief ein. Nur dadurch kommt ihnen kirchen- und weltgeschichtliche Bedeutung zu.

Die Kreuzzugsbewegung umspannt den Zeitraum von mindestens 1095—1270 oder gar 1291. Also mindestens zwei Jahrhunderte, fast 7 Generationen, haben unter dem Einfluß des Gedankens eines kriegerischen Kampfes gegen die Ungläubigen gestanden. Am meisten hat sich Frankreich beteiligt, dann Deutschland. Aber auch England und Italien haben ihren Anteil an der großen Wanderung gehabt, die sich nach dem Osten zu ergoß. Nur Spanien blieb abseits, weil es im eigenen Land mit den Sarazenen genug zu tun hatte.

1. Welche **Motive** haben die Kreuzzugsbewegung ausgelöst **und** was sind ihre **Voraussetzungen?**

a) *Wallfahrten* nach dem heiligen Land gibt es fast solange, wie es ein Christentum gibt. Unter Konstantin dem Großen waren sie z. B. schon gang und gäbe. Es hat eben alle Zeit einen eigenen Reiz gehabt, an den Stätten zu weilen und zu beten, an denen der Herr selbst gelebt und gelitten hat. Gregor der Große errichtete ein Hospiz für die Wallfahrer in Jerusalem. Die Unterwerfung des Landes unter die Mohammedaner hat natürlich solche Fahrten erschwert; aufgehört haben sie auch danach nicht. Das Stärkerwerden des kirchlichen Bewußtseins im 10. und 11. Jahrhundert hat auch den Wallfahrtstrieb wieder gesteigert. Schon im 11. Jahrhundert sind es manchmal kleine Heerscharen gewesen, die gemeinsam die weite Fahrt nach dem Orient antraten.

b) Aber das allein hätte sicher nicht zur kriegerischen Bewegung geführt, wenn nicht die traditionelle *Feindschaft des Islam gegen die Christen* dazu gekommen wäre. Sie ist fast so alt wie der Islam selbst (vgl. S. 143). Aber sie erhielt neue Nahrung, als die islamische Welt in die Hände der seldschuckischen Türken fiel; diese sind mit erhöhter Feindschaft gegen die Christen ihres Gebietes vorgegangen; sie haben auch erneut eine islamische Expansionspolitik gegenüber dem griechischen Kaiserreich betrieben. Schon Kaiser Michael VII. Dukas hat sich angesichts dessen an den Papst mit der Bitte um Hilfe gewandt. Gregor VII. hat daraufhin als erster einen Kreuzzug geplant. Ein großes abendländisches Heer von 50000 Mann sollte die Hilfe bringen. Ihm wollte sich der Papst selbst anschließen, während der Kaiser (Heinrich IV.!) daheim solange die Christenheit leiten sollte.

c) Aber die Hauptvoraussetzung, die erforderlich war, um die Kreuzzugsbewegung zu ermöglichen, war die *Einigung der Christenheit unter dem Papsttum.* Wenn es damals nur selbständig nebeneinanderstehende christliche Landeskirchen gegeben hätte, so hätte es wohl zu Bündnissen des Ostens etwa mit Deutschland oder einer italienischen Macht oder auch Frankreich kommen können. Aber das wäre etwas anderes gewesen als die Kreuzzugsidee, die die ganze westliche Christenheit einheitlich erfaßte; sie setzt wirklich die Einheit der abendländischen Kirche voraus. Im 11. Jahrhundert kam aber nur noch das Papsttum als Einheitsfaktor in Frage. Dadurch, daß es sich der Idee annahm, wurde erreicht, daß sich wirklich die *ganze* abendländische Welt beteiligte. Insbesondere stellte sich die Ritterschaft unter den Gedanken des Schutzes der Christenheit, vielmehr des Krieges gegen die Ungläubigen. Adolf Waas sieht in diesem Willen der Ritter, für Gott und unter seinem Kommando zu streiten, sogar den entscheidenden Faktor, der zugleich ein Ausdruck der der feudalen Schicht eigentümlichen Form ihres christlichen Glaubens ist, eines Gottesstreitertums, den das Papsttum unkritisch übernahm.

Zugleich liegt darin ausgesprochen, daß das *religiöse Motiv* ursprünglich die Haupttriebfeder zu den Kreuzzügen gebildet hat; wie für das Papsttum selbst, so auch wohl für die Teilnehmer. Wer mitzog, kam doch in der Regel nicht wieder. Es gehörte also schon ein großes Maß von Entschlossenheit dazu, trotzdem den Zug zu unternehmen. Das gilt auch dann, wenn man berücksichtigt, daß das Leben für den mittelalterlichen Menschen nicht denselben großen Wert gehabt hat wie für die Menschen des 20. Jahrhunderts. Christus hatte sein Blut für die Menschen vergossen; jetzt bot sich diesen eine Gelegenheit, ihr Blut für Christus zu vergießen. Viele haben sie freudig ergriffen, um sich dadurch Sicherheit der Sündenvergebung und damit die ewige

Seligkeit zu erwerben. Man hatte freilich auch in der Heimat ein sicheres Mittel dazu, das Kloster. Aber wievielen, die nicht ins Kloster paßten, mag diese neue Gelegenheit, mit Schwert und Kampf dasselbe erreichen zu können wie mit Kutte und Gebet, als eine Erlösung erschienen sein. Als 1095 die Scharen sich auf Urbans II. Ruf hin in Clermont das Kreuz anhefteten, war das also sicher eine große Stunde für den christlichen Glauben. Es war aber zugleich auch eine große Stunde für das Papsttum als geistliche Größe. Und auch politisch war es für dessen Stellung hochbedeutsam, daß es jetzt an die Spitze einer so großen Bewegung treten konnte. Da die Kreuzzüge ein kriegerisches Unternehmen waren, wäre die Führung bei ihnen eigentlich dem Kaiser als dem ersten weltlichen Herrn der lateinischen Christenheit zugekommen. Aber Heinrich IV. befand sich 1095, gebannt und um die Herrschaft in seinem Reich ringend, in Oberitalien. Der Papst brauchte von ihm also keine Konkurrenz zu befürchten, wenn er sich selbst an die Spitze des Kreuzzugsheeres stellte.

d) Aber es wäre nun einfach ein Sich-Verschließen vor der Welt der Wirklichkeit, wenn man übersehen wollte, daß neben den religiösen Motiven auch sehr reale *weltliche Gründe* eine Rolle gespielt haben. Auch für das *Papsttum* selbst! Es hat den Kreis seines Herrschaftsbereiches durch die Kreuzzüge zu erweitern gehofft, denn das Heilige Land sollte ja nicht nur erobert, sondern unter die Herrschaft christlicher Völker gebracht werden. Auch der Gedanke, die östliche Kirche durch diese Hilfeleistung zurückzugewinnen, hat, ausgesprochen zum Beispiel bei Gregor VII., mitgewirkt. Die *Fürsten* wollten dort eigene Staaten gründen. Länderarme hofften auf eigenen Grund und Boden. Schuldner gedachten auf diese Weise ihre Schulden loszuwerden. Der *gemeine Mann*, der zu Haus kein ebenbürtiges Schwert führen konnte, konnte hier im Kampf Gottes gleichrangig neben den Ritter treten; also ein gesellschaftliches Moment, das manchen gelockt haben mag. Und für alle haben sicher die märchenhaften Schätze des Orients eine Rolle gespielt, von denen die Kaufleute auch damals Proben nach Europa brachten. Es ist auch kein Zweifel, daß diese irdischen, bis zu einem gewissen Grade sogar rein wirtschaftlichen Motive im Laufe der Zeit an Bedeutung gewonnen haben. Bei den späteren Kreuzfahrern ist das religiöse Motiv sicher schwächer gewesen als bei den ersten. Aber sie alle verließen sich doch zugleich darauf, einen vollständigen Ablaß, einen Plenarablaß zu erhalten; dieser war offiziell zwar auf die beschränkt, die aus religiösen Gründen teilnahmen; aber wer wird sich zugestanden haben, daß andere Motive ihm wichtiger waren, als das Streben, den Himmel zu verdienen!

2. Es pflegen, auch mit einem gewissen Recht, **einzelne Kreuzzüge** unterschieden zu werden, die man einfach der Reihe nach zählt. Aber man darf sich dadurch nicht zu der Annahme verleiten lassen, das sei tatsächlich alles gewesen. In Wirklichkeit war es ein fast zwei Jahrhunderte dauerndes *stetiges* Fluten zum Orient. Schon *vor* dem ersten Kreuzzug sind ungeordnete Scharen auf des Papstes Predigt hin nach dem Osten gezogen. Eigene Zügellosigkeit hat die meisten schon unterwegs zugrunde gehen lassen. Was über den Bosporus hinüberkam, fand ohne Ausnahme den Tod durch die Sarazenen. *Zwischen* den einzelnen geordneten Heereszügen sind auch unaufhörlich Schwärme nach dem Osten gezogen. Vielfach bestanden sie aus Wallfahrern. Nur wenige haben die Absicht gehabt, sich dauernd im Heiligen Lande niederzulassen. Von einer Völkerwanderung im Sinne eines Suchens neuer dauernder Wohnsitze kann also bei der Kreuzzugsbewegung nicht die Rede sein, wenn man das auch mehrfach behauptet hat. Die phantastischen Zahlen, die vor allem von mittelalterlichen Schriftstellern genannt werden, sind sicher falsch; doch können wir sie nicht im einzelnen berichtigen. Nur bei den ersten Kreuzzügen scheint die Zahl der Teilnehmer, an mittelalterlichen Verhältnissen gemessen, wirklich sehr groß gewesen zu sein.

Auf die militärischen Einzelheiten der Kreuzzüge einzugehen, verbietet der Rahmen dieses Buches. Auch die im einzelnen fabelhaft bunte und interessante Geschichte der europäischen Staatengründung im Orient kann nicht näher betrachtet werden. Jedermann weiß, daß der erste Kreuzzug, abgesehen von einzelnen Fürstentümern, die gegründet wurden, 1099 zur Aufrichtung des Königreichs Jerusalem unter Gottfried von Lothringen führte. Der vierte (1202—1204) schuf das lateinische Kaisertum in Konstantinopel, das bis 1261 bestanden hat; er gelangte also gar nicht nach Palästina, sondern blieb unterwegs stecken. Der sechste eröffnete unter Friedrich II. 1229 den Zugang zu den heiligen Orten; aber schon 1244 fiel Jerusalem wieder in die Hände der Türken und alle Versuche, es zurückzuerobern, sind gescheitert. *Die Kreuzzugsbewegung hat* also *mit einem vollen* **Mißerfolg** *geendet;* die heiligen Orte blieben bis 1918 in der Hand der Fremdgläubigen und sind es jetzt wieder.

3. Mancherlei **Ursachen** haben zusammengewirkt, um diesen Mißerfolg hervorzurufen.

a) Einer der Hauptgründe ist sicher der *Mangel an einer einheitlichen* und umfassenden *Organisation* gewesen. Das hängt zum Teil direkt mit der päpstlichen Leitung zusammen. Es ist schon so: Wer etwas von Theologie versteht, der versteht deshalb noch nichts von Kriegskunst. Die Leitung des Kaisers hätte hier sicher manches anders werden lassen. Jeder Haufen zog für sich los, höchstens daß jeder Fürst die Teilnehmer aus seinem Lande zu gemeinsamem Zug sammelte; die gesammelte Kraft Europas ist nur selten beisammen gewesen. Außerdem war man sich über das Ziel nicht einig. Wohl über das Endziel, aber nicht über die Teilziele. Jeder Fürst wollte eine andere Stadt erobern und dort womöglich ein eigenes Fürstentum unter seiner Herrschaft gründen. Ferner: religiös begeisterte Menschen sind deshalb noch keine guten Soldaten; mögen sie auch tapfer sein, man muß daneben auch mit Waffen umgehen können, wenn man siegen will. Und viele kamen mit Frau und Kindern an; wieviel Greise, Kränkliche, Krüppel haben sich an den Sammelorten eingefunden, die die zu gewinnende Seligkeit lockte, ganz abgesehen von dem Pack aus ganz Europa, das sich auch einfand. Man ließ die Untauglichen zum Teil zurück, aber sie verzehrten doch auch so zum mindesten ein gut Teil von dem Geld, das für die wirklichen Kreuzfahrer nötig gewesen wäre. Dazu fehlte jede Vorsorge für den *Nachschub*. Man hatte schließlich Jerusalem erobert; aber aus der palästinischen Wüste konnte man kein Getreide holen. Auch wurden in dem Dauerkrieg, der in Asien zu führen war, ungeheuer viel Menschen verbraucht. Hätten die Ritterorden, die gegründet wurden, nicht die Verbindung mit dem Abendland aufrechterhalten, wären große Katastrophen unausbleiblich geworden. Italienische Städte haben freilich die Bedeutung erkannt, die die Lieferung des Nachschubs für ihren Handel haben konnte; aber als die Venetianer ihre erste Flotte nach dem Orient schickten, ist diese von der Flotte von Pisa in einem Hafen von Cypern überfallen worden. Die europäische Konkurrenz wirkte so auch auf die Kriegführung im Osten ein. Der Mangel an jeglicher zentralen Organisation ist also wirklich mit Händen zu greifen.

b) Ein zweiter, sich sehr stark auswirkender Fehler lag in dem *Verhältnis* der Kreuzfahrer *zu Ostrom*. Sie waren von den Oströmern gerufen. Da Ostrom den Landweg nach Jerusalem besaß und ebenfalls dem Islam in traditioneller Feindschaft gegenüberstand, der ihm alle seine asiatischen Besitzungen genommen hatte, wäre ein Zusammenarbeiten mit ihm eigentlich das Gegebene gewesen und für einen Dauererfolg sogar unbedingte Voraussetzung. Aber die Oströmer empfanden, kaum daß die ersten Kreuzfahrer da waren, daß sie böse Geister gerufen hatten. Dem alten Kulturvolk am Bosporus erschienen die in unverbrauchter Kraft daherkommenden Abendländer als reine Barbaren. Dazu kam, daß diese vielfach hausten wie in Feindesland. Die Gier nach Reichtümern hat sie schon auf dem Balkan mitnehmen lassen, was sie kriegen konnten. Der kirchliche Unterschied erleichterte nur das Empfinden, bereits hier unter Andersgläubigen, also Feinden zu sein. Dazu kamen von vornherein politische Zwistigkeiten. Die

Griechen sahen in den von den Mohammedanern besetzten Gebieten Kleinasiens ihr Eigentum, das sie nach der Eroberung beanspruchten. Die Kreuzfahrer aber wollten nicht für den griechischen Kaiser kämpfen, sondern für Christus, und wenn schon für einen Menschen, dann für sich selbst. So kam es sehr bald zu kriegerischen Zusammenstößen. Die aggressive Haltung, die die Kreuzfahrer den Griechen gegenüber beseelte, kommt am schärfsten zum Ausdruck in der Gründung des lateinischen Kaisertums unter Innozenz III. Der Erfolg war natürlich, daß die Griechen, statt zu helfen, die Kreuzzüge hinderten, wo sie nur konnten.

c) Ein weiteres niederziehendes Moment lag in der *sittlichen Haltung der Kreuzfahrer.* Jeder Krieg, der über die Periode der Anfangsbegeisterung hinaus andauert, ruft neben heldischen auch entsittlichende Züge hervor. Dazu kommt hier die Teilnahme wirklich zweifelhafter Elemente aus Europa und endlich und vor allem: die entsittlichende Wirkung des Orients selbst. Die Beute hat doch viele, die am Leben blieben, reich gemacht. Der orientalische Luxus, die vielfältigen Gaumengenüsse, die der Orient bot, das Sklavinnenwesen, überhaupt die Unsittlichkeit des Ostens, all das konnte nicht ohne Wirkung bleiben. In derselben Richtung wirkte sich das Verkehrsgewimmel aus in den Hafenstädten, das Schenken- und Herbergswesen, das der Menschenzustrom bedingte. Die Pilgerberichte hallen wider von bitteren Klagen über die Unzucht, die im Heiligen Lande herrschte.

Viele, die an Leib und Seele gesund die Wallfahrt begonnen haben, sind an Leib und Seele krank von ihr zurückgekehrt. Wenn man bedenkt, welch ungebrochene Sinnlichkeit der Europäer jener Jahrhunderte auch in der Heimat noch bekundete, dann kann man sich über all das nicht wundern. Dann wundert man sich vielmehr, daß es zum Beispiel den Ritterorden so weitgehend gelang, auch das sittliche Niveau zu behaupten. Aber die Kraft der Kreuzfahrer ist durch diese Begleiterscheinung des Krieges stark geschwächt worden.

d) Nimmt man noch hinzu, was das Papsttum selbst getan hat, um die Kreuzzugsbegeisterung *von ihrem eigentlichen Ziel abzulenken* und die Scharen gegen innereuropäische Gegner, wie die Albigenser, gegen den Kaiser oder den heidnischen Osten einzusetzen, dann versteht man die Niederlage.

e) Und endlich: die Kreuzzugsbewegung war ein Religionskrieg. Ihre Wirkung konnte also gar keine andere sein, als daß der *Fanatismus des Islam* durch sie *geweckt* wurde. Was das aber heißt, dafür bietet das Schicksal Armeniens im ersten Weltkrieg das beste Anschauungsbild (vgl. unten S. 553).

Das alles hat zusammengewirkt, um den Mißerfolg der Kreuzzugsbewegung herbeizuführen. Er ist auch auf dem Hintergrund dieser Dinge sehr gut verständlich.

4. Aber wenn die Bewegung auch Mißerfolg gehabt hat, ohne **Folgen** ist sie deshalb für das Abendland keineswegs gewesen.

a) Die *politische Folge* zuerst. Die Feindschaft, die die Kreuzfahrer den Griechen gegenüber betätigten, führte zu einer dauernden Schwächung des griechischen Reiches. Dies aber hatte jahrhundertelang als Ost-Bollwerk gegen die Mohammedaner Europa vor deren Einfall beschützt. Byzanz ist nun aber gerade in dem Augenblick geschwächt worden, als die Kampfeskraft des Islam gegenüber dem Christentum wieder erstarkt war. Kriegerisch lernte zudem der Islam zweifellos vom Abendland. Wenn Konstantinopel verlorenging und der Halbmond später bis vor Wien hat getragen werden können, so kann man das in gewissem Sinne jedenfalls als eine Folge der Kreuzzugsbewegung auffassen.

b) *Kulturell* tritt gerade die entgegengesetzte Wirkung ein. Die Eroberung des islamischen Gebietes durch die Mongolen und Türken hat zwar die religiöse und kriegerische Kraft des Islam nicht gebrochen, wohl aber seine kulturelle Bedeutung. Dagegen hat das Abendland vor allem vermittels der Kreuzzüge sich die alte arabische Kultur der Kalifenreiche angeeignet und dadurch den Orient überflügelt. Diese Befruchtung der abendländischen Wissenschaft mit dem Wissen des Orients hat es bewirkt, daß das 13. Jahrhundert, das die erste Frucht pflücken konnte, noch heute als die Krone des Mittelalters, als das Hochmittelalter gilt.

c) Eine weitere, nun *wirtschaftliche* Folge ist das unermeßliche Aufblühen des Levantehandels. Jetzt erst beginnt man in großem Maße Gewürze und Früchte zum Genuß nach dem Abendland zu bringen. Dazu vielerlei Heilmittel, über die die arabische Medizin verfügte, Baumwolle und Seide, Haushaltungsgegenstände und Musikinstrumente. Es braucht nur das Wort Tapete genannt zu werden, etwas, das der Europäer im Morgenland für die Ausstattung seiner Wohnungen kennenlernte, um die Einwirkung zu zeigen. Schach- und Damespiel dienten als neuer Zeitvertreib. Und ohne das arabische Ziffernsystem wäre die ganze technische Entwicklung des Abendlandes nicht zu denken, denn mit dem römischen sind größere mathematische Aufgaben undurchführbar. Es ist zwar eine chinesische Erfindung, Papier herzustellen, aber das Abendland kennt sie nur durch die Vermittlung des Orients. Was aber hätte der Buchdruck wohl anfangen sollen, wenn er noch auf die Tierhaut, das Pergament, angewiesen gewesen wäre!

Den Hauptvorteil aus diesem neuen Verkehr hat Italien gezogen. Denn der Weltverkehr ging von China-Indien über Kleinasien nach Italien. Italien wurde in wenigen Jahren ein reiches Land. Indirekt beruht auch die Blüte der oberdeutschen Städte im Spätmittelalter auf diesem Handel, denn sie vermittelten die orientalischen Waren weiter nach Norddeutschland, Nordfrankreich und vor allem England. Erst die Entdeckung des Seewegs nach Indien und die Entdeckung Amerikas haben die Küsten der nördlichen Meere zu den Haupthandelszentren gemacht, die sie heute noch sind.

Der vergrößerte Handel, aber auch die Kreuzzüge selbst bedingten eine Geldwirtschaft. Die Kreuzzugsbewegung ist so einer der stärksten Faktoren geworden, die Naturalwirtschaft des frühen Mittelalters umzugestalten in eine Geldwirtschaft. Aus der Umwandlung von der Agrar- in eine Industriewirtschaft wissen wir, wie starke Erschütterungen eine solche Umstellung mit sich bringt.

d) Diese Veränderung in der Kulturlage des Abendlandes konnte aber auch nicht ohne tiefe *Rückwirkung auf das kirchliche Leben* bleiben, das uns hier eigentlich allein beschäftigt. Zunächst bedeuten die Kreuzzüge natürlich eine erhebliche Verstärkung des kirchlichen Einflusses. Es ist ein Beweis für die Stärke der Kirche, daß es überhaupt zu ihnen kam. Auch sie selbst haben zuerst in derselben Richtung gewirkt. Daß das Papsttum die Staufer schlagen konnte, verdankt es nicht zum kleinsten Teil der Kreuzzugsbewegung. Auch die Organisierung der Ritterorden bedeutet einen Zuwachs an kirchlicher Macht, denn in ihnen gelang es der Kirche, den Adel als solchen, als Rittertum, in ihren Dienst zu ziehen. Außerdem sind durch die Kreuzzüge das Ablaß- und Reliquienwesen mächtig gefördert worden. Dadurch, daß hier der Plenarablaß zum ersten Male massenweise bewilligt ist, hat er sogar erst die Bedeutung bekommen, die er im Spätmittelalter gehabt hat. Und die Fülle der Andenken und Reliquien, die aus Palästina nach Europa strömte, ist von selbst verständlich. Allein die Kreuzpartikel, die es gibt, machen an Holzmenge einen kleinen Wald aus.

Aber so wichtig das alles ist, wichtiger ist doch die *Rückwirkung* der Kreuzzüge *auf die allgemeine Weltanschauung!* Wie unendlich viel größer ist allein die Welt, die äußere Welt, dem Abendländer durch sie geworden. Ganz andere Länder, ganz andere Flora, ganz andere Fauna. Man bekam erst jetzt einen Eindruck von der Fülle und dem Reichtum der Erde. Und dazu ganz andere Völker. Und da war nun bedeutungsvoll, daß man in den Türken, obwohl Heiden, tapfere

Krieger, in den Arabern, obwohl Heiden, anständige, auf der Höhe der Kultur stehende Menschen kennenlernte, die auch religiös und moralisch Eindruck machten. Es konnte gar nicht ausbleiben, daß, wo der Blick einmal über die Grenzen der Christenheit hinausgegangen war, bei vielen, die zurückkehrten, sich ein Geist der Duldung breit machte. Die Kirche verlor etwas von ihrer Alleingeltung. Eine kritische Stimmung machte sich breit. Alle Kultur war bis dahin kirchliche Kultur gewesen. Die neue Kultur, die jetzt unter dem Einfluß des Orients entstand, war außerkirchlich. Daß aber gerade in einem Augenblick wirtschaftlicher Erschütterung eine solche von der Kirche nicht hervorgerufene Kultur sich auszubreiten beginnt, ist wichtig.

Noch in ganz anderer Art und Weise kam es zu einer nichtkirchlichen Kultur. Die Kreuzzüge haben die verschiedensten Völker Europas durcheinandergewirbelt. Eine wirkliche Internationalität entsteht. Aber diese Berührung der Völker war, obgleich sie ein und dasselbe Ziel verfolgten, keineswegs immer freundlich. Die Menschen sind sich vielfach erst durch diese enge Berührung ihrer Eigenart recht bewußt geworden. Das heißt: Die Internationalität erzeugte eine Verschärfung des Nationalbewußtseins, das die nationale Sonderung unter den Völkern Europas, die sich angebahnt hatte, verstärkte.

Dazu die *Rückwirkung auf die Kurie*. Wieviel Geld brauchte diese an sich schon. Und nun noch die ungeheuren Summen, die sie für die Kreuzzüge aufbringen mußte. Und wie oft ist das Geld dann statt für den Zug zum Orient für irgendeinen Krieg der Kurie im Abendland verbraucht worden, der einfach zum Kreuzzug erklärt wurde: eine starke Quelle der Mißstimmung in der Christenheit.

Vor allem aber muß der *Ausgang des Kreuzzugsunternehmens* beachtet werden. „Gott will es", so hatten gerade die Päpste predigen lassen. Als Stellvertreter Christi hatten sie sich selbst an die Spitze der ganzen Bewegung gestellt. In kindlichem Vertrauen waren die Massen dem Ruf gefolgt. Mußten sie jetzt nicht, wie sie es bei jedem anderen Mißerfolg auch gewohnt waren, in dem Mißlingen ein Gottesgericht sehen? Die erhaltenen Quellen zeigen noch heute, welche ernsten Zweifel die Tatsache hervorgerufen hat, daß Gott den Christen den Sieg verwehrte. War etwa der Gott Mohammeds stärker als der Gott des Papstes? Ungeheuer tief hat diese zweifelnde Stimmung gefressen, wenn auch keine offenen Revolutionen durch sie hervorgerufen sind.

So ist die Kreuzzugsbewegung, die zunächst einen Erfolg der Kurie bedeutete, in ihrem Verlauf zu einem starken Faktor geworden, der die antirömische Stimmung, die wir schon im Kampf zwischen Friedrich II. und Innozenz IV. hervorbrechen sahen, erheblich verstärkt hat.

Literatur

Recueil des Historiens des Croisades publiés par les soins de l'Académie des Inscriptions et Belles Lettres, 15 Bde., 1841 ff. (Hauptquellensammlung);
Carl Erdmann, Die Entstehung des Kreuzzugsgedankens, 1935;
Adolf Waas, Geschichte der Kreuzzüge, 2 Bde., 1956;
Kenneth M. Setton, A History of the Crusades, 5 Bde., 1955 ff. (Sammelwerk);
St. Runciman, Geschichte der Kreuzzüge, 3 Bde., 1957/60.

§ 26. Neue Regungen im Mönchtum

Alle Klöster des Abendlandes stehen bis 1100 unter der Regel Benedikts, die in England unter dem Einfluß Gregors d. Gr. alleinherrschend geworden war und der Karl d. Gr. alle Klöster seines Reiches unterstellt hatte. Das Zeitalter Clunys ist die große Zeit dieser Regel gewesen. Aber wir sahen schon: Im Verlaufe des Streites, den die Reformbewegung auslöste, treten die weltlichen Interessen immer mehr in den Vordergrund. Während das Papsttum äußerlich noch einem Sieg zuschreitet, beginnt innerlich bereits der Abbröckelungsprozeß. Auch das Mönchtum ist sehr schnell in diesen Niedergang hineingezogen worden. Auch jetzt lassen sich dafür wie für den Niedergang vor der kluniazensischen Reform wirtschaftliche Gründe anführen. Viele Klöster waren einfach zu reich. Es ist vorgekommen, daß jeder Mönch seinen eigenen Diener gehabt hat. Von asketischem Leben kann dabei natürlich nicht mehr groß die Rede sein. Andere aber waren zu arm. Ihr Landbesitz brachte nicht soviel Ertrag, um ein gemeinsames Leben der Klosterinsassen zu ermöglichen. Jedoch die eigentliche Ursache des klösterlichen Niederganges liegt tiefer. *Die Krise der Klöster ist eine Krise des mönchischen Gedankens als solchen.*

Die Antike hatte die Mönche aus der Welt genommen, damit sie im kontemplativen Leben ihr Seelenheil suchen könnten. Auf abendländischem Boden ergibt sich früh eine einschneidende Änderung. *Die Mönche werden ein höchst aktiver Faktor des kulturellen Lebens.* Die Missionsaufgabe freilich, die Gregor d. Gr. ihnen anvertraute, war vorübergehender Natur. Aber schon in England erwuchs ihnen unter iroschottischem Einfluß eine große wissenschaftliche Leistung. Karl d. Gr. überwies ihnen umfassende Aufgaben wissenschaftlicher und erziehlicher Natur auch auf dem Festland. Aber die kluniazensische Reformbewegung hat diese Art von Mönchtum bekämpft. Und die Gründung der Universitäten nahm ihm vollends seine Aufgaben volksbildnerischer Art. Das benediktinische Mönchtum hat dafür, vor allem in Deutschland, Ersatz gesucht, indem es sich in starkem Maße der Predigt- und Seelsorgetätigkeit hingab. Aber auch das ist gleich von zwei Seiten bekämpft worden. Die Pfarrer wollten sich nicht durch die Mönche in ihrer Gemeindearbeit stören lassen; ganz mit Recht nicht. Aber auch aus dem Mönchtum selbst kamen Bedenken. Es war ja kein Zweifel möglich, daß diese Tätigkeit außerhalb des Klosters dem ursprünglichen Sinn mönchischen Lebens widersprach. Nichts zeigt aber die Krise eben als echte Krise des alten mönchischen Gedankens klarer als die Tatsache, daß sich nun Stimmen unter den Mönchen erheben, die das Recht zur Tätigkeit verteidigen. Der bloße Verzicht auf einige äußere Weltgüter genügte dem kritischer gewordenen ethischen Sinn nicht mehr als asketische, verdienstliche Leistung. Man erkannte, daß solche Entsagung durchaus etwas Nichtiges, Wertloses sein kann. Da liegt die tiefste Ursache für den Niedergang des alten Mönchtums, die Anzweiflung des alten asketischen Gedankens durch die nach verantwortlicher Tätigkeit drängende abendländische Welt. Da liegt auch der Grund, warum alle Reformen, die versucht sind, nichts fruchteten. Es sind damals eine ganze Reihe von neuen monastischen Bildungen enstanden. Aber, und das ist sicher bezeichnend, sie alle haben in romanischen Ländern ihren Ursprung genommen. Wir dürfen daraus sicher schließen, daß der mönchische Gedanke jedenfalls in seiner kontemplativen Ausprägung in Deutschland nicht so tief Wurzel geschlagen hat wie in den romanischen Ländern. Daneben steht freilich noch ein zweiter Grund. Die kirchliche Kraft Deutschlands ist in dem Streit zwischen Päpsten und Kaisern, der das ganze Volk in Mitleidenschaft zog, verbraucht worden. Die Führung ging auf kirchlichem — vielleicht muß man sagen — überhaupt auf geistigem Gebiet zunächst wieder an die romanischen Nationen, insbesondere an Frankreich über. Die Geschichte des Mönchtums in jenen Jahrhunderten ist das erste Symptom für diese Tatsache, das uns begegnet. In Frankreich wird der neue *Zisterzienser-Orden* (gegründet 1098) durch Bernhard von Clairvaux eine Macht. Durch ein kluges Visitationssystem suchte er den Hochstand der einzelnen Klöster zu sichern. Für die Tätigkeit sind die Zisterzienser entsprechend der Anweisung Benedikts wieder auf körperliche Arbeit verwiesen worden. Darauf beruht ihre Bedeutung für Deutschland. Sie bestellten den Grund und Boden, den sie besaßen, selbst, um der körperlichen Arbeitspflicht zu genügen. Durch die Urbarmachung von Grund und Boden und durch Hebung des landwirtschaftlichen Arbeitsbetriebes haben sie überall in Deutschland, besonders aber im Osten, Erhebliches geleistet. Im 13. Jahrhundert zählte der Orden 1800 Abteien. Aber über der Diskrepanz zwischen den gottesdienstlichen Pflichten und den Erfordernissen der Arbeit und über dem sich einstellenden Reichtum verfiel er rasch.

Die Zisterzienser waren berühmt durch ihre strenge Askese, aber sie sind darin weit übertroffen worden von den *Karthäusern*, dem strengsten Orden des Mittelalters, was die Askese im Sinne der Abtötung der irdischen Bedürfnisse angeht.

Eine Neuerung stellen die *Priesterorden* dar, deren bedeutendster der der *Prämonstratenser* geworden ist, eine Gründung Norberts von Xanten, des späteren Erzbischofs von Magdeburg. Norbert wollte das apostolische Ideal verwirklichen in der Art der regulierten Chorherren, die Armut und Predigttätigkeit miteinander verbanden. Aber er wollte zugleich für seine Predigt nicht an eine Kirche gebunden sein, sondern als freier Wanderprediger wirken. Papst Gelasius II. hat ihm die Erlaubnis dazu erteilt, aber sein Nachfolger Calixt II. hat sie nur unter der Bedingung erneuert, daß Norbert sich einer bestimmten Kongregation anschloß. So kam es zur Gründung des Klosters Prémontré. Die Wanderpredigt hörte damit auf, die Klosterpredigt blieb für die Prämonstratenser die Hauptsache. Die Übernahme der Regel Augustins gab dieser Tätigkeit die rechtliche Grundlage. Auch der Prämonstratenserorden hat in seiner Blütezeit mehr als 1000 Klöster gezählt. Aber sie sind fast alle nur in Dörfern gewesen. Deshalb haben sie die kirchliche Entwicklung nicht sehr tief beeinflußt; denn das Schwergewicht des geistigen Lebens trugen auch im 13. Jahrhundert schon die Städte.

Um so größeren Einfluß erhielten die Orden, die eine *völlige Neugründung* darstellten, die **Bettelorden.**

Die Bewegung der Bettelorden ist vorwiegend das Ergebnis der Persönlichkeit des heiligen *Franz von Assisi,* der seinerseits von waldensischen Gedanken angeregt ist. Damit tritt etwas ganz Neues in die Kirche ein, das auch die Frömmigkeit außerhalb der Orden tief beeinflußt hat. Der Ehrgeiz des reichen Kaufmannssohnes, Ritter zu werden, wird bei Franz durch einen Traum zum Verlangen gewandelt, Christus zu dienen. Zugleich packt ihn „das tiefste Problem seiner Zeit, das der Armut als Gegensatz und Heilkraft gegen den kirchlichen Feudalismus" (Neuß). In „heiliger" apostolischer Armut lebend, suchte er mit den Gefährten, die sich bald um ihn sammelten, den Menschen zu dienen, wo immer sie solchen Dienstes bedurften, besonders den Aussätzigen. Durch Mt. 10,7 ff. kam zu dem „leben wie die Apostel" dann die Aufgabe, zu „predigen wie die Apostel". Den Menschen predigen, den Menschen in ihren Nöten helfen, essen vom Tisch des Herrn (das heißt: seinen Lebensunterhalt auf erbetene Almosen gründen) kann aber niemand, der sich als ein Eremit in die Einsamkeit oder hinter Klostermauern zurückzieht. So wird hier eine neue Form des Mönchtums geboren, bei der die *Askese,* die Preisgabe der Bindungen, die Besitz und Ehe nun einmal mit sich bringen, den Sinn bekommt, wahrhaftig *frei zu machen für den Dienst Christi in der Liebe.* Daß durch das Eingreifen der Kurie aus der freien Genossenschaft der Franziskusjünger doch ein Orden wurde, geschah wider die Meinung Franz' selbst.

Man kann sich kaum einen größeren Gegensatz denken, als es die beiden Zeitgenossen waren, Innozenz III., der die Weltherrschaft der Kirche beinahe verwirklichte, und der heilige Franz, der allen irdischen Besitz so weit verschmähte, daß er mit den Seinen vom Bettel lebte. Aber das ist nun das Besondere bei Franz, daß er mit seinem Verständnis des Evangeliums doch der Kirche seiner Zeit nicht *entgegengetreten* ist. Jeder Reformwille liegt ihm fern. Das unterscheidet ihn diametral etwa von Friedrich II. (vgl. S. 212 f.). Franz sucht nur durch sein positives Beispiel zu locken. Fröhlich singen und musizieren sollen seine Anhänger, damit die Leute merken, wie glücklich sie in ihrer Besitzlosigkeit sind.

Die neue mönchische Lebensform fand alsbald Nachahmung, aber unter jeweils anderer Bestimmung der spezifischen Aufgabe. So sah *Dominikus* sie in der inneren Wiedergewinnung der in den Bann der Ketzerei gezogenen Seelen, und zwar nicht durch die kirchlichen *Straf*mittel, sondern durch Predigt und Seelsorge. Um möglichst gut ausgebildete Prediger zu erhalten, konzentrierte Dominikus seine Werbearbeit auf die Hochschulorte Paris und Bologna. So kam der Orden aber auch dazu, die theologisch wissenschaftliche Arbeit aufzunehmen, was auf die Franziskaner zurückwirkte. Leider sind die Dominikaner im Fortgang der Geschichte dann aber auch in die Inquisition hineingezogen worden.

Eine tätige, die Welt nicht fliehende Art des mönchischen Lebens formten auch die *Ritterorden* (Templer, Johanniter, Deutsch-Orden), die zwar das alte ständische Prinzip aufrecht erhielten, aber die nun gerade den ritterlichen Waffendienst als ihre mönchisch-kirchliche Aufgabe ergriffen. Zu verstehen ist ihre Gründung nur aus den besonderen Verhältnissen der Kreuzzugsbewegung, wo bewaffneter Schutz der Pilger, Kampf gegen die Ungläubigen und Pflege der Kranken und Verwundeten gleich notwendig und gleich dringend war und deshalb von den Ritterorden angepackt wurde. Das Ende des Kampfes der Kirche mit den Ungläubigen brachte sie denn auch um Existenz oder Bedeutung.

Kurz muß noch geschildert werden, wie sich das Neue, das damit gegeben ist, *in der Kirche ausgewirkt* hat. Vor allem zwei Funktionen sind es, die die Bettelorden übernommen haben, das Predigen und das Beichthören. Schon früh haben beide Orden von den Päpsten das Privileg erhalten, überall, an allen Orten der Welt zu predigen und die Beichte abzunehmen, eine Durchbrechung des Parochialzwanges also von seiten einer in unmittelbar pästlichem Auftrag stehenden Gruppe von Klerikern. In oft scharfem Kampfe mit dem Weltklerus und den älteren Orden haben sie die Rechte in die Praxis überführt und damit große Bedeutung für die Volksfrömmigkeit erlangt. Erst durch die Bettelmönche ist die Predigt wirklich populär geworden. Erst die Bettelmönche haben auch die Beichte (vgl. S. 244) wirklich populär gemacht. Psychologisch ganz klar, daß man lieber einem Manne beichtet, der morgen wieder weiterzieht, als dem Pfarrer, neben dem man jahrelang leben muß. Der jährliche Beichtzwang, den die Synode von 1215 beschlossen hat, konnte nur mit Hilfe der Bettelorden wirklich durchgeführt werden. Die Franziskaner haben daneben auch in dem, was die katholische Kirche heute Caritas nennt, der sozialen Hilfe, Hervorragendes geleistet. So haben die Bettelorden, alles in allem genommen, gerade in dem Augenblick, wo der Einfluß der Kirche ins Schwanken geriet durch all die Symptome, die wir schon kennenlernten, für eine neue Verkirchlichung der Massen den Grund gelegt. Und zwar für eine Verkirchlichung, die ganz im Sinne des Papsttums erfolgte; sie waren ja zu einer rein päpstlichen Truppe gemacht worden. Welch starke Waffe das Papsttum damit erhielt, ist ohne weiteres klar. Schon im Kampfe Innozenz' IV. mit Friedrich II. haben sie sich, wie erwähnt, auf das Vorteilhafteste im Dienste der Kurie bewährt. Auch für die Geschichte der Theologie haben sie ungeheure Bedeutung erlangt. Den Dominikanern war die wissenschaftliche Betätigung von vornherein vorgeschrieben. Die Franziskaner haben sich ihr sehr schnell zugewandt. Der Streit zwischen beiden Schulen gibt dann der ganzen Theologie des ausgehenden Mittelalters ihr Gepräge. Erst mit den neuen Fragen, die durch die Reformation gestellt wurden, haben sie ihre Bedeutung verloren.

Der Eindruck, den der heilige Franz hinterlassen hat, wirkt sich daneben auch inhaltlich auf die Volksfrömmigkeit aus. Der Gedanke der apostolischen Armut dringt von ihm aus ins Volk. In ihm tröstet man sich seines Nichtbesitzes. Durch Franz lernt man, was man von der Hierarchie nicht lernen konnte: die Demut als christliche Großtugend schätzen. Auch der Abstand zwischen Mönch und Laien ist durch die Bettelmönche gemildert worden.

Aber die Bettelorden, vor allem die Franziskaner, haben über dem allen doch auch nicht vergessen, daß sie ursprünglich ihr Ideal des Lebens *allen* Menschen bringen wollten. Das hat auch zu ganz bestimmten soziologischen Wirkungen in der Laienwelt geführt. Zunächst schlossen sich Frauen, die nach dem Ideal des heiligen Franz leben wollten, zu einem religiösen Frauenorden zusammen, nach der Gründerin, der heiligen Clara, *Klarissinnen* genannt oder auch zweiter Orden des heiligen Franz. Aber auch solche männliche Laien sind von seiner Bewegung ergriffen worden, die durch besondere Verhältnisse daran gehindert waren, voll in den Orden einzutreten, vor allem also verheiratete. Sie hat Franz aufgefordert, in ihrer gewohnten Tätigkeit zu bleiben, aber *in ihr* ein Leben der Buße zu führen, in Demut und strenger Vermeidung jeglicher Völlerei, ja in Askese, in Einfachheit der Kleidung und Wohltätigkeit, aber auch in treuer Erfüllung der kirchlichen Pflichten. Sie heißen fratres de poenitentia[1] und sind dann zusammengefaßt in sogenannten Bußbruderschaften, auch der dritte Orden des heiligen Franz genannt. Danach bezeichnet man sie heute meist als Tertiarier. Es sind das also Laien, die, auch ohne Mönche zu werden, sich zu einem mönchsähnlichen Leben zusammenschließen.

Auch an die Dominikaner hat sich, allerdings erst nach dem Tode des Dominikus, eine Bußbruderschaft angeschlossen, die auch tertius ordo[2], nun aber S. Dominici heißt. Auch die älteren, schon längst bestehenden Bruderschaften sind meist unter die Leitung der Bettelorden gekommen. Die beiden Orden haben, wie in der Theologie, so auch um die Beherrschung der Laienwelt vermittels der Bruderschaften zeitweilig erbitterte Kämpfe geführt. Ihr Einfluß kann kaum überschätzt werden.

Literatur

M. Heimbucher, Die Orden und Kongregationen der katholischen Kirche, 3 Bde., 1932/34³;

Walter Nigg, Große Heilige, 1962⁷;

K. Beyschlag, Franz von Assisi und die Bergpredigt Jesu, 1955;

B. Altaner, Der heilige Dominikus, 1922.

§ 27. Wissenschaft und Bildung im Abendland

Immer wieder wird behauptet, daß die neubekehrten germanischen Stämme Jahrhunderte gebraucht hätten, um zu eigener wissenschaftlicher Leistung fähig zu werden. Das ist aber nur sehr zum Teil richtig.

Die christliche **Dichtung** blüht, besonders bei den Angelsachsen und Sachsen, schon früh auf. Kaedmon († ca. 680) und Kynewulf mit ihren Epen sind dort zu nennen, der Dichter des Heliand hier; der sächsische Edeling Gottschalk († 868) und Notker († 912) folgen mit Hymnen.

Die **bildende Kunst** erreicht ihren ersten Höhepunkt in der Buchmalerei. Es folgt die großartige Leistung des germanischen (leider romanisch genannten) Rundbogenstils in der Architektur mit seinen Wunderbauten; etwas später erst die Plastik, dann aber auch bald mit Meisterleistungen.

Geradezu erstaunlich früh entwickelt sich die **Historiographie.** Der Angelsachse *Beda Venerabilis* († 735) beginnt mit seiner großartigen

[1] Bußbrüder. [2] Dritter Orden.

Historia ecclesiastica gentis Anglorum[1]. Beda war aber auch darüber hinaus ein profunder Gelehrter, dessen Autorität die Zeitrechnung nach Christi Geburt im Abendland eingebürgert hat, die schon 525 von dem römischen Mönch Dionysius Exiguus entwickelt worden war. Bei den Langobarden folgt Paulus Diakonus († ca. 799) mit seiner Historia Langobardorum, bei den Franken Einhart († 840) mit seiner Vita Caroli Magni[2], bei den Sachsen Widukind von Corvey († nach 973) mit den Res gestae Saxonicae[3].

Richtig ist die These von dem langsamen Heranreifen der Germanen zu eigener wissenschaftlicher Leistung nur für das Gebiet der abstrakten Wissenschaften, der **Philosophie und der Theologie.** Die relativ lebendigen Bemühungen in der Zeit Karls d. Gr. sind doch nach Form und Inhalt noch Nachspiele der altkirchlichen Auseinandersetzungen. Auch der exegetischen Arbeit des 9. Jahrhunderts, die in *Hrabanus Maurus* († 856) gipfelt, fehlt noch die eigene Note; sie ist bedeutungsvoll nur in der Tradierung des patristischen Materials.

Doch zeigt das 9. Jahrhundert an sich eine große geistige Lebendigkeit; sie wird deutlich an den theologischen Differenzen, die damals ausgetragen wurden. Es handelt sich

a) um einen Streit über die *Prädestinationslehre* zwischen dem Sachsen Gottschalk[4], der eine doppelte Prädestination, zum Leben und zum Tode, lehrte, und Hrabanus Maurus und Hinkmar von Reims. Aber auch auf Gottschalks Seite sind bedeutende Theologen getreten;

b) eine zweite Differenz erhob sich um die Trinitätslehre, ebenfalls zwischen Gottschalk und Hinkmar. Gottschalk hatte von der trina deitas gesprochen. Entsprechend dem alten Hymnus „Gloria tibi trinitas aequalis *una* deitas" beanstandete Hinkmar das. Ergebnisse hat der Schriftwechsel nicht gehabt;

c) ernster ist eine Divergenz über die *Natur der Seele,* insbesondere über ihren Ursprung: ob die Seele des Neugeborenen von Gott neu geschaffen werde — sogenannter Kreatianismus, in der Ostkirche gelehrt — oder ob auch sie von den Eltern mit übertragen werde — sogenannter Traduzianismus; ihn lehrte Gottschalk entschlossen, nachdem Augustin noch geschwankt hatte;

d) ist ein Streit um die *virginitas Mariae* zu erwähnen zwischen Paschasius Radbertus und Ratramnus, beide in Corbie, wobei Ratramnus einen natürlichen Geburtsakt Jesu annahm, Radbertus aber lehrte, daß das jungfräuliche Zeichen Marias unversehrt geblieben sei;

[1] Kirchengeschichte der Angeln.

[2] Leben Karls d. Gr.

[3] Taten der Sachsen.

[4] Klaus Vielhaber, Gottschalk der Sachse, 1956.

e) endlich waren Ratramnus und Radbertus sich auch in bezug auf das *Abendmahl* nicht einig, wobei Ratramnus und Gottschalk die symbolische Auffassung Augustins vertraten, während Radbertus eine Wandlung (commutatio) von Brot und Wein in Leib und Blut Christi lehrte.

Eine wirklich eigene Leistung, wenn auch in neuplatonischen Bahnen, bot im 9. Jahrhundert *Johannes Erigena* (auch Johannes Scotus genannt, † nach 877) in seinem Hauptwerk De divisione naturae[5]. Die All-Einheit Gott, die an sich das prädikatlose Sein bedeutet, bestimmt sich selbst zur Vielheit und wird so zur natura creatrix non creata[6]. Sie schafft zuerst die Ideenwelt, die natura creatrix creata[7] und durch ihre Vermittlung die sinnliche Welt, die natura non creans creata[8]. Aus der Sinnlichkeit steigt dann die Welt mit Hilfe Christi wieder auf zu Gott, dem Ziel aller Dinge, der als solcher die natura non creans non creata[9] ist. Philosophie und Theologie sind hier zu einem geschlossenen System geeint, das eine beachtliche Leistung darstellt.

Als Vater der **Scholastik**, der eigentlichen Form der mittelalterlichen geistigen Arbeit, kann Erigena aber nicht gelten, sie beginnt erst mit *Anselm von Canterbury* († 1109).

Sokrates hat der Wissenschaft die Aufgabe gestellt, ihre Erkenntnisse in klaren, fest umrissenen *Begriffen* zum Ausdruck zu bringen, in Begriffen zu denken. Das ist in der Tat ein glänzendes Mittel, um zur Klarheit zu gelangen; es trägt freilich die Gefahr der logischen Einengung der Wirklichkeitserfassung in sich. Von diesem sokratischen Ansatz her erhebt sich nun die Frage, wie denn das *Verhältnis von Begriff und Wirklichkeit* eigentlich ist. Alles Denken will die Wirklichkeit erfassen. Man denkt aber in Begriffen. Wie verhalten sich die beiden Größen zueinander? Das Ringen um diese Frage ist das erste, was die ganze mittelalterliche Philosophie und Theologie durchzieht.

Das Frühmittelalter dachte *platonisch*. Die universalia, die Gattungsbegriffe entsprechen den platonischen Ideen; ihnen allein kommt Wirklichkeit im Vollsinn zu. Sie enthalten das Individuelle, das Besondere, in sich und erzeugen es aus sich (vgl. Erigena). Die Kausalkette entspricht also der *logischen* Unterordnung. Da Gott, die oberste Idee, aber zugleich das summum bonum ist, bedeutet Entfernung von ihm Abnahme an Gutem. So wird die Kausalkette zugleich zur Wertskala, Bedeutungsskala. Das ganze ist ein vollendeter *idealistischer Realismus*. Auf seinem Boden wird etwa *Anselms* ontologischer Gottes-

[5] Über die Teilung (Entfaltung) der Natur.
[6] Zur selbst nicht geschaffenen schöpferischen Natur.
[7] Die zwar geschaffene, aber doch schöpferische Natur.
[8] Die nicht schaffende geschaffene Welt.
[9] Die nicht geschaffene und auch nicht schaffende Natur.

beweis entwickelt: Gott, die höchste Idee, ist als das ens perfectissimum[10] zugleich auch das ens realissimum[11].

Das *aristotelisch* bestimmte Denken, dessen Hauptvertreter *Thomas von Aquin* († 1274) war, erkennt den universalia ebenfalls Realität zu, aber nicht ante res[12], wie der Platonismus, sondern in rebus, *in* den Einzeldingen. Mit ihnen zugleich und in ihnen werden auch die Ideen wirklich.

Eine Sonderstellung nimmt in diesem Rahmen *Abälard* ein († 1142). Er faßt das Allgemeine streng nur als einen Begriff = conceptus; daher heißt seine Anschauung auch *Konzeptualismus*. Der Begriff existiert ante res in Gott = conceptus mentis[13], er ist in rebus als Gleichung der sie charakterisierenden Merkmale, nämlich bei den Individuen, er ist post res[14] im menschlichen Verstand, da dieser nur durch Abstraktion der Begriffe habhaft werden kann. Dieser reiche vermittlungstheologische Standpunkt war zukunftsträchtig, obwohl er vielleicht einer gewissen Skepsis nicht entbehrt, insofern nämlich, als nicht recht deutlich wird, wo und wie den Begriffen reale Wirklichkeit zukommt. *Wilhelm von Occam* entwickelte auf jeden Fall aus ihm den *Nominalismus*. Den universalia fehlt jede Realität, sie sind nur Begriffe, Namen, Abstraktionen post res (vgl. auch S. 238). Das bedeutete eine Revolution des Denkens, denn damit war die Grundfrage, die aus dem sokratischen Ansatz sich ergab, die nach dem Verhältnis von Begriff und Wirklichkeit, negativ beantwortet.

Ziel und Aufgabe der Scholastik ist es nach *Anselm* von Canterbury († 1109), den Widerstreit zwischen auctoritas, der göttlichen Offenbarung, und der ratio, als dem lumen *divinium*[15] in uns verstanden, der ausgebrochen war, zu überwinden, beide zu versöhnen und so zugleich ein philosophisches Verständnis der Offenbarung zu gewinnen. Er geht dabei von dem Glauben aus: neque enim quaero intelligere ut credam, sed credo ut intelligam[16]; aber zugleich gilt: fides *quaerit* intellectum[17], nur Nachlässigkeit unterläßt es, das Geglaubte auch zu durchdenken. So sucht er in einem geradezu leidenschaftlichen Ringen auctoritas, die geoffenbarte Wahrheit, und ratio, die Vernunft, zu vereinen und dadurch zu einem einheitlichen Weltbild zu kommen. Er kann es, weil eine völlige Koinzidenz zwischen der absoluten Wahr-

---

[10] Das vollkommenste Sein.

[11] Das wirklichste Sein.

[12] Vor den Dingen.

[13] Geistiger Begriff.

[14] Später als die Dinge.

[15] Dem Verstand als *göttlichem* Licht in uns.

[16] Ich trachte nicht nach Einsicht, um dadurch zum Glauben zu kommen, sondern glaube, um dadurch Einsicht zu gewinnen.

[17] Der Glaube drängt zur Einsicht.

heit und unserem Wahrheitserkennen seine erkenntnistheoretische Voraussetzung ist. Auctoritas und ratio entsprechen dabei aber nicht dem heutigen Begriffspaar Glauben und Wissen. Glauben und Wissen sind beides menschliche Verhaltensweisen, die die Scholastik freilich auch betrachtet hat; aber auctoritas und ratio sind für sie, wie geschildert, zwei transpersonale Größen. Während wir heute ferner Glaubensgewißheit und Vernunftgewißheit als „zwei *konkurrierende* Größen" ansehen, ist zunächst die *auctoritas* für die Scholastiker die auctoritas divina[18], die in der Offenbarung und den Väterschriften ihren literarischen Niederschlag gefunden hat; eine feststehende Wirklichkeit, der nicht nur moralische oder rechtliche Gültigkeit zukommt, wie der neuzeitliche Begriff von Autorität es meint. Die berühmteste Sammlung der auctoritates, der *Sentenzen* (Aussprüche) der Väter usw., ist die des *Petrus Lombardus* († 1160), die bis ins 15. Jahrhundert hinein unzählige Male kommentiert ist. *Ratio* aber ist das lumen divinum[19] im Menschen. So ergibt sich zunächst eine sachliche Entsprechung zwischen auctoritas und ratio. Die Welt als Gottes Schöpfung und das gottgewirkte Heilsgeschehen müssen sachlich in Einklang miteinander stehen. Es ergibt sich aber auch eine persönliche Entsprechung; der Verstand kann als das lumen divinum, das er ist, das Göttliche in Welt und Heilsgeschehen erkennen und durchdringen.

Eine neue Stufe in dem Ringen um das Problem auctoritas — ratio führte *Abälard* († 1142) herauf, scharf befehdet von *Bernhard von Clairvaux*. Auctoritas bedeutete einmal die heilige Schrift, daneben aber auch die Tradition der patres. Dem kritischen Beobachter Abälard ging nun auf, daß diese Tradition nicht einhellig war, und in seinem Buch „Sic et non"[20] stellte er 158 scharf gegensätzliche Aussagen der Kirchenväter zusammen. Nicht um die auctoritas anzutasten, sondern um einen methodischen Weg zur Behebung der Gegensätze zu geben. Führt eine sorgfältige Exegese noch nicht zu einer harmonischen Aussage, so bleibt nur die Möglichkeit, die Autoritäten gegeneinander abzuwägen; eventuell muß die ratio entscheiden.

Die *wissenschaftliche Methode der Scholastik* beruht wahrscheinlich auf diesem Werk des Abälard. In Anlehnung an sein Buch wird in den scholastischen Werken zunächst methodisch eine Frage gestellt (= sic), darauf werden die Gegengründe vorgebracht (= contra, dem non Abälards entsprechend), weiter werden die Argumente abgehandelt, die sie entkräften (= pro), wobei die Autoritäten eine Hauptrolle spielen; mit respondeo dicendum folgt schließlich die eigene Meinung des Autors, die dann endgültig begründet wird, wobei auch das pro

---

[18] Die göttliche Autorität.

[19] Das göttliche Licht.

[20] Ja und Nein.

et contra noch einmal eine kritische Durchleuchtung erfahren. Eine über allen Widerstreit triumphierende Harmonie behält also das letzte Wort, zugleich aber kommt eine starke Spannung in die wissenschaftliche Arbeit *und* in den Unterricht. Die Zeitgenossen haben Abälards Buch als ungeheuerlich empfunden und z. T. leidenschaftlich abgelehnt, obwohl er der ratio und ihrem Vermögen viel kritischer gegenüberstand als Anselm.

Für den Problemkreis der auctoritas ist dann praktisch entscheidend geworden das Werk des *Petrus Lombardus* († 1160) Libri quattuor sententiarum, wegen seiner objektiven Darstellung *das* dogmatische Kompendium des Hoch- und Spätmittelalters.

Auch *Thomas von Aquin* († 1274) hat einen ganz bestimmten geschichtlichen Platz gehabt. Der durch die neu bekannt gewordenen Schriften des Aristoteles geweckte Aristotelismus wurde seines Pantheismus wegen strikte abgelehnt. Andererseits versuchte vor allem *Albert d. Gr.* († 1280) ihn mit dem christlichen Glauben zu verschmelzen. Diesen verchristlichten Aristoteles mit der augustinisch-anselmischen Tradition zu verbinden und damit Aristoteles endgültig rezeptionsfähig zu machen, hat sich Thomas zur Aufgabe gestellt und errichtet auf dieser Basis einen Bau von grandioser Harmonie. Er geht von dem Grundsatz aus „gratia supponit et perficit naturam“ [21]. Von hier aus kann Thomas das Natürliche in all seinen Ausprägungen anerkennen, alle Wissensgebiete einbeziehen, ohne ihnen doch einen Letztwert zuzuerkennen; denn zur Vollendung kommt die Natur doch erst durch die Übernatur, die gratia. Dies Zueinander ist Ausdruck einer tiefen Ordnung, an der auch Gott selbst teil hat („Gott will, was gut ist“). Aber diesen ordo-Gedanken verbindet Thomas nun mit der aristotelischen Teleologie, wonach alles auf ein Ziel hin geordnet ist. Da schon die neue Fassung des augustinischen Reichsgottesgedankens die Gestaltungsaufgabe in sich schloß, war die Zusammenschau auch möglich. Trotzdem ist der Umbruch groß, denn aus gelassener Einfügung in eine gegebene Ordnung wird das Mühen um ein gestecktes Ziel. Auf der thomistischen Zusammenschau aller Lebensgebiete ruht noch heute die katholische Wissenschaft, insbesondere auch die katholischen Universitäten in aller Welt. Da Papst Leo XIII. Thomas zum Normaltheologen der katholischen Kirche gemacht hat, kommt seinem System ungeheure Bedeutung zu, auch noch für die Neuzeit. Zeitgeschichtlich erwuchs ihm bald in *Duns Scotus* († 1308) ein Nebenbuhler. Auch er freilich ein aristotelischer Realist wie Thomas. War aber Thomas intellektualistisch ausgerichtet, so Duns voluntaristisch; er lehrt den Primat des Willens („was Gott will, ist gut“). Entsprechend tritt auch

[21] Die Gnade legt (ihrem Wirken) die Natur zugrunde und vervollkommnet sie.

beim Menschen anstelle der Kontemplation die gehorsame Tat in den Vordergrund, die in der caritas gipfelt. Da Duns Franziskaner, Thomas Dominikaner war, ist der Widerstreit der beiden Schulen zugleich ein Widerstreit der beiden Orden.

Die von Thomas postulierte durchgängige Harmonie des gesamten Seins zerbrach dann dem *Nominalismus.* Den ungeheuren Spannungen des Lebens, die das 14. Jahrhundert kundtat (vgl. unten S. 257 ff.), hielt die harmonistische Schau nicht stand. Diese Erfahrung steht letztlich wohl hinter der Erneuerung des Nominalismus durch Occam († 1349 oder 1350). Denn wenn die Begriffe nur logische Abstraktionen sind, ist die Harmonie von Vernunft und Offenbarung hinfällig geworden, eigentlich damit zugleich aber der Metaphysik der Boden entzogen und mit ihr der wissenschaftlichen Theologie. Occam kommt jedoch von da aus nicht etwa zum Unglauben. Mag die Lehre der Kirche irrational sein, so darf man sie doch gehorsam anerkennen, wenn nur die Autorität sicher ist, auf der sie ruht. Da die Heilige Schrift für Occam diese feste Autorität bildet, bekommt sie eine grundlegende Stellung im Gesamtsystem. Im übrigen ist Occam Voluntarist wie Duns und betont noch stärker, als dieser es tat, die Freiheit Gottes, von der auch Gut und Böse erst ihre Qualifikationen bekommen als Gottes Willen entsprechend oder nicht entsprechend. —

Nach einer der Scholastik ähnlichen Methode wird dann das **Kirchenrecht** bearbeitet. Das kirchliche Recht war nicht logisch systematisch entwickelt wie das römische, sondern Gewohnheitsrecht oder vielmehr Gelegenheitsrecht, darin dem germanischen ähnlich. Sammlungen der vielen Einzelbestimmungen hat es schon früh gegeben (vgl. S. 187 f.). Der Bologneser Jurist *Gratian* erkannte die großen Spannungen in diesen Kanones (kirchlichen Rechtssätzen) und suchte sie in seinem 1140 erschienenen Werk „Concordantia discordantium canonum“ [22] aufzulösen. Die Sammlung wurde dann die Grundlage der kirchlichen Rechtsprechung und bekam so offiziellen Charakter. Mit einigen weiteren Sammlungen aus späterer Zeit zusammen bildet sie das *Corpus iuris canonici,* das erst 1917 durch den *Codex iuris canonici* in seiner Geltung abgelöst ist.

Da aber die Päpste sich die Welt unterwarfen und so oberste Appellationsinstanz für viele Rechtsfälle wurden, ja da die kirchliche Ordnung die christlich-sittliche Ordnung der Welt schlechthin sein wollte, bekam das kanonische Recht auch ungeheure Bedeutung für die Welt, das praktische Leben. Im 14./15. Jahrhundert wandte sich ihm deshalb ein größeres Interesse zu als der Theologie.

Die Erneuerung des römischen Rechtes in der Schule von Bologna, die im 11./12. Jahrhundert erfolgte, führte dann dazu, auch das kano-

[22] Versöhnung der sich widersprechenden Kanones.

nische Recht mit den römisch geschulten Denkmethoden zu bearbeiten. Diesem Verfahren wurden natürlich auch die theologischen Bestandteile des Corpus iuris canonici unterworfen. Und von ihnen aus drang diese Methode dann auch in die Theologie als solche ein. Das hat die Verrechtlichung der katholischen Kirche zur Folge gehabt, die bis in unsere Tage weithin für sie charakteristisch ist, der aber schon die leidenschaftliche Ablehnung Luthers galt.

Literatur

Martin Grabmann, Geschichte der scholastischen Methode, 2 Bde., 1909/11;
ders., Geschichte der katholischen Theologie seit der Väterzeit, 1933;
ders., Thomas von Aquin, 1949[8];
A. M. Landgraf, Dogmengeschichte der Frühscholastik, Bd. I 1—IV 2, 1952 bis 1956;
Karl Barth, Fides quaerens intellectum, 1931 (dazu F. Haenchen in der Festschrift Karl Heim, 1934), 1958[2];
Hans Erich Feine, Kirchliche Rechtsgeschichte, Bd. 1, 1955[3].

§ 28. Mystik und Volksfrömmigkeit im Mittelalter

1. Stimmungsmäßig wird weithin ein Gegensatz zwischen Mystik und Theologie, ja zwischen Mystik und katholischer Kirche angenommen. Aber das ist nicht richtig. Scholastische Theologie und Mystik gehören vielmehr eng zusammen. Man kann nur sagen, daß eine Tonverschiebung eintritt; statt auf der fides, quae creditur[1] liegt für die Mystik alles Gewicht auf der fides, qua creditur[2].

Unter **Mystik** versteht die Theologie, wenn das Wort im strengen Sinn genommen wird, die Anschauung, daß die Seele des Menschen oder doch ein Seelenfünklein göttlicher Natur ist und deshalb mit Gott naturhaft vereint werden kann, oder daß Gott sich mit ihr einen kann, eine Anschauung, die reformatorischem Denken direkt zuwider ist. Diesem Ziel der visio et fruitio, ja der unio Dei[3] muß, wo man es anerkennt, dann natürlich das ganze Streben des Menschen gelten. In den Stufen der Reinigung, Erleuchtung und Einigung erfolgt der Aufstieg.

Alle mittelalterliche Mystik hängt letztlich mit dem *Neuplatonismus* zusammen, dessen Gedanken auf zwei Wegen dem Abendland übermittelt sind. Einmal durch *Augustin,* der zeitlebens nicht den Durchgang durch den Neuplatonismus hat verleugnen können und der wie für die Theologie so auch für die Mystik des Mittelalters ein großer Anreger geworden ist. Daneben durch die Schriften des soge-

[1] Dem Glauben, der (inhaltlich) angenommen wird.
[2] Dem Glauben als der Funktion des Hinnehmens.
[3] Der Schau und des Genusses Gottes, ja der Einung mit ihm.

nannten *Dionysius Areopagita*, mystischen Schriften des 6. Jahrhunhunderts, die einen neuplatonisch-christlichen Synkretismus enthalten und die angeblich von dem Paulusschüler Dionysius (Apg. 17, 34) verfaßt sind, als welche sie das Mittelalter in der Tat wertete. Übermittelt hat sie ihm Johannes Erigena, der sie ins Lateinische übersetzte. Erst Jahrhunderte nach ihm sind sie freilich wirklich wirksam geworden.

Im 12. Jahrhundert erneuerte neuplatonische Gedanken vor allem *Hugo von St. Viktor* († 1141) in Paris, ein Deutscher aus dem Geschlecht der Grafen von Blankenburg, durch seinen Kommentar zum Areopagiten. Auch nach Hugo führt der Weg zu Gott über die Erkenntnis. Der kausalen Bedingtheit alles Seins folgend kommt die Seele in ihrer Betrachtung schließlich zu Gott. Hier wird also die Erkenntnis, die Philosophie, direkt zu einem Mittel des frommen Lebens, eben als Mittel des Aufstiegs der Seele zu Gott. Freilich muß die Askese immer das Denken begleiten, damit auch Affekt und Wille sich von der Welt abwenden; denn nur, wenn der *ganze* Mensch sich von der Sinnlichkeit befreit, kann es zur Vereinigung mit Gott kommen. Voraussetzung ist ferner die Reinigung von der früheren Sündenschuld. Sie erfolgt durch die religiösen Einrichtungen der Kirche: Taufe, Firmung, Abendmahl, aber auch durch die guten Werke und durch die Askese und, im Falle des Rückfalles in die Welt, durch das Sakrament der Buße. Durch diese Einrichtungen der Kirche wird der Seele der Heilige Geist und die Heiligkeit geschenkt, aus der heraus es zur wirklichen Einung mit Gott kommen kann. Von Zeit zu Zeit erfährt die Seele dann eben, wie sie zu sich selbst, die ja ein Teil von Gott ist, kommt und, an einen unbekannten Ort entrückt, innerlich etwas Unbekanntes in Liebesarmen umfängt und ewig zu halten wünscht. Aber zu solch dauerndem Umfangen kommt es auf Erden noch nicht. Hier bleibt nur das Ziel, dies Erlebnis möglichst oft zu haben.

Neben den eben geschilderten Typ tritt dann aber in demselben Zeitraum eine zweite Richtung, deren Denken und Betrachten ganz auf das Bild des irdischen Jesus gerichtet ist. Die Betrachtung Jesu kann an sich in der Form geschehen, daß man an die *Nachfolge des Herrn* denkt, also allein auf sittlichem Gebiet ihn zum Vorbild nimmt, wie es z. B. der heilige Franz tat. Daneben stehen Strömungen, die diese Blickrichtung auf Jesus in die Bahnen der mystischen Theologie leiten, indem sie vor allem ihr *Gefühl* Jesus zuwenden. Hauptvertreter dieser gefühlsmäßigen Jesusliebe ist *Bernhard von Clairvaux* gewesen. Hierin liegt vielleicht die tiefste Einwirkung Bernhards auf die Kirche, daß er zuerst Jesus statt Gott zum Gegenstand der mystischen Schau gemacht hat. Im Vordergrund seines Betrachtens steht der Mensch Jesus, der der Sohn Gottes ist. Mit einem Menschen kann man in dem Ton leidenschaftlicher Liebe umgehen. Im Menschen Jesus kann man es also mit Gott selbst; man kann mit ihm verkehren wie die Braut mit dem Bräutigam. Es kommt hier zu einem gefühlsmäßigen, stark erotisch gefärbtem Schwärmen, das sich an den Tönen des Hohenliedes, das die Kirche nach dem Vorbild des Judentums seit langem auf das Verhältnis der Seele zu Gott bezogen hatte, ein Vorbild nimmt.

Freilich ist die gefühlsmäßige Jesusliebe auch nach Bernhard selbst nicht das eigentliche Ziel der menschlichen Sehnsucht. Sie soll vielmehr nur das Mittel sein, wodurch es zur Vereinigung mit *Gott*, also zum echten mystischen Erlebnis kommt. Die Liebe zu Christus ist also nur eine untergeordnete Stufe auf dem mystischen Weg; denn die Stufe, auf der man sich über *alles* Geschichtliche, auch über den geschichtlichen Jesus erhebt, ist höher, reiner. Aber praktisch ist Bernhard selbst fast immer bei der untergeordneten Liebe zu dem irdischen Bräutigam der Seele stehengeblieben. In ihr lebt seine Frömmigkeit. In ihr lebt auch meist die Frömmigkeit seiner Nachfolger. Bernhard hat enge Beziehungen zu den Viktorinern gepflegt. Die Einfügung der Jesusliebe in den mystischen Heilsweg der Viktoriner, der so zustande kommt, bedeutet zugleich eine neue Verstärkung des spezifisch christlichen Charakters dieser an sich doch immer noch stark neuplatonisch gefärbten Mystik. Als breiter Strom ist diese mystische Frömmigkeit dann in das gesamte spätere Mönchtum und damit bis zu einem gewissen Grade in die ganze katholische Kirche hineingeflossen. Auch die evangelischen Kirchen haben ein gut Teil davon abbekommen oder später wieder übernommen.

Bei den bisherigen Erscheinungen der Mystik, die wir besprochen haben, handelt es sich für den Menschen darum, durch eigene Tätigkeit die Ekstase, die Vereinigung mit Gott, herbeizuführen. Von dieser Gruppe unterscheidet sich eine andere, die zwar auch in der Vereinigung mit Gott das Ziel der religiösen Persönlichkeit sieht, die es aber auf einem anderen Wege zu erreichen hofft. Alle Tätigkeit bindet die Seele, wie sie meint, noch irgendwie. Gott kann zu dieser nur kommen, wenn sie ganz tätigkeitslos, ganz still, ganz leer geworden ist. Deshalb nennt man diese Richtung der Mystik die *quietistische Mystik*, im Unterschied etwa von der kontemplativen, die eben beschrieben ist.

Wir sahen, wie für die Viktoriner die kirchlichen Heilsmittel ihre volle Bedeutung behielten. Aber schon die Jesusliebe Bernhards braucht diese eigentlich kaum noch. Man kann das bräutliche Gefühl an der Betrachtung Jesu entzünden, ohne irgend etwas mit der empirischen Kirche zu tun zu haben. Natürlich hat Bernhard, der Kirchenmann, diese Folgerung nicht gezogen. Aber in Kreisen, die der Kirche irgendwie kritisch gegenüberstanden, ist dieser Schluß dann tatsächlich gezogen worden. Innerhalb der mystischen Strömung kommt also eine Richtung auf, der die institutionelle Kirche gleichgültig ist. Einzelne

Gruppen sind sogar zur Bekämpfung der Kirche fortgeschritten. Gerade in den Laienkreisen hat diese kirchenfremde, quietistische Mystik sich festgesetzt, deren Aufkommen wir im übrigen noch nicht genau überschauen. Jedenfalls ist sie im 13. Jahrhundert schon nachweisbar. Auch inhaltlich ergeben sich aus dem Ideal der Vollkommenheit als einer völligen Zurückziehung von aller Tätigkeit gewisse Veränderungen gegenüber den anderen Typen. Wenn die Seele ganz leer geworden ist, dann strömt Gott selbst in sie ein. Es kommt also geradezu zu einer Vergottung der Seele. Der Vollmystiker wird ein Teil Gottes, gottgleich. Auch von hier aus erhebt er sich über alle Kirchen, alle Engel und Heilige, ja, wie manche sagen, auch über Christus selbst. Auch diese quietistische Mystik ist dann in das kirchliche Mönchtum eingedrungen und hat sich hier in späterer Zeit zu einer Macht entfaltet.

Sie hat auch die *deutsche Mystik* beeinflußt, z.B. in ihrem größten Vertreter *Eckhart* († 1327). Die Gelassenheit (das „sich Gott lassen"), die Abgeschiedenheit, die Entwerdung ist auch für ihn die Voraussetzung der Einung mit Gott. Erst wenn die Seele „leer" geworden ist, leer von all dem Wirrwarr der sinnlichen und auch der geistigen, begrifflichen Gegebenheiten, wird sie eine Stätte Gottes; „wer leer ist aller Kreatur, wird Gottes voll". „Alle Vollkommenheit hängt daran, daß man Armut, Elend, Schmach, Widerwärtigkeit und alles, was mit Druck auf uns fallen möge, willig, fröhlich, in Freiheit, begierig, friedvoll und unerschütterlich leiden könne und dabei bleiben bis in den Tod." Dasselbe würde aber auch von Reichtum, Fülle, Ehre und Freude gelten. „Sunder warumbe", d.h. ohne zu fragen, warum; denn in dem Warum steckt immer noch Eigenwille und Eigenurteil; es ist so immer noch Ausdruck unserer Selbstheit. Diese Gelassenheit, diese innere Freiheit kann aber sehr wohl bestehen bei äußerer Tätigkeit. „Nimm dies zum Ebenbild", sagt Eckhart, „eine Tür geht in einer Angel auf und zu. Nun vergleiche ich das äußere Brett an der Tür dem äußeren Menschen und die Angel vergleiche ich dem inneren Menschen. Wenn nun die Tür auf und zu geht, so bewegt sich das äußere Brett hin und her und doch bleibt die Angel in steter Unbeweglichkeit und wird nicht im geringsten verändert... Also stehet es um das abgeschiedene Herz."

Diese Predigt der Gelassenheit, dies Evangelium der inneren Freiheit ist durch die Mystiker eine wirkliche geistige Macht geworden im Spätmittelalter. Daß die äußere Kirchlichkeit gleichgültig wird, wo die Seele den Höhenweg der Abgeschiedenheit zu gehen gelernt hat, ist klar; sie kann höchstens noch als Mittel, zur Abgeschiedenheit zu kommen, eine Rolle spielen. Aber sogar die Abgeschiedenheit selbst ist nur Mittel zum Zweck, Mittel, um zur vollen Einung mit Gott zu kommen.

Da Eckhart als Ordensprovinzial Dominikanerinnen unterrichten mußte, war er genötigt, seine Gedanken in deutscher Sprache wiederzugeben; er erweist sich dabei als ein Sprachschöpfer von außergewöhnlicher Gewalt. Auch darauf beruht zum guten Teil seine weite Wirkung. Aber Eckhart ist nun zugleich Theologe, und zwar als Dominikaner Schüler des Thomas. *Heinrich Ebeling* hat gezeigt, daß er sogar eine ganz bestimmte Stellung im hochmittelalterlichen Streit zwischen Augustinismus und Aristotelismus einnimmt. So beruht die theologische Bedeutung Eckharts wohl auf seiner Vereinigung des neuplatonischen Elements mit dem thomistischen Aristotelismus. Auf jeden Fall *wollte* Eckhart ein treuer Sohn seiner Kirche sein und hat leidenschaftlich um seine Rechtfertigung in ihr gekämpft. Seine Schüler Tauler, Seuse (Suso) und Ruysbroek haben zum Teil auch die Spitzen des eckhartischen Denkens abgeschliffen. Die Anhänger des mystischen Lebens in der Laienwelt schlossen sich in der losen Vereinigung der „Gottesfreunde“ zusammen, in der Tat „ein Jungbrunnen des religiösen und kulturellen Lebens“ (Adam) im Spätmittelalter.

2. **Kirchliche Frömmigkeit** ist zu aller Zeit etwas anderes als die offiziell gültige Theologie. Nur ist sie leider historisch außerordentlich schwer faßbar, da direkte Quellen nur selten vorhanden sind.

Im Neuen Testament heißt *jeder* Christ ein Heiliger. Wir haben die bedeutungsvolle Entwicklung schon gesehen, die dies Attribut auf die Heroen des christlichen Lebens beschränkte (S. 126f.), eine Änderung, die gar nicht ernst genug genommen werden kann. Auf jeden Fall ist das Frühmittelalter nun dadurch gekennzeichnet, daß die *Verehrung der Heiligen* auch diesseits der Alpen einen erstaunlichen Aufschwung nimmt. Ob die germanische Heldenverehrung darin einen neuen Ausdruck fand? Der Heiligenkult zeitigte sogar in der Heiligenbiographie nach dem Vorbild der „Vita Antonii“ des Athanasius einen ganz neuen Literaturzweig.

Da aber auch nach germanischer Anschauung sinnliche Dinge Träger übersinnlicher Kräfte werden können, ist es nicht verwunderlich, daß neben der Heiligenverehrung auch der *Reliquienkult* aufblüht. Die Translationen berühmter Heiliger werden geradezu Ereignisse von geschichtlicher Bedeutung.

Die Grundfrage, wer ein Heiliger ist, entschied zunächst die Gemeinde, die in der Verehrung eines Verstorbenen als eines Heiligen ihre Wertung seiner Person zum Ausdruck brachte. Im 9. Jahrhundert erhielten die Bischöfe ein Kontrollrecht. Seit 993 ist die Anerkennung durch den Papst offiziell erforderlich. —

Die erhaltenen dichterischen Erzeugnisse, die Buchmalerei und der Kirchenbau zeigen ferner, daß im Frühmittelalter die *Abwehr der Dämonen* eine ganz große Bedeutung für das profane Leben gehabt haben muß. Auch Christi Erlösungstat gipfelt für viele in seinem Sieg über den Teufel und alle Mächte des Bösen. Erst durch Anselm von Canterbury wird hier eine andere Wertung durchgesetzt (vgl. S. 174).

Ein weiterer Ausdruck für die Laienfrömmigkeit ist die *Ausbildung des Bußwesens.* Die alte Kirche kannte nur die öffentliche Beichte der Todsünden. In den iroschottischen Klöstern aber wurde es Brauch, auch lässige Sünden und Gedankensünden zu beichten. Dieser Brauch zwingt zur Einzelbeichte. Unter dem Einfluß der Iroschotten wird das dann auch in der Laienwelt üblich. Das Laterankonzil von 1215 machte jährlich einmalige Beichte zu österlicher Zeit bei Strafe der Exkommunikation zur kirchlichen Mindestpflicht. Die Beichte gipfelt in der Absolution. Diese war ursprünglich an gewisse vorher abzuleistende Bußforderungen geknüpft, die satisfactio operis[4]. Erst seit dem 11. Jahrhundert bürgerte sich die Praxis ein, sie schon *vor* ihr zu spenden. Seit dem 12. Jahrhundert wurde ferner die deprekative Absolutionsformel „Deus te absolvat“[5] (vgl. oben S. 124 f.) in die indikative umgewandelt: „ego te absolvo“[6], die heute die zwingende Form der sakramentalen Lossprechung bildet. Wie oben schon berührt, bildet sich von germanischen Grundgedanken her außerdem die Gewohnheit aus, die schweren persönlichen Bußstrafen, insbesondere das Fasten, umzuwandeln in sachliche, Gebete oder Almosenspenden, die sogenannte *Redemption.* Die Bußbücher bestimmten wie die Höhe der Bußwerke so auch die Taxen für diese. Sachlich fußt auf demselben Gedanken der *Ablaß* (lat. indulgentia); ob er auch historisch von den Redemptionen her entwickelt ist, ist strittig. Seine Eigenart gegenüber den Redemptionen besteht darin, daß er einen *außerhalb des Bußsakramentes* gewährten Nachlaß einiger oder aller Sünden*strafen* darstellt; er setzt aber offiziell den sakramentalen Erlaß der Sünden*schuld* voraus. Der Empfang ist an bestimmte Leistungen geknüpft wie Teilnahme am Kreuzzug, Wallfahrten, Beten oder auch das Spenden von Geld für bestimmte kirchliche Zwecke. Darin liegt eine rechnerische Zusammenschau von Leistung und Lohn, die im Rahmen der Kreuzestheologie eigentlich hätte unmöglich sein sollen.

Eine weitere Neuerung stellt das *Sendgericht* (der „Send“ von synodus) dar. Die bischöfliche Visitation des Sprengels wurde durch Karl d. Gr. um die Beigabe des Gaugrafen erweitert und unter Heranziehung des Volkes, nämlich der Sendschöffen, zu einem sittengericht-

---

[4] Genugtuung durch Werke.
[5] Gott möge dich lossprechen.
[6] Ich spreche dich los.

lichen Verfahren umgebildet. Der Send wurde so ein wesentliches Stück der kirchlichen Volkserziehung.

Die allsonntägliche Teilnahme der gesamten Gemeinde an der *Kommunion* hat schon in den letzten Zeiten der alten Kirche aufgehört. Im Abendland wurde dreimalige Teilnahme im Jahr durchgehende Sitte. Seit dem 12. Jahrhundert bürgert sich auch die Unsitte ein, den Laien beim Abendmahl den Kelch zu entziehen; das Motiv dazu war freilich, das Sakrament vor Verunehrung zu schützen. Seit dem 6. Jahrhundert hatte auch schon die Form der *Privatmesse* Eingang gefunden. In der Auffassung vom *Abendmahl* hat die massiv realistische Deutung, wonach die Elemente materiell in Leib und Blut Christi verwandelt werden, die schon in der alten Kirche begegnet und die im Abendland z.B. von Ambrosius vertreten ist, sich im Mittelalter allmählich, wenn auch nicht ohne Streit, gegen die augustinische, nämlich symbolische Deutung durchgesetzt und ist 1215 als Transsubstantiationslehre dogmatisiert worden. Die Auffassung zeitigte das *Fronleichnamsfest*, das 1264 von Papst Urban IV. allgemein verbindlich gemacht wurde, „um die Treulosigkeit und Torheit der Häretiker zuschanden zu machen".

Als *Gebet* dienten den Laien zunächst wesentlich das Vaterunser und das Glaubensbekenntnis. Im 12. Jahrhundert kam das Ave Maria (Lk 1, 28—42) hinzu, das in seiner jetzigen Form aber erst aus dem 16. Jahrhundert stammt. Aus der Marienverehrung erwuchs seit dem 12. Jahrhundert auch allmählich der *Rosenkranz*. Seine jetzige Form (15 Vaterunser mit 15 Gloria Dei, 15×10 Ave Maria, sowie Betrachtung von 15 Geheimnissen Jesu und Marias) erhielt er aber auch erst im 16. Jahrhundert. Darin tut sich als in der Häufung eine Veräußerlichung kund, der auch andere Zweige des kirchlichen Lebens unterlagen.

Literatur

J. Quint, Textbuch zur Mystik des Mittelalters, 1952;
F. W. Wentzlaff-Eggebert, Deutsche Mystik zwischen Mittelalter und Neuzeit, 1944;
L. A. Veit, Volksfrommes Brauchtum und Kirche im deutschen Mittelalter, 1936;
H. Grundmann, Religiöse Bewegungen im Mittelalter, 1961².

§ 29. Das Ketzertum und seine Bekämpfung

1. Das **Ketzertum** ist stets ein guter Gradmesser für den Hochstand oder vielmehr *Tiefstand der Kirche*. Nur da, wo diese dem religiösen Sehnen der Bevölkerung in irgendeiner Beziehung nicht gerecht wird, taucht es auf. Von der Reformbedürftigkeit der Kirche hatten wir nun schon mehrfach zu sprechen; deshalb ist es nicht verwunderlich, daß im

12. Jahrhundert plötzlich im ganzen Abendland Sektierer auftauchen. Papst Innozenz III. selbst konstatierte die Zusammenhänge mit den Worten: „Die Wächter sind alle blind, stumme Hunde, die nicht bellen können, vergraben das ihnen vom Herrn anvertraute Pfund wie jener Schalksknecht, denn in ihrem Munde ist Gottes Wort gebunden. Sie alle, vom Vornehmsten bis zum Geringsten, machen es, wie es bei den Propheten heißt, sie frönen dem Geiz, lieben Geschenke und suchen Lohn, sprechen den Gottlosen gerecht der Geschenke wegen und entziehen dem Ärmsten sein Recht; heißen Böses gut und Gutes böse, machen aus Finsternis Licht und aus Licht Finsternis, aus sauer süß und süß aus sauer; sie fürchten weder Gott, noch scheuen sie sich vor Menschen; sie verkehren die Lehren des Evangeliums durch Mißdeutung und verwirren die Satzungen der Kirche. Daher hat der Übermut der Ketzer überhandgenommen und die Verachtung gegen die Kirche ist im Zunehmen."

Dazu kommt als zweite Wurzel des Sektenwesens dieser Zeit das *gesteigerte religiöse Bedürfnis* und die wachsende geistige Selbständigkeit der Laien.

Die Ursprünge des *Katharertums*, der Hauptform der mittelalterlichen Ketzerei, führen auf den Manichäismus der alten Kirche zurück, den dualistisch-christlichen Synkretismus, der diese Welt als das Erzeugnis eines bösen Gottes ansieht, aus deren Banden der Mensch vor allem durch schroffe Askese in die Lichtwelt des guten Gottes aufsteigen muß. Der Manichäismus konnte infolge der Ketzergesetze der römischen Kaiser jedoch nur unterirdisch weiterleben. Im Katharertum drängen die Ideen im 11. Jahrhundert wieder an die Oberfläche und werden im 12. eine wirkliche Gefahr für die katholische Kirche. Das Hauptproblem ist noch immer die unheimliche Macht des Bösen mit seiner die menschliche Existenz schlechthin bedrohenden Gewalt, das sich im Materiellen besonders kundtut. Ihm gilt deshalb der leidenschaftliche Kampf, für den eine „rigorose Leibfeindlichkeit" charakteristisch ist, einschließlich einer völligen Ablehnung der Ehe und des Staates. Der Tod wird ebenso leidenschaftlich ersehnt, ja durch die Endura, den freiwilligen Hungertod, bewußt herbeigeführt. Wenn eine solche Bewegung der reichen Kirche entgegentrat, in der das ständische Prinzip herrschend geworden war und die selbst nach der Weltherrschaft strebte, so mußte sie schon Eindruck machen.

Ähnlichen Eindruck machte die ganz anders geartete Gruppe der *Waldenser*, die zurückgeht auf den Lyoner Kaufmann Petrus Waldes († 1218). Gepackt von der Unruhe über sein nicht ganz redlich erworbenes Vermögen gab er nach Jesu Forderung an den reichen Jüngling alles den Armen und lebte fortan vom Bettel. Von da aus packte ihn dann das Ideal des apostolischen Lebens, *arm und predigend* durch die Welt zu ziehen. Da die Kirche ihm und den anderen Laien, die sich ihm anschlossen, aber das Predigen verbot, wurde Waldes in die Opposition gedrängt. In der Zwangslage, entweder dem Befehl der Bibel oder dem Befehl der Kirche nicht zu gehorchen, wählte er das Letztere. So war sein Ungehorsam vielmehr Gehorsam, Gehorsam gegen Gott. Eigentlich nur sein Reformwille unterscheidet Waldes von Franz. Die Kirche darf die apostolische Vollmacht, so meint er, nur beanspruchen, wenn sie auch das apostolische Leben führt. Der Biblizismus zeitigt dann auch noch weitere Kritik an der Kirche. Hierin liegt der Grund, daß Waldes nicht als Heiliger, sondern als Ketzer gestorben ist. Auch die Waldenser fanden viele Anhänger.

Endlich muß noch ein Wort über den mittelalterlichen *Spiritualismus* gesagt werden, dessen Urheber *Joachim von Fiore* (Floris) († 1202?) gewesen ist. Er deutete die Trinität aus drei Personen in drei Zeitalter um, deren erstes, das Zeitalter des Vaters, mit Christi Geburt endete. Für das Jahr 1260 erwartete Joachim das Anbrechen des Zeitalters des Heiligen Geistes, auf das er die Menschen vorbereiten wollte, ein Zeitalter, in dem alle Zeremonien beseitigt und die Menschen unmittelbar von Gott selbst belehrt sein werden. Diese Botschaft weckte in den Menschen große Erwartungen und entband ebenso große Kräfte. Insbesondere im Kreis der Oppositionellen des Franziskaner-Ordens fand sie Aufnahme und hat mit ihrer antikirchlichen Grundhaltung nicht wenige zu einer kritischen Stimmung der Kirche gegenüber geführt.

2. Die sektiererische Bewegung war durch die Zahl der Anhänger, die sie gewann, eine wirkliche Gefahr für die katholische Kirche. Daß sie weithin ein unsichtbarer Feind war, weil sie in der Kirche selbst sich ausbreitete wie die Waldenser und Joachimiten, vergrößerte ihre Gefährlichkeit nur noch. Andererseits konnte die Kirche die Ketzer auch nicht anerkennen, ohne ihre Eigenart aufzugeben. Sie war also zur **Bekämpfung** *des Ketzertums* genötigt. Es fragte sich nur, in welchen Formen diese zu handhaben sei. Drei oder gar vier Arten finden sich im Mittelalter.

Zunächst hat man versucht, das *religiöse Bedürfnis* der Ketzer womöglich *zu befriedigen.* So gestattete Innozenz III. übertretenden Waldensern, als pauperes catholici[1] zu leben.

Dann hat man ernste Anstrengungen gemacht, sie für die katholische Kirche zurückzugewinnen durch eine Missions- oder besser *Evangelisationstätigkeit* unter ihnen. Der Dominikanerorden ist, wie schon gesagt, eigens zu diesem Zweck gegründet.

---

[1] Als katholische Arme.

Aber diese Dinge sind dann bald zurückgetreten hinter der *Anwendung von Gewalt* ihnen gegenüber. Schon die römischen Kaiser hatten diesen Weg beschritten. Aber die Methode war im germanischen Herrschaftsbereich verlorengegangen. Selbst die besten der kluniazensischen Reformfreunde waren der Ansicht, daß der Auflehnung gegen Gott, als die sie die Ketzerei durchaus bewerteten, nur mit geistigen Waffen zu begegnen sei; so z. B. Bischof Wazo von Lüttich († 1045): non ad mortificandum sed potius ad vivificandum auctore Deo inungimur[2]. Aber schon bald nachher ist der Gedanke allgemein, daß gegen Feinde Gottes mit Gewalt vorgegangen werden müsse. Die überall verbreitete Meinung, daß Ketzer auch sittlich verworfene Menschen seien, war dabei gar nicht entscheidend, vielmehr gilt: extra ecclesiam nulla salus[3]. So ist die Tatsache des Abfalls von der Kirche Gottes Grund genug, die Ketzer als Seelenverderber anzusehen und die Glieder der Kirche vor ihnen zu schützen, wenn nötig auch gewaltsam. *Die Ketzerei als solche ist ein Verbrechen.* Aber zugleich galt der altkirchliche Grundsatz: ecclesia non sitit sanguinem[4]. Sie konnte also die Strafe nicht selbst vollziehen. Aber sie beanspruchte die Oberhoheit über die weltlichen Staaten. Diese mußten deshalb für die Ausführung des kirchlichen Spruches ihren Arm zur Verfügung stellen. Sie haben es ausnahmslos getan.

Welche Strafe angewandt wurde, ist damit noch nicht gesagt. Im Norden ist Verbrennung, die germanische Strafe für Zauberer, schon ziemlich früh nachweisbar, im Süden begnügte man sich zunächst mit Bann und Acht = Güterentzug und Verweisung aus dem Land.

Gregor IX. entwickelt daraus 1231 die *päpstliche Inquisition.* Sie knüpft an das bischöfliche Sendgericht an, das schon von Papst Lucius III. 1184 mit der Überwachung der Diözese auf Ketzerei betraut worden war. Gregor IX. zog das Verfahren an die Kurie heran. Zugleich wird für Unbußfertige oder Rückfällige der Feuertod als Strafe bestimmt.

Der eigentliche Schrecken der Inquisition liegt aber in ihrer Anwendung. Ankläger und Richter waren identisch, das Verfahren strengstens geheim, Beweisverfahren seit 1252 die Folterung, die Papst Nikolaus I. als gegen das göttliche Gesetz verstoßend verboten hatte, die Strafen grausig. Der Verfasser der Kölner Annalen sagt von der Tätigkeit des berüchtigten deutschen Inquisitors Konrad von Marburg: „Da fing das Feuer an, Macht zu bekommen über die Sterblichen." Die Bischöfe selbst erhoben Einspruch. Aber Papst Gregor IX. be-

[2] Nicht zum Töten, sondern um zum Leben zu führen, sind wir von Gott geweiht.

[3] Außerhalb der Kirche gibt es kein Heil.

[4] Die Kirche dürstet nicht nach Blut.

zeichnete Konrad als einen vir quasi sanctus[5]. 1233 ist er von der verzweifelten Bevölkerung bei Marburg erschlagen, ohne daß ein Richter wagte, gegen die Täter vorzugehen. — Im 15. Jahrhundert bekam besonders Spanien die Geißel der Inquisition zu spüren. In Sevilla sind z.B. in 40 Jahren 4000 Menschen verbrannt, 30000 zu schweren und schwersten anderen Strafen verurteilt; in Guadelupe bei 3000 Einwohnern in dem einen Jahr 1485 53 Personen lebendig verbrannt, dazu 46 wieder ausgegrabene Leichname, 16 Personen zu ewigem Kerker verurteilt und weitere auf die Galeeren geschickt oder sonstwie bestraft.

Die Stimmen, die in der katholischen Kirche ein klares *Urteil* gegen die Inquisition aussprechen, sind immer noch vereinzelt. Meist bleibt es bei dem Versuch, die Inquisition aus ihrer Zeit heraus zu erklären, der als solcher natürlich berechtigt, ja notwendig ist. Aber wenn die Behauptung richtig ist, daß keine Religion in ihrer Geschichte etwas so Schreckliches aufzuweisen hat wie das Christentum in der Inquisition, so kann solche zeitgeschichtliche Erklärung wirklich nicht das letzte Wort sein. Das Meer von Blut und Flammen, das die Inquisition im Namen desselben Christus erregt hat, der sein Blut für die *Sünder* vergoß, bedeutet vielmehr eine wirkliche Glaubensanfechtung, da ja auch die Reformatoren noch der Versuchung zur Gewalt gegen Ketzer erlegen sind. Hier bleibt in der Tat, wie *Walter Nigg* will, nichts anderes zu sagen, als daß wir alle zur Buße gerufen sind.

Die historische Bedeutung des Grundsatzes, Ketzer mit Gewalt, durch Inquisition oder Krieg auszurotten, greift über das Mittelalter hinaus. Nur diesem Prinzip ist es nämlich zuzuschreiben, daß Deutschland, Holland und die Schweiz die schwere Last der konfessionellen Spaltung zu tragen haben, wie später zu zeigen sein wird. Auch die Ausrottung des Protestantismus in Frankreich und anderen Ländern kommt auf sein Konto. So spüren wir seine Wirkung noch heute verhängnisvoll. Um so wichtiger ist es, hier ein klares Urteil zu gewinnen.

Literatur

Walter Nigg, Das Buch der Ketzer, 1949;
A. Borst, Die Katharer, 1953;
J. v. Walter, Die ersten Wanderprediger Frankreichs, 2 Bde., 1903/06;
Ernst Benz, Ecclesia spiritualis, 1934;
A. S. Turberville, Mediaeval Heresy and the Inquisition, 1933.

§ 30. Die Eigenart des Mittelalters

Schon hier erhebt sich nun die Frage nach der Eigenart des Mittelalters, nach dem beherrschenden Zug in allen seinen Lebensäußerungen. Fragen wir so, dann drängt sich das große Streben nach einer einheit-

[5] Einen beinah heiligen Mann.

lichen Zusammenfassung aller Kräfte und einer *einheitlichen Zusammenschau aller Dinge* auf. Der göttliche ordo[1] muß durchgeführt werden.

Bereits bei *Karl d. Gr.* ist dieses Streben greifbar. Schon die theokratische Form seiner Herrschaft ist ein deutlicher Ausdruck dieses seines Einheitswillens, der das wirtschaftliche und das geistige Leben des ganzen Reiches und nicht zuletzt das kirchliche einer einheitlichen Leitung und einer einheitlichen Idee unterwarf. Auch die Zwangsanwendung gegenüber den Heiden, die seine Untertanen wurden, ist nur ein neuer starker Hinweis auf diesen Einheitswillen. Natürlich bekommt er mit alledem in gewissem Sinn die Form eines totalitären Systems. Aber nicht darin liegt das Charakteristische oder gar in dem Machtstreben als solchen, sondern, wie gesagt, in dem Willen zur Einheit, der so stark ist, daß er die Abseitsstehenden notfalls auch mit Gewalt in die Ordnung hinein nötigt.

Im 9. Jahrhundert findet dieser Wille zur Einheit dann einen starken gedanklichen Ausdruck in der Theologie des Johannes *Erigena*, wo er fast zu einem Pantheismus gesteigert ist (vgl. S. 234).

Die Erneuerung des Kaiserreiches durch die *Ottonen* im 10. Jahrhundert ist wieder ein Beweis seiner Lebendigkeit und erst recht dann die Übernahme theokratischer Ideen durch das *Papsttum*. Man kann sich die Welt offenbar nicht anders denken, als daß sie durch *eine* Hand nach *einem* Prinzip gelenkt, und das heißt, *geordnet* wird. Den gedanklich schärfsten Ausdruck bekommt dies harmonische Denken in der Theologie des *Aquinaten*. Aber daß schließlich alle Menschen des Hochmittelalters — außer den Betroffenen natürlich — das gewaltsame *Vorgehen gegen Ketzer* bejahten, Könige und Fürsten, Kleriker und Laien, selbst so feinsinnige wie etwa Eike von Repgow, der Verfasser des Sachsenspiegels, zeigt deutlich, *wie* lebendig dieses Wollen war. (Die etwaige Polemik richtet sich nur gegen *ungerechte* Anwendung der Inquisition!)

Offenbar war man auch überzeugt, in dieser Einheitskultur *das* Mittel für das Heil der Welt zu haben. Der Expansionstrieb, der hinter den Kreuzzügen und hinter dem Gedanken des Heidenkrieges steht, hat hier, in diesem Sendungsbewußtsein, doch wohl seinen tiefsten Grund.

Der starke Wille zur Einheit, zu einem harmonischen Miteinander von Staat und Kirche, von den verschiedenen Ständen zueinander, von Philosophie und Theologie, von Himmel und Erde, Mensch und Gott, das also ist das treibende Agens des Mittelalters, da schlägt sein Puls.

---

[1] Ordnung, Zusammenhang der Dinge.

Das ist keine neue Erkenntnis. Aber merkwürdigerweise hat, soweit ich sehe, noch niemand die Frage aufgeworfen, woher dieser Einheitswille des Mittelalters stammt, *wo* er historisch *seinen Ursprung* hat.

Germanisch kann er *nicht* sein. Das germanische Denken vollzieht sich im Freund-Feindverhältnis; hier ist die Welt voll tiefster Abgründe, die harmonisch zusammenzuschauen unmöglich ist. Utgard kann niemals, auch nicht durch Unterwerfung, Mitgard werden. Und Ragnarök = Untergang steht am Ende. Und doch leistet auch das Germanentum seinen Beitrag zu der Entwicklung dieser Idee, nämlich durch seinen Brauch, auch den Kult dem weltlichen Führer zu unterstellen. So wird dieser, wie wir sahen, der Herr auch der christlichen Kirche. Da aber die Kirche nicht nur die Tradentin der antiken Kultur wird, sondern alle Wissenschaft und Kunst dann vorerst nur durch sie weitergepflegt wird, so entsteht hier, zunächst praktisch, eine Einheitskultur. Wie kommt es, daß sie als ein ordo *divinus*[2] aufgefaßt wird?

Zuerst klingt der Gedanke bei *Augustin* auf, z.B. schon in seiner starken Betonung des ordo als solchen, ebenso in seiner Schau des imperator felix[3], der, wenn er sich und sein Wollen dem göttlichen Willen unterordnet, positive Bedeutung sogar für die civitas Dei bekommt. Mehr als ein Aufklingen ist es aber nicht; denn auch Augustin kennt von seiner manichäischen Phase her das starke Gegeneinander, das sich in dem Gegensatzpaar civitas Dei—civitas diaboli am elementarsten ausprägt. Auch im Frühmittelalter spielt der Gegensatz zwischen Christus und dem Teufel, germanischem Empfinden entsprechend, noch eine beherrschende Rolle. Aber daß man dann im Fortgang des Mittelalters allein noch die Ansätze zur Harmonie bei Augustin sah und diese verabsolutierte, zeigt deutlicher, als alles andere es vermöchte, wie stark das Ohr gerade für diese Töne prädisponiert war.

Der ordo-Gedanke Augustins steht nun aber in Zusammenhang mit seinem Durchgang durch die *neuplatonische Philosophie.* Diese wirkt auch direkt auf Johannes Erigena ein. Platonisch denkt in Philosophie und Theologie das ganze Frühmittelalter. So scheint also hier ein Stück *Nachwirkung der Antike,* insbesondere des Neuplatonismus, greifbar zu werden.

Bedeutungsvoll genug! Denn der Wille, die Welt als *κόσμος*[4] zu sehen und als *κόσμος* zu gestalten, ist bestechend. Von einer grandiosen Eindeutigkeit und damit zugleich von bezwingender Gewalt! Un-

[2] *Göttliche* Ordnung.
[3] Des glückhaften Kaisers.
[4] Als Ordnungsgefüge.

geheure, wirklich weltgestaltende Impulse sind von ihm ausgegangen. Und da die Idee nach mancherlei Schwankungen im 19. Jahrhundert durch die katholische Kirche voll wieder aufgenommen ist, gehen noch heute weltgestaltende Impulse von ihr aus. Wir können sie als evangelische Menschen freilich nicht für recht halten. Die Welt und der Mensch sind für uns dunkler Rätsel, tiefster Spannungen voll, die sich nicht zu einer Harmonie ordnen wollen. Auch das Gottesbild, das wir Menschen allein gewinnen können, trägt die tiefe Spannung des deus absconditus und des deus revelatus[5] in sich. Auch ist die Welt offen für das Böse des Menschen *und* für Gottes stets freies Tun und schon deshalb nicht systematisierbar (H. Bornkamm). Aber lassen wir uns durch diese Kritik ja nicht den Blick rauben für die gewaltige Größe des Unternehmens, die Welt als *κόσμος* zu gestalten, die Welt zu einem *christlichen κόσμος* zu machen. Orbis christianus, unum corpus christianum[6]. Wer das Lockende, das Grandiose dieses Gedankens nicht sieht, der hat zum Mittelalter jedenfalls keinen Zugang. Nachdem der Gedanke einmal konzipiert war, mußte der Versuch, ihn zu realisieren, eigentlich zwangsläufig gemacht werden. Ihn versucht zu haben, ist die große geschichtliche Aufgabe des Mittelalters gewesen.

Meist wird in diesem Versuch ein Stück *Romanisierung* der Kirche erblickt. Gegen diese, als Aburteil gemeinte, Kennzeichnung müssen aber Bedenken geltend gemacht werden. Benedikt von Aniane war ein Graf westgotischen Geblütes. Die „romanische", nämlich viktorinische Mystik geht auf den deutschen Grafen von Blankenburg zurück. Thomas von Aquin ist ein getreuer Schüler seines deutschen Lehrers Albert d. Gr. und selbst aus langobardischem Adelsgeschlecht. Auch Gregor VII. war ein Langobarde. Schon solche Beobachtungen sollten warnen. Mit Schlagworten wie Romanisierung ist aber auch sonst weder historisch noch theologisch etwas gewonnen.

Besinnen wir uns lieber darüber, wohin denn der mittelalterliche Ansatz geführt hat. Was ergab sich? Die große Idee der Freiheit der Kirche wurde durch den Machtanspruch verfälscht, der vermittels ihrer realisiert werden sollte. Der Gedanke des Reiches Gottes, in dessen Dienst der Freiheitsanspruch zunächst stand, wurde säkularisiert, indem man es als eine Herrschaft Christi in dieser Welt, über diese Welt verstand, die durch dessen Stellvertreter, den Papst, ausgeübt wurde. Der Eifer zur Ausbreitung des Reiches Gottes verlor ebenfalls seine Reinheit durch die Gewaltanwendung den Heiden gegenüber, die sich bis hin zu Krieg und Kreuzzug gegen sie steigerte. Der leidenschaftliche Wille zur kirchlichen Einheit zeitigte die Schrecken von Ketzerkreuz-

---

[5] Des verborgenen und des offenbaren Gottes.

[6] Christliche Welt, ein einziger, aber christlicher Körper.

zug und Inquisition und konnte doch das Schisma mit dem Osten nicht einmal vermeiden oder überwinden. So ist es nicht nur die geschichtliche Aufgabe des Mittelalters gewesen, den Versuch gemacht zu haben, die Welt zur civitas Dei zu gestalten, sondern zugleich auch in alledem die Unmöglichkeit eines christlichen Kosmos zu erweisen. Praktisch tut das vor allem das Spätmittelalter, dem wir uns weiterhin zuwenden müssen. Es bereitet mit diesem Erweis zugleich die Reformation vor.

§ 31. Papsttum und Kirche im 14. und 15. Jahrhundert

Wir haben das Mittelalter als eine Einheit kennengelernt. Geistig ist es geeint durch die kirchliche Beherrschung des gesamten geistigen Lebens, ja der gesamten Kultur. Unter Innozenz III. kann man auch von einer politischen Einheit des Abendlandes unter dem Papst sprechen. Die Kreuzzüge gegen den Islam und das Heidentum zeigen, daß auch gemeinsam erfaßte Aufgaben diese Einheit stützen; auch sie standen unter päpstlicher Leitung.

Aber fast in dem gleichen Augenblick, wo die Zusammenfassung gelungen war, begann der Abstieg. Das wird deutlich, wenn man

1. **die Geschichte des spätmittelalterlichen Papsttums** als Leitfaden für die Gesamtgeschichte des Spätmittelalters betrachtet.

a) Von Frankreich aus und nur mit Frankreichs Hilfe hat das Papsttum die Hohenstaufer besiegen können. Damit war zugleich Deutschland politisch erledigt. Nur dem Willen der Päpste verdankt das Interregnum sein Ende. Auf Rudolf von Habsburgs Anzeige seiner Wahl kann der Papst 1273 mit den lapidaren Worten erwidern: „Te regem Romanorum nominamus“[1].

Aber das Papsttum wurde seines Sieges nicht froh, denn *die Gefahr deutscher Oberhoheit hat es mit tatsächlicher Machtlosigkeit gegenüber Frankreich bezahlen müssen.* Das erhellt nirgends deutlicher als bei Bonifaz VIII. (1294—1303). In der Sache nichts Neues vertretend, aber in den Worten schroff behauptete er Philipp dem Schönen von Frankreich gegenüber den päpstlichen Anspruch: Er sei der Inhaber beider Schwerter, des geistlichen wie des weltlichen, er der gottgesetzte Richter des Königs; ja, „subesse pontifici Romano omni creaturae humanae omnino est de necessitate salutis“[2] (Bulle „Unam sanctam“). Es ist geradezu tragisch zu sehen, auf wie schwachen Füßen der An-

[1] Wir ernennen dich zum römischen König.

[2] Dem römischen Bischof untertan zu sein (In welchem Sinn? Auch politisch oder nur geistlich?), ist für alle menschliche Kreatur absolut heilsnotwendig.

spruch noch stand. Denn der Papst fand in Philipp seinen Meister. Dieser verbot zunächst die Ausfuhr von Silber und Gold aus Frankreich und legte den Papst so finanziell lahm. Weiter klagte er ihn der Ketzerei an und verlangte, daß eine ökumenische Synode über ihn zu Gericht sitze. 1303 nahm er ihn sogar, noch ehe der Papst dazu kam, den Bann auszusprechen, gefangen. Der Streit zeigt sogleich, welche Kraft es gewesen ist, auf die gestützt der König eine solche Haltung der Kurie gegenüber einnehmen konnte: die geeinte Nation. Die Kräfte, die zur Herausbildung des Nationalitätenprinzips in Europa geführt haben, können hier nicht im einzelnen geschildert werden. Es wird aber ohne weiteres deutlich sein, daß im *Nationalitätenprinzip* an sich schon eine Kraft aufkommt, die die abendländische Einheit stören oder gar zerstören mußte. Diese Kraft ist es auch gewesen, die dem universalen Papsttum den ersten Stoß versetzte. Der geeinten Macht von König, Ständen und Klerus gegenüber erwies sich Rom als ohnmächtig. Das 14. Jahrhundert hebt so mit einem Sieg Frankreichs über den Papst an. Sein weiterer Verlauf verstärkte den französischen Einfluß auf die Kurie noch. Alle Päpste der kommenden Jahrzehnte sind Franzosen ihrer Nationalität nach. Von 1309 bis 1377 nehmen sie auch ihren Wohnsitz dem französischen Bereich nahe, in Avignon. Die Tatsache, daß die Stadt nicht unter der Krone Frankreichs stand, sondern päpstlicher Eigenbesitz war, vermag doch nicht darüber hinwegzutäuschen, daß die Päpste dieser Zeit willfährige Gestalten in der Hand der französischen Könige gewesen sind. Aber Frankreich hatte nur an der Beherrschung eines *universal* bleibenden Papsttums wirkliches Interesse. So hat die Kurie von Avignon aus denn auch, als sei es selbstverständlich, alle Ansprüche vor der übrigen Welt geltend gemacht, die es Frankreich gegenüber *nicht* erheben durfte. *Ludwig der Bayer* hat es unter Johann XXII. zu spüren bekommen. Jedoch nichts nimmt die Welt so übel, als wenn eine Größe, die ihrer Idee nach neutral sein muß und die in ihren Worten auch neutral zu sein vorgibt, in Wirklichkeit parteiisch geworden ist. Auch damals wandte sich der universale Anspruch des französisch gewordenen Papsttums gegen die Kurie selbst.

In Italien erhebt *Dante* von neuem den friederizianischen Anspruch, daß der gesalbte König allein Gott untertan ist. Die deutschen Kurfürsten erklären 1338 im *Kurverein zu Rense*, daß jeder von den Kurfürsten Gewählte auch ohne Mitwirkung des Papstes rechtmäßiger deutscher König ist. Ludwig der Bayer konnte in der Erhebung dieses Satzes zum Reichsgesetz hinzufügen, daß die kaiserliche Gewalt allein von Gott ihren Ursprung habe. Von seinem Hofe aus haben Wilhelm von Occam und *Marsilius von Padua* dem Papst Ideen entgegenschleudern können, die, wenn sie ihrer Zeit auch um Jahrhunderte vorauseilten, doch auch sofort ihre Wirkung taten. Sie liegen klassisch vor in des Marsilius Werk „Defensor pacis“ [3].

Der Defensor pacis ist dadurch so epochemachend geworden, daß er, zwar von Aristoteles ausgehend, aber die Kirche letztlich intendierend, die Idee eines vollkommenen christlichen Gemeinwesens vertreten hat, eben der Kirche. Als geistliches Reich ist diese nicht von der Welt, sondern steht unter göttlichem Recht; als irdisches Sozialgebilde, das die Kirche auch ist, lebt sie nach Gesetzen, die die menschliche Vernunft als sinnvoll erkannt hat, also nach menschlichem Recht. Von daher bestreitet Marsilius:

α) den Priestern das Recht der iurisdictio und d. h. der Ausübung von Glaubenszwang, ja auch des Bannes; Unterweisung und Seelsorge ist allein ihre Aufgabe.

β) vertritt er, freilich nicht als erster, die *Idee der Volkssouveränität.* Das Volk, die Gesamtheit der Bürger, ist der eigentliche Träger des Staates, der Staatsgewalt. Marsilius unterschied freilich vernünftigerweise zwischen der gesetzgebenden und der ausführenden Gewalt. Die gesetzgebende Gewalt vor allem gehört dem Volk. Die Exekutivgewalt dagegen können immer nur wenige, vom Volk damit Beauftragte haben. In bezug auf sie hielt er die Wahlmonarchie, also die Staatsform, die das damalige Deutsche Reich hatte, für die beste Einrichtung. Er wertet den Kaiser sogar als vicarius Dei, der die Einheit des Gemeinwesens repräsentiert. Dieser hat auch für die Einheitlichkeit des Rechtes zu sorgen; ein dem Recht des christlichen Staates konkurrierendes kanonisches Recht erkennt Marsilius nicht an. Aber der Gedanke der Volkssouveränität blieb doch auch der Exekutivgewalt gegenüber insofern in Geltung, als Marsilius dem Volk das Recht zusprach, einem Fürsten, der mit den ihm vom Volk verliehenen Rechten Mißbrauch trieb, diese Befugnisse wieder zu entziehen.

γ) Die zweite Idee, die sich Marsilius aus seinem naturrechtlichen Ansatz ergab, bezog sich auf die Kirche. In dem Gedanken, daß der christliche Staat die vollkommenste menschliche Gemeinschaft ist, liegt schon eine bestimmte Anschauung über das *Verhältnis von Staat und Kirche* ausgesprochen. Die vollkommenere Gemeinschaft muß der weniger vollkommenen natürlich übergeordnet sein, also der Staat der Kirche. Die Aufsicht über die Kirche, die Besetzung ihrer Ämter, die Verfügung über das Kirchengut, all das gehört in den Bereich der staatlichen Exekutive. Die Kirche wird so, den einzelnen Staaten eingeordnet, zur Landeskirche. Synoden, aus gewählten Vertretern der einzelnen Landeskirchen gebildet, sind das oberste Organ der ecclesia

---

[3] Anwalt des Friedens.

universalis. Der päpstliche Primat wird als geschichtlich geworden abgelehnt (Johannes Heckel).

In diesen neuen Staatsideen, die hier zum erstenmal auftauchen, Ideen, die später die Welt umgestaltet haben, liegt ein wirklich an die Wurzel gehender Angriff auf das Papsttum vor. Zugleich wird deutlich sein, eine wie große Hilfe Ludwig der Bayer in einem Manne wie Marsilius hatte. Wenn er sich vom römischen *Volk* zum Kaiser wählen ließ, statt sich vom Papst krönen zu lassen, so zeigt das, wie sich Gedanken des Marsilius in der Praxis ausnehmen.

Ebenso wird deutlich sein, wie starkem Widerspruch das universal sein wollende, aber partikular gewordene Papsttum sofort begegnete. Der nationale und der staatliche Gedanke drohten ihm den Boden unter den Füßen zu entziehen.

b) Dazu kommt ein anderes. Die zentrale Verwaltung eines Organismus von der Größe der katholischen Kirche erfordert immer ungeheure Summen. Je mehr aber die Führung innerlich an Wert einbüßt, desto größer pflegt ihr *Geldbedarf* zu werden. So ist an der Kurie allmählich ein richtiges System ausgebildet, Geld zu erschließen, das von Avignon aus ins Ungemessene gesteigert wurde. Die Simonie war bei den weltlichen Fürsten abgesetzt. An der Kurie hielt sie ihren Einzug. Was der Verkauf kirchlicher Ämter für Geld für das *innere* Leben einer Kirche ausmacht, ist ohne weiteres klar. Aber auch *äußerlich:* um die Annaten, die fructus primi anni[4], oft zu erhalten, nur möglichst viel Stellenwechsel. Konnte man keine Stelle verleihen, verkaufte man eine Expectanz, eine Anwartschaft darauf. Das führte zu offenem Betrug, denn eine Expectanz auf dieselbe Stelle mehreren Bewerbern gleichzeitig zu verkaufen, ist doch wohl ein solcher. Auch die Rechtsprechung wurde an hohe Taxen gebunden. Wer aber einer vorhandenen oder behaupteten Zahlungspflicht gegen die Kurie nicht nachkam, den traf die religiöse Strafe, der Bann. Ein Beispiel: 1365 sind in drei Urkunden 7 Erzbischöfe, 49 Bischöfe, 123 Äbte und 2 Archimandriten für meineidig erklärt und exkommuniziert worden, weil sie nicht gezahlt hatten. Vielleicht nichts hat die Erbitterung der Christenheit gegen die Kurie so geweckt, wie das päpstliche Finanzsystem, vor allem, wenn man beachtet, wofür das Geld dann ausgegeben wurde. Da die Unterlagen der Camera apostolica erhalten sind, können wir es bis in alle Einzelheiten verfolgen. Johann XXII. z.B. verbrauchte: für seine Kriege (!) 63,7% der Einnahmen, für die Beamtengehälter 12,7%; für Almosen, wozu aber auch die Gaben für kirchliche Neubauten und die Mission gehörten, 7,16%; für Kleidung 3,35%; für Schmuck 0,17%; für Bauten 2,9%; für Küche und Keller

[4] Die Einkünfte des ersten Amtsjahres.

2,5%; für seine Verwandten und Freunde 4%. Haushaltung des Stellvertreters Christi!

c) Und noch ein Letztes. Wir haben gesehen, daß schon unter Friedrich II. die Forderung laut wird, die Kirche solle zur *apostolischen Armut* zurückkehren. Durch Franz von Assisi und Dominikus wird der Gedanke der Nachfolge des *armen* Lebens Christi eine die Frömmigkeit der Völker bestimmende Macht. Johann XXII. brachte es trotzdem fertig, 1323 den Satz, Jesus und die Apostel hätten kein Eigentum gehabt, als Ketzerei zu verdammen. Diese Stellungnahme paßt zu dem Finanzmann Johann, aber sie verletzte gerade die innerlich lebendigsten Glieder der Kirche tief, tiefer als das praktische Verhalten des Papstes, denn sie traf diese persönlich.

Auf diesem Hintergrund wird es verständlich, daß der Ruf, ja der Schrei, laut wird: *Reform der Kirche an Haupt und Gliedern,* und in allen Ländern Widerhall findet.

d) Aber er erreichte erst seinen Höhepunkt, als 1378 eine Doppelwahl das **Papstschisma** herbeiführte. *Ein* Papst in Rom, ein zweiter in Avignon, beide mit dem Anspruch auftretend, der Stellvertreter Christi zu sein, beide einander gegenseitig exkommunizierend. Die Wirkung war verheerend. Jetzt brauchten zwei Höfe die nötigen, ja vermehrte Gelder, und mußten sie, da jeder nur aus seinem Oboedienzgebiet etwas bekam, aus verkleinertem Bezirk herauspressen. Schlimmer noch war die Wirkung auf das religiöse Leben. Der Papst ist der vicarius Christi. Ihm untertan zu sein, ist Bedingung der Seligkeit. Wo ist nun der rechte Stellvertreter Christi? Es ist ein Beweis für die Stärke der Papstidee, daß man sie auch jetzt noch nicht preisgab. Aber es konnte nicht ausbleiben, daß der kritische Geist, der sich schon längst regte, wach und wacher wurde. Auch führte das Schisma wieder zu einer Erstarkung der nationalen Staaten, denn tatsächlich entschieden diese, welchem Papst ihr Land anhangen sollte. Aber sie taten es meist nur gegen Erhalt bestimmter Privilegien. *Eine* der Wurzeln der spätmittelalterlichen landesherrlichen Kirchenhoheit liegt so im Schisma. Ja, Frankreich und England begannen bereits, ihre Kirchen papstfrei zu organisieren.

Für die *Überwindung des Schismas* aber griff man auf die Ideen des Marsilius zurück. Die Kirche ist die Gesamtheit der Gläubigen, ihre Repräsentation das Generalkonzil, an dem auch Laien teilnehmen können. Dieses ist unfehlbar und auch dem Papst übergeordnet, der an seine Beschlüsse gebunden ist.

Das *Konstanzer Konzil* (1414—1418), vom *Kaiser* berufen, steht in der Tat ganz auf diesem Boden. Daß nach Nationen auf diesem Universalkonzil abgestimmt wurde, zeigt zugleich, wie sehr der nationale Gedanke vorgeschritten war. Es gelang auch mit Hilfe des Konzils, das Papstschisma zu überwinden. Was aber ebenso not tat, war, die Schäden wieder zu beseitigen, die in der kirchlichen Verwaltung, nicht zuletzt durch ihre Zentralisation in Rom, eingerissen waren. Der Versuch ist auf dem *Baseler Konzil* (1431—1449) sehr ernsthaft gemacht worden. Aber das Baseler Konzil stieß dabei das Papsttum in das Schisma zurück, aus dem es eben erst mit solcher Mühe befreit worden war. Damit war sein eigenes Schicksal entschieden. Es scheiterte, freilich nicht ganz ergebnislos.

a) In weiten Kreisen blieb die Vorstellung lebendig, daß ein *Generalkonzil dem Papst übergeordnet* sei. Das Gelingen von Luthers Reformation wäre ohne das Vorhandensein dieser Auffassung überhaupt nicht vorstellbar.

b) Die *Staaten* haben sich zum Teil die *Reformbeschlüsse* des Baseler Konzils *zu eigen gemacht*, Frankreich 1438 in der Pragmatischen Sanktion von Bourges, Deutschland 1439 im Mainzer Akzeptationsinstrument. Leider hat Kaiser Friedrich III. letzteres aber schon 1448 im Wiener Konkordat zugunsten von Zugeständnissen für seine österreichischen Erblande wieder preisgegeben.

Auf jeden Fall *scheiterte* äußerlich *die Konzilsbewegung*, die einen Verfassungsneubau in der Kirche erstrebte, bei dem der Einfluß der Völker und Laien stärker zur Geltung kommen sollte. Das Papsttum konnte sich behaupten, ja zum Kampf gegen die konziliaristischen Ideen übergehen, mit dem Erfolg, daß das *5. Laterankonzil 1516* die Berufung vom Papst an ein allgemeines Konzil mit dem Bann belegen konnte.

Das Ergebnis: Rom war nach diesem seinem Sieg ohne Zweifel mächtiger, als es 200 Jahre lang gewesen war. Aus dem Schisma befreit, aus der französischen Umklammerung losgelöst, konnte es, auf sich selbst gestellt, versuchen, seine Lage zu sichern.

Aber wenn man die Frage aufwirft, ob die neue Machtstellung, die die Kurie wieder bekommen hatte, auch die Anlässe aus der Welt geschafft hatte, die zu dem Ruf nach Reform der Kirche an Haupt und Gliedern geführt hatten, so kann die Antwort nur ein klares Nein sein. Statt die Zeichen der Zeit zu erkennen und sich an die Spitze der Reformbewegung zu stellen, setzte die Kurie sich gegen sie durch. Auch die kluniazensische Bewegung hatte sich ohne, ja gegen das Papsttum entwickelt; sie hat dieses aber schließlich überwunden, der Papst selbst wird ihr Führer. Mit ihr errang er seine Weltstellung. Jetzt versagte das Papsttum in einer ganz ähnlichen Lage. Das bedeutet: Sein *Sieg* war nur *kirchenpolitischer* und nicht kirchlicher, geistiger Art. Von Frankreich befreit, verstrickte es sich um so mehr in die Politik des *Kirchenstaates*. Dieser rückte immer mehr in den Mittelpunkt des Interesses. Damit aber sank der Papst auf das Niveau eines italienischen Territorialfürsten der Renaissancezeit herab, der Este, der Gonzaga, der Medici, der Farnese und wie sie alle hießen. Vielfach kamen die Päpste auch selbst aus diesen Häusern. In dem Maße aber, als das Papsttum sich in diese inneritalienische Politik verstrickte, büßte es an universaler Geltung ein. Auch führte diese Politik es in politischen Gegensatz zu Spanien und Frankreich. Der so aufgerissene Zwiespalt beherrschte das Verhalten der Kurie auch noch in der Reformationszeit.

Darüber hinaus ließen sich die *Päpste* nach dem Vorbild der italienischen Stadtfürsten in die Bewegung der *Renaissance* hineinziehen. Es ist gewiß in mancher Hinsicht ein Verdienst, daß sie die Kunst und die großen Künstler der Zeit in ihren Dienst genommen haben. Aber dies Mäzenatentum verschlang doch auch Riesensummen, die für direkt kirchliche Aufgaben dann nicht mehr vorhanden waren, und vor allem verlor sich das Papsttum innerlich an die Renaissance. Seine *Ästhetisierung* bedeutet einen Verlust an religiösem Gehalt. Sittlich verwilderte es vollkommen, bis hin zu nicht mehr zu überbietender innerer Haltlosigkeit, immer natürlich unter Festhaltung des äußeren kirchlichen Habitus. Der Name Alexander VI. Borgia, der, wie die Arbeiten *Schnitzers* doch wohl sichergestellt haben, an dem Gift starb, das er für andere gebraut hatte, besagt genug. Und wenn der Geheimsekretär Leos X. von Christus sprach als der „Minerva e Jovis capite orta“ [5] oder sagen konnte, daß die Buße „deos superosque manesque placare potest“ [6]; wenn in einer Predigt in Gegenwart des Papstes der Prediger den Himmelskönig und alle anderen Götter bat, sie sollten, wenn anders sie hier auf Erden kultisch geehrt sein wollten, Leo die Jahre zulegen, um welche die gottlose Parze Julius II. betrogen hatte; wenn Leo X. selbst den Befehl gab, die Hymnen des Breviers in *diesem* Stile umzudichten, so war das mehr als antikisierende Spielerei an heiliger Stätte, so war das Verrat am Christentum.

Leo X. hat die Stellung des Papstes als so gesichert angesehen, daß er das Wort sprechen konnte: „Wir wollen das Papsttum genießen, das uns Gott beschert hat.“ Er hatte manchen Grund dazu. Wer aber genauer zusieht, der entdeckt doch sofort die ganze Hohlheit dieses Sicherheitsgefühls. Die Zeichen der Zeit waren nicht erkannt. Den Boden, auf dem es groß geworden war, hat das Papsttum selbst zerstört, nämlich die Papstidee diskreditiert durch die Papstpraxis. Welche Vorarbeit es damit für die Reformation geleistet hat, das braucht nicht mehr näher ausgeführt zu werden.

---

[5] Minerva, aus dem Haupte Zeus' entsprungen.

[6] Götter und Ahnen und Obere aussöhnen kann.

2. Von der Papstgeschichte weg schreiten wir weiter zu einer kurzen Betrachtung des *übrigen* **kirchlichen Lebens,** soweit darin für die Zukunft wichtige Kräfte positiver oder negativer Art sich zeigen. Wer vom Papsttum des 15. Jahrhunderts aus Rückschlüsse auf die *Hierarchie* zieht, der schließt nicht fehl. Wohin sollte auch allein der Kauf der Ämter um Geld führen? Aber auch sonst ergibt sich ein trübes Bild. Erzbischof Günther von Magdeburg hat zum erstenmal Messe gelesen, als er 35 Jahre im Amt war, Bischof Robert von Straßburg sein ganzes Leben lang nicht. In Eichstätt haben sich die Stiftsherren, ohne Ausnahme Junker, als Verhöhner einer Prozession betätigen können. Der Zölibat war selbstverständlich Nebensache. Im *niederen Klerus* geht es nicht beser. Konkubinat mit der Köchin in eheähnlicher Form ist die harmloseste Art der Unzucht; sie ist fast allgemein verbreitet. Aber diese Tatsache ist belanglos gegenüber der, daß die Priester nur allzuoft den Sinn des lateinischen Textes nicht einmal ahnten, den sie bei der Messe oder der Sakramentsausteilung richtig oder falsch anwandten.

Es ist gelegentlich behauptet worden, die Zustände unter der Weltgeistlichkeit seien Gold gewesen gegen die in den *Klöstern.* Manches spricht *für* diese These. Es ist jedenfalls Tatsache, daß der Mönch für die Literatur jener Zeit der Inbegriff der Dummheit und Gemeinheit gewesen ist. Schwelgerei war an der Tagesordnung, Zuchtlosigkeit nicht minder; auch in den Nonnenklöstern. Einem böhmischen Ritter zu Ehren, der als Gast aufgenommen wurde, wurde im Kloster Neuß z. B. ein Tanzfest veranstaltet. „Und die Klosterfrauen waren von Kleidung sehr hübsch und konnten die allerfeinsten Tänze und jede hatte ihren Knecht, der ihr diente“, setzt der Berichterstatter hinzu; solche Möglichkeit spricht allein schon Bände. Bei einem Fest während des Kölner Reichstags von 1505 eröffnete der Erzbischof mit einer Äbtissin den Tanz. Und wenn die Zimmerische Chronik das Nonnenkloster Oberdorf schlicht „des Adels Hurhaus“ nennt, so haben andere Klöster diese Bezeichnung mit demselben Recht verdient.

Was für eine Wirkung von solchen Vertretern der vita religiosa[7] auf die *Völker* ausging, kann man sich vorstellen. Meidung, ja Verachtung der Sakramente, Skepsis, die sich bis hin zu grundsätzlichen Zweifeln am Christentum erstreckte, eine souveräne Verachtung des christlichen Sittengesetzes, nicht nur des 6. Gebotes, wenn sich das auch heraushebt, können wir in weiten Kreisen feststellen. Daß das Niederreißen, wenn es so weit geht, nicht nur Förderung der Reformation bedeutet, ist nicht zweifelhaft.

Aber bei dieser Betrachtung allein dürfen wir nun doch nicht stehenbleiben. Gegen solche Zustände erhoben sich doch auch kräftige Wider-

[7] Des mönchischen Lebens.

stände, ja *Reformversuche.* Einzelne Bischöfe und Pfarrer haben immer die Pflichten ihres Amtes ernst genommen. Auch von einzelnen Landesfürsten gingen Bestrebungen aus, den Zustand der Kirche in ihrem Machtbereich zu heben. In *Spanien* führte das gegen Ende des 15. Jahrhunderts unter Führung des Kardinals Ximénes zu relativ sehr großem Erfolg, dessen Begleitmelodie freilich die Schrecken der spanischen Inquisition bilden. In *Italien* sind es am Anfang des 16. Jahrhunderts wenigstens einzelne Kreise, die unter dem Einfluß Augustins einer Vertiefung des Katholizismus vorarbeiten. Sie gewinnen auch langsam an Boden. Auch in den *Mönchsorden* kommen Reformkongregationen auf, die die Strenge der alten Regeln zu erneuern suchen. In ihnen wirken daneben hebend die humanistisch-wissenschaftlichen Einflüsse, das Hieronymusideal, soweit es Eingang findet. Bei den Augustiner-Chorherren ist es die Windesheimer Kongregation in den Niederlanden und Norddeutschland. Bei den Benediktinern spielen Subiaco in Italien, Melk in Niederösterreich, Bursfelde in Norddeutschland dieselbe Rolle. Unter den Dominikanern wirkt die lombardische Kongregation reformierend. Bei den Franziskanern wären mehr einzelne Männer zu nennen, Bernardino von Siena und Johann von Capistrano z. B.

Und auch in der *Laienwelt* steht direkt neben der Verachtung der Kirche und ihrer Gnadenmittel eine deutliche Überschätzung. Nie ist die Gebefreudigkeit für die Kirchen, aber auch für soziale Zwecke größer gewesen als jetzt; das — nicht kleine! — Angebot an Ablaß hat doch den Bedarf eigentlich nie zu befriedigen vermocht. Immer neue Kirchen und Kapellen erstehen, immer neue Messen werden gestiftet, immer noch mehr Heiligen-Reliquien gesammelt, immer neuen Heiligen wendet sich die Verehrung zu, immer neuen Bruderschaften tritt man bei, und auch in ihnen kommt es nur auf die Massenhaftigkeit der Gebete an. Inhalt und Andacht sind nebensächlich, müssen gleichgültig werden, wo z. B. die Bruderschaft der 11 000 Jungfrauen in Köln 11 000 Vaterunser mit Avemaria als Aufnahmebedingung forderte.

Aber alle diese Dinge haben doch nur wirkliche Bedeutung als Symptome für Regungen, die dahinter spürbar werden. Einmal beweist jedes Beispiel und beweist vor allem die ungeheure Zahl der zur Verfügung stehenden Beispiele, daß *das kirchliche Leben im Spätmittelalter veräußerlicht* war bis zur Grenze des Möglichen. *Nur ein* einziger *Gedanke beherrscht es: Verdienste sich zu erwerben.* Der Verdienstgedanke trägt die Almosenfreudigkeit und die Meßstiftungen, die Vielbeterei und das Reliquiensammeln, und was es sonst noch alles gibt. Nun bedeutet an sich schon der Verdienstgedanke eine starke Verflachung, denn er ist ja die Abstellung des religiösen Grundverhältnisses auf ein Rechenexempel. Erst recht bedeutet die besondere Form, die das Verdienste-Sammeln hier einnimmt, eine Verflachung: eine Massenanhäufung von sogenannten guten Werken zum Teil alleräußerlichster Natur; eine Häufung, bei der jede Frage nach Sinn und Zweck, nach Grund und Motiv gleichgültig wird. Die Stückzahl entscheidet, nach Qualität der Arbeit wird nicht gefragt. Das Ganze ist also wirklich ein Symptom für den Tiefstand katholischer Religiosität am Ende des Mittelalters.

Aber viel wichtiger ist ein zweites, das diese Erscheinungen kundtun. Sie offenbaren nämlich zugleich *die religiöse Sehnsucht und Unrast der Zeit.* Gerade die Häufung von Verdienst auf Verdienst, das quälende Sich-nicht-genug-tun-Können — immer tritt man noch in eine neue Bruderschaft ein, immer noch eine neue Stiftung usw. — ist der stärkste Beweis dafür, daß religiöse Sehnsucht, Heilssehnsucht, ja Heilsnot die Menschen vorwärtstreibt, vorwärtspeitscht, ohne daß ihnen doch Ruhe wird. Wahrlich, wer da meint, das 15. Jahrhundert als eine Zeit ansprechen zu dürfen, in der auch das religiöse *Bedürfnis* erstorben gewesen sei, der ginge völlig irre. Im Gegenteil, es lebt nicht nur, es gärt, es pocht, und seine Qual ist, daß all dies Suchen und Pochen keine Erlösung findet. *Die Frage „Wie kriege ich einen gnädigen Gott"* ist nicht nur die persönliche Frage Luthers gewesen; sie ist schon *die Frage ganzer Generationen* vor ihm. Die ganze Geschichte der Reformation wäre unverständlich, wenn es nicht auch diese Regungen unter den Laien gegeben hätte, und wenn nicht auch sie so weit verbreitet gewesen wären, wie sie es waren. In der Reformationszeit wird die religiöse Frage, ja diese in ganz bestimmt zugespitzter Gestalt, *die* Frage der Zeit, die Frage, um die sich die Weltgeschichte bewegt wie nie vorher und nachher. Wie das hätte sein können, wenn die vorhergehende Zeit lediglich eine Zeit kirchlichen Verfalls und des Daniederliegens des religiösen Lebens gewesen wäre, ist völlig unerfindlich. Ein Geschlecht, das sich nie um religiöse Fragen gekümmert hat, wird nicht mit einemmal zum Träger einer religiösen Reformation. Aber daß ein Geschlecht, das sich die Seele wundgerieben hat im vergeblichen Ringen um das Heil der Seele, mit Begeisterung eine neue Botschaft aufnimmt, die ihm den Frieden zu schenken vermag, das ist einleuchtend. So ist die Tatsache der religiösen Unrast und der religiösen Vielgeschäftigkeit des Spätmittelalters wirklich eine der Hauptgrundlagen für das Verständnis der Reformationsgeschichte. Luther als Person bliebe auch ohne sie verständlich, die Reformationsgeschichte nicht.

Ja, wir müssen sogar noch einen Schritt weitergehen. Wir finden neben der indirekten Vorbereitung der Reformation in der Form starken religiösen Suchens in der Laienwelt auch direkte Vorbereitungen. Man könnte hinweisen auf die Beliebtheit der Predigt im Spätmittelalter. Man will nicht nur die Messe. Man will die Auslegung der religiösen Wahrheit in verständlicher Rede. Dahinter steckt ein Wunsch nach religiöser Belehrung, der beachtenswert ist. Das Ganze ist aber daneben auch ein Zeichen religiöser Selbständigkeit, das wichtig ist; man will selbst nachdenken und urteilen und also unterrichtet sein. — In dieselbe Richtung weist die *Verbreitung der deutschen Bibel* in dieser Zeit. Auch die weite Verbreitung religiöser Erbauungsliteratur ist bedeutsam. Beides, Bibel und Erbauungsbuch, nun doch auch durch seinen Inhalt. Wenn die beliebtesten Bücher die Vita Christi Ludolfs von Sachsen und die Imitatio Christi Thomas' von Kempen[1] waren, so kann es gar nicht ausbleiben, daß man beginnt, das gegenwärtige kirchliche Leben an dem dort Niedergelegten zu messen. Ein kritischer Geist *mußte* von dort her in die Laien einziehen, der, weil er nicht negativ sondern positiv orientiert war, nämlich an tieferer religiöser Haltung orientiert war, auch positiv gewertet werden muß. Und in gleicher Richtung wirkte sich die Mystik aus, die, wie erwähnt, längst von den Klöstern aus ins Volk gedrungen und dem Volk in seiner eigenen Sprache verkündet war. Wenn sie den Menschen lehrt, auf seine feinsten Seelenregungen zu achten, weil das alles zu beherrschen wichtig ist für den Aufstieg der Seele zu Gott, *oder* weil man im tiefsten Grunde der Seele Gott findet, so hat ein Mensch, der das gelernt hat, die höchste Schule der Selbständigkeit durchgemacht. Hier ist die lutherische Mündigkeits- und Freiheitspredigt direkt vorgebildet. Auch einzelne Männer und ihr Anhang wirkten in derselben Richtung: *Wiclif* († 1384) und seine Nachfolger, die Lollarden, in England, *Hus* (1415 verbrannt) und die böhmischen Brüder mit ihren volkstümlichen Manifesten auf dem ganzen Festland. Auch apokalyptische Stimmungen regen sich wieder. Die jüngste Zeit steht vor der Tür. Karl V. ist der Endkaiser. Auch diese Apokalyptik ist ein Zeichen für die innere Unrast der Zeit. Aber auch diese Strömungen wecken die Kritik an der katholischen Kirche und machen mit dem Gedanken eines *Neubaues allein von der Bibel her* vertraut.

Literatur

Ludwig Frhr. v. Pastor, Geschichte der Päpste seit dem Ausgang des Mittelalters, 16 Bde., seit 1886 viele Auflagen;
Willy Andreas, Deutschland vor der Reformation, 1959^6;
Johannes Heckel, Marsilius von Padua und Martin Luther (Zeitschr. d. Savigny-Stiftung f. Rechtsgeschichte, Kanonistische Abt., Bd. 44, 1958).

[1] Die geistig freilich auf Geert Groote zurückgeht, vgl. unten S. 267.

§ 32. Renaissance und Humanismus

Von den geistigen Strömungen, die das 15. Jahrhundert durchziehen, ist im übrigen nur noch der *Humanismus* hervorzuheben, denn in ihm wird eine neue Welt geboren. An die Stelle der Einordnung aller Lebensgebiete, Staat und Stände, Wirtschaft und Kultur, in den idealen Bau des Reiches Gottes, die das Hochmittelalter beherrscht, tritt hier nämlich die *Autonomie*. Auch Marsilius von Padua hatte den Staat doch noch als das *christliche* Gemeinwesen verstanden. Bei Macchiavelli ist er dagegen völlig säkular geworden. Jeder übergeordnete Gedanke fehlt. Macht um der Macht willen und mit allen nur denkbaren Mitteln, das ist die Maxime. — Vor allem aber wird das Aufkommen einer neuen Welt spürbar in der Anschauung vom Menschen. Ob einer sich nun am antiken Begriff der virtus zur freien Persönlichkeit schulte oder ob er die neu ermöglichte Freiheit in Epikuräismus ad absurdum führte, für alle bleibt doch eines charakteristisch: *der Mensch ist das Maß aller Dinge.* Er steht im Mittelpunkt. Schon Petrarca ist in diesem Sinne Humanist gewesen; ein Mensch, der alles, was an ihn herantritt, nur mißt an dem Wert, den es für ihn selbst hat; ein Mensch, der alles, was ihn umgibt und was ihm begegnet, nur als Mittel ansieht, um damit sein persönliches Leben zu bereichern, seine Persönlichkeit zu fördern. Und damit verbindet sich ein, man muß geradezu sagen: *begeisterter Glaube an den Menschen,* ein Glaube zugleich an die Würde des Menschen. Auch diese Hochschätzung des Menschen war in der Spätscholastik vorbereitet; aber nun kommt sie über der Berührung mit der Antike zum Durchbruch. Jeder Pessimismus wird hier gleich gründlich überwunden und an seine Stelle tritt eben die Idee der Menschenwürde. Am glücklichsten hat vielleicht Pico della Mirandola († 1494) diese Idee formuliert: „In die Mitte der Welt hat Gott den Menschen gesetzt, ohne festen Sitz, ohne eigene Gestaltung, ohne besondere Verrichtung, wie er sie allen anderen Geschöpfen zugeteilt hat. Nicht irdisch noch himmlisch ist der Mensch geschaffen; er kann zum Tier entarten, er kann zum Himmel aufsteigen; alles liegt einzig und allein an *seinem* Willen. Dem Menschen ist gegeben zu besitzen, was er sich wünscht, zu sein, was er will.“ Darauf eben beruht seine Würde.

Wichtig ist hier selbstverständlich nicht, daß die kirchliche Anthropologie ihren Formeln nach preisgegeben ist. Die Kirche hatte seit der Verurteilung des Pelagius doch nie mehr gewagt, den Menschen ganz auf sich selbst zu stellen, sondern hatte immer auch in den extremsten Vertretern seine Eigentätigkeit durch die Gnade Gottes ergänzt werden lassen. Hier aber wird der Mensch wirklich selbständig gemacht. Jedoch noch wichtiger als das ist die ganz andere *Stimmung,* die völlig veränderte geistige Haltung, die sich hier erhebt. Statt Pessimismus Optimismus, statt Askese Weltbejahung, statt Überweltlichkeit Diesseitigkeit.

Mit der Ersetzung der pessimistischen Betrachtung des Menschen durch einen frohen Glauben an seine Würde verbindet sich nämlich durchaus eine frohe *Weltbejahung.* Wir spüren sie mannigfaltig. Wenn z.B. Petrarca, allerdings in den Spuren des heiligen Franz, als erster wieder einen Berg besteigt, um „zu schauen, was die Wimper hält, von dem goldnen Überfluß der Welt"; wenn die Florentiner Humanisten ihre Diskurse abhalten auf den sonnenbeschienenen Hügeln des Arnotales über Florenz, so ist sie da. Am stärksten spürbar wird sie aber doch wohl in dem Naturalismus und der frohen Sinnlichkeit der Renaissancekunst, wie sie gerade auch die Großen unter den Künstlern kundtun, allen voran Raffael und Tizian. Und im Leben der Renaissancemenschen nimmt die Erotik sogar Formen an, daß man von froher Sinnlichkeit nicht mehr reden kann — Boccaccio! Aber auch die ganze Sehnsucht nach Schönheit im Leben und Reden, Bauen und Malen spricht für diese Stimmung froher Weltbejahung. Hat doch Florenz sogar die diplomatischen Berichte seiner Gesandten unter das Formgesetz der antiken Eloquenz gestellt, und die ganze Welt folgt dem Beispiel. Symptomatisch ist auch, daß die Kunst jetzt weltliche Kunst wird.

Zu der fröhlichen Weltbejahung kommt schließlich noch die reine *Diesseitigkeit.* Zwar streicht der Humanist normalerweise nicht den Gottesgedanken; das besagt der Begriff Diesseitigkeit nicht. Gott bleibt der Schöpfer. Aber im übrigen steht der Mensch durchaus auf sich. Auch die scholastische Theologie kannte freilich das Ideal des Vollmenschen, des Menschen, der das Ziel des Menschentums erreicht hat: Es ist der Heilige. Er wird es, indem er

a) seine Natur überhöhen und vervollkommnen läßt durch die Übernatur, die ihm im Sakrament geschenkt wird; er wird es, indem er

b) sich einem transzendenten Ziel ganz unterordnet, der jenseitigen Seligkeit, die es zu erringen gilt.

Alle diese Transzendenz ist für den Humanisten hinfällig geworden. Wie er den reinen Naturalismus vertritt, so ist auch das Ziel, dem er zustrebt, ganz diesseitig orientiert: die Persönlichkeit. Und wenn dem Einzelnen ein Ideal der Humanität entgegengehalten wird, dem er nachjagt, so ist dies Ideal auch innerweltlich; wenn nicht autonom, so doch der Erde, der Geschichte, nämlich der verabsolutierten Antike entnommen.

So ist hier also wirklich eine neue Welt entstanden, gläubig die Würde des Menschen bejahend, weltoffen, diesseitsorientiert. Durch all dies arbeitet auch der Humanismus an der Auflösung der katholischen

Kirche mit; denn positiv sind die meisten der oben berührten Züge erst im 17. Jahrhundert wirklich wirksam geworden. Vieles, was heute vulgär als Erzeugnis der Reformation gilt, hat seinen Ursprung in Wahrheit im Humanismus. Nur *eine* Linie führt von den bisher berührten Prinzipien des Humanismus zu Luther: Der humanistische Individualismus konnte in Luthers Lehre vom allgemeinen Priestertum und der Freiheit eines Christenmenschen verwandte Töne erklingen hören.

Aber nun vollzieht schon der spätere Humanismus, unbeschadet seiner optimistischen Haltung, die *Hinwendung zur Religion.* Dadurch, wie durch seine wissenschaftliche Arbeit, hat er

a) positive Bedeutung für die Reformation bekommen; darüber ist später zu reden.

b) Mindestens ebenso wichtig ist, daß er den **Typ des liberalen humanistischen Bildungschristentums** geschaffen hat, der, wenn auch meist im Rahmen der bestehenden Kirchen, bis heute hin lebendig ist.

In bezug auf das religiöse Leben ist der Humanismus bedeutungsvoll geworden einmal durch seine *philologische Leistung.* Sein Ruf „Zurück zu den Quellen“ heißt im Rahmen des Christentums: zurück zur Bibel. *Reuchlin* erschloß als der erste Hebraist des Humanismus den Zugang zum Urtext des Alten Testaments; *Erasmus* schenkte der Welt eine brauchbare Ausgabe des griechischen Neuen Testamentes.

Ebenso bedeutsam ist vielleicht seine kritische Geschichtswissenschaft, die z. B. die donatio Constantini (vgl. oben S. 192) als Fälschung erkannte (Laurentius Valla).

Aber entscheidend war doch, daß sich der Humanismus auch direkt dem religiösen Problem zuwandte. Die erste Wirkung, die hier von ihm ausging, war eine *Relativierung des Christentums.*

a) Als allein absolute Größe steht die Antike vor ihm. Ihr muß sich das Christentum anpassen, wenn es gelten will, zum mindesten praktisch.

b) Auch hier wirkt noch einmal die Verselbständigung der Kulturgebiete nach. Die Religion wird *eine* Provinz im Reiche der Kultur neben anderen, und so viel selbständige Gebiete es gibt, so viel Maßstäbe gibt es, an denen die Religion gemessen wird. Sie muß um ihren Rang kämpfen. Von der Einsicht in den Eigenwert der Kulturgebiete ergibt sich freilich auch positiv der Gedanke von dem Eigenwert der Betätigung in ihnen. Die Scheidung in Kleriker- und Laientum zerbricht, wenigstens prinzipiell. Dafür kommt die Scheidung von gebildet oder ungebildet neu auf.

c) Im Grunde genommen gibt es nur *eine* verpflichtende Größe für den Menschen, die veritas; diese aber ist immer nur eine, wenn auch in verschiedenen Ausstrahlungen. „Soweit auch die Systeme (heidnischer und christlicher) Denker voneinander abzuweichen scheinen", sagt Pico einmal, „so sind sie im Grunde genommen doch alle die Ausläufer ein und derselben Wahrheit". Stärker hat auch die Aufklärung kaum mehr alle Religionen relativiert. Und in diese Relativierung wird auch die Ethik des Christentums hineingezogen.

Diese nur relative Schätzung des Christentums verbindet sich nun freilich bei fast allen Humanisten mit dem Bemühen, das Christentum aus gegenwärtiger Erstarrung und Verbildung zurückzuführen auf einen Zustand ursprünglicher Reinheit. Eine lebhafte *Reformfreudigkeit* ist unverkennbar bei ihnen und sie hat die wesentlichste Brücke gebildet, auf der die Reformation und der Humanismus sich zunächst fanden.

Schließlich ist die Religiosität des Humanismus, wie gesagt, durchaus *Bildungsreligion.* Das Endziel der wahren Philosophie und das Heil des Christentums decken sich; das heißt, daß das Christentum praktische Weisheitslehre wird, konkret gesprochen: Morallehre. Den Inhalt aber der Morallehre bestimmt die freie Persönlichkeit sich selbst. Das ist bedeutsam geworden, denn damit zerbricht die ethische Heteronomie, die in der katholischen Kirche eingerissen war, und es zerbricht auch die rein äußerliche Wertung des Handelns. Hier erwacht ein neuer Gegensatz gegen das kirchliche Leben von damals, zugleich aber ergibt sich eine neue Brücke zu Luther. —

In Deutschland und für Deutschland ist besonders wichtig geworden, daß sich der Humanismus hier verbindet mit der sogenannten **devotio moderna**[1] und den *Brüdern vom gemeinsamen Leben,* einer organisatorischen Zusammenfassung erweckter Laien, für deren Frömmigkeit die vier Bücher von der Nachfolge Christi des Thomas von Kempen als typisch gelten können, die eine Verarbeitung von Geert Grootes Geistlichen Tagebüchern sind. Die devotio moderna will

a) von der Mystik beeinflußt, nur eine wirklich persönlich erfahrene und persönlich gelebte Religion werten, die direkte Schau Gottes. Von da her erfolgt eine Abwertung alles bloß Äußeren und Statutarischen in der Religion, die zugleich Brücke für das Zusammentreffen mit dem Humanismus wie Vorarbeit für die Reformation ist.

b) Auch die devotio moderna ist zutiefst ethisch orientiert. Als letztes Ziel gilt die innere *Einung mit dem Willen Gottes,* das „Gott ehren". Von hier aus haben sowohl Luther wie Ignatius von Loyola ihre starke Betonung der Ehre Gottes. Aber auch die devotio moderna geht, wie die Humanisten, zurück von dem äußeren Handeln auf den

[1] Name für eine kirchliche Bewegung, wörtlich „moderne Frömmigkeit".

ihm zugrunde liegenden Willen. Er allein, anders ausgedrückt, das Gewissen bildet die Grundlage für die Beurteilung.

c) Die devotio moderna ist als *Laienbewegung* durchaus antiklerikal und auch antitheologisch eingestellt;

d) endlich ist sie durchaus *biblizistisch* orientiert.

So bekommt der Humanismus diesseits der Alpen sofort ein viel positiveres Verhältnis zum christlichen Glauben als jenseits, wenn auch Einwirkungen des antikisierenden Heidentums nicht *ganz* fehlen.

Eigentliche Weltbedeutung hat dieser niederländisch-deutsche Humanismus aber erst bekommen durch **Desiderius Erasmus** Roterodamus, wie er sich selbst nennt, der in Deventer erzogen ist und dann in ein Kloster der Windesheimer Kongregation eintrat und also unter dem Einfluß der devotio moderna heranwuchs. In Oxford kommt er durch Colet und Thomas Morus unter den vollen Einfluß des Humanismus. Von dieser Entwicklung her ergibt sich zwangsläufig zunächst, daß Erasmus den stark mit Heidentum gesättigten Geist des italienischen Humanismus nicht teilen konnte. Auch bei einem späteren Aufenthalt in Italien blieb er ihm gegenüber stets der Kritiker und Moralist. Positiv ergibt sich, daß die zuerst von Valla aufgeworfene Frage nach dem Verhältnis von Antike und Christentum für ihn *die* Frage seines Lebens werden mußte. Er folgte Valla auch darin, auf historischem Wege, nämlich durch Rückgang auf die urkundlichen Grundlagen der christlichen Religion, die Lösung des Problems zu suchen. Kritische Bibelwissenschaft und Väterstudium bieten die Mittel zu seiner Beantwortung. Erasmus ging dabei freilich ganz andere Wege als die Italiener. Diese ordneten die Antike als absolute Größe dem Christentum über und assimilierten dies ihr. Das war Erasmus unmöglich. Aber auch den Weg der Scholastik, die auf der Grundlage der Antike einen christlich-supranaturalen Überbau errichtete, konnte er nicht gehen. Er hat vielmehr bei seiner eigenen Lösung, von der Geschichte ausgehend, Antike und Christentum als zwei gleichgeordnete, in allem Wesentlichen übereinstimmende Größen angesehen. Diese Zusammenschau wurde ihm dadurch möglich, daß er als die klassische Zeit des Christentums das christliche Altertum ansah, die Zeit eines Origenes etwa, der ja tatsächlich eine starke Synthese zwischen Antike und Christentum heraufgeführt hat. In dieser Lösung spricht sich

a) eine kritische Haltung gegenüber der Antike aus. Nicht alles in ihr ist gleich wertvoll. Erasmus sondert das dem Christentum Verwandte in ihr aus und übernimmt nur dies;

b) eine kritische Haltung gegenüber dem Christentum; auch dies ist in seiner augenblicklichen Gestalt keine absolut verpflichtende Größe, sondern muß reformiert werden, d.h. es muß durch Reduktion, eben Reformation, zu der ursprünglichen Reinheit zurückgebracht werden. Dann stimmt es mit der recht verstandenen Antike überein.

Es ist sofort deutlich, wie eng sich hier in der Person des Erasmus der religiöse Reformwille der devotio moderna und ihr Biblizismus verbinden mit dem historischen Reformwillen und Biblizismus des Humanismus. Dabei gewinnt der Biblizismus an historischer Richtigkeit, aber andererseits verliert die Religion etwas von ihrer ursprünglichen Kraft. Denn das Christentum ist auch bei Erasmus *Bildungs*religion. Ein historisches Studium erst erschließt den Zugang zu seiner wahren Natur. Was aber religiös verlorengeht, das gewinnt wieder die wissenschaftliche Pädagogik. Diese hat jetzt nicht nur bildnerische, sondern eine direkt religiöse Aufgabe, nämlich die, den Zugang zum Christentum zu erschließen. Das Studium der Antike, das die Lösung der Aufgabe ermöglicht, ist so zugleich unauflöslich verbunden mit dem Studium der Theologie.

Von diesem Boden aus ergibt sich für Erasmus als letztes Ziel all seines Strebens eine wirkliche Reform der katholischen Kirche. Ihr zu dienen gibt er 1516 das Neue Testament heraus. Ihr dient das Enchiridion militis christiani[2], ein religiöses Erbauungsbuch für die Gebildeten. Den Gedanken der militia Christi[3] aber hat er wieder aus der devotio moderna. Wesentlicher Inhalt dieser militia aber ist die schlichte, jedem verständliche Sittlichkeit, die Christus lehrt und vorlebt. Von hier aus wird Erasmus zu einem der schärfsten Kritiker der Kirche seiner Zeit, beißend in seiner Satire, vernichtend durch seinen Witz. Die herrschende Art der Theologie, das Mönchtum, der Kultus, nichts bleibt verschont. Auch vor dem Dogma macht er nicht halt; es ist ja doch bloß ein Erzeugnis scholastischer Philosophie. Und weil die Stellung des Erasmus überragend war — er war wirklich der König der Humanisten —, wird seine Arbeit zu einer geistigen Weltmacht.

Diese von Erasmus geplante kirchliche Reformation trägt aber ausgesprochen *universalen* Charakter. Der Papst ist als Symbol der Einheit unentbehrlich. Und sie braucht als Bildungsreligion zugleich nichts so sehr wie Ruhe und Frieden. So ist Erasmus auch sonst Universalist, ein Vorkämpfer der abendländischen Einheitsbewegung zu Beginn des 16. Jahrhunderts, der nichts sehnlicher erstrebt als eine Versittlichung der Welt durch Bildung und Frieden, der erste Pazifist des Abendlandes von wirklicher Bedeutung. Aufgeklärte Bildungsreligion, in Sitte und Sittlichkeit, in Wissenschaft und Kultur gipfelnd, das ist so doch das letzte Kennzeichen auch erasmischer Religiosität. —

---

[2] Felddienstordnung für den christlichen Soldaten.

[3] Des Dienstes für (und unter) Christus.

Daneben bildet der Humanismus auf deutschem Boden noch einen besonderen Typ aus in *Ulrich von Hutten*, der die nationalen Gedanken, die ebenso wie internationale im Humanismus angelegt waren, heraushob und der für die Idee der nationalen Befreiung Deutschlands durch ein erneuertes Kaisertum sich und sein Leben einsetzte.

Literatur

Jacob Burckhardt, Die Kultur der Renaissance in Italien, 2 Bde., 1950[20];
Wilh. Dilthey, Weltanschauung und Analyse des Menschen seit Renaissance und Reformation, 1921[3];
J. Huizinga, Erasmus, dt. von W. Kaegi, 1936.

Dritter Teil

GESCHICHTE DER KIRCHE IM ZEITALTER DER REFORMATION UND DER GEGENREFORMATION

§ 33. Eigenart und Hauptprobleme des Zeitalters

Mehrere hundert Jahre lang war der Ruf nach einer *Reform der Kirche an Haupt und Gliedern* erschollen. Das 16. Jahrhundert sollte die Erfüllung bringen. Als es sich aber seinem Ende zuneigte, war nicht *die* Kirche reformiert, sondern gab es im Abendland vier bzw. fünf Kirchen, die sich alle als reformiert ansahen und auch alle als reformiert gelten können, die katholische, die lutherische, die reformierte, die anglikanische Kirche und dazu noch die Gruppe der spiritualistischen Gemeinschaften. Die Durchführung der Reformation hat also die Einheit der abendländischen Kirche total zerstört und damit die Kirchengeschichte vor ein Problem gestellt, das mit rein historischen Mitteln nicht zu lösen ist, das aber auch theologisch eine außerordentlich schwierige Frage enthält. Wo ist denn nun die wahre, die echte Reformation erfolgt? Welche Kirche ist dementsprechend die echt „evangelische"? Oder ist etwa gar keine im vollen Besitz der Wahrheit? Haben sie alle, jeweils von einem verschiedenen Gesichtspunkt aus, immer nur *eine* Seite der Sache gesehen, die voll nur durch eine Zusammenfassung aller Ergebnisse aufleuchten kann (die sog. branch-theory)? Was ist das *Wesen der Reformation?* Galt es nur die Überwindung gewisser äußerer Übelstände, falscher Praktiken, die in der Kirche eingerissen waren, zusammen mit der Abweisung einiger gefährlicher Einseitigkeiten, die die nominalistische Theologie lehrte? In diesem Sinne hat das Konzil von Trient die katholische Kirche nicht ohne Erfolg zu reformieren gesucht. Oder muß die Kirche im Innern und Äußern auf den Stand der Urkirche zurückgeführt werden, also in jeder Beziehung nach den Normen, die die Heilige Schrift bietet, neu aufgebaut werden? So die reformierte Grundanschauung. Oder ist das Wesen der Reformation in der Wiederentdeckung des Evangeliums zu sehen, dem solā fide solā gratiā, das freilich auch ein sola scriptura[1] in sich schließt, wie die Lutheraner meinen? Gilt es nur, bei größtmöglicher Treue gegenüber der Tradition, freilich auch zugleich bei größtmöglicher Weite, die Tyrannei des Papstes abzuschütteln und die Kirche nationalkirchlich aufzubauen, entsprechend der Meinung der Anglikaner? Muß ein persönliches Inspirationsprinzip gefordert werden, und ist die Gründung auf die Bibel ein Irrweg? Hat also allein eine direkte Offenbarung Gottes im Innern des Menschen religiös wirklichen Wert, wie die Schwärmer, die Spiritualisten aller Formen lehren?

Andere fragen anders. Sie halten den Versuch, das Wesen der Reformation *theologisch* zu bestimmen, überhaupt für einen Irrtum und sehen in ihr etwa eine im letzten Grunde kulturgeschichtliche Wende, ein Ereignis der europäischen Geistesgeschichte, den Beginn des großen Befreiungsprozesses des abendländischen Geistes aus den Fesseln, die ihn banden, den Luther nur inauguriert hat und der noch heute nicht zu Ende gegangen ist, für den das Jahrhundert der Aufklärung vielleicht sogar größere Bedeutung gehabt hat als das der Reformation. Oder greift auch das noch zu weit, ist die Reformation vielmehr nur als ein Ereignis der deutschen Nationalgeschichte zu werten, nämlich als der Protest des deutschen Menschen gegen seine religiöse Überfremdung durch den „römischen" Geist der Papstkirche, dessen letztes Ziel, die Errichtung einer Nationalkirche, damals leider nicht erreicht wurde? Alle diese Fragen sind durch die Geschichtsforschung gestellt. Sie müssen klar gesehen werden. Zu ihnen muß deutlich Stellung genommen haben, wer zur Reformationsgeschichte ein inneres Verhältnis gewinnen will. Daß die Grundfragen nicht historisch, sondern allein theologisch oder weltanschaulich beantwortet werden können, wird aber ohne weiteres klar sein.

Nun ist freilich kein Zweifel, daß die Reformation zum mindesten *auch* eine große kulturgeschichtliche Bedeutung gehabt hat. Sie hat schon ihren Anteil am Zustandekommen der „modernen" Welt. Ein Kulturhistoriker mag diese Seite an ihr vielleicht auch mit Recht in den Vordergrund rücken. Aber ihrem *Wesen* nach ist sie nicht die Befreiung des europäischen Menschen von der Herrschaft der Hierarchie, von den „Fesseln geistiger Borniertheit", wie Goethe gemeint hat. Die Entstehung einer „reformierten" *Kirche* ist von daher *nicht* zu verstehen. Ebensowenig vom Nationalen her. So sehr Luther sich als Deutscher gefühlt hat und so deutlich er zugleich gesehen hat, daß die *Gestaltung* eines Kirchentums auch von völkischen Eigentümlichkeiten mitbestimmt wird, die nationale Bedeutung, die die Refor-

---

[1] Allein aus Glauben, allein aus Gnade, allein die Schrift.

mation ohne jede Frage gewonnen hat, ist doch nur Nebenfrucht des eigentlichen Geschehens, der inneren Erneuerung der *Kirche* auf Grund der Wiederentdeckung des Evangeliums durch Luther. Das gilt unter allen Umständen. Der Verfasser dieses Buches muß darüber hinaus, wie oben (S. 22) schon ausgesprochen, hier, in der *Wiederentdeckung des Evangeliums,* den Quellort der Reformation überhaupt sehen und damit zugleich ihr kirchliches und geistiges Zentrum. So allein kann ein *lutherischer* Theologe urteilen. Von da aus kann er auch historisch die Reformation allein schildern. Angehörige anderer Konfessionen können den Standpunkt nicht teilen und werden deshalb auch andere Dinge betonen müssen. Die große Divergenz, die in den kirchengeschichtlichen Darstellungen des 16. Jahrhunderts spürbar ist, hat hier ihren Ursprung. Der Anglikaner muß schon das Geschehen in England in den Vordergrund rücken, der Reformierte die Schweizer Reformation. Alle haben indes, mehr oder minder ausführlich, die Entstehung aller „Konfessionskirchen" der Neuzeit zu schildern. Das ist die Aufgabe, die einer jeden Reformationsgeschichte gestellt ist und um deren Lösung sie sich zu bemühen hat.

Damit ist zugleich aber die Aufgabe gestellt, das Verhältnis dieser Kirchen zueinander ins Auge zu fassen. Da Luther keine Spaltung der Kirche wollte, da er sogar die werdende evangelische Form als die *legitime* Fortsetzung der alten Kirche wußte, wahrhaft „katholisch" gerade sie, ist allein schon die Frage: *Reformation und Katholizismus* schwierig genug. Die Auseinandersetzung nimmt nach dem Friedensschluß von 1555 im Zeitalter der Gegenreformation sogar noch einmal die Form akuten Kampfes an. Nicht minder problemreich, dazu von viel Aburteil und Vorurteil belastet, ist aber auch das Verhältnis Luther —Zwingli, Luther—Calvin bzw. *Luthertum—Calvinismus,* das heute angesichts der neuen Erörterung der Bekenntnisfrage in der Evangelischen Kirche in Deutschland sogar besondere Aufmerksamkeit erfordert. Aber auch das Verhältnis der reformatorischen Theologie zur spiritualistischen Bewegung der damaligen Zeit darf angesichts der Folgewirkung des Spiritualismus nicht übersehen werden. Und geistig ist von großer Bedeutung schließlich auch noch das merkwürdige Zueinander und Gegeneinander, das Humanismus und Reformation verband und schied. Die Auseinandersetzung mit dem Anglikanismus wird dagegen erst in neuerer Zeit aktuell.

Die Reformationskirchen traten aber nicht unangefochten ins Dasein; sie hatten vielmehr einen harten Kampf zu bestehen, ehe sie sich angesichts des päpstlichen Bannes, der kaiserlichen Ablehnung oder anderweitiger Bekämpfung die Lebensmöglichkeit in dieser Welt errungen hatten. Die Reformationsgeschichte ist also nicht zu verstehen, wenn man nicht die ganze politische Verflechtung des Zeitalters kennt, die mit ihrer Fülle von Gegensätzen das Ergebnis, die Außerkraftsetzung des päpstlichen Ketzerrechtes und die Anerkennung nichtkatholischer Kirchen, immanent geurteilt, allein ermöglicht hat.

Daß die Durchführung der Reformation zugleich nur geschehen konnte von den Voraussetzungen her, die das Spätmittelalter geschaffen hatte: der inneren Schwäche der katholischen Kirche und der starken Opposition, die sie geweckt hatte, ist selbstverständlich. Diese Opposition findet ihren Ausdruck in zwei oder gar drei Strömen: einmal in dem nationalen Gegensatz der Völker und Staaten gegen das zentralistische Papsttum, dazu in dem populären, propagandistisch bedeutsamen Kampf gegen äußere Mißstände der katholischen Kirche und schließlich in einer religiösen Neubesinnung der „Stillen im Lande", gerade auch der Laien. In Luther treffen, wie Gerhard Ritter klassisch gezeigt hat, alle diese Ströme zusammen, dem leidenschaftlichen Deutschen, dem volkstümlichen Redner von unerhörter Schlagkraft, dem geistvollen theologischen Denker, der er war. Eben dadurch wurde Luther der Bahnbrecher des Neuen.

In den Ursprüngen leuchtet das Wesen einer geistigen Bewegung besonders hell auf; deswegen wird der Reformationsgeschichte neben der neutestamentlichen Zeit immer die besondere Liebe des evangelischen Theologen und Christen gehören. Theologisch enthält die Reformationsgeschichte aber auch für den evangelischen Christen ein schweres Problem. Zwar kann er die Wiederentdeckung des Evangeliums nur als ein Gottesgeschenk werten und von ganzem Herzen bejahen. Der Sinn des göttlichen Geschichtswirkens leuchtet in diesem Geschehen ohne weiteres auf. Warum über ihm aber die Einheit der abendländischen Kirche verlorengehen mußte, ist auch für den evangelischen Theologen problematisch. Zwar kann historisch darauf hingewiesen werden, daß diese Einheit ganz allein durch die Gewaltanwendung, die gegen die Ketzer statt hatte, bis dahin erhalten geblieben ist. Sie ist sogar erst durch das staatliche Eingreifen seit Konstantin (vgl. S. 91 ff.) geschaffen worden; vor Konstantin gab es die Fülle der Schismen und Häresien, viel mehr, als dies Buch hat sichtbar werden lassen. Trotzdem ist die Einheit auch der irdisch-geschichtlichen Kirche ein großes Gut, dessen Verlust sehr schmerzlich ist. Eine wirklich befriedigende theologische Erklärung für die Aufspaltung muß daher gesucht werden. Sie ist aber bisher trotz aller Bemühungen darum nicht wirklich erbracht. So bleibt nichts anderes übrig, als die Frage als Problem stehen zu lassen.

Das Zeitalter der *Gegenreformation* enthält für den evangelischen Christen, der die Reformation als die Wiederentdeckung des Evangeliums wertet, sogar ein besonders schweres theologisches Problem. Jetzt bekommt die katholische Kirche, in der das Evangelium nicht „lauter und rein" verkündigt wird, wieder so sehr die Vorhand, daß sie die Signatur der Zeit bestimmt. Die geschichtlichen Probleme, die sich von daher ergeben, sind klar. Es ist einmal zu fragen, worin die Schwäche der evangelischen Kirchen besteht, die, zum mindesten soweit sie lutherisch sind, alle Wucht des Angriffes so gut wie ganz verlieren und sich auf die Bestandspflege zurückziehen. Es ist aber vor allem nach der Grundlage für die neue Kraft zu fragen, die die katholische Kirche jetzt mit einem Male entfalten kann. Und selbstverständlich ist auch das Ergebnis des Ringens, das ausgetragen wird, zu fixieren. Aber wenn diese geschichtlichen Fragen befriedigend beantwortet sind, was möglich ist, dann bleibt immer noch die theologische Frage, warum Gott dem Evangelium den vollen Sieg verwehrt hat und die katholische Kirche wieder so stark hat werden lassen, wie sie es geworden ist. Für diese Frage eine Antwort zu finden, wird nicht ganz leicht sein.

Literatur zur Geschichte der Reformation und Gegenreformation

Karl Schottenloher, Bibliographie zur deutschen Geschichte im Zeitalter der Glaubensspaltung 1517—1585, 6 Bde., 1933—1940;
Gerhard Ritter, Die Neugestaltung Europas im 16. Jahrhundert, 1950 (mit guter Einführung in die Quellen und die Literatur S. 341—370);
Karl Brandi, Kaiser Karl V., Bd. I, 1942⁴, Bd. II, 1941;
(kath.) Joseph Lortz, Die Reformation in Deutschland, 2 Bde., 1963⁴;
eine neuere evangelisch-theologische Gesamtdarstellung fehlt.

§ 34. Luthers geistige Entwicklung bis 1517

Wenn der eigentliche Quellort der Reformation Luthers Wiederentdeckung des Evangeliums ist, dann muß dieses Ereignis und seine Vorbereitung, die in Luthers Lebensgang erfolgte, den Ausgangspunkt der Reformationsgeschichte bilden. Für diese Erkenntnis von Luthers geistiger Entwicklung hat die Wiederentdeckung seiner Vorlesungsmanuskripte bzw. -nachschriften aus der Zeit vor 1517, die etwa zwischen 1900 und 1920 erfolgte, ganz neue Grundlagen geschaffen und die meiste, vorher erschienene Lutherliteratur antiquiert. Doch bietet die Deutung der Quellen eine Fülle von Schwierigkeiten, so daß völlige Einmütigkeit der Forschung noch keineswegs erzielt ist. Immerhin sind wir auf dem Wege dahin, wie der relativ große Einklang zwischen den Arbeiten katholischer und evangelischer Forscher zeigt.

1. **Luthers Jugend** *bis zum Eintritt ins Kloster steht unter dem Zeichen einer absolut kirchentreuen Erziehung.* An keinem Ort ist er von der weitverbreiteten antiklerikalen und antikurialen Stimmung der damaligen Zeit berührt worden oder gar von häretischen Bewegun-

gen. Im Gegenteil, er muß Höhenluft katholischer Frömmigkeit eingeatmet haben in Elternhaus und Schule. Das ist das Ergebnis der kritischen Durchforschung seiner Jugend, die Otto Scheel abschließend vorgenommen hat. Von gut kirchlichen Eltern, die sich aus kleinen Verhältnissen zu wachsendem Wohlstand emporarbeiteten, streng, aber zugleich liebevoll erzogen, kam Luther in Magdeburg auf der Domschule für ein Jahr in die Hut der „Brüder vom gemeinsamen Leben", unter den geistigen Einfluß also der devotio moderna (vgl. oben S. 267 f.). Aus unbekannten Gründen von da nach Eisenach gegeben, hat Luther in den Häusern Cotta und Schalbe eine sonnige, aber gut katholische Jugendzeit verlebt, in der er auch die Förderung, ja Freundschaft des Eisenacher Stiftsvikars Braun erfuhr. Auch die Universität kann den kirchlichen Sinn, mit dem der angehende Student zu ihr kam, nicht in Frage gestellt haben. Insbesondere hat humanistische Kritik Luther nicht erreicht, denn der Erfurter Humanistenkreis bildete sich erst gegen 1507, d. h. *nach* Luthers Eintritt in das Kloster.

2. **Luthers Klosterkämpfe.** Der Eintritt ins Kloster, der ohne, ja gegen die Zustimmung des Vaters erfolgte, bildet das große Rätsel in Luthers Leben. Die Gewittererfahrung vor Stotternheim erklärt keineswegs, warum der junge Magister gerade *dies* Gelübde in Todesangst ablegte und nicht irgendein anderes. Warum unterbrach er überhaupt seine Vorlesungstätigkeit wenige Wochen nach Beginn seines Lehramtes? Voll erklärt ist die Wahl der vita religiosa[1] freilich, wenn das Erlebnis vor Stotternheim einen direkten Ruf ins Kloster in der Form einer Audition einschloß, was nach einigen Andeutungen in den Quellen immerhin möglich ist. Auf jeden Fall trat er 1505 in das in Erfurt angesehene „Schwarze Kloster" der Augustiner-Eremiten ein, und das *Kloster* wird dann die *Brunnenstube der Reformation.* Denn nur eine Zeitlang hat das Leben im Kloster Luther den Dienst getan, seine Seele ruhig zu stimmen. Dann geriet er in eine so tiefe innere Not, daß er nahezu daran zerbrach. Diese Not wurde der Weg zur Wiederentdeckung des Evangeliums. So werden wir doch Gottes Hand in besonderem Sinn hinter dem Stotternheimer Erlebnis Luthers sehen müssen.

Auch die Klosterkämpfe Luthers entzündeten sich bezeichnenderweise *nicht* an Anstößen, die er etwa an Mißständen der damaligen kirchlichen Praxis hätte nehmen können, sondern daran, daß er die Forderungen Gottes und der Kirche ernst nahm, so ernst, wie sie gemeint waren. *Luther ringt* also *mit dem echten, nicht mit einem depravierten Katholizismus und zerbricht gerade an ihm.* Das wird über der Tatsache, daß erst der Ablaßhandel ihn nötigte, *öffentlich*

[1] Des mönchischen Lebens.

aufzutreten, immer wieder übersehen und führt zu falschen Schlüssen. Zudem war die Schulung in der scholastischen Theologie, die Luther im Kloster erfuhr, von bleibender Bedeutung für ihn; direkt, wie für seinen späteren Kampf gegen sie.

Die katholische Kirche lehrte die Menschen damals wie heute *nicht*, sie müßten sich den Zugang zum Himmel durch ihre eigenen guten Werke selbst verdienen. Pelagius, der so dachte, ist schon 418 verdammt (vgl. S. 118) und diese Verdammung ist nie wieder ernsthaft in Frage gestellt worden. Der *Nominalismus* (vgl. S. 235, 238), in dessen Geist Luther auf der Universität Erfurt tief eintauchte, lehrte lediglich, daß der Mensch *zunächst* tun müsse, was in seinen eigenen Kräften stehe (facere quod in se est); er kann damit freilich auch nach nominalistischer Lehre nicht alle Gerechtigkeit erfüllen; diese bleibt ein Geschenk der göttlichen Gnade; aber der Mensch schafft damit die Voraussetzung dafür, daß Gott ihm seine Gnade schenkt und ihn annimmt. Goethe hat die Lehre am knappsten und schönsten wiedergegeben im Schluß des „Faust" (Gesang der Engel) mit den Worten:

„Wer immer strebend sich bemüht,
den können wir erlösen."

Auf dieser Forderung des „facere quod in se est" als einer absolut notwendigen Vorbedingung der Seligkeit beruht die große Jagd nach „Verdiensten", von der schon die Rede war (oben S. 261 f.). Sie bedeutete, beispielhaft auf das Sakrament der Buße angewandt, das doch als *Hilfe* in Sündennot gedacht ist, daß der Mensch seine Sünden vollzählig beichten und daß er einen entsprechenden Akt der Reue in sich erwecken muß; nur wenn diese Bedingungen erfüllt sind, ist die Absolution des Priesters gültig. Diese Bedingung stürzte Luther, da er sie ernst nahm, in eine verzweifelte Not der Heils*un*gewißheit. Echte Reue erfordert, daß man die Sünde nicht nur um ihrer zeitlichen oder ewigen *Folgen* willen verabscheut. Wo das geschieht, geht es dem Menschen immer noch um das eigene Schicksal, also letztlich um sich selbst. Gültig ist die Reue nur, wenn sie aus der Liebe zu *Gott* quillt. Gott haßt die Sünde. Aus Liebe zu ihm soll der Mensch sie auch hassen. Also bemühte Luther sich verzweifelt, diese Liebe zu Gott in seinem Herzen zu erwecken. Aber sein Mühen kam nicht zum Ziel. Er ward sich darüber vielmehr bewußt, daß er Gott fürchtete, den Gott, der die Sünde straft. Er entdeckte auch, daß der Gedanke an sein eigenes Geschick ihm immer wieder die Seele füllte, er also in seiner Ichhaftigkeit befangen blieb. Auch von daher war es ihm unmöglich, eine gültige Reue in sich zu erwecken. Und auch die Frage, ob er trotz immer erneuten Durchsuchens aller Seelenfalten wirklich *alle* Sünden gebeichtet habe, ließ ihm keine Ruhe. Die psychologisch so treffende Beobachtung, daß die Rückerinnerung an eine begangene Sünde — zu dem Zweck, Reue über sie zu erwecken, unternommen — in Wahrheit vielmehr die Lust an der Sünde wieder lebendig werden läßt und damit in eine neue Gedankensünde stürzt, kam verschärfend hinzu. Da von der Erfüllung der Vorbedingung nach nominalistischer Schau aber die Gültigkeit der Absolution abhängig war, konnte Luther nicht glauben, daß ihm seine Sünden vergeben seien. Von hier aus bekommt die Frage „Wie kriege ich einen *gnädigen* Gott" ihren zwingenden Sinn.

Die so entstandene Heils-*Not* erreichte ihren Höhepunkt, als das theologische Studium Luther zwang, sich mit dem Gedanken der Prädestination auseinanderzusetzen. Das Ergebnis konnte bei seinem inneren Zustand kaum ein anderes sein, als es tatsächlich war: Er fürchtete, verdammt zu sein. Diese Furcht aber zeitigte weitere Folgen. Er wünschte, daß Gott nicht existiere; dann wäre er von der Verantwortung frei. Ja, er haßte Gott, den Gott, der zwar den Menschen einen Weg zur Seligkeit eröffnet hatte, aber ihm, Martin Luther, es verwehrte, diesen Weg zu gehen. Dieser Haß aber riß dem Ringenden, sowie er sich seiner klar bewußt ward, vollends den Boden unter den Füßen weg. Liebe zu Gott ist die Vorbedingung des Heils; sein Herz aber fühlte statt Liebe Haß gegen Gott. Damit waren alle Verheißungen für ihn hinfällig. Er war ein Kind des Zornes, ohne jede Hoffnung!

> „Die Angst mich zu verzweifeln trieb,
> daß nichts denn Sterben bei mir blieb,
> zur Hölle mußt ich sinken."

Eine Zeitlang hat Luther dann offenbar versucht, auf den Wegen der *Mystik* den Frieden zu finden, denn wem Gott die mystische Einung mit sich selbst schenkt, den hat er angenommen. Die Einung schließt also Heilsgewißheit ein. Luther bekennt auch, daß Bonaventura ihn schier toll gemacht habe mit seinen Anweisungen, die Einung mit Gott zu erreichen. Aber die Versenkung in den innersten Grund der eigenen Seele, die die Mystik lehrte, ließ ihn dort nicht ein Fünklein Gottesnatur im Menschen finden, sondern immer nur sein armes, gebundenes Ich, und auch der Aufstieg in die Höhe gelang ihm nicht. Auf diesem Wege kam er nicht ans Ziel. Doch war es eine Bereicherung für ihn, daß er die Mystik kennenlernte.

Auch von der *Romfahrt* 1510/11, die Luther in Geschäften des Ordens machen mußte und die zeigt, welch großes Ansehen er im Orden genoß, hat er anscheinend gehofft, daß sie ihm in seinen Nöten helfen würde; aber sie tat ihm den ersehnten Dienst nicht. Erst der Generalvikar seines Ordens, Johannes *Staupitz*, den Luther in Wittenberg, wohl 1511, bei seinem zweiten, endgültigen Aufenthalt kennenlernte, hat ihm wenigstens ein Stück weit helfen können und ihn so vor der völligen Verzweiflung bewahrt. Staupitz war kein Nominalist, sondern *ein Thomist, dazu von der devotio moderna bestimmt,* der Luther also nun zum zweitenmal begegnete. Er lehrte Luther,

a) sein inneres Leiden als einen *heilsamen* Weg Gottes mit ihm verstehen. Hier wirkten Einflüsse der Mystik bei Staupitz nach.

b) Er wies Luther weiter an, die Prädestination „in den Wunden Christi" zu begreifen; tue er das, so sei sie schon „im Werk" (so ist, wie Ernst Wolf gezeigt hat[2], zu lesen und nicht „hinweg"), d.h. Staupitz verwies ihn auf die in Christus offenbare Liebe Gottes; in ihr bekommt die Prädestination den Sinn einer Vorherbestimmung *zum Heil.*

Beide Anweisungen hat Luther als eine elementare Befreiung empfunden und ist Staupitz zeitlebens dafür dankbar geblieben.

c) Was die Sakramentszweifel angeht, so hat Staupitz sie Luther freilich nicht nehmen können, aber auch hier ihm wenigstens ein nicht unbedeutendes Stück weitergeholfen. Staupitz lehrte mit Thomas von Aquin, daß am Anfang des Weges zu Gott nicht ein eigenes menschliches Bemühen stehe, wie es der Nominalismus forderte, sondern daß Gott selbst durch einen Akt seiner Gnade den Anfang mache, nämlich durch die gratia praeveniens, die allem menschlichen Tun zuvorkommende Gnade. Mit ihr — unter weiterer Unterstützung durch die Gnade! — zusammenwirkend, erreicht der Mensch allein die zum gültigen Empfang des Sakraments notwendige Disposition. Damit erschloß sich Luther ein neuer Blick auf Gott und Christus. Er sah sie nicht mehr in erster Linie, wie bisher, als Richter an, sondern lernte sie auch — auch! — als Helfer und Freunde betrachten. Nach Thomas schenkt nun der Empfang des Sakraments dem Menschen die Fähigkeit wieder, die Adam durch den Sündenfall verloren hat, Gottes Gebote wirklich zu halten. Auch das erste Gebot der Gottesliebe von ganzem Herzen, denn das Sakrament weckt durch die gratia infusa[3] die caritas im Herzen, die Volliebe zu Gott! *Diese* Lehre verhinderte, daß Luther innerlich voll zur Ruhe kam. Gott lieben aus ganzem Herzen, so, daß jeder Gedanke an die Welt oder an das eigene Ich ausgeschaltet ist, nein, das tut er nicht; darüber kann er sich keinen Selbsttäuschungen hingeben. Wenn aber die Wirkung des Sakraments bei ihm ausbleibt, wenn es ihn nicht heiligt, so kann er es nicht gültig empfangen haben; an der Richtigkeit der *Lehre* zu zweifeln, kommt dem gehorsamen Mönch natürlich zunächst nicht in den Sinn. Hat er es aber nicht gültig

[2] Staupitz und Luther, 1927.
[3] Die eingegossene Gnade.

empfangen, so muß seine Disposition nicht ausreichend gewesen sein, so steckt er auch noch in seinen Sünden. Das Ringen um den „gnädigen“ Gott ist so noch nicht zu Ende. Wieder aber ist, wie deutlich sein wird, die *Bedingung*, an die der wirksame Sakramentsempfang geknüpft ist, nämlich die Forderung der rechten Disposition, die Quelle der Not. Von da aus wird verständlich, daß Luther später rückblickend sagen mußte: „Die conditio richtet alles unglück an.“[4] Denn an der Erfüllung der Bedingung hängt die Hilfe Gottes. Und Gott läßt sich nicht bestechen noch betrügen; sein Urteil ist unerbittlich gerecht. So verstanden ist Luthers notvolles inneres Ringen um den „gnädigen“ Gott zugleich ein Ringen um die Idee der „Gerechtigkeit“ Gottes. Von Augustin her schon angeleitet, wie die Randbemerkungen zu den von ihm durchgearbeiteten Werken zeigen[5], fand er dann im Grübeln über den Sinn biblischer Begriffe eines Tages im sog. Turmerlebnis die *endgültige* Lösung seiner Zweifel.

3. **Luthers Turmerlebnis,** so genannt nach dem heute nicht mehr vorhandenen Turm des Wittenberger Klosters, in dem Luthers Zimmer lag, umschließt inhaltlich die Wiederentdeckung des Evangeliums. Noch nicht völlig geklärt ist die Frage, ob dieser Vorgang in einem einzigen „Erlebnis“ erfolgt ist, oder ob er sich in Stufen vollzog, deren letzte und entscheidende dann das Turmerlebnis gewesen wäre. Das letztere ist wahrscheinlich. Auch der Zeitpunkt dieses Erlebnisses ist strittig[6]. Die frühesten Ansätze — noch vor der Romfahrt — sind heute freilich allgemein preisgegeben; die eigenhändigen Randbemerkungen Luthers zu den Sentenzen des Petrus Lombardus (vgl. S. 237) sind noch katholisch. Auch die spätesten Ansätze sind, obwohl sie sich auf Äußerungen Luthers selbst berufen können, von den meisten Forschern preisgegeben. Die meisten glauben, daß die Vorlesung über den Römerbrief, zum allermindesten in ihrem zweiten Teil, die neue Auffassung des Evangeliums klar ausspricht. Die Entdeckung des Evangeliums wird von ihnen deshalb vor dem Herbst 1515, allerspätestens vor dem Frühjahr 1516 angesetzt. Für diese Gruppe der Forscher bleiben als möglicher Zeitraum also die Jahre 1511—1515/16. In ihnen war die nähere Bestimmung überaus schwer, obwohl wir das eigenhändige Manuskript Luthers zu seiner in diesen Jahren gehaltenen Psalmenvorlesung haben. Denn die Frage, wo er in ihr evangelisch lehrt, ist nicht mit Sicherheit zu beantworten. Mir scheint nach den Scholien zu

[4] WA (= Weimarer Ausgabe der Werke Luthers, 1883 ff.), Tischreden V Nr. 6017.

[5] Adolf Hamel, Der junge Luther und Augustin, 1934 f.

[6] Beste Übersicht über die Forschung bei Wilhelm Link, Das Ringen Luthers um die Freiheit der Theologie von der Philosophie, 1955², S. 6—82; dazu Ernst Bizer, Fides ex auditu, 1961².

Psalm 70 Vulgata (Psalm 71 der Lutherbibel) der Herbst 1514 am meisten für sich zu haben[7]. Psalm 70 (71), 2[8] nötigte Luther zu einem neuen Nachdenken über die Gerechtigkeit Gottes, wenn es dort heißt: „In iustitia tua libera me.“[9] Die Worte „iustus“ und “iustitia“[10] waren ihm nach eigener Aussage[11] ein Stachel im Gewissen und erschreckten ihn, sooft er sie hörte. Daß die Gerechtigkeit Gottes ihn zur Freiheit führen solle, erschien ihm völlig unverständlich. Wenn Gottes *Gerechtigkeit* die Grundlage des Heils war, dann mußte *er* sich als verloren ansehen[12]. Das Grübeln über Psalm 70 (71), 2, der in den Selbstaussagen Luthers über das Turmerlebnis mehrfach aufklingt, mag ihn als den fabelhaften Bibelkenner, der er damals schon war, zu Röm. 1, 17 und Röm. 3, 21 ff. geführt haben. Und dabei machte Luther dann eine philologische Entdeckung, die den Worten einen völlig anderen Sinn gab, als er vorher in ihnen gesehen hatte. Luther erfaßte den Genitiv — „Gottes“ Gerechtigkeit — neu. Gottes Gerechtigkeit, das ist nicht die Qualität, die Gott zu eigen ist (Gen. subjectivus), sondern die Eigenschaft, die er einem anderen verleiht (Gen. objectivus). Kaum ist Luther das aufgegangen, da fallen ihm eine Fülle von anderen biblischen Ausdrücken ein, die alle genau ebenso zu verstehen sind: Liebe Gottes = die Liebe, die Gott einem Menschen zuwendet, Heil Gottes, Seligkeit Gottes usw. Mit Luthers eigenen scholastischen Begriffen gesprochen: Es handelt sich nicht um die „aktive“ Gerechtigkeit Gottes, nach der er einem jeden zuteilt, was ihm zukommt — der Mensch muß handelnd, „aktiv“, sie sich erwerben, selbstverständlich auf Grund der ihm durch das Sakrament, also die Gnade, übermittelten Fähigkeit dazu —, sondern um die „passive“ Gerechtigkeit Gottes, durch die wir gerecht gemacht werden, die wir erleiden, eben „passiv“. Um Gerechtigkeit vor Gott hatte Luther gerungen. Daß die *Liebe* zu Gott kein Werk ist, das sich der Mensch abquälen muß, hatte er schon durch Staupitz gelernt. Nun versteht er auch die *Gerechtigkeit* Gottes nicht als Krönung eigenen Ringens oder eigenen Tuns, sondern als ein reines Gnadengeschenk, das Gott gibt. Als einem Geschenk Gottes eignet ihr aber alle die Gewißheit, die der Mensch im Blick auf sein eigen Werk — die Vorbedingung des Heils nach katholischer Lehre! — nie erringen kann. Im Geschenk dieser Einsicht fühlte Luther sich neu ge-

[7] Allerdings enthält die Glosse zu Ps. 31, 11: „Laetamini in Domino et exultate iusti“ schon den erläuternden Satz: „per Christum iustificati in fide“ (WA 3, 173, 22 ff.), aber sie erwies sich durch die andersfarbige Tinte als späterer Nachtrag (Vogelsang). Die Frage ist also, wann dieser Nachtrag gemacht ist.

[8] Evtl. schon Ps. 31, 2, der mit Ps. 70, 2 gleichlautend ist.

[9] In deiner Gerechtigkeit errette mich.

[10] Gerecht, Gerechtigkeit.

[11] Scheel, Dokumente Nr. 238.

[12] Ebenda Nr. 449.

boren. So sehr er bis dahin das Wort Gerechtigkeit in der Bibel gehaßt hatte, so lieb wurde es ihm jetzt. Die Pforten des Paradieses waren ihm aufgetan:

„Nun freut euch, lieben Christen gmein,
und laßt uns fröhlich springen."

Worüber?

„Was Gott an uns gewendet hat
und seine große *Wundertat!*"
„Gar teu'r hat ers erworben."

Mit der Erkenntnis dieser Wundertat aus seinem eigenen Wort befreite Gott Luther aus seiner großen Not[13].

Die Antwort auf die Frage, wie der Mensch diese neue Gerechtigkeit, die vor Gott gilt, erreicht, ist damit zugleich schon gegeben: als donum Dei[14]. Die ganze Erkenntnis Luthers gipfelt ja darin, daß der Mensch passiv ist, Objekt des göttlichen Wirkens. Es gibt kein größeres Mißverständnis evangelischer Verkündigung, als wenn das Medium, durch das nach Gottes Willen uns die Gerechtigkeit, die vor ihm gilt, zuteil wird, der *Glaube,* als ein Werk des Menschen verstanden wird. Hier bleibt ja die menschlich zu erfüllende Bedingung; nur tritt nun an die Stelle der sittlichen Leistung eben der Glaube. Verschlechterter Katholizismus ist das, sonst nichts. In Luthers eigenen Augen sogar ein „Raub an Gottes Ehre"; denn dessen Ehre gipfelt darin, völlig frei, ungenötigt durch irgendein menschliches Etwas, in königlicher Majestät *zu schenken.* Hier wird zugleich Christi Werk angetastet, indem nicht mehr auf seinem Heilandstun allein, sondern zum Teil auch auf einem menschlichen Wirken, eben dem Glauben, das Heil beruht.

Dies Heil verwirklicht sich aber in der Tat im Glauben. „Iustus ex fide vivit"[15], das ist ein integrierender Bestandteil der neuen Erkenntnis Luthers. Aus der knechtischen Furcht vor dem Richter wird nämlich hier das kindliche Vertrauen zum Vater, das Zutrauen, daß ers nur gut mit uns meint, das Ernstnehmen seiner Vergebungsverheißung, was alles das Wort Glaube für Luther umschließt (vgl. unten S. 311 f.). Zu diesem Vertrauen kann sich der Mensch aber nicht aus Eigenem aufschwingen; Gott selbst muß es in ihm hervorlocken, in ihm wecken, und Gott tut das auch durch sein Wort und seinen Heiligen Geist (Erklärung des 3. Artikels). Der Glaube ist also wirklich nichts als ein donum Dei. Aber hier ergibt sich nun allerdings begrifflich oder auch psychologisch eine Schwierigkeit. Der Glaube ist psychologisch ohne jede Frage ein Akt des Menschen. Der Tatbestand, daß das, was

---

13 WA 30 III, 386, 14 ff.
14 Als Geschenk Gottes.
15 Der Gerechte wird seines Glaubens leben.

psychologisch nichts anderes ist als ein menschliches Tun, sachlich zugleich lediglich als Geschenk Gottes zu gelten hat, ist begrifflich schwer zu fassen. In dieser Schwierigkeit wurzelt wohl, neben dem unausrottbaren Drängen des natürlichen Menschen auf eigene Leistung, das immer wieder sich ergebende Mißverständnis des evangelischen Glaubens als eines menschlichen Werkes.

Im Turmerlebnis lernt Luther aber nicht nur die Gerechtigkeit Gottes wirklich verstehen; ihm geht dabei zugleich der Gegensatz von *Gesetz und Evangelium* auf. Vorher herrschte das Gesetz über ihn. An seiner Erfüllung oder Nichterfüllung entschied sich sein Schicksal; an diesem Maßstab gemessen konnte er sich nur als verdammt ansehen. Auch das Evangelium war ihm Gesetz, denn auch dieses offenbarte noch Gottes vergeltende Gerechtigkeit; auch dieses enthielt eine Forderung. Nun erkannte er das Evangelium als Evangelium, nämlich als die freie Schenkung des Gottes, der in Christus sich als den liebenden, als den den Sünder suchenden Vater kundgetan hat.

Oder noch anders ausgedrückt: Luther hat *Christus* bzw. das Kreuz Christi gefunden. Das Kreuz, denn es ist die größte Offenbarung des *Zornes* Gottes, die es gibt: Seinen eigenen Sohn richtet Gott, da dieser die Sünde der Welt auf sich genommen hat. Aber zugleich gibt es keinen größeren Beweis für die *Liebe* Gottes als das Kreuz. Er gibt seinen eigenen Sohn dahin, damit wir gerettet werden von Sünde, Tod und Teufel.

Dieses neue Verständnis der Gerechtigkeit Gottes bedeutete eine einzige Umkehrung des traditionellen moralischen und religiösen Urteils. *Allein* auf die Barmherzigkeit Gottes sich zu verlassen, war nach scholastischem Urteil Anmaßung; aber was Luther als Anmaßung zu bekämpfen gelernt hatte, das war ihm jetzt die Quelle des Jubels und der Freude. Allein auf Gottes Gnade zu bauen, war nach scholastischer Meinung aber auch sinnlos: Eine moralische Weltordnung konnte überhaupt nicht bestehen, wenn das Gesetz von Lohn und Vergeltung nicht galt; also mußte auch Gott als der Hüter der moralischen Weltordnung schlechthin es bewahren. Aber dies geheiligte Gottesgesetz war Luther nun eine Gotteslästerung geworden, da es eine Verkennung des Willens Gottes mit den Menschen und zugleich eine Verkennung der Stellung des Menschen vor Gott enthielt. Mit Otto Scheel muß man sagen, daß seit den Tagen von Jesus und Paulus innerhalb der Menschheit keine radikalere Umwertung der höchsten Werte stattgefunden hat als hier. Der Weg vom Menschen zu Gott ist total vermauert. So ernst ist die Sünde zu werten. Es gibt *nur* den Weg von Gott zum Menschen, der Christus heißt. Das ist Luthers neue befreiende Einsicht. Denn als einem Weg Gottes zum Menschen ist ihm alle Gewißheit zu eigen, die Gott zu eigen ist: „Ein feste Burg ist unser Gott!“ Aus Heilsungewißheit ist Heilsgewißheit geworden, Jubel und Freude. Diese Gewißheit, diese Freude trägt fortan Luthers Leben. Sie ist die Kraftquelle, aus der sein ungeheures Lebenswerk geflossen ist. Sie ist es auch letztlich gewesen, die in einem Zeitalter größter Heilsungewißheit die Massen auf seine Seite geführt hat.

Aber die Voraussetzung dafür war zugleich, daß Luther seine neue Erkenntnis nicht für sich behielt.

4. **Luther und die Öffentlichkeit.** Luther ist sich sofort dessen bewußt gewesen, daß ihm im Turmerlebnis eine Erkenntnis geschenkt war, die die ganze scholastische Theologie nicht gekannt hatte. Er wußte auch von dem inneren Wert dieses Geschenkes: „Die Pforten des Paradieses waren mir aufgetan." So hat er seine neuen Einsichten den studentischen Hörern denn auch sofort vorgetragen. Nur die Konsequenzen der Wiederentdeckung des Evangeliums sind ihm nicht sogleich aufgegangen. Daß im Grunde genommen das katholische Prinzip als solches hinfällig geworden war, sah er noch nicht. Aber daß die Erlösungslehre, in der er sich nun im Gegensatz zur Scholastik wußte, entscheidende Bedeutung hat, war ihm doch sofort klar. Trotzdem bekannte er sich gegen eine Tradition von Jahrhunderten ohne Zaudern zu der neuen alten Wahrheit des Evangeliums. Geriet er eben damit aber nicht ins Unrecht? Die katholische Kirche urteilt bis heute so, auch wenn sie Luthers Frömmigkeit hoch wertet und ihm persönlich alle Gerechtigkeit widerfahren läßt, wie es heute vielfach geschieht; daß er aus dem Kampf gegen Mißbräuche und Lehrverwirrungen einen Kampf gegen den Katholizismus als solchen entfesselte, soll ihn in Schuld geführt haben. Luther ist auch selbst immer wieder von der „Neuheit" seiner Verkündigung aufs schwerste angefochten worden. Er legte selbst den Gottlosen die Frage in den Mund: „Meinstu, das alle vorigen lerer nichts gewußt haben? ... Solt Gott so viel jar lang sein volck haben yrren lassen"[16]? Aber hier ist es

a) psychologisch bedeutsam gewesen, daß er vorher die Klosterkämpfe hatte durchringen müssen. In ihnen hatte er, ohne wirkliche Hilfe durch die Seelsorge der Kirche finden zu können, einsam stehen müssen und einsam zu stehen gelernt. Nun konnte er sich zu der neuen Einsicht bekennen, auch wenn er ganz allein stand.

b) Vor allem aber ist es wichtig, daß die neue Erkenntnis ihm aus der Bibel zugeflossen und nicht ein Erzeugnis seiner eigenen Spekulation war. Schon der Nominalismus, in dessen Denken Luther erzogen war, wertete die heilige Schrift als die allein unfehlbare Gottesoffenbarung. So stand letztlich Gott, der Autor der Schrift, hinter der neuen Entdeckung.

[16] WA 23, 421, 26 ff.

c) Außerdem glaubte Luther zunächst, wenn auch fälschlich, die besten Zeugen der alten Kirche auf seiner Seite zu haben: Hieronymus und Augustin, Bernhard von Clairvaux und Tauler.

d) Zur *öffentlichen* Verkündigung seiner Lehre aber berechtigte und nötigte ihn sein Lehramt als Doktor der Heiligen Schrift. Er war es gegen Wunsch und Willen 1512 geworden. Nun zwang das Amt ihn, der Amtspflicht nachzukommen. So ward die Gabe Gottes ihm von vornherein zur Aufgabe; von daher überwand er immer wieder die Anfechtung, die ihm aus dem Verlassen der Tradition gelegentlich erwuchs.

Aber es war gut, daß er nicht sofort in die *volle* Öffentlichkeit gerissen wurde. Vier stille Jahre blieben ihm etwa noch, in denen er seine neue Erkenntnis vertiefen und vor allem biblisch begründen konnte. Die Vorlesungen über den Römerbrief (1515/16), den Galaterbrief (1516/17) und den Hebräerbrief (1517/18) gaben allein schon eine gute Gelegenheit dazu. So war er an den entscheidenden Punkten theologisch zu voller Klarheit durchgedrungen, als der Ablaßhandel ihn vor die Weltöffentlichkeit führte.

Literatur

Ernst Walter Zeeden, Martin Luther und die deutsche Reformation im Urteil des deutschen Luthertums, 2 Bde., 1950/52;
Heinrich Bornkamm, Luther im Spiegel der deutschen Geistesgeschichte, 1955;
Adolf Herte, Das katholische Lutherbild im Bann der Lutherkommentare des Cochläus, 3 Bde., 1943;
Otto Scheel, Dokumente zu Luthers Entwicklung, 1929[2];
J. Köstlin und G. Kawerau, Martin Luther, 2 Bde., 1903[5];
Otto Scheel, Martin Luther (bis 1514), 2 Bde., 1921[3] und 1930[3];
Heinrich Boehmer, Der junge Luther, 1951[4];
Gerhard Ritter, Luther, Gestalt und Tat, 1959[6].

§ 35. Luthers theologisches Denken

1. Luthers Schriftlehre.

a) Luther ging nicht auf eine *neue* Lehre aus. Er wollte nur die alte biblische Wahrheit verkündigen. Von da aus ergab es sich zwangsläufig, daß er seine entscheidenden Gedanken in der Form der Schriftaussage vortragen mußte. Als eine *Theologie der biblischen Begriffe* bietet sich seine Theologie also dar. Damit ist fast der gesamte aristotelisch bestimmte Sprachschatz der Scholastik über Bord geworfen. Eine ungeheure Reduktion; ebenso groß wie die, die der Humanismus durch Rückgang auf die Antike herbeigeführt hat. Im übrigen aber behielt Luther als der konservative Mann, der er trotz allem war, bei, was er nur irgend festhalten konnte, ja er deutete lieber überkommene Begriffe um, als daß er neue einführte. Das erschwert die Erfassung seiner Gedanken nicht unerheblich.

b) Luther denkt jedes Problem und deutet jedes Bibelwort vom Zentrum der Schrift her, von der Rechtfertigung des Sünders allein durch den Glauben. Obwohl er keine Systematik geschrieben hat, ist so doch ein geschlossener Gedankenzusammenhang vorhanden.

c) Luther hat oft Aussagen gemacht des Inhalts, daß die Schrift wörtlich auf eine *Inspiration* durch den Heiligen Geist zurückgehe, und hat von da aus ernsthaft die Ausdrucksweise der Bibel beachtet, ja auf den Buchstaben gepocht. Und das, obwohl die schriftliche Fixierung des Neuen Testaments ihm als solche schon als ein Notbehelf, eine Anpassung Gottes an die Schwachheit des Menschen galt; sie bedeutet an sich einen „groszen abbruch und eyn geprechen des geystis“ [1]. Das *Wort* Gottes, nicht die Schrift steht hier also voran. So finden sich denn auch schon in den Vorreden zu den biblischen Büchern, ohne die er nie eine Bibel hat ausgehen lassen, so überaus *kritische* und kühne *Bemerkungen* — sie bezweifeln die Echtheit mancher biblischer Bücher, legen sogar nahe, ganze Bücher aus dem Kanon zu entfernen —, daß von einer Sklaverei gegenüber dem Buchstaben nicht die Rede sein kann.

Wie stimmen die beiden so stark divergierenden Aussagen zusammen? Die Erklärung heißt: *Das* Wort Gottes schlechthin ist Christus; weil die Bibel „Christum treibet“, deshalb ist sie eine schlechthin verpflichtende Autorität, aber auch nur, soweit sie Christum treibet. Christus aber spricht nicht nur im Neuen, sondern auch im Alten Testament. Von hier aus wird die Gebundenheit Luthers an die Bibel verständlich; über die Offenbarung Gottes kann sich kein Mensch, dem Gott eine ihn verpflichtende Realität ist, hinwegsetzen. Ihr gegenüber kann es nur eine einzige Haltung geben: den Glauben, der auch das scheinbar Irrationale hinnimmt, ja dies nach Luther erst recht; denn vom Nominalismus übernimmt Luther die Anschauung, daß die Vernunft die Überwelt nicht zu erkennen vermag. Nur die Offenbarung tut uns das Transzendente, das als solches zugleich übervernünftig ist, kund.

Aber von hier aus wird auch die *Freiheit* Luthers gegenüber der Bibel klar. Die Bibel enthält nach ihm auch eine Fülle von Dingen, die nur die Juden banden. Von den Gesetzbüchern des Alten Testaments z.B. meint Luther: „Mose ist alleyne dem Judischen Volck geben und geht uns Heyden und Christen nichts an. Wir haben unser Euangelion und newes testament“ [2]. Wenn Luther im Kleinen Kate-

[1] WA 10 I 1, 627, 1 ff.
[2] WA 18, 76, 4 ff.

chismus doch die zehn Gebote auslegte und lernen ließ, so tat er das, weil einige im Neuen Testament durch Christus selbst bestätigt waren und weil diese Dinge auch schon das durch Gott, den Schöpfer, geordnete Naturgesetz lehrt[3]. Aus dieser Quelle, Christus als dem alleinigen Wort, das Gott an die Menschen gesprochen hat, fließt beides, die Freiheit wie die Gebundenheit gegenüber dem schriftlich fixierten Zeugnis von ihm.

d) Indem Luther aber das *Wort Gottes* in den Mittelpunkt stellt, bringt er zugleich die geistig-persönliche Art, in der Gott mit den Menschen verkehrt, aufs schärfste zum Ausdruck. Nach katholischer Lehre handelt Gott mit den Menschen entscheidend im Sakrament. Und zwar schafft das Sakrament durch die gratia infusa[4] eine geheimnisvoll in der Seele gewirkte Veränderung des Menschen, unabhängig von seinem Bewußtsein, ex opere operato[5]. Hier ändert Luther von Grund auf. Gott verkehrt nie anders mit dem Menschen als durch das Wort. Das bedeutet ein Fünffaches.

α) Das Verhältnis zu Gott umschließt klare, sich im vollen Bewußtsein des Menschen abspielende Vorgänge. Verzweiflung, Anfechtung, Buße, Glaube, Liebe, Gebet sind psychisch *bewußte* Akte des Menschen oder sie sind nicht da. Damit ist sowohl die katholische Gnadenlehre mit ihrem opus operatum wie auch die Mystik abgewiesen; denn auch ihr Verschmelzungserlebnis, das nur ein Gefühl ist, ist unevangelisch. Weil das Gottesverhältnis nach Luther klar bewußt ist, deshalb ist es auch sprachlich ausdrückbar und die Wortverkündigung bildet die entscheidende kirchliche Tätigkeit.

β) Die Auffassung spricht aus, daß zwischen Gott und Mensch eine *persönliche Gemeinschaft* besteht. Gott ist als Geist Person. Als solcher verkehrt er durch sein Wort mit uns. Die katholische Lehre, die im Sakrament gipfelt, verdunkelt auch diesen Zusammenhang; die unbewußt erfolgende, wesenhafte Veränderung des Menschen bedingt einen qualitativen Zusammenhang mit Gott, dem summum bonum[6], der jedenfalls nicht *rein* geistiger Natur ist.

γ) Weiter kommt die *ethische* Bezogenheit des Menschen zu Gott dadurch zum Ausdruck. Denn Gottes Wort wendet sich primär nicht an den Verstand des Menschen oder an das Gefühl, sondern an das Gewissen. Das göttliche Wort umschließt Gesetz und Evangelium, d. h. Forderung und Verheißung. Eine Forderung kann aber immer nur an den Willen appellieren, und das Urteil über sie fällt das Gewissen. So

---

[3] Vgl. Heinrich Bornkamm, Luther und das Alte Testament, 1948.
[4] Die eingegossene Gnade.
[5] Durch den bloßen Vollzug des Sakraments.
[6] Dem höchsten Gut.

ist das Gewissen nach Luthers Auffassung das eigentliche Zentrum des Gottesverhältnisses, indem es im Bewußtsein der Sünde als böses Gewissen Gott flieht, unter dem Trost der Vergebung als „gutes“ Gewissen Gott sucht.

δ) Außerdem besagt die Bezeichnung „Wort Gottes“, daß die Gemeinschaft mit Gott nicht in uns, sondern in Gott selbst ihren Ursprung hat. Nicht wir dringen zu Gott vor, sondern er spricht zu uns — und nur, wenn und wo er zu uns spricht, entsteht Gemeinschaft zwischen ihm und uns.

ε) Gottes Wort hat aber an der schaffenden Macht Gottes teil, ja ist sein Schöpfungsmittel schlechthin. Noch mehr: in seinem Wort steckt Gott selbst, der ganze Gott. Sein Wort ist ihm „ßo ebengleych, das die gottheyt gantz drynnen ist, unnd wer das wortt hatt, der hatt die gantze gottheyt“ [7]. So gipfelt Luthers Lehre von der Heiligen Schrift als dem Worte Gottes darin, daß Gott es nicht „leer zurückkommen läßt“ (Jes. 55, 11). Die für Luther so charakteristische *dynamische Auffassung vom Worte Gottes* ergibt sich von hier aus notwendig.

e) Wenn die Schrift *das* Wort Gottes schlechthin enthält, *die* Gottesoffenbarung, dann folgt daraus mit Notwendigkeit, daß keine andere Größe beanspruchen kann, echte Aussagen von Gott zu machen, als *nur* die Schrift. Alles, was sich sonst noch als Quelle der Offenbarung gibt, muß Luther von da aus ablehnen: die *apostolische Tradition,* also die mündlich von den Aposteln verkündete, außerbiblisch in der Kirche bewahrte Lehre, dazu die *kirchliche Tradition,* d. h. die Aussagen der Kirchenväter, die Beschlüsse der Konzilien, die Dekrete der Päpste usw. Wenn aber alle diese Dinge nicht als gottentsprungen gelten können, dann sind es „Menschenfündlein“ (Matth. 15, 9; 1. Kor. 2, 5). Und in dem Augenblick, wo Luther sie so werten mußte, mußte er sie auch als Gotteslästerung werten; denn etwas, was nur menschliche Spekulation ist, als von Gott kommend und vor Gott Geltung habend hinzustellen, war ihm ein Eingriff in die Majestät Gottes und als solches Gotteslästerung.

Zugleich wird damit aber das sola scriptura Luthers, die Schrift *allein* Quelle der Gotteserkenntnis, in seiner Grundtendenz deutlich geworden sein. Das Verhältnis zu Gott auf menschliche Spekulation gründen heißt nach Luther nichts anderes, als sich dem Illusionismus ergeben; er aber will nicht Illusion, sondern Wahrheit, gerade vor Gott. Die hat er nur, wenn er sich ganz allein auf *Gottes* eigenes Wort gründet. Das ist Christus. So hängt ihm geradezu alles an dem sola scriptura.

---

[7] WA 10 I 1, 188, 6 ff.

f) Wenn aber die Schrift ganz allein Gottes Offenbarung enthält, dann hat auch keine Instanz dieser Welt ein Recht, sich die autoritative *Auslegung der Schrift*[8] anzumaßen. Denn das würde heißen, eine fremde Größe zum Herrn über die Schrift machen. Wer die Schrift recht verstehen will, der darf sie vielmehr nur aus ihrem eigenen inneren Zusammenhang heraus verstehen. Mit einer Formel gesprochen: scriptura scripturā interpretata[9] ist allein Quelle der Kirchenlehre. Luther entdeckt, indem er diese Weisung gibt, zunächst einmal

α) einen philologischen Grundsatz, der auch dem vielgerühmten Humanismus noch fremd geblieben ist, daß nämlich jedes Schriftstück aus seinem eigenen Sinnzusammenhang heraus zu erklären ist.

β) Außerdem fällt damit grundsätzlich die allegorische Auslegung, die jedes Wort nur als ein Symbol für eine hinter ihm liegende geheimnisvolle Weisheit ansieht; die buchstäbliche, „philologische" Erklärung gilt allein noch als gültig (praktisch hat Luther die eigene Weisung freilich noch nicht immer befolgt). Luther lehnt es von da aus sogar energisch ab, die Worte der Bibel aus ihrem ursprünglichen Zusammenhang zu reißen und losgelöst von ihm zu verwenden. Selbst der *historische* Zusammenhang muß für die Auslegung beachtet werden. Das heißt aber nicht weniger, als daß die moderne philologische Auslegung der Bibel ihren Grund nirgend anders hat als in Luthers theologischer Erkenntnis.

An *einem* Punkt drängt Luther freilich über solche philologische Auslegung hinaus. Die Feststellung dessen, was da steht und wie es in seinem historischen Zusammenhang verstanden werden muß, ist doch nur eine Vorarbeit für das eigentliche Verständnis. Letztlich geht es bei aller Beschäftigung mit der Bibel um die Erkenntnis der Sache, um die es ihr selbst geht, um die Erkenntnis der *Botschaft*, die ihr anvertraut ist. Jede Auslegung wird deshalb für Luther erst dann sinnvoll, wenn sie zu einem Ringen um die biblische Botschaft als solche wird. Er hat das noch unmittelbar vor seinem Tode an einem Beispiel klargemacht (16.2.1546): „Den Vergil in seinen Bucolicis kann niemand verstehen, er sei denn fünf Jahre Hirte gewesen. Den Vergil in seinen Georgicis kann niemand verstehen, er sei denn fünf Jahre Ackermann gewesen. Den Cicero in seinen Episteln kann niemand ganz verstehen, er habe denn 25 Jahre in einem großen Gemeinwesen sich bewegt. Die Heilige Schrift meine niemand genug verschmeckt zu haben, er habe denn 100 Jahre lang mit Propheten wie

---

[8] Gerhard Ebeling, Evangelische Evangelienauslegung. Eine Untersuchung zu Luthers Hermeneutik, 1942.

[9] Die durch die Schrift selbst ausgelegte Schrift.

Elia und Elisa, Johannes dem Täufer, Christus und den Aposteln die Gemeinden regiert. Wir sind Bettler. Das ist wahr." [10]

Nur wer diese Auslegungssätze innehält, wahrt nach Luther der Schrift ihren Charakter als Gottes Wort; wer sie vernachlässigt, gerät sofort wieder in die Gefahr des Illusionismus. Sie ergeben zugleich, daß auch der Laie zur Schriftauslegung geeignet und befugt ist. Luther schätzt zwar die Kenntnis der Sprachen, die das „Schwert des Heiligen Geistes" sind, sehr hoch ein; sie gibt den Gelehrten ein nicht bezweifeltes Vorrecht. Aber der Laie kann eventuell von der Sache her, von seinem Geisterfülltsein her, bessere Voraussetzungen zum rechten Verständnis der Bibel mitbringen als ein Gelehrter, sofern dieser sachentfremdet ist.

g) Für die katholische Kirche ist die Schrift nun nur *Quelle* der Kirchenlehre (freilich neben anderen Größen). Wie eine außer ihr stehende Größe, die Kirche, über ihre Auslegung entscheidet, so entscheidet diese auch über das, was aus der Schrift und den anderen Quellen als allgemein gültige Lehre entnommen werden soll. Norm der Schrift ist somit die Kirche, d.h. letztlich der Papst. Auch hiergegen hat Luther als etwas die Schrift von außen her Meisterndes Front gemacht. Nach ihm entscheidet sich auch allein an der Schrift selbst, was ihre zentrale Lehre ist. Die Schrift ist ihm also Quelle wie *Norm der Kirchenlehre*. Darin erst bekommt das sola scriptura seine letzte Verbindlichkeit für Luther [11].

2. Luthers Gottesanschauung. Daß alle Gotteserkenntnis nur in und durch Christus möglich ist, ist eben schon deutlich geworden. Inhaltlich sind zwei Aussagen über Gott zunächst charakteristisch für Luthers Lehre.

a) *Gott* ist seinem Wesen nach nichts anderes als *lebendiger Wille*. Ein Wirken, das nie aufhört, ein Tun, das kein Ende findet, eine Schaffenskraft, die keine Müdigkeit kennt, das ist bezeichnend für Gott. Ewig geht Gottes Schöpfertätigkeit weiter. Einen ruhenden Willen Gottes kann Luther sich überhaupt nicht vorstellen. Er wäre nicht mehr Gott, wenn er ruhte.

b) Weil es sich um Gottes Willen handelt und weil der Gottesbegriff den Gedanken der Allmacht einschließt, deshalb gibt es für das Wirken dieses Willens weder Schranke noch Grenze. Was sich nur denken läßt, ist nicht nur von ihm geschaffen, sondern wird auch erhalten und getragen von seiner allmächtigen Hand. Alles, was es gibt, es sei groß oder klein, ist Gottes allmächtigem und unwiderstehlichem Willen

---

[10] WA 48,241. Überlieferung des lateinischen Textes nicht ganz sicher.

[11] Über die Bedeutung des Heiligen Geistes für die Schriftauslegung siehe unten S. 306.

untertan. Der Begriff der Allmacht und Allgegenwart Gottes erweitert sich Luther also ganz von selbst zu dem der *Alleinwirksamkeit Gottes*. Alles, was ist, alles, was geschieht, ist und geschieht nur, weil und wie Gott es versehen hat und will. Wer Gott eine Schranke setzt, der begeht einen Raub an Gottes Ehre und Namen und wird damit, wie Luther ausdrücklich sagt, der höchsten Gotteslästerung schuldig.

Aus diesen entscheidenden Aussagen über Gott ergibt sich alles andere zwingend.

a) Aus der Alleinwirksamkeit Gottes folgt die *Unfreiheit des menschlichen Willens*. Es ist wichtig, das *hier* zu betonen, denn so wird klar, daß diese seine Lehre von der Unfreiheit, die man Luther immer wieder vorwirft, sich nicht in erster Linie aus einer pessimistischen Betrachtung des Menschen ergibt. Von da ergibt sie sich freilich auch (vgl. unten S. 309 f.). Aber primär ergibt sie sich vom Gottesbegriff Luthers aus, wie vor allem seine Schrift „De servo arbitrio"[12] von 1525 zeigt. „Wer das nicht verstehet, der sage nur nicht, daß er ein Christ sei"; die Worte zeigen, wie Luthers ganzes Sinnen um diese Gedanken kreiste. Die Lehre von der Unfreiheit des menschlichen Willens gehört deshalb zu den Urlehren Luthers.

Das muß nach einer Seite hin noch besonders unterstrichen werden. Daß der Mensch nichts Positives zur Gewinnung der Seligkeit beitragen kann, das ist oben (S. 281 f.) schon deutlich geworden. Aber nicht einmal etwas Negatives kann er tun. Nicht einmal sein Herz vor Gottes Gnade verschließen kann er; anders ausgedrückt: Nicht einmal verstocken kann er sein Herz gegen Gott. Das wird in evangelischen Kreisen fast immer übersehen. Wenn Gott nämlich seinen Willen auf einen Menschen richtet, dann ist es ja doch der *allmächtige* Wille, der den Menschen ergreift; ein Wille, demgegenüber menschlicher Widerstand ein Nichts ist. Alle seine „Repugnanz" nützt also dem Menschen nichts. Gott nötigt ihn doch in die Gemeinschaft mit sich hinein. Ja, Gott tut nie etwas anderes, als daß er ex nolentibus volentes[13] macht. Luther lehrt also ganz bewußt und ausdrücklich die Irresistibilität der Gnade. So macht- und wehrlos ist der Mensch in Gottes Hand wie Ton in der Hand des Töpfers. „Fieri nos docemur, non facere et non nos operamur sed deus nos operatur, facturae non factores sumus."[14] Von Freiheit *kann* einfach nicht die Rede sein.

b) Wenn schlechthin alles von Gott gewirkt ist und gewirkt wird, dann erhebt sich sofort und zwingend die Frage nach der Sünde, dem

[12] Über den geknechteten Willen.

[13] Aus Nichtwollenden Willige.

[14] Wir werden gelehrt, daß wir gemacht wurden, nicht selbst machen, und nicht wir wirken, sondern Gott wirkt uns; Gemächte sind wir, nicht Macher (WA 5, 544, 20 f.).

Bösen in der Welt. Gilt die ausgesprochene Voraussetzung, dann muß Gott auch das Böse in der Welt wirken. Und straft Gott, indem er das Böse straft, nicht das von ihm selbst Gewirkte? Ist das aber gerecht, ist das überhaupt erträglich? So fragt Luther sich selbst. Luther wagt es diesem Problem gegenüber zunächst, Konsequenzen aus seinem Ansatzpunkt, der Alleinwirksamkeit Gottes, zu ziehen, die sehr weit reichen.

α) Er weiß, daß Gott selbst den Menschen evtl. in grobe Sünden fallen läßt, um ihm die Augen über sich selbst zu öffnen. Es ist nur eine andere Ausdrucksform für diese Erfahrung, wenn Luther sagt, daß *auch der Teufel unter Gottes Gewalt* steht und tun muß, was Gott ersehen hat[15].

β) Luther nimmt den Gedanken von Gottes *Allgegenwart* so ernst, daß er ihn auch in der Hölle und im Bösen als anwesend ansieht. „Er (Gott) ist allenthalben gegen wertig, ym tod, ynn der hellen, mitten unter den feinden, ja auch ynn yhrem hertzen. Denn er hatts alles gemacht und regiert es auch alles, das es mus tun, was er wil.“ [16]

γ) Aber die letzte Konsequenz dieses Gedankens hat Luther nicht zu ziehen gewagt, obwohl er sie gesehen hat, die, daß Gott selbst auch der *Urheber des Bösen* ist. Luther unterscheidet zwischen „wirken“ und „verursachen“. Wirker des Bösen ist Gott, aber doch nicht sein Urheber. Urheber des Bösen ist *der* Böse. Luthers Vergleiche machen deutlich, was er damit meint. Wer einen Apfelbaum pflanzt, wirkt, daß Äpfel wachsen. Aber ob diese Äpfel gut oder schlecht sind, liegt an der Beschaffenheit des Baumes, nicht an dem Pflanzer. So macht Gott, daß der Böse wirkt; aber daß das Werk schlecht wird, verursacht der Böse, nicht Gott. Damit erreicht Luther, daß Gott von der Autorschaft der Sünde befreit wird. Aber eine wirkliche Lösung ist diese Auffassung kaum. Größer ist schon die Antwort, die Luther gelegentlich auch gibt: Das ist eine so schwere Frage, daß sie nicht beantwortet werden kann. Die Frage des Bösen in der Welt ist Gottes Geheimnis.

c) Hinter dieser Scheu, die letzte Konsequenz zu ziehen, steht nicht nur der Gedanke der Heiligkeit Gottes. Zugleich hindert Luther daran *die Verantwortlichkeit des Menschen.* Die Frage, wie Gott das Böse, das er doch selbst gewirkt hat, strafen kann, klang eben schon auf. Luther hat ihr gegenüber die volle Selbstverantwortlichkeit des Menschen betont. Das ist nicht im geringsten zweifelhaft. Fraglich kann nur sein, ob er für sie eine theologische und nicht lediglich eine psychologische Begründung gehabt hat. Psychologisch hat der Mensch unleugbar Wahlfreiheit; vor jeder bösen Tat steht er in einem Kampf zwischen ja und nein. Auch spricht die mahnende und richtende Stimme

[15] Hermannus Obendiek, Der Teufel bei Martin Luther, 1931.
[16] WA 19,219,31 ff.

des Gewissens in jedem Menschen. Ist damit aber auch schon objektiv eine Schuld des Menschen gegeben? Luther jedenfalls war dieser Meinung. Das heißt aber, Luther lehrt hier eine echte Antinomie, nämlich zwischen der Alleinwirksamkeit Gottes und der Selbstverantwortlichkeit des Menschen. Den Begriff der Antinomie kennt Luther auch selbst. Antinomie, d.h. aber, zwei logisch sich gegenseitig ausschließende Sätze werden gleichzeitig als wahr, als dem wirklichen Sachverhalt entsprechend aufgestellt, *müssen* aufgestellt werden, um den Sachverhalt vollständig wiederzugeben. Denkt Luther von der Sünde her oder, was dasselbe ist, vom Menschen aus, so konstatiert er dessen Schuldhaftigkeit; er ist dem Gericht mit Recht verfallen, denn er empfängt nur, was seine Taten wert sind. Damit ist, der logischen Konsequenz des Gedankens nach, die Gottgewirktheit alles menschlichen Tuns ausgeschlossen. Denkt Luther dagegen vom Gottesbegriff aus oder, was dasselbe besagt, von der Heilsverwirklichung her, so muß er die volle Alleinwirksamkeit Gottes sowie die absolute Passivität des Menschen konstatieren. Dieser Gedanke schließt logisch die Verantwortlichkeit des Menschen aus.

Und doch behauptet nun Luther trotz dieses logischen Widerspruchs beides zugleich, die Selbstverantwortlichkeit des Menschen *und* die Alleinwirksamkeit Gottes. Auf jeden Fall hat er damit zunächst auch die Tatsächlichkeit des Befundes glänzend beschrieben. Vor dieser Situation steht der Mensch, der in Gemeinschaft mit Gott lebt, tatsächlich. Er weiß sich in tiefster Seele schuldig und je tiefer das Leben mit Gott wird, desto feiner wird auch das Empfinden für diese seine eigene Verantwortlichkeit. Aber wenn der Mensch auf das Zustandekommen seines Glaubens blickt, so weiß er mit ebenso absoluter Sicherheit, daß hier nicht das Geringste sein eigen Werk ist. Alles ist ein unbegreifliches Geschenk der göttlichen Gnade. Schon die Erkenntnis seiner Sünde ist Gottes Werk in ihm. Zugleich aber steht Gott so gewaltig vor ihm, daß der Gedanke seiner Allwirksamkeit nicht nur eine logisch gezogene Konsequenz ist, sondern sich mit elementarer Kraft aufdrängt. Die Antinomie zwischen Gottes Omnipotenz und der Schuldhaftigkeit des Menschen beschreibt den tatsächlichen Sachverhalt also wunderbar. Das heißt aber: eine Antinomie ergibt sich nur beim Durch*denken* des Sachverhalts, sie ist im Vollzug selbst nicht enthalten.

Nur solch antinomisches Denken vermag aber auch den *vollen* Gehalt der heiligen Schrift zu erheben. Bei Paulus hat die Antinomie wohl ihren schärfsten Ausdruck gefunden, aber auch bei den Synoptikern und bei Johannes findet sich solche Doppelheit der Aussagen.

In dem Begriff der Antinomie liegt ausgesprochen, daß sogar der Versuch einer logischen Auflösung preisgegeben werden muß. Für

Luther war diese Irrationalität eher ein positiver Wahrheitsbeweis als das Gegenteil. Es gehört für ihn einfach zu Gottes Majestät, daß vieles dunkel bleibt; ein Gott, dem wir Menschen völlig nachdenken könnten, wäre nicht mehr Gott, denn wir hätten uns seiner bemächtigt. Zugleich aber ist Luther davon überzeugt, daß, von Gott selbst aus gesehen, alles ganz eindeutig ist. Antinomisch erscheint die Sache nur uns Menschen hier auf Erden. So kann Luther der Hoffnung leben, daß auch ihm, nämlich in der Herrlichkeit, einmal die Einsicht in den Zusammenhang erschlossen werden wird.

d) Noch von einer anderen Seite her stieß Luther auf dieselbe Schwierigkeit. Wenn der Gedanke der Allmacht Gottes so ernst genommen wird, daß man ihn zur Alleinwirksamkeit Gottes erweitert, dann muß die Frage aufgeworfen werden, warum Gott nicht *alle* Menschen für den Empfang der Gnade bereit macht. Schon Paulus hat die Allversöhnungslehre angedeutet, Origines sie voll durchgeführt. Luther aber lehnte sie ab. Wieder zwang ihn der Gedanke der Verantwortlichkeit, an Gottes Gericht festzuhalten. Wer aber von einem letzten Gericht weiß und zugleich die Alleinwirksamkeit Gottes lehren muß, dem bleibt als einziger Ausweg nur noch die Lehre von der *Prädestination*. Vor aller Zeit beschließt Gott, einen bestimmten Teil der Menschen aus dem Gericht, dem sie an sich *alle* verfallen sind, zu erretten. Daß Luther prädestinatianisch gelehrt hat, ist denn auch ohne jede Frage. Aber auch hier ergaben sich ihm Schwierigkeiten, und zwar von Aussagen der Bibel her, die für Luther immer ganz besonders bedeutsam gewesen sind, nach denen nämlich Gott das Heil *aller* Menschen will. Luther selbst hat auch auf Grund dieser Stellen den Universalismus der Erlösung durch Christus immer wieder betont. Und dann doch Prädestination? Nur ein Teil wird gerettet? Ist das nicht eine grausame Härte, ja Ungerechtigkeit Gottes? Luther hat in dieser Situation eine Antwort gegeben, die die Antinomie, von der eben die Rede war, in Gott selbst hineinverlegt, oder vielmehr in das Gottes*bild* hineinverlegt, das der Mensch allein gewinnen kann: Er unterschied zwischen dem Deus absconditus (Jes. 45, 15) und dem Deus revelatus[17].

Der Deus absconditus hat das secretum longe reverendissimum maiestatis divinae[18] sich allein reserviert. Er *will* verborgen bleiben; niemand soll sich also erkühnen, ihn anzugehen. In diesem verborgenen Gott ruht auch das Geheimnis, wie er in unbeugsamer Härte Sünde, Tod und Teufel herrschen lassen, ja selbst eine ewige Verdammung des Menschen aussprechen kann.

[17] Dem verborgenen und dem offenbarten Gott. Fritz Blanke, Der verborgene Gott bei Luther, 1928.

[18] Das hoch zu verehrende Geheimnis seiner göttlichen Majestät.

Aber dieser Deus wird mit Absicht der Deus *absconditus* genannt; das heißt, er geht den Menschen nichts an. Für diesen hat allein der Deus revelatus oder die voluntas dei praedicata, revelata, culta[19] Gültigkeit, wie sie vor uns steht im Deus incarnatus, in Christus, und zwar dem Christus crucifixus[20]. In ihm hat Gott sich als der offenbart, der nicht den Tod, sondern das Leben des Sünders will. Und von hier aus ergibt sich nun ein völlig neuer Einblick in Luthers Gottesauffassung. Gott ist nie ruhender Wille. Aber „Wille" ist ein vollkommen neutraler Begriff; es ist darin noch nichts über die Art dieses Willens ausgesagt. Luther beschreibt die Art dieses Willens nun von Christus her als die Liebe schlechthin. Diese Liebe Gottes, die geradezu sein Wesen ausmacht, ist schon die Grundursache der Schöpfung. Denn der tiefste Grund für sie ist, daß Gott Leben außerhalb seiner selbst schafft, dem er an sich selbst Teil gibt. So, als den völlig frei Schenkenden, als den grundlos und doch abgrundtief Liebenden hatte Luther Gott im Evangelium, in Christus, kennengelernt. Und alles, was ist, Himmel und Erde und alles Wesen, predigt und zeugt ihm nun von diesem Gott.

Hier könnte freilich eingewandt werden, daß Luther doch trotz dieses Hochgesanges von der Liebe Gottes, den er gesungen hat, zugleich auch mit einem Ernst, wie kaum einer vor ihm, von Gottes Zorn gezeugt und ihn gepredigt hat. Wie reimt sich dieser Zorn zu seiner Liebe? Hier ist zweierlei zu beachten.

α) Luther hat Gottes Zorn selbst so furchtbar auf sich lasten gefühlt, daß er sich in vollem Ernst als mitten in der Hölle weilend wähnte. Diese seine Auffassung von Gottes Zorn steht auch durchaus nicht isoliert in Luthers Gesamtanschauung. Sie entspricht vielmehr vollinhaltlich seiner Auffassung von Gottes Heiligkeit. Gott muß als der Heilige dem Sünder zürnen. So konnte Luther den Gedanken des Zornes Gottes unmöglich in dem Gedanken der Liebe Gottes *untergehen* lassen. Der Zorn Gottes, sein Gericht über die Sünde, ist vielmehr eine Realität. Aber andererseits soll Gottes Zorn, der an sich über *alles* Böse ergeht, nach Luther nun doch auch nicht dahin führen, daß das von Gott Geschaffene insgesamt dem Gericht verfällt. Das ergäbe eine absolute Sinnlosigkeit des Weltgeschehens. Luther mußte also hinter der Spannung zwischen dem Zorn und der Liebe Gottes eine Einheit suchen. Er fand sie im Anschluß an ein Schriftwort, Jes. 28, 21. Von da aus erkannte er, daß der Zorn und die Liebe Gottes nicht auf ein und derselben Ebene stehen. Die Liebe ist das „proprium opus

[19] Der gepredigte, offenbarte, kultisch verehrte Wille Gottes.
[20] Im Fleisch gewordenen Gott, dem gekreuzigten Christus.

Dei"[21]. Aber diese Liebe verbirgt sich hinter dem „opus alienum"[22], dem Zorn. Nicht nur scheinbar; Gott zürnt wirklich. Aber es ist auch wirklich der Zorn der Liebe. Denn indem Gottes Zorn den Menschen heimsucht, richtet er die Sünde in diesem Menschen und führt ihn durch das Gewissensgericht hindurch zu sich selbst. Erst wer am Ziel ist, spürt freilich, daß schon der Zorn ein Ausdruck der Liebe Gottes war, die den Sünder suchte; sachlich aber war der Einklang schon vorher gegeben.

Diese Ineinanderschau von Zorn und Liebe, opus alienum und opus proprium Gottes, bedeutet eine ungeheure Vertiefung des Liebesbegriffes. Gott ist nicht bloß der Gütige, der fünf gerade sein läßt, sondern seine Liebe ist getragen von dem ganzen männlichen Ernst, der in dem Begriff Vaterliebe enthalten ist, wenn man ihn tief genug faßt. Eine große erzieherische Herbheit ist also nach Luther für Gottes Liebe charakteristisch, die, wenn auch auf harten Wegen, das beste des Geliebten sucht.

Diese Schau Gottes, vom Bilde Christi bereichert, ist die wesentlichste Aussage Luthers über Gottes Tun. Sub contrario agit Deus. Gott wirkt, auf den äußeren Schein gesehen, gerade das Gegenteil von dem, was er herbeiführen will. Er erniedrigt, wenn er erhöhen will, er tötet, um lebendig zu machen, er führt in die Hölle, um den Himmel aufzuschließen (1. Sam. 2, 6 f.).

β) Luther hat aber, wenn er von Gottes Zorn sprach, zugleich aufrechterhalten, daß es neben dem Zorn des Erbarmens auch den *Zorn der Strenge* gebe, einen Zorn, der nur straft und vernichtet. Der Gedanke der Prädestination zwang schon dazu, vor allem aber der Gedanke der Heiligkeit Gottes. Und der der Verantwortlichkeit des Menschen auch. Es bleibt dabei, daß Gott nicht *alle* rettet. Auch dies Bewußtsein hat dauernd Luthers Gottesbegriff bestimmt. Gott ist doch trotz seiner offenbaren Liebe zugleich auch der, der Macht hat, in die Hölle zu verdammen. Hier wird die Spannung nicht aufgehoben zwischen dem Deus absconditus und dem Deus revelatus. Aber die Ineinsschau, die Luther in bezug auf den Zorn des Erbarmens und die Liebe Gottes gelungen war, wirkt nun auch auf die Begriffswelt des Deus absconditus und des Deus revelatus ein. Wenn Luther auch daran festhält, daß der prädestinierende Wille Gottes ein für uns undurchdringliches Geheimnis birgt, ja wenn er auch zugeben muß, daß Gott dadurch mit dem Schein der Ungerechtigkeit beladen wird, so zweifelt er doch nicht daran, daß *in Gott selbst* auch diese Spannung aufgehoben ist. Gottes Handeln ist sinnvoll, auch wenn es uns sinnlos

---

[21] Das eigentliche Werk Gottes.

[22] Dem fremden Werk.

erscheint. Luther glaubt es zum mindesten dem Gläubigen zumuten zu können, die scheinbare Ungerechtigkeit als eine ihm hier nur verborgene Gerechtigkeit anzusehen. Das Licht der Herrlichkeit wird auch diese Frage lösen. „Diß die aller adelichist und tewrste tugent des glawbens ist, das er ... nit wissen wil, warumb gott also handle, sondern dennoch Got für die höchst gütte unnd gerechtickeyt hellt, ob wol hie wider und uber alle vernunfft, synn und erfarn eytel zorn und unrecht scheynet."[23] So bleibt das also das letzte Wort: Für uns gibt es an sich nur die Antinomie zwischen dem Deus absconditus und dem Deus revelatus, dem vernichtenden Zorn und der rettenden Liebe. Aber der Glaube vertraut doch darauf, daß diese in Gott selbst sinnhaft aufgehoben ist. Luther kann später sogar sagen: „Si credis in deum revelatum et recipis verbum eius, paulatim etiam absconditum deum revelabit."[24]

e) Aber nun erhebt sich schließlich noch gegen den Gedanken der Alleinwirksamkeit Gottes *die Frage des Leides,* der Not in der Welt. Wie kann Luther von einem allmächtigen Willen reden, der alles Weltgeschehen trägt, wie kann er vor allem als die Natur dieses Willens die Liebe hinstellen angesichts des ungeheuren Elends in der Welt? Diese Frage ist heute für die meisten Menschen ein größeres Problem als die des sittlich Bösen, während es für Luther umgekehrt war. Aber daß hier eine wirkliche Frage vorliegt, hat auch Luther gesehen. Auch hier bleibt als Antwort natürlich der Hinweis auf den verborgenen Gott das erste Wort. Wir haben heute wieder volles Verständnis für diese Auffassung, während sie dem 19. Jahrhundert mit seinem ungebrochenen Fortschrittsglauben verschlossen war.

Aber gerade auf diesem Gebiet ist es Luther im übrigen ziemlich leicht geworden, einen Zugang zu dem Problem zu finden, das seine Sinnhaftigkeit wenigstens dem glaubenden Menschen erschließt. Es hängt das eng mit der ganzen Herbheit seiner Auffassung von Gottes Liebe zusammen, die ihr letztes Ziel darin hat, den Menschen zu Gott zu führen. Luther weiß nämlich aus seiner eigenen Erfahrung, daß der Mensch Gott nie so findet, wie Gott von ihm gefunden sein will, es sei denn, er zerbreche zuerst an sich selbst. Solange des Menschen Herz noch an Götzen hängt, kann es Gott nicht finden. Deshalb muß alles, was den Menschen gefangengenommen hat, erst von Gott zerschlagen werden, ehe der Mensch zu ihm hinfinden kann. Dies Zerschlagen vollzieht Gott in der Schule des Leides und des Leidens. Da verlernt es der Mensch nach Luther, sich auf seine eigene Kraft zu verlassen; da

[23] WA 10 II 323,3 ff.

[24] Wenn du an den offenbarten Gott glaubst und sein Wort annimmst, wird es (er?) dir allmählich auch den verborgenen Gott offenbar machen (WA 43,460, 26 ff.).

erkennt er die Nichtigkeit aller irdischen Hilfsquellen und wird so offen für Gottes Botschaft. Von dieser Einsicht aus hat Luther es für den größten Beweis der *Liebe* Gottes gehalten, der überhaupt denkbar ist, wenn dieser das Kreuz schwer auf eines Menschen Schulter legt. Und umgekehrt ist es für Luther ein sicheres Zeichen dafür, daß Gott seine Hand von einem Menschen abgezogen hat, wenn er ihm keine Anfechtungen mehr schickt[25]. Und Gottes Liebe ist tief genug, den Menschen in diese harte Schule zu nehmen. Theologia crucis *auch in diesem* Sinne! Unsere Kirche würde dem leidenden Teil des Volkes eine wirkliche Hilfe bieten, wenn sie ihn im Ernst lehrte, in der strafenden, schlagenden Hand Gottes die suchende Liebe zu sehen. Daß der impius das nicht zu verstehen vermag, hat freilich Luther schon selbst ausgesprochen.

f) *Luthers Geschichtsanschauung*[26]. Luthers erstaunlich reiches Denken über die Geschichte hat seinen letzten Ausgangspunkt in der Frage nach dem letzten Grunde alles Geschehens. Auch mit seinem Denken über die Geschichte steigt er nicht von unten nach oben auf, sondern es wurzelt allein in seinem Gottesgedanken. Auch hier geht er aus von der Alleinwirksamkeit Gottes: „Omnia incommutabili et aeterna infallibilique voluntate et praevidet et proponit et facit."[27] Der eigentliche Grund alles Geschehens ist „gottis eygen werck, wilche müssen sein, das niemandt mit yhm wirck, sondern er allein"[28]. Mag Fleisch und Blut darüber murren und mögen die Ungläubigen daran Anstoß nehmen und abfallen, es bleibt dabei: „Deus est, cuius voluntatis nulla est causa nec ratio, quae illi ceu regula et mensura praescribatur, cum nihil sit illi aequale aut superius, sed ipsa est regula omnium."[29] Das wird ausdrücklich auf die Geschichte ausgemünzt. „Alßo sehenn wir in allen historien und erfarung, wie er ein reich auffwirfft, das ander nyder, ein Furstenthumb erhebt, das ander vordruckt, ein volck mehrt, das ander vortilget, wie ehr Assyrien, Babylon, Persen, Kriechen, Rom thann hat, die doch meyneten, sie wurden ewig sitzen in yhrem stuel."[30] Ja, Luther kann sogar sagen: „Ninive igitur civitas Dei dicitur (!), quod Deus ei incrementa et benedictionem suam dedit, et curat ac gubernat eam."[31]

---

[25] WA 16,137 ff. [26] Hanns Lilje, Luthers Geschichtsanschauung, 1932.

[27] WA 18,615,13 f.: Mit seinem unveränderlichen und ewigen und unfehlbarem Willen sieht und ordnet er alles voraus und vollbringt es.

[28] WA 7,588,12 f.

[29] WA 18,712,32 ff.: Er ist Gott, für dessen Willen es weder eine Ursache noch einen Grund gibt, die ihm als Regel oder Maß vorgeschrieben werden, da nichts ihm gleich oder übergeordnet ist; sondern er selbst ist Regel für alles.

[30] WA 7,590,9 ff.

[31] WA 42,507,8 f.: Ninive wird also eine Stadt Gottes genannt, weil Gott ihr Wachstum und seinen Segen gab und für sie Sorge trug und sie leitete.

Daß, für den Augenschein unwiderlegbar, die Menschen selbst in der Geschichte handelnd tätig sind, sie sogar total bestimmen, war für Luther kein Gegenargument. Er schaut — die Erklärung des ersten Artikels macht es schon klar — durch die vordergründigen Gewalten hindurch entschlossen auf die eigentlich tätige Macht. „In Annibale magnus animus et singularis industria est — In Alexandro sunt maiora dona, quibus instructus foeliciter gerit omnia ... Sed istae quasi larvae sunt, quas solas videmus: Gubernationem divinam, qua aut stabiliuntur imperia, aut evertuntur, non videmus.“ [32] Aber wenn wir sie auch nicht *sehen,* so ist die göttliche Lenkung doch da, und wir können es *glauben,* daß die Menschen nur die Larven und Masken sind, unter denen Gottes Tun als das Eigentliche verborgen liegt. Er „kundt auch wol on könige, fursten, herrn und richter weltlich regiren, fride halten und die bösen straffen. Er wil aber nicht, sondern teilet das schwerd aus und spricht: straffe die bösen, schutze die frumen und handthabe den friden. Wie wol ers doch selbst durch uns thut, und wir nur seine larven sind, unter wilcher er sich verbirget und alles ynn allen wirckt, wie wir Christen das wol wissen. Gleich wie er auch ym geistlichen regiment seiner Christen selbs alles thut, leret, trostet, straffet und doch den Aposteln das wort, ampt und dienst eußerlich befilhet, das sie es thun sollen. Also braucht er uns menschen beyde ynn leiblichem und geistlichem regiment, die wellt und alles was drynnen ist zu regiren.“ [33] „. . .spiritualis persona . . . discernit faciem a Verbo quam larvam ab ipso deo . . . Ideo universa creatura eius larva est. Ideo scientia nostra, ut discernamus divinitatem a larva, hoc non facit mundus.“ [34]

Diese Aussage, daß der Ablauf der Geschichte in allen seinen Phasen allein Gottes Werk ist, ist aber wieder nur die *eine* Seite von Luthers Geschichtsschau. Auch hier wird nun der antinomische, ihr gegenüberstehende Gedanke von der verantwortlichen Eigentätigkeit des Menschen bedeutsam. Von ihm aus gewinnt Luther einmal die wichtige Einsicht, daß es der Geschichte gegenüber keine „Zuschauerhaltung“ für uns gibt. Gott will, daß wir tätig werden, ja, das ist der Sinn seiner Schöpfung. Und wir sind verantwortlich für dies unser Tun. Auch

[32] WA 42, 507, 16 f.: In Hannibal ist ein großer Geist und ein einzigartiges Bemühen ... In Alexander sind große Gaben, durch die er alles glücklich hinausführt ... Aber sie sind wie Marionetten, die wir allein sehen: die göttliche Lenkung, durch die die Reiche entweder gefestigt oder gestürzt werden, sehen wir nicht.

[33] WA 23, 8, 33 ff.

[34] WA 40 I, 174, 1 ff.: Ein geistlicher Mensch unterscheidet die Erscheinung vom Wort wie die Larve von Gott selbst ... daher ist die gesamte Schöpfung Gottes Larve. So ist unsere (der Christen) Weisheit, daß wir die Gottheit und die Larve unterscheiden. Das tut die Welt nicht.

unser politisches Abseitsstehen hat als solches geschichtliche Bedeutung; deshalb müssen wir auch das verantworten. Es gibt kein „medium regnum“ [35], in welchem Neutralität herrschte.

Luther gewinnt von hier aus weiter einen Zugang zur Wirklichkeit der Geschichte mit ihren Rätseln, ihrem Durcheinander von Recht und Unrecht. Es ist schon so, in ihr tobt sich die Bosheit der Welt aus. Und das ist ihm so bedeutsam, daß Luther in diesem Zusammenhang auch über den Teufel eine Aussage machen muß, die über das oben (S. 292) Gesagte hinausgeht. Hier sieht Luther ihn als den *aktiven* Gegenspieler Gottes, dessen Reich mit Gottes Reich in Widerspruch steht [36]. Dieser Zwiespalt gehört nach Luther zum Wesen der Geschichte. Würde Gott seine Herrschaft *direkt* ausüben, so wäre nicht mehr Geschichte, sondern paradiesische Seligkeit da.

Die Diskrepanz zwischen Gottes Alleinwirksamkeit und diesem Teufels- und Menschenwirken in der Geschichte ist natürlich für unsere Augen auf Erden wiederum nicht auflösbar. Aber Luther gewinnt von ihr aus doch noch zwei wichtige Einsichten:

α) Den Gedanken der *Verborgenheit* Gottes in der Geschichte. Sie wird zur Selbstverhüllung Gottes. Die Menschen sind Gottes Larven, Gottes „mummerey“, hinter denen er sich *verbirgt*. Der Marionettenspieler ist zwar allein entscheidend, *ganz* allein sogar, aber er zeigt sich *nie*, er läßt allein die Marionetten agieren. Diese Verhüllung Gottes gilt in besonderem Sinn für die *Heils*geschichte, auch für Christus, wie wir gleich noch näher betrachten müssen.

β) Luther sagt, daß Gott dies Mittel der Maskierung seiner selbst gerade deshalb anwendet, um wirklich selbständiges geschichtliches Leben zu ermöglichen, sogar den Menschen zur Strafe: „Denn es lauffen der creatur krefft mitunder und sind nit bloß eygen gottis werck, wilche mussen sein.“ [37] Würde Gott direkt und sichtbar in der Geschichte wirken, so würde der Mensch alles untätig Gott überlassen.

Welchen Sinn dieses antinomische Gegeneinander von Gottes Alleinwirksamkeit und menschlicher, ja teuflischer Eigentätigkeit, das die Geschichte für die Sicht des gläubigen Menschen bildet, letztlich hat, weiß nur Gott allein. *Daß* es einen Sinn hat, postuliert Luther wieder, und er wagt in Einzelfällen auch ihn auszusprechen [38]. Gewiß ist er sich weiter auch dessen, daß Gott einmal ein Ende der Geschichte setzen wird. Man darf, wenn ich Luther recht verstehe, dies Ende aber nicht evolutionistisch als *Ziel* verstehen. Da alles von Gott gewirkt ist, ist

---

[35] Mittelreich.
[36] WA 18, 709.
[37] WA 7, 587 f.
[38] Vgl. Heinz Zahrnt, Luther deutet Geschichte, 1952.

alles auch „direkt zu Gott" (Ranke), was evolutionistischem Denken widersprechen würde.

3. **Luthers Christologie.** Luthers Christologie ist der in der Forschung heute am meisten umstrittene Teil von Luthers Lehre. Man war gewohnt, Luthers Lehre ganz christozentrisch darzustellen. Statt dessen hat Karl Holl sie ganz theozentrisch geschildert. Dem ist lebhaft widersprochen worden. So ist das also die erste Frage: Welche Bedeutung hat Christus nach Luther? Damit ist aber die zweite eng verbunden, nämlich: Wie denkt Luther im einzelnen über Christi Person und Werk? Zur Lösung sind nur Ansätze vorhanden.

a) In bezug auf Luthers Anschauung von der **Person Christi** ist eines zunächt freilich sehr einfach: Er hat ohne jeden Zweifel die Zweinaturenlehre des alten christologischen Dogmas von Chalzedon 451 freudig bejaht. Die Frage ist nur, in welchem Verständnis er ihr zustimmt. Fragt man so, dann wird klar,

α) daß *Luthers eigentliches Interesse an der Menschheit Christi haftet.* Denn sie ist die Offenbarung Gottes des Vaters. Gottes Majestät ist zu gewaltig und die menschliche Fassungskraft zu gering, als daß Gott den Menschen direkt gegenübertreten könnte. Deshalb paßt er sich ihrer sinnlichen Bedingtheit an und erscheint ihnen in Menschengestalt. Aber in diesem Menschen Jesus wohnt nun die ganze Fülle der Gottheit leibhaftig. „Das ew'ge Licht geht da herein." An dem Bilde dieses Menschen, an seinem Gehorsam auf dem Kreuzesweg und an seiner allerbarmenden Liebe, von der das Kreuz der größte Erweis ist, wird dem Menschen Gottes Art klar, geht dem Menschen die Liebe auf, die Gott zu ihm hat. In Christi Leiden und Tun erfassen wir unmittelbar den göttlichen Willen, der freilich auch hier „sub contrario agit". So ist der Mensch Jesus die Offenbarung Gottes schlechthin. „Prorsus nullum deum scito extra istum hominem et haere in ista humanitate."[39] Diese *Offenbarung* Gottes ist aber zugleich eine *Verhüllung*. Das „Gott in ihm" liegt nicht ohne weiteres für alle Menschen klar auf der Hand; die meisten verwerfen ihn sogar. Daß er Gott ist, kann allein der Glaube daran erkennen, daß Christus nicht nur Gottes Willen und Gottes Liebe *verkündet,* sondern daß er selbst ein Werk schafft, durch das er sich als Gott erweist. Nicht bringt Christus den Frieden wie die Apostel durch Predigen, sondern indem er ihn selbst schenkt. Der Vater schenkt, schafft Vergebung der Sünden und Frieden. Dasselbe schenkt Christus. Schenken aber die Gnade und die Vergebung der Sünden und das neue Leben, die Rechtfertigung, die Befreiung vom Tode und vom Teufel, all das sind keine Taten, die der Kreatur möglich sind,

[39] WA 40 I, 77, 1 f.: Du sollst weiterhin keinen anderen Gott kennen außer diesem Menschen und hänge dich an diese Menschheit.

sondern sie sind allein der einzigen Majestät möglich. Alles das gehört zu der Herrlichkeit der höchsten Majestät, der Schöpferin[40]. Also muß Christus, der das alles tut, selbst Gott sein. Anders ausgedrückt: Christus hat die Gewalt, richtend und erhebend den Zugang in Gottes Reich zu eröffnen. Und er übt diese Vollmacht noch heute. *Deshalb* erfaßt Luther ihn, diesen Menschen, als Gott.

Damit wird zugleich deutlich sein, warum Luther die Formeln des alten Dogmas beibehalten mußte. Er erkennt ja wirklich den Menschen Jesus Christus als Gott. Freilich deckt sich seine Auffassung des christologischen Dogmas kaum voll mit dessen ursprünglichem Sinn. Für beide Gruppen der alten Kirche, für Ost *und* West, stand das Verhältnis der *Naturen* Christi zueinander durchaus beherrschend im Vordergrund. Auch für den Westen! Anselms von Canterbury „Cur deus homo" macht es unübersehbar deutlich. Für Luther aber ist die Einheit der *Person* entscheidend. Die Tatsache, daß Christus göttlicher *Natur* war, hat zwar auch Bedeutung für uns, aber in erster Linie doch sein sittliches Tun, sein Gehorchen, sein Lieben, sein Schaffen. So konnte Luther das alte Dogma nur festhalten, weil es neben der Doppelheit der Naturen auch die Einheit der Person lehrte.

Wie stark dies Hängen an der *Einheit* der Person Luther beherrschte, zeigt vor allem sein Ringen, diese Einheit trotz der Doppelheit der Naturen theologisch begrifflich zu fassen; das Ringen, das schließlich zu seiner Bejahung der altkirchlichen Lehre von der communicatio idiomatum[41] geführt hat. Sie besagt: Alle Eigenschaften, idiomata, der menschlichen Natur Jesu Christi sind auch der göttlichen eigen und umgekehrt. Es ist im Grunde genommen der Versuch, alles, was von Christus gesagt werden kann, von der einen Person aussagen zu können. So liegt darin die innere Überwindung der Unterscheidung von Natur und Person.

Christus ist also Gott in Person. Andererseits ist es Luther aber auch nicht einen Augenblick fraglich, daß er zugleich nichts anderes ist als ein freies *Geschenk Gottes selbst* an die Menschen. Alles, was durch Christus geschieht, ist von dem allwirksamen Gott selbst gewirkt. Auch der Kreuzestod ist ein Handeln Gottes. Von hier aus hat Luther Christus immer in einer Art Unterordnung unter Gott sehen müssen. Das gerade hat Holl betont. Diese Tatsache findet ihren schärfsten Ausdruck darin, daß Christus die Menschen nie zu sich selbst führt, sondern immer nur zum Vater. Er tut auch nicht seinen, sondern des Vaters Willen. Vor allem aber hört sein Werk auf; er übergibt seine Herrschaft über die Seelen dem Vater und dieser wird dann sein alles in allem.

[40] WA 40 I, 81, 14 ff.

[41] Der Gemeinsamkeit. dem Austausch der Eigenschaften.

β) Aber andererseits hat Christus unmittelbar *teil an Gott selbst;* was er tut, tut Gott, indem er (Christus) es tut. Das betont Luther so sehr, daß seine Aussagen schon fast sabellianisch (S. 100) klingen. Man darf die Unterordnung also keinesfalls überbetonen, wird vielmehr auch hier die innere Spannung der Aussagen stehen lassen müssen.

b) An **Christi Werk** ist ein Dreifaches wichtig.

α) Einmal ist er das **Wort Gottes,** das an uns ergeht, die Offenbarung Gottes schlechthin (vgl. oben S. 286). Und das war er auch nicht nur während seiner Erdenzeit, sondern das ist er auch heute noch, denn „verbum fit caro, ut caro fiat verbum“ [42]. Als dies Wort Gottes ist er heute noch wirksam und bleibt es bis ans Ende der Tage.

β) Daneben steht natürlich hell und klar sein **Tod.** Luther hat die klassisch katholische Auffassung Anselms abgelehnt, nach der Christus in seinem Tod Gott ein unendliches Gut dargebracht hat, das dieser dann den Menschen, die Christus angehören, zuwendet. Der Tod und die Auferstehung Christi sind nach Luther vielmehr

αα) das *Urbild* dessen, was Gott auch an uns wirken will (lateinisch exemplar, nicht exemplum, was sittliches Vorbild heißen würde). Wie Christus, so werden auch wir dem Leiden und dem Tode überantwortet, aber nicht, um im Tode zu bleiben, sondern um durch ihn hindurch zur Herrlichkeit zu gelangen.

ββ) Der Tod Christi ist weiter eine echte *Strafe,* die Gott ihm auferlegt und die er trägt uns zu gut. Das wird deutlich am vierten Kreuzeswort: „Mein Gott, mein Gott, warum hast Du mich verlassen!“, in dem Luther als erster eine Selbstaussage Christi gesehen und das er als die tiefste Tiefe gewertet hat, in die Gott ihn hinabgestoßen hat um der Sünde willen, die er auf sich genommen. Aber Christus fühlt nicht nur den Zorn Gottes über sich, er überwindet ihn zugleich. Und zwar überwindet er ihn, indem er ihm betend — das vierte Kreuzeswort gehört zum 22. Psalm — und gehorsam (Phil. 2) still hält. So wird der Zorn Gottes gestillt, uns zu gut. Christus trägt also wirklich die Strafe, die wir verdient haben. Von da aus wird es verständlich, daß Jes. 53 „Die Strafe liegt auf ihm, auf daß wir Frieden hätten“ in Luthers Nachfolge *der* Karfreitagstext der evangelischen Kirchen geworden ist. Das Leiden und Sterben Christi geschieht also pro nobis, für uns. Daß auch Luther ein heilsursächliches Wirken Christi gelehrt hat, hätte man also in der Forschung nicht bestreiten sollen. Zu hell steht der Christus pro nobis [43] in seinen Schriften.

Da Christus den Zorn Gottes überwindet uns zu gut, so ist *sein Tod* also

[42] WA 1, 28, 27: Das Wort wird Fleisch, damit das Fleisch Wort werde.

[43] Der Christus für uns.

αα) die *Versöhnung Gottes.* Die Frage, warum Gott gerade diesen Weg einschlägt, um sie herbeizuführen — in gewissem Sinne handelt es sich ja um eine Selbstversöhnung Gottes — ist kaum beantwortbar. Man kann nur darauf hinweisen, daß so die ganze Größe des *Zornes* Gottes wirklich offenbar wird. Das Gesetz ist nicht bloß gegeben, damit es einmal gegeben ist; es enthält positiv Gottes Willen. Die Heiligkeit, Unantastbarkeit des Gesetzes zum Ausdruck zu bringen, ist aber der Sinn aller Strafe. So ist der Tod Christi also

ββ) *satisfactio,* aber Satisfaktion nicht gegenüber Gott, sondern gegenüber dem Gesetz.

Schwierig ist die weitere Frage, die sich hier erhebt. Christus hat Gott versöhnt, indem er seinen Zorn trug. Warum stehen *wir* dann noch unter Gottes Zorn? Er ist doch schon gestillt; Gott zürnt nicht mehr. So hat Zwingli z.B. argumentiert. Luther aber sieht den Zorn als eine auch heute noch ergehende Realität. Warum? Diese Frage hat er im Grunde genommen nicht beantworten können. Hingewiesen werden kann auch hier wieder auf den Ernst der Sünde; sie wird auch an uns selbst und nicht nur an Christus gerichtet. Grundsätzlich aber trägt immer Christus den Zorn Gottes. Auf uns gesehen ist deshalb Christi Werk für Luther

γγ) die *Erlösung des Menschen* von der Schuld der Sünde.

γ) Daß Gott wirklich versöhnt ist, wird deutlich an der **Auferstehung Christi.** Tod und Auferstehung gehören engstens zusammen. Denn ohne die Auferstehung wäre das Zorngericht Gottes, das sich am Kreuz vollzieht, dessen letztes Wort. Durch die Auferstehung erst erweist sich die Liebe als das entscheidende. Aber nicht nur als Offenbarung der vollendeten Versöhnung Gottes ist die Auferstehung für uns Menschen wichtig. Der Mensch steht seit dem Sündenfall nicht nur unter dem Zorn Gottes, sondern auch unter der Gewalt der Größen, die durch die Sünde Macht über ihn bekommen haben, des Teufels und des Todes. Die Auferstehung zeigt nun

αα) daß *dem Tode die Macht genommen* ist. Damit ist die eine Zornesmacht überwunden.

ββ) Die Auferstehung begründet nach Luther zugleich aber auch ein *Christus in nobis*[44]. Dieser ist nicht zum Himmel gefahren, um dort zu bleiben, sondern um lebendig zu werden, aufzuerstehen, wie Luther geradezu sagt, im Herzen des Menschen. Und der Sinn dieses seines Auferstehens im menschlichen Herzen ist der *Kampf mit der Sünde.* So wird allmählich, und im leiblichen Tode vollständig, auch diese besiegt und verliert ihre Herrschaft über den Menschen. Dies Christus

[44] Christus in uns.

in nobis steht bei Luther hell und klar neben dem Christus pro nobis. Er kann es neben der Auferstehung auch auf den Wortcharakter Christi gründen. Dieser ist das Wort Gottes. Wenn das Wort Gottes in einem Herzen eine lebendige Kraft wird, so bedeutet das also, daß Christus in ihm lebendig wird, in ihm aufersteht.

$\gamma\gamma$) Und auch der *Teufel* verliert seine Herrschaft, wo Christus der Herr wird, ja er brachte sich selbst schon um sie, indem er sich an Christus vergriff.

So ist das Werk Christi auch in dieser Beziehung Erlösung, Erlösung nämlich von Sünde, Tod und Teufel, wie Luther in der Erklärung des zweiten Artikels im Kleinen Katechismus sagt.

Mit alledem aber wird *Christus der Herr.* Sünde, Tod und Teufel verlieren ihre Herrschaft über den Menschen, Christus tritt an ihre Stelle. In diesem seinem Herrsein ist im Grunde genommen alles enthalten, was Christus nach Luther für den Menschen ist, nämlich das „Christus pro nobis" als die Grundlegung seiner Herrschaft und das „Christus in nobis" als die Ausübung dieser Herrschaft. Von hier aus wird noch einmal deutlich, wie unscheidbar das „Christus pro nobis" und das „Christus in nobis" für Luther zusammengehören.

4. Luthers **Lehre vom Heiligen Geist**[45] steht mit seiner Christologie in einem engen inneren Zusammenhang. Christus hat einmal, in der Vergangenheit, uns das Heil erworben. Der Heilige Geist ist es, der den zeitlichen Abstand zwischen dem Christus incarnatus[46] und uns überbrückt und uns das Heil gegenwärtig macht. Ohne ihn ist es dem Menschen völlig unmöglich, zu Christus und damit zu Gott zu kommen, was die Erklärung zum dritten Artikel im Kleinen Katechismus in klassischer Form zum Ausdruck bringt. Damit ist zugleich gesagt, daß das Heil nicht von einer wie auch immer gearteten menschlichen Vorleistung abhängt. So stellt die Bindung des Menschen an den Heiligen Geist zugleich das solā gratiā noch einmal sicher.

Charakteristisch für Luthers Pneumatologie ist nun, daß der Heilige Geist nach ihm niemals direkt auf den Menschen einwirkt, sondern daß er sich für den Gesamtbereich seiner Wirksamkeit total an das „Wort" gebunden hat. Diese Inverbation des Heiligen Geistes entspricht der Inkarnation Christi. Denn auch ihm dürfen wir Menschen nicht direkt begegnen; um unserer Schwachheit willen wählt er also ein sinnliches Gewand. Zugleich aber fordert die Christozentrizität der Lehre Luthers diese Inverbation des Heiligen Geistes. Würde Gott oder, was dasselbe ist, der Heilige Geist direkt zu den Menschen reden ohne das

[45] Kurt Dietrich Schmidt, Luthers Lehre vom heiligen Geist (Festschrift Simon Schöffel, 1950).

[46] Dem fleischgewordenen Christus.

Mittel der Schrift, so wäre der einzige Weg zu Gott, der über Christus, ausgeschaltet; denn Christus haben wir nur im „Wort".

Von hier aus ergibt sich eine außerordentlich wichtige Ergänzung der Schriftlehre Luthers. Das Wort ist, von hier aus gesehen, nur das Werkzeug, dessen sich Gott bedient, um sich den Menschen kund zu tun und sie in seine Gemeinschaft zu führen. Soll das Wort tatsächlich wirken, wozu es gesandt ist, so muß noch ein zweiter Faktor hinzukommen, eben der Heilige Geist; nur so wird aus dem äußeren Hören ein inneres Vernehmen. Luther kann dasselbe auch so ausdrücken, daß er nicht Buchstaben und Geist, sondern äußeres und inneres Wort unterscheidet.

Diese innere Hilfe des Heiligen Geistes ermöglicht auch erst das rechte Verständnis bei der Auslegung der Heiligen Schrift. „So ist's mit den Juden und allen hochmütigen Menschen. Die glaubten, es sei genügend, wenn man die Heilige Schrift verstehe. Um den *Geist* des Verständnisses aber und die Art und Weise, wie sie verstanden sein will, darum kümmern sie sich nicht ... Der Geist allein versteht die Schrift in rechter Weise und so, wie es Gott haben will."[47] Die Schrift ist also ohne den Heiligen Geist wertlos. Erfüllung gibt es erst und nur da, wo beide Größen, das Wort *und* der Heilige Geist wirksam werden. Deshalb darf das sola scriptura nicht *über*betont werden. Natürlich spricht es einen wichtigen Unterschied gegenüber der katholischen Lehre von der Gotteserkenntnis scharf aus. Aber der volle Sachverhalt wird erst klargelegt, wenn man sagt, daß Schrift und Heiliger Geist zusammen den Glauben begründen oder vielmehr: der Heilige Geist durch die Schrift.

Diese enge Verbindung der Heiligen Schrift mit dem Heiligen Geist sichert ihr den für Luthers Auffassung so bezeichnenden *dynamischen* Charakter. Die Schrift ist keine statische Sammlung von Wahrheiten, die intellektuell zu erheben wären, sondern eine Leben schaffende und Leben erhaltende schöpferische Größe (vgl. oben S. 288).

Entscheidend ist natürlich am Wirken des Heiligen Geistes, daß er uns durch die Schrift zu Christus bringt. Aber das gesamte Handeln Gottes mit den Menschen müßte in diesem Zusammenhang eigentlich geschildert werden. Immer aber wirkt der Hl. Geist nach Luther heute nur heimlich und unsichtbar; sein sichtbares, wunderwirkendes Tun blieb auf die Zeit des Neuen Testaments beschränkt.

Durch dieses sein wahrhaft schöpferisches, Leben schaffendes Tun erweist sich nun auch der Heilige Geist als dominus und deus, wahrhaft Gott von Art. So muß Luther einstimmen in das Bekenntnis der Kirche, das auch ihn zusammen mit dem Vater und dem Sohn als Gott

[47] WA 56, 336, 6 ff. (Übersetzung von Ellwein).

anbetet und verherrlicht. Daß der Heilige Geist wie Christus zugleich auch eine Gabe Gottes an die Menschen ist, hebt seine Gottheit nicht auf, denn in den Gaben ist er selbst verhüllt gegenwärtig.

Indem aber Luther auch den Heiligen Geist als Gott erkennt, hat er zugleich die **Trinitätslehre** bejaht. Er folgt in ihr deutlich Augustin, denn auch er betont die Einheit in der Dreiheit. „Jede der Personen selber die ganze Gottheit ist, gleich als gäbe es keine andere Person.“ [48] Gott selbst wirkt also, was *eine* Person der Trinität jeweils wirkt. Und Gottes Wirken ist Heilswirken, das ist für Luther entscheidend.

Auch bei der Trinitätslehre will nun aber beachtet sein, daß es Luther nicht auf die intellektuelle Zustimmung zu der alten Lehre ankommt, sondern daß seine ganze Verkündigung trinitarisch durchgeformt ist. Das Wort Gottes ist Christus, aber wirksam wird es durch den Heiligen Geist. Die Kirche ist das Volk Gottes, der Leib Christi, der Bau und Tempel des Heiligen Geistes usf. Erst wer das gesehen hat, dem erschließt sich die große Lebendigkeit von Luthers Trinitätsdenken.

5. Luthers Rechtfertigungslehre. Daß die Rechtfertigung des Menschen nach Luther ein purer Akt Gottes ist, ist schon mehrfach ausgesprochen. Darin besteht sogar die entscheidende Neuerung Luthers gegenüber der katholischen Kirche, daß die Rechtfertigung nach ihm solā gratiā, ohne Mitwirkung irgendeines anderen Faktors zustandekommt. Wer so sagt, wer die Rechtfertigung lediglich als ein Tun Gottes ansieht, der ist gezwungen zu sagen, was Gott tut, wenn er den Menschen rechtfertigt. Luther muß also die Rechtfertigung zunächst vom Standpunkt Gottes aus beschreiben. Aber andererseits ist die Rechtfertigung doch auch ein Widerfahrnis des Menschen, der gerechtfertigt wird. Und Luthers Schriftlehre zeigte uns schon, daß Gott immer so mit dem Menschen handelt, daß dessen Bewußtsein dabei beteiligt ist. Der Mensch erfährt also, was geschieht, wenn Gott mit ihm handelt. Luther muß deshalb die Rechtfertigung auch als ein Widerfahrnis des Menschen beschreiben. Aber der eigentliche, der entscheidende Blickpunkt ist der von Gott aus. Denn Gott allein ist aktiv, der Mensch bleibt passiv. Es ist das Verdienst Karl Holls, diese Doppelheit in Luthers Aussagen über die Rechtfertigung scharf herausgestellt zu haben.

a) Zunächst muß also die *Rechtfertigung* unter dem entscheidenden Gesichtspunkt, nämlich *als* das *Tun Gottes* geschildert werden. Der letzte *Grund* für sie ist oben schon ausgesprochen: Er ist nichts anderes als Christus, und das heißt die Liebe Gottes selbst. Ohne daß irgend-

[48] WA 39 II, 287, 21.

eine Nötigung für Gott da wäre, sei es von seiten des Menschen, in dessen guten Willen etwa, sei es von seiten Christi, wie Anselm von Canterbury behauptet hatte — der Christus pro nobis ist nach Luther Gabe Gottes an uns — schenkt Gott dem Menschen, den er rechtfertigt, seine Liebe, solā gratiā. Das *Ziel* dieser Liebe ist die Gemeinde der Vollendeten, die, in der Herrlichkeit vor Gottes Thron versammelt, teilhat an der Majestät Gottes, indem sie in seiner Gemeinschaft lebt.

Vor der *Verwirklichung* dieser Gottesgemeinschaft steht aber als das große Hemmnis die Sündhaftigkeit des Menschen. Sie macht es Gott um seiner Heiligkeit willen unmöglich, mit dem Menschen Gemeinschaft zu pflegen. Es handelt sich also im Grunde genommen um die Frage, wie die Kluft, die zwischen dem Menschen und Gott aufgerissen ist, überbrückt werden kann. Da aber Gott sie überbrückt, ist also die Frage, wie er das macht. Was geschieht, wenn er das tut?

Für die Antwort sind drei Eigenschaften Gottes entscheidend:

α) die Heiligkeit Gottes, die es verhindert, daß er mit dem Sünder Gemeinschaft pflegen kann;

β) die Tatsache, daß Gott ein stets schaffender Wille ist. Das bedeutet: Der Mensch wird, wenn er gerechtfertigt wird, hineingezogen in die Gemeinschaft dessen, der nichts anderes ist als Schöpfer; in die Gemeinschaft des allmächtigen Willens, dessen Werk niemand hindern kann; der als ein rechter Arzt an uns handelt und unsere Gebrechlichkeit heilt. Immer ist es aber so, daß im Verkehr zwischen zwei Personen der Wille des Stärkeren triumphiert. Hier tritt der Mensch aber nun in Verkehr mit der Allmacht selbst. So muß sein Wille hineingebildet werden in den Willen Gottes. Aus dem Gott widerstrebenden wird der Gott konforme Wille, aus dem impius der justus[49]. Das ist das von Anfang an beabsichtigte Resultat. Wenn Gott einem Menschen seinen Liebeswillen zuwendet, so heißt das nicht nur, daß er ihm die Schuld seiner Sünde vergibt, ihn also für gerecht *erklärt;* sondern dann heißt das, daß er ihn wirklich erneuern, heiligen, von der Macht der Sünde befreien, gerecht *machen* will. Es handelt sich nicht um einen bloßen actus forensis, einen Gerichtsakt, durch den der, der eigentlich ein Schuldiger ist, nun für gerecht erklärt wird, sondern es handelt sich um eine wirkliche Neuschöpfung. Die iustificatio ist nichts anderes als die sanctificatio des Menschen. Melanchthon hat diese beiden Begriffe unterschieden (s. unten S. 358). Für Luther ist beides identisch; ein und derselbe Akt Gottes umspannt beides. Nur diese Anschauung entspricht Luthers Turmerlebnis. In ihm erkannte er ja gerade, daß die Gerechtigkeit Gottes, von der Röm. 1,17 die Rede ist, die Eigenschaft

[49] Aus dem Unfrommen der Gerechte.

Gottes ist, die er auf uns überträgt. Seine Gerechtigkeit erscheint erst dann in ihrer ganzen Größe, wenn sie sich als schenkende Gerechtigkeit offenbart. Freilich kommt diese neuschaffende Tat Gottes im irdischen Leben des Menschen nach Luther noch nicht zur Vollendung. Mag auch der alte Mensch täglich getötet werden und täglich ein neuer Mensch sich erheben, der in Gerechtigkeit und Heiligkeit vor Gott lebt, der alte Mensch erhebt sich doch auch immer wieder und muß deshalb immer neu getötet werden. Wirklich und endgültig frei von der Sünde wird der Mensch erst im Tode. Aber hier wird nun eine dritte Eigenschaft Gottes wichtig, nämlich

γ) die Tatsache, daß Gott ein ewiger Gott ist. Ewigkeit heißt Zeitlosigkeit; d.h. alle Unterschiede der Zeit sind in Gott ebenso aufgehoben wie die des Raumes. Weil für Gott Zeitschranken nicht bestehen, so ist das, was er für unsere Augen erst in der Zukunft vollendet hinstellen wird, für ihn selbst schon Gegenwart. Für Gott *ist* also der Mensch schon heilig; er selbst hat ihn dazu gemacht.

So ist das also die Rechtfertigung nach Luther von Gott aus gesehen und damit die eigentliche Rechtfertigung: Gott umfaßt den Menschen mit seiner Liebe und befreit ihn dadurch von Schuld *und* Macht der Sünde.

b) Was erfährt der Mensch, wenn Gott so an ihm handelt? Vorhin ist schon gesagt, daß dieser Akt dem Menschen nicht verborgen bleibt; er spielt dabei, wie Luther sagt, nicht die Rolle des Holzklotzes, der nicht merkt, wenn er behauen wird. So *kann* es gar nicht sein. Denn Gott schenkt ja doch dem Menschen, wenn er ihn rechtfertigt, eben damit die Gemeinschaft mit sich selbst. Gemeinschaft aber ist nur da, wo die Herzen zweier Beteiligter sich finden. Also muß sich auch das Herz des Menschen klar Gott zuwenden, wenn anders diese Gemeinschaft wirklich werden soll.

Eines ist in dieser Beziehung schon deutlich geworden: Am Anfang aller wirklichen Gotteserfahrung des Menschen wird, so meint Luther, immer die Erkenntnis der Nichtbefolgung von dessen Gebot, ja die Erkenntnis der Ohnmacht gegenüber Gottes Gebot stehen. Dies Bewußtsein vertieft zunächst nur die Kluft zwischen dem Menschen und Gott. Nicht nur, daß sich ein Haß erheben kann gegen den Gott, der vom Menschen verlangt, was dieser doch nicht erfüllen *kann.* Der Mensch will vielmehr, wie er nun einmal ist, gar nicht von Gott bezwungen sein. Seine egozentrische Einstellung will z.B. gar nicht, daß die Bergpredigtgebote in seinem Herzen lebendige Kraft werden. Auch ist ihm das Bewußtsein völliger Ohnmacht, ja absoluten Verschuldetseins unerträglich. Die Berührung mit Gottes Wort und Gebot schafft also als erste Wirkung nur die offene Auflehnung gegen Gott. Aber all unser Widerstreben hilft uns nichts; denn es ist ja der Allmächtige, der an uns arbeitet. Er bezwingt den Menschen, dem er sich zuwendet, innerlich doch. Und zwar bezwingt er ihn durch seine Liebe. Luther hat es immer für etwas Minderwertiges gehalten, die Motive der Angst und der Furcht in der Verkündigung voranzustellen. Gewiß ist die Furcht vor Gott das erste, was der Mensch spürt; aber solange sie das Beherrschende ist, ist aller Gottesdienst nur Heuchelei, weil aus Eigennutz geboren. Erst die innere Einheit des Herzens mit Gott ist positiv zu bewerten. Sie aber kann niemals durch Furcht hervorgerufen werden, sondern nur durch die Liebe. In Christus tritt Gott uns aber auch als die lebendige Liebe selbst entgegen. Sie wirkt — Buße! Denn dieser allerbarmenden Liebe gegenüber geht dem Menschen erst die ganze Unreinigkeit und Härte seines eigenen Herzens auf, der Gott mit seinem Zorn begegnet. Erst das Evangelium ist die Offenbarung des Zornes Gottes im Vollsinn. Es zeigt uns so, wie Gott uns sieht.

Und ist doch dadurch zugleich die Macht, die den Willen des Menschen bezwingt und in Gottes Willen gefangen nimmt. Denn es war ja der Anblick der Liebe und Güte Gottes, der ihn in die Buße und in die Demut hineinführte. Diese bezwingt schließlich des Menschen Sinn dahin, daß er ihr selbst traut und sich ihr hingibt; bedingungslos, zugleich aber in großer Gewißheit des Heils. Das neue Verhältnis zu Gott steht ja nicht auf irgendeinem Tun des Menschen, sondern allein auf Gottes Willen, der treu bleibt, auch wenn der Mensch untreu wird.

Gemeinschaft mit ihm selbst wirkt also Gott bei uns. Damit wird das Herz des Menschen neu. Der Mensch kann das freie Gottesgeschenk der Liebe nicht hinnehmen, ohne jubelnd dafür zu danken. Der Dank ist im Sinne Luthers aber die Tat des Gehorsams. Nicht fides *debet* bonos fructus parere (Conf. Aug. VI.) darf es im Sinne Luthers heißen, sondern fides *parit* bonos fructus[50]. Das schließt zwar nicht aus, daß der Mensch hier auf Erden immer wieder strauchelt und fällt. Wir bleiben für *unsere* Erfahrung impii[51], solange wir leben. Vom *Menschen* aus gesehen ist die iustificatio deshalb ein reiner actus forensis[52], Begnadigung. Non iusti sumus, sed iusti imputamur[53]. Aber der Glaube hat doch die Verheißung der Vollendung. Im Glauben sind wir hier schon selig.

Von da aus wird verständlich, warum Luther vom Gerechtfertigten sagen mußte: „simul peccator et iustus.“[54] Peccator ist er auf seinen

[50] Nicht: der Glaube *muß* gute Früchte bringen, sondern: der Glaube *bringt* gute Früchte.

[51] Unfromm.

[52] Rechtfertigung ein Gerichtsspruch.

[53] Wir sind nicht gerecht, sondern werden für gerecht gehalten.

[54] Sünder und Gerechter zugleich; vgl. Rudolf Hermann, Luthers These „Gerecht und Sünder zugleich“, 1960^2.

Zustand gesehen, wie er empirisch vorhanden ist, zugleich aber iustus in den Augen Gottes *und* in seinem eigenen Glauben.

c) Von hier aus kann erst im Vollsinn verstanden werden, was **Glaube** für Luther heißt. Man kennzeichnet die katholische Auffassung vom Glauben gewöhnlich dahin, daß er notitia und assensus umschließe, Kenntnis der Kirchenlehre und intellektuelle Zustimmung zu ihr. Es ist zunächst klar, daß der Glaube auch für Luther eine gewisse Erkenntnis von Gott und Gottes Art einschließt. Die aber findet sich nur in der Heiligen Schrift. So ist letztlich sie und nicht die Kirchenlehre das Objekt des Glaubens. Im übrigen soll, so wird meistens formuliert, der Glaube nach evangelischer Auffassung noch fiducia enthalten, Vertrauen zu Gott. Man kann auch mit Recht so sagen, nur muß man dabei im Auge behalten: Es handelt sich um das von Gott selbst durch seine Liebe hervorgelockte Trauen des Herzens zu ihm; das Trauen, das die von ihm dargebotene Verheißung ernst nimmt und in dem Sinne ihm „glaubt"; daher kann dies Trauen *Glaube* heißen. Daß dieses Glauben, Trauen ein das ganze Leben umspannender, das ganze Leben verändernder Akt ist, wird klar sein. Es bedeutet die Überführung des Menschen aus dem Gericht in die Sohnesstellung vor Gott. Infolgedessen ist Glauben nach Luther undenkbar, ohne daß es Liebe zu Gott einschließt. Nun aber hat dies Trauen des Herzens keinen andern Grund als die uns verkündete Verheißung Gottes. Der Verstand hat keinen Zugang zu ihr. Wenn das Herz ihr trotzdem traut, so liegt darin zweifellos ein gewisses Wagen. Der Mensch wagt es mit Gott — auf Gott hin. Er wagt es, weil Gott nicht nur verheißen hat, dem Menschen seine Sünden zu vergeben, sondern ihm sogar geboten hat, ihn zu lieben und sein ganzes Vertrauen auf ihn zu setzen. So enthält der Glaube auch zugleich einen Akt des Gehorsams. Und in dem allen erfüllt der Glaube nun das erste Gebot, indem er nämlich im Gehorsam gegen Gott sein ganzes Vertrauen und seine ganze Liebe ihm zuwendet. Nun er glaubt, *hat* der Mensch Gott. Nun weiß, wie Luther im Großen Katechismus zum ersten Gebot sagt, das Herz keinen anderen Trost noch Zuversicht denn zu ihm, läßt sich auch nicht davon reißen, sondern wagt darüber und setzt hintan alles, was auf Erden ist.

Will man alles in einem Wort wiedergeben, so muß man sagen, Glauben heißt, das Herz ganz und ungeteilt Gott hingeben und so in Gemeinschaft mit ihm stehen. Darin liegt alles: der Friede des Herzens wie die innere Nötigung zu einem Handeln nach Gottes Willen. Vor allem aber liegt darin, daß es sich beim Glauben nicht um ein einmaliges Jasagen handelt, wie wir sonst wohl Dinge durch einmalige Zustimmung für uns akzeptieren, sondern um ein Leben mit Gott und vor Gott. Aber wenn „glauben" so auch „in der Gemeinschaft mit Gott leben" bedeutet, so verleiht der Glaube doch keinen habitus, bewirkt er keine dauernde qualitative Veränderung des Menschen, sondern will täglich wieder aktualisiert sein. Da er zugleich, auf das Eigentliche gesehen, nicht unser Werk, sondern Gottes Werk in uns ist, so ist es falsch, daß wir nun ängstlich auf unsern Glauben achten. Es gilt nach Luther nicht auf uns zu sehen, sondern auf Gottes Verheißung zu hören. Nur *diese* Blickwendung schafft innere Ruhe. So wird der Geschenkcharakter des neuen Lebens vor Gott zugleich gewahrt.

d) Luther hat gerade mit dieser Seite seiner Verkündigung die katholische Auffassung am tiefsten getroffen. Denn er schenkte mit ihr seinen Zeitgenossen und der Folgezeit, was ihnen niemand sonst schenken konnte: **die Gewißheit des Heils.** Gewißheit des Heils kann die katholische Kirche nicht geben, denn das Heil ruht nach ihr auf zwei Faktoren, auf Gottes Gnade *und* des Menschen Tun. Davon ist der eine, der Mensch, immer ein unsicheres Element. So stand und steht das fromme Leben immer auf der Schwebe zwischen Furcht und Hoffnung. Luther aber bringt es fertig, aus der Not dieses Schwebezustandes herauszureißen. Gott ist allein am Werk, und was er angefangen hat, das wird er auch vollenden. Der Mensch erfährt aber auch in seinem Glauben von dieser Tat Gottes. Damit gewinnt der Mensch die Gewißheit, von Gott angenommen zu sein. Nun steht das Leben nicht mehr in der Not der Unsicherheit, sondern in dem Jubel der Freude und des Dankes.

6. Luthers ethische Grundsätze. Die Rechtfertigung ist nach Luther, von Gott aus betrachtet, eine Neuschöpfung und darin Heiligung des Menschen. Der Mensch spürt auch etwas von dem Neuen, das mit Gott in sein Leben eintritt; Glauben heißt sogar: gebunden sein an Gott in Willen und Gewissen. Von da aus wird zunächst deutlich, daß es sinnlos ist, von einer *autonomen Ethik* bei Luther zu sprechen, die einer heteronomen katholischen angeblich gegenüberstehen soll. Luther hätte eine autonome Ethik, wenn der Begriff ernst genommen wird, geradezu als gottwidrig bekämpfen müssen, denn das neue Handeln erwächst weder seiner tragenden Kraft nach noch inhaltlich aus dem Menschen selbst, sondern es kommt allein aus Gott. Er schenkt die Kraft in seiner heiligenden Gemeinschaft, er schenkt aber auch die Einsicht in das, was wirklich gut ist. So beruht also das neue Handeln wirklich auf der Gebundenheit des Menschen an Gott; es ist durch und durch theonom.

Aber diese Gebundenheit des Menschen an Gott ist nun nach Luther zugleich seine *Freiheit*. Die Unüberwindbarkeit der Sünde hatte Luther selbst als seine tiefste Knechtschaft erfahren. Dieser Knechtschaft aber war er sich bewußt geworden an Gottes Gesetz. So ist das Gesetz die Knechtesmacht schlechthin. Von dieser Knechtschaft an die Sünde ist der Mensch im Glauben frei und damit zugleich nun frei vom Gesetz. Denn, zunächst will Gott nach Luther keinen erzwungenen, erquälten Dienst. Wer nicht in Freudigkeit und Freiheit seinen Willen tut, der erfüllt sein Gebot überhaupt nicht von *ganzem* Herzen und *ganzer* Seele. Auch Luther fordert also eindeutig, daß der Mensch den Willen Gottes selbst frei, innerlich bejaht. Insofern dieser also wirklich des Menschen eigen wird, kann man mit einem gewissen Recht auch bei Luther von einer Autonomie des sittlichen Handelns reden. Aber wer den theonomen Ursprung dieser Autonomie unterschlägt, der vollzieht eine unzulässige Verkürzung der Gedanken Luthers.

Aber der Wille Gottes tritt weiter vor die Gläubigen auch gar nicht mehr in der *Form* des Gesetzes. Jedes Gesetz, nicht nur das alttestamentliche, sondern auch das neutestamentliche, hat für ihn seine Geltung verloren. Selbstverständlich bleibt die Gottgebundenheit bestehen; aber mit dem Menschen, der Gemeinschaft mit ihm hat, verkehrt Gott nicht mehr in der Form des statutarischen, von außen kommenden Gesetzes; der lernt in dieser Gemeinschaft vielmehr selbst, was Gottes Willen ist. Das Leben ist auch so vielgestaltig und spielt sich in solch schöpferischer Fülle ab, daß seine Einfangung in Gesetze völlig unmöglich ist. Wenn der Mensch wirklich *Gottes* Willen in ihm erfüllen will, dann darf er sich nicht an Statuten klammern, dann muß er schöpferisch werden; er *wird* aber auch schöpferisch in der Gemeinschaft mit Gott. Dies Schöpferisch-Werden nannte Luther die *Freiheit eines Christenmenschen*, und er hat sein Leben lang betont: Wer sie antastet, der tastet das Evangelium selbst an. In Gott ist der Mensch frei nicht nur von aller Menschensatzung, sondern auch von der Gottes*satzung*, denn er ist gebunden an Gott selbst.

Nach Luther wird das Herz schließlich so eins mit Gott, daß es gar nicht mehr fragt, wie es handeln muß, sondern ehe es fragen kann, hat es schon von selbst getan, was gut und Gottes Willen gemäß ist (Vorrede zum Römerbrief). Der Glaube hat nicht im geringsten mehr zu ringen und zu kämpfen; der Wille Gottes wird die einzige Regung, die sich in seinem Herzen entfaltet. Das nennt Luther sogar erst „gut". Solange sich noch etwas anderes daneben im Herzen regt, ist das ein Zeichen, daß das Böse noch nicht völlig tot ist. So ist also die Freiheit, die der Mensch in der Gebundenheit an Gott erreicht, so groß, daß selbst der Kampf mit dem Bösen für diesen dahinten liegt.

Das versteht Luther unter Freiheit. „Ein Christ ist im Glauben ein Herr aller Dinge und niemandem untertan"; denn er steht auf der Seite des Herrn aller Herren und alle Dinge müssen ihm dienen zum Guten. Das ist der Titanismus des Glaubens, und es ist nicht einen

Augenblick zweifelhaft, daß die Kraft dieses Titanismus viel größer ist als die jeder natürlichen prometheischen Stimmung.

Nun besteht hier freilich die Gefahr, daß der natürliche Stolz des Menschen sich dieser Glaubenshaltung bemächtigt und sie zu einem unerträglichen Glaubenshochmut verfälscht. Aber Luther hat selbst dafür gesorgt, daß diese Gefahr gebannt wird. Er stellt nämlich den Sinn seiner Rechtfertigungslehre dadurch sicher, daß er das *ganze* Leben der Gläubigen unter die Buße stellt. Damit beginnt er seine 95 Thesen: „Dominus et magister noster Jesus Christus dicendo: Penitentiam agite etc. omnem vitam fidelium penitentiam esse voluit." [55] Die Reue ist nach Luther, wie oben geschildert, nicht ein selbsterquältes Werk des Menschen; ein Wort Gottes, das Glauben findet, weckt sie vielmehr. Echte Reue ist auch nicht da, wo der Blick sich auf getane Sünde richtet. Echte Reue oder Buße ist nur da, wo der Blick des Menschen sich auf Gott richtet. Tut er das, so erwächst die Erkenntnis des eigenen Abstandes von dem Soll und der Haß gegen das Böse daraus von selbst. Zugleich ist dies Blicken auf Gott, als *den* Inbegriff des Guten, aber auch der Sporn, sich diesem Guten immer mehr zu erschließen und das Herz hineinbilden zu lassen in Gottes Willen. Alle drei Bestandteile der Buße, der Schmerz über die Sünde, der Haß gegen sie und der Erneuerungswille fließen also wirklich aus dem Blick auf Gott.

Daß solche Buße das *ganze* Leben des Menschen beherrschen soll, wird nicht mehr merkwürdig erscheinen. Ebenso deutlich wird sein, daß sie ein Selbstgericht in sich schließt. Dies Moment stellt nun Luthers Rechtfertigungslehre sicher. Denn dadurch bleibt dauernd das Bewußtsein gewahrt, daß der Christ einzig lebt von der Liebe Gottes, die ihn trägt, vergebend und stärkend trägt, daß der innere Friede wie die neue Kraft lediglich ein Geschenk Gottes sind, daß also aller Glaubenshochmut trotz des Glaubenstitanismus gründlich daneben trifft. Luthers Erklärung der Taufe im Kleinen Katechismus spricht dasselbe aus wie die erste These: „Es bedeutet, daß der alte Adam in uns durch *tägliche* Reue und Buße soll ersäuft werden und sterben mit allen Sünden und bösen Lüsten und wiederum täglich herauskommen und auferstehen ein neuer Mensch, der in Gerechtigkeit und Heiligkeit vor Gott ewiglich lebe."

Solch Leben vor Gott ist aber ein Leben in der Liebe, ein *Leben im Dienst des Nächsten.* Gott selbst braucht den Dienst, zu dem seine Liebe uns entbindet und willig macht, nicht. Er verweist uns damit vielmehr an den Nächsten. Ihm können und sollen wir denselben Dienst tun, den Christus uns getan hat, das heißt: ihm äußerlich helfen in Lebensnot, wie Christus denen tat, die bittend zu ihm kamen; aber

[55] Wenn unser Herr und Meister Jesus Christus sagte: Tut Buße, so wollte er, daß das ganze Leben der Gläubigen eine Buße sei.

auch seine Sünden mittragen, wie Christus die unsrigen trägt. So ernst nahm Luther die Liebesforderung, daß er das scharfe Wort sagen konnte: „Verflucht und verdampt" sind „alle werck, die nit ynn der Liebe gehen."[56] Aber auch dies Liebesgebot ist nur wirklich erfüllt, wenn es „im Glauben" geschieht, in der fröhlichen Zuversicht nämlich, damit zu tun, was vor Gott wohlgefällig ist und seinem Willen entspricht. Mit der Weckung dieses Hochgefühls hat Luther ungeheure Kräfte entbunden (vgl. unten S. 321 ff.).

7. **Luthers Kirchenbegriff**[57]. Für Luther ist an der Kirche immer entscheidend gewesen, daß sie das *echte Volk Gottes* ist. Von da aus ist alles zu verstehen, was Luther über die Kirche gesagt hat.

a) Die wahre Kirche bilden nur die, in deren Herzen Christus wirklich lebendig geworden, auferstanden ist, deren Herr er geworden ist, denen die Sünden vergeben sind, die gerechtfertigt sind, die im wahren Glauben stehen usw.

b) Diese congregatio sanctorum ist invisibilis[58] und muß immer invisibilis sein. Denn wen Gott gerechtfertigt hat, das kann kein Mensch feststellen. Ein Mensch kann zwar behaupten, er glaube wirklich, aber niemand kann wissen, ob das nicht eitel Heuchelei ist, was er behauptet. Die Scheidung ist auch deshalb unmöglich, weil wir immer impii, Sünder bleiben; auch die Sünde ist also kein negativer Erkenntnisgrund; eher bildet einen solchen schon das völlige Fehlen von Früchten des Glaubens.

c) Trotz dieser Unsichtbarkeit ist aber die congregatio sanctorum eine wirkliche communio, *Gemeinschaft der Heiligen;* freilich nicht im bürgerlichen Leben, jedenfalls braucht sie es da nicht zu sein, aber im Glauben. Die Gläubigen sind wirklich geeint, und nicht nur indirekt in ihrem Haupt Christus, sondern sie stehen auch in direkter Gemeinschaft vor allem durch die Fürbitte, die Luther sehr hoch geschätzt hat und die nie aufhören soll. Luther meint aber auch, daß darüber hinaus ein Glaubender oft auf heimlichen Wegen dem andern begegnen und ihm aus dem Schatz seiner Erfahrungen helfen wird, auch ohne äußere Bekanntschaft, einfach durch Leben und Wandel. Die Kirche ist also, obwohl unsichtbar, doch eine Gemeinschaft nicht nur des Glaubens, sondern auch der Liebe.

d) Und *die Kirche* ist so trotz ihrer wesenhaften Unsichtbarkeit für Luther doch zugleich *eine geschichtliche und damit eine geschichtsmächtige Größe.* Das Volk Gottes hat hier auf Erden seine echte Ge-

---

[56] WA 11, 272, 1 f.

[57] Ernst Rietschel, Das Problem der unsichtbar-sichtbaren Kirche bei Luther, 1932; Johannes Heckel, Lex charitatis, 1953.

[58] Gemeinschaft der Heiligen ist unsichtbar.

schichte, so gewiß es nicht streng abgrenzbar ist. Es lebt, wie andere Völker, auch nicht formlos, so gewiß seine Lebensformen sich wandeln können. *Ihm* hat Gott die Verkündigung seines Wortes anvertraut und aufgetragen. Dies Volk Gottes trägt die Reformation der Kirche, wenn eine solche notwendig geworden ist. All das, was an Früchten des Glaubens in der Kirche und in der Welt spürbar wird, trägt dies Volk Gottes. So hat Luther es zusammenfassend noch einmal in seiner Schrift „Von Conciliis und Kirchen" 1539 vorgetragen.

e) Daß dies Volk Gottes nur eines ist, versteht sich von selbst. Und daß alle Gläubigen zu ihm gehören, wo sie auch leben, ist ebenso klar. Von da aus hat Luther die Einheit und die Katholizität der Kirche sehr stark betont, z.B. in der Erklärung des 3. Artikels. Wer Luther als den Begründer einer neuen Kirche preist, hat ihn gründlich mißverstanden.

f) Von der Größe, die die echte Kirche wirkt, ist schon ausführlich gesprochen; es ist Gottes Wort. Indem es Glauben findet, gliedert es den Glaubenden zugleich in die communio sanctorum ein. Damit aber bekommt die Kirche auch eine äußerlich sichtbare Seite. Wenn die ecclesia interna auf das Wort gegründet ist, dann muß es ein Amt geben, das das Wort verkündet. Gottes Wort hat zugleich die Verheißung, daß es nicht leer zurückkommt. So ist das Wort die wesentlichste nota ecclesiae, das Zeichen, an dem man das Vorhandensein der Kirche erkennen kann. In seiner Schrift „Von Conciliis und Kirchen" zählt Luther dann noch sechs weitere notae ecclesiae auf: die Taufe, das Abendmahl, die Handhabung der Schlüsselgewalt, das Predigtamt, das Gebet, Kreuz und Leid um Christi willen. Daraus ergeben sich eine Reihe von Folgerungen.

α) Wenn das *Wort* die Größe ist, die die Kirche begründet, so hat die Kirche also primär keine andere Aufgabe, als dies Wort zu predigen. Das Wort besteht aber aus Gesetz und Evangelium. Sie hat also Gottes Forderung laut werden und Gottes Verheißung ertönen zu lassen. Sonst nichts! Ob diese Verkündigung Gehör findet oder nicht, kann sie nicht feststellen; deshalb ist sie dafür auch unzuständig. Damit fällt vor allem jede *richterliche* Gewalt der Kirche über den Glauben; über das Leben ihrer Glieder kann sie natürlich mit der Kirchenzucht wachen.

β) Wenn das Wort Glauben weckt im Herzen eines Menschen, so führt es diesen in die volle Gemeinschaft mit Gott. Eine Steigerung darüber hinaus ist undenkbar. Damit ist jede Prärogative von Menschen in der Kirche, d.h. jegliche *Hierarchie ausgeschlossen.* Auch der Bischof ist, seiner Amtsbefugnis unbeschadet, *geistlich* nichts anderes, als was jedes schlichte Gemeindeglied ist.

γ) Der Glaube entsteht nach Luther so, daß Gottes Geist das Wort direkt im Herzen des Menschen lebendig werden läßt. Der Mensch steht also Gott ganz persönlich, d.h. auch auf eigene Verantwortung gegenüber. Damit wird jede *priesterliche Vermittlung* zwischen Gott und Mensch *hinfällig.*

δ) Gott macht seine *Gabe immer* sofort zur *Aufgabe* für den Menschen. Dieser muß wirken und zeugen von dem ihm widerfahrenen Heil. Jeder Einzelne ist von da her zur Verkündigung des Evangeliums nach dem Maß seiner Gaben berufen. Da es keine geistlichen Rangunterschiede gibt, ist er aber auch grundsätzlich zu *jeder* Form der Verkündigung berechtigt, auch zur Sakramentsverwaltung.

Diese vier Momente faßte Luther in dem Begriff des *Allgemeinen Priestertums aller Gläubigen* zusammen. Es enthält also nicht nur Rechte, nämlich das Recht der Freiheit von Priesterschaft und kirchlicher Bevormundung, sondern es enthält in erster Linie Pflichten, nämlich die Pflicht, mit den Rechten nun auch die Pflichten des Priesters zu übernehmen, d.h. durch Wort und Wandel von der Kraft und der Seligkeit eines Lebens mit Gott zu zeugen und Fürbitte zu üben. Damit aber die Ordnung in der Kirche gewahrt bleibt, darf die Wortverkündigung *öffentlich* nach Luther nur vornehmen, wer von einer Gemeinde als einer Gemeinschaft selbständiger Priester dazu berufen worden ist. Die private Verkündigung ist frei. Die öffentliche setzt Zustimmung der Gemeinde voraus. In diesem Sinne hat Gott selbst das *Amt* eingesetzt. Wer es aber ohne Berufung ausübt, der maßt sich etwas an, wozu er kein Recht hat, und Gottes Segen wird dabei gewiß nicht auf ihm ruhen. So bringt Luther das allgemeine Recht zur Verkündigung und die öffentliche Wirksamkeit, die doch immer nur einer entfalten kann, in Einklang.

g) Aus dem Gesagten ist zugleich deutlich, wen Luther als *Inhaber der höchsten Gewalt in der Kirche ansieht.* Es ist die *Gemeinde.* Das Bischofsamt, das Luther bejahte, bedeutet nicht die Aufhebung dieser Rechte der Gemeinde, denn die Visitation des Bischofs ist nur ein helfender Liebesdienst, den dieser der Gemeinde erweist, nicht die Ausübung einer Herrschaft über sie.

Selbstverständlich hat Luther nun gesehen — die Visitationen taten es erschreckend kund —, daß sich Unreife, Unfähige, ja Ungläubige in jeder Gemeinde befinden. Er war sogar der pessimistischen Meinung, daß nur einige wenige in jeder Gemeinde der ecclesia interna angehören. Trotzdem unterließ er jeden Versuch, den Kreis der Urteilsberechtigten auf eine *Auswahl* zu beschränken, obwohl der Gedanke daran ihm gekommen ist. Solche Auswahl ist nämlich α) *unmöglich.* Nur Gott kann dem Menschen wirklich ins Herz schauen.

β) Luther meint, jede Gemeinschaft muß so geordnet werden, daß den Besten in ihr ihr Recht wird. Eine andere Ordnung würde eine unerträgliche Tyrannei der Bösen über die Guten bedeuten. Luther bejaht so trotz seines Pessimismus' die *Volkskirche.* Er kann sie aber nur bejahen, weil letztlich doch Gott im Regimente sitzt und alles so führt, daß sein ewiges Reich nicht Schaden leidet.

γ) Die Volkskirche schließt freilich *Zuchtübung* nicht aus. In bezug auf die Lehre ist solche sogar absolut geboten, denn falsche Lehre ist Gotteslästerung (Erklärung der zweiten Bitte des Vaterunsers); aber auch sündhafter Wandel soll unter Kirchenzucht genommen werden.

h) Das Wort Gottes, das Glauben weckt, gliedert in die Kirche ein. Gottes Wort kommt nicht leer zurück. Es hat die Gewalt des Allmächtigen (S. 288). Das nimmt Luther so ernst, daß er die echte Kirche Gottes selbst inmitten der Ketzerei als existent annimmt, ja sie durch die Tätigkeit der Ketzer dort immer neu entstehend glaubt, z.B. in Rom, wo der Antichrist selbst Papst ist. Von seinem Glauben an die Mächtigkeit des Wortes Gottes her bekommt Luthers Kirchendenken also eine außerordentlich große *ökumenische Weite.* Luther ist hier absolut bahnbrechend gewesen, denn es ist das erstemal in der Kirchengeschichte, daß jemand diese Weite proklamiert hat. Nicht aus unklarer Toleranz heraus, sondern, es sei noch einmal gesagt, von seinem Verständnis des Wortes Gottes her.

8. **Das Verhältnis von Wort und Sakrament.** Die Beibehaltung der beiden Sakramente der Taufe und des Abendmahls bedeutet keine Einschränkung des oben ausgesprochenen Satzes, daß Gott *nur* durch sein Wort zu uns redet. Denn auch bei den Sakramenten ist das Wort, das die Handlung begleitet, das Entscheidende. „Wasser tuts freilich nicht, sondern Gottes Wort, so mit und bei dem Wasser ist." Der Leib schmeckt nur Brot und Wein; das Wort allein sagt dem Menschen, was er im Abendmahl ißt und wozu er es ißt[59]. Die Sakramente sind also „verba visibilia"[60]. Beibehalten werden sie selbstverständlich nur, weil sie von Christus selbst eingesetzt sind. Das Zeichen, das sie enthalten, ist nach Luther eine von Gott gegebene Hilfe, die dieser, unserer sinnlichen Art entsprechend, seinem Worte beifügt. Es trägt, grundsätzlich geurteilt, auch keinen Symbolcharakter; die Art des Zeichens ist, abgesehen von seiner Wahl durch Christus, gleichgültig. Aber dieser Ansatz ist von Luther nicht durchgeführt. Gelegentlich hat er auch die Zeichen, etwa das Taufwasser, symbolisch gedeutet.

[59] WA 23, 190, 11 ff.

[60] Sichtbare Worte.

Das Sakrament wertet Luther im übrigen als ein Unterpfand, das Gott selbst dem Menschen für seine diesem ganz persönlich geltende Gnade gibt. Die *Predigt* des Wortes ergeht immer insgemein; das Sakrament empfängt der einzelne persönlich. Diesen Dienst, den Menschen in der persönlichen Heilsgewißheit zu bestärken, tun also die Sakramente.

a) **Die Taufe** umschließt nach Luther drei Momente.

α) Sie geschieht im Namen Gottes, d.h. *Gott selbst handelt in ihr* mit dem Täufling; nicht etwa die Kirche, als ob die Taufe ein Aufnahmeakt wäre. Gott nimmt uns vielmehr durch sie in *seine* Gemeinschaft auf.

β) Sie steht am Anfang des Lebens. Darin kommt so scharf wie nur möglich zum Ausdruck, daß kein Tun des Menschen ihm die Gnade Gottes zugezogen hat, sondern daß es wirklich ganz allein *Gottes schenkendes Tun* ist, das den Menschen in die Gemeinschaft mit sich aufnimmt.

γ) Den Taufakt hat Luther am häufigsten symbolisch gedeutet. Er versinnbildlicht nach Röm. 6, daß durch *Sterben* (versenkt werden im Wasser) *und Auferstehen* (wiedererheben) der neue Mensch wird.

Aus dem Zusammenhang dieser drei Momente erklärt es sich, warum die Taufe für Luther der stärkste Ausdruck seiner Rechtfertigungslehre als einer iustificatio solā gratiā geworden ist. Mit der Forderung, sie täglich zu üben, schließt er die Tauflehre im Kleinen Katechismus ab.

Die Taufe kann diesen ihren Dienst also nicht tun opere operato, allein durch den bloß äußeren Vollzug, wie es katholischer Lehre entspricht. Gottes Zusage der Sündenvergebung eignet sich allein der Glaube an; so können also auch die Sakramente nur wirksam sein, wenn sie im Glauben aufgenommen werden. Das zu betonen wird Luther nicht müde.

Von der Anschauung her, daß das Sakrament nur im Glauben wirksam aufgenommen werden kann, ergibt sich nun eine große Schwierigkeit, nämlich in bezug auf die *Kindertaufe*. Trotzdem hält Luther an ihr fest. Mit einer ganzen Reihe von Gründen hat er das Recht, die Kinder zu taufen, zu erhärten gesucht.

α) Er weist zunächst hin auf die gesamtkirchliche Praxis seit der Apostel Zeiten.

β) Er deutet weiter hin auf die Erfahrung; sie erweist die Kindertaufe als wirksam.

γ) Ohne Taufe gibt es keine Kirche. Wäre die Kindertaufe ungültig, so wäre damit Gottes Verheißung von der ecclesia perpetuo mansura[61] hinfällig geworden.

[61] Der immerwährenden Kirche.

δ) Die Schrift verbietet sie nicht.

ε) Die Paten glauben stellvertretend für das Kind. Diese Auskunft hat Luther aber nach 1521 nicht mehr wiederholt.

ζ) Einen biblischen Beweis liefert ihm Lk. 1, 44. Gott kann auch Unmündigen Herzensglauben eingießen. Aber entscheidend ist das nicht, denn nicht der Glaube macht den Akt zur Taufe, sondern er empfängt die Taufe. Entscheidend ist vielmehr

η) der Befehl Christi, Mark. 10[62].

Neben dem Problem der Kindertaufe bietet die Taufe eine zweite Schwierigkeit. Die Taufe ist das Unterpfand der einem Einzelnen ganz persönlich geschenkten Gnade Gottes. „Was unser Gott begonnen hat, das wird er auch vollenden"; Luther lebt geradezu von dieser Gewißheit. Wie können dann Menschen, die die Taufe empfangen haben, verlorengehen? Müssen sie nicht alle zum Heil kommen? Aber dem widerspricht die tägliche Erfahrung, die viele Getaufte als außerhalb der Gemeinschaft mit Gott stehend zeigt. Die Schwierigkeit, die sich hier auftut, ist kaum zu lösen für den, der die Taufe wie Luther streng als *Unterpfand* der Gnade faßt. Nur wer sie als *Verheißung* nimmt, überwindet den Anstoß. Denn für seinen Unglauben ist der Mensch auch nach Luther selber verantwortlich. Die Spannung zwischen Verheißung und Unterpfand, die sich hier auftut, ist wohl kaum überwindbar.

b) **Das Abendmahl.** Auch der Sinn des Abendmahls ist, daß Gottes Vergebung dem Empfänger persönlich gewiß gemacht werden soll. Und zwar wird sie ihm gewiß gemacht, indem ihm das übereignet wird, was sie gewirkt hat, Christi Leib, der am Kreuz für ihn gestorben, und Christi Blut, das für ihn vergossen ist. Daneben hat Luther dem Abendmahl aber auch noch einen spezifischen Sinn über die Sündenvergebung hinaus zugeschrieben. Er nimmt, zumindestens gelegentlich, den altkirchlichen Gedanken auf, daß der Leib Christi, der uns im Abendmahl zugeeignet wird, kraft seiner eigenen Unsterblichkeit auch unserm Leib die Unsterblichkeit übermittelt[63]. Aber Christus wirkt auch dies leibliche Heil nur, wenn er im Glauben aufgenommen wird; Luther lehrt also keinesfalls, daß das Abendmahl ein *φάρμακον ἀθανασίας* sei (vgl. oben S. 131). Die entscheidende Bedeutung kommt aber auch im Abendmahlssakrament nicht der Gabe, dem sinnlichen Zeichen, sondern dem begleitenden Wort zu: „Für dich gestorben" „zur Vergebung der Sünden". Sehr stark hat Luther schließlich noch den Gemeinschaftscharakter betont, der uns als Glie-

[62] Paul Althaus, Martin Luther über die Kindertaufe (Theol. Literaturzeitung, 73, 1948, Sp. 705 ff.).

[63] WA 23, 204, 228 ff., 242 f.

der eines Leibes zu einer Bruderschaft zusammenschließt für Leben und Sterben.

An der *Realpräsenz* des Leibes und Blutes Christi im Abendmahl hat Luther trotz seiner Betonung des Wortes mit großer Entschiedenheit festgehalten. Er lehrte freilich nicht, wie die katholische Kirche, eine Transsubstantiation, sondern eine Konsubstantiation. Brot und Wein bleiben, was sie sind. Mit ihnen verbindet sich aber geheimnisvoll der Leib und das Blut Christi. Daß Luther sich der Heilsgegenwart Christi im Abendmahl bewußt geworden war, war der tiefste Grund, weshalb er die Entleerung des Sakramentes durch Zwingli (vgl. unten S. 363) nicht mitmachen konnte. Die Einsetzungsworte deckten diese seine Erfahrung.

Von seiner Auffassung des Evangeliums aus mußte Luther zugleich die katholische *Meßlehre*, die eng mit dem Abendmahl verbunden ist, ganz besonders schroff ablehnen. Sie ist für ihn die Verkehrung der tatsächlichen Lage. Das Wesen der Messe beruht auf der Anschauung, daß Christi Golgatha-Opfer in ihr täglich von neuem Gott dargebracht wird. Gegen diese Auffassung wehrte sich Luther aus dreifachem Grunde.

α) Er leugnet überhaupt, daß Christi Tod ein Gott dargebrachtes *Opfer* gewesen ist. Gott empfängt in ihm nichts. Christus trägt nur für uns die Strafe.

β) Luther ist empört über den Gedanken, daß ein *menschliches Opfer* Gott versöhnen soll. Seine Anschauung von der Alleinwirksamkeit Gottes läßt den Gedanken eines von Menschen dargebrachten Opfers überhaupt nicht zu.

γ) Gott wird in der Messe gerade das geopfert, was in Wirklichkeit vielmehr eine Gabe seiner Gnade an uns ist (vgl. Joh. 3, 16). Aus Gottes Gabe an die Menschen wird also hier die Gabe der Menschen an Gott. (So deutete Luther die Messe mit seinem Lehrer Gabriel Biel.) Das ist die vollendete Umkehrung der wirklichen Sachlage, die Luther als eine stete Gotteslästerung gewertet hat. Sie auszurotten hat er sogar die weltliche Obrigkeit angerufen, da durch sie auch das zeitliche Wohl der Staaten, in denen sie geübt wird, bedroht ist.

9. **Das Leben in der Welt.** Luthers ganzes Sinnen hängt im Grunde genommen an der zukünftigen Welt der Herrlichkeit. Hier sind wir nur Gäste. Die Erdenzeit ist sogar ein wahrer Kreuzesweg; oft von äußerer, immer aber von innerer Not ob unserer Sündhaftigkeit erfüllt. Luther war auch mit vielen Zeitgenossen der Meinung, daß der jüngste Tag unmittelbar vor der Tür stehe. Von dieser Erwartung des nahen Weltendes, wie von der Betrachtung der Welt als eines Jam-

mertales her, hätte nun an sich eine völlige Abkehr von der Welt sehr nahe gelegen, ähnlich wie es bei den Christen der ersten Jahrhunderte tatsächlich der Fall gewesen ist (vgl. oben S. 126). Das Bewußtsein der Nichtigkeit und Vergänglichkeit der Welt konnte daneben dazu führen, alle Ordnungen, die in ihr gelten, als minderwertig zu erachten und so in einen christlichen Nihilismus, Anarchismus zu verfallen wie die Täufer (vgl. unten S. 346).

Beide Gefahren hat Luther vermieden. Entscheidend dafür war das Liebesgebot Gottes (vgl. oben S. 314 f.). Denn wer sich zum Liebesdienst an seinen Nächsten verpflichtet weiß, der hat damit die Weltflucht überwunden; diese würde ihn der Dienstmöglichkeit berauben.

Daneben steht als ein zweites Motiv der Gehorsam, den Gott den Ordnungen gegenüber fordert, die er selbst für diese Welt gegeben hat. *Drei* solcher *Ordnungen* kennt Luther: die Ehe, den Beruf, den Staat.

a) Am leichtesten ist es für Luther gewesen, die **Ehe** als eine Gottesordnung zu werten, obwohl sie dem Mönch an sich sehr fern lag. Gottesordnung wird eine Einrichtung freilich noch nicht dadurch, daß sie an sich sinnvoll ist, sondern sie muß darüber hinaus von Gott selbst verordnet sein und in einer positiven Beziehung zu Gottes Reich stehen. Das tut die Ehe, sogar aus einem doppelten Grunde.

α) Sie ist die Gemeinschaft zweier Menschen, durch die Gott diese teilhaben läßt an seiner eigenen schöpferischen Gewalt. Sie ist also das Mittel, durch das lebendige Seelen werden, denen Gott den Zugang in sein Reich verheißt. So dient sie wirklich diesem Reich. Aber Luther wertet sie trotzdem als eine reine *Natur*ordnung (im Sinne des Naturrechts); denn Ehe gibt es nicht nur im Bereich des Christentums, sondern soweit die Menschheit reicht. Eine Scheidung zwischen christlicher und nichtchristlicher Ehe vollzieht Luther auf das Wesen der Ehe gesehen nicht, wohl aber auf die Führung der Ehe gesehen. Insofern ist die Ehe ihm eine weltliche Institution.

Aus dieser Grundhaltung folgt,

αα) daß die Ehe kein Sakrament ist;

ββ) daß die für die Ehegesetzgebung zuständige Größe die weltliche Macht ist, der Staat, nicht die Kirche;

γγ) daß niemand das Recht hat, ein Eheverbot zu erlassen.

β) Aber über diese natürliche Auffassung von der Ehe geht Luther *für den Christen*, wie gesagt, weit hinaus. Er erkennt in ihr nämlich die große Gelegenheit für den Menschen, sein Gottesverhältnis zu bewähren, allerdings in der Form der Nächstenliebe zu bewähren. Die Ehe ist nämlich die hohe Schule der Überwindung der Selbstsucht.

Indem sie den Menschen Tag und Nacht bindet, legt sie ihm auch Tag und Nacht die Nötigung auf, für einen andern oder gar für mehrere andere da zu sein und in Liebe für sie da zu sein. Von da aus kann sich Luther keine größere Heilige denken als eine Mutter, die ihr Leben verbraucht hat im Dienst an Mann und Kindern. Albrecht Dürers Bild seiner alten Mutter wäre etwa typisch für solch eine Heilige. Insofern ist die Ehe ihm eine zuhöchst geistliche Institution.

b) Neben die Ehe tritt der **Beruf**[64]. Seine positive Wertung erfolgt aus derselben Wurzel heraus, wie die der Ehe. Die katholische Kirche unterschied zwei Stände, den der Geistlichen und den der Laien. Davon widmete sich der erste ganz allein dem Gottesdienst; der zweite kann Gott nur gelegentlich dienen und zwar so, daß er in seinem Beruf dann und wann einmal einen Akt der Gottesliebe erweckt. Die *Gottesliebe* ist also eine das berufliche Leben *begleitende Stimmung.* Hier nimmt Luther eine völlige Umwertung vor. Am Papst und am Mönchtum war Luther der Unterschied zwischen einem seligen und einem sündigen Stande aufgegangen. Die Norm, an der zu messen ist, ob ein Amt für den Christen zu billigen ist oder nicht, bildete aber die Frage, „ob es nützlich der christlichen Gemeinde" oder, wie Luther auch sagte, „ob es aus der Liebe quillet". Entscheidend ist also auch hier die Erfüllung der Liebespflicht. Und nun ist es die große Entdeckung Luthers, daß der Christ diese seine Liebespflicht nicht erfüllt durch besondere Werke *neben* dem weltlichen Beruf, so daß dieser dann doch wieder irgendwie *neben* dem Gottesverhältnis stünde, sondern daß er sie erfüllt, wenn er mit den Werken seines Berufes dem Nächsten dient.

Das bedeutet zunächst eine völlig *neue Wertung der Arbeit.* Diese ist für den, der sie mit Luthers Augen betrachtet, nicht mehr in erster Linie das Mittel, sich seinen Lebensunterhalt zu verdienen. Zwar ist die Arbeit ihres Lohnes wert; der Mensch darf, ja soll von dem Ertrag seiner Arbeit leben. Aber dieser Gesichtspunkt steht nicht mehr im Vordergrund. Erst recht ist jeder Gedanke daran, durch die Arbeit reich werden zu wollen, ausgeschlossen; das wäre der Gegensatz zum Dienstgedanken. Indem wir die Ergebnisse unserer Arbeit dem Nächsten zugute kommen lassen, dienen wir ihm vielmehr so, wie Gott es will. Der Lehrer also, indem er die Kinder unterrichtet, der Pfarrer, indem er predigt. Eine große *Würde* wird damit auf jede ehrliche Arbeit gelegt. Sie ist, *weil* sie Dienst am Nächsten ist, aber natürlich auch nur, *wenn* sie so aufgefaßt wird, direkt Gottesdienst, sogar *der* Gottesdienst schlechthin. Denn der Mensch kann Gott nur in seinem Nächsten dienen. Aber auch eine ungeheure *Verpflichtung* ist damit auf die Arbeit gelegt. Abgesehen von der Ausschaltung aller egoisti-

[64] G. Wingren, Luthers Lehre vom Beruf, 1952.

schen Motive kann der Christ von da aus seine Arbeit nicht mehr so tun, daß er gerade noch so eben seine äußere Pflicht erfüllt; sondern er muß sie so tun, daß er mit ihr vor Gott bestehen kann. Das bedingt ein restloses und rastloses Einsetzen aller Kräfte, weit über alle bloße Pflichterfüllung hinaus. Auf dem Boden dieser Auffassung ist das Arbeitsethos der Neuzeit erwachsen.

Und noch von einer anderen Seite her ergibt sich eine neue Auffassung von der Arbeit oder vielmehr von den Fähigkeiten des Menschen zur Arbeit. Diese sind nicht mehr nur Mittel im Kampf ums Dasein, sondern sie sind die *von Gott* selbst gegebene Gelegenheit, Möglichkeit, ihm am Nächsten zu dienen. Um es mit dem von Luther neu gedeuteten Wort zu sagen: Sie sind sein „Beruf". Die katholische Kirche kannte nur einen Stand, zu dem man „berufen" wurde, den des Priesters oder Mönches. Luther überträgt diese Auffassung auf alle „Berufe". Die typisch deutsche, schon im Wort zum Ausdruck kommende Berufsauffassung wurzelt also in der religiösen Grundanschauung Luthers von dem Wert und der Würde der weltlichen Arbeit.

Diese neue Auffassung der Arbeit als „Beruf" ermöglicht nun aber auch ein sehr sicheres Urteil darüber, welche „Berufe" wirklich einwandfrei sind. Einige Beispiele. Beruf im eminenten Sinne ist danach für Luther der Dienst der Hausfrau, aber auch der des Bauern und eigentlich jedes Handwerkers, Lehrers, Pfarrers, wofern dieser wirklich das Wort Gottes verkündigt; und natürlich immer nur, wenn alles als Dienst erfüllt wird. Daneben stehen Ämter, die Fragen aufkommen lassen. Sehr schwierig ist es Luther z.B. geworden, eine positive Stellung zum Kaufmann zu gewinnen. Wucher ist eine gemeine Ausbeutung des Nächsten; Luther hat ihn meistens als eine schlimmere Sünde beurteilt denn die Hurerei. Die Übermittlung lebensunwichtiger, ja schädlicher Waren ist ebenfalls Sünde. Aber andererseits kann Luther nicht verkennen, daß die Arbeit des redlichen Kaufmannes für die Erhaltung der Gesellschaft notwendig ist. Wie soll der Kaufmann aber dann den Preis für eine notwendige Ware bestimmen? Sich nach dem Gesetz von Angebot und Nachfrage zu richten, hält Luther für schwer sündhaft, denn das bedeutet die Ausnutzung einer Notlage des Nächsten. So gibt Luther den Rat, der Kaufmann soll sehen, wieviel ein Tagelöhner verdient, dazu einen Aufschlag machen für seine bessere Arbeit, auch für das Risiko, das er bei seiner Ware zu tragen hat, dazu soll er natürlich die Unkosten einkalkulieren und dann berechnen, wieviel er auf den Einkaufspreis einer Ware aufschlagen darf. Das ergibt den gerechten Preis. — Endlich gibt es Arbeiten, die zweifellos in keinerlei Weise als „Beruf" aufgefaßt werden können, als da sind der Bettel oder „reuberey, wucherhandell, offentlicher frawen weßen unnd als itzt sind Bapst, Cardinal, Bischoff, Priester, Munch, Nonnen stend, die nitt predigen. ... Denn diße stendt sind gewißlich wider gott"[65]; sie saugen den Nächsten aus.

c) Ein besonderes Wort endlich gebührt dem Stand der Obrigkeit, also dem **Staat**[66], denn hier wird zweifellos die Spannung gegenüber dem Evangelium am größten. Hier ist aber auch die Unsicherheit in der Forschung am spürbarsten. Nicht nur daß die theologische Richtigkeit oder die Anwendbarkeit von Luthers *Zwei-Reiche-Lehre* heute bezweifelt wird, Johannes Heckel konnte vielmehr von einem „Irrgarten der Zwei-Reiche-Lehre" schon in bezug auf ihre Deutung sprechen.

Sachlich ist Luther nicht einen einzigen Augenblick zweifelhaft gewesen, daß die Bergpredigt wirklich Gottes Willen über den Menschen verkündet. Er hat es zwar immer abgelehnt, aus dem Evangelium wieder ein Gesetz zu machen und aus ihm eine Gesellschaftsordnung abzulesen. Das wäre für ihn eine Preisgabe des Evangeliums als Evangelium gewesen; das bewertete er außerdem als einen Mißbrauch des Glaubens für ihm fremde, politische Zwecke. Trotzdem gilt: Was vollkommene, vom Menschen geforderte Liebe ist, ist in der Bergpredigt beispielhaft dargelegt. Aus ihr ergibt sich aber die Verpflichtung des Christen, in völliger Selbsthingabe, ja Selbstaufopferung dem Nächsten zu dienen mit Leib und Leben und allem Gut. Aus ihr ergibt sich auch, daß das „dem Übel Widerstreben", das der natürliche Mensch einfach instinkthaft tut, für den Christen ein zu überwindender Standpunkt ist; er steht unter der Verpflichtung der via crucis[67] im Vollsinn, der Wehrlosigkeit. Von da aus ergibt sich nun allerdings eine ungeheure Spannung zwischen dem Evangelium und dem Staat. Denn daß das staatliche Leben auf Gewalt und nicht auf Liebe beruht und daß das Ziel des Staates Machtsteigerung und nicht Selbsthingabe ist, war Luther ohne weiteres deutlich. Nun sah er freilich ebenso klar, daß die Liebesgemeinschaft, die das Evangelium fordert und die die wahrhaften Christen wirklich werden lassen, unmöglich der „Welt", den Nichtchristen, als eine *„Welt"*-Ordnung aufgezwungen werden könne. Er wußte schließlich auch, daß alle, auch die Christen, Nahrung und Kleidung haben müssen. Die Frage war also nur, ob die *Formen* für die Befriedigung all dieser Bedürfnisse, die er vorfand, mit dem Evangelium, dem Liebesgebot, verträglich waren. Aus dem Nachdenken über diese Frage, wie sich die Gewaltmaßnahmen staatlichen Lebens mit der vom Evangelium geforderten Liebesgemeinschaft vertragen,

[65] WA 10I,317,16ff.

[66] Johannes Heckel, Lex charitatis, 1953; ders., Im Irrgarten der Zwei-Reiche-Lehre, 1957; Heinrich Bornkamm, Luthers Lehre von den zwei Reichen, 1960².

[67] Des Kreuzesweges.

ergab sich für Luther eine positive Antwort. Ja, er entdeckte, daß gerade der Gegensatz zwischen beiden, Staat und Evangelium, das ist, was sie im Tiefsten verbindet.

Aus seiner nüchternen Beurteilung des Menschen ergab sich für Luther, daß jeder staatslose Zustand sofort einen Krieg aller gegen alle bedeuten würde. Von da aus mußte er die aristotelische Staatslehre, nach der der Staat erst Frieden unter den Menschen und damit eine Kultur ermöglicht, bejahen. Aber der Staat leistet mit seiner Gewaltanwendung zugleich auch dem *Gottesreich* einen wirklichen Dienst. Denn er ermöglicht erst die Existenz des Evangeliums und damit also auch erst die Ausbreitung des Reiches Gottes in der Welt. Zwei Voraussetzungen liegen dieser These zugrunde.

α) Die wahren Christen bilden immer eine Minderheit.

β) Infolge ihrer Verpflichtung zur Wehrlosigkeit würden diese sofort ausgemerzt werden aus der Menschheit, wenn nicht der Staat durch die Anwendung seiner Gewaltmittel die Bösen im Zaume hielte. So ist also das Amt, das der Staat ausübt, seine Anwendung von Gewalt, paradox genug, ein wirklicher Dienst der Liebe an den Bürgern, Schutz für sie. Das Strafen, das der Staat vollziehen muß, ist genau so gut ein opus alienum[68], wie Gottes Zorn opera aliena wirkt, um die Liebe wirksam werden zu lassen. So, weil er ein Werk der Liebe tut und mit ihm im Dienst an Gottes Reich steht, erweist sich also der Staat für Luther sachlich als eine wirkliche Gottesordnung, die auch biblisch als solche gerechtfertigt ist.

Aus dem Gesagten ergibt sich zugleich, daß der Christ obrigkeitliche Ämter übernehmen darf. Es ergibt sich aber auch der *Grund, wie die Grenze für die Gehorsamsverpflichtung* des Christen.

Da das staatliche Leben eine von Gott selbst gegebene Ordnung ist, ist es nach Luther Gehorsamspflicht gegen Gott, sich dieser Ordnung zu fügen. Auflehnung gegen die Obrigkeit ist Auflehnung gegen Gott, also schlechthin Sünde. Auch offenbare Ungerechtigkeit des Staates enthebt der Gehorsamsverpflichtung nicht. Denn die Bewährung auf der via crucis beginnt, wie bei Christus selbst, erst bei dem ungerechten Leiden. Die Empörung dagegen zeigt, daß man noch nicht in der Nachfolge Christi steht. Wenn der Christ also ungerecht seines Vermögens beraubt oder eingekerkert oder sonstwie gemartert wird, so darf er wohl seine Stimme erheben und Ungerechtigkeit Ungerechtigkeit nennen; das soll er sogar tun, um den Ungerechten zu überführen. Verbaler Widerstand wird also gefordert. Selbstverständlich belastet sich Obrigkeit, die ungerecht wird, auch mit Sünde und Schuld. Die Sünde des einen ist aber kein Freibrief für den anderen, auch zu

[68] Ein fremdes Werk.

sündigen — im Gegenteil, er soll sie durch Wohlverhalten überwinden. So weit geht die Gehorsamspflicht.

Und doch ergibt sich von der gegebenen Grundlage her zugleich auch die *Grenze* des Gehorsams. Denn dieser darf nie dazu führen, *Gottes* Willen zu übertreten. Sobald diese Gefahr auftaucht, gilt der Satz: „Man soll Gott mehr gehorchen als den Menschen." Wenn also der Staat Gottwidriges verlangt, dann gilt die *Pflicht* zum Ungehorsam. Und in extremen Fällen weltanschaulich-totalitärer Tyrannei hat Luther sogar den bewaffneten Widerstand gebilligt.

So sind es also eindeutig die Motive der Liebe zum Nächsten und des Gehorsams gegen die Gottesordnung, die Luther veranlaßt haben, allem christlichen Nihilismus abzusagen und statt dessen vielmehr das tägliche Leben in der Welt bewußt und energisch zu bejahen. Aber es wird zugleich deutlich sein, daß dies Ja zum Leben in der Welt nicht auf einer Hochwertung der Welt als Welt beruht oder auf einem Kulturwillen, sondern auf Luthers Auffassung des Evangeliums.

Mit der Verkündigung dieser in allem Wesentlichen fertigen Lehre trat Luther 1517 vor die Öffentlichkeit und gestaltete durch sie die Welt um.

Literatur

Neue, zusammenfassende Darstellung von Luthers Theologie fehlt.
Reinhold Seeberg, Lehrbuch der Dogmengeschichte, Bd. IV I[5], 1953;
Karl Holl, Gesammelte Aufsätze zur Kirchengeschichte, Bd. I[7], 1948 und Bd. III, 1928.
Erich Seeberg, Luthers Theologie. Motive und Ideen, 2 Bde., 1929/37;
W. von Loewenich, Luthers theologia crucis, 1954[4];
Wilfried Joest, Gesetz und Freiheit, 1961[3].

§ 36. Die Durchführung der Reformation in Deutschland

I. Von Wittenberg bis Worms (1517—1521)

1. Der Ablaßstreit und die Leipziger Disputation von 1519. Ein seelsorgerliches Anliegen war es, das Luther 1517 veranlaßte, sich an die Öffentlichkeit zu wenden: die verheerenden Folgen des Ablasses, die er im Beichtstuhl kennenlernte und denen entgegenzutreten er sich genötigt sah. Damit aber erhob sich geschichtlich die Frage, ob vom wiederentdeckten Evangelium aus die ganze Kirche reformiert werden würde oder ob es dem Papsttum gelingen würde, die neue Bewegung als eine Ketzerei im Keime zu ersticken. Das tatsächliche Ergebnis, die Spaltung der Kirche, hat *niemand* gewollt.

Der *Ablaß* bedeutet inhaltlich keine Befreiung von der Sünden*schuld;* solche gewährt nur das Bußsakrament. Der Ablaß befreit nur von den zeitlichen Strafen, die der Mensch sich durch seine Sünde zuzieht, innerweltlichen wie auch solchen des Fegefeuers. Er kann auch für Verstorbene erworben werden. Als bloße Geldtransaktion in Fragen des Gottesverhältnisses ist er ein Hohn auf den evangelischen Gedanken der Buße. Der Peterskirchen-Ablaß, der damals in Brandenburg verkauft wurde, umschloß zudem nach Form und Inhalt einen besonders schamlosen Handel um die Vereinigung mehrerer Bistümer in einer Hand zwischen der Kurie und dem jungen Erzbischof von Mainz, einem geborenen Brandenburger Prinzen, wovon Luther freilich nichts wußte. Damit Albrecht von Mainz die ungeheuren Kosten für die Übernahme dieser Ämter bezahlen konnte, hatte die Kurie ihm vorgeschlagen, gegen die Hälfte der Einnahme den zuerst 1506 ausgeschriebenen Ablaß zum Neubau der Peterskirche in seinen und seines Bruders Landen vertreiben zu lassen, worauf Albrecht einging. Das Augsburger Bankhaus Fugger schoß die gesamte Summe vor und kassierte die Hälfte der Tageseinnahmen jeweils sofort für sich ein. Albrechts Ablaßkommissar, der Dominikaner *Johann Tetzel*, vergröberte zudem in seinen Predigten die Wirkung des Ablasses noch über das korrekte Maß hinaus, wenn er sagte: „Sobald das Geld im Kasten klingt, die Seele in den Himmel springt." Mit den Auswirkungen dieses Ablasses bekam Luther als Beichtvater zu tun. Er hat sich zuerst in Predigten gegen sie gewandt. Am 31. Oktober 1517 forderte er darüber hinaus die gelehrte Welt mit seinen 95 Thesen zu einer öffentlichen Disputation über die Kraft des Ablasses heraus. Gott machte aus der seelsorgerlichen Treue eine kirchengeschichtliche Stunde.

Der *Tag* war absichtlich gewählt, denn am Allerheiligentag wurde in Wittenberg die riesige Reliquiensammlung der Schloßkirche öffentlich ausgestellt; ihre andächtige Betrachtung erbrachte über 1370 Jahre Ablaß. Den Besuchern, die diesen Ablaß erwerben wollten, starrten an der Tür nun also Luthers Thesen entgegen. Diese selbst sind noch sehr konservativ gehalten. Sie gehen aus von einer Darlegung der rechten Buße mit dem berühmten Eingang, der den biblischen Bußgedanken erneuert: „Wenn unser Herr und Meister Jesus Christus sagt, tut Buße, so will er, daß das ganze Leben der Gläubigen eine Buße sei." Aus vielen spricht ein gleich tiefer Ernst, obwohl Luther den Ablaß noch nicht ganz ablehnte. Seiner ganzen Art entsprechend hatte er aber auch schon die drastischen volkstümlichen Einwendungen gegen den Ablaß aufgenommen; etwa These 82: „Warum befreit der Papst nicht alle Seelen zugleich aus dem Fegefeuer um der allerheiligsten Liebe willen und wegen der hohen Not der Seelen als der für ihn allerbilligsten Ursache, da er doch unzählig viele Seelen erlöst um des allerunheilvollsten Geldes willen ...?" Auf jeden Fall erregten die Thesen ungeheures Aufsehen und wurden verbreitet, „als ob die Engel Botenläufer wären", wie Myconius gesagt hat. Mit einem Schlage war der kühne Mönch ein populärer Mann und innerhalb von 38 Jahren gelang es dann, den größten Teil von Deutschland und weite Gebiete darüberhinaus für die reformatorische Botschaft zu gewinnen.

Der literarische Streit, der sich über die Thesen erhob, machte Luther seines Gegensatzes gegen das katholische Bußsakrament überhaupt bewußt. Er führte zudem sofort weiter zu der Frage nach der Autorität des Papstes. Um sie ging es in der berühmten *Leipziger Disputation* von 1519 mit dem schärfsten Gegner Luthers, dem Ingolstädter Professor *Johann Eck*. Das Gespräch führte Luther dazu, neben der Autorität des Papstes auch schon die Unfehlbarkeit von Generalkonzilien zu bestreiten; ihre Irrtumsfähigkeit war ihm an der Verurteilung von einigen hussitischen Sätzen durch das Konzil von Konstanz aufgegangen.

Die *Heidelberger Disputation* von 1518, die im Rahmen von Luthers Orden stattfand, hatte schon vorher die *Frage des „freien Willens"* und die der Autorität des Aristoteles aufgegriffen.

2. Die ersten Mitstreiter. Die Bundesgenossenschaft seiner Wittenberger Kollegen Andreas Bodenstein, genannt *Karlstadt,* Nikolaus von Amsdorf, Johannes Dölsch hatte Luther schon früh errungen. Die Heidelberger Disputation führte neue tatkräftige Freunde auf seine Seite: *Johannes Brenz* und Erhard Schnepf, die die Reformatoren von Württemberg wurden, *Martin Bucer* (Butzer), den unermüdlichen Kämpfer — und Vermittler! — in Straßburg und England. Die Leipziger Disputation machte weite Kreise des schon 1517 aufhorchenden **Humanismus** zu Mitstreitern Luthers. In Nürnberg stellte sich z.B. der humanistische Kreis um Lazarus Spengler mit Hans Sachs und Albrecht Dürer auf seine Seite, in Augsburg Peutinger. Die führende Schicht Deutschlands trat mit ihnen auf Luthers Seite. Von größter Bedeutung war dabei, daß Luther den jungen, später berühmten Universalwissenschaftler *Philipp* **Melanchthon** (1497—1560) als Freund und Mitstreiter für Lebenszeit gewann. In den Niederlanden fielen Angehörige der „Brüder vom gemeinsamen Leben" Luther zu und in Basel druckte der Verleger des Erasmus, Froben, wenigstens die lateinischen Schriften Luthers nach und verbreitete sie im Ausland. So drangen Luthers Gedanken schon in diesen Jahren über Deutschland hinaus. *Die Luther und die Humanisten verbindenden Faktoren* waren:

a) der gemeinsame Gegensatz gegen die Scholastik,

b) die gemeinsame biblizistische Grundhaltung,

c) der gemeinsame Wunsch nach einer Reformation der Kirche.

Die *nationalen Töne,* die Luther in seinen Schriften anschlug, rissen weiter *Ulrich von Hutten* und durch diesen die *Reichsritterschaft* auf seine Seite. In ihr trat die erste ständische Kampfgruppe, die es in der damaligen Zeit gab, geschlossen auf Luthers Seite. Auch die *Böhmen* versuchten bereits 1520 Beziehungen mit Luther anzuknüpfen. Die Reformbestrebungen des ausgehenden Mittelalters erwiesen sich so als eine Hilfe für das Evangelium.

Die großen Reformationsschriften des Jahres 1520 führten vollends *das deutsche Volk* auf Luthers Seite. Es sind das der „Sermon von den guten Werken", „An den christlichen Adel deutscher Nation von des christlichen Standes Besserung", „De captivitate Babylonica ecclesiae praeludium"[1], „Von der Freiheit eines Christenmenschen". Sie enthalten, jeweils von der Rechtfertigungslehre als dem Zentralpunkt aus entwickelt, Luthers Kirchenbegriff, Luthers Staatsauffassung, seine Anschauung vom christlichen Leben, d.h. seine Ethik, und die Lehre vom rechten Gottesdienst. So bieten sie schon ein positives Programm für die Erneuerung der Kirche. Ihre Wirkung war ungeheuer. Seit 1520 etwa ist die Reformation eine geistige Macht, mit der man auch in der Welt der Politik rechnen mußte.

3. **Politische Hilfe.** Wie hatte es soweit kommen können? Weshalb war die *Kurie* nicht längst dem Ketzerrecht gemäß gegen Luther vorgegangen, wo ihr der doch sofort als Ketzer angezeigt worden war? Neben falscher Einschätzung der Bewegung als eines bloßen „Mönchsgezänks", eines Streites nämlich zwischen dem Augustinerorden, dem Luther angehörte, und dem Dominikanerorden, der für sein Mitglied, den Ablaßprediger Tetzel, eintrat, liegt der Grund in der Politik. Im entscheidenden Augenblick starb 1519 Kaiser Maximilian. Für die bevorstehende *Kaiserwahl* aber brauchte die Kurie Luthers Landesherrn Kurfürst Friedrich den Weisen, der seinen Professor nach Kräften deckte. Sie hatte Friedrich sogar zum deutschen Kaiser ausersehen, weil sie die beiden Hauptbewerber, Franz I. von Frankreich und Karl V., nicht wollte. Friedrich lehnte die Kaiserwürde jedoch ab und gab durch seine Stimme sogar den Ausschlag für *den* Prätendenten, den die Kurie am wenigsten wünschte, den Habsburger Karl V. (1520 bis 1556). Dieser war trotz seiner Abstammung ein Nichtdeutscher, in Niederburgund in französischer Sprachwelt erzogen, des Deutschen kaum mächtig. Da ihm die halbe Welt unterstand, war Deutschland denn auch immer nur *ein* Faktor in seiner Politik. Ein schicksalsschweres Ereignis, daß gerade in dieser entscheidungsreichen Zeit Deutschland einen Fremden als Kaiser haben mußte.

Die Kaiserwahl befreite Rom von der bis dahin geübten Zurückhaltung Luther gegenüber. Am 15. Juni 1520 erging nach fünf Monate

[1] Präludium von der babylonischen Gefangenschaft der Kirche.

langen Beratungen die Bannandrohungsbulle „Exsurge Domine"[2]. Luther wartete daraufhin den endgültigen Spruch des Papstes nicht mehr ab, sondern vollzog öffentlich die Absage an den Papst, der ihm der „Antichrist" geworden war, und an das ganze kuriale System dazu, indem er am 10. Dezember 1520 die Bulle „Exsurge Domine" zusammen mit einem kirchlichen Rechtsbuch und einem Beichtbüchlein vor versammelter Studentenschaft ins Feuer warf; ein Nein zu der Bußlehre und zu dem Rechtssystem der katholischen Kirche zugleich. Wahrhaftig auch keine bloße Demonstration, denn Luther mußte damit rechnen, daß er selbst einmal so vom Feuer verzehrt werden würde wie diese Blätter. Er sprach auch seine Studenten am nächsten Tage im Kolleg zum ersten Male deutsch an: Jetzt gelte es, Verrat am Evangelium zu üben oder aber das Martyrium zu erleiden. Am 21. Januar 1521 wurde der Bann selbst ausgesprochen.

4. **Worms.** Nach deutschem Reichsrecht mußte dem kirchlichen Bann die Reichsacht ohne weiteres folgen. Daß sie nicht einfach erging, sondern der Gebannte am 18. April 1521 in Worms vor Kaiser und Reich zum Verhör erscheinen konnte, war eine absolute Anomalie, die *erste Durchbrechung des geltenden Ketzerrechtes* Luther gegenüber. Aber der Kaiser wollte

a) Friedrich dem Weisen, der für seine Wahl entscheidend gewesen war, die Bitte, die er an ihn richtete und die sich auf Luthers Verhör erstreckte, nicht abschlagen;

b) außerdem hatte er sich in seiner Wahlkapitulation ausdrücklich verpflichtet, keinen Deutschen ungehört zu verurteilen;

c) Rücksicht auf die Stimmung des Volkes mag auch noch mitgesprochen haben. Wie sie war, zeigte gerade Luthers Fahrt nach Worms, die nämlich eine einzige Triumphfahrt war. Die Universität Erfurt holte ihn— den Gebannten! — als er durch die Stadt kam, sogar feierlich wie einen hohen staatlichen oder kirchlichen Würdenträger ein.

Luther hatte für die Hin- und Rückreise freies Geleit zugesichert erhalten, das ihm auch, anders als Hus in Konstanz, gehalten wurde. Doch kam es zu eigentlichen Verhandlungen in Worms nicht. Den Widerruf lehnte Luther ab, es sei denn, er werde durch das Zeugnis der Heiligen Schrift oder helle, klare Gründe überführt, „weil gegen das Gewissen zu handeln fährlich ist". Von den Schlußworten ist nur das: „Gott helfe mir, Amen!" sicher bezeugt.

Der Wormser Tag hat sich tief in das Bewußtsein der Deutschen eingeprägt. Er bedeutet in der Tat die Geburtsstunde einer neuen Welt, indem hier vor den höchsten Vertretern der Welt und der Kirche der

[2] Erhebe dich, Herr (Ps. 73, 22).

Grundsatz der Gewissensfreiheit ausgesprochen wurde (von Loewenich). Luther war zu dieser Haltung, in der er als einzelner vor Kaiser und Reich stand, auch nur fähig, weil er vorher allein hatte vor Gott stehen müssen (vgl. oben S. 284). Indem er *hier* standgehalten hatte, konnte er auch vor der höchsten irdischen Macht standhalten.

Aber er gewann den Kaiser durch sein Auftreten keineswegs. Schon am folgenden Tage erklärte Karl V. den Ständen, daß er entschlossen sei, gegen Luther als einen wahren und überführten Ketzer unter Einsetzung aller seiner Länder, seiner Freunde und seines eigenen Lebens zu verfahren. Aber erst nach Abreise vieler Fürsten erging am 26. Mai formell die Reichsacht über Luther und alle seine Anhänger. Um den Anschein zu erwecken, als sei sie im Namen aller Reichsstände erlassen, wurde sie auf den 8. Mai zurückdatiert.

So hat zwar die **erste Phase der Reformationsgeschichte** diese zu einer wirklichen Volksbewegung gemacht, aber sie endete doch mit ihrer Verurteilung durch Papst, Kaiser und Reich.

§ 37. Die Durchführung der Reformation in Deutschland

II. Von der Acht zum Nürnberger Anstand (1521—1532)

1. **Von Worms bis Speyer 1526.** Wer in der Reichsacht war, war zwar vogelfrei. Aber an Luther wurde das ergangene Urteil *nicht* vollstreckt, ebensowenig an den meisten seiner Anhänger. Wo liegen die Gründe für diese merkwürdige Erscheinung? Die ungeheure Macht, die in den Faktoren Papst, Kaiser und Reich zusammengeballt ist, macht die Frage nur um so dringender. Ihr gegenüber muß

a) auf die **politische Weltlage** hingewiesen werden, ohne die die Durchführung der Reformation überhaupt nicht verstanden werden kann. In ihrem Mittelpunkt stand damals der deutsche Kaiser Karl V., dem als dem gleichzeitigen Herrn Deutschlands, der Niederlande, Neapels, Spaniens und der amerikanischen Besitzungen wirklich die halbe Welt unterstand. Er sah die katholische *Weltkirche* als das gottgegebene Gegenstück dieses seines *Weltreiches* an. Zugleich lag ihm, der in seiner Erziehung von Ideen der devotio moderna beeinflußt war, aber an einer echten Reform dieser Kirche. Das brachte ihn in einen ersten *Gegensatz* rein kirchlicher Art *gegen die Kurie,* die die Reform ablehnte. Ein zweiter, politischer, kam hinzu. Indem Karl den Kampf mit Frankreich um Oberitalien (Mailand) aufnahm, bedrohte er, der schon Herr Neapels war, den Kirchenstaat mit einer Umklammerung; solche hatte schon in der staufischen Zeit die Kurie zum Feind des deutschen Kaisers gemacht (vgl. oben S. 209, 211 f.); sie fürchtete ihn auch jetzt. So durchzog die ganze Reformationszeit, in wechselnden Formen freilich, ein Zwiespalt zwischen Kaiser und Papst, ohne den sich die Reformation wohl kaum in dieser Welt hätte durchsetzen können.

Ein zweiter Feind, der den Kaiser nie zur Ruhe kommen ließ, erwuchs ihm aus der *Einkreisungspolitik gegen Frankreich*, die seine spanischen Großeltern Ferdinand und Isabella begonnen hatten und die er selber planmäßig fortsetzte. Sie bedeutete die Aufspaltung der katholisch bleibenden Welt in eine französische und eine spanische Gruppe und damit eine weitere große Schwächung für sie.

1533 kam ein dritter Gegner in Heinrich VIII. von England hinzu, der im Interesse der spanischen Einkreisungspolitik gegen Frankreich an eine Tante Karls V., Katharina von Aragonien, verheiratet worden war. Mit der Verstoßung dieser seiner Frau (s. unten S. 371) traf Heinrich VIII. also mit der Familienehre zugleich die politischen Interessen des Kaisers.

Endlich aber wurde die gesamte Christenheit, insbesondere aber der Kaiser bzw. sein Bruder Ferdinand, der seit 1527 König von Ungarn war, in den habsburgisch-deutschen und ungarischen Landen bedroht durch die neu vorgetragenen Angriffe der *Türken*, die 1526 Ungarn überrannten und 1529 vor Wien selbst erscheinen konnten. Die Not veranlaßte Luther zu einem Aufruf zum Türkenkrieg, wobei er aber einen „Kreuzzug" gegen sie leidenschaftlich ablehnte.

Zu diesen außenpolitischen Verwicklungen kommt *innerdeutsch* der *Gegensatz des Territorialfürstentums* gegen die absolutistischen Neigungen des Kaisers hinzu.

Das Europa der Reformationszeit ist also von Spannungen allerhöchster Potenz durchströmt. Sie haben das Leben Karls V. zu einem einzigen dauernden Kampf, gegen freilich wechselnde Gegner, gemacht. Der Kampf gegen Luther, zu dem der Kaiser von vornherein und bleibend entschlossen war, war so doch nur ein Teilmoment der Aufgaben, vor die sich Karl V. gestellt sah, und mußte vor Nötigungen, die er als dringender ansah, immer wieder zurückgestellt werden.

Gleich nach Abschluß des Wormser Reichstages begann 1521 der erste französische Krieg, der den Kaiser bis 1526 beschäftigte. Die deutschen Fürsten aber wollten das Risiko der Durchführung des Wormser Ediktes nicht allein auf sich nehmen; sie erhofften durch Luther sogar die Abstellung einer Fülle von Mißständen, die sie gegen die Kurie auf dem Herzen hatten, gravamina der deutschen Nation genannt. So unterblieb jegliche Aktion.

b) Neben der Politik muß im gleichen Atemzug die immer noch wachsende *Ausbreitung der Reformation* als der zweite Faktor genannt werden, der ihre Unterdrückung unmöglich machte. Diese Ausbreitung erfolgte, obwohl Luther selbst durch seinen Kurfürsten auf der Wartburg verborgen und damit zunächst ausgeschaltet war. Nur seine Schriften wirkten weiter. Zu ihnen gehört seit 1522 auch das Neue Testament deutsch (1534 erst die ganze *Bibel*), mit der Luther dem deutschen Volk das sprachliche und darin auch ein starkes geistiges Einheitsband schenkte. Luther darf zwar nicht als der *Schöpfer* der hochdeutschen Sprache angesehen werden; seiner Verdeutschung der Bibel liegt die sächsisch-böhmische Kanzleisprache zugrunde. Aber daß diese die Einheitssprache von ganz Deutschland wurde, ist allein der Wirkung von Luthers Bibel zuzuschreiben. Diese ist bis in die letzten Feinheiten, besonders auch des Rhythmus hinein sprachlich durchgefeilt, jede Silbe überlegt[1]. Luther hat aber die Bibel nicht nur eingedeutscht, er hat sie auch theologisch entschlossen „auf Christus hin" gedeutet, überall, besonders aber an sprachlich mehrdeutigen Stellen, vom Zentrum, der Rechtfertigung allein aus Gnaden her, sie auslegend. 1521 schuf Melanchthon auch schon die erste lutherische Dogmatik in seinen Loci communes[2].

Neben die Schriften trat jetzt auch für weite Kreise *das lebendige Wort* einer Fülle von Predigern, meist früherer Mönche oder Priester, die in der Werkstatt oder im Wirtshaus, auf der Straße oder auf der Kanzel das Evangelium verkündigten. Luthers Kirchenpostille, für die er ebenfalls auf der Wartburg den Grund legen konnte, schuf Musterpredigten, aus denen die Pfarrer lernen konnten und bis heute lernen.

Die Predigt wurde außerordentlich unterstützt durch den *Choral*. 1524 schon erschien in Wittenberg das erste evangelische Gesangbuch, zum größten Teil Lieder Luthers enthaltend. Daß der große Theologe, dem die Kirche ihre Reformation verdankt, zugleich auch ein Sprachgenie und ein Dichter war, ist eine besondere Fügung Gottes. Und ein Komponist von Gottes Gnaden war er zudem auch noch, der viele seiner Choräle selbst vertont hat und damit zugleich den Grund für die Form der Kunstpflege gelegt hat, die dem Wesen der lutherischen Kirche am meisten entspricht, der Musik, die über die Liturgie hinaus im Gottesdienst selbst ihren besonderen Platz fand und in einem steilen Aufstieg im Laufe von zwei Jahrhunderten einen höchsten Gipfel erklomm in Johann Sebastian Bach (von Loewenich).

Als publizistische Großmacht im Dienste der Reformation ist schließlich noch das *Flugblatt* zu nennen, Ein- und Mehrblattdrucke, oft voll beißenden Witzes, meist illustriert. Ohne die kurz vorher durch Gutenberg entwickelte Buchdruckerkunst wäre die Durchführung der

[1] Ein eindrucksvolles Bild davon gibt Emanuel Hirsch, Luthers deutsche Bibel, 1928.

[2] Hauptbegriffe der Theologie.

Reformation überhaupt kaum vorstellbar. Man sieht in ihr deshalb mit Recht ein Wirken der göttlichen Vorsehung.

Gewonnen wurden durch diese Mittel neben den oben schon genannten Gruppen

α) die *sozial-revolutionäre Bewegung in den Städten.* Der Übergang von der Natural- zur Geldwirtschaft, die schnell die Form des Frühkapitalismus annahm, die Änderung der Handelswege durch die Entdeckung Amerikas sowie des Seeweges nach Indien, dazu die Rezeption des Römischen Rechtes, all das rief eine starke Umschichtung der Stände hervor. Die weitreichenden Privilegien, die die kirchlichen Einrichtungen oder Personen genossen, hatten ihnen aber schon lange den Haß der gärenden Menge zugezogen. So war die Erhebung der Zünfte gegen das Regiment der Patrizier nicht selten von der Einführung der Reformation begleitet.

β) Das schon seit dem Ende des 15. Jahrhunderts unruhige *Bauerntum* erschloß sich ebenfalls Luther. Die Ursache für die Bauernbewegung liegt zum größten Teil in den immerwährenden Rentenverpflichtungen, die die Bauern als eine harte Belastung empfanden; daneben in den ewigen Fehden zwischen Rittern und Städten, deren zerstörende Last gerade die Bauern zu tragen hatten; und schließlich in der rechtlichen Lage des hörigen, an die Scholle gebundenen Bauerntums. Hier wirkte Luthers Predigt „Von der Freiheit eines Christenmenschen“ wie Zunder. Luther hat sich noch auf die Seite der Bauern gestellt, als schon die ersten Vorboten des nahenden Bauernkrieges sichtbar wurden.

c) In diesem blühenden Frühling der deutschen Reformation bedeuteten die Jahre **1524/25** eine **Krise,** die in ihrem Ernst kaum überschätzt werden kann. Diese Jahre brachten

α) die entscheidende *Auseinandersetzung* Luthers *mit dem Schwärmertum,* der spiritualistischen Bewegung. Luther hatte die Bedeutung des Heiligen Geistes für den Glauben überaus stark betont. Von da aus gesehen ist die Anschauung, daß die Gemeinschaft mit Gott auf einem direkten inneren Gewecktsein durch den Heiligen Geist, auf Inspiration beruht, nur eine Gradsteigerung. Luther aber konnte die Schrift als das alleinige Zeugnis von Gottes erlösendem Handeln und Reden in Christus nicht preisgeben. Ferner erkannte er in erstaunlicher Hellsichtigkeit, daß konsequenter Spiritualismus fast immer bei der Religion der bloßen Natürlichkeit endet. Die prima mortificatio carnis[3], an die das Schwärmertum den Empfang des Heiligen Geistes band, hob weiter das solā gratiā auf. Und endlich nahm das Schwärmertum der Reformationszeit eine stark gesetzliche Haltung ein, die die Freiheit eines Christenmenschen beseitigte und zugleich das Evan-

[3] Eine erste Tötung des Fleisches.

gelium zu einer sozialen Doktrin verfälschte. Luther wahrte also in der Ablehnung des Schwärmertums unaufgebbare Grundlagen des Evangeliums.

Mit der Gesetzlichkeit der Schwärmer hatte es schon 1522 den ersten akuten Zusammenstoß gegeben. Während Luthers Abwesenheit auf der Wartburg war *Karlstadt* in Wittenberg zu praktischen Reformen übergegangen. Er verlangte

αα) als göttliches Gesetz von den Pfarrern, daß sie in den Ehestand treten müßten;

ββ) daß die Mönche und Nonnen die Klöster verließen;

γγ) Beseitigung der unevangelischen Bestandteile in der Messe wie Offertorium, Elevation, Priestergewand. Positiv feierte er Weihnachten 1521 zum erstenmal das Abendmahl mit allgemeiner Kommunion unter beiderlei Gestalt (2000 Teilnehmer);

δδ) schließlich forderte Karlstadt die Beseitigung der Bilder und Nebenaltäre, was zu einem Bildersturm führte. Die Reformation drohte in eine Revolution auszuarten.

Trotz des Gegenbefehls seines Kurfürsten verließ Luther daraufhin die Wartburg und es gelang ihm in acht ruhigen, geistesstarken Predigten, den berühmten Invokavitpredigten von 1522, der unruhigen Bevölkerung Herr zu werden. Sein Hauptgrundsatz war: Gerade bei der Einführung von Neuerungen muß die Liebe gewahrt werden, die den für das Neue innerlich noch nicht gewonnenen Bruder schont.

Der eigentliche spiritualistische Gegenspieler Luthers in dieser Zeit wurde aber *Thomas Münzer*, ein Mann, der heute nicht selten wegen seiner sozialethischen Aktivität für fortschrittlicher als Luther gehalten wird. Nach Münzer steigt in einem Zustand äußerster Verlassenheit ein Wort Gottes im Herzen auf, das der Mensch hört und wodurch es zum Anfang des Glaubens kommt; *ohne* die Heilige Schrift, die von solchen Erfahrungen zwar berichtet, aber sie nicht schafft. Aus den so durch Inspiration von Gott Erwählten bildet dieser sich seine Kirche, eine Gemeinde der Heiligen, die das Leben des Geistes als ein asketisches Leben führt. Hier wird das Ethische also wieder zum Kriterium des Christlichen. Von da aus ergaben sich nicht selten auch kommunistische Tendenzen, die die Spiritualisten mit dem gärenden Bauerntum zusammenführten. Und ebenso führt das Bestreben, die Gemeinde der Heiligen rein herauszubilden, zur Spättaufe, die für die schon als Kind Getauften eine Wiedertaufe ist. Balthasar Hubmaier hat sie auch biblizistisch-gesetzlich begründet. Eine besondere Form nahm der Enthusiasmus bei Münzer insofern an, als dieser es für die Pflicht der Heiligen erklärte, in den letzten Tagen, die jetzt sind, die reine Gottesherrschaft mit dem Schwert in der Hand durchzuführen. Das führte ihn vollends mit den Bauern zusammen, die auch ein Reich der absoluten Gerechtigkeit schon hier auf Erden aufrichten wollten.

Luther ist dieser Verkehrung der Reformation in einen geschichtslosen, individualistischen Spiritualismus und in eine sozial-ethische Revolution mit Energie, ja mit Leidenschaft als einer überaus großen Gefährdung der Reinheit des Evangeliums entgegengetreten. Er war damit aber zu einem Zweifrontenkrieg genötigt. So hat er für die Bewahrung des Evangeliums einen teuren Preis bezahlen müssen, zumal die blutige Verfolgung, die die Schwärmer erfuhren, ihm alle entfremdete, die auch nur von einem Hauch spiritualistischen Denkens berührt waren. Die Verfolgung bedeutete zugleich, da sie alle Schwärmer ohne Unterschied traf, auch die in der Wehrlosigkeit, der Bergpredigt entsprechend, Verharrenden, eine schwere innere Belastung des Protestantismus; die Wehrlosen wenigstens hätten geistig, nicht blutig überwunden werden müssen.

β) Die *Scheidung von der Bauernbewegung.* Die 12 Artikel von der Bauernschaft in Schwaben zeigen deutlich, daß das Evangelium auch von den Bauern in den Dienst säkularer Interessen gestellt wurde. Daneben gingen diese 1525 zur Gewalt über. Obwohl Luther die meisten sozialen Forderungen der Bauern als solche bejahte, nötigten ihn diese beiden Gründe, klar von ihnen abzurücken. Als ein Versuch, sie zurückzuhalten, unter persönlicher Lebensgefahr unternommen, vergeblich blieb, forderte Luther harte Gewalt wider sie. Nach dem Sieg der Fürsten trat er aber wieder für schonsame Behandlung ein, leider vergebens. Luther hat durch diese seine Haltung den Bauern gegenüber ohne Zweifel das Evangelium vor einer Verwandlung in eine soziale und politische Doktrin gerettet. Aber er hat wieder den teuren Preis dafür bezahlen müssen, daß die Massenbegeisterung für die Reformation weithin zunächst erlosch. In manchen süddeutschen Territorien bedeutete der Sieg der Fürsten über die Bauern außerdem zugleich den ersten Sieg der Gegenreformation.

γ) Auch ein erheblicher Teil der *Humanisten* schied sich in diesen Jahren von Luther. Angesichts der grundlegenden Verschiedenheiten beider Gruppen — der Humanismus rational, anthropozentrisch, weltfreudig; Luther irrational, theozentrisch, eschatologisch — mußte diese Scheidung trotz der oben geschilderten Berührungspunkte früher oder später einmal kommen, sofern die Humanisten nicht, wie Melanchthon und andere, ganz zu Luther hinübergezogen wurden. 1524 verfocht Erasmus, von vielen gedrängt, als Führer das Wort zu ergreifen, die sittliche Freiheit des Menschen in seiner Schrift „De libero arbitrio diatribe“ [4], speziell theologische Fragen als ungewiß beiseitelassend.

[4] Abhandlung über den freien Willen.

Luther antwortete erst im Herbst 1525 (gedruckt 1526) in seinem „De servo arbitrio“ [5]. Die Schrift bildet sachlich, nicht der Form nach, die geschlossenste Darstellung der lutherischen Anschauung von der Alleinwirksamkeit und Unwiderstehlichkeit der Gnade und wies damit den Humanismus ab, sofern dieser sich als Weltanschauung gab. Der Streit hat den Humanismus endgültig gespalten. Ein Teil blieb bei Luther. Andere wurden fortan energische Berater an den Fürstenhöfen der Gegenreformation. Die innere Nötigung Luthers, das Evangelium rein zu erhalten, bedeutete also auch hier den Verlust einer wertvollen und mächtigen Bundesgenossenschaft.

δ) Hinzu kommt die **Spaltung des Protestantismus** in zwei getrennte Gruppen, die sich als Folge des ersten *Abendmahlsstreites* ergab. Für Zwingli (näheres über ihn S. 362 ff.) hat Christus das Heil auf Golgatha erworben; Gott *ist* nun versöhnt. Von da aus kann er den Sakramenten keine heilsvermittelnde Kraft mehr zuerkennen; sie sind nur Handlungen, durch die der einzelne an die Tat Christi erinnert wird, was seinen Glauben stärkt, und in denen er sich zu seinem Erlöser bekennt. Bei dieser Anschauung lag die symbolische Auffassung der Abendmahlsworte außerordentlich nahe. Zwingli übernahm sie daher, sobald er sie, die der holländische Advokat Hoen konzipiert hatte, kennenlernte. Luther ist durch eine direkte Anrede Zwinglis an ihn veranlaßt worden, sich zu Zwinglis Lehre zu äußern. Die Leugnung der Heilsmächtigkeit der Sakramente durch Zwingli bildet dabei den eigentlichen Gegensatz, so sehr Luther das „est“ in den Einsetzungsworten, d. h. die reale Gegenwart des Leibes und Blutes Christi betont hat. Der Streit um das Abendmahl ist indes nur der Ausdruck eines tiefer greifenden Gegensatzes, den Luther später in die Worte kleidete: „Ihr habt einen anderen Geist“ [6].

ε) Die Krise wurde verschärft durch *Luthers Heirat* in demselben Jahr 1525. So überaus bedeutsam sie für die Geschichte der evangelischen Kirche *und* für die Kulturgeschichte geworden ist, für die Ausbreitung der Reformation war sie eher eine Hemmung. Denn sie stieß alle ab, die von der asketischen Forderung, sei es der katholischen, sei es der spiritualistischen, erfüllt waren, und sie bot zugleich der Gegenseite die langersehnte Möglichkeit, die Motive von Luthers Tun zu verdächtigen.

So bedeutet das Jahr 1525 das *vorläufige Ende der Reformation als einer Volksbewegung*. Die Größe, gegen die sich die Feindschaft von Kaiser und Papst als machtlos erwiesen hatte, das deutsche Volk,

[5] Über den geknechteten Willen.
[6] Walter Köhler, Zwingli und Luther, 2 Bde., 1924/53.

stand Luther nun kritisch gegenüber, ohne freilich wieder „katholisch" sein zu wollen.

d) Aber das bedeutete trotzdem nicht den Untergang der Reformation, denn in demselben Jahr 1525 trat eine *neue Größe* auf den Plan, sie zu fördern, **das Landesfürstentum.** Diese Peripetie von der *Volks*bewegung zu einer staatlich geförderten ist in vielem bedeutungsvoll, im Guten *und* im Bösen; es ist wichtig, sie im Auge zu behalten. Als erster wandte sich 1525 der Hochmeister des Deutschen Ordens, Albrecht von Preußen, der Reformation zu und säkularisierte sein geistliches Herrschaftsgebiet. In demselben Jahr begann in Kursachsen Johann der Beständige, der Nachfolger Friedrichs des Weisen, mit der Einführung der Reformation. In Hessen aber schlug Philipp der Großmütige ähnliche Wege ein. Einige kleinere Fürsten in Nord- und Mitteldeutschland, unter denen Ernst der Bekenner von Braunschweig-Lüneburg zu nennen ist, sowie einige Reichsstädte folgten. Die Tatsache, daß die Reformation fortan weithin auf den Fürsten statt allein auf dem Volke ruht, bedeutet

α) ihre *Politisierung*, zwar nicht inhaltlich, aber doch in dem Sinn, daß ihr Schicksal forthin eng mit dem Geschick der sie tragenden Fürsten verknüpft gewesen ist. Dies aber entschied sich politisch.

β) Dadurch wurde zugleich ein Ansatz verstärkt, der schon vorher angebahnt war. Es ist selbstverständlich, daß zunächst der Versuch gemacht worden ist, die religiöse Streitfrage reichsrechtlich zu regeln, nämlich auf den Reichstagen von Worms 1521 und Nürnberg 1522/23. In Nürnberg hat der Papst, Hadrian VI., es durch seinen Nuntius aussprechen lassen, daß das Papsttum sich ungeheure Sünden habe zuschulden kommen lassen. Dies ehrliche Bekenntnis hätte 1518 vielleicht noch die Spaltung der Kirche verhindern können; jetzt kam es zu spät. Die Stände des Reiches nahmen vielmehr Luthers Konzilsforderung auf und verlangten ein freies, allgemeines Konzil auf deutschem Boden binnen Jahresfrist. 1524 wurde dann in Nürnberg auf einem neuen Reichstag die Aufgabe, die Religionsfrage zu lösen, einer *Nationalsynode*, die im Herbst in Speyer tagen sollte, zugedacht. Das hätte eine einheitliche Regelung für das ganze Reich herbeigeführt. Der Gedanke einer solchen ist auch bis 1648 nicht völlig erstorben. Aber schon in demselben Jahr 1524 beginnt demgegenüber der Einsatz *territorialer* Gewalten im religiösen Zwiespalt. *Die Initiative dazu ging von katholischer Seite aus.* Als auf dem Nürnberger Reichstag von 1524 klar geworden war, daß das Reich zunächst nichts Entscheidendes gegen die lutherische Ketzerei unternehmen würde, hat der päpstliche Legat Campegi, schon vom neuen Papst, dem Mediceer Clemens VII. entsandt, einige süddeutsche Fürsten veranlaßt, zur

Durchführung des Wormser Edikts ein Bündnis abzuschließen, den *Regensburger Bund.* Dieser griff in Gestalt des *Dessauer Bundes* 1525 auch auf Norddeutschland über. Und als 1525 evangelische Fürsten die äußeren Träger der Reformation wurden, schlossen diese sich sofort (1526) zu einem Gegenbund, dem *Gotha-Torgauer,* zusammen. Seitdem standen sich eine katholische und eine evangelische Fürstengruppe, beide politisch in Bünden geeint, gegenüber. Damit war die Möglichkeit einer reichseinheitlichen Regelung praktisch zu Grabe getragen und die konfessionelle Aufspaltung des deutschen Volkes Tatsache geworden. Auf katholische Initiative hin! Die Aufspaltung umschließt zugleich eine Stärkung der Territorialgewalt in Deutschland und damit eine Schwächung der Zentralgewalt.

e) Auf dem *Reichstage von Speyer* 1526 wurde das neue antihabsburgische Bündnis, das der Initiative des Papstes entsprang, die heilige Liga von Cognac, entscheidend. Die Reformation verdankt ihre Rettung in dieser durch den kaiserlichen Sieg im 1. französischen Krieg kritisch gewordenen Situation also ausgerechnet dem Papsttum; so sehr war dies durch seine italienische Politik an der Erfüllung seiner kirchlichen Aufgaben gehemmt. Die Furcht der deutschen Fürsten vor einem Wiederaufflackern der inneren Unruhen kam zu der neuen Lahmlegung des Kaisers hinzu. So erfolgte der bekannte einstimmige Beschluß, daß jeder Reichsstand in Sachen des Wormser Edikts sich so verhalten solle, „wie er das gegen Gott und kaiserliche Majestät hoffe und vertraue zu verantworten". Die evangelischen Fürsten werteten ihn als reichsrechtliche Freigabe des Evangeliums.

2. Von Speyer 1526 bis zum Nürnberger Anstand 1532.

a) Die Politik bestimmte weiterhin völlig *die äußere Lage der Reformation.* Der Krieg des Kaisers gegen die heilige Liga führte schon 1527 zu der Eroberung Roms, dem berühmten *sacco di Roma.* Ihm kam insofern epochemachende Bedeutung zu, als er das Ende der Renaissance an der Kurie herbeiführte. Aber der Friede konnte trotz der Eroberung Roms erst 1529 geschlossen werden. Der *zweite Reichstag von Speyer* 1529 stand völlig unter dem Eindruck des kaiserlichen Sieges, zumal Frankreich und der Papst sich in den Friedensschlüssen verpflichtet hatten, bei der Unterdrückung der Ketzerei zu helfen. Nur 19 von 400 Reichsständen bekannten sich auf dem Reichstag zum Evangelium. So wurde der Reichstagsabschied von 1526 wieder aufgehoben und die Durchführung des Wormser Ediktes befohlen, allerdings mit dem Zusatz „wo möglich". Insbesondere sollte die Messe nirgends abgeschafft werden. Gegen diesen Beschluß erhoben die evangelischen Stände den feierlichen *Protest*, der ihnen den Namen der „Protestanten" eintrug. Der Akt umschloß gewiß einen „Protest" im juristischen Sinne des Wortes, enthielt aber zugleich ein klares, öffentliches Bekenntnis zum Evangelium, denn in Sachen „Gottes Eere und yedes Seelen Heyls und Seligkeyt belangend ein yeglicher für sich selbs vor Gott stehen und Rechenschaft geben muß, also das sich des Ortes keiner auf ander minders oder merers Machen oder Beschließen entschuldigen kann". 19 Stände des Reiches beanspruchten also jetzt die Gewissensfreiheit, die Luther in Worms allein vertreten hatte. So positiven Inhalt hatte das Protestieren von 1529.

Auch wer den Mut zum Martyrium hat, darf aber die Hände nicht in den Schoß legen. Die Lage erforderte vielmehr gebieterisch den Zusammenschluß der Evangelischen über den Gotha-Torgauer Bund hinaus. Ihm stand aber der innerevangelische Gegensatz Luther—Zwingli als stärkstes Hemmnis im Wege. Diesen zu beseitigen war der Zweck des *Marburger Religionsgespräches von 1529*, das Philipp von Hessen veranstaltete. Aber die Überbrückung des Gegensatzes gelang nicht. So scheiterte sowohl der große politische Plan einer antihabsburgischen Weltliga wie das evangelische Gesamtbündnis. Die Isolierung, in die Zwingli dadurch geriet, führte zum Scheitern seiner Politik und ließ mit der Niederlage, die er 1531 sterbend erlitt, zugleich die Ausbreitung der Züricher Reformation ins Stocken kommen.

Für den Sommer 1530 schrieb der Kaiser, der im Februar 1530 als letzter Deutscher vom Papst gekrönt worden war, einen neuen *Reichstag nach Augsburg* aus, zu dem er persönlich kommen wollte und auf dem die Religionsfrage, wenn irgendmöglich freundlich, geregelt werden sollte. Die meisten evangelischen Stände erschienen, dem Ausschreiben des Reichstages gemäß, mit einem eigenen Bekenntnis. Es ist Kursachsens Verdienst, daß doch noch eine relative Einheit unter ihnen hergestellt wurde. Die Mehrheit überreichte dem Kaiser gemeinsam die **Confessio Augustana** als ihr Bekenntnis. Nur Straßburg, Konstanz, Memmingen und Lindau blieben mit der Confessio Tetrapolitana abseits, da sie von Zwinglis Abendmahlslehre beeinflußt waren. Die versöhnliche Haltung der Confessio Augustana, die die Gegensätze möglichst gering erscheinen läßt, ja z. T. sogar verschweigt, entsprach der Lage wie der persönlichen Eigenart ihres Verfassers Melanchthon. Aber die reformatorische Zentrallehre von der Rechtfertigung allein aus Gnaden um Jesu Christi willen spricht das Bekenntnis trotz dieser Zurückhaltung klar und entscheidend aus. Die Beilegung des Zwistes gelang indes nicht. Trotz des auf den Ausgleich gerichteten Willens des Kaisers erneuerte der Reichstagsabschied das Wormser Edikt und verbot alle Neuerungen.

Der Augsburger Reichstag hatte die Einheitlichkeit unter den Protestanten erheblich gefördert. Sein Abschied wirkte in derselben Richtung. 1531 schlossen die Evangelischen sich zum *Schmalkaldischen Bund* zusammen. 1532 unterschrieben auch die Oberländer die Confessio Augustana, die seitdem das einheitliche Bundesbekenntnis bildete.

Wieder aber führte die Drohung, die in dem Augsburger Reichstagsabschied lag, zu keiner kaiserlichen Aktion. Der Grund dafür liegt

α) in der Existenz des Schmalkaldischen Bundes, der hier zum erstenmal bewies, daß er tatsächlich ein Sicherheitsfaktor für den Protestantismus war;

β) auf der Tatsache, daß der Kaiser die Protestanten für seine Erbfolgepläne brauchte. In der Tat stimmten sie der Erhebung Ferdinands zum römischen König zu.

γ) Entscheidend aber war dieses Mal die Türkengefahr. Suleiman war zwar 1529 von Wien abgewiesen, aber er blieb eine drohende Gefahr. 1532 schon konnte er erneut wieder vorrücken. Zu seiner Bekämpfung brauchte der Kaiser dringend die Hilfe der Protestanten. Diese Tatsache hat ihm ein erstes Entgegenkommen gegen sie abgenötigt. Es liegt vor in dem *Nürnberger Anstand* vom 23. Juli 1532. Er sicherte den Evangelischen Frieden bis zum Zusammentritt eines Konzils oder bis zu neuen Abmachungen.

So hat die **zweite Phase der Reformationsgeschichte** die Unmöglichkeit erwiesen, mit dem normalen Mittel, nämlich dem Ketzerrecht, der reformatorischen Bewegung Herr zu werden. Sie endete folgerichtig in einem Waffenstillstand.

b) *In der inneren Entwicklung der evangelischen Kirche* ist allein wichtig die Herausbildung des **protestantischen Landeskirchentums,** für das in den Jahren von 1526—1532 der Grund gelegt wurde.

Luthers Scheidung von geistlichem und weltlichem Regiment, sowie seine Betonung des Gemeindeprinzips hätten an sich einen eigenständigen Aufbau der werdenden neuen Kirche nahegelegt. Die Entstehung des evangelischen Landeskirchentums ist, von da aus gesehen, in der Tat ein Rätsel. Zwei ganz verschiedene Linien führten zu ihm hin und machen verständlich, wie es dazu kam.

α) *Auf staatlicher Seite* ist die Zeit des 15. und 16. Jahrhunderts charakterisiert durch den Versuch der Territorien, sich zu konsolidieren, d. h. alle Einzelrechte im Innern, die gegen ihre Gewalt geltend gemacht werden konnten, außer Kraft zu setzen. Ein wesentliches Moment war dabei, wenigstens praktisch die Kirche des eigenen Gebietes in die Hand zu bekommen. Das gelang weithin, wenn auch in verschieden starkem Grade (vgl. S. 257 f.). „Dux Cliviae papa in territorio suo"[7], hieß es schon vor der Reformationszeit. Mit der Zuerkennung von Rechten über die Kirchen ihres Gebietes lockte Campegi auch 1524 in Regensburg die katholischen Fürsten. Diese spätmittelalterliche Landeskirchenhoheit wirkte in der Reformationszeit weiter, wie für die Reformation so auch für die Gegenreformation.

Die Reformation bedeutete aber zugleich nach altkatholischem wie auch nach deutschem Staatsrecht ein Verbrechen. Die Fürsten mußten deshalb als solche, nämlich als oberste Gerichtsherren entscheiden, ob sie sie strafen oder ihr als der rechten Gottesbotschaft Duldung gewähren wollten. Sie mußten evtl. auch als Gesetzgeber die Rechtslücke schließen, die durch das Außerkraftsetzen des Kanonischen Rechtes entstand.

β) Auf der kirchlichen Seite hat *Luther* seinen Kurfürsten schon 1525 selbst gebeten, die Visitation der Kirchen in seinen Landen vorzunehmen, die die Grundlage für den landeskirchlichen Aufbau der evangelischen Kirche abgegeben hat. Hinter dieser Bitte steht zunächst ein politisches Urteil; Luther hielt es mit allen seinen Zeitgenossen für technisch unmöglich, ein konfessionell uneinheitliches Land zu regieren. Dazu sah er durch die Messe, die er als öffentlich geschehende Gotteslästerung wertete, auch das zeitliche Wohl der Staaten bedroht, das den Fürsten befohlen ist. Andersgläubige sollten nach seinem Vorschlag in Wahrung ihrer Gewissensfreiheit zur Auswanderung veranlaßt werden; „Ketzer verbrennen ist wider den Willen des Heiligen Geistes" ist ein Satz Luthers, den schon die Bannandrohungsbulle gegen ihn verdammt hatte. Die Visitation war an sich freilich Aufgabe eines Bischofs. Ein solcher hatte sich aber der evangelischen Bewegung nicht angeschlossen. Die schwerwiegende Folge war, daß es in Deutschland nicht, wie in Skandinavien, zur Bildung einer evangelischen Bischofskirche kam. Amtsanmaßung aber ist von Gott verboten. So kann nicht einfach jeder, auch Luther nicht, die Visitation vornehmen. Andererseits aber war die Neuordnung der Verhältnisse dringend notwendig. So bat Luther den Kurfürsten als ein praecipuum membrum ecclesiae[8], aus christlicher Liebe die Visitation anzuordnen. Daß aus dieser Notkonzeption eine dauernde Einrichtung wurde, lag nicht in Luthers Absicht. Doch wäre unter den obwaltenden Verhältnissen — nach den Bauernkriegen! — ein Aufbau der Kirche von unten her, wie es das Prinzip forderte, außerordentlich schwierig gewesen. Historisch gesehen hat das fürstliche Landeskirchentum auf jeden Fall den werdenden evangelischen Kirchen erheblichen Rückhalt geboten und ihre

[7] Der Herzog von Cleve ist Papst in seinem Land.
[8] Ein hervorragendes Glied der Kirche.

Aufgabe zunächst sehr erleichtert. Die Zersplitterung in mehr als hundert selbständige Kirchen, die sich dabei ergab, war freilich ungünstig. Vor allem aber war das Bündnis der Kirche mit der Macht und dem Reichtum, das so erneut entstand, unheilvoll.

§ 38. Die Durchführung der Reformation in Deutschland

III. Religionskrieg und Religionsfriede

1. Vom Nürnberger Anstand bis zum Schmalkaldischen Krieg 1532—1546. Diese Jahre stellen mehr politische als theologische Probleme, aber die politischen sind von geradezu existenzieller Bedeutung für den gesamten Protestantismus gewesen.

a) *Die politische Weltlage* begünstigte zunächst den Frieden, der 1532 geschlossen war. Die Türken blieben, wenn auch erneut zurückgeschlagen, weiterhin ein gefährlicher Faktor. 1533 schied außerdem England aus dem Kreis der Frankreich einkreisenden Mächte aus. 1536—1538 beschäftigte den Kaiser der dritte französische Krieg. Eine Bedrohung seiner niederburgundischen Erblande durch Wilhelm von Cleve, den Schwager Johanns von Sachsen, ließ Karl V. aber auch nach dem neuerlichen Sieg über Frankreich nicht zur Ruhe kommen. 1540 rückten die Türken wieder vor. 1542—1544 mußte der Kaiser den vierten französischen Krieg führen. So war er durch eine Fülle von Feinden das ganze Jahrzehnt bedroht und der vorläufige Friede mit den Protestanten nicht gefährdet. *1539* ist er im *Frankfurter Anstand* erneuert worden, sogar erweitert. Der Kaiser war aber auch grundsätzlich Ausgleichsversuchen nicht abgeneigt. Zumal die politische Lage sie auch nahelegte, hat er sie tatkräftig unterstützt. So steht die Zeit seit dem Ende der dreißiger Jahre unter dem Zeichen **ernsthafter Ausgleichsverhandlungen** zwischen der altgläubigen und der evangelischen Seite. Daß das von Deutschland und dem Kaiser geforderte Konzil nicht zustande kam, weil die Kurie es nicht ernsthaft wollte, hat noch zu ihrer Stärkung beigetragen. Der Gedanke an eine Vielheit von Kirchen war damals noch völlig unvollziehbar. Die Ausrottung der Protestanten mit Hilfe des Ketzerrechtes war mißlungen; im Gegenteil, sie hatten sich zu einer großen politischen Macht konsolidieren können. Andererseits war die völlige Besiegung des Papsttums durch das Evangelium kaum mehr zu erwarten. So mußte der Ausgleich nach Meinung vieler versucht werden. Auf beiden Seiten boten denn auch Theologen wie Fürsten die Hand zur Vermittlung. Der Frankfurter Anstand von 1539 sah erstmalig ein Religionsgespräch vor. Deutschland rückte mit seiner Planung von dem Gedanken eines allgemeinen Konzils ab und versuchte die Lösung des konfessionellen Zwiespaltes auf eigenem Wege. Die Religionsgespräche von Hagenau (1540), Worms (1540/41), Regensburg (1541) führten auch 1541 zu einer vollen *Einigung* zwischen Melanchthon und dem italienischen Reformtheologen Kardinal Gasparo Contarini (vgl. S. 380) in *der Rechtfertigungslehre.* Aber die damit erweckten Hoffnungen scheiterten an der Abendmahlsfrage; Contarini konnte die Transsubstantiationslehre nicht preisgeben, Melanchthon sie nicht bejahen. So ist auch hier das Abendmahl zum Schicksal der Kirche geworden. Der Papst und Luther mißbilligten aber auch die Einigung in der Rechtfertigungslehre. Die Gespräche blieben also ergebnislos. An der Tatsache, daß diese von verständigungsbereiten Männern mit bestem Willen geführten Unionsgespräche keinen Erfolg hatten, wird für jeden, der sehen kann, deutlich, daß nicht theologische Nebenfragen die Kirchen getrennt haben, sondern ernsthafte Differenzen in der Auffassung des christlichen Glaubens.

Mißlungene Ausgleichsversuche vertiefen den Gegensatz. So geschah es auch hier. Der Schmalkaldische Krieg ist die fast notwendige Folge der mißlungenen Unionsversuche. Das noch folgende Regensburger Gespräch von 1546 war nicht mehr ernst gemeint, sondern nur noch ein kaiserliches Täuschungsmanöver gegenüber dem Schmalkaldischen Bund.

b) Im übrigen stand in dieser Zeit der große **Kampf mit dem Täufertum** stark im Vordergrund. Dieses war durch die Niederlage der Bauern, in die es verstrickt war, keineswegs vernichtet. Im Gegenteil, schon sehr bald konnte es eine energische Werbung wieder beginnen, die von drei Zentren ausging:

α) von der *Schweiz* aus; sie erfaßte neben Tirol die angrenzenden oberdeutschen und österreichischen Gebiete, im Süden bis Venedig hin.

β) In *Süddeutschland* bildeten die Städte Augsburg und Straßburg Mittelpunkte. 1527 tagte auch schon ein gemeinsames Konzil zwischen den Schweizer und den süddeutschen Täufern in Schlatt am Randen. Von Süddeutschland her breiteten sie sich auch in Friesland und den Niederlanden aus.

γ) Ein drittes Zentrum entstand in *Mähren.* Dort nahm das Täufertum unter Jacob Huters Führung teilweise kommunistische Tendenz an.

Innerlich stimmt das Täufertum mit dem Schwärmertum (oben S. 336 f.) auch jetzt noch darin überein, daß es die Religion des Enthusiasmus bildet. Jeder Christ darf mit direkter Inspiration durch den Heiligen Geist rechnen. Eine Weiterbildung ist nur insofern eingetreten, als nach dem Bauernkrieg die vorher schon vielfach vertretene Wehrlosigkeit zur prinzipiellen Ablehnung jeglicher Gewalt führte. Ein Christ darf deshalb auch kein obrigkeitliches Amt übernehmen. Das Wichtigste am Täufertum war aber, daß es das *Prinzip der Glaubenskirche* rein durchzuführen versuchte. Hier sollten wirklich Gemeinden von Heiligen entstehen. Eine strenge Kirchenzucht sorgte dafür, daß der Hochstand erhalten blieb. Die Einheit von bürgerlicher und christlicher Gemeinde fällt damit natürlich hin, ebenso die von Staat und Kirche. Das sind Gedanken, die aus der Geschichte des Protestantismus nie ganz wieder ausgeschaltet sind und die in dem modernen Grundsatz der Trennung von Staat und Kirche noch nachklingen. Aus dem Gedanken der persönlichen Inspiration ergab sich ferner die Notwendigkeit zur *Toleranz.* So wurden die mancherlei Unterschiede zwischen den verschiedenen Täuferkreisen willig getragen. Das Kriterium für die Kirchenzucht bildete, im Gegensatz etwa zu Luthers Erklärung der ersten Bitte des Vaterunsers, allein die Ethik.

Für die deutschen Fürsten, gleich ob katholischen oder evangelischen Gepräges, war die neuerliche Infragestellung der inneren Staatseinheit Grund genug, gegen das Täufertum mit Gewalt einzuschreiten. 1528 schon hatte Österreich begonnen, das Ketzerrecht gegen sie anzuwenden. Die evangelischen Stände stimmten dem auf den Reichstagen von Speyer 1529 und Augsburg 1530 zu.

Die Verfolgung ließ in den Reihen der Täufer die *Apokalyptik* wieder aufleben. Melchior Hoffmann, der hier führend vorangegangen zu sein scheint, erwartete das Weltende für das Jahr 1533. Er fand besonders in den Niederlanden Anklang. Jan Matthys führte dort zur *aggressiven Form* weiter. Es ist, so meinte er wie Thomas Münzer, die Aufgabe der Heiligen, das Reich der Gottlosen mit dem Schwert zu zerstören und so der Wiederkunft des Herrn den Weg zu bereiten. Durch eine eigenartige Verquickung der Umstände fand *diese* Form Eingang in *Münster i. W.* Münster sollte nun der Ort werden, an dem das himmlische Jerusalem auf Erden Platz gewann. Das Gottesreich erfordert aber, wie man bald meinte, entsprechend Apg. 2, 44 ff. den Kommunismus, dazu merkwürdigerweise aber auch die Polygamie. Der anfänglich christlich-demokratische Kommunismus schlug in Münster in einen wilden Absolutismus um. Die Wiedereroberung der Stadt durch den Bischof, die im Jahr 1535 erfolgte, machte der Schreckensherrschaft, die die Täufer schließlich geführt hatten, ein Ende mit Schrecken.

Der Eindruck der münsterschen Ereignisse hat

α) die Intensität der Verfolgung gegen die Täufer gewaltig gesteigert. Sie sind fast überall so gut wie ausgerottet worden. Nur in Mähren konnten sie sich halten. Sie hat β) den Rest des Täufertums zu erneuter Selbstbesinnung geführt. Es ist das Verdienst *Menno Simons* († 1561), diese Besinnung vorgenommen zu haben. Er kehrte zu der alten Form des leidenden, absolut wehrlosen, jede Gewalt ablehnenden Täufertums zurück, das sich positiv allein in der Liebesgesinnung und der Liebestat übt. Auch hat Menno Simons die Reste der Täufer organisatorisch geeint. So hat sich die mennonitische Kirche, wenn auch unter oft schwierigen Umständen, bis heute erhalten können.

c) Für die Lutheraner brachte die lange Friedenszeit eine *weitere Ausbreitung des Evangeliums.* Es schien kurz nach 1540 so, als ob die evangelische Bewegung doch noch ganz Deutschland erobern würde. In Norddeutschland stand, abgesehen von geistlichen Territorien, nur noch Braunschweig abseits, das erst 1568 evangelisch wurde (die *Stadt* schon 1528). Im Westen begannen der Kölner Erzbischof Hermann von Wied sowie Franz von Waldeck als Bischof von Münster, Minden und Osnabrück mit reformatorischen Maßnahmen. Auch der neue Erzbischof von Mainz, Sebastian von Heusenstamm, zeigte Neigung, diesem Vorbild zu folgen. Im Westen winkte also ein geschlossen evangelisches Gebiet, das direkten Anschluß an die evangelischen Territorien des Südens, die Pfalz und Württemberg, gehabt hätte. Nur Bayern, damals aber viel kleiner als heute, und Österreich standen noch abseits; jedoch forderten auch in diesen beiden Ländern die Stände energisch die Freigabe der evangelischen Predigt. Der Übertritt der Erzbischöfe von Köln und Mainz hätte zudem eine evangelische Mehrheit im Kurfürstenrat geschaffen. Damit ergaben sich für eine neue Kaiserwahl ungeahnte Perspektiven.

d) Die *Aussichten,* die sich mit der weiten Ausbreitung des Evangeliums erhoben hatten, wurden aber leider *nicht verwirklicht,* weil einmal der politische Gegensatz der beiden sächsischen Häuser Moritz von Sachsen vom Schmalkaldischen Bund fernhielt, und weil daneben die Doppelehe, die Philipp von Hessen mit Wissen Luthers und Melanchthons an Stelle des damals sonst allgemein unter den Fürsten üblichen Konkubinats einging, diesen aktivsten Mann der evangelischen Seite dem Kaiser auslieferte; ihm wurde, an sich der Todesstrafe verfallen, Amnestie gewährt unter der Bedingung, daß er

α) jedes Bündnis des Schmalkaldischen Bundes mit Frankreich oder England hintertrieb; das bedeutete faktisch die Isolierung des Bundes;

β) die Aufnahme Wilhelms von Cleve in den Bund verhinderte (vgl. oben S. 344). Alleingelassen, wurde dieser 1543 vom Kaiser leicht besiegt und gezwungen, die Reformation in seinen Gebieten rückgängig zu machen. Geldern wurde ihm genommen. Auch in den benachbarten geistlichen Gebieten von Köln und Münster wurden daraufhin die reformatorischen Maßnahmen sofort eingestellt.

Die erste Folge von Philipps Doppelehe war also, daß der Norden von Westdeutschland katholisch blieb. Damit blieb zugleich die katholische Mehrheit im Kurfürstenkollegium erhalten. Außerdem erkannte der Kaiser im Cleveschen Krieg die innere Schwäche des Schmalkaldischen Bundes. So faßte er hier den Plan des Schmalkaldischen Krieges, die zweite Folge von Philipps Mißverhalten. Das Scheitern der Ausgleichsversuche hatte schon vorher die geistige Voraussetzung für den Krieg als der ultima ratio[1] in Sachen der lutherischen Ketzerei geschaffen. Nachdem Franz I. 1544 auch noch besiegt war, im Herbst 1545 ferner ein 1½jähriger Waffenstillstand mit den Türken und ein Bündnis mit dem Papst abgeschlossen war, war der Weg zur kriegerischen Bekämpfung des Protestantismus für Karl V. frei.

Die 1532 so verheißungsvoll begonnene Friedensära endete doch noch mit einer mehr als ernsten Bedrohung für die Sache des Evangeliums.

2. Religionskrieg und Religionsfriede. Zwei Ziele hatte der Kaiser bei dem Krieg im Auge:

a) die Beseitigung der Reformation;

b) die Überwindung des innerdeutschen Partikularismus, dessen politische Bedeutung gerade der Schmalkaldische Bund offenbart hatte.

Weil der Kaiser beide Ziele verknüpfte, hat er beide nicht erreicht.

Dem fabelhaften diplomatischen Geschick des Kaisers gelang es zwar, unter Ausnutzung der politischen Spannungen im evangelischen Lager Moritz von Sachsen, Hans von Küstrin und einige weitere evangelische Fürsten auf seine Seite zu ziehen. So erreichte er trotz einiger für ihn gefährlicher Situationen im *Schmalkaldischen Krieg 1546/47* die völlige Besiegung des Schmalkaldischen Bundes. Aber der Gegensatz des Papstes gegen den Kaiser hinderte diesen zunächst, die Früchte des Sieges zu pflücken. Paul III. (1534 bis 1549) hatte dem Kaiser einen Pyrrhus-Sieg gewünscht. Der tatsächliche Verlauf des Krieges veranlaßte ihn, schon im Januar 1547 seine Hilfstruppen zurückzuziehen; auch kam er seinen finanziellen Verpflichtungen nicht nach, was den Kaiser sehr schwer traf; zudem verlegte er im März 1547 das Konzil, das Ende 1545 endlich eröffnet worden war, von Trient nach Bologna, um den siegreichen Kaiser nicht zu dessen Herrn werden zu lassen, was einer Suspension gleichkam. Aufstände gegen die kaiserliche Herrschaft in Italien, für die man dem Sohne des Papstes, Pierluigi Farnese, die Schuld gab, endlich dessen Ermordung,

[1] Letzten Möglichkeit.

als deren Anstifter der Papst Karl V. ansah, kamen hinzu, um die Spannung zwischen den beiden Häuptern der katholischen Christenheit gerade jetzt ihren Höhepunkt erreichen zu lassen. So verdankte der Protestantismus erneut dem Papsttum seine Rettung. Der treueste Sohn der katholischen Kirche war genötigt, die Regelung der kirchlichen Verhältnisse in Deutschland selbst in die Hand zu nehmen. Das *Augsburger Interim von 1548,* in dem er es versuchte, enthielt im wesentlichen die thomistisch-tridentinische Rechtfertigungslehre (vgl. unten S. 384); doch wurde die Notwendigkeit einer äußeren Reform der Kirche anerkannt, daneben die Priesterehe und der Laienkelch gestattet.

Aber die Macht des Kaisers war trotz seines Sieges nicht groß genug, um die Protestanten unter das Interim zu zwingen. 1551 erneuerte Heinrich II. von Frankreich, der 1547 seinem Vater Franz I. gefolgt war, zudem den Krieg gegen Karl. Die Türken brachen in demselben Jahr in Ungarn wieder los. Entscheidend aber wurde jetzt die innerdeutsche Opposition gegen den Kaiser, die sog. *Fürstenverschwörung,* die Hans von Küstrin und Moritz von Sachsen führten; beide im Schmalkaldischen Krieg, obwohl evangelisch, auf der Seite des Kaisers, beide aber auch betroffen, als der Kaiser seine kirchlichen Pläne sichtbar werden ließ. Zudem empörte sie die Behandlung, die Karl V. den fürstlichen Gefangenen des Schmalkaldischen Krieges, Johann Friedrich von Sachsen und Philipp von Hessen, zuteil werden ließ; die meisten deutschen Fürsten, auch die katholischen, empfanden ebenso. Die Opposition, die sich auf diese Weise gegen den Kaiser bildete, ist durch die *neue Erbfolgeordnung,* die Karl V. in diesen Jahren betrieb, auf den Höhepunkt geführt worden. Um ein Kaisertum des protestantenfreundlichen ältesten Sohnes von Ferdinand, Maximilian, auszuschließen, schlug der Kaiser ein Alternieren zwischen der spanischen und der österreichischen Linie des Hauses Habsburg vor. Das hätte Philipp II. als Nachfolger Ferdinands zum deutschen Kaiser gemacht und Maximilian II. in der Tat ausgeschlossen. Dieser Plan bedeutete

α) eine dauernde Verbindung zwischen Deutschland und Spanien;

β) die Umwandlung des deutschen Kaisertums in eine Erbmonarchie und damit zum mindesten praktisch die Beseitigung des Wahlrechtes der Kurfürsten.

Beides rief stürmische Opposition hervor. Als die Verschworenen losschlugen, überraschten sie den Kaiser völlig. Im *Passauer Vertrag von 1552,* der den Feldzug beendete, mußte dieser das Interim wieder preisgeben, die von den Protestanten eingezogenen Kirchengüter als deren Besitz anerkennen, die seit 1547 gefangenen Fürsten freilassen, die Acht gegen sie aufheben und ihnen ihre Länder zurückgeben;

außerdem wurde den Protestanten Frieden bis zum nächsten Reichstag zugestanden.

Kaiserliche Bemühungen um eine neues antievangelisches Bündnis, die sofort nachher aufgenommen wurden, scheiterten. Die Unmöglichkeit einer kriegerischen Beseitigung des deutschen Protestantismus stand damit ebenso fest wie die eines friedlichen Ausgleichs. Das Ketzerrecht hatte sich schon vorher als wirkungslos erwiesen. So war die reichsrechtliche Anerkennung der Protestanten die einzige noch verbleibende Möglichkeit. Da der Kaiser aber zu ihr persönlich nicht Ja sagen konnte, überließ er seinem Bruder Ferdinand die Regelung der deutschen Verhältnisse, dazu 1556 auch die Kaiserkrone und zog sich nach San Juste in Spanien zurück, eine Entscheidung, die ihn ehrt.

Der **Augsburger Religionsfriede,** der am 25. September 1555 nach mehr als sieben Monaten langen Verhandlungen abgeschlossen wurde, sicherte den Anhängern der Augsburger Konfession — nur diesen! — volle, immerwährende Religionsfreiheit, auch für solche, die erst künftig übertreten würden; doch bekamen nur die Stände des Reiches freie Religionswahl, nicht die Untertanen. Cuius regio, eius religio[2]! Die Versuche Württembergs und der Pfalz, die Religionsfreiheit auch auf die Untertanen auszudehnen, schlugen fehl. Diesen wurde vielmehr nur die Auswanderungsmöglichkeit unter billigen Bedingungen zuerkannt (Art. 11). Ausgenommen von dem Recht der Religionswahl wurden die reichsunmittelbaren *geistlichen* Fürsten durch das sog. reservatum ecclesiasticum[3] (Art. 6); sie mußten beim Übertritt zur Confessio Augustana, der auch ihnen freigegeben wurde, ihr Amt niederlegen und dem Domkapitel das Recht freier Neuwahl zugestehen. Was werden sollte, wenn dieses einen evangelischen Mann wählte, blieb ungeklärt und wurde ein wesentlicher Streitpunkt der Folgezeit. Dies reservatum ecclesiasticum enthält fraglos eine Beschränkung des Religionsrechtes zuungunsten der Protestanten; aber die Einbeziehung der geistlichen Fürsten in das ius reformandi[4] hätte die katholische Kirche mit dem Zusammenbruch ihrer gesamten Organisation in Deutschland bedroht. So war der Friede nur zu erreichen, wenn die Protestanten diese Beschränkung zugestanden. Immerhin blieben Gebiete, die schon vor 1555 säkularisiert waren, weltlich (Art. 7). In den Reichsstädten, in denen beide Konfessionen bestanden, sollte diese Doppelheit bleiben (Art. 14). Städte und Herren, die unter einem geistlichen Fürsten standen, blieben ebenfalls evangelisch, sofern sie es schon waren; doch konnte die Aufnahme dieser Bestimmung in den Reichstagsabschied nicht erreicht werden; sie ist nur in einer besonderen

[2] Wes das Land, des die Religionsbestimmung.
[3] Kirchlicher Vorbehalt.
[4] Das Recht, der Reformation beizutreten.

Erklärung Ferdinands zu ihm, der declaratio Fernandea, ausgesprochen. Auch daraus ergaben sich später Schwierigkeiten.

Der Abschied enthielt also Unklarheiten. Sie waren angesichts der Verhältnisse, unter denen er abgeschlossen wurde, kaum vermeidbar. An ihnen haben sich indes zum Teil, wie schon erwähnt, die politischen Kämpfe des Zeitalters der Gegenreformation entzündet.

Die wesentliche *Bedeutung des Religionsfriedens* liegt aber nicht in diesen seinen Unklarheiten mit ihren Folgen, sondern in der Tatsache, daß die Alleinherrschaft der Papstkirche durch ihn gebrochen wurde. Zwar wurde das Prinzip der Religionsfreiheit durch das „cuius regio, eius religio" verhindert. Aber der Fürst durfte doch das Gewissen andersgläubiger Untertanen nicht mehr vergewaltigen. Damit war das Ketzerrecht für *ganz* Deutschland reichsrechtlich außer Kraft gesetzt und Versuche, doch noch ganz Deutschland für den Protestantismus zu gewinnen, konnten nun unter dem Schutz des Friedens fortgesetzt werden; das ius reformandi galt ja auch für die Zukunft. Demgegenüber verlieren die Zugeständnisse, die die Evangelischen machen mußten, das Gewicht, das sie sonst haben würden. Vergleicht man das Ergebnis des Zeitalters der Reformation mit dem Ausgangspunkt, so ergibt sich, daß der Friede einen ungeheuren Sieg des Protestantismus in sich birgt. Alleiniger Verlierer ist die katholische Kirche.

Daß der Abschied *theologisch* eine Verlegenheitslösung war, wird schon an der Tatsache deutlich, daß sein Text das Wort „Kirche" nicht enthält; dies Prädikat beanspruchte jede Gruppe *allein* für sich. Den theologischen Widerstreit konnte das *Reich* aber nicht entscheiden. So umging man das Wort und sprach von den „Anhängern der alten Religion", den „Augsburger Konfessionsverwandten" oder so ähnlich. *Theologisch* sah man die entgegenstehende Lehre noch ganz klar als eine Häresie an. *Reichsrechtlich* mußte man sich gegenseitig Friede zusichern. Diese Tatsache ist dann natürlich auch theologisch relevant geworden, einfach weil man sie als Tatsache nicht negieren konnte.

Denn das „cuius regio, eius religio" hat die konfessionelle Spaltung Deutschlands verewigt. Wieviel evangelische Landeskirchen mit z. T. nur drei bis vier Pfarreien es schließlich gegeben hat, konnte nicht festgestellt werden; daß es über hundert waren, ist sicher. Die Wunderlichkeiten der deutschen konfessionellen Landkarte sind auf jeden Fall nur von dem „cuius regio, eius religio" aus zu verstehen; sie sind auch rein dynastisch bedingt und haben nicht den geringsten Zusammenhang mit etwaiger Stammeseigenart. Und da die katholische Kirche schon 1524 den territorialen Weg beschritt (vgl. S. 339 f.), ferner die Reformation sich nur mit Hilfe der Territorialfürsten durchsetzen konnte, so hat die Reformationsgeschichte zugleich zu einer Stärkung des Partikularismus in Deutschland geführt. In derselben Zeit gelang aber in Spanien, Frankreich und England die Zusammenfassung aller Kräfte in der Hand des Königtums. So ergab sich hier ein Unterschied zwischen dem Westen und Deutschland, der für die Geschichte Deutschlands, ja Europas, weithin bestimmend geworden ist.

Die Verbindung der Reformation mit den Fürsten hat diesen aber zugleich eine Fülle neuer großer Aufgaben gestellt, die sie meist energisch angepackt haben. Die große Zahl der Kulturzentren Deutschlands beruht weithin auf dieser Tatsache.

Darüber hinaus hat die Reformation so gut wie alle Kulturgebiete beeinflußt und bereichert. Aber das kann im einzelnen nicht geschildert werden. Kirchengeschichtlich ist die Wiederentdeckung des Evangeliums und die Schaffung einer Kirche, in der es lauter und rein verkündigt werden kann, entscheidend.

Die Evangelischen haben diesen ihren Sieg nur nach immer erneuter schwerer Bedrohung, ja nach Verlust des Religionskrieges geschenkt erhalten. Sie haben in der Kampfzeit das Ergebnis auch nicht vorherahnen können; das Jahrzehnt vor dem Frieden brachte sogar die schwerste Not über sie. Vor ihnen selbst stand also immer nur die erneute Notwendigkeit, sich bekennend für das Evangelium einzusetzen. So bietet die Reformationsgeschichte ein klassisches Anschauungsbild für die Tatsache, daß Gott auch seiner Kirche geschichtlich immer nur das *tägliche* Brot, die tägliche Existenzmöglichkeit schenkt, nicht eine klare Sicherung für alle Jahrzehnte.

§ 39. Die Entwicklung des Luthertums zur Orthodoxie

Aus dem lebendig quellenden Glauben Luthers, der geistig und geistlich Unzählige in seine Gefolgschaft geführt hat, entwickelte sich die lutherische Kirche schon bald nach seinem Tode zur Orthodoxie. Wo liegen die Wurzeln für diese ihre Fortbildung, die einer Verhärtung gleichkommt?

Voraussetzung ist zunächst, daß *Luther selbst* seinen Kampf gegen die katholische Kirche, so gewiß es ein Kampf um das Evangelium war, doch schon in der Form eines Ringens um die „reine Lehre" geführt hat. In der Orthodoxie wird diese reine Lehre vollends *das* Kleinod der Kirche. Zwei Reihen von Beweggründen sind es, die die Orthodoxie herbeigeführt haben.

1. Die Confessio Augustana von 1530 ist ursprünglich ein persönliches Bekenntnis der evangelischen Fürsten und ihrer Theologen gewesen, das diese unter Einsatz ihres Lebens und ihrer Länder abgelegt haben. Um die Einigkeit und theologische Sauberkeit im eigenen Lager zu sichern, wurde sie im Ansatzpunkt schon 1532, endgültig 1535 das

Bekenntnis des Schmalkaldischen Bundes. 1534 ging Württemberg dazu über, auch die Geistlichen sowie die Staatsbeamten auf sie zu verpflichten; Pommern folgte 1535 dieser Praxis. Seit 1546 mußten sämtliche Doktoren der Universität Wittenberg sie beschwören. So schon wird die **Lehre der Kirche** der **Mittelpunkt** des ganzen geistigen Lebens, was das erste große Charakteristikum des Zeitalters der Orthodoxie bildet.

Durch das alles wurde aber zugleich die Confessio Augustana aus einem persönlichen Bekenntnis im Sinne eines Bekennens *eine staatsrechtlich und kirchenrechtlich verpflichtende Norm.* Eben damit bekam, zum mindesten praktisch, der Glaube wieder einen neuen Sinn; er wurde zugleich wieder ein äußeres Ja zu einer Lehre im Sinne eines Anerkennens bestimmter dogmatischer Sätze, notitia et assensus[1].

Die *theologischen Streitigkeiten* der zweiten Generation des Luthertums, meist die gnesiolutherischen Streitigkeiten genannt, haben diese Tendenz zur reinen Lehre noch verstärkt. Wer die Kämpfe als rabies theologorum[2] mit einer Handbewegung glaubt abtun zu können, kennt sie nicht; in ihnen wurde vielmehr um zentrale Probleme des christlichen Glaubens gerungen, wenn es etwa um das Verhältnis von Gesetz und Evangelium, um die Frage der Prädestination und der Willensfreiheit, die Fähigkeiten des Menschen beim Zustandekommen seiner Rechtfertigung, um das Abendmahl und ähnliches ging. Und wenn man dabei eng auf dem Buchstaben einer Lehre beharrte, so stand dahinter doch das lebhafte Interesse an der rechten gedanklichen und begrifflichen Ausprägung der objektiven Wahrheit. Nur wenn man das sieht, versteht man diese Kämpfe recht. Aber ihre Folgen reichen trotzdem sehr weit.

a) Der hier aufbrechende Gegensatz unter Lutheranern schwächte die lutherische Kirche erheblich; daß er zum Teil mit politischen Gegensätzen verbunden wurde (ernestinisches gegen albertinisches Sachsen), vergrößerte nur noch das Unheil, das in ihm lag.

b) Außerdem verstärkte er in seinem Ablauf die an sich schon von Luther her der Kirche eigene Tendenz zur dogmatischen Sauberkeit, die so zur Enge wurde.

Die Streitigkeiten betrafen nun zum Teil Fragen, die mit Hilfe der Confessio Augustana nicht zu beantworten waren. In dieser Lage beschritt man einen *zwiefachen Weg.*

a) Man stellte *neue Bekenntnisse* auf. Aber nur eines von ihnen, die *Konkordienformel* von 1577, die ausdrücklich als Unionsbekenntnis

[1] Kenntnis und Zustimmung.
[2] Wildheit der Theologen.

gedacht war und mit dieser ihrer Zielsetzung auch Erfolg hatte, ist vom größten Teil des deutschen Luthertums übernommen worden.

b) Man stellte mehrere Schriften, darunter auch solche, die ursprünglich gar kein Bekenntnis waren, wie etwa Luthers Katechismus, zu sog. *corpora doctrinae*[3] zusammen. Eine Fülle verschiedenartiger Sammlungen ist so entstanden, deren Geschichte noch nicht geschrieben ist.

Schließlich sind beide Wege kombiniert worden, indem die Konkordienformel in schon bestehende Sammlungen eindrang. Das 1580 dergestalt geschaffene **Konkordienbuch** ist noch heute die offizielle Lehrgrundlage der meisten Lutherischen Kirchen Deutschlands. Es sicherte für die Zukunft die Einheit des deutschen Luthertums, bedeutete gleichzeitig aber eine Lähmung, da das Kräfte auslösende Ringen nun ein Ende hatte.

2. Aber die Lehrverengung durch Bindung an Bekenntnisschriften, die immer mehr Einzelheiten normierten, ist nicht das einzige Charakteristikum der Orthodoxie. Neben ihr stehen *inhaltliche Eigentümlichkeiten,* die fast alle Weiterbildungen melanchthonischer Ansätze sind. So liegt in **Melanchthon die zweite Wurzel der Orthodoxie.**

Luther hatte keine systematische Darstellung seiner Theologie schreiben können, an die der Schulbetrieb hätte anknüpfen können. Der erste Systematiker der lutherischen Kirche wurde vielmehr Melanchthon mit seinen Loci communes rerum theologicarum (= Hauptbegriffe der Theologie), die in drei jeweils stark veränderten Fassungen vorliegen (prima aetas 1521; secunda aetas 1535; tertia aetas seit 1543). Der junge Melanchthon hat die Ansätze Luthers z. T. schärfer entwickelt als dieser selbst. Aber seine humanistische Vergangenheit, starke pädagogische Neigungen und persönliche Eigenart haben ihn später zu teilweise recht fühlbaren Abweichungen von Luther geführt. Dieser hat das klar gesehen, aber ihm seine Freundschaft deswegen nicht entzogen. Hier spürte Luther, im Unterschied von Zwingli, keinen „anderen Geist". So konnte die Orthodoxie ungehindert an Melanchthon anknüpfen und ihre Eigenart aus ihm entwickeln. Geschichtlich nachgewirkt haben nun im wesentlichen die späteren Fassungen der Loci insofern, als eine Gruppe der Schüler Melanchthons die dort neu auftretenden Gedanken aufnahm und einseitig weiterbildete. So sind diese hier allein zu berücksichtigen.

a) Hatte Luther seine Theologie vom solā gratiā her aufgebaut, so ging Melanchthon in der späteren Form seiner Loci vielmehr davon

---

[3] Sammlungen von Lehrschriften.

aus, das Evangelium in Beziehung zum allgemeinen Denken zu setzen. Wissenschaftssystematische, *erkenntnistheoretische Erwägungen* wurden an den Anfang gestellt. Mit ihnen hat Melanchthon immerhin die geistige Grundlage der evangelischen Universitäten für fast zwei Jahrhunderte gelegt; so bedeutsam sind sie gewesen. Was besagen sie inhaltlich? Alle Erkenntnis beruht nach Melanchthon darauf, daß entweder Axiome (principia, primae notitiae) oder Erfahrungen logisch verarbeitet werden (demonstrationes). Für die Theologie bekommt nun die Bibel, die er schon von seinem Humanismus her als das inspirierte Gotteswort ansah, die Stelle eines Axioms. Bereits dieser Ansatz hat einige bedeutsame Folgen gezeitigt:

α) Da die *Theologie,* wie alle *Wissenschaft,* feststehende Axiome logisch verarbeitet, ist ihr wissenschaftlicher Charakter sichergestellt.

β) Da logische Schlüsse ein Mittel zur Gewinnung neuer Erkenntnisse sind, wird die *systematische Philosophie* ein *unentbehrliches Arbeitsmittel der Theologie.* In der Folge ist sie nicht selten aus einer Magd zur Herrin aufgestiegen. Normalphilosoph aber wird wieder Aristoteles, den Luther als einen „verdammten, hochmütigen, schalkhaftigen Heiden" leidenschaftlich abgelehnt hatte. So aber bekommt die lutherische orthodoxe Theologie auch wieder die begrifflich scharfe, jedoch zugleich auch sich in Begriffsdistinktionen verlierende Art der Scholastik, besonders scharf ausgeprägt in ihrer Spätzeit.

γ) Da die *Theologie* ihre Sätze aus feststehenden Axiomen mit logisch zwingenden Schlüssen gewinnt, so wird sie eine *Sammlung von absolut gültigen Lehrsätzen,* wobei nicht nur die Schriftaussagen selbst, sondern auch die Schlüsse aus ihnen Geltung beanspruchen können. Melanchthon wird so zum Gründer einer neuen Schultheologie; auch in *dem* Sinn ist die Orthodoxie Scholastik, ein System unfehlbarer Lehrsätze, in ihrer Haltung enger als das thomistische Denken. Von hier aus ist es zu verstehen, wenn Spener in der Spätzeit der Orthodoxie Hunderte von Ketzereien vorgeworfen werden konnten.

Leider hat die theologische Sicherheit, die sich von hier aus ergab, gegen Melanchthons eigene Intentionen die *kirchliche Einigung des Gesamtprotestantismus verhindert.* Luther selbst hatte trotz einzelner Bedenken, die Calvins Abendmahlslehre bei ihm erregte, doch mit großen Erwartungen auf diesen geblickt und hat bewußt jede Polemik gegen ihn unterlassen. Dieser ist auch sonst von Lutheranern zunächst nicht angegriffen worden. Eine Änderung scheint hier, wenigstens indirekt, der Consensus Tigurinus von 1549, die Einigung zwischen der Züricher und der Genfer Richtung der Schweizer Reformation (vgl. unten S. 369), herbeigeführt zu haben. Calvin war seit einem persönlichen Zusammentreffen mit Melanchthon, das 1539 in Frankfurt erfolgte, diesem freundschaftlich verbunden und glaubte, wenn auch irrtümlich, daß sie beide in der Abendmahlslehre einer Meinung seien. So war er der Meinung, die Lutheraner auf seiner Seite zu haben, denn Melanchthon war seit Luthers Tod trotz der Kämpfe der Gnesiolutheraner gegen den Philippismus, d.h. gegen Schüler Melanchthons, der Führer auf lutherischer Seite. Wenn es Calvin nun gelang, auch die Differenz zwischen der Züricher und der Genfer Richtung der Schweizer Reformation beizulegen, dann mußte das hohe Ziel einer Gesamteinigung des Protestantismus erreicht sein. Das ist die große Hoffnung gewesen, mit der Calvin den Consensus Tigurinus abschloß. Statt sie zu verwirklichen, vertiefte dieser aber tatsächlich nur den Zwiespalt. Denn als sein Text 1551 im Druck veröffentlicht wurde, trat ihm der Hamburger Pastor Joachim Westphal entgegen. Direkt ist dieser freilich durch eine ernste und berechtigte Besorgnis um die Fortexistenz des Luthertums, die er durch das Vordringen des Calvinismus in Deutschland in Frage gestellt sah, veranlaßt worden, zur Feder zu greifen. Aber in seiner „Farrago confusanearum et inter se dissidentium opinionum de coena Domini, ex sacramentariorum libris congesta“ [4], die 1552 in Magdeburg erschien, stellte er neben Auszüge aus Werken von Zwinglianern nun auch Zitate aus dem Consensus Tigurinus und aus Schriften Calvins. Denn auch dieser mußte ein „Sakramentierer“ sein, wenn er sich mit den Züricher Ketzern einigen konnte. Westphal löste mit seinem Buch den *zweiten Abendmahlsstreit* aus. Denn da Calvin sich durch diesen Angriff in seinen tiefsten Hoffnungen getäuscht sah, fiel seine Antwort entsprechend scharf aus. Der Streit zog dann schnell weitere Kreise. Sein Ergebnis war die *Ablehnung* auch *der Calvinisten als Irrlehrer* durch die lutherische Kirche, die in der Konkordienformel dann bekenntnismäßig festgelegt wurde. Diese Ablehnung nahm leider solche Heftigkeit an, daß Kursachsen lieber mit Katholiken als mit Calvinisten politisch zusammengehen wollte. Die politische Katastrophe des deutschen Protestantismus im Dreißigjährigen Kriege ist zu einem erheblichen Teil die Folge dieses inneren Zwiespaltes, von der kirchlichen Not zu schweigen, die mit ihm verbunden ist.

δ) Melanchthon hat mit seiner Auffassung zugleich die Grundlage für die orthodoxe *Schriftlehre* gelegt. Auf seinen Ansätzen fußend ist sie am Anfang des 17. Jahrhunderts zur Lehre von der Verbalinspiration weitergebildet worden. Praktisch freilich trat die Bibel stark hinter den Bekenntnisschriften zurück, da diese den Schriftinhalt bereits enthielten.

---

[4] Mengkorn (d.h. Durcheinander) der konfusen und zwiespältigen Meinungen über das Abendmahl, aus den Büchern der Sakramentierer zusammengebracht.

ε) Endlich hat Melanchthon durch diesen Ansatz auch das Verhältnis von *Vernunft und Offenbarung* für lange Zeit fixiert. Die Philosophie enthält auch religiöse Aussagen. Schon das lumen naturale[5] erkennt die Existenz eines ewigen gerechten Gottes, der die Welt geschaffen und gut und böse geschieden hat. Das Christentum als Offenbarungsreligion fügt nur die Lehren von der Trinität, von der Erlösung usw. dem hinzu. In diesem Ansatz war Melanchthon auch in Übereinstimmung mit Luther. Die Orthodoxie hat dann die revelatio generalis und specialis[6] auch terminologisch unterschieden. Diese Lehre vom lumen naturale ist dann einer der Ansatzpunkte für die Aufklärung auf lutherischem Boden geworden.

b) Auch in der *Rechtfertigungslehre* ging Melanchthon eigene Wege.

α) Zunächst verschob sich der *Zielpunkt*. Ging es nach Luther letztlich um Gottes Ehre, so trat bei Melanchthon der *Trost des geängsteten Gewissens* ganz stark in den Vordergrund. Daß die terrores conscientiae[7] beseitigt werden, Heilsglauben, ja Heilsgewißheit geschaffen wird, darauf fiel aller Ton. So sehr das an sich gut lutherisch ist, so unverkennbar ist doch, daß hier, verglichen mit Luther, eine leise anthropozentrische und zugleich eine leise eudämonistische Erweichung erfolgt.

Ihr entspricht ein feiner menschlicher Synergismus beim Zustandekommen der Rechtfertigung. Melanchthon hatte schon in der secunda aetas die Widerstandsmöglichkeit des Menschen gelehrt und in der tertia aetas sogar die facultas se applicandi ad gratiam[8], ohne doch die antinomischen Ansätze aus der prima aetas ganz aufzugeben. In der Orthodoxie kann dann die Alleinwirksamkeit Gottes, wie Luther sie gelehrt hatte (vgl. oben S. 291, 293), voll preisgegeben werden zugunsten eines Zusammenwirkens von Gott und Mensch; freilich lenkt Gott das Handeln des Menschen, aber ohne dessen Freiheit anzutasten.

Diese anthropozentrische Haltung wurde zur Vollendung geführt, als *Georg Calixt* gegen Ende des orthodoxen Zeitalters die synthetische Methode Melanchthons, die einfach die einzelnen Loci aneinanderreihte, mit einer analytischen vertauschte, was die Spätorthodoxie dann übernahm. Als Endziel, von dem aus die Analyse vorgenommen wurde, sah Calixt die ewige Seligkeit des Menschen an. Von da aus werden aber der Zorn Gottes und Luthers Vorstellung vom Deus absconditus[9] unvollziehbare Gedanken. Gott tritt in den Dienst des

[5] Das natürliche Licht (der Vernunft).
[6] Allgemeine und spezielle Offenbarung.
[7] Die Schrecken des Gewissens.
[8] Die Möglichkeit, sich der Gnade anzupassen.
[9] Vom verborgenen Gott.

menschlichen Heils. Der „liebe Gott" der Aufklärung ist damit schon praeformiert; zugleich taucht die Frage der Theodizee als ein von diesem Boden aus praktisch unlösbares Problem auf. Auch der Optimismus der Aufklärung kündet sich hier schon an.

β) Melanchthon hielt wie Luther daran fest, daß mit der Vergebung der Sünden durch Gott *zugleich* auch immer eine das Herz des Menschen erneuernde Tätigkeit des Heiligen Geistes beginnt. Aber er faßte die *Rechtfertigung* vom Trost des Gewissens her in Anknüpfung an Anselm von Canterbury ganz streng als forensische Gerechtsprechung, als *imputative Gerechterklärung* auf (vgl. oben S. 309 f. bei Luther). Auf sie fiel auch, schon aus Gegensatz gegen die katholische Lehre von der realen Heiligung des Menschen, der Hauptton. Von hier aus wurde aber die Frage der Heiligung schwieriger, da sie nicht mehr so organisch mit der Rechtfertigung verknüpft war wie bei Luther; der „Christus in uns" Luthers trat zurück. Heiligung *soll* zwar dem Glauben an die Vergebung der Sünde folgen (fides *debet* bonos fructus parere); Gott verheißt dem Glaubenden auch seinen Heiligen Geist; aber eben so fallen Rechtfertigung und Heiligung nur noch chronologisch und nicht mehr logisch zusammen. Aus dieser Hauptbetonung der Rechtfertigung als bloßer Sündenvergebung ist später in der Orthodoxie stellenweise eine Abwertung des Strebens nach Heiligung des Lebens geworden, die geradezu bedenkliche sittliche, richtiger: unsittliche Begleiterscheinungen gezeitigt hat: ernste Betonung der ethischen Verpflichtung des Christen geriet in Verdacht katholischer Werkgerechtigkeit oder calvinischer Gesetzlichkeit und wurde als solche verpönt.

c) Melanchthons *Kirchenbegriff* deckt sich zunächst, z. B. noch in der Confessio Augustana, weitgehend mit dem Luthers. Nur an einem Punkt wird schon früh eine stärkere Verschiebung deutlich: Melanchthon betonte das allgemeine Priestertum der Gläubigen weniger und rückte *das Amt* dafür in den Vordergrund. Der minister verbi divini[10] erhielt praktisch schon bei ihm eine Herrenstellung über der Gemeinde. Das wurde der Ansatzpunkt für die Ausbildung der Pastorenkirche, zu der die lutherische Kirche im Zeitalter der Orthodoxie in geradezu verhängnisvoller Weise geworden ist. Die Pastoren bilden mit den Lehrern zusammen die ecclesia repraesentativa[11], die auch ohne Gemeinden zur Synode zusammentreten kann. Die Kirche wurde damit zugleich, schon beim späten Melanchthon, wieder eine Heilsanstalt, die durch die lautere Verkündigung des Wortes Gottes und die rechte Verwaltung der Sakramente am Heil der ihr Angehörigen arbeitet. Entsprechend fällt aller Ton auf die äußere, sichtbare Kirche, die

[10] Der Diener am Wort Gottes.
[11] Die repräsentierende Kirche.

ihre Echtheit an der Lauterkeit ihres Bekenntnisses erweist. Daß die Kirche primär communio sanctorum[12] ist, trat erschreckend zurück.

d) An dieser heilsvermittelnden Tätigkeit hat aber auch *der Staat* Anteil. Denn im Unterschied zu Luther ist er nach Melanchthon, wieder aus einem humanistischen Ansatz heraus, der Hüter *beider* Tafeln des mosaischen Gesetzes. Er muß also nicht nur dem Götzendienst wehren, sondern auch für die *rechte* Verehrung Gottes nach Kräften sorgen. Darin liegt die theologische Begründung bzw. Rechtfertigung des „cuius regio, eius religio" bzw. des Staatskirchentums, das sich auf lutherischem Boden entwickelt hat. Da der Staat nach Melanchthon aber auch seine Zwangsgewalt in den Dienst dieser seiner kirchlichen Aufgaben zu stellen hat, so wird von hier aus zugleich verständlich, daß er dann mit Polizeigewalt über dem Besuch des Gottesdienstes, dem Nichteinschlafen bei der Predigt und ähnliche Dinge gewacht hat. Darin bekommt die zugleich kirchliche und staatliche Erziehungsarbeit am Volke ihre schärfste äußere Form; die lutherische Obrigkeit tritt hier als Zuchtmeister an die Stelle der alten Kirche. Diese Entwicklung zum Staatskirchentum war aber in Deutschland besonders verhängnisvoll, weil den Rahmen für sie hier die zwerghaften Territorialstaaten bildeten, die es damals meist nur gab.

3. Das **Ergebnis** der ganzen Entwicklung ist ohne jede Frage eine *Erstarrung des Luthertums.* Verengt in die staatskirchliche Form der Duodezstaaten, zu einer Pastorenkirche geworden, die, je nachdem, sich der Hilfe der Polizei bedienen kann oder sie sich gefallen lassen muß, und geschlagen in die Fesseln einer intellektualistischen Theologie, die alle ihre Sätze als Dogma hinzustellen sich innerlich berechtigt weiß, hat die lutherische Kirche fortan ihr Leben führen müssen, bis ein vollständiger Neubau erfolgte. Aber diese an sich beklagenswerte Entwicklung hat fraglos auch *positive Seiten* gehabt.

a) Die Reformation war eine kirchliche Revolution. Die Visitationen haben klar gezeigt, wie stark alle Verhältnisse zerrüttet waren. Ohne die *Hilfe des Staates* wäre der Neubau deshalb wohl kaum durchführbar gewesen. Selbst Calvin hat die Staatshilfe in Anspruch genommen. Sie war auch tragbar, solange die Obrigkeit selbst mit Ernst christlich sein wollte.

b) Die theologische Sicherheit brachte eine große *Festigkeit des konfessionellen Bewußtseins* mit sich, die für das Zeitalter der Gegenreformation kaum zu überschätzen ist. Jeder Relativismus hätte sich damals als Lähmung der Widerstandskraft verhängnisvoll auswirken müssen.

---

[12] Eine Gemeinschaft der Heiligen.

c) Im Rahmen des theologischen Ansatzes ist eine Denkarbeit geleistet worden, deren Größe nur Bewunderung erregen kann und die noch die unverhohlene Hochachtung auch eines Gegners, wie Lessing es war, gefunden hat. Die geschichtlich einflußreichsten Werke sind dabei Leonhard *Hutters* Compendium locorum theologicorum von 1610, Johann *Gerhards* Loci theologici, 9 Bände (1610—1622), und Johann Wilhelm *Baiers* Compendium theologiae positivae, zuerst 1686 veröffentlicht.

Die Erstarrung, von der die Rede war, darf auch nicht so mißverstanden werden, als sei jegliche *ernste Herzensfrömmigkeit* in dieser Zeit erstorben. Wie sehr sie gedeihen konnte, das zeigen die Kirchenlieder und die Kirchenmusik dieses Zeitalters unwiderlegbar. Und *Paul Gerhard* sowie *Johann Sebastian Bach* stehen hier wahrhaftig nicht allein.

Trotzdem gilt, die Orthodoxie brachte das Luthertum um seine Angriffskraft. Daß sich darin eine große Schwäche kundtut, kann kaum bezweifelt werden (vgl. auch S. 378, 387, 388 f.).

Literatur

Edmund Schlink, Theologie der lutherischen Bekenntnisschriften, 1946²;
Friedrich Brunstäd, Theologie der lutherischen Bekenntnisschriften, 1951;
Otto Ritschl, Dogmengeschichte des Protestantismus, 4 Bde., 1908—1927;
Hans Emil Weber, Reformation, Orthodoxie und Rationalismus, 3 Bde., 1937/51;
Peter Petersen, Geschichte der aristotelischen Philosophie im protestantischen Deutschland, 1921;
Werner Elert, Morphologie des Luthertums, 2 Bde., 1958².

§ 40. Die Ausbreitung des Luthertums außerhalb Deutschlands

Noch während des ersten Frühlings der Reformation in Deutschland griff das Evangelium auch schon weit über dessen Grenzen hinaus. In fast allen Ländern des Abendlandes gewann es vereinzelt oder gruppenweise Anhänger. Aber eigentlich nur im Norden und Nordosten konnte es dauernd Fuß fassen, mehrfach zusammen mit einer nationalen Wiedergeburt der Länder, die sich ihm, sogar immer nur auf dem Wege obrigkeitlichen Zwanges, anschlossen. Schon König Christian II. von Dänemark, der seit 1513 die Herrschaft über alle drei skandinavischen Länder in seiner Hand vereinigen konnte, suchte in einem Kampf gegen den Adel und die Hierarchie, in den er verstrickt wurde, die Macht der Krone zu verstärken. Seine staatsreformerischen Maßnahmen griffen deshalb auch tief in das kirchliche Leben ein, in dem sie z.B. jede Appellation nach Rom verboten, die Anhäufung von Gut in der toten Hand beschränkten, gegen das üppige Leben der Prälaten einschritten oder die Klöster der Aufsicht der Bischöfe unterstellten; auch wollte er die Kirche seiner Steuerhoheit unterwerfen. Doch mußte er vor Revolten 1523 das Land räumen.

Unter Friedrich I. fand lutherische Predigt Eingang in Dänemark; der König, von seinem Kanzler Johann von Rantzau beraten, duldete sie. Als nach dem Tode Friedrichs I. 1533 der katholische Klerus sich zugunsten Christians II. einsetzte, bedeutete der Sieg von Friedrichs Sohn, Christian III., den Sieg des Luthertums gegen diese altgläubige Erhebung und zugleich gegen eine bäuerliche Revolution, mit der sie im Bunde gestanden hatte. Der Reichstag von Kopenhagen beschloß 1536 die Einführung der lutherischen Lehre als Staatsreligion. Johannes Bugenhagen schuf der neuen Kirche, die der König als summus episcopus regierte, ihre Ordnung. Da der Sieg Christians gleichzeitig die Hanse in Dänemark ausschaltete und die Reformation die Krone politisch und wirtschaftlich — durch die Einziehung des Kirchengutes! — stärkte, bedeutete seine Regierung eine wesentliche Hebung der dänischen Macht.

Die Entscheidung Dänemarks für die Reformation schloß eine solche für *Südschweden, Norwegen* und *Island* mit ein, da diese Länder dänische Teilstaaten waren.

Schweden dagegen gelang gerade mit Hilfe der Reformation die Abschüttelung der dänischen Oberherrschaft. Dort war der Episkopat meist dänenfreundlich gesinnt und betätigte diese Haltung auch, als Sten Sture 1517 ein schwedisches Nationalkönigtum errichten wollte. Ein Nationalreichstag erklärte deshalb 1517 den Erzbischof von Upsala nach seiner Gefangennahme für abgesetzt; der Papst verhängte daraufhin den Bann über Schweden; mit der Vollstreckung dieses päpstlichen Bannes wurde Christian II. von Dänemark beauftragt. So wurde die Sache der alten Kirche in Schweden unscheidbar mit der der dänischen Herrschaft über das Land verknüpft. Unter König Gustav Wasa, der die Loslösung von Dänemark vollendete, hat Olaus Petri dann seit 1524 schrittweise die Reformation einführen können. Ausschlaggebend wurde der Reichstag von Westerås 1527. Doch ist in Schweden, obwohl auch dort eine Staatskirche errichtet wurde, der König nicht summus episcopus geworden; die Bischöfe behielten vielmehr größere Eigenständigkeit, und auch die Gemeinden konnten sich ein ziemlich weitgehendes Mitwirkungsrecht bei Pfarrwahlen usw. wahren. Ähnlich wie in den Niederlanden war ein starkes politisches, wirtschaftliches und geistiges Aufblühen die Folge der neuen Wendung in Schweden.

Finnland gehörte damals zu Schweden. So hing die Einführung der Reformation dort mit dem Ablauf der schwedischen Geschichte zusammen. Unter König Gustav Wasa hat Mikael Agricola die Reformation zum Siege geführt. Er ist durch seine Tätigkeit als Übersetzer und Schriftsteller zugleich der Vater der finnischen Literatur geworden.

In Preußen hatte sich schon 1525 der Hochmeister des Deutschen Ordens, Albrecht von Brandenburg, Luther angeschlossen, sein geistliches Herrschaftsgebiet säkularisiert und die Reformation eingeführt.

Um dieselbe Zeit fand die evangelische Bewegung auch schon in *Livland* Boden. Aber erst 1554 wurde nach mancherlei Auseinandersetzungen dort allgemeine Religionsfreiheit „bis zum Konzil" zugestanden. Das bedeutete den Sieg der Reformation. Die bald darauf erfolgende Teilung des Landes hat diese nicht wieder in Frage gestellt. Die Reformation brachte auch den nichtdeutschen Völkern im Baltikum den Gottesdienst und die Bibel in der eigenen Sprache. Dadurch schuf sie das wesentliche Mittel, durch das deren nationale Eigenart bewahrt wurde oder gar erstarkte. Es ist eine rätselhafte Fügung, gerade wenn man an die göttliche Lenkung der Geschichte denkt, daß gerade diese Nebenfrucht des Evangeliums, die Erstarkung des Volkstums, jetzt, unter der sowjetischen Herrschaft, die große Not über die baltischen Völker gebracht hat, die sie erleiden müssen.

In *Ungarn* und *Siebenbürgen* schlossen sich vor allem die Deutschen der lutherischen Kirche an.

§ 41. Zwingli, Calvin und der reformierte Protestantismus

Auf Zwingli und Calvin gehen bekanntlich je eigene Formen des schweizerischen Protestantismus zurück, die sich freilich 1549 im Consensus Tigurinus zusammengefunden haben. Sie haben für die Geschichte des Gesamtprotestantismus unüberschätzbare Bedeutung erlangt.

1. **Huldreich Zwingli** (1484—1531) war Humanist, ein Freund des Erasmus, und ist erst als 35jähriger mit Luther in ernsthafte Berührung gekommen. Die besondere politische Lage der Eidgenossenschaft kommt hinzu, um seine Eigenart gegenüber Luther zu bestimmen.

Vom *Humanismus* bringt Zwingli mit:

a) *seine Schriftlehre.* Die Bibel ist die von Gott selbst inspirierte, irrtumslose Urkunde und als solche das Gottes*gesetz,* das alles Leben normieren will. Schon von diesem Ansatz aus wurde Zwingli ein Gegner der Scholastik;

b) *eine* antihierarchische, *antiklerikale Haltung,* die ihn von vornherein innerlich frei machte von der Autorität des katholischen Kirchenwesens; insbesondere ergab sich ihm eine Geringachtung des Zeremonienwesens; die Politik hatte ihn auch schon antipapal gemacht;

c) von Thomas von Aquin und den Neuplatonikern der Renaissance übernahm er den Gedanken der *natürlichen Theologie,* daß nämlich der Mensch einen inneren Zug zu Gott nie verloren hat und daß er Gott deshalb auch durch seine Vernunft erkennen kann. Ebenso übernahm er die Lehre, daß der gesamte Weltlauf, einschließlich der Sünde in ihm, einem ursprünglichen göttlichen Plan entspricht.

Von Luther übernimmt Zwingli

a) *die Wendung* vom Programmatischen, in dem er mit seinem Freunde Erasmus bis dahin steckte, *zur Tat* (W. Köhler);

b) *eine neue Betonung der Vergebung* der Sünden auf Grund von Christi Tod, die ihm an sich Erasmus schon erschlossen hatte. Aber Zwingli wendet diesen Gedanken dann sofort ins Objektive. Gottes Zorn *ist* nun in voller Wirklichkeit beseitigt; jetzt darf jeder frei zu ihm kommen; es bedarf immer nur der *Erinnerung* an Christi Tod;

c) übernimmt Zwingli von Augustin und Luther den Gedanken von der *Unfähigkeit des natürlichen Menschen zum Guten,* die erst durch Christus überwunden werden muß. Das ursprüngliche Ohnmachtsgefühl wird dann freilich auch durch Christus zu einem lebhaften Bewußtsein gewandelt, nun ein *Instrument Gottes* sein zu dürfen.

Abgelehnt hat Zwingli:

a) *Luthers Lehre von der Beichte und der Schlüsselgewalt;* er empfand sie als einen hierarchischen Rest; der Hinweis auf Golgatha genügt;

b) seit 1524 Luthers *Sakramentslehre.* Für ihn sind die Sakramente nur Handlungen, in denen sich der einzelne zum Glauben bekennt und sich zum Dienst Christi verpflichtet. Das Entscheidende beim Abendmahl ist die Erinnerung an den Tod Christi. Diese Auffassung führt zwingend zu einer symbolischen Deutung der Einsetzungsworte. Da das Sakrament für Luther aber *heilsübermittelnde* Bedeutung hat, mußte dieser der Auffassung Zwinglis als einer Entleerung des Sakraments leidenschaftlich entgegentreten. Zudem sah Zwingli als neuplatonischer Humanist den Geist, und also auch Gott als Geist immer in einem ausschließenden Gegensatz zur Materie, während Luther zuhöchst an einer Verleiblichung (Inverbation) des Geistes gelegen war. So mußte sich auch von hier aus ein Gegensatz gerade in der Sakramentslehre ergeben;

c) ergibt sich ein Unterschied in bezug auf das *Verhältnis von Staat und Kirche.* Nach Zwingli hat die Obrigkeit die Aufgabe, den Willen Gottes der Bibel, dem Gottesgesetz, gemäß durchzuführen; die sittliche Erneuerung aller Lebensordnungen war immer eins seiner Hauptanliegen; er meinte von daher eine Art Theokratie fordern zu müssen, die in einem republikanisch regierten Gemeinwesen, wie Zürich es war, auch besonders naheliegt. So ist denn auch die Durchführung der Reformation nach Zwingli eine Sache der Obrigkeit. Damit das Gesetz Christi rein durchgeführt wird, hielt Zwingli sogar den Widerstand gegen eine unchristliche Obrigkeit für geboten, was für die Geschichte des Täufertums wichtig geworden ist. Zwingli selbst nahm so sehr teil an der Arbeit der Regierung, daß Walter Köhler ihn den „Minister des Auswärtigen" Zürichs nennt. Im Dienst der Politik fand er auch den Tod auf dem Schlachtfeld.

Der Vorzug, aber zugleich auch die Schwäche der Konzeption Zwinglis ist ihre große *rationale Durchsichtigkeit.* Dementsprechend war sein Hauptanliegen ein praktisches, nämlich die Neugestaltung des kirchlichen Lebens auf Grund des Evangeliums. Luther hielt er für einen Kryptokatholiken. —

Von Zwingli ist zunächst Zürich neugestaltet worden, äußerlich und innerlich. „In Zürich wurde das Reisläufergesetz erlassen, Gold, Silber, Edelgestein, seidene Prachtgewänder abgelegt oder für die Armen verkauft, Gotteslästerungen, Flüche, Saufgelage, Spiel weggeschnitten, Ehebruch und Hurerei verboten, Bordelle geschlossen, der Mutwille des Tanzes bei Tag und Nacht eingeschränkt, der den Weg zur Hölle bahnende Papst und sein Gefolge abgewehrt, die Messe abgeschafft, die Bilder weggenommen, die verführerischen Zeremonien beseitigt, und, das beste von allem, die Wahrheit unerschrocken aber heilig, treffend doch sittsam, treu doch nicht frech gepredigt, und dies alles nicht sowohl auf Befehl der Geistlichkeit und Obrigkeit, als vielmehr auf Verlangen des Volkes", so zieht Zwingli selbst die Bilanz. Die Abschaffung der Leibeigenschaft (1525), die Neuregelung des Schulwesens, das Ehegericht und die Armenordnung erwähnt er dabei noch gar nicht. Die kirchliche und die soziale Reform sind bei ihm also eng miteinander verzahnt. Auch das unterscheidet ihn von Luther. Der puritanische Einschlag ist dabei unverkennbar, aber unverkennbar auch die Betonung des „Besten von allem", der „Lehre der Wahrheit". Ein großer Teil der deutschen Schweiz, freilich ohne die Urkantone und ohne Luzern, Freiburg und Zug, ist von Zwinglis Deutung des Evangeliums erfaßt; das Fernbleiben dieser Kantone hatte aber zur Folge, daß die Schweiz bis heute hin konfessionell uneinheitlich ist (vgl. oben S. 341). Auch in Oberdeutschland schlossen sich mehrere Reichsstädte zunächst Zwingli an. Aber ungleich größere Bedeutung hat doch

2. **Johannes Calvin** (1509—1564) gewonnen, der in Genf, d.h. in der französischen Schweiz, einen dritten Mittelpunkt der Reformation und einen neuen Typ des Protestantismus schuf.

Nicht wenige Forscher sind heute geneigt, in Calvin einen treueren Schüler Luthers zu sehen als in Melanchthon. Das ist nur dann richtig, wenn die Verschärfung eines Grundansatzes größere Treue bedeutet als seine Abschwächung. Daß Calvin ein Schüler Luthers war und seine Botschaft im wesentlichen ihm verdankt, ist auf jeden Fall sicher, auch von Calvin selbst nie verleugnet worden. Aber dieser war, wie Zwingli, ein geachteter Humanist, dazu ein fertiger Jurist, ehe er die reformatorische Botschaft kennenlernte, und er hat das, was er von Luther übernahm, deshalb nach manchen Seiten hin selbständig weiterbilden müssen.

Von Zwingli unterscheidet Calvin schon die Tatsache, daß auch er, wie Luther, einen scharfen Bruch seines Denkens, eine Bekehrung durchgemacht hat; ob schon 1527/28 oder erst 1533 ist umstritten; er hat sich darüber, auch darin Luther gleich, selbst kaum geäußert, so daß alle Aussagen unsicher bleiben müssen. Diese Entscheidung ließ den Humanismus bei Calvin viel stärker zurücktreten als bei Zwingli. Sein Leben gehörte fortan dem Evangelium. 1536 erschien als theologisches Erstlingswerk seine klassische Darstellung des reformierten Glaubens, die „Institutio religionis christianae“ [1]; nach Melanchthons Loci communes die zweite systematische Zusammenstellung der evangelischen Lehre, die Calvin mit einem Schlage berühmt machte. Sie zeigte, obwohl sie im Aufbau Luthers Katechismus folgte, doch zugleich auch schon, worin Calvin von Luther abwich.

a) Eine erste Abweichung ergibt sich auf dem Gebiet der *Schriftlehre.* Calvin ist freilich, wie Luther, der Meinung gewesen, daß dem Menschen die rechte Erkenntnis Gottes verwehrt ist, sofern Gott sich nicht selbst offenbart. Auf die Frage, wo diese Offenbarung Gottes erfolgt, antwortet er auch noch, wie Luther, mit dem Hinweis auf Christus, der allein in der Heiligen Schrift zu uns spricht. Aber Calvin sieht das Alte und das Neue Testament viel stärker auf einer Ebene als Luther; sie sind nur der „Administration Gottes“, nicht der „Substanz“ nach verschieden. So ist die Bibel in allen ihren Teilen für uns strenge Norm, alles für den Glauben Notwendige enthaltend, zugleich aber auch nichts enthaltend, was nicht wichtig ist. In diesem Ansatz Calvins wurzelt die stärker gesetzliche Schriftauffassung, die für den reformierten Protestantismus kennzeichnend geworden ist. Da die Schrift aber auch Aussagen über astronomische, physikalische und ähnliche Bereiche macht, müssen auch diese „fundamentalistisch“ als inspiriert gelten. Die Folge dieser Auffassung ist überraschenderweise zunächst ein universaler Zug der reformierten Theologie; es gibt nichts zwischen Himmel und Erde, dem sie nicht ihre Aufmerksamkeit zuwenden

[1] Unterricht im christlichen Glauben.

könnte. Darin liegt zugleich aber auch die Gefahr einer Verengung, die die fundamentalistischen Streitigkeiten der nordamerikanischen Kirchen z.B. deutlich zeigen. In der Aufrechterhaltung des alttestamentlichen Bilderverbots und in der Haltung gegenüber den überkommenen kirchlichen Festen zeigt sich diese Enge schon bei Calvin.

b) Eine zweite Abweichung ergab sich im *Gottesgedanken.* Für Luther ist der letzte Grund des göttlichen Handelns, zugleich aber auch Gottes Ehre die sich selbst mitteilende Liebe. Für Calvin ist Gottes Ehre das Entscheidende und das Reich der Liebe, das Gott schafft, steht im Dienst dieser seiner Ehre; die Liebe ist hier also der Ehre untergeordnet. Das ist gewiß nur eine Tonverschiebung gegenüber Luther, der Gottes Ehre auch überaus stark betont hat; ihr kommt aber doch praktische Bedeutung zu. Gott die Ehre geben, das heißt für Luther, sich vertrauensvoll der Liebe Gottes anheimgeben; Gott die Ehre geben, das heißt für Calvin, ihm im Gehorsam dienen wie das Geschöpf dem Schöpfer. Calvin betont also das Gott-Unterworfensein stärker. Dem entspricht die Hervorhebung der Mächtigkeit und der Aktivität Gottes, die zugleich Zielstrebigkeit in sich faßt. Gott im Gehorsam dienen heißt demnach zugleich, zu höchster Aktivität aufgerufen sein. Die große Tatkraft, die den reformierten Protestantismus vor der lutherischen Orthodoxie auszeichnet, hat hier ihre theologische Wurzel.

Gott die Ehre geben soll aber nicht nur der Mensch, sondern die ganze Schöpfung. Also muß die *Welt* so geordnet werden, daß sie Gottes Ehre dienen kann. Die Forderung der Weltgestaltung, auch die Notwendigkeit, das soziale und das wirtschaftliche Leben entsprechend zu ordnen, ergibt sich zwingend von hier aus; der Ansatz wird gesteigert bis hin zu der Forderung, daß die Welt zu Gottes Reich gestaltet werden muß. Hier wurzelt also die soziale Energie der westlichen Welt, wie überhaupt weithin die Eigenart ihrer geistigen Struktur.

Insbesondere soll aber natürlich die *Gemeinde* Gott die Ehre geben. Also muß für ein entsprechendes Leben der Gemeinde nach Kräften gesorgt werden; die Übung einer strengen Kirchenzucht wird so unerläßlich.

c) Calvin hat Luthers Prädestinationslehre weitergebildet zur Lehre von der gemina praedestinatio[2]. Was Paulus, Augustin und Luther nicht gewagt hatten, glaubt Calvin sagen zu *müssen:* Er führt auch die Verwerfung der verlorengehenden Menschen auf einen unabänderlichen Ratschluß Gottes zurück. Nur indem er diese Konsequenz ausdrücklich zieht, die bei Luther freilich schon gelegentlich aufklingt, glaubt er die Wahrheit der Prädestinationslehre wahren zu können.

---

[2] Der doppelten Prädestination.

Auch diese Verschärfung des lutherischen Ansatzes war aber folgenreich. Einmal wird aus der Heilsgewißheit, die Luther lehrte, bei Calvin die Forderung der *Prädestinationsgewißheit*. Dazu: die Tatsache des Prädestiniertseins äußert sich in der Kraft des Menschen, ein Leben zu Gottes Ehre zu führen, insbesondere Gottes Gebote zu halten. Von da aus ergibt sich eine neue Verstärkung des aktivistischen Zuges. Zugleich ist damit der Gleichgültigkeit gewehrt, die angesichts einer doppelten Prädestination psychologisch immer lauert. Der weiteren Gefahr, die von der Prädestinationsgewißheit her droht, dem Pharisäismus, begegneten reformierte Theologen später damit, daß sie den Ratschluß Gottes primär nicht auf einen einzelnen, sondern auf die Gemeinde gerichtet sein ließen; nur als ihr Glied wird der einzelne erwählt. Die Folge ist:

α) daß die *Eingliederung in die Gemeinde* ernsteste Pflicht ist. Das starke Gemeindebewußtsein, das das reformierte Christentum auszeichnet, seine eifrige Pflege der Gemeinschaft, mußte die notwendige Folge sein.

β) Von hier aus liegt aber auch der Gedanke nahe, die Gemeinde zu verlassen, wenn sie sich als zu wenig gottselig erweist, und eine neue Kirche zu gründen allein aus Menschen, die *Beweise* ihrer Prädestination vorlegen können; die *Neigung zum Separatismus*, die in reformierten Kirchen verbreitet ist, wird von hier aus verständlich.

γ) Schließlich ergibt die Prädestinationsgewißheit eine große *konfessionelle Sicherheit;* in ihr hat die schroff antikatholische Haltung der Reformation (bei gleichzeitiger Weite allen Protestanten gegenüber) eine ihrer Wurzeln.

d) Calvins *Lehre von dem Abendmahl* deckt sich mit Luthers Auffassung insofern, als auch für ihn das Abendmahl große Bedeutung für das Heil des Gläubigen hat. Aber er teilte mit Zwingli die Lehre, daß Christus zur Rechten Gottes im Himmel sitzt; seine *körperlich*-reale Gegenwart in den Abendmahlselementen ist deshalb ausgeschlossen. Jedoch bietet sich Christus *geistig* den Teilnehmern am Abendmahl zur Nießung dar. Es kommt so zu parallelen Handlungen. Während des leiblichen Genusses von Brot und Wein erfolgt eine „manducatio spiritualis“[3] von Leib und Blut Christi, eine geistliche Speisung mit Leib und Blut Christi zur Vergebung der Sünden und zur Kräftigung der Gemeinschaft zwischen Christus und dem Gläubigen, sowie der Gläubigen untereinander. Calvin unterscheidet sich von Luther also im wesentlichen dadurch, daß er das *Wie* der Gegenwart Christi anders bestimmt als dieser. Der Grund für diese Abweichung Calvins von Luther liegt deutlich in der Christologie, in

[3] Geistliche Nießung.

der Calvin die Geschiedenheit der Naturen bei Einheit der Person verhältnismäßig stark betont; daneben teilt er die Anschauung Zwinglis von der Leibfeindlichkeit des Geistes.

e) Calvins Vorstellung von der *Kirche* folgt weithin der Luthers. Eine Abweichung im Aufbau erwuchs aber aus Calvins Biblizismus. Im Anschluß an Epheser 4,11 ergaben sich ihm zunächst die Ämter des Pastoren, der das Evangelium zu verkündigen hat, und des Doktoren (Lehrers); aus anderen biblischen Stellen das der Presbyter, denen die Kirchenzucht befohlen ist und die in Genf bezeichnenderweise allein aus dem *Rats*kollegium gewählt wurden; dazu das der Diakonen. Die Inhaber dieser vier Ämter bilden zusammen das Konsistorium, das die Gemeinde leitet. In größeren Verhältnissen traten dann, zuerst in Frankreich, die Gemeindevertreter zu Provinzial- und Nationalsynoden zusammen, deren Vorbild Apg. 15 bildete. An diesem Aufbau ist dreierlei geschichtlich bedeutsam geworden:

α) Auch der Calvinismus wird nicht organisatorisch einheitlich zusammengefaßt, sondern es kommt auch in seinem Bereich zu selbständigen Landeskirchen.

β) Die Kirche hat sich ihre äußere Ordnung völlig von sich aus geschaffen, ohne jede Mitwirkung des Staates, freilich in Anlehnung an die äußeren Grenzen des Staates. Von hier aus ergab sich eine größere Selbständigkeit der Kirchen gegenüber dem Staat, die sich auch gegen ihn wenden konnte, wenn die Verhältnisse das nahelegten; ein Widerstands*recht* ist in Frankreich sogar proklamiert. Auch von hier aus konnte der Gedanke der Trennung von Staat und Kirche erwachsen (vgl. S. 346).

γ) Die Kirche wird von unten her, von der Gemeinde her, aufgebaut. Die Übertragung dieses Aufbauprinzips auf den Staat, die Forderung also einer *demokratischen Ordnung* für ihn, lag nahe und ist mehrfach vollzogen worden. Aber diese Bemerkung führt schon hinüber zu

f) Calvins *Staatsauffassung*. Er hat wie Luther den Staat selbstverständlich als eine Ordnung Gottes angesehen, durch die das äußere Wohl der Bürger gewährleistet und gemehrt werden soll, allerdings unter größtmöglicher Wahrung ihrer Freiheit, eine Forderung, die in merkwürdigem Gegensatz zu dem fast „total" anmutenden Regiment steht, das in Genf selbst verwirklicht wurde. Aber der Staat soll daneben auch für das kirchliche und sittliche Leben sorgen, denn er ist, wie der Lenker Israels, der Hüter beider Gesetzestafeln. Dadurch ist er genötigt, evtl. auch auf das kirchliche Gebiet überzugreifen, und tat es in Genf in Formen, die an autoritative Gesinnungsstaaten von heute erinnern. Calvin schwebt also ursprünglich eine sehr enge

Verbindung von Staat und Kirche vor. Aber im Gegensatz zum Luthertum entwickelte sich hier nun doch kein Staatskirchentum; das verhinderte in Genf der große Einfluß Calvins. Eher könnte man von einer Art Theokratie in der Hand Calvins sprechen. Aber der Form der Verfassung nach bestand auch eine solche in Genf nicht, und das Genfer Beispiel hat doch so weit nachgewirkt, daß ein fürstlich-patriarchalisch geleitetes Staatskirchentum sich auf reformiertem Boden nur in den deutschen reformierten Territorien entwickeln konnte.

Da Calvin in Genf tüchtige Nachfolger fand, unter denen der erste, Theodor *Beza*, hervorragt, blieb die Stadt *die* Hochschule des reformierten Protestantismus, der dadurch seine relative Einheit behielt. In den Mittelpunkt der Erörterungen trat dabei die Prädestinationslehre, die 1618 auf der Synode von Dordrecht gegen ihre Bestreitung durch die Arminianer (auch Remonstranten genannt) noch einmal mit aller Strenge fixiert wurde.

3. Die Ausbreitung des Calvinismus. Nach der Überwindung von mancherlei Schwierigkeiten konnte 1549 zwischen den Nachfolgern Zwinglis, unter denen *Heinrich Bullinger* hervorgehoben werden muß, und Calvin ein Consensus herbeigeführt werden, der schon erwähnte Consensus Tigurinus, durch den der schweizerische Protestantismus, wesentlich unter Calvinischem Vorzeichen, geeint wurde. Von der Schweiz aus fand der Calvinismus auch in *Ungarn* eine gewisse Verbreitung und zwar im magyarischen Volksteil, während die Deutschen lutherisch blieben. Aber entscheidend wurde sein Vordringen im Westen.

In *Frankreich* war schon im Spätmittelalter eine sehr enge Verbindung zwischen der Monarchie und dem Kirchenregiment hergestellt; diese wurde schicksalhaft für das Land, als die reformatorische Bewegung sich auszuwirken begann. Un roi, une loi, une foi[4] war die Parole der Kronjuristen. Demgegenüber mußte die reformatorische Bewegung hier fast unausweichlich einen staatlich oppositionellen Charakter erhalten. „Duldung“ war für die Protestanten nur zu erhoffen, wenn sie Volk und Staat ganz eroberten. Das mußte also ihr Ziel sein. Nach schweren und wechselvollen Bürgerkriegen kam es 1598 im *Edikt von Nantes* unter Heinrich IV. aber doch nur zu einer echten Toleranz. Dieser hatte in den Thronwirren, die dem Aussterben des Hauses Valois folgten, nur für den Preis seines Übertrittes vom Calvinismus zum Katholizismus die Macht in Frankreich erringen können. Aber er ließ seine alten Kampf- und Glaubensgenossen insofern nicht im Stich, als er ihnen weitreichende Privilegien einräumte: neben freier Religionsübung (in gewissen Grenzen) vor allem volle

[4] Ein König, ein Gesetz, ein Glaube.

bürgerliche Gleichberechtigung, Freiheit für den Aufbau ihres Kirchenwesens, ein kirchliches Steuerrecht, königliche Zuschüsse für die Kirche und sogar darüber hinaus etwa 200 Sicherheitsplätze mit Garnisonen. Darin lag zwar eine ständige Bedrohung der Einheit Frankreichs, aber das Ganze war doch ein in die Zukunft weisender Versuch, Krone und Bürger von der absoluten Bindung an ein Bekenntnis zu befreien; es ist der erste Versuch, das Prinzip der konfessionellen Einheit für einen Staat aufzugeben.

In den *Niederlanden* hatte die Reformation Luthers schon in den zwanziger Jahren Fuß gefaßt, aber schwer unter wiederholter Verfolgung leiden müssen. Französische Flüchtlinge und eigene Emigranten, die in Genf sich den Gedanken Calvins zugewandt hatten, wirkten dort dann seit etwa 1550 für den Calvinismus, der sich 1561 bzw. 1562 um die Confessio Belgica sammelte.

Einen vollen Sieg errang der Calvinismus auch in *Schottland.* Dort war der Humanismus die Brücke gewesen, über die einige Männer zu Luther gefunden hatten. Aus dem Lande vertrieben kamen auch sie in Genf unter Calvins Einfluß. Unter ihnen ist besonders *John Knox* († 1572) zu nennen, ein gewaltiger Prediger und ein unbeugsamer Charakter, der unter schweren Kämpfen dem Calvinismus die Alleingeltung in Schottland errang.

In *Westdeutschland* wurde die calvinische Lehre zunächst von den Niederlanden aus seit den sechziger Jahren in den angrenzenden Gebieten verbreitet, so in Cleve, Jülich, wo aber auch pfälzischer Einfluß vorliegt, und in Berg; doch kam es hier nur zur Gründung einzelner Gemeinden, die sich auch nur unter schweren Leiden behaupten konnten und deshalb „Gemeinden unter dem Kreuz" genannt werden. Auch in Ostfriesland und Bentheim beruht der Calvinismus auf der Verbindung dieser Länder mit den Niederlanden, während in Bremen der Philippismus die Brücke wurde, die zu ihm führte.

Im *Süden* war entscheidend, daß Kurfürst Friedrich der Fromme von der Pfalz sich 1561 persönlich für die calvinische Lehre entschied und sein Land ihr öffnete; von der Kurpfalz aus drang sie dann in pfälzischen Nebenlinien vor. Ein zweiter Mittelpunkt bildete sich in Nassau-Dillenburg und strahlte auf benachbarte Gebiete zwischen Main und Sieg aus. Auf Veranlassung Friedrichs von der Pfalz wurde auch der **Heidelberger Katechismus** 1563 von dem Melanchthonschüler Ursinus, dazu Olevianus und anderen Theologen verfaßt, mit seiner schönen Dreiteilung: 1. von des Menschen Elend, 2. von des Menschen Erlösung, 3. von der Dankbarkeit, und mit seinen vielen treffenden Formulierungen. Der Katechismus ist denn auch theologisch eine Mischbildung, was vor allem im Fehlen der Prädestinationslehre zum Ausdruck kommt. Er ist demungeachtet der Einheitskatechismus der deutschen Reformierten geworden und hat auch außerhalb Deutschlands Verbreitung gefunden, besonders in den Niederlanden und in Österreich-Ungarn. Unverkennbar ist hier ein zweiter calvinischer Typ, eben ein philippistischer, neben den Genfer getreten, der besonders stark prädestinatianisch orientiert war.

Es entstand also, überschaut man das Ganze, im Westen, soweit der Protestantismus überhaupt dauernden Bestand hatte, ein fast geschlossen calvinisches Gebiet, das nur England nicht voll einbeziehen konnte. Der Calvinismus eroberte sich also gerade die Länder, die nach der Ausschaltung Spaniens Großmachtstellungen in der abendländischen Welt einnahmen; zugleich solche, die als Seemächte eine starke koloniale Tätigkeit entfalteten. So hat sich reformierter Geist auch in Nordamerika auswirken können, wenn auch z. T. in angelsächsisch abgewandelter Form. Auf dieser seiner Ausbreitung beruht seine große Bedeutung bis heute hin. Zunächst freilich war für die Gesamtkirchengeschichte besonders wichtig, daß im Calvinismus eine mit entschlossenem Kampfwillen gegen den Katholizismus erfüllte Kirche entstand, ohne deren Existenz die Abwehr der Gegenreformation überhaupt nicht vorstellbar ist. Ein Protestant muß darin ein Geschenk Gottes sehen, das dieser der Kirche in Calvin gemacht hat. Vielleicht leuchtet darin auch etwas auf von dem Sinn, den die Aufspaltung der evangelischen Kirche gehabt hat.

Literatur

Oskar Farner, Huldrych Zwingli, 4 Bde., 1943/60;
Walter Köhler, Huldrych Zwingli, 1952²;
A. Lang, Johannes Calvin, 1909;
Wilhelm Niesel, Die Theologie Calvins, 1957².

§ 42. Begründung und Konsolidierung der anglikanischen Kirche

1. **Die Anfänge der anglikanischen Kirche.** Die anglikanische Kirche hat ihren Ursprung nicht in neuen theologischen Erkenntnissen oder in einer neuen Art der Frömmigkeit, sondern in einer *kirchenpolitischen Trennung* Englands von Rom, die Heinrich VIII., endgültig 1534, vollzog, weil der Papst seinen Ehescheidungswünschen nicht entgegenkam. Er ließ sich dabei selbst durch das Parlament zum „obersten irdischen Haupt der Kirche" machen. Diese Art ihrer Entstehung hat das Leben der Kirche tief beeinflußt. Heinrich VIII. hätte die Trennung freilich nicht durchführen können, wenn die spätmittelalterliche Entwicklung Englands ihr nicht schon vorgearbeitet hätte. Sie führte bereits dahin, daß der englische König den maßgebenden Einfluß in der Kirche erhielt. Schon 1515 (!) konnte Heinrich VIII. erklären, daß die englischen Könige niemals einen anderen Höheren denn Gott gehabt hätten.

Im Spätmittelalter erhob sich in John Wiclif († 1384) aber auch schon eine scharfe *theologische Opposition* gegen das herrschende Kirchenwesen, deren Gedanken von den „Lollarden" weitergepflegt wurden. Wiclifs Kampf für die apostolische Armut der Kirche führte ihn nämlich dazu, zugleich gegen ihren hierarchischen Aufbau, gegen die Siebenzahl der Sakramente und gegen die Transsubstantiationslehre zu opponieren. Die Kirche ist ihm die Gemeinschaft der Prädestinierten; ihr Lebensgesetz (Goddis lawe) ist allein die Heilige Schrift, die Wiclif in jedermanns Hand wissen wollte und die er deshalb ins Englische übersetzte.

Neben den Lollarden arbeitete auch in England der *Humanismus* für eine Reformation der Kirche auf biblischer Grundlage. Die Tyndalesche Bibelübersetzung, die, revidiert, noch heute in England gebraucht wird, hat hier ihren Ursprung. Und auch *lutherische* Gedanken fanden ihren Weg nach England.

Diese geistigen Bewegungen haben dafür gesorgt, daß es in England nicht bei dem bloßen Schisma blieb, sondern daß auch dort reformatorische Gedanken wirksam geworden sind. Schon der Reichsverweser Somerset machte unter dem unmündigen König Eduard VI. (1547 bis 1553) aus der englischen „katholischen" Nationalkirche, die Heinrich VIII. begründet hatte, eine in der *Lehre* eindeutig evangelische Kirche; das beweisen die 42 Artikel, die ganz auf festländisch-reformatorischen Vorarbeiten, und zwar lutherischen, beruhen. Doch ist die lutherische Vorlage gelegentlich leicht ins Calvinische umgebogen, z. B. in der Lehre vom Abendmahl und in der Christologie. Beibehalten ist aber die Suprematie des Königs und betont wird die liturgische Bindung des einzelnen an die Ordnung seiner Partikularkirche. Das heute offiziell gültige Bekenntnis, die 39 Artikel von 1562 (1571 bestätigt), ist nur eine Überarbeitung der 42 Artikel, durch die wenig geändert ist. In den *gottesdienstlichen Formen* ist die englische Kirche dagegen auch unter Eduard VI. sehr konservativ, sehr „katholisch" geblieben. Das Book of Common Prayer, das 1549 vom Parlament (!) erlassen wurde und das das gesamte gottesdienstliche Handeln der Kirche ordnet, verarbeitet neben römisch-katholischen alt-englische liturgische Stücke, dazu aber auch reformatorische Ordnungen zu einem eindrucksvollen Ganzen. Die täglichen Gottesdienste sind so eingerichtet, daß in ihnen jeden Monat der ganze Psalter, jedes Jahr einmal das ganze Alte Testament, zweimal das Neue Testament zur Verlesung kommt. Dies Common Prayerbook ist für die anglikanische Kirche bedeutungsvoller geworden als das Bekenntnis und hat ihr dadurch, daß es in den Vordergrund rückte, den Charakter einer liturgisch-ritualistischen Kirche aufgedrückt.

Dieser ritualistische Zug hat sich freilich erst nach erheblichen Kämpfen durchsetzen können. Die Rekatholisierungsversuche Maria Tudors, der Blutigen, trieben zahlreiche evangelisch gesinnte Engländer auf das Festland, die z. T. auch Genf aufsuchten. Dort lernten sie die strengen Grundsätze des reformierten Lebens kennen und suchten sie, unter Elisabeth heimgekehrt, in England durchzuführen, d. h. sie suchten die englische Kirche von den katholischen Überresten in ihr zu reinigen. Von diesem Willen her bekamen sie den Namen Puritaner.

Der *Puritanismus* richtete als Bewegung sein Augenmerk nacheinander

a) auf das Gebiet des Gottesdienstes mit der Absicht, die einfache Form des reformierten Predigtgottesdienstes in England einzuführen unter gleichzeitiger Beseitigung der Meßkleidung, deshalb auch „*Kleiderkrieg*“ genannt;

b) gegen die englische Sinnenfreude und Weltfreudigkeit, wie sie etwa Shakespeares Dramen uns deutlich werden lassen. Diese sittliche Seite des Puritanismus, der positiv für eine schlichte, dem Genußleben abholde, das Berufsleben peinlich ernst nehmende *Lebensführung* kämpfte, hat ihm vor allem Eingang in Laienkreisen verschafft. Es gilt *zu Gottes Ehre* das Leben streng nach Gottes Geboten zu führen, einschließlich des Sabbatgebotes (spätestens seit 1583). Diese spartanisch einfache Lebenshaltung der Puritaner, die sich mit großer Aktivität verband, mußte unter den günstigen englischen Wirtschaftsbedingungen der Elisabethanischen Zeit aber zu Wohlstand führen. Das gesammelte Geld konnte aber nur in der Wirtschaft (nicht im Genuß) wieder eingesetzt werden. So hat der Puritanismus wider Willen Anteil an der Ausbildung des modernen Kapitalismus bekommen. Auch hat man, spätestens seit dem Anfang des 17. Jahrhunderts, den Erfolg als ein Zeichen für Gottes Wohlwollen zu werten begonnen, eine Anschauung, die dann in vielfältiger Form die Lebensgestaltung in England und auch in Amerika bis in unsere Tage hinein beeinflußt hat.

c) Durch Thomas Cartwright († 1603) wurde der englische Puritanismus dann weitergebildet zum *Presbyterianismus*, der die Verfassung der englischen Staatskirche nach schottischem Muster gestalten wollte. Da er die Presbyterial- und Synodal-Verfassung als durch die Heilige Schrift geboten ansah, mußte die bischöflich verfaßte Kirche für ihn den Charakter einer Pseudokirche bekommen, die mit allen Mitteln zu bekämpfen ist.

Königin Elisabeth (1558—1603) hing, obschon nicht katholisch gesinnt, doch an den reichen Formen des Common Prayerbook, glaubte auch um der Einheit des Reiches willen die Einheit der Kirche aufrechterhalten zu müssen. Einheit der Kirche aber hieß für sie zugleich Einheit der Liturgie, Konformität (gemäß Art. 34 des Bekenntnisses). So hat sie diese Einheit gewaltsam zu bewahren versucht. Im Verlauf der Auseinandersetzungen, die so zwangsläufig entstanden, ergab sich nun aber auch eine Fortbildung der episkopalistischen Doktrin. Richard Bancroft zuerst hat 1589 in einer Predigt die Theorie vertreten, daß die *bischöfliche* Verfassung der Kirche nicht auf Zweckmäßigkeitsgründen beruhe, wie noch Richard Hooker gelehrt hatte, sondern der Kirche von Gott vorgeschrieben sei. Erzbischof Laud von Canterbury hat die Anschauung ausgebaut. Durch sie wurde der Gegensatz zwischen den Puritanern und den Episkopalisten vollends unüberbrückbar, da *beide* nun für eine, wie sie meinten, von Gott gebotene Ordnung der Kirche kämpften.

Mit diesen Gegensätzen in der Frage des kirchlichen Aufbaus und des Lebens verband sich ein dritter in bezug auf die Rechte des Königs in der Kirche, die die Puritaner bekämpften.

2. Neue geistige Strömungen in England.

a) **Die Fortbildung des Puritanismus zu Kongregationalismus und Independentismus.** Schon in der Zeit Elisabeths erfolgte eine weitere Fortbildung des Puritanismus, deren Wurzeln in der Forschung stark umstritten sind. Wahrscheinlich 1579 erhob Robert Browne, ein Schüler Cartwrights, Widerspruch gegen die presbyterianische Kirchenordnung und zwar gegen die Gleichung von Bürgergemeinde und Kirchengemeinde, die Cartwright mit Zwingli und Calvin festhielt. Browne verwarf gleichzeitig jede Überordnung einer kirchlichen Behörde über die Gemeinde. Jede Gemeinde ist vielmehr autonom (independent). Sie entsteht dadurch, daß Erwachsene sich freiwillig zu ihr zusammenschließen. Im Hintergrund dieser Gedanken steht deutlich ein skeptisches Urteil über die Christlichkeit der bürgerlichen Gemeinden. Nur wer von Gott erwählt ist, kann Glied der kirchlichen Gemeinde sein. Einzeln, wie Gott sie als Erwählte der massa perditionis[1] entnimmt, und das heißt zugleich: geschichtslos, ohne die Kirche als Mutter zu haben, schließen solche sich zusammen, indem sie einen covenant, einen Bund schließen zwischen sich und Gott. Auch hier wird also, wie beim Täufertum, die Volkskirche grundsätzlich preisgegeben. Als alle gleich Erwählte haben sie aber auch alle gleiche Rechte und gleiche Pflichten. Inhaber der Schlüsselgewalt ist die Gemeinde. In ihr herrscht im übrigen Freiheit. Schon eine Liturgie galt als Knebelung des Heiligen Geistes.

[1] Der Masse des Verderbens.

Von diesem independentistischen Boden aus sind nun zwei Fortbildungen möglich.

α) Der erste Weg führt zum *Kongregationalismus.* Die Autonomie der Einzelgemeinden schließt nicht aus, daß diese sich zusammenfinden zu gemeinsamem Erfahrungsaustausch und gemeinsamer Beratung, ja sogar zu einem Bund von independenten Einzelgemeinden; d.h. es kommt zur Gründung einer kongregationalistischen Kirche.

β) Die zweite Möglichkeit ist, daß auch diese Form der Kirchenbildung noch abgelehnt wird, man also beim reinen Independentismus stehen bleibt. Hier wird nur die *„Gemeinde der Heiligen"* gewollt als eine reine Heiligkeitsgemeinde. Und da hier jeder seine eigenen Erfahrungen mit Gott zu haben glaubt, so entsteht aus diesem individualistischen Spiritualismus nun wirklich der Subjektivismus, den man den Reformatoren immer wieder zu Unrecht vorwirft. Zugleich ergibt sich von diesem Boden aus erneut die Idee der Toleranz. Das ist die Wurzel der „Sekten"-Bildungen der englischen Revolutionszeit. Zu diesem Typus gehörten auch die „Heiligen" des Cromwellschen Heeres mit Cromwell selbst.

b) Auch der *Baptismus* ist aus independentistischen Kreisen hervorgegangen, aber solchen streng biblizistischer Observanz, die das Leben der Gemeinde in gesetzlicher Form am Neuen Testament ausrichten wollten. Von daher ist wohl als erstem John Smyth in London 1608 ein Zweifel an der Kindertaufe gekommen. Er hat dann Zusammenhang mit den Mennoniten Hollands (s. S. 347) gesucht. Doch scheinen andere, z.B. Roger Williams, der Gründer des Staates Rhode Island in Nordamerika, unabhängig von Smyth auf denselben Gedanken gekommen zu sein.

c) Im englischen Parlament erlangten in den ersten Jahrzehnten des 17. Jahrhunderts die Puritaner die Mehrheit. 1643 beschloß es daraufhin die Abschaffung der bischöflichen Ämter und der anglikanischen gottesdienstlichen Formen. Eine Synode, die *Westminstersynode,* sollte die Neuordnung des Kirchenwesens vornehmen und damit zugleich die Grundlage für ein Bündnis mit Schottland schaffen. Bedeutung hat sie nur durch das *Bekenntnis* erlangt, das 1648 mit den Schotten zusammen beschlossen wurde und das in 31 Kapiteln den reinen Typus calvinischer Lehre spiegelt, ohne innercalvinistische Streitigkeiten zu entscheiden. Es ist noch heute das Bekenntnis der Presbyterianer, Kongregationalisten und Baptisten England-Amerikas.

d) Die Freiheit, die der Ausbruch des Bürgerkrieges 1642 den religiösen Strömungen brachte, wirkte sich so aus, daß der Independentismus calvinischer Prägung sich zur *freien Prophetie* weiterbildete, zu einem Enthusiasmus schwärmerischer Art, der z.T. *jede* Bindung abgelehnt hat, weil er nur die eigene innere Erfahrung gelten ließ und auf solche inneren Stimmen Gottes wartete; von diesem Warten her „Seeker" genannt. Die Gottesdienstform der Seeker wurde konsequenterweise das schweigende Beieinandersein im Warten auf eine Kundgebung des Heiligen Geistes.

Zum andern Teil meinte man auch hier wieder (vgl. S. 336 f. u. 346), dem Reich Gottes, das nahe sei, notfalls mit dem Schwert in der Hand vorarbeiten zu müssen; da man das 5. Reich, nach dem Ende der vier Reiche der Zählung des Propheten Daniel, nahe glaubte, wurden die Anhänger dieser Gedanken *Quintomonarchisten* genannt. Auf jeden Fall galt es nach ihnen, mit der Forderung Christi, und das heißt praktisch mit der Bergpredigt letzten entschlossenen Ernst zu machen. Darin waren sie sich mit den Seekern prinzipiell auch noch einig; in der Praxis ergaben sich aber erhebliche Differenzen.

e) Das Seekertum ist von George Fox († 1691) zum **Quäkertum** weitergebildet. Er trat mit dem Anspruch auf, die Vollmacht von oben zu haben, auf die die Seeker warteten, und es gelang ihm, vielen Zeitgenossen glaubhaft zu machen, daß alles, was er verkündigte, wirklich einer ihm zuteil werdenden Offenbarung Gottes entspränge. Dies pneumatische Bewußtsein Fox's erhält seine besondere Art nun aber durch den vergeistigten Chiliasmus, den es darstellt. Gott ist nun, in der Endzeit, die angebrochen ist, selbst in seinem Volk gegenwärtig und lenkt es; Christus ist in den Menschen. Deshalb kann es keine Halbheiten im Leben mehr geben, die Liebe muß vollkommen sein. Deshalb kann es aber auch keine Lehrvorschriften, Liturgien usw. mehr geben. Auch die Mitgliedertreffen der Freunde, die regelmäßig stattfanden, faßten bei ihren Beratungen keine Beschlüsse durch Abstimmung. Nur wenn sich frei eine brüderliche Übereinstimmung ergab, folgte man ihr. Vom Puritanismus, dessen ethischen Rigorismus Fox teilte, unterschied er sich, abgesehen von seiner Lehre vom inneren Licht, noch durch die Verwerfung der Prädestinationslehre.

3. Durch die Siege **Oliver Cromwell's** ging die Macht in England vom Parlament auf das Heer der Heiligen über. 1653 wurde das Parlament aufgelöst, ein „ernanntes", das *„Parlament der Heiligen"*, trat an seine Stelle. Als es sich anschickte, aus der kirchlich-demokratischen Revolution, den Anschauungen der Quintomonarchisten und verwandter Gruppen entsprechend, auch eine soziale Revolution zu machen, trat Cromwell ihm entgegen, löste es schließlich auf und übernahm als Lordprotektor selbst die Regierung. Als solcher hat er die Macht Englands gewaltig gesteigert, zugleich aber bewußt auf einen Zusammenschluß aller Evangelischen zur Abwehr der Gegenreformation hingearbeitet. In bezug auf die religiösen Verhältnisse in England

hielt er an einem evangelisch-christlichen Gepräge von Volk und Staat fest, gewährte in diesem Rahmen aber Duldung. Sein Werk ruhte indes ganz auf seiner Person. Sein Tod führte deshalb 1658 zu einem neuen Umschwung.

4. Die Konsolidierung der kirchlichen Verhältnisse in England. Nach dem Tode Cromwell's drängten die durch ihn von der Regierung ausgeschlossenen königstreuen Gruppen wieder nach vorn. Mit dem Königtum wurde 1660 auch die bischöfliche Kirche wiederhergestellt. Rekatholisierungsversuche der Stuarts, Karls II. und besonders Jakobs II., zeigten freilich, daß die Masse der Bevölkerung Englands inzwischen klar evangelisch zu denken gelernt hatte. Unter Wilhelm III. von Oranien wurde so 1689 die anglikanische Kirche als privilegierte Staatskirche anerkannt; sie erhielt den Zehnten von *allen* Engländern und das alleinige Tauf- und Trauungsrecht. In ihrer Mitte setzte sich aber nicht der hochkirchliche Teil durch, sondern eine gemäßigte „latitudinarische" Richtung. Auch puritanische Einflüsse konnten sich in ihr auswirken. Die Predigt bekam dadurch neben der Liturgie erhöhte Bedeutung. Der Puritanismus wirkte sich auch aus in den Erbauungsbüchern, durch die die anglikanische Kirche ausgezeichnet ist. Zu nennen sind vor allem Lewis Bayly's „The Praxis of Piety", Richard Baxter's „The Saints everlasting rest" und John Bunyan's „The Pilgrims Progress", die freilich alle schon vor der glorreichen Revolution von 1688 geschrieben sind.

Die Dissenter, auch Nonkonformisten genannt, die die bischöfliche Kirche ablehnten, erhielten das Recht eigenen Gottesdienstes und eigener kirchlicher Organisation. Doch blieben ihre Geistlichen, mit Ausnahme der Quäker, an die 39 Artikel gebunden. So versuchte man die Freiheit des Glaubens und zugleich die Einheit der Nation aufrechtzuerhalten.

Das Entscheidende ist, daß sich hier im Zusammenklang von Anglikanismus und Puritanismus eine neue Form christlichen Lebens entwickelt hat, die die ganze angelsächsische Welt, gleich welcher Denomination auch immer, einheitlich gestaltet hat. Dabei war man von einem hohen Selbstbewußtsein getragen, das sich schon zur Zeit Elisabeths bis hin zu den Gedanken der Identität von englischem Reich und Reich Gottes steigerte. Angesichts der Bedeutung, welche das angelsächsische Element in der Welt bekommen sollte, ist das Gewicht, das dieser Form christlichen Lebens zukommt, kaum zu überschätzen.

Literatur

A History of the English Church ed. by W. R. W. Stephans and W. Hunt, Vol. IV—VI, 1903/04;

J. M. Moorman, A History of the Church in England, 1953.

§ 43. Die innere Erneuerung der katholischen Kirche als Grundlage der Gegenreformation

Die lutherische Bewegung verlor, wie wir sahen, ihre Stoßkraft, als sie in den Rahmen von obrigkeitlich regierten Landeskirchen, in Deutschland in die Enge der *damaligen* Kleinstaaten, noch dazu in den Beschränkungen des Augsburger Religionsfriedens eingespannt wurde. Die innere Uneinigkeit, die sich in Kämpfen gegeneinander verzehrte, lähmte die Ausbreitungskraft des Luthertums noch weiter. *Nur* der fürstlichen Politik ist es zu verdanken, wenn nach 1555 noch neue Gebiete gewonnen wurden. Diese innere Schwäche des Luthertums ist die *eine* Voraussetzung der Gegenreformation. Trotzdem wäre die Gegenreformation nicht denkbar, wenn nicht auch auf seiten der katholischen Kirche neue geistige und freilich auch politische Kräfte aufgebrochen wären. Die Reformationsgeschichte von Joseph Lortz vermittelt erneut ein lebhaftes Bild von der Unsicherheit und Hilflosigkeit, mit der die katholische Kirche der lutherischen Bewegung zunächst begegnete. Die innere Erneuerung der katholischen Kirche ist deshalb die unumgängliche zweite Voraussetzung des Entscheidungskampfes, zu dem die katholische Kirche den Protestantismus in der zweiten Hälfte des 16. und im 17. Jahrhundert noch einmal nötigte und in dem es zugleich um die geistige Zukunft Europas ging.

1. **Der Ursprung der katholischen Reformation.** Wenn gefragt wird, *woher die Kräfte* stammen, durch die die katholische Kirche reformiert wurde, so sind in der Forschung verschiedene Antworten gegeben worden. Der Name „Gegenreformation", der noch verhältnismäßig jung ist, spricht freilich eine feste Ansicht aus; nach ihm handelt es sich im Geschehen dieser reichlich hundert Jahre nicht nur um eine gegen die Reformation gerichtete Aktion, sondern es sollen auch die Kräfte, die sie trugen, wesentlich antithetischer Art sein, ein Zusammenraffen aller Möglichkeiten gegen die zentrale Bedrohung der katholischen Kirche, die die Reformation bedeutete.

Gegen diese Anschauung hat vor allem der katholische Historiker Johannes Janssen in seiner „Geschichte des deutschen Volkes seit dem Ausgang des Mittelalters" (1876ff.) die These aufgestellt, daß die katholische Kirche schon im 15. Jahrhundert starke Reformkräfte bereitgestellt habe; Luthers Auftreten habe die Auswirkung dieser Kräfte nur erheblich gestört; erst in der zweiten Hälfte des 16. Jahrhunderts hätten sie durchbrechen und ihren Dienst tun können. Janssen behauptete also, daß es sich nicht um eine Gegenreformation, sondern um eine arteigene katholische Reformation handele. Zu diesem Zwiespalt ist dann zunächst meist auf Grund der konfessionellen Zugehörigkeit der Forscher Stellung genommen worden. Erst neuerdings bahnt sich eine gewisse Forschungsgemeinschaft an. Beide Thesen enthalten auf jeden Fall Wahrheitsmomente. Daß die Reformation auf katholischer Seite die Tendenz zur Reform der Kirche zum mindesten erheblich *verstärkt* hat, ist nicht bestreitbar. Daß Kräfte, die schon vor Luthers Auftreten bereitgestellt waren, die Reform z.T. mitgetragen haben, ist ebenfalls Tatsache.

Strittig ist aber wieder die engere *Heimat* dieser Kräfte. Jahrzehntelang hat man sie in *Spanien* gesucht. Dort ist ohne jeden Zweifel schon am Ende des 15. Jahrhunderts ein reformiertes katholisches Kirchenwesen aufgebaut in enger Zusammenarbeit zwischen der Krone, insbesondere Ferdinand dem Katholischen, und dem Klerus, unter dem der Kardinal Ximénes hervorragt. Da auch der Jesuitenorden von der iberischen Halbinsel kam, hat man lange Zeit die Gegenreformation geistig als die Hispanisierung der katholischen Kirche ansehen zu müssen geglaubt. Aber diese These ist doch zu einseitig, als daß sie einfach übernommen werden könnte. Vor allem muß der Jesuitenorden ausscheiden, dessen Ideengehalt nicht spanischer Herkunft ist. Und auch für die Reform, die Kardinal Ximénes durchführte, sind geistige Kräfte entscheidend gewesen, die außerspanischen Ursprungs sind. Karl Brandi konzentriert das Interesse denn auch auf *Italien.* Es könnte aber auch auf die *Niederlande,* die Heimat der devotio moderna, hingewiesen werden. Man wird jedoch gut tun, ohne Verallgemeinerung nur konkret die Kräfte zu nennen, die an der inneren Erneuerung der katholischen Kirche mitgewirkt haben.

2 a) Die die katholische Kirche **erneuernden Kräfte** sind alle, wie immer deutlicher wird, aus *drei geistigen Wurzeln* entsprossen. Zunächst ist hinzuweisen auf die reformerische Kraft, die in den *alten Ordensregeln* vorhanden war und die nicht wenige Klöster oder ganze Ordenskongregationen zu einer Selbstreform geführt hat (vgl. oben S. 261). Aber schon sie ist verstärkt worden durch die beiden geistigen Bewegungen, die recht eigentlich die Reform der katholischen Kirche tragen, die *devotio moderna,* die Spätform der deutschen Mystik, und den *Humanismus.* Daß sie vielfach zusammenflossen, erhöht nur noch ihre Bedeutung.

Aber die in den Wurzeln relativ einheitliche Bewegung nahm doch in den einzelnen Ländern jeweils spezifische Züge an.

Der Zusammenhang *Spaniens* mit den Niederlanden (Burgund!) bewirkte, daß sowohl Schriften der devotio moderna dorthin kamen, wie auch des Erasmus. In den Universitätsgründungen des Kardinals Ximénes ist der humanistische Einfluß z. B. stark spürbar, etwa in der komplutensischen Polyglotte von Alcalá, dem alten Complutum. Aber nun wirkte der staatskirchliche Charakter der damaligen spanischen Verhältnisse und die antihäretische Leidenschaft, die aus dem Kampf gegen den Islam im eigenen Lande kam, natürlich ebenfalls mit. Und auch noch das Ordensideal des ursprünglichen Franziskanermönches, der Ximénes zunächst gewesen war und im Herzen immer blieb. So wird hier der Grund gelegt für die geistig bedeutende Neuscholastik des ausgehenden 16. Jahrhunderts, die in den Dominikanern Franz von Vitoria und Báñez einerseits, den Jesuiten Franz von Suárez und Luis Molina andererseits ihre Hauptvertreter hatte.

In *Italien* spaltete sich der Humanismus, wie vor allem Delio Cantimori gezeigt hat[1], über der Hinwendung zur Religion, die statthatte, in drei Gruppen auf:

α) eine stark rational gefärbte, die kirchlich überall als ketzerisch beurteilt wurde; der Antitrinitarier Servet, dessen Hinrichtung in Genf Calvin zustimmte, gehört dazu, und vor allem der Begründer des Sozinianismus, Fausto Sozzini, der schärfste Gegner, den die Satisfaktionslehre bisher gefunden hat;

β) solche, die sich dem Protestantismus zuwandten, wie Petrus Martyr Vermigli oder der Kapuzinergeneral Occhini;

γ) eine die Reform der katholischen Kirche anstrebende Gruppe entweder durch eine reformatio hominum per sacra oder durch eine reformatio sacrorum per homines, wie Egidio von Viterbo es auf dem Laterankonzil formuliert hat[1a]. Bedeutung erlangt hat vor allem das Oratorium der göttlichen Liebe, das in mehreren Städten Zweiggruppen hatte und zu dem Männer wie Jacopo Sadoleto gehörten und der durch die Reformation seiner Diözese berühmt gewordene Bischof von Verona Gian Matteo Giberti. In Neapel wurde Juan Valdés führend, in Venedig Gasparo Contarini. Auch Michelangelo und seine Freundin Vittoria Colonna gehörten in Rom zu einem entsprechenden Kreis. Alles Männer, die eine unscholastische positive Theologie vertraten, vielfach an Augustin gebildet, die nun von dem Willen beseelt waren, der äußeren und inneren Verkommenheit der Kirche nach Kräften entgegenzutreten. Es ist nicht ausgeschlossen, daß sie auch Anregungen von Luther bekommen haben. Papst Paul III. hat die meisten in das Kardinalskollegium berufen oder doch auf einflußreiche Bischofssitze gebracht, so daß ihre Tätigkeit wenigstens an einzelnen Orten auch praktisch bedeutsam wurde.

b) Beweis für die erfolgende Reform und Truppe für die weiterzutragende zugleich ist das *neuaufblühende Mönchtum.* Unter den neugegründeten Orden des 16. Jahrhunderts ragen hervor:

---

[1] Italienische Häretiker des 16. Jahrhunderts, deutsch von W. Kaegi, 1949.

[1a] Eine Reformation der Menschen durch die heiligen Dinge oder eine Reformation der heiligen Dinge durch die Menschen.

α) Die *Theatiner*, entstanden aus dem Oratorium der göttlichen Liebe, 1524 als Regularklerikerorden zur Erneuerung von Klerus und Volk durch Gaetano di Thiene gegründet. Sein Ziel war, Männer zu sammeln, die, in strenger Askese lebend, die Pflichten ihres Amtes vorbildlich erfüllten und zugleich die Häresie in jeder Form bekämpften. Wahrscheinlich hat Ignatius von Loyola in Venedig wichtige Anregungen von ihnen erhalten.

β) Die *Kapuziner*, eine Abspaltung vom Franziskanerorden. Ihre Anfänge gehen bis 1525 zurück. Sie wollten die alte Strenge der Regel erneuern. Durch den Übertritt ihres Generals Occhini zur Reformation haben sie eine Zeitlang Schwierigkeiten gehabt, dann aber erhebliche Bedeutung für die Gegenreformation bekommen, und keineswegs nur durch ihre Volkspredigt.

γ) Die *Ursulinen*, 1535 durch Angela Merici gegründet, der größte Frauenorden der katholischen Kirche für Erziehung und Unterricht, der noch heute auf der ganzen Welt tätig ist.

Alle diese Orden sind in ihrer *zeitgeschichtlichen* Bedeutung, ihrem Wirken gerade für die Gegenreformation neben den Jesuiten sicherlich unterschätzt worden. Im Fortgang der Geschichte hat dann freilich

δ) der **Jesuitenorden** sie weit überragende Bedeutung bekommen. Für die Person seines Gründers, Don Iñigo de Oñaz y Loyola, latinisiert **Ignatius von Loyola** († 1556) ist wichtig zunächst, daß er kein Spanier war, sondern ein Baske, als geistlicher conquistadore[2] ein würdiges Glied in den Reihen der großen Admiräle und Eroberer, die dieser Volksstamm gestellt hat. Daneben muß man wissen, daß er das Beste seines inneren Lebens der *deutschen* Mystik verdankt, die vor allem durch die Vita Christi Thomas' von Kempen (vgl. S. 267) ihn geistig beeinflußt hat. Das Ignatius völlig erfüllende Anliegen, Gottes Ehre zu dienen, stammt ebenso daher, wie die besondere Art seiner Gehorsamsauffassung. Gottes Ehre dient nämlich der Mensch nach Ignatius, indem er dessen Willen erfüllt. Dazu gilt es also den Menschen willig und fähig zu machen. Das entspricht der mystischen Intention. Von der deutschen Mystik unterscheidet sich Ignatius aber dadurch, daß er

αα) das eigentlich mystische Erlebnis, die ekstatische Einung mit Gott, stark zurücktreten läßt gegenüber der Tat, darin freilich Eckhart noch verwandt;

ββ) daß er die Erfüllung des göttlichen Willens *zugleich* im Dienste des eigenen Heiles stehen läßt, während die deutsche Mystik sogar die abrenuntiatio in infernum[3] forderte; hier liegt zweifellos eine eudämonistische Erweichung ihr gegenüber vor;

---

[2] Eroberer.

[3] Den Selbstverzicht bis zur Höllenbereitschaft.

$\gamma\gamma$) durch seinen brennenden Missionseifer, den er auch von seinen Mitarbeitern verlangte.

Das Hauptmittel, die Seele zum Dienste Gottes zu rüsten, waren für Ignatius die Exercitia spiritualia[4], die er aus mystischen Ansätzen entwickelte. Daß in ihnen eine Möglichkeit bereitgestellt wurde, auch Nichtordensmitglieder, Priester wie Laien, aufs tiefste zu beeinflussen, unterscheidet den Jesuitenorden von allen anderen seiner Zeit. Die Exerzitien sind in ihrer ursprünglichen Form eine etwa vierwöchige Freizeit, in der dem Menschen von dem Leiter konkrete Aufgaben zur meditativen Betrachtung gestellt werden. Sie haben das Ziel, mit Hilfe der Phantasie sinnliche Vorstellungen zu erwecken (Riechen des brennenden Schwefels in der Hölle, Christi Kreuzesleiden selbst durchleben), dadurch bestimmte Affekte auszulösen und über sie zu Willensentschlüssen zu führen. Unter der Form reiner Selbsttätigkeit wird der Übende also einem von außen ihm gestellten Ziel zugeführt, das in der völligen Hingabe an Gott gipfeln soll. Ob dieses Ziel wirklich erreicht wird oder ob der Mensch nicht doch auf halbem Wege stehen bleibt, ist immer wieder gefragt worden. Sicher ist jedenfalls, daß die katholische Art der Frömmigkeit hier nirgends verlassen wird.

Die Bilderfülle der neueren katholischen Kirchen soll die Erinnerung an das zunächst nur mit der Phantasie geschaute Bild zurückrufen und die damit assoziierten Affekte neu wecken. So ist der Barock die typische Kunst der Gegenreformation, auch in seiner Verknüpfung von christlichem Glauben und sinnenhafter Religiosität[5].

Da viele Tausende sich im Laufe der Jahrhunderte die Exerzitien haben geben lassen, hat Ignatius durch sie die Frömmigkeit der katholischen Kirche entscheidend beeinflußt. Das dünne Bändchen, das die Exerzitien nur bilden, gehört zu den wirkmächtigsten Büchern der Weltliteratur. Dogmatisch enthalten die Exerzitien die katholischen Grundlehren, teilweise in leicht vereinfachter und damit vergröberter Form. Wichtig an ihnen ist

$\alpha\alpha$) daß sie die Übenden völlig an die hierarchische Kirche binden. Die „regulae sentiendi cum ecclesia"[6] schreiben ausdrücklich vor, Schwarzes für weiß zu halten, wenn die Kirche es für weiß erklärt.

$\beta\beta$) Durch die Exerzitien gewöhnen sich die Menschen an die Führung eines anderen auch im Gebiet des seelischen Lebens; so wird die Beichte neben dem Ort, da man die begangenen Sünden bekennt, zugleich die Gelegenheit, sich den Rat der Kirche für das zukünftige Handeln geben zu lassen, eine Umwandlung der Beichte, die durch den Jesuitenorden ganz wesentlich gefördert ist.

[4] Die geistlichen Übungen.
[5] Vgl. Werner Weisbach, Der Barock als Kunst der Gegenreformation, 1921.
[6] Die Regeln, mit der Kirche zu fühlen.

Der Orden selbst wirkt in ähnlicher Richtung wie die Exerzitien. Charakteristisch für ihn ist

αα) seine strenge *Bindung an den Papst* als den vicarius Christi, die durch ein besonderes Gelübde zum Ausdruck kommt;

ββ) sein scharfer *Kampf gegen* jegliche *Ketzerei* innerhalb und außerhalb der katholischen Kirche;

γγ) seine *große Aktivität im Dienste des Reiches Gottes;* neben die evangelistische Tätigkeit trat schon in den ersten Jahren eine äußere Mission, die zeitweilig größte Erfolge erzielte, besonders in Amerika, China und Japan, die zu andern Zeiten durch ihre Praxis, nämlich ihre Akkomodation an heidnische Sitten und Gebräuche, freilich auch Bedenken erweckte.

Die *Arbeitsmittel des Ordens* sind Schwankungen unterworfen gewesen. Neben den selbstverständlich immer angewandten Exerzitien waren es zunächst vor allem die Predigt und die Kinderlehre; schon bald trat aber die Erziehung der gebildeten Jugend, vom Gymnasium bis zur Universität, in den Vordergrund, daneben auch schon früh die wissenschaftliche Theologie und der Dienst an den Fürstenhöfen, etwa als Beichtvater. Ganz scheidet die hierarchische Laufbahn aus.

Die unbestreitbar großen *Leistungen* des Ordens beruhen

αα) auf der durch die Exerzitien geweckten großen Dienstbereitschaft;

ββ) auf einer überaus strengen Auswahl der Mitglieder, die auch nach der Aufnahme immer wieder überprüft werden;

γγ) auf einer sehr gründlichen Ausbildung jedes einzelnen Mitgliedes, die die reichen Mittel des Ordens ermöglichen; indem Ignatius selbst die humanistische Arbeitsweise pflegte, sorgte er zugleich dafür, daß der Orden „modern" wurde;

δδ) auf einer festen, bis in die Gewissensregungen sich erstreckenden Aufsicht über die Ordensangehörigen; und endlich

εε) auf einem straffen System der Über- und Unterordnung, das jeden Einzelnen nicht nur in vollkommenem äußeren Gehorsam an den Oberen bindet, sondern ihn auch zu innerer Einung mit dessen Willen anhält. Alle aber sind letztlich abhängig von dem auf Lebenszeit gewählten und praktisch absoluten General.

Der Jesuitenorden ist also eine Gruppe von zum Einsatz bis zum Tode bereiten Gliedern, die zentral zusammengefaßt und einheitlich eingesetzt wird durch den General. Darin liegt der Grund für die große jesuitische Wirksamkeit und auch für die Macht des Ordens. Seine Überlegenheit hat freilich gelegentlich den inneren Frieden der katholischen Kirche gefährdet und auch mit Nationalstaaten ergaben sich nicht selten Konflikte.

3. **Das Konzil von Trient** (1545—1563). Das Konzil von Trient hat für die Gegenreformation und darüber hinaus entscheidende Bedeutung gewonnen dadurch, daß es

a) *die umstrittenen Lehren dogmatisch entschied,* insbesondere die Lehren von den Quellen des Dogmas (Sessio IV: Schrift und apostolische Tradition sind gleichwertig, daneben ist auch noch die kirchliche Tradition Quelle der Lehre) und von der Rechtfertigung (Sessio VI), sowie von den Sakramenten. Unentschieden blieb die Lehre von der Kirche. Inhaltlich wurde neben der Reformation der Nominalismus abgelehnt, der mit seiner doppelten Wahrheit auch zweifellos antiquiert war, und eine *Rückkehr zu Thomas von Aquin* vollzogen. Die katholische Lehre von der cooperatio hominis cum Deo[7] bei der Rechtfertigung wird aufrechterhalten, wenn die Fähigkeit des Menschen, beim Empfang der Gnade mitzuwirken, auch als *sehr* klein beurteilt wird; im Grunde genommen bleibt ihm nur die negative Möglichkeit, sich zu verstocken, das göttliche Gnadengebot abzulehnen. Aber darin ist das reformatorische solā gratiā doch klar abgewiesen. Da der Mensch mit seiner Schwäche so der eine von zwei Faktoren bleibt, auf denen die Rechtfertigung beruht, kann es nicht zur Heilsgewißheit kommen; sie wird ausdrücklich verworfen. Zugleich bleibt man dabei, daß die Rechtfertigung eine wirkliche Gerechtmachung, die Übertragung einer neuen Qualität sei, die durch das Sakrament gewirkt wird. So wird auch die Bindung der Rechtfertigung an das Sakrament aufrechterhalten. Immerhin liegt in der tridentinischen Konzeption fraglos eine Vertiefung, verglichen mit der vorhergegangenen Zeit, vor. Mit ihr sich auseinanderzusetzen gehört zu den unbedingten Pflichten eines evangelischen Theologen. Freilich liegt in der Bindung an die Scholastik, die so indirekt erfolgte, zugleich auch eine Verengung. Die dogmatische Fixierung der Lehren in einem antiprotestantischen Sinn beraubt vor allem aber die katholische Kirche der wirklichen Reformationsmöglichkeit; darin liegt die stärkste Verengung, die das Tridentinum gebracht hat. Zeitgenössisch war jedoch entscheidend, daß die katholische Kirche in einem Zeitraum, da die evangelischen Kirchen unter sich und die lutherische zudem noch in sich durch Lehrstreitigkeiten aufgespalten waren, mit Hilfe des Tridentinums ihre dogmatische Festigkeit und zugleich ihre dogmatische Einigkeit wiedergewann, eine Kraftquelle ersten Ranges für sie. Indem die Kurie den Grundgedanken der tridentinischen Lehre in ein Bekenntnis, die professio fidei Tridentinae, zusammenfaßte, das fortan jeder Priester beschwören mußte, bekam die katholische Kirche zugleich auch den Charakter einer „Bekenntnis"-Kirche.

---

[7] Der Zusammenarbeit zwischen Gott und Mensch.

b) Daneben hat das Tridentinum auch für die notwendige *äußere Reform der Kirche* Erhebliches geleistet, wenn auch die noch weitergehenden Pläne Karls V., die Synode zu einem großen Reformkonzil der ganzen abendländischen Christenheit zu machen, nicht realisiert sind. Die Kurie behielt die Fäden der Verhandlung immer fest in der Hand, was ihr im wesentlichen durch die Geschäftsordnung ermöglicht wurde. Die Machtstellung des Papstes ist durch das Tridentinum also eher gestärkt als geschwächt worden. Daß von ihm am Schluß eine Bestätigung der Beschlüsse erbeten wurde, ist ein typisches Zeichen dafür. Aber die Aufsichtsgewalt der Bischöfe in ihren Sprengeln wurde auch verstärkt, die Kumulation von Ämtern verboten, der Handel mit ihnen weitgehend eingeschränkt. Die Errichtung von Priesterseminaren, die für eine bessere Ausbildung der Geistlichen sorgen sollten, wurde gefordert. Der Geldablaß, der äußere Anlaß der Reformation, ist sogar völlig abgeschafft; es blieb allerdings der ebenso fragwürdige Ablaß für Gebete usw. Obwohl die Durchführung dieser Reformen in manchen Ländern, insbesondere Frankreich, staatlicherseits auf erheblichen Widerstand stieß, ist sie doch durch die Zusammenarbeit der Kurie mit dem Episkopat weitgehend durchgeführt, gerade auf seelsorgerlichem Gebiet, und die katholische Kirche hat so die innere und auch die äußere Geschlossenheit unter einheitlicher Leitung wiedergewonnen, die sie weitgehend verloren hatte. Der Papst, und nicht ein weltlicher Fürst, wie Karl V., lenkte seitdem unbestritten wieder die Kirche. Ein wirklich führender Kopf findet sich unter den Päpsten des 16. und 17. Jahrhunderts freilich nicht. Trotzdem war die katholische Kirche nun wieder so stark, daß sie zum Gegenangriff übergehen, ja das Gesetz des Handelns an sich reißen und dem Jahrhundert sein Gepräge geben konnte.

Vom Evangelium her beurteilt, kann die katholische Reform freilich nur als eine Restauration gewertet werden.

Literatur

Hubert Jedin, Katholische Reformation oder Gegenreformation? 1946;
ders., Geschichte des Konzils zu Trient, 2 Bde. I, 1952², II, 1957;
Heinrich Böhmer, Ignatius von Loyola, 1951³;
ders., Die Jesuiten. Neu hrsg. von K. D. Schmidt, 1957.

§ 44. Der Kampf der Gegenreformation

Fast alle Länder, in denen die Reformation Eingang gefunden hatte, haben auch einen gegenreformatorischen Kampf gesehen, teils mit, teils ohne Erfolg für die katholische Kirche. Praktisch blieb so kaum ein Teil des Abendlandes unberührt. In jedem Land gestaltete sich der Kampf aber eigenartig nach den besonderen Bedingungen, die jeweils vorlagen. Auch entfaltete er sich in den einzelnen Ländern zu ganz verschiedener Zeit. Wer die Geschichte eines einzelnen Landes betrachtet und seine Isolierung bemerkt, kann leicht dazu verführt werden, alle diese Kämpfe als Einzelerscheinungen zu nehmen. Aber das sind sie in Wirklichkeit nicht. Vor einer Gesamtbetrachtung des Jahrhunderts von 1560—1680 zeigen sie sich alle als Stücke eines großen Ganzen, nämlich als die einzelnen Phasen des großen Kampfes, den die katholische Kirche geführt hat, um die Völker des Abendlandes wieder im katholischen Glauben, und das heißt zugleich unter dem Papst, zu vereinen. Daß der Kampf als ein *Macht*kampf mit militärischen Mitteln ausgefochten wurde, entspricht der damals noch herrschenden katholischen Grundanschauung (vgl. S. 247 ff.) und den Zeitverhältnissen. Von da aus ergibt sich aber zugleich, daß der Kampf engstens mit politischen Gesichtspunkten und Zielen verknüpft worden ist, auch mit den absolutistischen Tendenzen der damaligen Fürstenhöfe. Das Ineinander ist so eng, daß es oft schwer zu entscheiden ist, ob das religiöse oder das politische Ziel ausschlaggebend war. Insbesondere ist er mit dem Ringen der Habsburger um die Vorherrschaft in der Welt gekoppelt gewesen. Politik und Religion sind hier so in einer geschichtlich wohl einmaligen Form vermischt.

1. **Die Kämpfe in den einzelnen Ländern.** In *Spanien* und *Italien* sind die verhältnismäßig kleinen evangelischen Kreise, die sich bildeten, durch das kirchlich geordnete Mittel der Inquisition verhältnismäßig schnell aufgelöst worden. 1542 hatte Paul III. auf Drängen Pietro Caraffas, des späteren Papstes Paul IV., die Vermittlungstheologie im Sinne Contarinis ausgeschaltet und die *päpstliche Inquisition* nach spanischem Muster neu geordnet und unter die Leitung einer Kardinalskongegration gestellt, die wenig später das Sanctum officium genannt wurde. Damit siegte der Gedanke der *blutigen* Ausrottung der Ketzerei noch einmal an der Kurie und setzte sich in Italien und Spanien auch durch. Philipp II. von Spanien wurde der Schirmvogt der alten Kirche und der Vorkämpfer des Katholizismus im ganzen Westen; er hat, von der Kurie meist unterstützt und nicht, wie sein Vater, bekämpft, in immer neuen Einsätzen Spanien freilich wirtschaftlich (in vierzig Jahren dreimal Staatsbankrott: 1556, 1575, 1596!) und bevölkerungspolitisch so stark überbeansprucht, daß es seine Vormachtstellung darüber verlor. Spanien ist so ein Opfer der universal-katholischen Idee seines Herrscherhauses geworden. Italien war politisch schon in der Reformationszeit ausgeschaltet und nur noch Nebenplatz der großen Politik.

In *Frankreich* kam es zu blutigen Bürgerkriegen im Streit der beiden Glaubensparteien, da die Reformation auf den entscheidenden Widerstand der Krone stieß, aber in einem Teil des hohen Adels Unterstützung fand. Jedoch selbst der Massenmord der Bartholomäusnacht von 1572, die einen der dunkelsten Flecken in der ganzen Geschichte der Kirche bildet, vermochte die Partei der Hugenotten nicht zu vernichten. Heinrich IV. mußte 1598 im Edikt von Nantes den Protestanten Duldung gewähren (S. 369). Aber der Absolutismus Ludwigs XIV. vertrug die Religionsverschiedenheit nicht. Nach einer Reihe von vorläufigen Unterdrückungsmaßnahmen gegen die Protestanten, die sie schwersten Nöten aussetzten und die schon eindeutig auf die Vernichtung der evangelischen Kirche in Frankreich hinzielten, wurde *1685* das *Edikt von Nantes aufgehoben.* Eine wahre Schreckensgeschichte, diese Geschichte der Vernichtung einer blühenden calvinischen Kirche in Frankreich. Sie hat dem Land wertvolle Bevölkerungsteile teils durch den Tod, teils durch Auswanderung entzogen und hat der französischen Revolution in mehr als einer Hinsicht vorgearbeitet.

In *England* war der Kampf um die Wiedereinführung des Katholizismus unter Maria Tudor, der Frau Philipps II., aufs engste verknüpft mit dem Versuch, das Land in das System der spanisch-habsburgischen Weltherrschaft wiedereinzubeziehen. Daran und an dem Anspruch der Kurie auf *totale* Wiederherstellung des Besitzstandes der alten Kirche scheiterte der Versuch. Die Niederlage Spaniens im Kampf gegen das Inselreich war so nicht nur für seine Machtstellung entscheidend, sondern zugleich für den Kampf der Gegenreformation. Insofern kommt dem Untergang der spanischen Armada vor Englands Küsten 1588, vor allem aber der klugen Politik Elisabeths, die sie ermöglichte, universalhistorische Bedeutung zu.

Auch in den *Niederlanden* war der Kampf um die Freiheit des Glaubens zugleich ein Kampf um die Freiheit von der habsburgisch-spanischen Vorherrschaft. In ihm siegte unter der Gunst des Mehrfrontenkrieges, den Spanien zu führen hatte, nach äußersten Leiden der entschlossene Kampfwille der Calvinisten, ein grandioser Beweis für die Kraft des Glaubens. Das Land wurde darüber zu einer führenden See- und Kolonialmacht. Und in ihm entwickelte sich dann ein Kulturwille und eine Kulturhöhe von bewundernswürdigem Ausmaß — aber vorwiegend in den evangelischen Nordprovinzen, der katholisch bleibende Süden hatte daran geringeren Anteil —, während Deutschland, das im 16. Jahrhundert geistig geführt hatte, jetzt völlig darniederlag. Ein tolerantes Staatswesen entstand zugleich, das zum Ursprungsland des modernen bürgerlichen Liberalismus werden sollte (Ritter).

In *Schweden* und *Polen* war der Reformationskampf engstens verknüpft mit der Frage der Vorherrschaft über die Ostsee nach dem

Niedergang des deutschen Ordens. In Polen stand er zugleich im Dienst der Polonisierung der unterworfenen fremden Volkstümer. Entscheidend wurde die Personalunion zwischen Schweden und Polen unter Sigismund III., dem Sohn der katholischen Königin Katharina von Schweden, einer polnischen Prinzessin. In Polen gelang Sigismund die Ausrottung des wirtschaftlich gedrückten, dogmatisch uneinigen Protestantismus fast völlig. In Schweden rief gerade seine gegenreformatorische Politik entschlossenen Widerstand wach. Besiegt ging er 1598 der schwedischen Krone verlustig. Karl IX., sein Gegner und Nachfolger, machte Schweden zur nordischen Großmacht und zugleich zu einem Hort des Protestantismus.

Dieser Sieg der Reformation in Schweden wurde in *Deutschland* dank des Eingreifens Gustav Adolfs, freilich zusammen mit dem französisch-habsburgischen Gegensatz, entscheidend für den Ausgang des Kampfes. Deutschland war das volkreichste Land der damaligen Zeit, das aber, wie gesagt, schon in der zweiten Hälfte des 16. Jahrhunderts politisch, wirtschaftlich und geistig ins Stagnieren gekommen war. Es war gelähmt

a) durch das Gegeneinander der Zwergstaaten, deren Selbständigkeit durch die Entwicklung der Reformationsgeschichte verstärkt war,

b) durch das Gegeneinander von drei Konfessionen, das sich oft mit einem Gegeneinander der Fürstenhöfe verband und das die Reichstage zuletzt beschlußunfähig machte; und schließlich

c) durch die Halbheit der lutherischen Fürsten, die es nicht wagten, in den „internationalen" Zusammenhang protestantischer Politik einzutreten und einen Krieg für ihren Glauben entschlossen zu planen, oder die dann, als sie doch in ihn hineingerieten, zu gehemmt waren, um ihn entschlossen zu führen, aber die andererseits auch nicht glaubensstark genug waren, ihm ganz abzusagen.

Der fürstlichen Hauspolitik, nicht eigenem Angriffsgeist, ist das äußere Wachsen des Luthertums in dieser Zeit zu verdanken, und greifbare Aussichten, die Reformation doch noch in Deutschland zum Siege zu führen, sind an der Unentschlossenheit und Ängstlichkeit der evangelischen Fürsten gescheitert (z.B. 1557 auf dem Wormser Reichstag und Religionsgespräch; 1566 in Augsburg; 1575 bei der Wahl eines Nachfolgers für den halb evangelischen Kaiser Maximilian II.; 1582 in Köln usw.). Dem Luthertum und Deutschland blieben in dieser Zeit auf jeden Fall weitsichtige Politiker unter Fürsten und Staatsmännern versagt, wie sie der Westen etwa in Coligny, Wilhelm von Nassau-Oranien, Elisabeth I. und Cromwell hatte oder der Norden in Karl IX. und Gustav Adolf. Wieweit das Luthertum mit seinem Patriarchalismus schuld ist an dem Unvermögen, weitausgreifende Pläne zu verfolgen und neue weltweite Aufgaben, die etwa handelspolitisch reiften, anzupacken, ist noch zu erforschen. Ein großes Einzelbeispiel, wie es etwa die Stadt Stade gleich nach dem Dreißigjährigen Kriege bietet [1], weist darauf hin, daß die Zersplitterung wohl entscheidend war. Aber es blieben dem Luthertum auch wirklich überragende Theologen und Kirchenmänner versagt, die hätten führen können, wie sie der Westen neben Calvin z.B. in dessen Nachfolger Theodor Beza und in John Knox geschenkt bekam.

Wo katholische Höfe ihr Rückhalt gewährten, konnte so auch die Gegenreformation Erfolg haben. Sie ist freilich nie zu einer Volksbewegung geworden wie die Reformation, sondern war ganz das Werk geistlicher und weltlicher Fürsten, bei der irdisch materielle, innen- und außenpolitische Motive sich eng mit kirchlichen verbanden.

Der Krieg, der über dem Zwiespalt schließlich 1618 als das grausige Endergebnis des Zeitalters des Konfessionshasses ausbrach, *endete politisch* mit einer fast völligen Ausschaltung des Deutschen Reiches. Schon während seiner Dauer war Deutschland ein Tummelplatz fremder Söldnerscharen gewesen. Der Friedensvertrag von 1648 verlieh den Ländern ausdrücklich das Recht des Bündnisses mit auswärtigen Mächten. Da es aber ausgeschlossen war, daß die mehr als 300 Territorien Deutschlands eine wirklich eigene Politik treiben konnten, lag darin die Notwendigkeit, daß die größeren sich auf Kosten der kleineren Nachbarn verstärkten. Der Gegensatz Österreich—Preußen bahnt sich an, zugleich politischer und konfessioneller Art. Großer Verlust deutschen Landes kommt hinzu, ferner ein Sinken der Bevölkerungsziffer auf etwa ein Drittel des Vorkriegsstandes. Die Veränderung der innerdeutschen politischen Landkarte durch den Krieg darf uns hier im einzelnen aber nicht beschäftigen. *Konfessionell* war entscheidend, daß der Religionsfriede auch auf die Calvinisten ausgedehnt wurde, während alle anderen christlichen Gruppen als „Sekten“ noch von der Duldung ausgeschlossen blieben. Für den Besitzstand an den geistlichen Gütern wurde der Stand vom 1. Januar 1624 normativ, so daß in Norddeutschland nur die katholischen Bistümer Osnabrück (mit Einschränkungen), Paderborn, Münster und Köln bestehen blieben, alle also im Westen gelegen. Endgültig verloren waren der Reformation Gebiete, in denen ihr Sieg schon nahe gewesen war, vor allem die habsburgischen Lande. Die schon wankende katholische Kirche stand endgültig wieder fest. Der konfessionelle Zwiespalt mit seiner Not, aber auch mit dem Reichtum, der in der Notwendigkeit stetig neuer Auseinandersetzung liegt, und mit der

---

[1] Vgl. Karl Richarz, Über die Seegeltung Stades in der Schwedenzeit (Stader Jahrbuch 1949, S. 21—53).

Widerspruchsfülle, die er mit sich bringt, blieb Deutschlands, Europas Schicksal.

2. **Die Bilanz des Zeitalters der Gegenreformation.** Sie ergibt *politisch*, daß Frankreich die kontinentale Hauptmacht wird. Aber neben ihm haben Holland, Schweden und vor allem England Großmachtstellung errungen. Das ist ein unübersehbarer Verlust der katholischen Seite: Das katholische Italien, das zu einem großen Teil wieder katholisch gewordene Oberdeutschland, dazu Spanien verlieren ihre bisherige Bedeutung für die Welt. Neben der einzigen katholischen Großmacht, die verbleibt, Frankreich, sind mehrere evangelische entstanden, von denen es zu Beginn des Zeitalters keine einzige gab. Hier ist das Ergebnis also wirklich eindeutig.

Auf den *konfessionellen* Besitzstand gesehen, hat die katholische Kirche ihr eigentliches Kampfziel, die Vernichtung des gesamten Protestantismus, auch nicht erreicht. Aber in Italien und Spanien sind alle protestantischen Regungen unterdrückt, und in Polen und Österreich so gut wie alle, während in Frankreich eine blühende Kirche bis auf kleine Reste in schandbarer Weise ausgerottet ist. So hat der Katholizismus in einzelnen Ländern gesiegt, in Deutschland immerhin eine Verbesserung seiner Lage erzielt und vor allem der weiteren Ausbreitung des Protestantismus in *Europa* einen Riegel vorgeschoben, der praktisch bis heute hin gehalten hat. Das bedeutet, wenn man mit dem Ausgangspunkt des Zeitalters, dem Jahr 1555 vergleicht, ohne Frage ein Teilergebnis zu Gunsten der katholischen Kirche.

Kirchenpolitisch ist das Resultat freilich keineswegs so eindeutig. In Frankreich war man über den Kämpfen zwischen Hugenotten und Katholiken und über der Frage, ob ein Calvinist die französische Königskrone tragen könne, auch auf katholischer Seite zu neuen Anschauungen über das Verhältnis von Staat und Kirche gekommen. Man bestritt dem Papst das Recht, weltliche Fürsten absetzen und andere als geistliche Strafen verhängen zu können, weil das Reich Christi nicht von dieser Welt sei. Dieser Anschauung von dem *geistlichen* Wesen der Kirche gehörte die Zukunft. Und sie war nicht ohne praktische Bedeutung. Geistig auf sie gestützt, gewannen die Venezianer 1605 ihren Kampf mit der Kurie, und dank ihrer Hilfe hatte der Papst schon 1595 Heinrich IV. von Navarra, den rückfälligen Ketzer, nun freilich wieder Katholik, als König von Frankreich anerkennen müssen. Damit hatte die Kurie sich zugleich, gerade noch rechtzeitig, von Spanien ab- und politisch Frankreich zugewandt. Aber Frankreich wählte in Freiheit die Freundschaft des Papstes; die alten *gallikanischen Ideen* behielten weithin ihre Kraft, ja sie erstarkten so, daß sie 1682 offiziell von der katholischen Kirche Frankreichs anerkannt wurden. Ihr erster Satz besagt gleich, daß der Papst wohl der geistliche Herr der Christenheit ist, aber keinerlei staatliche und weltliche Gewalt besitzt; der zweite proklamiert die Überlegenheit des Generalkonzils über den Papst; der dritte bindet den Papst bei der Verwaltung der französischen Kirche an die Landesgewohnheiten, und der vierte leugnet die Unfehlbarkeit und den Universalepiskopat des Papstes (vgl. S. 188 ff.). Die katholische Kirche wird so in Frankreich zur Dienerin des absoluten Nationalstaates und mit seinem Schicksal bis hin zur Revolution verknüpft. Darin liegt aber zugleich ausgesprochen, daß der Papst auch seitens katholischer Untertanen nur noch beschränkt als Herr anerkannt wird. Diese Einbuße an innerer Bedeutung kam zu dem Abfall der Protestanten hinzu und erschütterte seine Stellung erheblich.

Über dieser Schwächung bricht aber das Papsttum auch innerlich zusammen. Seit dem 17. Jahrhundert ist der Hochstand, der die Gegenreformation getragen hatte, an der Kurie wieder dahin. Der Nepotismus macht sich erneut breit. Der Papst sinkt praktisch zu einem inneritalienischen Territorialfürsten wieder ab. Diesem Verlust steht freilich ein Gewinn gegenüber. In mehreren Ländern der Gegenreformation, Polen und Deutschland z. B., haben sich die Kirchen stärker an Rom angeschlossen als vorher. Staatsrechtliche Befugnisse verlor der Papst auch hier, soweit er sie besaß, seine kirchlichen wurden eher erweitert. Dieser Gewinn kann jedoch den sonstigen kirchenpolitischen Verlust kaum ausgleichen.

Auch *theologisch* hat die katholische Kirche den Stand, der ihre neue Kraft offenbarte, nicht halten können. Zwar ist es bedeutungsvoll gewesen, daß in Spanien in der zweiten Hälfte des 16. Jahrhunderts die *Scholastik* neu erblühte, indem sie eine neue Sprache, ein vom Humanismus gefärbtes Latein, pflegte und auch neue Probleme selbständig zu lösen versuchte. Aber zu gleicher Zeit rückt die *Polemik* stark in den Vordergrund, für die Robert Bellarmin's S. J. Disputationes de controversiis christianae fidei adversus huius temporis Haereticos[2] (9 Bde., Ingolstadt 1587 ff.) das Hauptwerk bilden. Wo sie wichtig wird, läßt man sich das Gesetz des Handelns vom Gegner vorschreiben. Daneben entstand zwischen Thomisten und Molinisten ein bis heute nicht entschiedener Streit um die menschliche Willensfreiheit, der für weite Kreise der katholischen Kirche die tridentische Lehre von der Bedeutung der Gnade für die Rechtfertigung wieder erweicht hat. Auch die Erneuerung des Augustinismus, die von Löwen aus unter Führung von Cornelius Jansen versucht wurde (daher *Jansenismus* genannt), wurde vom Papst auf Drängen Frankreichs hin

[2] S. J. = Mitglied des Jesuitenordens: Disputationen über die Glaubenskontroversen gegen die Häretiker dieser Zeit.

verdammt. Und endlich wurden durch moraltheologische Methoden, die den beißenden Spott Blaise Pascals fanden, die sittlichen Grundsätze der Kirche bedenklich erweicht. Es ist deshalb keine Frage, daß das innere Niveau der katholischen Kirche im Laufe des Zeitalters der Gegenreformation erheblich wieder gesunken ist, besonders in Frankreich.

Schließlich ist noch das *geistige* Ergebnis des Zeitalters zu erwähnen. Die unmenschliche Greuel, die die Kämpfe der Gegenreformation in Frankreich, den Niederlanden, England und Deutschland begleiteten, haben einen tiefen Schrecken in den Völkern ausgelöst und einen großen Abscheu gegen *jegliche* Betonung der konfessionellen Eigenheit hervorgerufen, ja Zweifel am Christentum überhaupt, da das zu Unmenschlichkeiten führte, in denen alle Schranken der Moralität durchbrochen waren.

„Lutherisch, Päpstisch und Calvinisch, diese Glauben alle drei,
sind vorhanden; doch ist Zweifel, wo das Christentum denn sei."
(Friedrich von Logau)

So hat die Gegenreformation zu einem wesentlichen Teil die Vorbedingung für die Aufklärung geschaffen.

Man kann sie rückschauend, zieht man die Bilanz, nur als eine ganz große Warnung vor dem Austrag kirchlicher Gegensätze mit machtpolitischen Mitteln werten. Das Fiasko solchen Handelns, nein, das Gericht Gottes über es, ist eindeutig. Auf beiden Seiten! Trotzdem gilt, daß mit dem Ausgang der Kämpfe um die Rekatholisierung Europas die Entscheidung über die geistige Zukunft des Abendlandes gefallen ist. Für seine Entwicklung in Freiheit war der Weg endgültig gebahnt.

Aber gleichzeitig war entschieden, daß die Kirche nun in das **Zeitalter des Konfessionalismus** eingetreten war. Es muß noch einmal betont werden, daß es Luther um die *Re*formation der einen Kirche Jesu Christi ging, die es allein gibt. Die Reformierten nennen und wissen sich als „die nach Gottes Wort reformierte Kirche". Und auch die Katholiken sehen in der Reform, die ohne jede Frage stattfand, die Reform der einen, katholischen Kirche. *Theologisch* hat man im Zeitalter der Gegenreformation auch noch nicht in Konfessionen denken können; das hat erst die Aufklärung ermöglicht, nicht ohne kräftige Vorarbeit des Pietismus. Im 16. und beginnenden 17. Jahrhundert weiß man auf allen Seiten nur von *einer* Kirche Gottes und beurteilt die Einstellung der anderen klar als Häresie. *Theologisch* gibt es noch keine Konfessionen. Aber *faktisch* sind sie im Zeitalter der Gegenreformation entstanden, und E. W. Zeeden hat wohl recht, wenn er immer wieder darauf hinweist, daß diesem Faktor, eben dem Prozeß der Konfessionsbildung, viel mehr Aufmerksamkeit gewidmet werden müßte, als bisher geschehen ist. Er denkt dabei zwar in erster Linie an die territorialen Entscheidungen, die keineswegs einfach nur auf religiöser Basis gefallen sind, sondern bei denen politische, wirtschaftliche, ethische, kulturelle, persönliche Motive eine große Rolle gespielt haben. Es ist klar, daß ein kurzer Grundriß dies Mosaik der territorialen Einzelgestaltung nicht wiedergeben kann. Ob universalhistorische Gesichtspunkte aus der vertieften Territorialforschung sich ergeben, bleibt abzuwarten. Aber ein lebhaftes Gespräch zwischen Kirchengeschichtlern beider Konfessionen und Historikern auf dem Trierer Historikertag des Jahres 1958 zeigte auch, daß die Frage, seit wann eigentlich Katholizismus und Protestantismus so getrennt sind, daß die Bewahrung der kirchlichen Einheit nicht mehr möglich war, keineswegs eindeutig zu beantworten ist. Die Männer, die die Religionsgespräche der 40er Jahre führten, sahen die Trennung auf jeden Fall noch nicht als endgültig an. Rom hat es 1548 wohl getan; nach Hubert Jedin's Darlegungen beruht auf diesem Urteil die Verlegung des Konzils von Trient nach Bologna, die die endgültige Absage der Kurie an die kaiserliche Religionspolitik bedeutete, die ihrerseits die Spaltung mit allen Kräften zu verhindern trachtete. Fragt man, was natürlich sinnvoll ist, wann die lutherische Kirche entstanden ist, so ist die Antwort historisch leichter zu geben, als wenn man nach der Konfessionsbildung als solcher fragt. Die Tatsache, daß der Augsburger Religionsfriede *reichsrechtlich* zwei gleichberechtigte Denominationen fixiert hat, war natürlich von außerordentlich großer Bedeutung für den Prozeß der Konfessionsbildung. Daß das Zeitalter der Gegenreformation diesen Tatbestand nicht wieder beseitigen konnte und der Friede von 1648 auch die Reformierten noch anerkennen mußte, hat faktisch die Konfessionen auf dem Festland Europas zu einer Dauereinrichtung gemacht. Indem sich der Anglikanismus auch behauptete, gilt dies für ganz Europa. Die Theologie ringt seitdem darum, mit diesem Tatbestand dogmatisch fertig zu werden. Wirklich gelungen ist es ihr noch nicht.

Literatur

Moritz Ritter, Deutsche Geschichte im Zeitalter der Gegenreformation und des Dreißigjährigen Krieges, 3 Bde., 1889ff.;

Ernst Walter Zeeden, Das Zeitalter der Glaubenskämpfe, in: Gebhardts Handbuch der deutschen Geschichte, Bd. II[8], 1955, S. 105ff.;

ders., Die Entstehung der Konfessionen. Grundlagen und Formen der Konfessionsbildung in Deutschland im Zeitalter der Glaubenskämpfe, 1965;

Ludwig Lambinet, Das Wesen des katholisch-protestantischen Gegensatzes, 1946 (mit Schilderung der verschiedenen Deutungsversuche).

Vierter Teil

GESCHICHTE DER KIRCHE IM ZEITALTER DES INDIVIDUALISMUS UND DES SÄKULARISMUS (1648—1950)

§ 45. Eigenart und Hauptprobleme des Zeitalters

1. **Die Eigenart.** Die jüngste Vergangenheit hat die Verhältnisse geschaffen, unter denen wir Heutigen unser Leben zu führen haben. Sie ist insofern die wirkkräftigste Zeit der Geschichte. Deshalb ist es besonders wichtig, sie zu kennen und in ihrer Eigenart zu erfassen. Aber so wahr das ist, so schwierig ist es auch. Heinrich Bornkamm sagt sogar: „Die Neuzeit ist in der Kirchengeschichte noch mehr als in der allgemeinen Geschichte ein Verlegenheitsbegriff ... sie ist schwer als Einheit zu fassen und noch schwerer zu gliedern.“ [1]

Immerhin hat aber ein so namhafter Mann wie Ernst Troeltsch schon 1906 einen energischen Versuch gemacht, sie als Einheit zu sehen. Er glaubte, diese Einheit zu finden in der Emanzipation des modernen Geistes. Als das Ende der „mittelalterlichen Idee“, nämlich der kirchlich fundierten Kultureinheit, bezeichnete er „die Trennung von Staat und Kirche, die Spaltung von weltlicher Kultur und religiöser Idee, die Freigebung der Zerplitterung der christlichen Kirche in eine Reihe verschiedener Gemeinschaften und Lehren ... Nicht bloß die einheitliche religiöse Organisation, sondern jede einheitliche Organisation der Kultur ist überhaupt zu Ende“. Richtig ist daran auch zweifellos, daß bei der neuen geistigen Entwicklung nicht die Kirchen geführt haben, sondern die allgemeine Weltkultur, die sich emanzipierte, autonom machte und zum Teil sogar den Kampf gegen Christentum, Kirche, ja Religion eröffnete. So steht die neue Zeit zunächst unter dem Zeichen der *Autonomie* und das heißt zugleich des *Säkularismus.*

Mit ihm verbunden ist ein ausgesprochener *Individualismus.* Der Einzelne erkämpfte sich im 17. und 18. Jahrhundert die Freiheit zu einer nur von ihm selbst bestimmten Lebensform, und er erlangte im

---

[1] Grundriß zum Studium der Kirchengeschichte, 1949, S. 66 f.

19. Jahrhundert ein Maß von Entscheidungsfreiheit, von wirklicher, echter Entscheidungsfreiheit, das ohne Beispiel in der bisherigen Menschheitsgeschichte ist. Gegen die Kennzeichnung der Neuzeit als Zeitalter des Individualismus kann auch nicht geltend gemacht werden, daß die allerjüngste Vergangenheit ja weithin unter dem Zeichen der Masse steht; denn Individualismus und Masse gehören eng zusammen. Masse ist nicht Gemeinschaft. Wo noch wirkliche Gemeinschaft ist, da ist auch Bindung; so ist die Gemeinschaft einem eigentlichen Individualismus feind. Der Masse als einer bindungslosen Menge ist er zugeordnet.

Romano Guardini nennt neben dem „autonomen Persönlichkeitssubjekt" (= Individuum) und der „aus eigenen Normen schaffenden Kultur" (= Säkularismus) als drittes Kennzeichen der Neuzeit noch die „in sich ruhende Natur". Die Natur wird nun nämlich nicht mehr als Schöpfung Gottes verstanden, also als gesetzt und gelenkt, sondern eben als in sich ruhend. Sie wird damit zugleich, was vorher Gott war: die Norm. „Natürlich" bedeutet nun „der Grundnorm entsprechend": natürliche Theologie, natürliche Ethik, natürliche Wirtschaft, Natur-Recht usw. Und wie Gott vorher als Vater angesprochen ist, so wird nun die Natur, personifiziert, als Mutter angesprochen; man begegnet ihr auch mit all der Ehrfurcht, die der Mutter gebührt.

Alle diese Merkmale charakterisieren in der Tat das geistige Leben der Neuzeit. Martin Schmidt hat ergänzend einen weiteren Zug herausgearbeitet. Er hat gezeigt, daß der Prozeß der Säkularisierung fast auf der ganzen Linie begleitet gewesen ist von einem Prozeß der *Sakralisierung*. Aber alle diese Kennzeichen sind aus der *Umwelt* der Kirche genommen, nicht aus der Geschichte der Kirche selbst. Von daher erhebt sich die Frage, ob es kein *inner*kirchliches Charakteristikum für diese Zeit gibt. Offenbar aber nicht! Wenn man den Weg der Kirche durch Pietismus und Aufklärung im 18. Jahrhundert, dann durch das total zwiespältige 19. und 20. Jahrhundert mit seinen tiefen innerkirchlichen Gegensätzen: Idealismus und Erweckung, positiv — liberal, Deutsche Christen — Bekenntnisgemeinschaft durchdenkt, so ergibt sich wirklich kein Gemeinsames, das die ganze Zeit von anderen unterscheidet und gerade sie, nur sie, kennzeichnet. Was der Kirchengeschichte dieser Zeit das Gepräge gibt, ist einmal tatsächlich der *Individualismus*, der sich innerkirchlich zuerst im Pietismus Bahn bricht. Über ihm verlieren sogar die einzelnen Konfessionskirchen ihre innere Einheit. Sie ist auch bis heute nicht zurückgewonnen. So ist die *Neuzeit das Zeitalter der kirchlichen Richtungen*. Daß es über dieser Auffassung in Europa kaum zur Bildung von Sonderkirchen kam, lag an dem Staatskirchentum, das sich hier herausgebildet hatte; es machte Separationen außerordentlich schwer.

Dieser Geist der Kulturautonomie zwang die Kirchen, da er von einem starken Angriffsgeist beseelt war, von dem Hochgefühl, Bahnbrecher eines Neuen zu sein, zu steter Auseinandersetzung. So sehr, daß die *Kirchengeschichte der Neuzeit* von daher ihre Signatur bekam und also bestimmt werden muß als die *Geschichte der Kirche im Zeitalter des Individualismus und des Säkularismus.*

Daß sie von der Auseinandersetzung mit einer außerkirchlichen Kultur das Gepräge bekommen hat, das hat die Kirche der Neuzeit gemeinsam mit der alten Kirche. Der große Unterschied besteht aber darin, daß die alte Kirche im Angriff war, härteste Not um seinetwillen auf sich nahm und dabei doch immer mehr ins Weite wuchs. In der Neuzeit dagegen mußten die Pioniere der weltlichen Kultur die Not auf sich nehmen; die Kirche aber wurde immer mehr in die Enge gedrängt, ins Ghetto, wie man mit Recht gesagt hat. Auch die äußere Kirchlichkeit ging verloren.

2. **Das Hauptproblem.** Von daher ergibt sich das erste große *Problem,* das die Kirchengeschichte der Neuzeit uns stellt. Wir haben nicht nur die Entstehung des neuen säkularen Denkens zu erforschen; wir haben vielmehr vor allem zu fragen, worin die eigentümliche Schwäche der Kirche, die sich hier zeigt, ihren Grund hat. Nur wer diese Frage klar beantworten kann, kann sinnvoll zu neuem Angriff vorstoßen. Auch hier ist die Diagnose die Voraussetzung der Therapie.

Aber dieser Schwäche steht nun merkwürdigerweise eine große Stärke gegenüber. Die geographischen Entdeckungen der Neuzeit sowie die modernen Verkehrsmittel haben zusammen mit einem geradezu großartigen Missionswillen den Grund gelegt für eine *Ausbreitung des Christentums,* die insbesondere in ihrem Tempo beispiellos ist. In Nordamerika entstand ein eigenes Kirchenwesen, das, obwohl es in fast allen seinen Einzelzweigen von Europa herrührt, sich doch selbständig entwickelt hat und heute bereits so stark ist, daß ihm auf nicht geringe Strecken hin die Führung des Protestantismus zugefallen ist. Dazu sind in allen anderen Erdteilen neue Kirchen gegründet, die ihren Einfluß auf den ökumenischen Konferenzen ebenfalls schon stark geltend gemacht haben. Diese große Missionsleistung bekundet ohne jeden Zweifel eine ebenso große innere und äußere Kraft der Christenheit. Dadurch kompliziert sich aber das Problem, das die Neuzeit stellt, gewaltig; denn es ist ja dieselbe, hier in der Heimat so schwache Christenheit, die dies Riesenwerk der Mission vollbracht hat. Während sie hier ins Ghetto gedrängt wurde, schritt sie draußen von Sieg zu Sieg. Erst wer dies Ineinander sieht, sieht die kirchengeschichtliche Problematik der Neuzeit richtig. So gesehen ist sie aber noch gar nicht ernsthaft angepackt.

3. Sonderprobleme stellt vor allem das 19. Jahrhundert. Zunächst stehen die Schilderungen seiner Kirchengeschichte, die um die Jahrhundertwende geschrieben wurden (R. Seeberg etwa) unter dem Motto: „wie weit wir's denn gebracht". Demgegenüber beschreiben die neueren Darstellungen (Ullmann, Müller-Armack) den Weg der Kirche im 19. Jahrhundert als den Weg in den Abgrund. Sie sehen das 19. Jahrhundert als das der „Ersatz"-Religionen bzw. des Religionsersatzes an und so als ein „Jahrhundert ohne Gott". Das forschungsgeschichtliche Problem, das sich hier auftut, ist stets im Auge zu behalten. Die Tatsache, daß das 20. Jahrhundert das an Verfolgung blutigste der bisherigen Kirchengeschichte geworden ist, legt auch eine optimistische Betrachtung des 19. von vornherein nicht gerade nahe.

Im übrigen sind die allgemeinen Verhältnisse, die das 19. Jahrhundert charakterisieren, natürlich auch für die Kirchengeschichte wichtig. Hier ist zu beachten:

a) die tiefgreifende Änderung aller Lebensverhältnisse, die die *Technik* bewirkt hat. Sie ermöglichte einen wirklichen *Weltverkehr*, der kirchlich sowohl die große Erweiterung der missionarischen Arbeit ermöglichte, wie er auch das Problem der Auslandskirchen schuf; außerdem verursachte er, verbunden mit der Freizügigkeit, die rechtlich gewährt wurde, die große *Konfessionsmischung*, die in Deutschland statthatte und die durch die Flüchtlingsnot nach 1945 noch erheblich verstärkt ist.

Dazu hatte die Technisierung schwere *soziale Probleme* zur Folge. Ganze Handwerkerstände kamen zum Erliegen. Dafür entstanden technisch durchrationalisierte Großbetriebe mit einem Heer von Lohnarbeitern. Die Fragen an das Menschentum, die sich von da aus, wie von der mechanisierten Arbeitsweise her ergaben, sind bis heute noch ungelöst. Ohne die große Produktionssteigerung und -verbilligung, die die Technik ermöglichte, wäre die *wachsende Bevölkerungszahl* jedoch nicht zu ernähren. Die Zahl stieg in Europa in der Zeit zwischen 1800 und 1925 von 174 auf 470 Millionen, in Deutschland in derselben Zeit von 25 auf 63, heute schon 80 Millionen. Das große Wachstum hat in erster Linie die Industriebevölkerung vermehrt. Diese organisch in das Volksganze einzugliedern, hat große Schwierigkeiten gemacht; erst im 20. Jahrhundert zeichnen sich im Bemühen darum wirklich positive Ergebnisse ab.

Der Großbetrieb führte auch zur modernen *Großstadt*, die das Problem der „Masse" soziologisch wie theologisch entstehen ließ, zudem das kirchliche Problem der Riesengemeinden aufwarf, in denen nachgehende Seelsorge, die die Verhältnisse doch gerade erforderten, praktisch unmöglich wurde.

Das moderne Verkehrs- und Nachrichtenwesen ermöglichte aber auch erst die *volle* demokratische Regierungsform in Großstaaten. Sie trägt, der Staatsidee nach schon diesseitig fundiert, immer die Versuchung in sich, total zu werden. Dadurch, wie durch ihre enge Verbindung mit dem Nationalismus, ergaben sich besondere Gefahrenquellen für die Kirchen.

b) Daneben ist hier noch die durchgreifende *Veränderung* zu nennen, die die *deutsche politische Landkarte* durch die napoleonische Zeit erfuhr, praktisch durch den Regensburger Reichsdeputationshauptschluß von 1803 und die Wiener Schlußakte von 1815 mit ihren Nebenverträgen. Daß die geistlichen Fürstentümer aufgehoben wurden, traf zunächst die katholische Kirche in ihrem Aufbau und ihrer politischen Bedeutung. Aber die Anwendung des „territorialistischen" Prinzips der Staatshoheit über die Kirchen (vgl. S. 436) führte in den neugeschaffenen großen Ländern (Preußen, Bayern, Württemberg, Baden, Hessen, Nassau, Hannover) auch zur Bildung eigener einheitlicher evangelischer Landeskirchen. So sind die Kirchen, die heute zur „Evangelischen Kirche in Deutschland" zusammengeschlossen sind, großenteils erst zu Beginn des 19. Jahrhunderts entstanden. Daß viele Staaten zugleich ihre konfessionelle Einheitlichkeit verloren und paritätisch wurden, erhöht nur noch die Bedeutung, die der napoleonischen Zeit für das kirchliche Leben zukommt.

4. Eine Sonderfrage ist endlich noch die nach den **Epochen des Zeitalters**, nach Beginn und Ende der Neuzeit also. Hans Leube und Heinrich Bornkamm haben bezweifelt, daß es solche gibt. Aber wir können uns dem nicht anschließen. Auf den Anfang gesehen, ist in Deutschland der Dreißigjährige Krieg, in England die Revolutionszeit von wahrhaft epochemachendem Gewicht. Freilich lebte man im 17. Jahrhundert langsamer als heute; geistige Bewegungen ebbten langsamer ab, neue entwickelten sich ebenfalls nicht so schnell wie heute. Wenn man das beachtet, dann kann man die Nachwirkung etwa der Orthodoxie über 1648 hinaus nicht mehr allzu hoch werten, dann muß man auch die beginnenden neuen Bewegungen bereits voll ansprechen.

Schwierig ist natürlich die Frage der Endepoche. Gibt es nur den zufälligen Schluß des jeweils erreichten Tages oder ist die Zeit nach 1918 bzw. 1945 doch epochal in dem Sinn, daß ein Zeitalter zu Ende geht und ein neues beginnt? Romano Guardini hat es in seinem Buch „Ende der Neuzeit" energisch behauptet und vieles spricht für diese seine These. Er konstatiert zunächst einen Wandel im Verhältnis zur Natur. Der Mensch von heute, so meint er, „empfindet sie (weithin) nicht mehr als das wunderbar Reiche, harmonisch Umfangende, weise

Geordnete, gütig Spendende, dem er sich anvertrauen kann. Er würde (von sich aus) nicht mehr von einer ‚Mutter Natur' reden. Vielmehr erscheint sie ihm als etwas Unvertrautes und Gefährliches oder als etwas Abstraktes, ein kompliziertes Gebilde von Relationen" (S. 67). Der Mensch begegnet ihr auch nicht mehr mit Ehrfurcht, sondern sucht sie technisch zu beherrschen und in seinen Dienst zu nehmen. Aber auch diese Herrschaft ist bipolar: Der Mensch kann sie zum Guten gebrauchen *und* zum Bösen mißbrauchen. Ja, er hat jetzt sogar die Möglichkeit bekommen, die Erde zu vernichten; eine absolut neue Situation ist damit geschaffen. Wie sie sich auswirkt, das ist noch nicht zu sehen.

Einen entsprechenden Wandel meint Guardini für den Bereich zu sehen, den das Wort „Individualismus" umfaßt: Der Mensch, Herr seiner selbst, wollte die Freiheit, in der seine Autonomie allein sich ausleben konnte auf allen Gebieten: weltanschaulich, politisch, wie im Streben, seine eigene Persönlichkeit zu entfalten und zu bilden. Dies Ideal ist in dem Massendasein von heute nicht mehr zu verwirklichen; Masse heißt „Mensch ohne Persönlichkeit". „Ja, der Instinkt dieser menschlichen Struktur geht geradezu darauf, nicht als eigener hervorzutreten, sondern anonym zu bleiben — fast als bilde das Eigensein die Grundform alles Unrechts und den Anfang aller Gefahr" (S. 73 f.). Guardini jammert nun nicht über diese Vermassung, sondern er betont zunächst einmal, daß das moderne Werk ohne Zusammenarbeit überhaupt nicht getan werden könne. Team-work sei die Signatur der Zeit. Vor allem aber meint er, daß unter der Masse, wenn auch die Persönlichkeit verschwinde, das Person-Sein im Sinne des von Gott Angerufen- und vor ihm Verantwortlich-Seins reiner zum Ausleben kommen könne als im Zeitalter des Individualismus. Und endlich ist die menschliche Kultur, zuerst im Hochgefühl begrüßt, jetzt in die Krise geraten — auf allen Einzelgebieten und als Ganzes. Das Hochgefühl, neue Wege zu gehen, ist heute ganz gewiß nicht mehr auf Seiten der Kultur. Auch der Atheismus ist allen Hochgefühls bar, eher eine Verlegenheitssache denn eine solche des Ruhms. So ist also all das, was die Signatur der Neuzeit war, nach Guardini im Schwinden. Das eben bedeutet *Ende* der Neuzeit. Nicht zerfließende Grenze, sondern Epoche, gegeben mit den Weltkriegen des 20. Jahrhunderts. So Guardini. In der Tat mühen sich heute in allen Disziplinen der Wissenschaft, insbesondere auch der Naturwissenschaft, ja des geistigen Lebens überhaupt, führende Männer um die Entsäkularisierung. Und daß wirklich bedeutende Dichter den Weg zu Christus zurückgefunden haben, ist ebenso deutlich. Natürlich können diese Neuansätze, durch Gewalttat von außen etwa, fruchtlos gemacht werden. Sicherheit haben wir keineswegs. Aber wenn sie sich weiter entfalten können, ist die Gegenwart doch wohl keine unbestimmte Grenze, sondern kommt ihr wirklich epochale Bedeutung zu. Es lohnt sich wahrhaftig, mit allen Kräften positiv daran mitzuarbeiten, daß sie es bleibt bzw. wird.

Literatur zur Neuzeit

Martin Schmidt, Die Interpretation der neuzeitlichen Kirchengeschichte (Zeitschrift f. Theol. u. Kirche 54, 1957, S. 174—212);

Ernst Troeltsch, Protestantisches Christentum und Kirche in der Neuzeit, 1902²;

Horst Stephan und Hans Leube, Die Neuzeit, 1931² (= Handbuch der Kirchengeschichte, hrsg. v. G. Krüger, Tl. 4);

Emanuel Hirsch, Geschichte der neuern evangelischen Theologie im Zusammenhang mit den allgemeinen Bewegungen des europäischen Denkens. 5 Bde., 1964³;

Romano Guardini, Das Ende der Neuzeit, 1950.

Literatur zum 19. Jahrhundert

Reinhold Seeberg, Die Kirche Deutschlands im 19. Jahrhundert, 1910³;

Werner Elert, Der Kampf um das Christentum seit Schleiermacher und Hegel, 1921;

Hermann Ullmann, Der Weg des 19. Jahrhunderts. Am Abgrund der Ersatzreligionen, 1949²;

Alfred Müller-Armack, Das Jahrhundert ohne Gott, 1948;

Franz Schnabel, Deutsche Geschichte im 19. Jahrhundert, 5 Bde., 1948—1952² (insbesondere Bd. 4);

Heinrich Hermelink, Das Christentum in der Menschheitsgeschichte von der französischen Revolution bis zur Gegenwart (3 Bde., 1789—1914), 1951—1955;

Karl Kupisch, Zwischen Idealismus und Massendemokratie. Eine Geschichte der evangelischen Kirche von 1815—1945, 1955.

§ 46. Die katholische Kirche von 1648 bis zur Gegenwart

1. Die katholische Kirche und die Aufklärung. Auch die katholische Kirche ist gegen den Zeitgeist nicht gefeit. Zudem hat sie sich durch die Unterdrückung der augustinisch bestimmten Bewegung des Jansenismus (S. 391 f.) und der mystischen Erneuerung in Frankreich selbst entscheidender Abwehrkräfte beraubt. So hat auch in ihr die Aufklärung (§ 48) großen Einfluß gewonnen. Das zeigte sich

a) in den *nationalkirchlichen Bestrebungen,* die in mehreren Ländern Anhänger fanden.

In Frankreich sind die alten gallikanischen Ideen erneuert, ja 1682 durch die Declaratio cleri gallicani[1] sogar rechtsgültig fixiert worden. Der Klerus erklärte in vier Sätzen:

α) daß der Papst nur geistliche, keine bürgerliche Gewalt habe, insbesondere keine Gewalt über Könige und Fürsten;

β) daß er in der Leitung der Kirche dem Generalkonzil unterworfen sei (vgl. S. 391);

γ) daß er in Frankreich bei der Leitung der Kirche an das alte französische Gewohnheitsrecht gebunden sei;

δ) daß Glaubensentscheidungen des Papstes zu ihrer Gültigkeit der Rezeption durch die Gesamtkirche bedürften (vgl. S. 80 u. 119 f.).

In *Deutschland* zeigten sich ähnliche Neigungen, als der Papst 1785 eine zweite Nuntiatur in Deutschland errichtete und zwar in München. Die deutschen Erzbischöfe hatten sich schon vorher gegen Eingriffe des Papstes in die deutsche Kirche, die über den Nuntius erfolgten, als gegen Übergriffe gewehrt. 1786 schlossen sie sich zur *Emser Punktation* zusammen, in der sie die volle Eigengewalt der Bischöfe in ihren Diözesen behaupteten (vgl. S. 188), den Kaiser aufforderten, ein Nationalkonzil einzuberufen, und den Papst nur als Primas der Kirche, d. h. als den Inhaber eines Ehrenprimates und als Mittelpunkt der Einheit anerkannten. Sie stützten sich dabei auf Gedanken, die der Trierer Weihbischof Nikolaus von Hontheim unter dem Pseudonym Febronius 1763 in seinem Buch De statu ecclesiae et legitima potestate Romani pontificis[2] vorgetragen hatte; die nationalkirchliche Bewegung hat in Deutschland von daher den Namen Febronianismus bekommen. Die Emser Punktation scheiterte freilich an dem Widerstand der Bischöfe, mit denen vorher sich zu verständigen die Erzbischöfe versäumt hatten. Aber die nationalkirchlichen Gedanken blieben immerhin so stark, daß der Erzbischof Dalberg von Mainz, der Primas

[1] Offizielle Erklärung des französischen Klerus.

[2] Über die Verfassung der Kirche und die rechtmäßige Gewalt des römischen Bischofs.

der deutschen Kirche, durch den Weihbischof Freiherrn von Wessenberg noch den Wiener Kongreß hat auffordern lassen, eine deutsche katholische Nationalkirche zu schaffen.

In *Österreich* bemühte sich Kaiser Josef II. um eine Reform der Kirche aus dem Geist des aufgeklärten Absolutismus heraus; aber auch jansenistische Gedanken haben auf ihn eingewirkt. Er schränkte durch königliche Verfügungen die kirchliche Gerichtsbarkeit ein, hob die Klostergefängnisse auf, beseitigte viele Feiertage, band die Verfügungen des Papstes an ein staatliches Placet, eine staatliche Genehmigung, vor ihrer Veröffentlichung usw. Selbst ein persönlicher Besuch des Papstes, Pius VI., in Wien hat nicht vermocht, den Kaiser in seinem Vorgehen zu hindern. Man spricht mit Recht von einem Zeitalter des *Josefinismus* für Österreich.

In Toscana suchte Großherzog Leopold dem österreichischen Vorbild zu folgen und auch in Bayern arbeitete Maximilian III. Joseph an einer Reform der Kirche. Selbst in den *geistlichen Fürstentümern* Deutschlands sind zum Teil umfassende Reformversuche angestellt worden.

b) Mit den nationalkirchlichen Bestrebungen waren mancherorts solche zur *Wiedervereinigung der getrennten Kirche* verbunden. Das Buch des Febronius trägt schon im Titel den Zusatz „ad reuniendos dissidentes“[3]. Geistig bedeutsamer waren freilich die Verhandlungen, die schon vorher kein geringerer als Leibniz mit dem feinsinnigen Bischof von Meaux, Bossuet, über die Reunion geführt hatte. Sie wurden von dem Bischof von Wiener Neustadt, Spinola, einem gebürtigen Spanier, im Auftrage Kaiser Leopolds I. unterstützt; er forderte von den Protestanten lediglich die Anerkennung des Papstes im Sinne etwa der späteren Emser Punktation als Bedingung für die Wiedervereinigung.

Eine weitgehende Zusammenarbeit von Klerikern beider Konfessionen bis hin zu gegenseitigen Vertretungen bei Amtshandlungen zeigt daneben, wie weit auch in der katholischen Kirche die aufgeklärte Verständnislosigkeit für die konfessionellen Unterschiede (S. 439) Boden gefunden hatte.

c) Dem Drucke vieler weltlicher Staaten erliegend, hat Papst Klemens XIV. 1773 den *Jesuitenorden* als ein Hindernis für das friedliche Zusammenleben der katholischen Kirche *aufheben* müssen.

d) Die nationale Volksbewegung, die die **französische Revolution** trug, war der katholischen Kirche gegenüber von tiefem Haß erfüllt. So beschloß die Nationalversammlung 1790 die Abschaffung des kirch-

---

[3] Zur Wiedervereinigung mit den Dissidenten.

lichen Zehnten, die Einziehung des Kirchenvermögens, Besoldung der Geistlichkeit durch den Staat, Loslösung der Kirche von Rom und Unterwerfung der Kleriker unter die Verfassung, auf die sie den Eid leisten mußten. Die katholische Kirche wurde Staatskirche (Religionsfreiheit war schon 1787 verkündet). Doch sollte nicht der Staat die Pfarrer einsetzen, sondern die Gemeinden selbst es durch Wahl tun. Der durch diese Beschlüsse ausgelöste Widerstand des Klerus, der in der Vendée sogar zu einem Aufstand führte, rief eine direkte Verfolgung hervor. Das Christentum wurde für abgeschafft erklärt. Doch mußte schon 1795 wieder Religionsfreiheit verkündet werden.

Napoleon hat die Schwächung der katholischen Kirche, die mit dem allen erfolgte, noch ein Stück weitergeführt. Er raubte 1791 dem Papst Avignon und das Venaissin, dazu 1798 den Kirchenstaat. Der Papst selbst, Pius VI., wurde gefangen gesetzt; er starb 1799 in Valence. Auch sein Nachfolger Pius VII. wurde 1809 gefangen aus Rom fortgeführt. Der *Kirchenstaat* ist dann vom Wiener Kongreß in verkleinertem Umfang zwar noch einmal wieder errichtet, aber 1870 im Zuge der nationalen Einung Italiens durch die Besetzung Roms endgültig aufgehoben worden. 1803 schon hatten auch die geistlichen Fürsten in Deutschland ihre politischen Rechte im *Regensburger Reichsdeputationshauptschluß* verloren.

e) So büßte die katholische Kirche durch die Aufklärung alle direkte politische Gewalt ein, dazu ein riesiges Vermögen und sehr viele Privilegien. In den nationalkirchlichen Bestrebungen und noch stärker in dem Geist, der sich in der französischen Revolution austobte, zeigte sich zudem, wie sehr sie die Herzen vieler Glieder innerlich verloren hatte. *Das 18. Jahrhundert endet also mit einem Tiefpunkt außergewöhnlichen Ausmaßes für die katholische Kirche.* Aus ihm war ihr im 19. Jahrhundert aber ein glänzender Wiederaufstieg beschieden.

2. Die Entwicklung der katholischen Kirche im 19. Jahrhundert

a) Für die Entwicklung der katholischen Kirche erwies sich zunächst das eben zuerst genannte Verlustmoment, der Verlust aller direkten politischen Herrschaft, als außerordentlich günstig. Er befreite sie von Bedingungen, die sich im Verlauf der Geschichte nur allzu oft als für ihre religiöse Aufgabe hinderlich erwiesen hatten und aus denen ihr noch im 19. Jahrhundert riesige Schwierigkeiten erwachsen sind. Sie war fortan ganz auf den *geistigen* Einfluß über Menschenherzen angewiesen. Auch der große politische Einfluß, den sie im 19. Jahrhundert wiedergewonnen hat, ist nur Auswirkung dieses geistigen Einflusses, also indirekter Art. Dabei hat sich die demokratische Staatsform, die die Kurie nach anfänglicher Ablehnung seit

Papst Leo XIII. bejahte, als für sie sehr günstig erwiesen. In vielen Ländern erlangten katholische Parteien großen, z. T. ausschlaggebenden Einfluß. Das 19. Jahrhundert steht so unter dem Zeichen einer *Besinnung der katholischen Kirche* auf ihre eigenen geistigen Kräfte.

b) Die Wirren der Revolutionszeit hatten zur Folge, daß geistig führende Männer Frankreichs das Heil der Kirche wie der Welt in einer engen Bindung an den Papst sahen. Der nationalkirchliche Gedanke war durch die Revolution kompromittiert. Die schnöde Behandlung der Päpste wie ihr leidendes Aushalten hatten ihnen zudem viele menschliche Sympathien erworben. So entwickelten literarisch einflußreiche Schriftsteller wie Chateaubriand, de Bonald, Lamennais, de Maistre das Programm eines konsequenten Papalismus. „Ohne den Papst gibt es kein Christentum mehr und die gesellschaftliche Ordnung ist unausbleiblich in ihrem Herzen verwundet", so faßten die deutschen Herausgeber von de Maistres Buch „Du Pâpe" seine Ideen zusammen. Das Programm des *Ultramontanismus* ist also *in Frankreich konzipiert.* Napoleon hat dem Papst dabei eine kaum zu unterschätzende Hilfe geleistet, als er ihm zumutete, um der Neuordnung der französischen Kirche willen *alle* französischen Bischöfe zum Abdanken aufzufordern und, falls sie sich weigerten, ohne Rücksicht darauf die Bistümer neu zu besetzen; Männer also abzusetzen, die kirchlich nichts verschuldet hatten, die vielmehr im Gehorsam gegen das Gebot des Papstes große Leiden auf sich genommen hatten. Niemals zuvor hat der Papst eine so schrankenlose Macht gegenüber dem Episkopat betätigen können wie hier.

Romantik und *Restauration* bereiteten andernorts den Boden für die Aufnahme der ultramontanen Ideen vor. Gerade die Frömmsten der Katholiken fielen ihnen zu und trugen sie vorwärts. Gestützt auf diese Strömung hat Pius VII. 1814 durch die Bulle „Sollicitudo omnium" den Jesuitenorden wiederherstellen können. Gestützt auf sie konnte Pius IX. es 1854 wagen, aus eigener Vollmacht, ohne Mitwirkung eines Konzils, die Lehre von der immaculata conceptio Mariae[4] zum Dogma zu erheben. Sie besagt, daß Maria in dem Augenblick, da sie von der hl. Anna empfangen wurde, durch ein wunderbares Eingreifen des Hl. Geistes von aller Befleckung durch die Erbsünde befreit wurde. Als die Kirche das Vorgehen des Papstes ohne Widerspruch hinnahm, konnte Pius IX. die Bischöfe zum *Vatikanischen Konzil* einladen und ihm 1870 zwei Papstdogmen zum Beschluß vorlegen, nämlich

α) die Lehre von der *Infallibilität* des Papstes, der darnach, wenn er als Lehrer der gesamten Kirche amtlich (ex cathedra) eine Glaubens-

[4] Von der unbefleckten Empfängnis Marias.

oder Sittenlehre für allgemein verbindlich erklärt, durch göttliche Hilfe mit *der* Unfehlbarkeit ausgestattet ist, die nach Christi Willen der Kirche eigen ist. Der Papst repräsentiert also die Kirche vollmächtig;

β) den *Universalepiskopat des Papstes* (vgl. S. 188). Das Vatikanische Konzil hat so den Ultramontanismus für alle Zeiten als dem Wesen des Katholizismus eigentümlich festgestellt und zugleich mit diesen Lehren Schranken errichtet, die die Wiedervereinigung der getrennten Kirchen fast unmöglich erscheinen lassen. Das gilt auch für die Ostkirchen.

c) Während die Bischöfe und das Kirchenvolk die neuen Papstdogmen bald akzeptierten, formierte sich um den Kirchenhistoriker *Ignaz von Döllinger* (1799–1890) eine innerkatholische Protestbewegung. Sie fühlte sich den Lehren und Prinzipien der alten Kirche des 1. Jahrtausends wie dem Erbe der konziliaren und episkopalen Bewegungen (vgl. S. 257 f.) verpflichtet. Dabei konnte sie an eine frühere Opposition gegen die römische Zentralgewalt (vgl. S. 391) und an nationalkirchliche Bestrebungen (vgl. S. 400 f.) anknüpfen, die 1724 im Erzbistum *Utrecht* zu einer autonomen, Rom-freien Kirche geführt hatten. Die protestierenden Gruppen wählten 1873 den Breslauer Theologieprofessor *J. H. Reinkens* zum Bischof und konstituierten im folgenden Jahr das *„Katholische Bistum der Alt-Katholiken in Deutschland"*. Verwandte Bewegungen waren auch in Österreich und in der Schweiz entstanden. In Utrecht vereinigten sich 1889 fünf alt-katholische Bischöfe zur *Utrechter Union der Alt-Katholischen Kirchen*. Sie umfaßt heute acht autonome National- bzw. Regionalkirchen in den Niederlanden, Deutschland, der Schweiz, Österreich, der Tschechoslowakei, Polen, Jugoslawien und die Polnische Katholische Nationalkirche in den USA und Kanada sowie vier Missionsgebiete in Frankreich, Italien, Schweden und Brasilien. Seit 1931 besteht volle kirchliche Gemeinschaft unter Wahrung nationaler Autonomie mit der Anglikanischen Kirchengemeinschaft. Eine gleichartige Gemeinschaft mit der griechisch-orthodoxen Kirche wird seit 1973 vorbereitet.

d) Das starke Selbstbewußtsein, das die innerlich erneuerte katholische Kirche erfüllte, wie der Geist der Enge, der sich aus dem ultramontanen Ansatz ergab, haben an manchen Orten zum akuten *Zusammenstoß mit dem modernen, liberalen Nationalstaat* geführt; so z. B. in Italien und Spanien. Auch in Deutschland war nach den Befreiungskriegen eine Neuordnung des Verhältnisses zwischen den neuen Staaten und der katholischen Kirche notwendig. Sie ist in mehreren, der Kurie z. T. sehr günstigen Konkordaten und Circumscriptionsbullen erfolgt (Bayern 1817, Preußen 1821, Westoberdeutschland [oberrheinische Kirchenprovinz] 1821, Hannover 1824). Der Zusammenstoß, der trotzdem erfolgte, entzündete sich in Preußen an der Frage der Mischehen, für die die katholische Kirche entsprechend der Verschärfung des konfessionellen Bewußtseins, die eingetreten war, die alte Forderung nach katholischer Erziehung aller Kinder mancherorts erneuerte. So kam es zum *Kölner Kirchenstreit,* in dessen Verlauf der Erzbischof von Köln, Droste-Vischering, schließlich verhaftet wurde (1836). Auch der Posener Erzbischof Dunin mußte 1839 ins Gefängnis wandern. Friedrich Wilhelm IV. legte die Streitigkeiten nach seiner Thronbesteigung bei.

Noch schlimmer war freilich das schwere Ringen zwischen Bismarck und der katholischen Kirche, das den Namen **„Kulturkampf“** bekommen hat. Aus Angst vor dem kommenden, als preußisch-evangelisch angesehenen Kaisertum der Hohenzollern ist schon 1869 im preußischen Landtag die katholische Fraktion erneuert worden. Bismarck seinerseits fühlte sich dadurch, wie durch Aufforderungen, die an ihn gerichtet wurden (u. a. sollte er Hilfe leisten für die Wiederherstellung des Kirchenstaates), auch durch die Vermutung einer katholischen Koalition gegen das neue Reich, bedroht. Im Bündnis mit dem Liberalismus – faktisch führte das, wider Bismarcks Willen, zu einem publizistischen Großkampf gegen das Christentum als solches – erließ er eine Reihe von Sondergesetzen in Preußen (Maigesetze von 1873), wie im Reich (Kampfgesetze von 1875) gegen die katholische Kirche. Da die Bischöfe wie der Klerus durchweg den Gehorsam verweigerten, waren schließlich in Preußen alle Bischöfe am Amtieren gehindert und über 2000 Priester inhaftiert. Zunehmender Widerstand zeigte sich im sprunghaften Ansteigen des Zentrums (1871: 58, 1890: 106 Abgeordnete) und dem Wachsen der ultramontanen Presse. (1865: 20, 1912: 446 katholische Zeitungen), sowie im aufblühenden katholischen Vereinswesen. So war Bismarck schließlich genötigt, den Frieden mit der katholischen Kirche zu suchen, zu dem der neue Papst Leo XIII. auch bereit war. Die Sondergesetze sind bis auf das Verbot des Jesuitenordens, das erst 1918 fiel, alle wieder abgebaut worden. Eine Stärkung der katholischen Kirche, die im passiven Widerstand ihre Kraft und ihre Leidensfähigkeit bewiesen hatte, war das Hauptergebnis des Kulturkampfes.

In *Frankreich* hat der Liberalismus im Bunde mit dem Sozialismus 1905 eine radikale Trennung von Staat und Kirche durchgeführt, die den Kirchen nur den Status von Kultvereinen ließ, lediglich karitativen Orden die Wirksamkeit in Frankreich gestattete, große Vermögensteile (1907) beschlagnahmte und die staatliche Unterstützung für die Kirche strich. Die Kirche Frankreichs, die nur noch einen

Bruchteil der Bevölkerung innerlich erreichte, entwickelte aber ein erstaunlich reiches geistiges Leben. Auch hier schien die Not sich geistlich als fördersam auszuwirken.

e) Die unentwegte Ablehnung aller modernen Geistesströmungen, wie sie Papst *Pius IX.* in seinem Verzeichnis zeitgenössischer Irrtümer formulierte (*Syllabus*, 1864), bereitete der katholischen Kirche im 19. Jahrhundert viele Schwierigkeiten, auch in den eigenen Reihen. Doch trug diese Unentwegtheit auch Früchte. In der geistigen Auseinandersetzung fühlten sich viele überfordert und sehnten sich nach einer autoritativen Führung; die Kirche erschien ihnen als Hort des Guten und der Ordnung. Im *Neuthomismus* – 1879 hat Leo XIII. Thomas von Aquin zum Normaltheologen für das gesamte katholische Denken (einschließlich Philosophie und Soziallehre) erhoben – vermittelte die katholische Kirche eine einheitliche, alle Lebensgebiete einbeziehende Welt- und Lebensschau, die anziehend wirkte.

Die Bedeutung der sozialen Frage erkannte als erster katholischer Denker *Franz von Baader* († 1841), der auch für die Aussöhnung der Konfessionen tätig war. In den letzten Jahren seines Lebens beschäftigte er sich fast ausschließlich mit den gesellschaftlichen Verhältnissen und der sich verschlechternden Lage der Lohnarbeiterschaft. Er vertrat Ansichten, die sich später auch bei Karl Marx finden (gerechter Lohn als Menschenrecht, korporativer Zusammenschluß der Proletarier). Das Arbeiterproblem wollte er im Rahmen eines ständisch gegliederten ausgleichenden Staatsorganismus lösen, der in der christlichen Liebe das letzte, tiefste „organisierende" Lebensprinzip besitzt. Mit der organisierten Liebestätigkeit, vergleichbar der Inneren Mission Wicherns (vgl. S. 500 f.), begann die katholische Kirche erst am Ende des Jahrhunderts (1897 Deutscher Caritasverband). Das Fernziel eines berufsständischen Aufbaues der Gesellschaft unter gleichzeitiger Verwurzelung der Menschen in Religion, Familie und Volk vertrat auch der „Gesellenvater" *Kolping* († 1865). Selbst ehemaliger Schuhmachergeselle, gründete er als Priester 1845 den ersten „Katholischen Gesellenverein", mit dem er eine vielfach aufgenommene Anregung gab.

Die Impulse, die von Baader ausgingen, nahm der Mainzer Bischof Wilhelm Emanuel *von Ketteler* († 1877) auf. Durch seine sozialen Predigten im Mainzer Dom (1848 f.) wie durch sein Wirken im Katholikenverein Deutschlands (seit 1848) erreichte er, daß das ganze katholische Deutschland auf die Bedeutung der sozialen Probleme aufmerksam wurde. Ketteler erkannte, daß auch die Kirche den *politischen* Weg zur Klärung der sozialen Frage gehen müsse, nachdem die Arbeiterschaft angetreten war, ihre Situation mit politischen und nicht nur mit gewerkschaftlichen Mitteln zu bessern. Die Arbeiterfrage griff dann 1891 *Leo XIII.* (1878–1903) in der Enzyklika „Rerum novarum" auf und machte sie damit zu einer Sache der *ganzen* katholischen Kirche. Die Gewerkschaften wurden bejaht, der Sozialismus hingegen abgelehnt. Ein familiengerechter Lohn und die Vermehrung des Eigentums sollten angestrebt werden. Das Ziel des Papstes war die Wiederherstellung des sozialen Friedens.

An die „segensreichen Wirkungen" von „Rerum novarum" erinnerte vierzig Jahre später *Pius XI.* (1922–1939) in einer eigenen Sozialenzyklika „Quadragesimo anno" (1931). Er nahm die früheren Überlegungen auf und ergänzte und entfaltete sie mit Hilfe soziologischer und sozialphilosophischer Einsichten. Als Erkenntnisquellen einer für alle annehmbaren Sozialordnung machte er die Offenbarungswahrheit und die Seinsbetrachtung durch die Vernunft (Naturrecht) geltend. Durch die sittliche Erneuerung aus christlichem Geist sollten die gegenwärtigen Störungen der gesellschaftlichen Ordnung beseitigt werden. In späteren Rundschreiben gegen den Nationalsozialismus und den Kommunismus (1937) zeigte er sich besorgt um die Rückgewinnung der Arbeiterschaft für die Kirche. Auch sein Nachfolger, *Pius XII.* (1939–1958), machte es sich zur Pflicht, bei jedweder Gelegenheit die katholische Soziallehre darzulegen und auf die Zeitprobleme anzuwenden. An die Gläubigen wurde appelliert, ihre Grundsätze in die Tat umzusetzen, zu verteidigen und zu verbreiten.

Neue Perspektiven eröffnete *Johannes XXIII.* (1958–1963) mit seiner Enzyklika „Mater et Magistra" (1961), indem er weniger die hochindustrialisierten Nationen in den Blick nahm und mehr die Probleme der sog. Entwicklungsländer bedachte. Die Lehren von „Rerum novarum" sollten neu durchdacht und weitergeführt werden z. B. hinsichtlich von Mitbestimmung und Vergesellschaftung. In seinem Lehrschreiben „Pacem in terris" (1963) entfaltete er die katholischen Sozialprinzipien unter dem Aspekt des Friedens unter allen Völkern in Wahrheit, Gerechtigkeit, Liebe und Freiheit. Obgleich das II. Vatikanische Konzil die katholische Sozialdoktrin in vielfältiger Weise und bezogen auf die verschiedenen gesellschaftlichen Probleme in aller Welt zur Geltung gebracht hatte (vgl. *Pastoralkonstitution „Gaudium et spes"*), meldete sich auch *Paul VI.* (1973–1978) mit einer Sozialenzyklika zu Wort („Populorum progressio", 1967). Wie sein Vorgänger suchte er zu verdeutlichen, daß die soziale Frage ein Problem von weltweiter Dimension geworden sei. Die katholische Soziallehre feierte er als unvergleichlich gegenüber allen Ideologien.

Den 90. Jahrestag der Enzyklika „Rerum novarum" nahm *Johannes Paul II.* (seit 1978) zum Anlaß, die bisherigen lehramtlichen Aussagen „organisch" weiterzuführen (Enzyklika „Laborem exercens", 1981). Der Leitgedanke des Lehrschreibens ist die personale Würde des Menschen und seiner Arbeit. Die katholischen Sozialprinzipien werden hier in eine Lehre vom Menschen eingefügt.

3. Auf dem Weg in das 20. Jahrhundert

a) Der Übergang in das 20. Jahrhundert bedeutet keine Zäsur. Das I. Vatikanum hatte in seiner „Dogmatischen Bestimmung" das Selbstverständnis der katholischen Kirche in einem Satz zusammengefaßt: „Nur die katholische Kirche trägt alle die vielen wunderbaren Zeichen, die Gott gegeben hat, auf daß die Glaubwürdigkeit der christlichen Lehre hell aufleuchte." In dieser Überzeugung hatte man bisher sich gegenüber dem Denken und der Kultur der Neuzeit abgegrenzt, die Papstdogmen verkündet, den Neuthomismus als eine die Zeit übergreifende Welt- und Lebensschau vorgestellt und die Lehren und Gebote einer unveränderlichen Sozialordnung geltend gemacht. So war der im „Jahrhundert der Apologetik" eingeschlagene Weg erfolgreich für die katholische Kirche verlaufen. Die dogmatische Basis wie die kirchlichen Strukturen schienen gefestigt. Mit dem die Weltkirche um sich sammelnden unfehlbaren *Papsttum* war eine alles kontrollierende, regulierende und richtende Instanz aufgebaut worden. Sie hatte zu kanalisieren, was an Kräften und Ideen dem kirchlichen Anspruch dienlich erschien, und sie hatte abzuwehren, was ihr gefährlich dünkte, ihre Kompetenz problematisierte und die Geschlossenheit des Systems zu unterminieren drohte. Auf diesem vorgezeichneten Weg ging es nun weiter.

b) Mit dem Reformwerk *Pius' X.* (Neuregelung der Papstwahlen, Neugliederung der Kurie, Gründung der *Acta Apostolicae Sedis* als amtliches Organ des Heiligen Stuhles 1909) und mit der Kodifizierung des katholischen Kirchenrechtes im *Codex Iuris Canonici* von 1918 unter *Benedikt XV.*, mit dem die katholische Kirche das eigenständige Rechtssystem neu geordnet hat, wurde die papale Institution weiter gefestigt. Die weitere Rechtsentwicklung und die vom II. Vatikanischen Konzil (1962–65) gesetzten Normen wurden in einer novellierten Fassung des Codex aufgenommen, die am 25. Januar 1983 promulgiert wurde und seit dem 1. Advent (27. November) 1983 verbindlich ist. Die päpstlichen Lehrschreiben seit der zweiten Hälfte des 19. Jahrhunderts bis hin zur Enzyklika „*Mystici Corporis Christi*" (Über den geheimnisvollen Leib Christi) *Pius' XII.* (1943), die das katholische Kirchenverständnis umfassend darlegte, waren alle darum bemüht, das gewonnene Selbstbewußtsein zu stärken und sich des eigenen Sendungsauftrages zu vergewissern. Der Ausbau des Reiches Gottes durch die Kirche und in der Kirche sollte vorangetrieben werden (Pius XI.). So bekam die Weltmission neue Impulse (Benedikt XV.). Die Laien wurden zur „Katholischen Aktion" aufgerufen und zu Frömmigkeitsübungen angehalten (Pius XI.). Der rechtlichen Absicherung der Kirche auf dem politischen Feld dienten die *Konkordate* (Kirchenverträge) mit mehreren Ländern (u. a. mit dem Deutschen Reich 1933 durch Pius XI.). Ein so geschützter und gefestigter Katholizismus bot die Voraussetzung, die Frömmigkeit und das geistige Leben der Gläubigen weiterzuentwickeln und die Potenz und das Ansehen der Kirche in der Welt zu vermehren. Doch eingebettet in das neuzeitliche Umfeld fehlte es auch weiterhin nicht an mancherlei Angriffen und Gegenströmungen. Die Situation blieb spannungsvoll.

c) Um die Jahrhundertwende trieb die Abwehr neuzeitlichen Denkens in den eigenen Reihen einem Höhepunkt zu. Ein innerkirchlicher Liberalismus wandte sich gegen den römischen Zentralismus, suchte Anschluß an die zeitgenössische Kultur und Wissenschaft und rief nach Reformen, die eine Lockerung kirchlicher Disziplin, Aktivierung der Laien, Vielfalt in der Liturgie und vor allem Offenheit der Theologie für den modernen Geist zum Ziel hatten. Dieser *„Reformkatholizismus"* fand seine Spitze in dem theologischen *Modernismus*, der einerseits die radikale Bibelkritik mit ihren Konsequenzen für Kirchen- und Dogmengeschichte aufnahm (Alfred Loisy, 1857-1940) und andererseits der religiösen Erfahrung den Vorrang gegenüber dem Dogma einräumte (George Tyrrell, 1861–1909). Papst Pius X. (1903–1914) schritt energisch ein: die Modernisten wurden verurteilt und zum Schweigen gebracht (1907); ein Anti-Modernisteneid reglementierte die Priester- und Theologenschaft. Indessen blieb der Modernismus virulent; den Reformbemühungen und theologischen Neuansätzen in den folgenden Jahrzehnten bis hin zum II. Vatikanischen Konzil gab er kräftige Impulse.

Ebenso konsequent verhielt sich das Lehramt im Blick auf Politik und Gesellschaft. Der *Integralismus*, der alle Bereiche menschlichen Zusammenlebens der kirchlichen Zuständigkeit und ihrer moralischen Autorität unterstellte, bestimmte das Verhalten zur Welt. Das „Erwachen der Kirche in den Seelen" und ein „Neues Abendland" – solche Zielvorstellungen ließen sich hier nutzbar machen. Doch argwöhnisch verfolgte das Lehramt solche theologische Reflexionen, in denen das alte Traditionsgut aus der Klammer scholastischer Begriffe gelöst, weitergeführt und mit den geistigen Strömen der Zeit verbunden wurde. Angesichts ökumenischer Tendenzen wies es auf die Gefahren des *Indifferentismus* hin und zog eine deutliche Grenze zu den nichtrömischen Kirchen (vgl. S. 541 ff.). Die Reformation galt weithin noch immer als Nährboden der neuzeitlichen Entwicklung mit ihren Übeln, wenngleich die katholische Kirchengeschichtsschreibung sich von den alten Vorurteilen zu lösen begann.

d) Die innere Lebendigkeit der katholischen Kirche trat in mancherlei *„Bewegungen"* hervor. Die *Liturgische Bewegung* trug anfangs historisierende Züge; altes liturgisches Gut wurde wiederentdeckt. Sie beschränkte sich zunächst auf akademische Kreise, griff aber schließlich auf Priesterschaft und Kirchenvolk über, so daß sich das Lehramt wegen den Übertreibungen im Liturgischen zeitweilig beunruhigt zeigte und steuernd eingriff (so noch die Enzyklika „Mediator Dei" 1947). Erst in den 50er Jahren erfolgte die Zustimmung zu einer allgemeinen Erneuerung der Liturgie, die das II. Vatikanum mit seiner Liturgiekonstitution einlöste. Sie traf freilich auch auf Widerspruch, so in der *Traditionalistenbewegung* des Erzbischofs *Lefèbvre*, der darum gemaßregelt wurde. Kirchenamtlicher Förderung erfreute sich seit Leo XIII. die *Bibelbewegung*. Es erschienen zahlreiche Bibelübersetzungen, dazu Kommentarreihen, die für die Gläubigen bestimmt waren. Bibelverbreitung und Bibelstudium wurden als nützlich erachtet; für die authentische Interpretation sorgte das Lehramt. Seit 1979 liegt eine „Einheitsübersetzung" vor, die gemeinsam von den deutschen Bischöfen und beim NT auch dem Rat der Evangelischen Kirche in Deutschland herausgegeben wurde. Sehr intensiv nahmen sich die Päpste der *Marienverehrung* an, die seit der Dogmatisierung der Unbefleckten Empfängnis (1854) und mit den zunehmenden Marienerscheinungen, vor allem im französisch-iberischen Raum (Lourdes, Fatima u. a.), aufgeblüht war. Das Dogma von der leiblichen Aufnahme Mariens in den Himmel (1950) gab ihr einen bedeutsamen Akzent. Der gegenwärtige Papst Johannes Paul II. läßt sich wie seine Vorgänger die Marienverehrung besonders angelegen sein. Er erinnert auch an die *Herz-Jesu-Verehrung*, die bis ins 17. Jahrhundert zurückgeht, aber erst seit 1856 (Herz-Jesu-Fest für die ganze Kirche proklamiert) stärkere Verbreitung fand. Indessen scheint die *monastische Bewegung*, die Anfang des vorigen Jahrhunderts einsetzte, ein stürmisches Wachstum der alten Orden mit sich brachte und zu unzähligen Neugründungen führte, inzwischen zu stagnieren; es wird über Nachwuchssorgen geklagt.

e) Die Anstöße, die aus dem Reformkatholizismus kamen, dazu die Erfahrungen der Jugendbewegung, das Bemühen der liturgischen Kreise um die Beteiligung des Kirchenvolkes an der Liturgie wie das wachsende Interesse an der Bibel wirkten sich auf die Aktivitäten der katholischen *Laien* aus. Seit der Mitte des 19. Jahrhunderts war vor allem in Deutschland, aber auch in anderen Ländern, eine kaum übersehbare Zahl von katholischen Vereinen und Verbänden entstanden. Sie verdanken ihr Entstehen, nachdem Koalitionsfreiheit politisch ermöglicht worden war, teils der sozialen, kulturellen und konfessionellen Interessenlage des katholischen Bevölkerungsteils, teils der Neubelebung volkstümlicher Frömmigkeit und einem neu geweckten Kirchenglauben. In Deutschland wurde die „Generalversammlung der Katholiken" (1868) das Sammelbecken fast aller Vereine. Heute ist es das *Zentralkomitee der deutschen Katholiken* (gegr. 1952), das den *Deutschen Katholikentag* durchführt, zu gesellschaftspolitischen Fragen Stellung nimmt und zur Bildung öffentlicher Meinung in der Kirche beiträgt.

Um die Jahrhundertwende zeigten sich erste Ansätze zu einer Emanzipation der Laien. Es wurden eigene geistliche Erfahrungen eingebracht und der Wille zur eigenständigen Mitarbeit in der Kirche wie zur Selbständigkeit im weltlichen Leben bekundet. Pius XI. suchte solche Tendenzen durch die *„Katholische Aktion"* aufzufangen (seit 1925), die bis heute in vielen Ländern in verschiedenen Formen arbeitet und die Evangelisierung der Menschen unter Anleitung der Hierarchie zum Ziel hat; die Zusammenarbeit zwischen Laien und Hierarchie ist gelegentlich recht spannungsvoll. Nach dem II. Weltkrieg formierten sich neue Bewegungen und Gruppierungen (verstärkt noch durch die vom II. Vatikanum ausgehenden Impulse), die sich teils dem Apostolat der Kirche verpflichtet fühlen, teils das Gemeindeleben den modernen Lebensformen anzupassen suchen, teils gegen die überlieferte Lehrtradition und die offizielle Kirche opponieren (Kritischer Katholizismus). Das II. Vatikanum bemühte sich, dem veränderten Bewußtsein der Laien in der Kirche gerecht zu werden und ihre Aktivitäten für ein organisiertes *Laienpostolat* nutzbar zu machen (1967 Päpstlicher Laienrat, 1976 als Kurialbehörde installiert). Doch ist die Geschichte des katholischen Vereins- und Verbandswesens mit seinen vielfältigen kräftigen Lebensäußerungen nicht bloß als ein Gewinn zu buchen. Die Mobilisierung der Laien, ihr spiritueller Aufbruch, der persönliche wie der gemeinschaftliche Einsatz innerhalb und außerhalb der Kirche hat im katholischen Kirchenvolk einen Prozeß in Gang gebracht, der ambivalent erscheint.

4. Das II. Vatikanische Konzil und die nachkonziliare Entwicklung

a) In der Mitte des 20. Jahrhunderts diagnostizierte *Pius XII.* in seiner Enzyklika „Humani generis" (1950), daß fast die ganze Menschheit in zwei feindliche Lager aufgespalten sei, für oder wider Christus. Er sah die Menschheit in großer Gefahr; das Ende könne nur sein: entweder das Heil Christi oder der grauenhafteste Zusammenbruch. Darum hielt er an der bisher erfolgreichen Abwehrstrategie fest und machte sie auch gegenüber jener Theologie geltend, die das Dogma zeitgemäß in Begriffen moderner Philosophie auszudrükken suchte. Er benannte die falschen Ansichten und Irrtümer und wies auf die Grenzen hin, die zum Schutz der katholischen Glaubenswahrheit gezogen sind. In den 50er Jahren trat indessen immer deutlicher hervor, in welchem rapiden Wandel die Welt sich befand und wie bedrängend die Situation wurde. Die katholische Kirche sah sich mit folgenden Tatbeständen konfrontiert:

α) Die asiatischen und afrikanischen Völker hatten die politische, wirtschaftliche und kulturelle Expansion ihrer Kolonialherren gestoppt und ihre Unabhängigkeit proklamiert. Sie bedienten sich zunehmend der Wissenschaft und Technik, Wirtschaft und Zivilisation der weißen Rassen, traten als gleichberechtigte Partner den westlichen Völkern gegenüber und nahmen Einfluß auf das Weltgeschehen.

β) In dem Drang nach nationaler Eigenständigkeit besann man sich auf die eigene Geschichte und die alten Kulturen und erinnerte sich dabei auch der einheimischen Religionen. Dem politischen und technischen Sprung in eine neue Epoche ging vielfach eine missionarische Aktivität religiöser Kräfte parallel (u. a. Islam, Buddhismus), durch die die Kirchen in eine Wettbewerbssituation gerieten.

γ) Nicht nur auf dem früheren Missionsfeld, sondern auch auf dem alten Terrain der westlichen Kultur waren schon länger erhebliche Verschiebungen eingetreten. Angesichts von Liberalismus, Humanismus, Kommunismus, Materialismus, Existentialismus, Atheismus u. a. m. sahen sich die Kirchen eingefangen in die Pluralität verschiedener Welt- und Lebensanschauungen.

δ) Innerhalb der Christenheit befand sich die katholische Kirche ebenfalls in einer veränderten Situation. Die Kommunikation der nichtrömischen Kirchen in der ökumenischen Bewegung (S. 544 ff.) hatte eine beachtenswerte Gestalt angenommen. Waren es früher einzelne Kirchen oder auch konfessionelle Weltbünde, so stand jetzt die katholische Kirche einer Organisation gegenüber, die mehr als 40 % der Christenheit vereinigte.

ε) Von dem revolutionären inneren und äußeren Wandel in weiten Teilen der Welt wie von den veränderten Umweltbedingungen wurden Denken und Handeln der katholischen Gläubigen beeinflußt. Daneben hatten schon seit Jahrzehnten die geistigen Strömungen auf die katholische Theologie eingewirkt, hier teilweise zur Rück- und Selbstbesinnung geführt und neue Denkansätze befruchtet. Auch wenn solcher Einfluß außerkirchlicher Faktoren die dogmatische Basis und die kirchlichen Strukturen nicht zerstörte, so führte er doch zu einer nachdrücklichen Präsenz der modernen Welt innerhalb der katholischen Kirche.

b) Diese Situation nahm die katholische Kirche als eine Herausforderung auf. In dem Bewußtsein, daß die nach der Reformation mit dem Tridentinum (vgl. S. 348 f.) eingeleitete Heilung, die den mystischen Leib – die katholische Kirche – wieder kräftigen und stärken sollte, inzwischen zur Gesundung geführt hatte, konnte nun eine weitere Aufgabe angegangen werden. Es galt, den Sendungsauftrag der Kirche zu erfüllen. Nach der inneren und äußeren Befestigung des papalen Systems sollte „die von Vitalität strotzende Kirche" (Johannes XXIII.) sich der Welt zuwenden und sich auf die ganze Menschheit hin öffnen. *Johannes XXIII.*, als Nachfolger Pius' XII. seit 1958 auf dem Stuhl Petri, sah diese Aufgabe in prophetischer Schau; nach dessen Tod (1963) formulierte sie *Paul VI.* im vollen Bewußtsein seines Priester- und Hirtenamtes. Die „ekklesiologische Lücke", die mit den Kirchenspaltungen und den vielen Konfessionen entstanden ist, soll gefüllt werden. Es geht um die einzige Kirche Christi, die in der katholischen Kirche unter dem Nachfolger Petri ihre konkrete Existenzform hat, und um ihre Aufgabe, Zeichen und Werkzeug für die innerste Vereinigung mit Gott wie für die Einheit der ganzen Menschheit zu sein. Die Zeit schien reif für das folgende Programm:

α) *dogmatisch.* Zunächst geht es um den Begriff oder das Selbstverständnis der einen und einzigen Kirche Jesu Christi. Es soll ausgesprochen werden, was die Kirche über sich selbst denkt, was ihr wahres Fundament für Lehre und Leben ist, worin ihr Heilsauftrag besteht und welchem Ziel sie zustrebt. Der Aufbau des sichtbaren und des unsichtbaren mystischen Leibes Christi ist deutlich und die Gestalt des kämpfenden und pilgernden Volkes Gottes bewußt zu machen.

β) *pastoral.* Neben dem theologischen Bemühen steht die praktische Aufgabe einer innerkirchlichen Erneuerung (renovatio). Dem lebendigen Christus soll eine lebendige Kirche entsprechen, die überholten und unpassenden Formen den Abschied gibt, den Glauben und die Liebe als Fundamente ihres Lebens wieder entdeckt, sich von den Folgen menschlicher Schwäche reinigt und sich ganz dem Werk der Vervollkommnung hingibt. Im Studium des Wortes Gottes, in dessen Verehrung und im liturgischen Handeln können die geistigen Kräfte hervortreten und die Normen, die das rechtliche Gefüge und die rituellen Formen regeln, auf ihren ursprünglichen Wert zurückgeführt werden.

γ) *ökumenisch.* Die innerkirchliche Erneuerung wird als Basis und Anfang für die volle und allumfassende Ökumenizität angesehen, in der Trennung und Zwietracht unter den Christen überwunden sind. Die Vielfalt von Sprachen, Riten, Überlieferungen, Vorrechten, geistigen Strömungen, kirchlichen Institutionen und Lebensformen, wie sie in der Christenheit zu finden ist, soll zur Harmonie kommen in jener geheimnisvollen und zugleich sichtbaren Einheit der Kirche, die sich in dem einen katholischen Glauben, in der Teilnahme an denselben Sakramenten und in Verbindung mit einer einzigen obersten Kirchenleitung (Papst) verwirklicht. Solche Einmütigkeit zwischen der katholischen und den anderen christlichen Kirchen und Gemeinschaften soll durch einen Dialog der Liebe und der Wahrheit erreicht werden.

δ) *missionarisch.* Indem die Kirche in ihrer Lehrtradition und durch die innere Erneuerung ihre missionarische Sendung von neuem entdeckt und bekräftigt, erkennt sie es als ihre oberste Aufgabe, der ganzen Menschheit das Evangelium zu verkünden. Die Kirche soll sich der Welt zuwenden, die bei allem Fortschritt in Wissenschaft, Technik und Wirtschaft in einer tragischen Situation gesehen wird, und sich als Leben spendendes Ferment und als Heilsinstrument für die menschliche Gesellschaft erweisen. Die Einheit des Menschengeschlechts ist das Ziel der universalen Kirche.

c) Dieses Aktionsprogramm haben die sechzehn Konstitutionen und Dekrete des II. Vatikanischen Konzils (1962–1965) aufgenommen. Im Blick auf die bedrängenden Probleme der Zeit und in der Einsicht, daß eine innerkirchliche Entwicklung abgeschlossen ist und in der Weltgeschichte eine neue Epoche sich abzeichnet, hatte *Johannes XXIII.* das „Ökumenische Konzil" nach Rom einberufen; *Paul VI.* führte es zu Ende. In vielen Vorarbeiten und in lebhaft geführten Debatten in der Konzilsaula des St.-Peter-Domes versuchte die Versammlung von 2500 Bischöfen – im Beisein von offiziellen Beobachtern nichtrömischer Kirchen und von der Weltöffentlichkeit beachtet – der erkannten Aufgabe gerecht zu werden. Das *Ergebnis,* wie es in den formal wie in der Sache unterschiedlichen Beschlüssen der Konzilsväter vorliegt,

rezipiert weithin die traditionelle Lehre der Kirche und bestätigt sie als unaufgebbare Grundlage (Trinitätslehre, Christologie, Mariologie),

führt fort oder ergänzt früher formulierte Aussagen (Primat, Kollegialität der Bischöfe),

greift vergessene Gedanken wieder auf und nimmt sie zum Ausgangspunkt neuer Überlegungen (Heilsgeschichte, Kirche als Volk Gottes),

setzt in der Reihe der Lehraussagen neue Akzente (Pneumatologie, Verständnis von Religion, Grenzen der Kirche, ekklesiale Elemente),

gibt der theologischen Arbeit und Reflexion einen erweiterten Spielraum (Bibelwissenschaft, historisch-kritische Forschung, zeitgemäße Interpretation der Dogmen), bleibt vielfach bei bewußt in Schwebe gehaltenen Formeln stehen (z.B. Verhältnis von Schrift und Tradition) und vermeidet autoritative Lehrentscheidungen (keine neuen Dogmen!),

legitimiert für die Gestaltung kirchlichen Lebens die Mannigfaltigkeit von Menschen und Völkern, Kulturen und Lebensgewohnheiten (Vielfalt der Riten und der Frömmigkeitsformen),

erinnert an den verpflichtenden Charakter von Reichtum und Gaben, Werten und Gütern der Kirche Christi und aller Menschen, ruft zu Gebet und Heiligung, Demut und Buße auf,

ermöglicht den Laien intensivere Teilnahme am liturgischen Geschehen (Muttersprache, Bibellesen, Predigt) und ermuntert sie zur verantwortlichen Mitarbeit im Apostolat der Kirche inmitten der pluralistischen Gesellschaft,

zeigt sich aufgeschlossen gegenüber den nichtrömischen Kirchen und Gemeinschaften (Religionsfreiheit, Ökumenismus) und den Problemen der modernen Welt (Krieg und Frieden, Ehe und Geburtenregelung, Sozialpolitik usw.).

In den Konzilstexten trat die noch von Pius XII. gesuchte apologetische Konfrontation mit der Welt zugunsten einer dialogisch-kritischen Kommunikation zurück. Die Welt spielte nicht mehr bloß die Rolle einer „feindlichen Macht"; die profanen Ordnungen und Bereiche wurden in ihrer Autonomie gewürdigt (vgl. die Pastoralkonstitution „Gaudium et spes"). Daraus resultierte der Wunsch nach „gegenseitigem Dialog" und „Zusammenarbeit". Die Abschwächung der bisherigen Strategie wurde dadurch kompensieret, daß zugleich mit dem Dialogangebot auch der Wahrheitsanspruch und das Sendungsbewußtsein der katholischen Kirche einen klaren und deutlichen Akzent erhielt (vgl. die Kirchenkonstitution „Lumen gentium"). Die Theologie war aufgerufen, die Präsenz und die Tätigkeit der Kirche unter den Bedingungen der Zeit zu bedenken und die Situation wie die Entwicklungstendenzen im Lichte göttlicher Heilsabsicht zu deuten. Das Losungswort „aggiornamento" zielte sowohl auf innere Erneuerung der Kirche als auch auf Aktivierung des Apostolats zu einem glaubwürdigen Zeugnis und auf die der geschichtlichen Erfahrung angepaßte Vermittlung der Offenbarungswahrheit.

d) Von dem Konzil gingen mannigfache Impulse aus. Es rief beharrende und vorwärtsdrängende Kräfte auf den Plan, ließ Autoritätskonflikte und gravierende Meinungsverschiedenheiten über Lehre und Praxis der Kirche entstehen, beflügelte Emanzipationsbestrebungen der Laien und löste zahlreiche strukturelle und pastorale Reformen aus. Nach einer ersten stürmischen Phase ist inzwischen eine gewisse *Konsolidierung* eingetreten. Die *Traditionalistenbewegung*, die sich vor allem gegen die liturgischen Reformen zur Wehr setze, bleibt zwar öffentlichkeitswirksam, aber sie ist nicht von solcher Potenz, daß sie die weitere Entwicklung entscheidend beeinflussen könnte. Die *Progressiven,* denen die konziliaren Reformansätze nicht genügen, die eine Demokratisierung der Kirche und ein viel stärkeres und direkteres politisches und soziales Engagement wünschen (nicht nur in Lateinamerika), haben an Effektivität verloren. Doch dürfte ihnen insofern mehr Gewicht zukommen, als sie durch den politischen und sozialen Wandlungsprozeß und die veränderten Umweltbedingungen aufgeworfenen Probleme in ihrer Kirche präsent halten. Indessen scheinen sich die kirchlichen Autoritäten gegen progressive Experimente in Theorie und Praxis zu behaupten (u. a. Entzug der Lehrbefugnis für Hans Küng, Erinnerung an die Zölibatspflicht, Erlaß liturgischer und pastoraler Richtlinien). Dies gilt ebenso gegenüber Emanzipationsbestrebungen von *Laien,* die auf Mitbestimmung und Gleichberechtigung in der Kirche drängen und die hierarchische Struktur verändern wollen. Zudem hat das Laieninteresse nachgelassen, ohne daß die Kritik gänzlich verstummt wäre (z. B. Katholikentage „von unten"). Von Konsolidierung kann auch im Blick auf den *ökumenischen Dialog* gesprochen werden. Er ist institutionalisiert, das Klima ist allgemein freundlich. Der theologischen Annäherung, die in vielen Gesprächen von Expertenkommissionen erreicht werden konnte, fehlt es freilich an der kirchenoffiziellen Rezeption.

Die postkonziliare Kirche hat an Reformen und Erneuerung so viel zugelassen, wie es der Hierarchie für die Existenz der Kirche und für ihren Sendungsauftrag notwendig erscheint. Doch läßt sich die gegenwärtige Situation nicht allein als Konsolidierung kennzeichnen. Die vom Konzil behutsam zugelassene *Präsenz der modernen Welt* innerhalb der Kirche wirkt sich nach eigenen Gesetzen tendenziell aus. Deutlich ist der Trend zu einem *Pluralismus* in der Theologie, den das Lehramt zwar zu steuern sucht, der aber nicht gänzlich unter Kontrolle zu bringen ist, wenn Fragestellungen und Einsichten anderer Wissenschaften nicht mehr generell und pauschal tabuisiert werden. Verstärkt und strukturiert wird der Pluralismus durch die Regionalisierung der Theologie entsprechend den Kulturräumen, in denen sie betrieben wird (Lateinamerika, Asien, Afrika; einheimische Theologien). Ebenso unvermeidlich scheint das Phänomen einer *„kirchendistanzierten Religiosität"* zu sein. Ein Teil des Kirchenvolkes akzeptiert Kirche nur insoweit, als sie sich der eigenen Überzeugung und Lebensgestaltung einfügen läßt. Als weiterer Trendfaktor ist der anhaltende *Priestermangel* zu registrieren, der angesichts fehlendem Nachwuchs und Überalterung des Klerus als bedrohlich für die Existenz der Kirche empfunden wird.

e) Für die Konsolidierung sorgte zunächst *Paul VI.* In einer Reihe von Enzykliken übte er sehr entschieden sein Lehramt aus. Das Mysterium der Kirche, die überlieferten Dogmen und das Lehramt wollte er ebensowenig von dem „Gift des Rationalismus" in Frage gestellt sehen wie die kirchliche Disziplin im Klerus und Kirchenvolk durch eine Protestantisierung. Neben der Sorge um die innere und äußere Einheit der katholischen Kirche galt sein Interesse jenem Dialog der Liebe und Wahrheit, der sich zum einen an die nicht-römischen Kirchen wendet, um sie in Harmonie mit der einzigen Kirche Christi zu bringen, und zum andern an die ganze Menschheit, um ihr die göttliche Wahrheit zu vermitteln. Mit seinen ausgedehnten Reisen, auf denen er den Patriarchen von Konstantinopel (1964), die UNO in New York (1965), den Ökumenischen Rat in Genf (1969), Indien (1964), Fatima (1967), die Türkei (1967), Lateinamerika (1968), Afrika (1969) und die Philippinen (1970) besuchte, unterstrich er Anspruch und Sendungsbewußtsein seiner Kirche.

Dem Nachfolger Pauls VI. war nur eine Amtszeit von 33 Tagen vergönnt. *Johannes Paul I.*, am 26. August 1978 gewählt, erlag am 28. September einem Herzanfall. Ihm folgte in dem Krakauer Erzbischof *Karol Wojtyla* nach langer Zeit (1523) wieder ein Nicht-Italiener auf den Stuhl Petri. Mit dem gewählten Namen *Johannes Paul II.* machte er es sich zur Aufgabe, das Werk seiner Vorgänger fortzusetzen und das II. Vatikanische Konzil zu verwirklichen. Er will das, was der Heilige Geist durch das Konzil der Kirche sagte, allen Kirchen und darüber hinaus der ganzen Menschheit weitersagen. Diesen „missionarischen Dynamismus" entfaltet er sichtbar und auf liebenswürdige Weise auf seinen Reisen in nahe und ferne Länder. Angesichts des moralischen Verfalls und der drohenden Katastrophe durch eine materialistische Zivilisation mit ihrem Atomwaffenpotential stellt er sein Pontifikat in die Perspektive eines neuen Adventes in der Geschichte der Menschheit an der Wende zum 3. Jahrtausend. In seinen Lehrschreiben erinnert er ständig an die Grundwerte der Menschenwürde und die soziale Verantwortung der Kirche auf dem Weg zur allseitigen und vollkommenen Gerechtigkeit. Sein Programm und Ziel sind das Bekenntnis und die Verkündigung der göttlichen Geheimnisse und dazu das Gebet, das in dieser beängstigenden Situation Gottes Erbarmen auf die Menschen herabruft zu einer erneuten Offenbarung.

Literatur

Walter von Loewenich, Der moderne Katholizismus, 1970[8];

Gottfried Maron, Die römisch-katholische Kirche von 1870–1970, 1972 (Die Kirche in ihrer Geschichte, Bd. 4, Lfg. N 2);

Hans-Walter Krumwiede, Geschichte des Christentums III Neuzeit: 17.–20. Jahrhundert, 1977;

Hubert Jedin (Hg.), Handbuch der Kirchengeschichte Bd. VI/1: Die Kirche zwischen Revolution und Restauration, 1971 – Bd. VI/2: Die Kirche zwischen Anpassung und Widerstand, 1973 – Bd. VII: Die Weltkirche im 20. Jahrhundert.

Speziell zum II. Vatikanum:

Das Zweite Vatikanische Konzil. Dokumente und Kommentare, 3 Bände, 1966–68 (Ergänzungsbände zum „Lexikon für Theologie und Kirche");

K. Rahner / H. Vorgrimler, Kleines Konzilkompendium, 1966 (Herderbücherei 270–273);

Gottfried Maron, Evangelischer Bericht vom Konzil, 4 Hefte, 1963–66;

Manfred Plate, Weltereignis Konzil. Darstellung–Sinn–Ergebnis, 1966 (kath. Wertung).

Zur katholischen Kirche in der Gegenwart:

Erwin Fahlbusch, Kirchenkunde der Gegenwart, 1979 (Theologische Wissenschaft Band 9).

§ 47. Der Pietismus

1. **Einleitung.** Die Orthodoxie des 16. und 17. Jahrhunderts war nicht nur eine Strömung *in* der lutherischen bzw. reformierten Kirche, sondern bestimmte diese in ihrem ganzen Sein. Das orthodoxe System trug aber in sich große Festigkeit. Auch die damaligen Staaten kannten keine Lehrfreiheit; innerhalb ihrer Grenzen gab es nur konfessionelle Einheit. Von da aus wird deutlich,

a) wie weit auch die evangelischen Kirchen bis dahin von wirklicher Gewissensfreiheit für den Einzelnen entfernt gewesen sind. Erst die englische Revolution und der niederländische Freiheitsdrang haben sie erkämpft;

b) welch unerhörte Neuerung das Aufkommen eines neuen Frömmigkeitstypus auf protestantischem Boden bedeutete und welche Schwierigkeiten ihm erwachsen *mußten,* ehe er sich durchsetzen konnte.

Wir haben heute leicht aburteilen über Konfessionen und Geheime Räte, die die Pietisten mit ihren Verordnungen verfolgten. Vom Standpunkt der Orthodoxie wie von der damaligen Staatsauffassung aus war das jedoch selbstverständlich. Höchstens könnte, geschichtlich geurteilt, Staunen hervorrufen, daß sich die neuen Strömungen so rasch durchsetzten, wie sie es taten.

Diese neuen Strömungen, Pietismus und Aufklärung, haben nun aber nie die *ganze* Kirche erobert, weder einzeln noch zusammen. Stets blieb neben ihnen eine Orthodoxie bestehen. So verlor die Kirche in der Neuzeit ihre innere Einheit und hat sie bis zur Gegenwart nicht wiedergefunden. Das *Zeitalter der kirchlichen Richtungen* beginnt damit. Daß es über dieser geistigen Aufspaltung auf dem europäischen Festland nicht auch zur Bildung von Sonderkirchen kam, wie es in Nordamerika wohl der Fall gewesen wäre, lag, wie schon gesagt, an dem Landeskirchentum, das sich in Europa herausgebildet hatte; es machte Sonderbildungen sehr schwer.

2. **Der Pietismus in der Forschung.** Entstehung, Wesen und Bedeutung des Pietismus sind sehr verschieden dargestellt und beurteilt worden. *Albrecht Ritschl,* der die letzte Gesamtdarstellung des Pietismus geschrieben hat[1], führte diesen teils auf die spiritualistischen Strömungen der Reformationszeit zurück, die er als Rückfall in Katholizismus wertete, z. T. auch auf direkte Einwirkungen katholischer Mystik. Er sah im Pietismus deshalb einen Rückschritt. *Heinrich Schmid* hatte in ihm dagegen Einwirkungen reformierter Anschauungen auf das Luthertum gesehen[2] und lehnte ihn mit dieser Begrün-

[1] Geschichte des Pietismus, 3 Bde., 1880—1886.
[2] Die Geschichte des Pietismus, 1863.

dung ebenfalls ab. Als einen theologischen und kirchlichen Fortschritt hat ihn als erster *Carl Mirbt* angesprochen[3], dem Horst Stephan gefolgt ist[4].

Dieser klaren Bejahung folgte eine ebenso leidenschaftliche Ablehnung durch *Karl Barth*[5] und seine Schule. Barth schaut den Pietismus mit der Aufklärung als zwei Gestalten *eines* Wesens zusammen, sieht den „radikalen" Pietismus als den „konsequenten" an und sagt zu ihm als der ersten neueren Form einer anthropozentrischen Theologie entschlossen Nein. Ebenso klar beurteilt ihn *Emanuel Hirsch* wieder positiv, weil nämlich der Pietismus die große Durchbruchsschlacht gegen die Tyrannei der unfruchtbar gewordenen orthodoxen Theologie geschlagen habe[6].

Mit dieser verschiedenen Beurteilung verbindet sich eine verschiedene Wesensschau. Werner Elert versteht ihn z. B. wesentlich als eine emotionale, affektbetonte Bewegung[7], während Ernst Troeltsch in der Durchbrechung des strengen Volkskirchentums, die in den collegia pietatis erfolgte, also im Ekklesiologischen, das entscheidende Moment sah[8]. Daß Barth und Hirsch demgegenüber das theologische Moment in den Vordergrund stellen, ist schon deutlich geworden.

Die Wesensbestimmung hängt wieder stark von der Abgrenzung ab. Wer die sogenannte Reformtheologie des 17. Jahrhunderts schon als pietistisch wertet, wie es Werner Elert tut, muß wohl zu einem anderen Ergebnis kommen, als wer mit den orthodoxen Gegnern des Pietismus erst in Spener seinen Anfang auf lutherischem Boden sieht; so Ernst Troeltsch.

Näher kommt man diesem Problem, das durch diesen großen Zwiespalt in der Forschung gestellt ist, nur, wenn man zunächst die Fragen, die die Orthodoxie aufgerissen hatte, klar sieht. Luther hatte in seiner Konzeption eine persönliche Heilsgewißheit ganz fest verknüpft mit einer objektiven Grundlegung dieses Heils außerhalb des gläubigen Subjekts; geschichtlich im Tun und Leiden Christi, gegenwärtig in dem Heilswort der Predigt oder der persönlichen Absolution, bzw. dem Sakrament. Die Orthodoxie hatte von diesen beiden Polen, die bei Luther unlöslich zusammengehörten, die *objektive* Heilsbegründung so sehr betont, daß sie fast isoliert wurde. Um sie zu sichern,

---

[3] RE, 3. Aufl. Bd. 15, 1904, S. 774—815.

[4] Der Pietismus als Träger des Fortschritts in Kirche, Theologie und allgemeiner Geistesbildung, 1908.

[5] Vgl. vor allem „Die protestantische Theologie im 19. Jahrhundert", 1952², S. 16 ff.

[6] Geschichte der neuern evangelischen Theologie, Bd. 2, 1951, S. 91 ff.

[7] In seiner „Morphologie des Luthertums", 2 Bde., 1958², passim.

[8] Die Soziallehren der christlichen Kirchen und Gruppen, 1923³, S. 827 ff.

hatte man zugleich auf die reine Lehre sehr starkes Gewicht gelegt. Diese gründet aber im Wunder Gottes, nämlich der Inspiration der heiligen Schrift. Durch diese Grundlegung hat die Orthodoxie zugleich einen lehrhaften, intellektualistischen Zug bekommen.

Eine erste Gegenbewegung mußte also gerade die *persönliche* Glaubenserfahrung wieder in den Vordergrund rücken. Sie mußte damit zugleich aber die emotionale Seite des Menschen, der der Intellektualismus der Orthodoxie nicht genug tat, betonen. Beides tat denn auch der Pietismus. Von hier aus ist er geschichtlich einzuordnen und zu verstehen.

Um die in der Forschung aufgebrochenen Fragen beantworten zu können, empfiehlt es sich außerdem, zwischen dem reformierten und dem lutherischen Pietismus scharf zu scheiden. Zusammenhänge zwischen ihnen bestehen freilich. Trotzdem ist die Unterscheidung ratsam.

Der Name „Pietist" selbst ist zuerst für die Anhänger Speners geprägt; man wollte sie damit als Männer einer gesuchten und also erheuchelten Frömmigkeit brandmarken; das Wort hat diesen Beigeschmack auch z. T. bis heute behalten. Aber es wird seit langem und jetzt allgemein auch als wissenschaftliche Bezeichnung für die neue Richtung gebraucht. Wir verstehen unter „Pietismus" hier also die Bewegung zur Erneuerung des frommen Lebens und einer sie ermöglichenden Reform der Kirche (Hirsch), die zugleich einen neuen ethischen Frömmigkeitstyp schafft, der sich auf theologischem wie auf sozialem Gebiet auswirkt, aber selbstverständlich auch eine neue psychische Haltung einschließt. Was jeweils vorangeht, was nachfolgt, ist örtlich und persönlich verschieden.

3. **Der reformierte Pietismus.** Im 17. Jahrhundert hatten die *Niederlande* die geistige Führung im reformierten Protestantismus. Dort tauchen auch zuerst Ideen auf, die als pietistisch bezeichnet werden müssen. Sie stehen höchstwahrscheinlich in Zusammenhang mit der englischen Revolutionsfrömmigkeit, nämlich mit dem Puritanismus und dem Independentismus (S. 374 f.), wenn auch spontane niederländische Entstehung möglich ist (so Goeters).

a) Den ersten Durchbruch durch die reformierte Orthodoxie vollzog *theologisch* der Deutsche Heinrich Koch († 1669), der sich *Cocceius* nannte, mit seiner Föderaltheologie. Er ersetzte die synthetische Lokalmethode (vgl. S. 357) durch die Einteilung der Theologie nach den verschiedenen Bundesschlüssen Gottes mit den Menschen, von denen die Bibel berichtet. Diese sind Stufen, durch die das Reich Gottes allmählich innergeschichtlich herausgebildet wird. Dadurch, daß Cocceius die Gedanken des Bundes und des Reiches in den Mittelpunkt seiner Theologie stellte, erreichte er neben der Befreiung von der bisherigen reformierten Schultheologie:

α) daß die Bibel in allen ihren Teilen nutzbar gemacht wurde, nicht nur einige Perikopen und Kernsprüche;

β) gewann er den Gedanken der „Heilsgeschichte" und der „Erziehung des Menschengeschlechtes", denn Gott verwirklicht das Heil in einer geschichtlichen Entwicklung, die unter dem Zeichen der Erziehung steht;

γ) erneuerte er die eschatologische Spannung für die Frömmigkeit, denn das Reich Gottes im Vollsinn erwartete er erst für die Zukunft; zugleich erwachte ein starkes Missionsmotiv, denn das Reich kommt erst nach der Bekehrung der Heiden *und* der Juden.

Das sind Gedanken, die fast für den ganzen Pietismus wichtig geworden sind.

b) Ebenso bedeutsam sind aber wohl die Neuerungen, die in den Niederlanden auf dem Gebiet des *kirchlichen Lebens* erwuchsen. Die glänzende wirtschaftliche Entwicklung der Niederlande nach der Loslösung von Spanien, der Reichtum, der ins Land strömte, führte zu einem großen Luxus. Auf calvinischem Boden mußte er doppelt stark empfunden werden. Dazu haben die Niederländer damals wie heute jede Zwangskultur energisch abgelehnt. Der Wille zur geistigen Uniformierung schwand hier zuerst. So konnten humanistische und deistische Gedanken sich entfalten; selbst frivoler Skeptizismus wurde geäußert. Das calvinisch-kirchliche Ideal, das die Gemeinde zur Ehre Gottes wirken lassen will, mußte das alles als böse Mißstände empfinden. Außerdem hatte die Synode von Dordrecht 1618/9 mit ihrem Eintreten für das durch die Freisinnigen bestrittene Dogma von der Prädestination eine reformierte Lehrorthodoxie begründet, die ähnlich intellektualistisch wurde wie die lutherische. Auch dagegen erhob sich eine Opposition. Tote Lehrorthodoxie einerseits, Verweltlichung andererseits waren also die beiden Erscheinungen, die die Schäden der Kirche offenbarten. So konnte der Inhalt der Reformbestrebungen eigentlich nur darin bestehen,

α) das persönliche fromme Leben zu wecken und zugleich

β) die ethischen Konsequenzen aus ihm zu ziehen.

Die Mittel, durch die die einzelnen Reformtheologen diese Ziele zu erreichen suchten, waren z. T. sehr verschieden. Einig waren aber wohl alle in der gut calvinischen Anschauung, daß das Leben des Christen sich in spürbarer ethischer Leistung dokumentieren müsse. Und nun wird, z. B. von *Gisbert Voet,* der eine führende Stellung erlangte, in einzelner „präziser" Form — von daher wird *Präzisismus* das Schlagwort — festgestellt, was den Christen verboten ist (negative Aussagen stehen merkwürdig stark im Vordergrund, eine echte Barrièren-Moral!): Mißbrauch des Namens Gottes, Entheiligung des Sabbats, Tanz, Ballett, jegliches Schauspiel, Wucher und Wechselgeschäfte, Gelage und Trunkenheit, Würfelspiel und Kleiderluxus. Über das Rauchen der Pfarrer wie über die Perücken der Männer, vor allem aber über den Wirtshausbesuch erläßt Voet die genauesten Vorschriften. Präzisismus! Einig sind alle auch wohl in der scharfen *Scheidung zwischen Natur und Übernatur.* Die gesamte Philosophie wird abgelehnt, dazu bald auch die theologia naturalis. Alles soll allein auf die Schrift als die Offenbarung der Überwelt gegründet sein. Auch sie kann aber der natürliche Mensch mit seinen natürlichen Geistesgaben nicht richtig verstehen, sondern allein der Wiedergeborene, der von Gott erleuchtet ist. Theologia regenitorum! Und einig wird man sich schließlich noch in dem Verzicht, die *ganze* Volkskirche nach den eigenen Grundsätzen zu gestalten. Man beschränkt sich auf Teile in ihr, die gesondert zusammenkommen, aber ohne die Volkskirche zu verlassen. Gebet und Gesang, Auslegung der Schrift und im Anschluß daran die Erörterung einzelner Gewissensfälle füllen die Stunden. Ecclesiolae! Mit diesen Sonderversammlungen war die erste Bresche für den Subjektivismus *innerhalb* der Kirche gebrochen. Angesichts der Schäden, die dieser Subjektivismus inzwischen gezeitigt hat, ist es not, zu betonen, daß die Neuerung *damals* eine wirkliche Befreiung bedeutete und große Kräfte entbunden hat.

Stand bei Voet und seinen Schülern die rigorose ethische Predigt im Vordergrund, so bei *Willem Teellinck* das *Gefühl.* Das neue Leben ist nach ihm ganz wesentlich bestimmt durch das Fühlen der Schönheit, der Freundlichkeit, der Liebe des Herrn. Die Entstehung solcher affektvoller Gemeinschaft mit ihm ist nach Teellinck der Inhalt der Bekehrung. Sie immer neu zu wecken, wird dann auch die Aufgabe der Konventikel.

Daneben muß noch *Jean de Labadie* genannt werden, ein geborener Franzose, erst Jesuit, dann katholischer Weltpriester, 1650 zum Calvinismus übergetreten; ein Mann, der sich in puritanischem Eifer verzehrte, dabei zugleich ein ausgesprochener Mystiker. So verband er beide Momente der niederländischen Reformer in sich. Außerdem war er von großer praktischer Begabung und führte als erster Evangelisationswochen durch. Seinem Wirken begegnete aber Widerstand, er wurde schließlich aus der Kirche hinausgedrängt und bejahte dann auch innerlich diese Entwicklung: Die Gemeinde der Heiligen wurde ihm die einzig mögliche Form kirchlicher Gemeinschaft. Labadies Weg in die Separation ist die niederländische Reformpartei nicht mitgegangen. Sie übernahm aber von ihm an Stelle der Bewährung der Prädestination das Drängen auf *Bekehrung*. Die Bekehrten inmitten der Unbekehrten zu sammeln, wurde nun die Aufgabe der Konventikel.

c) Dieser reformierte Pietismus fand dank der engen Beziehungen, die zwischen den niederländischen und den deutschen Reformierten bestanden, schnell Eingang in *Deutschland*. Der erste deutsche Pietist wurde Theodor Untereyck in Mülheim an der Ruhr um 1600. Schnell breitete er sich über alle reformierten Gebiete aus und geriet in Niederhessen sogar in ausgesprochen enthusiastische Bahnen. Wirklich geschichtliche Bedeutung hat er aber nur in zwei Liederdichtern bekommen, nämlich in Joachim Neander, einem Schüler Untereycks, und in *Gerhard Tersteegen*. Geistig beeinflußt ist Tersteegen einmal vom gesamten niederländischen Pietismus, insbesondere auch von Labadie. Daneben aber auch von katholischen Mystikern. Hier ist katholischer Einfluß also direkt nachzuweisen. Das Ziel des geistigen Lebens, dem Tersteegen nachjagte, war das Gefühl der Nähe Gottes, dazu die Betrachtung des süßesten Jesus, der gegenseitige Umgang, den er den Gläubigen gewährt. Tersteegen hat auch zweifellos in seinen Liedern Töne persönlichen Glaubens angeschlagen, die geeignet sind, ernste Glaubensgewißheit an Stelle bloßer Kirchlichkeit zu wecken. Zugleich aber treten dabei Züge heraus, die auf evangelischem Boden zum mindesten eine Gefahr bedeuten. So singt er meist nicht von den großen Taten Gottes an uns, sondern von den Gefühlen, die sie in uns auslösen, und den Impulsen, die wir dadurch bekommen. Subjekt der Aussage wird das Ich, während es in Luthers Chorälen Gott ist. Zugleich steht bei Tersteegen nicht der durch Sünde Schuldige im Vordergrund, dem Gott vergibt, sondern der elende, vergängliche Wurm, den Gott zu seiner Herrlichkeit emporzieht.

Das ist die Folge davon, daß bei Tersteegen das Gefühl an Stelle des Gewissens in den Vordergrund getreten ist. Dementsprechend wird an Stelle des Vertrauens auf Gottes vergebende Liebe die mystische Vereinigung mit ihm oder mit Christus für das Christsein entscheidend. Damit diese Vereinigung stattfinden kann, muß die Seele aber, von allem Irdischen befreit, ja von sich selbst los, in Gelassenheit versinken; nur in das völlig leer gewordene Gefäß zieht Jesus ein.

Der lutherische Berufsgedanke (oben S. 323 f.) wird von daher abgelehnt. Die Werkarbeit ist ein Hindernis für die Gelassenheit des Willens, das Ruhen aller Triebe. Die Abtötung des Fleisches, der Sinne, der Affektion, der Begierden und des Willens ist Voraussetzung für die Erleuchtung der Seele durch Gott. Womit zunächst eine menschlich zu schaffende Disposition (vgl. S. 277 ff.) wieder die Bedingung des

Heilsempfangs wird. Außerdem aber ergibt sich, aller Wurmhaftigkeit zum Trotz, ein überaus vertrauter Umgang mit Gott, bei dem das Gefühl für die Majestät Gottes völlig verlorengeht. Die herbe fordernde Art des reformierten Grundsatzes ist hier zugunsten sentimentaler Mystik preisgegeben.

4. **Der lutherische Pietismus** hat *eine* seiner geschichtlichen Wurzeln sicher in *nichtlutherischen Gedankengängen.* Philipp Jakob Spener, sein geistiger Vater, ist durch englische Erbauungsschriftsteller schon in seiner Jugend bestimmt worden; daneben hat er Schriften Labadies nicht nur gelesen, sondern auch für den Druck übersetzt. Daß er von den reformiert-pietistischen Vorgängen am Niederrhein Kenntnis gehabt hat, ist zum mindesten wahrscheinlich. Von daher liegt es nahe, den lutherischen Pietismus als eine Aufnahme reformierter Anregungen aufzufassen.

Aber diese Schau kann, isoliert, die Entstehung des Pietismus im Rahmen des Luthertums keinesfalls verständlich machen. Neben *Gedanken* wahrscheinlich *reformierter Herkunft* stehen verblüffende Übereinstimmungen mit *schwärmerischen* Äußerungen des 16. Jahrhunderts, wenigstens bei einigen seiner Vertreter; indirekte Beeinflussung durch sie ist also höchstwahrscheinlich. Doch fehlen noch Untersuchungen über die vermittelnden Zwischenglieder. Daß die Schwärmer nicht, mit Ritschl, als eine katholisierende Gruppe aufzufassen sind, sondern Gedanken Luthers falsch fortgebildet haben, hat die neuere Forschung über sie eindeutig erwiesen.

Endlich ist für den lutherischen Pietismus eine Gruppe innerhalb der orthodoxen Theologie von entscheidender Bedeutung geworden, die meist mit dem Namen „orthodoxe Reformtheologie“ belegt wird; sie müssen wir zunächst näher betrachten.

a) **Die orthodoxe Reformtheologie.** Gegen welche Schäden in der Kirche wollte sie reformierend vorgehen? Ein erster Stein des Anstoßes war die neue Auffassung vom Staat und dem staatlichen Leben, die sich seit dem Dreißigjährigen Krieg unaufhaltsam auch Deutschland eroberte, der aufgeklärte Absolutismus, der als Maxime seines Handelns nur noch die Staatsraison gelten ließ. Demgegenüber forderte man auch weiterhin Berücksichtigung sittlicher Grundsätze bei der Staatsführung. Daß der säkular orientierte Staat seine alten kirchlichen Befugnisse nicht preisgab, kam erschwerend hinzu. Stützte der Staat doch sogar mit Polizei das kirchliche Leben, z.B. durch Erzwingung des Gottesdienstbesuches.

Daneben stehen immer wiederholte Klagen über das sittliche Leben in den Gemeinden. Hans Leube hat sie als puritanisch beeinflußte

Schwarzseherei abzuwerten gesucht[9]. Richtig ist daran auch, daß puritanische Schriften damals in Deutschland ziemlich weit verbreitet gewesen sind. Aber lokalgeschichtliche Arbeiten zeigen doch, daß zu den Klagen mehr als genug Anlaß war.

Die Reformpläne, die sich demgegenüber regten, gehen fast alle auf *Johann Arnds* „Sechs Bücher vom wahren Christentum" zurück (1605 bis 1609 erstmalig erschienen). Arnd hat in ihnen katholisch-mystische Erbauungsschriftsteller seitenweise ausgeschrieben; so geht auch von ihm ein Strom katholischen Gedankenguts in die lutherische Kirche hinein. Positiv betont Arnd an Stelle bloßer Kirchlichkeit die Notwendigkeit persönlicher Erfahrung. Ihr gibt er aber die Wendung, daß sich der Glaube äußern müsse in einer Bekehrung des *Lebens*, in kraftvoller *Heiligung*. Schon darin lag ein Gegensatz gegen seine eigene Zeit, die den Trost des geängstigten Gewissens allein betonte. Außerdem sah er unter dem Einfluß des katholischen Schrifttums in einem wesentlich asketischen Verhalten das Zeichen wahren Christentums. Ein kulturgegnerischer Zug prägt sich so längst vor Spener im Luthertum aus.

Theophil Großgebauer griff daneben die Pastorenkirche an. Er forderte praktische Wiederaufrichtung des allgemeinen Priestertums aller Gläubigen; zugleich forderte er eine katechetische und seelsorgerliche Tätigkeit der Pfarrer. Außerdem übernahm er vom englischen Vorbild die Forderung strenger Sonntagsheiligung und die Aufrichtung des Ältestenamtes auch in den lutherischen Gemeinden. Entscheidend aber war ihm, daß die Kirche wirklich wieder zu einer Gemeinschaft werden müsse; darin sollten alle Einzelreformen, die er vorschlug, eigentlich erst ihren rechten Halt bekommen.

Daneben muß *Heinrich Müller* in Rostock († 1675) noch erwähnt werden. Auch er wollte, wie Großgebauer, ein ernstes bewußtes Christenleben wecken. Aber er meinte, das sei am besten zu erreichen, wenn man die Herzen der Menschen bezwinge mit der Größe und Süße der Liebe Gottes. So nahm Müller einen Ton wieder auf, den schon Johann Arnd hatte aufklingen lassen, die affektvolle Jesusliebe Bernhards von Clairvaux (S. 240 f.), die Hohelied-Stimmung; diese drang so in das Luthertum ein. Die zeitgenössische Schäferpoesie bot eine zweite Anregung in derselben Richtung. Heinrich Müller hat sie schon zu solch unüberbietbarer Geschmacklosigkeit gesteigert, daß es einfach ungerecht ist, damit den eigentlichen Pietismus als Quelle zu belasten.

Und endlich kam unter den Nöten des Dreißigjährigen Krieges eine eschatologisch-apokalyptische Stimmung wieder auf, die durch die

[9] Die Reformideen in der deutschen lutherischen Kirche zur Zeit der Orthodoxie, 1924.

englische Erbauungsliteratur (Bunyan!) noch verstärkt wurde. Man glaubte das Weltende unmittelbar bevorstehen. Johann Meyfarts „Jerusalem, du hochgebaute Stadt" ist z. B. die Frucht davon.

Wer alle diese in der Mitte des 17. Jahrhunderts vorhandenen Strömungen kennt, der sieht, daß der lutherische Pietismus nicht nur von außen her eingeschlichen ist, sondern daß er im eigenen Raum wohlvorbereitet war. Sofern nicht, wie Elert und Holl wollen, das alles schon selbst als pietistisch zu gelten hat! Die Zeitgenossen aber sahens, wie gesagt, anders.

b) Wenn **Philipp Jakob Spener** († 1705) in seinen Pia desideria[10] von 1675 regelmäßige Lesung der gesamten Hl. Schrift (nicht nur der Perikopen) im Gottesdienst forderte oder die Wiederaufrichtung des allgemeinen Priestertums aller Gläubigen; wenn er betonte, daß das Christenleben im Tun und in der Liebe bestehe und nicht im Wissen, so ist das alles nicht neu. Sogar der Titel seiner Schrift ist von Heinrich Quistorp in Rostock schon vorher gebraucht. Auch Speners Eintreten für eine Reform des theologischen Studiums oder seine Forderung erwecklicher statt gelehrt-rhetorischer Predigt sind entlehnte Dinge. Neu ist auf lutherischem Boden nur der Vorschlag, collegia pietatis einzurichten, Konventikel. Den aber hat Spener selbst wieder fallen lassen, als er spürte, daß diese dem Separatismus Vorschub leisteten. Das Aufsehen, das Speners kleine Schrift erregte, beruht also nicht auf der Neuheit ihrer Gedanken, sondern wohl auf dem Maßvollen seiner Kritik und der Besonnenheit seiner Reformvorschläge, zumal er nicht von einem einzigen alles Heil erwartete, sondern mehrere zusammenfaßte, die zudem alle praktisch durchführbar waren.

Die *Bedeutung* des Pietismus Spenerscher Färbung liegt darin, daß Spener

α) den theologischen Stoff wieder *reduzierte auf die biblischen Fundamentallehren.* In ihnen wußte er sich mit der Orthodoxie eins. Sie allein waren ihm aber auch entscheidend. Das ausgeführte orthodoxe System wurde, als nicht notwendig, praktisch beiseitegeschoben, eine ungeheure Vereinfachung. Die biblische Wahrheit ist aber nicht mit bloß menschlichen Verstandeskräften zu erfassen, sondern erschließt sich nur dem von Gott Erleuchteten; auch Spener lehrte also die theologia regenitorum.

β) Auch die *verbleibenden* Dogmen wurden umgewertet. *Entscheidend ist* nicht die Zustimmung zu ihnen, sondern *die persönliche religiöse Erfahrung,* die der Glaube beinhaltet. Selbst ein intellektueller Irrtum in Fundamentallehren hebt bei persönlichem Glauben

[10] Fromme Wünsche.

das Heil nicht auf. Damit taucht zum erstenmal „die Vorstellung einer Rechtfertigung auch des Denkens“ auf (Hirsch).

γ) Auch die *Hl. Schrift* wird nicht mehr in erster Linie als theologische Erkenntnisquelle verstanden, sondern als *dynamisch wirkende Quelle des Glaubens* unter starker Betonung des testimonium spiritus sancti internum[11], das den Menschen erleuchtet.

δ) Die collegia pietatis bieten den *Laien* wieder die erste Möglichkeit, sich *mitarbeitend* zu betätigen.

ε) Rechtfertigung und Heiligung treten wieder in ähnlich enge Beziehung zueinander wie bei Luther, da Spener den rechtfertigenden Glauben als eine *δύναμις θεοῦ*[12] faßt, die uns schon hier in diesem Leben mit Christus der Sünde absterben läßt und nicht nur von ihrer Schuld befreit.

An diesem Punkt ergeben sich aber nun zugleich auch Abweichungen von Luther, die, wenn auch nur Tonverschiebungen, doch *Gefährdungen des evangelischen Ansatzes* sind.

α) Indem Spener die Heiligung stärker betont als die Vergebung, kommt er zu der Lehre, daß eine als solche erkannte Todsünde abgelegt werden muß, wenn die Vergebung nicht hinfällig werden soll. Damit aber bekommt die Sünde ein entscheidendes Gewicht auch für die Gläubigen. Eine große Sündenangst mußte die Folge sein, die die Freude des Christen kaum mehr aufkommen läßt. Wenn der moderne Protestantismus sich in Deutschland vielfach als kleinmütig, ängstlich und verantwortungsscheu gibt, so hat das hier seine theologiegeschichtliche Wurzel.

β) Spener meinte, daß der Gläubige die Gebote Gottes halten könne, wenn auch unter stetem Kampf. So machte er das Heil auch positiv von gewissen eintretenden Wirkungen der Rechtfertigung abhängig. Die unvermeidliche Folge ist, daß der Mensch sich beobachtet, ob er im Heil ist. Spener empfahl sogar direkt die Heiligungsprobe (vgl. oben S. 367). Das ergibt aber eine anthropozentrische Wendung. Der Blick ist nicht mehr allein auf Gott gerichtet (vgl. S. 314), sondern eben auch auf den Menschen selbst. Da wir aber schwach sind, ist die erste Folge dieses Blickwinkels der Verlust der Heilsgewißheit. Die zweite aber ist eine gewisse Gesetzlichkeit, von der das Lied „Ringe recht, wenn Gottes Gnade dich nun ziehet und bekehrt“ mit seiner gehäuften Fülle von Imperativen einen plastischen Eindruck vermittelt; es gibt die herrschende Stimmung gut wieder, wenn es auch nicht von Spener selbst stammt.

---

[11] des inneren Zeugnisses des Heiligen Geistes.

[12] eine Kraft Gottes.

γ) Auch die *konfessionelle Haltung* muß eine andere werden, wo nur die Fundamentallehren betont werden, und sie nicht einmal absolut. Gewiß hielt auch Spener die lutherische Kirche für die Kirche der reinen Lehre und deshalb für die rechte. Aber er *betonte* allein noch die Zugehörigkeit zur ecclesia invisibilis[13] Gottes und ist gegen Ende seines Lebens sogar für eine Union mit den Reformierten eingetreten, weil er diese wesentlich anders beurteilte als die Katholiken. Die Bedeutung, die dieser Ansatz für die deutsche Kirchengeschichte gehabt hat, wird später deutlich werden.

Zusammenfassend muß geurteilt werden, daß Spener in der Erweichung des an sein Ende geratenen orthodoxen Systems, sowie in der Tatsache, daß der persönliche Glaube des Einzelnen ihm das Ziel der kirchlichen Tätigkeit wurde, sowie in manchen Einzelheiten wichtige Fortschritte gebracht hat, daß der Schritt ins Neue hinein aber auch neue Gefahren in sich barg. Sie sind bei seinen Anhängern z. T. noch schärfer hervorgetreten als bei ihm selbst.

c) **August Hermann Francke und der hallische Pietismus.** Francke ist, obwohl schon früh ein Anhänger Speners, doch allein von seiner eigenen Bekehrung her zu verstehen. Die Vorbereitung auf eine Predigt über den ungläubigen Thomas (Joh. 20), die er 1687 in Lüneburg halten sollte, brachte ihn in die schwersten Anfechtungen über die Frage nach der Existenz Gottes. Sie wurden gelöst, indem er im Gebet zu dem Gott, den er nicht glaubte, zugleich mit dem Gefühl einer unaussprechlichen Seligkeit eine Gewißheit Gottes erhielt, die sein ganzes Leben umgestaltete. Im Mittelpunkt von diesem Ringen Franckes steht also die Frage der *Glaubensgewißheit;* nicht, wie bei Luther, die der *Heils*gewißheit. Dieses Bekehrungserlebnis bestimmte Franckes ganze spätere Haltung.

α) Von ihm aus geurteilt wurde ihm zunächst alles gewöhnliche, gradlinige Christentum geringwertig. Francke forderte, wenn auch nicht als conditio sine qua non[14], von allen Gläubigen *Bußkampf und Bekehrung.* Damit tritt im Pietismus neben die ruhige Nüchternheit Speners eine erweckliche Richtung, die auch die Brüdergemeine und durch sie den englischen Methodismus (S. 524 ff.) tief beeinflußt hat.

β) Gott schenkt einem Menschen, den die Gesetzespredigt zerknirscht hat, aber nicht den Glauben, wenn dieser nicht selbst den festen Entschluß faßt, mit dem alten Wesen völlig zu brechen und ernsthaft ein neues Leben zu beginnen. Winklers Lied „Ringe recht" führt diese Seite des Franckeschen Ansatzes vor Augen. Darin liegt

[13] der unsichtbaren Kirche.
[14] als absolute Voraussetzung.

faktisch, freilich wider Franckes Willen, eine *Erweichung des solā gratiā*[15], denn ein menschlicher Willensentschluß wird mit entscheidend für die Rechtfertigung.

γ) Das Gefühl der unnennbaren Seligkeit, das mit Franckes Bekehrung verbunden war, wurde ihm der Anlaß, die *affektvolle Art der Frömmigkeit* im Sinne Heinrich Müllers zu bejahen.

δ) Indem Francke Gottes absolut gewiß wurde, wurde er zugleich der Welt entrissen. Die Entschiedenheit trieb ihn in die Askese, während Luther durch sie gerade aus dem Kloster herausgeführt worden war. In dieser *Weltflüchtigkeit* ging Francke weit über Spener hinaus; sie ward ihm geradezu eine Signatur der Frömmigkeit, fast im Sinne des Präzisismus.

ε) Die absolute Gottesgewißheit löste zugleich aber auch den *aktivistischen Zug* aus, der für Halle charakteristisch ist. Das erste deutsche Missionsunternehmen und die Franckeschen Anstalten, zunächst für Waisenkinder bestimmt, sind bis heute hin das deutliche Zeichen dafür.

Entscheidend wichtig wurde äußerlich, daß Francke, und damit der Pietismus, an der neugegründeten Universität Halle den Zugang zur akademischen Wirksamkeit erhielt. Die Neuordnung des theologischen Studiums, die er dort durchführte und bei der das Studium der Bibel völlig in den Vordergrund trat, ist für ganz Deutschland vorbildlich geworden. Die Vielen, die dort studierten, trugen zudem den neuen Geist in die Lande. Hier wurden Pfarrer gebildet, die für ihre gesamte Tätigkeit einen klaren Mittelpunkt bekamen, nämlich Bekehrung zu wirken als Grundlage für ein kraftvoll tätiges, gottseliges Leben (Hirsch). Erfaßt sind von Halle aus freilich auch nur Theologen und neben ihnen Teile des preußischen Adels.

Da Francke aber die Auseinandersetzung mit der allgemeinen Zeitkultur ablehnte, zudem seine weltflüchtige Art den Graben zur Aufklärung noch besonders vertiefte, ist Halle die erste deutsche Universität geworden, an der die Aufklärung Fuß faßte.

d) **Der schwäbische Pietismus.** Was von Halle aus nicht gelang, die Erfassung der Masse der Laien für den Pietismus, das wurde in Württemberg Ereignis. Der schwäbische Pietismus geht direkt auf Spener zurück und hier gewinnt er nun volkstümlich-kirchliche Art. Johann Albrecht Bengel († 1752) und Friedrich Christoph Oetinger († 1782) haben ihm dann freilich auch noch eigene Züge eingedrückt. *Bengel* führte die biblizistische Grundhaltung des Pietismus weiter, die jede theologische Aussage ohne Dialektik aus der Hl. Schrift entnimmt, und hat sie insofern zum Siege geführt, als er ihr in seinem Gnomon

---

[15] allein aus Gnaden.

novi testamenti ein entscheidendes Hilfsmittel für das Verständnis der Bibel schuf; seine Stärke liegt darin, daß er den Leser zum selbständigen Verarbeiten des Textes anreizt. Da für Bengel zugleich *alles* in der Bibel von Wichtigkeit war, hat er ihre apokalyptischen Aussagen einschließlich der Zahlenangaben auch ernst genommen und so die Wiederkunft Christi für das Jahr 1836 erwartet. *Oetinger* ist ein Schüler und Anhänger Bengels gewesen. Er hat mit dessen Anregungen aber starke Einflüsse von Jakob Böhme verbunden (s. S. 428); auch naturwissenschaftliche (chemische) Studien, die er getrieben hat, wirkten weiter; im Alter dazu noch Swedenborg. So entwickelte Oetinger ein System der Weltweisheit als Gottesweisheit, als Theosophie, eine philosophia sacra, die die Welt aus Gott begreifen wollte; sein Bestreben war dem gleichzeitigen der Aufklärung (S. 436 f.) also gerade entgegengesetzt, obwohl er der Ansicht war, daß das Wahrheitszeugnis nicht allein, wie Zinzendorf wollte, auf die Basis „Jesus Christus" gestellt werden könne, sondern zugleich in dem allgemeinen Wahrheitsempfinden der Menschheit verankert werden müsse. Sachlich meinte er, daß alles, was von Gott ausgegangen sei, auch in ihn zurückkehren müsse. Gott aber dachte er sich geistleiblich, denn es gibt nichts Geistiges ohne Materielles. „Leiblichkeit ist das Ende der Wege Gottes." So lehrte Oetinger klar die Wiederbringung aller. Nachgewirkt hat er besonders in den Hahnschen Gemeinschaften in Württemberg, dazu durch seinen Einfluß auf Schelling (S. 454 f.).

5. **Die Brüdergemeine** geht zurück auf die Tätigkeit des Reichsgrafen Nikolaus Ludwig von *Zinzendorf* († 1760), des Begründers von Herrnhut. Schon in seinem Elternhaus, das mit Spener befreundet war, pietistisch beeinflußt, kam er in Halle unter Franckes Einwirkung. Doch hat er die Hallesche Bußkampfforderung, die er zunächst übernahm, später fallen lassen, weil er merkte, daß sie die Stetigkeit doch nicht sicherte, die man von der Bekehrung erwartete. *Charakteristisch* für Zinzendorf ist

α) sein großes *Streben nach Gemeinschaft.* Es kam einmal darin zum Ausdruck, daß er die Herrnhuter Gemeine in sog. Chöre aufteilte (Kinderchor, Jungmännerchor, Ehechor usw.), d. h. die Gemeinde der Familie überordnete; daneben in seinem überkirchlichen Ziel, alle wahrhaft Frommen ohne Unterschied der Konfession, aber zugleich ohne Lösung aus ihren Kirchen um Herrnhut als Mittelpunkt zu sammeln;

β) seine *Begründung des Gottesverhältnisses allein auf das Gefühl.* Die Gefährlichkeit dieses Ansatzes hat sich teilweise schon bei ihm selbst gezeigt. Es gibt nach Zinzendorf eine Erkenntnis göttlicher Dinge, Glaube genannt, die einfach tot ist, ja die auch der Teufel hat — der antiorthodoxe Affekt des gesamten Pietismus. Im Neuen Testament ist dagegen der Glaube sehr häufig identisch mit der Liebe. Solche Liebe, „ein unausgewickeltes (fides implicita), aber getustiges Gläuben im Herzen", verbunden mit der Freude an der Gegenwart Christi, ist allein entscheidend. Diese affektvolle Liebe zu Christus zu erhalten und immer neu zu wecken, ist die Hauptaufgabe des Gottesdienstes, für den Zinzendorf deshalb auch neue Formen schuf.

Nur wer so mit Christus verbunden ist, dessen Augen werden dann auch geöffnet für eine erste *Erkenntnis* geistlicher Dinge. Aber so sehr Zinzendorf die Frage nach der persönlichen Wahrhaftigkeit des Glaubens stellte, die nach der Wahrheit der Lehre interessierte ihn kaum. Da liegt die Schwäche seiner Konzeption.

γ) Die hallische cooperatio hominis cum Deo[16] lehnte Zinzendorf ab. Der erste Schritt auf dem Wege zum Heil ist die Liebe zu Christus, die allein der Hl. Geist wirkt; der Mensch ist dabei völlig passiv. Nur diese Liebe lehrt die Heilige Schrift erkennen. Der Weg geht also von der Liebe durch das Wort zur Erkenntnis, die ihrerseits Zuversicht übermittelt. Diese ruht also auf der *eigenen Erfahrung.* Gottes Zusage durch ein äußeres Wort genügt nach Zinzendorf nicht für sie. Das ist ein klarer Widerspruch gegen Luthers Ansatz, dessen Reihenfolge: Gottes Wort, Glaube, Liebe Zinzendorf überhaupt verlassen hat.

δ) Von Luther unterscheidet sich Zinzendorf auch in seiner *Lehre von der Heiligung.* Die Spenersche Grundhaltung wird von ihm dahin verschärft, daß die Vereinigung des Herzens mit Christus den Menschen real der Sünde absterben läßt. Sogar die Versuchlichkeit fällt von ihm ab. Versuchungen sind noch ein Zeichen, daß der Mensch nicht mit dem Herzen am Heilande hängt. Zinzendorf lehrt also Perfektionismus. Aber auch diese Heiligung ist Gnadengeschenk Gottes, vielmehr sie ist die uns imputierte Gerechtigkeit Christi (imputiert in völlig anderem Sinn, als Luther und die Orthodoxie von Imputation geredet hatten, vgl. S. 310 bzw. 358). Von daher lehnt Zinzendorf sogar die Predigt des Gesetzes ab. Der Methodismus hat die Lehre des Perfektionismus von hier übernommen.

ε) Geteilt hat Zinzendorf aber bleibend mit Halle die Aktivität, die besonders in der *Missionsarbeit* der Brüdergemeine ein geradezu wunderbares Tun hat erwachsen lassen.

Die *Brüdergemeine* selbst ist keine planmäßige Gründung Zinzendorfs. 1722 erteilte er den durch Christian David in pietistischem Sinn neuerweckten Resten der alten böhmisch-mährischen Brüderunität, die auswandern wollten, die Erlaubnis, sich am Hutberg auf

[16] Zusammenwirken von Mensch und Gott.

Berthelsdorfer Grund anzusiedeln. Der Versuch, unter ihnen eine ecclesiola zu gründen, schlug insofern fehl, als *alle* Einwohner Herrnhuts ihr beitraten; ecclesiola und Gemeine wurden so eins. Die Erfolge der Mission, die zu eigenen Ämtern und eigener finanzieller Organisation nötigten, haben dann in erster Linie die Loslösung Herrnhuts von der sächsischen Landeskirche herbeigeführt. Durch die alte Brüderunität überkam auf sie dabei das Bischofsamt, ohne daß das besondere Bedeutung erhielt. Die Loslösung, die besonders in den kirchlichpietistischen Kreisen abgelehnt wurde, hat das Verhältnis der Gemeine zu den Kirchen doch auf die Dauer nicht gestört. In der Zusammenfassung der Christusgläubigen durch eine starke Diaspora-Pflege während der Aufklärungszeit, sowie in der Bereitstellung des entscheidenden antirationalistischen Gedankens für Schleiermacher liegt neben der Missionsarbeit die eigentliche Bedeutung Zinzendorfs und Herrnhuts. Daneben ist die Wirkung auf John Wesley nicht zu unterschätzen.

6. **Der schwärmerische Pietismus** ist, wie E. Hirsch jüngst erneut gezeigt hat, außerordentlich stark durch *Jakob Böhme* († 1624) bestimmt gewesen. Böhme selbst hat Ideen von Luther, Schwenckfeld und Paracelsus, dazu wohl auch von Valentin Weigel († 1588), verarbeitet zu einem mystisch-spiritualistischen System, das

a) wie alle Mystik konsequent individualistisch ist,

b) durch das Urteil über die Kirchen dem Separatismus stark vorgearbeitet hat. Wer die Wahrheit in sich selbst wohnend weiß, wer Gott, die Quelle der Beseligung, in sich selbst hat, für den ergibt sich die Nichtigkeit der Kirchen mit ihrem Buchstabenchristentum, mit ihrer falschen, weil nicht wirklich sittlich erneuernden Absolution und ihren als geistlos beurteilten Sakramenten von selbst. Die Kirchen sind das große Babel, das entweder zu einem wahren Geistchristentum gewandelt oder aber — so weit ging Böhme selbst indes nicht — vernichtet werden muß.

Unter den Einwirkungen des Pietismus, dem es nicht auf Kirchlichkeit, sondern allein auf den persönlichen Herzensglauben ankam, sind einzelne Gruppen in eine ähnlich kirchenkritische Haltung gekommen; die Verbindung mit Böhme ergab sich so fast von selbst. Die Betonung der persönlichen Erleuchtung durch den Hl. Geist führte dann auch hier wieder, wie in der Reformationszeit, zu der Annahme persönlicher Inspiration. Wichtig geworden ist dieser „radikale" Pietismus aber nur durch einige bedeutende Persönlichkeiten, die zu ihm gehört haben. Schon das Ehepaar *Petersen* hat den Spenerschen Gedanken der Erleuchtung zu persönlichem Inspiriertsein, zu persönlichen Offenbarungen gesteigert. Das „innere Licht", das den Christen selig macht, kann aber auch in Juden und Heiden wirksam werden; so lehrten sie mit Jakob Böhme. Von da aus kamen sie dann zu der Anschauung, daß *alle* Menschen selig werden. Zugleich liegt in der Betonung des „inneren Lichtes" wieder ein Stück Vorbereitung der Aufklärung. Auch *Gottfried Arnold,* der berühmte Verfasser der „Unparteiischen Kirchen- und Ketzerhistorie" († 1714), ist tief von Böhme beeinflußt, gerade auch in der leidenschaftlichen Ablehnung des organisierten Kirchentums, die ihn zeitweise erfüllte. Sein Urteil über die Kirchen hat ganze Generationen in Deutschland bestimmt, so auch Goethe, und wirkt noch heute nach.

Johann Conrad Dippel nahm Böhmes Kritik der orthodoxen Satisfaktionslehre auf und startete von da aus einen ersten, ernsthaften Angriff nicht nur gegen das *Leben* der Kirche — das taten alle Pietisten —, sondern auch gegen ihre *Verkündigung.* Gott ist Liebe und deshalb ist die Lehre von Christi Satisfaktion unsinnig.

7. Zusammenfassung. Der Ertrag des Pietismus. Charakteristisch für alle Gruppen des Pietismus ist also

a) die Abneigung gegen das bloß intellektuelle Wissen und die Betonung eines lebendigen, persönlich erfahrenen, gelebten Glaubens. Ihn zu wecken gilt alles Mühen. In der Tat ist eine bloße fides historica[17] (Luther) auch wertlos. Aber wenn der Pietismus die Glaubenszuversicht wesentlich auf die Erfahrung, das persönliche Erlebnis, die Herzensreligion gründete, so gefährdete er die Heilsgewißheit eben damit auf das schwerste und trug zugleich ein theologisch fragwürdiges Element in die Verkündigung hinein.

b) ist charakteristisch eine starke Reduzierung des Lehrstoffes auf die Fundamentalgedanken der Bibel. Es fallen die mit den Mitteln der aristotelischen Philosophie erarbeiteten Folgesätze. Damit zugleich wird die aristotelische Philosophie selbst preisgegeben. Das ist theologisch *und* geistesgeschichtlich bedeutsam gewesen, ein Neuansatz, der einfach notwendig geworden war.

c) Kennzeichnend ist schließlich für die allermeisten Gruppen (aber nicht für Spener selbst) die Betonung des Gemütes (an Stelle des Kopfes), der Herzensreligion, als Ansatzpunkt für das Gottesverhältnis.

In *allen* diesen Dingen sind die Reformtheologen schon voraufgegangen. In ihnen bereits bricht ein neuer Tag der Frömmigkeit auf. Von daher hat es guten Sinn, mit Werner Elert und Karl Holl den Pietismus schon in ihnen beginnen zu lassen.

Neu ist bei Spener und seinen Anhängern nur die Sammlung der kleinen Kreise, mögen die Teilnehmer an den Konventikeln nun mit

---

[17] ein bloßes Fürwahrhalten geschichtlicher Dinge.

Spener bestimmt werden als die, „die mit Ernst Christen sein wollen", oder als die „Bekehrten" im Sinne Franckes, oder auch als die, „die den Herrn liebhaben" im Sinne Zinzendorfs, oder schließlich als die „Geisterfüllten", wie die schwärmerischen Pietisten wollten. Auf jeden Fall stehen die Konventikel immer im Dienste der Heiligung des Einzelnen *und* der Pflege der Gemeinschaft, vielerorts auch im Dienst der Erneuerung und Vertiefung der emotionalen Herzensreligion. Von da aus ist der Pietismus zugleich ein Bahnbrecher des Individualismus geworden.

Offen blieb so die Frage nach der theologischen Wahrheit *und* die Frage nach dem Verhältnis Gottes zur Welt und das heißt zugleich, nach dem Verhältnis Gottes zur Kultur.

Aber es muß noch einmal betont werden, daß der *Pietismus,* so groß seine theologiegeschichtliche Bedeutung gewesen ist, doch *primär keine theologische Bewegung* war, *sondern eine praktische Reformbewegung,* die die Anregungen aufnahm, wo sie sie bekommen konnte, auch in nichtlutherischen Kirchen. So ist es notwendig, gerade auch für das geschichtliche Verständnis des Pietismus, den Blick auf die Kirchen und kirchlichen Gruppen zu richten. Der Pietismus bringt also den ersten Einbruch in die Selbstgewißheit der Bekenntniskirchen. Damit, wie mit seiner Erweichung des orthodoxen Lehrsystems und mit seiner Beurteilung des frommen Menschen von seinem Leben her arbeitete er der Aufklärung vor, der schwärmerische Pietismus darüber hinaus auch noch mit seiner Lehre vom „inneren Licht". Daß der Pietismus in alledem eine *Übergangserscheinung zur Aufklärung* ist, darin sind sich zwei so verschiedene Beurteiler wie Karl Barth und E. Hirsch merkwürdig einig.

Aber beurteilen darf man ihn doch nicht allein von hier aus, sondern muß zugleich seine *praktischen Leistungen* ins Auge fassen. Katechetisch-pädagogische Arbeiten sind durch ihn ganz neu angeregt. Die Predigt bekam neue Impulse durch die Aufgabe der Erweckung, die ihr nun gestellt war. In der Verbreitung der Bibel hat er wirklich Hervorragendes geleistet, mit der Schaffung der Bibelgesellschaften auch bleibende Hilfsmittel dafür geschaffen. Auch eine Erbauungsliteratur hat erst durch ihn auf lutherischem Boden weitere Verbreitung erfahren. Die soziale wie die missionarische Arbeit der Kirche verdankt ihm ihren praktischen Anfang. Im theologischen Studium trat die Bibel an Stelle der Polemik und Systematik in den Mittelpunkt, daneben die Kirchengeschichte. Im Pfarrerstand sind wesentliche sittliche Mängel so gut wie behoben, und auch auf den Adel (Preußen) und das Volk (Schwaben, Rheinland) gingen gute Einflüsse in dieser Richtung von ihm aus.

All diesen unübersehbaren Förderungen, die die Kirche dem Pietismus verdankt, stehen auf demselben Gebiet freilich auch Gefahren zur Seite. Indem er den Subjektivismus in den Gottesdienst hineintrug, half er mit, die Liturgie abzubauen, und auch in der Auslegung der Bibel wurde ein Subjektivismus gepflegt, der zeitweilig fast zügellos genannt werden muß. Ebenso haben die Konventikel das Gemeindeleben fraglos gefährdet. Daß die Befreiung des Individuums *kulturell* kaum zu überschätzen ist, auch der Aufschwung der deutschen Dichtung im 18. Jahrhundert kaum zu denken ist ohne die stete Selbstbeobachtung, zu der die pietistische Frömmigkeit erzog, und ohne die von ihm erarbeitete Fähigkeit, sie in Worten lebendig werden zu lassen, ist *kirchen*geschichtlich nicht entscheidend. Aber auch kirchengeschichtlich war ein Durchbruch notwendig durch das starr gewordene System der Orthodoxie, das die durch die neue Wissenschaft aufgeworfenen Fragen nicht mehr beantworten konnte; ebenso die Überwindung von dessen Einseitigkeit. Weil der Pietismus diesen Neuansatz gebracht hat, deshalb ist er auch kirchengeschichtlich als ein Fortschritt zu werten. Licht gibt es freilich nie ohne Schatten.

Literatur

Siehe die Anmerkungen S. 414 f.

§ 48. Die Aufklärung

1. Wesen und Entstehung der Aufklärung. Es war der Orthodoxie nicht möglich gewesen, Fragen, die eine neue Zeit stellte, zu beantworten; insbesondere versagte sie vor dem Problem des Verhältnisses Gottes zur Welt, so wie es aus neuen naturwissenschaftlichen Erkenntnissen aufbrach. Es war aber auch eine tiefe Kluft entstanden zwischen dem asketisch gefärbten Christentum, das der Pietismus pflegte, und einem neuen weltverhafteten Denken, das seiner selbst bewußt war. Mochte der Pietismus Gott und Ich wieder verbunden haben, so riß er dafür Gott und Welt weit auseinander. Dies letzte Problem, die Frage nach Gott und Welt, beherrschte nun die Aufklärung, ohne Zweifel ein legitimer Ansatz, zumal schon seit den Tagen der alten griechischen Denker Gottesglaube und Naturerkenntnis verknüpft waren, was die christliche Theologie aufgenommen hatte.

Damit zugleich brach aber die Frage nach der Stellung des Menschen auf, des sich seiner Fähigkeiten zur Welterkenntnis *und* Weltgestaltung bewußt werdenden Menschen. So ist mit der Gottesfrage ein tiefes anthropologisches Problem verbunden.

Was vom Pietismus als zeitbestimmendem Faktor galt, gilt aber auch von der Aufklärung. Wie jener die Orthodoxie nicht beseitigt hat, so hat auch die neue geistige Bewegung sich nur als eine dritte, wenn auch zeitweilig bestimmende Gruppe neben die beiden schon bestehenden, Orthodoxie und Pietismus, setzen können. Die innere Auflösung der evangelischen Kirchen setzte sich fort; sie blieben weder theologisch noch dem Frömmigkeitstyp nach einhellige Gebilde.

Jedoch bedeutet die Aufklärung einen ganz tiefen Einschnitt. Bis zum Pietismus hin ist *alles* geistige Leben, auch auf evangelischem Boden, durchaus *innerkirchlich* gewesen. *Alles* stand in engem Zusammenhang mit dem Christentum. So blieb, trotz des scharfen konfessionellen Gegeneinanders, doch die geistige Einheit des Abendlandes erhalten. Diese zerbrach erst mit der Aufklärung. Eine neue Kultur entstand unabhängig von der Kirche, sie entwickelte sich ohne Berührung mit ihr und sie behauptete sich selbständig neben ihr. Und da sich dies moderne Denken nur im Kampf mit der Kirche sein Daseinsrecht erringen konnte, ist ihm ein starker Gegensatz gegen sie fast immer eigen. Das ist die große Wandlung, die das 18. Jahrhundert über Europa gebracht hat. Sie hat seine Geschichte tief beeinflußt. Die geistigen Kämpfe noch der Gegenwart sind nur auf diesem, so geschaffenen Boden vorstellbar. Auch die Geschichte der Kirche ist zutiefst davon berührt worden; sie ist deshalb ohne Kenntnis der allgemeinen geistigen Entwicklung nicht zu verstehen.

Wie kam es zu diesem Wandel? So ist zunächst zu fragen. Über dieser Frage ist sich die Forschung keineswegs einig. Die ältere katholische Theologie hat in grandioser Einseitigkeit die Reformation, sie allein, dafür verantwortlich gemacht. Die evangelische Theologie replizierte mit einem ebenso energischen Hinweis auf den Humanismus des 15. und 16. Jahrhunderts. Neuerdings haben sowohl katholische wie evangelische Forscher auf den Anteil hingewiesen, den der Katholizismus zum Werden der Aufklärung beigesteuert hat. In der Tat ist der Einfluß des Thomismus auf Leibniz und Wolff unverkennbar und Descartes ist eine direkte Weiterführung neuscholastischen Denkens (Eschweiler). So wird man alle drei genannten Größen als eine Wurzel der Aufklärung ansprechen müssen. Innerprotestantisch ist jüngst auch ein Dissensus aufgebrochen. Meist sind bisher die Wandlungen des Weltbildes als das Primäre und Entscheidende angesehen worden. E. Hirsch schilderte die Aufklärer noch kürzlich erneut als „Heroen der modernen Wahrhaftigkeit des Denkens und Wissens" und wertete ihre Haltung als vorbildlich für uns. Demgegenüber rückt Karl Barth in seiner überraschend verständnisvollen Schilderung der Aufklärung, z. T. im Anschluß an Karl Aner, den bürgerlichen Moralismus in den Vordergrund und faßt die Kritik am Dogma nur als Begleiterscheinung bzw. als Folgeerscheinung dieser humanistischen Haltung. Die Frage ist also, ob der Widerspruch gegen den sich erhebenden Zwiespalt von

Vernunft und Offenbarung das Primäre ist oder ob der Widerspruch gegen „die Herrschaft der supranaturalen Offenbarung über das *Leben*" die erste Stelle gehabt hat. Ebenso zwiespältig wie die Anschauung über die geistige Grundlage der Aufklärung ist natürlich das *Urteil* über sie. Neben voller Zustimmung zu der *Richtung* ihres Denkens — die Einzelergebnisse werden selbstverständlich nicht mehr übernommen — steht leidenschaftliche Ablehnung, die in ihr das Verderben des Abendlandes und insbesondere die schlimmste Gefährdung der Kirche seit langer Zeit sieht. Wie es damit aber nun auch sein mag — das Urteil soll nicht vorweggenommen werden —, auf jeden Fall war die Aufklärung seit langem vorbereitet. *Alle* geistigen Strömungen der Vorzeit sind an dieser Vorbereitung beteiligt gewesen.

Oben ist schon gesagt, daß in der *Orthodoxie* (S. 357 f.), im *Pietismus* (S. 424, 429 f.) und besonders in den Religionskriegen der *Gegenreformation* (S. 392) sich Züge finden, die die Aufklärung vorbereitet haben. Von großer Bedeutung ist daneben der *Humanismus* des 15. und 16. Jahrhunderts gewesen (oben § 32). Schon in ihm zerbrach die Bindung des Menschen an eine ihm übergeordnete Größe, wenigstens für gewisse Kreise. Das Individuum begann, sich selbstherrlich zu setzen. Die *Reformation* hat diese Tendenz zum Individualismus durch ihre Betonung der persönlichen Verantwortung des Einzelnen vor Gott in gewisser Hinsicht zweifellos gefördert, so sehr sie im übrigen antihumanistisch orientiert war (S. 337 f.). Karl Eschweiler hat gezeigt[1], wie stark das Denken Descartes' aber auch in der anthropozentrisch bestimmten katholischen *Theologie der Neuscholastik*, d. h. der Gegenreformationszeit, vorgebildet ist; auch sie gehört also zu den die Aufklärung vorbereitenden Größen. Ebenso ist Leibniz von ihr bestimmt worden.

Immanuel Kant hat die Frage: „Was ist Aufklärung?" 1784 mit den Worten beantwortet: „Aufklärung ist der Ausgang des Menschen aus seiner selbstverschuldeten Unmündigkeit. Unmündigkeit ist das Unvermögen, sich seines Verstandes ohne Leitung eines anderen zu bedienen. Sapere aude! Habe Mut, dich deines Verstandes zu bedienen, ist also der Wahlspruch der Aufklärung." Danach müßte man *das Wesen der Aufklärung* dahin bestimmen, daß die *Vernunft* hier *das allbeherrschende Organ* wird, dem der Wille wie das Gefühl unterworfen werden. Mit ihrer Hilfe hofft man das gesamte Leben meistern und das Ziel der Glückseligkeit erreichen zu können. Die Aufklärung ist also ein „Lebenssystem, das gegründet ist auf die gläubige Voraussetzung der Allmacht des menschlichen Vermögens" (Barth). Zu-

[1] In seinem Buch „Die zwei Wege der katholischen Theologie", 1926.

gleich wird die Vernunft hier *souverän*, nur an ihre eigenen Entscheidungen gebunden, auch auf dem Gebiet der Ethik. Derselbe Kant sagte 1798 von der französischen Revolution: „Ein solches Phänomen in der Menschengeschichte vergißt sich nicht mehr, weil es eine Anlage und ein Vermögen in der menschlichen Natur zum Besseren aufgedeckt hat, dergleichen kein Politiker aus dem bisherigen Laufe der Dinge herausgeklügelt hätte", das Vermögen nämlich und den Willen, die Welt und die Lebensbedingungen, ja den Menschen selbst mit ihnen nach *seinem* Willen zu formen und zu gestalten. Dies Können wird in der Tat durch die Aufklärung dem Menschen zum erstenmal bewußt. Man nimmt die Welt und das Leben nicht mehr gottgegeben hin und richtet sich vertrauensvoll darin ein, so gut es geht, sondern man formt sie selbst planmäßig. Karl Barth schildert wieder feinsinnig, wie dieser Formungswille sich ausgewirkt hat in der Architektur und in der Gartenkunst des 18. Jahrhunderts, auch in der Sprachpflege und in der Musik, dazu in der Mode und in der Geschichtsforschung, in der Pädagogik und in der Gesellschaft (Freimaurer, Rosenkreuzer, Illuminaten); er hätte auch die Wirtschaft noch nennen können.

Aber die Prinzipien der Aufklärung treten nicht alle sofort und total in Erscheinung, sondern sie werden auf den einzelnen Lebensgebieten selbständig und unabhängig voneinander entfaltet.

a) Für das Gebiet des *Staates* ist *Hugo Grotius* († 1645) bahnbrechend geworden. Jeder Mensch gilt ihm als ein ursprünglich, d. h. von Natur aus freies und selbständiges Wesen, niemandem untertan, auch niemandem verbunden. Alle Gemeinschaft beruht vielmehr auf dem freien Zusammenschluß freier Individuen, die einen sogenannten Gemeinschaftsvertrag schließen. Alle Herrschaft innerhalb der Gemeinschaft beruht ebenfalls auf einem solchen freien Vertrag, dem sogenannten Herrschaftsvertrag. Der Sinn dieser beiden Verträge wird dann je nach der Grundeinstellung, ob pessimistisch oder optimistisch, entweder in der Förderung des Individuums durch die Gemeinschaft gesehen (so Grotius) oder aber in der Abwendung des Chaos, das in dem ohne sie ausbrechenden Kampf aller gegen alle entstehen würde (so Hobbes). Auf jeden Fall ist der Staat als die Gemeinschaft der Bürger der Inhaber aller Rechte, unabhängig von dem jeweiligen Träger dieser Rechte. Der Zusammenhang dieser „naturrechtlichen" Staatstheorie mit dem doppelten Bundesschluß des Kongregationalismus (S. 374 f.) ist kaum zu übersehen. Im einzelnen ergeben sich natürlich viele Wandlungsmöglichkeiten; sogar der Absolutismus ist mit Hilfe der Vertragstheorie gerechtfertigt worden. Aber die Demokratie ist doch die folgerichtigste Staatsform dieses Denkens; in ihr kommt der immer neue Formungswille auch am klarsten zum Ausdruck. Dieser hat aber auch die Herrschaftsform des Absolutismus schon eindeutig bestimmt, die vielleicht erst von hier aus richtig verstanden werden kann.

Für das *theologische Urteil* ist an der neuen Staatsidee entscheidend,

α) daß hier die *Grundlage des Staates* rein *humanistisch* gesehen wird; er wurzelt im Willen der Menschen, nicht in einer Anordnung Gottes (Röm. 13);

β) daß dementsprechend der Zweck und die Aufgabe des Staates rein säkular bestimmt wird; die *Staatsraison allein* wird *entscheidend*. Die Folge ist, daß die jeweilige Staatsideologie nun die Norm für gut und böse wird. Die Kirche als eine dem Staat übergeordnete Gottesmacht (katholisch geurteilt) oder die Kirche als Verkünderin des Willens Gottes (evangelisch betrachtet) wird praktisch mehr oder minder weit ausgeschaltet. Der pietistische Rückzug von der Welt (S. 424) kam dieser Ausschaltung der Kirche, die der Staat vornahm, auf evangelischer Seite geradezu als Selbstausschaltung entgegen.

γ) Der neue Staat zog auch die geistigen Lebensbereiche mit in seinen Herrschaftsbereich. So wurde aus dem bloßen Rechtsstaat Luthers, der nur in der Erhaltung von Recht und Gerechtigkeit seine Aufgabe sah, der moderne *Kulturstaat*, den Pufendorf zuerst umfassend beschrieben hat. Das evangelische Landeskirchentum hat dieser Entwicklung stark vorgearbeitet.

δ) Der Idee nach, ursprünglich auch tatsächlich, ist die *Toleranz* eine notwendige Begleiterscheinung der Demokratie. Sie brachte den Menschen eine große geistige Freiheit, die als Religionsfreiheit auch den Kirchen zugute gekommen ist. Freilich hat die Toleranz daneben auch zur Auflösung des Abendlandes beigetragen. Und im Fortgang der Geschichte hat die Demokratie, von ihrem Wesen als dem unbeschränkten Herrschaftsrecht der jeweiligen Mehrheit her, auch eine ganz starke Bedrohung der Freiheit mit sich gebracht, was schon in der französischen Revolution sichtbar wurde. Aber zunächst sind durch die Mitbeteiligung des Volkes an den Aufgaben und der Regierung des Staates starke Kräfte entbunden worden, die vorher brachlagen.

ε) In bezug auf das *Verhältnis des modernen Staates zur Kirche* ergab sich einmal die Möglichkeit der Trennung beider. Der säkulare Staat beschränkt seinen Aufgabenbereich auf das Diesseits, das er allein für weltlich ansieht. Daneben steht die andere Möglichkeit, daß der total gefaßte Staat auch die Regelung der kirchlichen, ja, der religiösen Fragen an sich zieht, jedenfalls soweit sie die ecclesia visibilis[2] betreffen. Hobbes z. B. will nur die Anerkennung Christi als des Herrn dem staatlichen Zugriff entzogen wissen; alle anderen kirchlichen Ent-

[2] die sichtbare (verfaßte) Kirche hier auf Erden.

scheidungen fallen in den staatlichen Bereich. Hugo Grotius war nicht so weit gegangen; er wollte die Rechte des Staates beschränkt sein lassen auf die res circa sacra[3]. Aber wo liegt die Grenze zwischen Kern und Schale? Wer bestimmt sie? Auf diesem Boden hat auf jeden Fall *Christian Thomasius* († 1728) die staatskirchenrechtliche Doktrin des „*Territorialismus*" ausgebildet, die in Deutschland herrschend wurde und die bis weit ins 19., teilweise bis ins 20. Jahrhundert hinein bestimmend gewesen ist. Zwangsmittel aller Art darf nach Thomasius nur der Staat einsetzen. Von diesem Prinzip her schreibt er ihm, und ihm allein, alle kirchen*regimentlichen* Akte zu: Lehrentscheidungen, liturgische Anordnungen, Pfarrbesetzungen usw. All das hat der Fürst in seiner Eigenschaft als Fürst, und nicht etwa als Glied der Kirche, vorzunehmen. *Damit war die Kirche praktisch dem Staate ausgeliefert*, ein „Instrument der Staatshoheit" geworden. Es war nur folgerichtig, wenn die Konsistorien vielfach verschwanden und die obersten Staatsbehörden auch die Verwaltung der Kirche mit übernahmen, oder wenn das preußische Allgemeine Landrecht, also das Staatsrecht, auch für die Ordnung der Kirche die Normen aufstellte. Wenn Friedrich Wilhelm I. Christian Wolff binnen 24 Stunden bei Strafe des Stranges aus Halle verwies, Friedrich d. Gr. aber ihn in sechsspänniger Kutsche zurückholen ließ, wenn Friedrich Wilhelms II. Minister Wöllner die Pastoren aufforderte, keine bekenntniswidrigen Lehren zu predigen, und Friedrich Wilhelm III. die Union einführte, so sind das ebenfalls praktische Auswirkungen dieses Prinzips (bei Friedrich Wilhelm III. leicht modifiziert zum Summepiskopalsystem); andere Territorien bieten ähnliche Beispiele. Absolutismus!

b) Mit dem staatlichen hängt das *wirtschaftliche und soziale Leben* eng zusammen. Die tatsächliche Entwicklung der Wirtschaft und des Zueinanders der Stände führte in Holland und England schließlich unabweisbar auch zu neuen wirtschaftlichen und sozialen Theorien. „Natural economy", die dem staatlichen Naturrecht parallel geht, heißt für den berühmten Nationalökonomen *Adam Smith* aber „unbeschränkte Arbeits- und Kapitalfreiheit"; er wertete sie als einen Teil der unveräußerlichen Menschenrechte. Wie stark dies Prinzip die Welt gestaltet und umgestaltet hat, liegt auf der Hand.

c) *Ein neues naturwissenschaftliches Weltbild* berührt die Kirche vielleicht noch stärker als die schon genannten Dinge, weil es eine neue Weltanschauung in sich schloß. 1534 vertauschte *Kopernikus* bekanntlich schon das geozentrische mit dem heliozentrischen Weltbild. *Giordano Bruno* († 1600) erkannte darüber hinaus, daß die Fixsterne Sonnen seien. Damit zerbrach auch das heliozentrische Weltbild.

[3] die Dinge, die das Heiligtum umkleiden.

Kepler († 1630) entdeckte den mathematischen Aufbau des Kosmos und *Galilei* († 1642) hat schon grundsätzlich als das Ziel aller Naturwissenschaft die Aufgabe hingestellt, die mathematische Ordnung des Weltalls zu erkennen. Alle Naturmystik, alle Naturbeseelung, aber auch alle dogmatische Gebundenheit des Weltbildes war damit abgelehnt. Zugleich fand Galilei bei seinen Forschungen die Idee des strengen Kausalzusammenhanges, die für die ganze neue Weltanschauung entscheidend wichtig geworden ist. *Newton* († 1727) baute diesen Grundgedanken zum Mechanismus aus. Die neue Naturerkenntnis wurde von der Philosophie schnell aufgenommen. Schon Bacon († 1626) erkannte, das Experiment als alleinige Erkenntnisquelle benutzend,

α) daß die Wissenschaft auf diesem Wege keine *metaphysischen* Sätze erarbeiten kann; er forderte aber zugleich,

β) daß sie innerhalb der irdischen Welt die *alleinige Lehrmeisterin* sei, die *die* Wahrheit feststelle; die Theologie habe ihr Gebiet ausschließlich im übernatürlichen Bereich.

Das neue Weltbild, das die Erde und den Menschen aus dem Zentrum des Alls rückte, hat zunächst einen tiefen seelischen Schock hervorgerufen, ja einen pessimistischen Nihilismus. Erst dessen Überwindung zu einem großen Optimismus begründete die Aufklärung und schuf ein neues starkes Selbstbewußtsein des Menschen. Seine wissenschaftliche Fähigkeit begründete geradezu eine geistige Majestät, die eine fast zauberhafte Anziehungskraft entfaltete und zugleich Ungeheures geleistet hat. Das wirkte sich kirchlich freilich erst später aus. Sofort ist aber als Folge der neuen naturwissenschaftlichen Erkenntnisse das Verhältnis zur Bibel gespannt geworden, da sie allein das alte geozentrische Weltbild kennt. Auf dem Boden der orthodoxen Inspirationslehre (S. 356) mußte diese Wandlung sich doppelt kritisch auswirken. Aber auch der Gottesgedanke wurde durch die neue mechanistische Auffassung stärkstens getroffen, insbesondere der Glaube an die Lenkung des Weltablaufs und der Lebensschicksale der Einzelnen durch Gott. Naturwissenschaft und christlicher Glaube spannten sich wider einander, *eine neue Aufspaltung des Abendlandes* kam damit zu der konfessionellen hinzu. Positiv suchte schon vor Beginn der eigentlichen Aufklärungszeit und dann in ihr die Physikotheologie zu antworten, die aus der Betrachtung der einzelnen Tier- und Pflanzengattungen das Dasein und die Eigenschaften Gottes zu erweisen und zu dessen Verherrlichung anzuregen versuchte. Auch die starke Betonung der göttlichen Providenz in Chorälen wie Joachim Neanders „Lobe den Herren, den mächtigen König der Ehren“ gehört in diesen Zusammenhang, eine Antithese zum nihilistischen Schock, den das neue Weltbild ausgelöst hatte.

d) Auf dem Gebiet der *Philosophie* ist *Descartes* (†1650) der eigentliche Begründer der Aufklärung geworden. Er machte sie aus einer Erfahrungswissenschaft (Bacon) wieder zu einer Vernunftwissenschaft. Indem er die mathematische Methode als diejenige, die allein klare, evidente Ergebnisse zeitigen kann, auf die Philosophie übertrug, wollte er von *einem* sicheren Punkte aus ein einheitliches System bilden, das alle Einzelaussagen gewiß machen und so den aufgebrochenen Skeptizismus, wie er etwa bei Montaigne zu finden ist, überwinden sollte. Der grundlegende Punkt, der allem Zweifel trotzt, ist nun für Descartes aber die Vernunft: cogito, sum. So wird die Vernunft die Basis alles Wissens und die Vernünftigkeit der kritische Maßstab für alles. Damit eben hat Descartes philosophisch die Grundlage für die Aufklärung gelegt, nämlich eine volle Autonomie der Wissenschaft begründet.

Descartes glaubte auch den Gottesbegriff und, den ontologischen Gottesbeweis Anselms von Canterbury (S. 234 f.) aufnehmend, auch die Erkenntnis Gottes vernünftig erarbeiten zu können. Nicht mehr eine supranaturale Offenbarung, sondern die immanent erkennende Vernunft ist hier also das Erkenntnisprinzip für die Theologie, sofern sie sich dieser theistischen Philosophie anschließt, was sehr bald in einzelnen Kreisen, besonders in Holland, geschah. Daß dieser Konzeption ein großes Vertrauen auf die natürliche menschliche Fähigkeit und die natürliche menschliche Kraft zugrunde liegt, ist unübersehbar, wenn auch Descartes selbst den Menschen noch als ein böses Wesen auffaßte; aber immerhin war er auch für ihn ein *entwicklungsfähiges* böses Wesen. An die Stelle eines Ur-Pessimismus, der auf göttliche Hilfe vertraut und nur so wirkliche Höchstleistung möglich glaubt, tritt also hier ein Optimismus, der geradezu alles vom Menschen erwartet. —

Wenn sich aber die Philosophie von der kirchlichen Gebundenheit, gerade auch von der inneren Bindung an die Kirche löst, ferner auch Staat und Gesellschaft, Wirtschaft und Kunst, so bedeutet das, daß *die Kultur in ihrem gesamten Umfange säkularisiert* wird. Das eben ist denn auch der große Umbruch, der im 17. und 18. Jahrhundert erfolgt. Gewiß bleibt die Kirche bestehen. Gewiß gehen vom christlichen Glauben auch weiterhin starke Impulse aus, besonders, wie noch zu zeigen sein wird, in Deutschland. Aber die Übernahme christlicher Anregungen erfolgt jetzt doch völlig frei. Das Christsein bleibt nicht mehr, wie es bis dahin gewesen war, eine selbstverständliche Voraussetzung alles Lebens und Denkens. Die Ordnung des Lebens erwartet man vielmehr von der Vernunft, der Vernunft, die souverän wird, d. h. nur noch an ihre eigenen Entscheidungen gebunden ist. Mit ihrer Hilfe hofft man, eine neue Epoche friedlicher Ordnung, blühender Geisteskultur und wirtschaftlicher Wohlfahrt heraufführen zu können. — Die Sklavenjagden, die man gleichzeitig in Afrika betrieb, stehen in einem seltsamen Kontrast zu diesem Willen und zu dieser Hoffnung; sie sind geradezu ein Vorzeichen für das Endergebnis des Versuchs: das Zerbrechen des Menschenbildes.

So ist *die Aufklärung eine starke, zukunftsfrohe, humanistische Bewegung,* die, das kann niemand übersehen, *zunächst* ungeheuer große Kräfte entfaltet hat. Was sie im Kampf gegen unhaltbare Zustände erarbeitete — es seien nur die Abschaffung der Tortur im Rechtsverfahren und die Beendigung der Hexenprozesse genannt —, kann nur begrüßt werden. Gerade wir, die wir die Anwendung von Torturen wieder kennengelernt haben, können ermessen, *was* das bedeutet hat.

Wie ist sie *kirchengeschichtlich* einzuordnen?

Oben (S. 431 f.) ist schon die Fragestellung geschildert, die sich aus der Orthodoxie und dem Pietismus ergab. Indem beide Größen, und das heißt: die Theologie, wie sie damals vorhanden war, die Probleme nicht beantworten konnten, die das neue, außerhalb der Kirche aufgebrochene Denken stellte, schien nur die Wahl zu bleiben zwischen einer Beugung unter die Autorität einer inspirierten Offenbarung, die nur mit einem sacrificium intellectus[4] den neuen Denkern möglich gewesen wäre, oder aber einer „asketisch-schwärmerischen Engherzigkeit". Über diesem Zwiespalt verlor die Theologie die geistige Führung, selbst für das Gebiet der Religion. Denn das neue Denken war sich bewußt, mit der Erforschung des Alls, dem es sich mutig und ruhig hingab, und mit den Ergebnissen dieser seiner Forschung nicht Gott selbst zu bedrohen, sondern nur eine falsche Lehre von Gott (Gerhard Fricke). So suchte es auch die Religionsfrage, kirchlich im Stich gelassen, selbst zu beantworten. Wie es das tat, haben wir zunächst weiter zu fragen.

e) **Die Religionsfrage.** Das Resultat der angestellten Erwägungen ist,

α) daß der *Begriff der Kirche relativiert* wird. War er vorher grundsätzlich gleichbedeutend mit der einen wahren Kirche Christi — praktisch war durch die konfessionelle Aufspaltung der abendländischen Christenheit zwar schon ein Einbruch erfolgt, aber man beurteilte fremde Denominationen konsequent als Häresien, d. h. als Nichtkirche und vermied im übrigen nach Möglichkeit das Wort Kirche für die konfessionellen Organisationen und nannte sie „Religionsparteien" — so zerbrach jetzt der Glaube an die Alleinberechtigung einer, und nur einer, Kirche. Die naturrechtliche Vertragstheorie wurde wie auf den Staat so auch auf die Kirchen angewandt. Sie, wenigstens die ecclesiae visibiles, galten schon Grotius und Hobbes als Vereine zur Pflege

[4] Preisgabe der eigenen Einsicht.

der Religion. *Wirklichen Wert hat nur die ecclesia invisibilis* Gottes. Deshalb kann die Ordnung der kirchlichen Angelegenheiten hier auf Erden ruhig dem Staat überlassen bleiben (vgl. oben S. 436); deshalb kann auch wirklich von Kirch*en* gesprochen werden als von zwar verschiedenen, aber doch prinzipiell gleichwertigen Vereinen zur Pflege jeweils verschiedener Religionsauffassung. Die Relativierung des Begriffs „Kirche" war damit vollständig.

β) Aber auch der Begriff der *Religion* unterlag starken Wandlungen. Aus Theologie wurde jetzt Religionswissenschaft, wissenschaftsmethodisch gesprochen. Hier kommt nämlich eine Art auf, die religiösen Phänomene zu erforschen, die völlig absieht von dem kirchlichen Urteil über sie. Der Humanismus ist darin wieder vorangegangen. Er hatte aber seine Aufmerksamkeit fast allein auf die Religionen der Antike gelenkt. Die geographischen Entdeckungen brachten dann auch „primitive" religiöse Gestaltungen ins Blickfeld, daneben aber zugleich die Kulturreligionen des fernen Ostens.

Die Stellung, die man zu dem Problem der Religion einnahm, ist nun sehr verschieden gewesen. Ein bis heute hin unbekannter Mann hat schon in der zweiten Hälfte des 16. Jahrhunderts in einer Schrift „De tribus impostoribus" die aus dem Islam des 10. Jahrhunderts stammende Anschauung wiederholt, daß die Religionsstifter, Jesus eingeschlossen, Betrüger gewesen seien. Die Anschauung hat auch weitergewirkt. Aber entscheidend geworden ist die Lehre *Herberts von Cherbury* († 1648), der in seinem Buch „De veritate" den Grund für eine *„natürliche" Religionsauffassung*, für eine Vernunftreligion, ganz in demselben Sinn gelegt hat, wie Grotius es für das Staatsrecht und Descartes für die Philosophie getan haben. Nach Herbert sind nämlich die religiös-sittlichen Wahrheiten in der menschlichen Vernunft ebenso angelegt wie andere Wahrheiten auch. Eingeborene Prinzipien sind es also, die letztlich allem religiösen Denken zugrunde liegen, Ideen, die einfach zum Bestande der normalen menschlichen Natur gehören. Den Wahrheitsbeweis für diese These lieferte Herbert die Verbreitung und die Allgemeingültigkeit der religiösen Grundprinzipien. Fünf solche Grundwahrheiten entwickelte er praktisch, nämlich

αα) das Dasein Gottes,

ββ) die Notwendigkeit des Gottes-Dienstes,

γγ) die Tugend als Inbegriff dieses Dienstes,

δδ) evtl. die Notwendigkeit der Reue, und

εε) die Vergeltung in einem ewigen Leben.

Unschwer sind in diesen fünf Prinzipien die drei Leitsterne zu erkennen, denen dann die Aufklärung folgte: *Gott, Tugend, Unsterblichkeit.* Was die positiven Religionen neben diesen Grundwahrheiten lehren, ist Priesterbetrug oder Aberglaube; Dinge, die zwar das Heil der Seele nicht antasten, über die der vernünftige Mensch sich aber erhebt, weil sie seiner kritischen Einsicht widersprechen. Ein Rückgriff auf eine Offenbarung ist unnötig; diese Konsequenz ergibt sich aus alledem von selbst. Zugleich liegt in diesem Ansatz eine „Verwissenschaftlichung" der Religion. Sie bleibt nicht mehr etwas, was den Menschen nötigt, bezwingt, sondern wird etwas, was er aus sich selbst erheben und kühl, sachlich, kritisch erwägen und beurteilen kann, d.h. auch sie wird nun rein philosophisch betrachtet und bearbeitet.

γ) Neben den Erscheinungen der Religion und der Kirche wandte sich der neue kritische Geist auch sofort der *Bibel* zu. Dogmatisch-polemische und historisch-philologische Erkenntnisse arbeiteten dabei Hand in Hand. Die dogmatische Kritik entzündete sich vor allem an der Verwendung, die alttestamentliche Aussagen im Neuen Testament gefunden haben. Die philologische Kritik setzte beim Pentateuch und den synoptischen Evangelien ein, sowie beim Bibeltext. Die Exegese, die die theologia regenitorum des Pietismus gerade streng an pneumatische Voraussetzungen gebunden hatte (vgl. S. 418. 422 f.), wurde nun völlig von jeder solchen Bindung gelöst; philologisches Können und logisches Denkvermögen sind allein entscheidend. Der Bibel wird also ihre „kanonische", d.h. exzeptionelle Stellung genommen, sie wird einfach in die allgemeine Weltliteratur eingereiht. Demzufolge entscheidet über Person und Zeit der Verfasser biblischer Bücher nicht mehr die kirchliche Tradition, sondern allein der historische Befund. Man spürt auch nicht mehr der Anschauung der Bibel als einer einheitlichen Größe nach, sondern sucht gerade die Eigenart der einzelnen Bücher und Verfasser herauszuarbeiten. Vollends geriet der Kanonsbegriff ins Wanken, als J.S. Semler († 1791) dessen Entstehungsgeschichte schilderte. Schon vorher, 1672, hatte Marsham den Zusammenhang der alttestamentlichen Religion mit anderen orientalischen Kulten entdeckt, ein schwerer Angriff auf ihren Offenbarungscharakter. Diese historische Kritik traf die Lehre von der Verbalinspiration, der damals alle Kirchen folgten, schwer; den Protestantismus berührte der Angriff aber besonders stark, weil er sich auf die Bibel allein stützte.

f) Zur selben Zeit fast wie für die natürliche Religion wurde auch die Grundlage für eine *natürliche Ethik* gelegt. Voran gingen hier der Engländer Bacon und der Franzose Charron († 1605); besondere Bedeutung für sie hat aber der Franzose *Pierre Bayle* († 1706) bekommen, der bekannte Herausgeber des Dictionnaire historique et critique (1695—1697). Er behauptete die Existenz einer überall gleichen, angeborenen Sittlichkeit, die völlig unabhängig sein sollte von einem geoffenbarten Gottesgesetz. Die Greuel der Gegenreformation haben dieser These negativ stark vorgearbeitet insofern, als sie in vielen Menschen den Glauben zerstörten, daß vom Christentum sittlich erneuernde Kräfte ausgehen könnten. Positiv liegt in der Stellung Bayles natürlich ein Überwuchern des Naturrechtsgedankens. Das Hauptproblem, das sich sittlich auf diesem Boden ergibt, ist inhaltlich das nach dem Gleichgewicht zwischen dem Universalzweck des Ganzen und dem Selbstzweck des einzelnen, der Harmonie von Selbstliebe und Gattungsliebe (Shaftesbury). —

Die entwickelten Gedanken bilden die wesentlichen Züge der Aufklärung, die, wenn auch mit Modifikationen, sich überall finden. Daneben ergaben sich aber geschichtlich wichtige und zugleich bezeichnende Unterschiede in den einzelnen Ländern.

2. Die Aufklärung in den einzelnen Ländern

a) *Der englische Deismus* hielt den Gedanken an Gott als den Schöpfer der Welt fest; er ergab sich ihm vor allem aus der Schönheit und Zweckmäßigkeit der Welt. Auch der kausal-mechanische Naturbegriff schien ihn nahezulegen. Gott spiegelt also das Verhältnis des Menschen zur Welt wider, wie man es damals sah: Wie der Mensch die Welt gestaltet, so Gott das All. Aber die durch die Schöpfung begründete Gesetzmäßigkeit von Ursache und Wirkung machte nun eine providentielle Erhaltung und Regierung der Welt durch Gott unnötig und unmöglich; der Weltgang läuft, einmal in Betrieb, wie ein Uhrwerk ab. Ist in diesem Denken der Gottesgedanke also auch erhalten, so ist doch das Leben des einzelnen Menschen wie der Ablauf der Geschichte Gott entzogen, ein Gebet etwa, das nicht reine Anbetung ist, sinnlos geworden. Die Entleerung des Glaubens, die hier erfolgte, ist also schon überaus stark.

Die ethische Auffassung des Deismus ist zunächst dadurch bestimmt, daß der calvinische Anstoß zur Weltgestaltung (oben S. 366) hier zusammentraf mit dem neuen naturrechtlichen Fortschrittsglauben und Gestaltungswillen, der auch das Gebiet des sozialen Lebens früh einbezog (oben S. 436). Die Aufklärung hat den calvinischen Ansatz freilich oft zu einem Erfolgsstreben denaturiert, das den Erfolg als solchen schon als ein Zeichen für Gottes Wohlgefallen nahm und derart die Ethik zu einem eudämonistischen Glücksstreben oder zu einer platten Nützlichkeitsmoral absinken ließ. Doch ist der Deismus in England relativ schnell überwunden worden und das Christentum dort bis in unser Jahrhundert hinein eine wirkliche Macht im gesamten öffentlichen Leben geblieben.

b) In *Frankreich* dagegen hatte der Kampf *Ludwigs XIV.* gegen die Hugenotten eine Hochburg der Frömmigkeit im Lande zerstört; er hatte zudem auch in den Herzen von Katholiken schwere Bedenken gegen diese Art des Vorgehens erweckt, die sich in religiösen Zweifeln auswirkten. Ferner war im Jansenismus (S. 391 f.) der Versuch einer Vertiefung des katholischen Lebens durch Rückgang auf Augustin erwacht und — erstickt. Vor allem aber belastete die äußerlich bigott fromme, in Wirklichkeit aber frivole Haltung des Hofes das religiöse Leben des Landes schwer; nichts ist ihm gefährlicher als offenkundige Heuchelei. Eine tiefe soziale Opposition gegen die Krone, die ebenfalls schon unter Ludwig XIV. erwachte, kam hinzu. Damit war der Boden bereitet, auf dem die neuen Ideen ins rein negativ Radikale umschlagen konnten; sie haben in der Tat einen leidenschaftlichen Kampf gegen Kirche und Christentum ausgelöst, um schließlich in der französischen Revolution zu enden. Schon Pierre Bayle, dessen Dictionnaire bereits genannt ist, kam von einem erkenntnistheoretischen Sensualismus aus zu religiöser Skepsis. Lamettrie erweiterte die Stellungnahme zu folgerichtigem Materialismus und Atheismus: „l'homme machine"[5]. Hier wird schon deutlich, wie sehr der Weg, der den Menschen erheben sollte, ihn in Wirklichkeit erniedrigte. *Voltaire* war zwar kein Atheist, aber sein Haß gegen Kirche und Pfaffentum äußerst heftig. Vielleicht haben seine geistreichen Satiren sogar stärker abbauend gewirkt als die plumpe Direktheit Lamettries. Der Konvent der Revolution schaffte 1793 zunächst die christliche Zeitrechnung ab, verbot aber noch im selben Jahr das Christentum überhaupt. In Gestalt einer Dirne wurde die Göttin der „Vernunft" verehrt, freilich nur für kurze Zeit.

c) In **Deutschland** steht ein so großer und in seiner Art so frommer Denker wie *Leibniz* († 1716) bestimmend vor der Aufklärung. Er hielt gegenüber dem Mechanismus am Idealismus fest wie auch am Gottesglauben. Logische Denknotwendigkeit ist aber auch für Leibniz wie für Descartes Grund genug, Aussagen für „wahr" zu halten. Neben so logisch begründete und deshalb als „ewig" gewertete Wahrheiten stellte Leibniz dann freilich die nur empirisch erfahrbaren Wahrheiten als „kontingente" (sie sind *in Gott* freilich auch logisch begründet). So versöhnte Leibniz zunächst Rationalismus und Empirismus. Was aber wahr ist, muß auch existieren; so kommt den ewigen Wahrheiten eine bevorzugte Existenz zu — die Grundlage für den Idealismus von Leibniz. Das Wesen der Welt stellte er sich, die Atomlehre weiterbildend, als von kleinsten, kraftgeladenen, ja geradezu beseelten Teilchen (freilich von verschiedener Denkkraft) gebildet vor, die er Monaden nannte. Sie sind untereinander ohne Verbindung. Jede Monade hat aber einen Spiegel des Universums in sich und ist dadurch trotz ihrer Selbständigkeit zur Harmonie mit dem Ganzen prästabiliert. So

[5] Der Mensch ist (nur) eine Maschine.

ergibt sich ein harmonischer Ablauf der Welt, der einem Ziel zustrebt. Die oberste Monade ist Gott, der auch die prästabilierte Harmonie der Monaden geschaffen hat. Diese Monadologie enthält die Eigentümlichkeit des Denkens von Leibniz. Das harmonische Denken, das sich in ihr ausspricht, steht Thomas von Aquin näher als dem deus absconditus Luthers und dem Gerichtsernst von dessen Verkündigung. Mit Leibniz beginnt die deutsche Aufklärung. Wie Wilhelm Dilthey zuerst gesehen hat, will sie, aller Kritik am überlieferten Christentum zum Trotz, bewußt „fromm" sein.

3. **Die Aufklärung in der deutschen Theologie.** Die Umwälzung in der Weltanschauung, die sich vollzogen hatte, stellte die Theologie vor äußerst schwerwiegende Probleme. Sie einfach zu negieren, wie es die Pietisten großenteils versuchten, erwies sich als unmöglich. Ging das nicht, dann ergab sich aber die Frage, mit der wir noch heute ringen: Wie der Ausgleich zwischen dem wissenschaftlichen Denken, das seine Anerkennung beansprucht, und der biblischen Offenbarung hergestellt werden kann. Über dem Ringen mit dieser Frage kamen alle Theologen der Aufklärung gemeinsam zu einer Absage an das orthodoxe System. Positiv fielen ihre Antworten sehr verschieden aus.

Seit Tholucks „Geschichte des Rationalismus" (1865) gilt als die erste Stufe der Aufklärung innerhalb der deutschen *Theologie* der Wolffianismus. Und zwar soll Christian Wolff († 1754), sein Urheber, ein Schüler von Leibniz gewesen sein und diesen nur systematisiert und popularisiert haben. Daß dies nicht stimmt, hat Herbert Schöffler klar gezeigt; Wolff war ein konsequenter Anhänger der mathematischen Methode, Atomist und Mechanist, der auch Gott mathematisch glaubte errechnen zu können. Ein Intellekt, der nur den Erdboden umfaßt, verhält sich zu einem Intellekt, der unser Planetensystem umfaßt, wie 1 : 92 483 305 005 195 264; dieser zu einem, der das sichtbare Sternensystem umfaßt wie: 1 : 478 601 103 401 885 491 200 000[37]. Gott ist entsprechend größer (Philipp). Die Welt wird so zu einer Maschine, die Gottes Weisheit erdacht hat. Das menschliche Denken kann die Gesetze und das Wesen des Seins stringent erfassen; insofern ist Wolff bewußt Intellektualist bzw. Rationalist, in vieler Beziehung von der Scholastik abhängig. Im übrigen galt er als Vater der Physikotheologie. Daß das grundfalsch ist, hat Wolfgang Philipp klar erwiesen. Sie ist schon an der Schwelle des 18. Jahrhunderts in England und Deutschland weit verbreitet gewesen und hat schon spätorthodoxe Theologen in ihren Bann gezogen. Sie erhebt Gott nicht, wie Herbert von Cherbury tat, a priori aus der menschlichen Vernunft, sondern a posteriori aus der Schöpfung. Typisch für sie ist etwa Fr. Chr. Lessers „Testaceo-Theologia", die den Nebentitel trägt:

„Gründlicher Beweis des Daseins und der vollkommensten Eigenschaften eines göttlichen Wesens aus natürlicher und geistiger Betrachtung der Schnecken und Muscheln, zur gebührlichen Verherrlichung des großen Gottes und Beförderung des ihm schuldigen Dienstes." So hat fast jede Pflanzen- und Tiergattung eine eigene Theologie bekommen. Wie Philipp gezeigt hat, geht es dabei zugleich aber um den Menschen, nämlich um die Frage, ob er eine Zufallsgruppierung von Atomen oder ob sich in ihm, wie in der sonstigen Natur, Gottes Wunderherrlichkeit offenbart. Nur wenn sie für die ganze Natur gilt, gilt sie auch für den Menschen. Wenn dessen Geschaffen-Sein aber gilt, so gibt ihm diese Tatsache Sinn, Würde und Geborgenheit, denn dann ist er ein Reflex der Doxa Gottes. Damals sind die *Licht*lieder des Gesangbuches entstanden: „Morgenglanz der Ewigkeit, Licht vom unerschöpften Lichte", und von *hier aus* hat die Zeit ihren Namen: enlightenment, Aufklärung. Das Ganze ist aber zu verstehen als eine durch die neue Naturmechanik existentiell notwendig gewordene Gegenbewegung, als Abwehr des durch sie ausgelösten nihilistischen Schockes, des kosmischen Nihilismus, in dem sich der Mensch verloren glaubte.

Der Umschlag dieser Stimmung lag freilich nicht fern; daß man nämlich Gott wegen der *Un*vollkommenheit der Welt in Schutz nehmen mußte; schon die Naturkatastrophe des Seebebens von Lissabon (1755) veranlaßte dazu.

Von dieser neuen Schau der Dinge her, die Philipp erschlossen hat, ist die ganze Einteilung der Aufklärung, soweit sie die deutsche Theologie betrifft, fraglich geworden und muß neu erarbeitet werden.

b) Eine andere Phase der deutschen Aufklärung, *Neologie* genannt, ist charakterisiert durch die Hinwendung von der Natur zur Geschichte (im weitesten Sinne des Wortes), insbesondere auch der biblischen Geschichte.

Aber es ist eine durch und durch kritische, nicht eine ehrfurchtsvolle Hinwendung zur Geschichte, die hier erfolgt. Man stellt sich dieser nicht und horcht nicht auf das, was sie zu sagen hat, sondern schulmeistert sie im Bewußtsein der eigenen Hochleistung kräftig. Daneben steht der Versuch, mit Hilfe der Bibel die „natürliche" Theologie zu begründen und so den Ausgleich zwischen Vernunft und Offenbarung zu finden. Dieser Ausgleich erfolgt also zugunsten der natürlichen Theologie, die damit in den Vordergrund tritt. Göttlichen Ursprungs ist z.B. für Semler in der Bibel nur, „was zur moralischen Besserung dient"; inhaltlich genau so entscheidet Lessing, der in diesem Sinne „Neologe" war, im „Nathan". Indem aber die ganze Vergangenheit zum Objekt der kritisch-historischen Betrachtung gemacht wurde, war die Historisierung der Theologie eingeleitet, die noch nicht einmal bei Karl Barth trotz dessen leidenschaftlichen Bemühens ihr Ende gefunden hat.

Die erste direkte Folge dieser Neuerung war eine radikale *Moralisierung des Christentums.* Es ging den Menschen von damals ernsthaft um die praxis pietatis[6]. Die theologische Theorie erschien ihnen als unfruchtbar. Das *Leben* sollte verändert und gestaltet werden; das ist der eigentliche Sinn auch des Christentums. Arbeitsamkeit und Treue, Nächstenliebe und Gerechtigkeit, Aufrichtigkeit und Wahrheit sind deshalb die christlichen Pflichten und Tugenden, die gepriesen werden. Auch die Selbstliebe, die geordnete natürlich, gehört zu diesem Pflichtenkreis. Daß man die ewige Seligkeit als Belohnung für die Tugend erhoffte, bringt auch noch einen eudämonistischen Grundzug in diese moralistische Haltung hinein. In beidem wird der Abstand „lutherischer" Kirchen von Luther mit Händen greifbar.

Die zweite Folge war, daß man zwischen „Religion" und „Kirche" unterscheiden mußte, d.h. zwischen dem eigentlich mit dem Christentum Gemeinten und den Formen, in denen es sich gab. Die Frage nach dem *Wesen des Christentums* wurde brennend. Man sah es im Moralisch-Praktischen. Bei der Rechtfertigung dieser Schau sowie bei der Begründung der Kritik an den christlichen Grunddogmen der Erbsünde und der Erlösung, der Trinität und der Zweinaturenlehre, landete man nun aber doch wieder bei einer Theorie, die man als „tote Lehre" gerade leidenschaftlich ablehnte. So widersprach man sich selbst.

Dabei konnte der Ausgleich zwischen Vernunft und Offenbarung, der gesucht wurde, auf diesem Wege doch nicht wirklich gefunden werden. Eine zunehmende Radikalisierung mußte deshalb die Folge sein. Hermann Samuel Reimarus († 1768) bestritt denn auch schon die Offenbarung völlig; das Christentum geht nach ihm auf Betrug zurück.

c) Die Neologie wurde abgelöst vom *Rationalismus.* Nun erst wird die ratio, der Verstand, wirklich die Grundlage aller Kritik und alles, was vor ihm nicht bestehen kann, wird abgelehnt. Aber auch die Rationalisten wollten an der Bibel festhalten, um ihr moralische oder sonst praktisch verwertbare Wahrheiten zu entnehmen. So konnte sich auch der Rationalismus als eine *innerkirchliche* Gruppe entfalten. Aber hier sind dann doch solche Trivialitäten möglich geworden wie eine Predigt über die beste Methode der Stallfütterung zu Weihnachten, anknüpfend an Ochs und Esel, oder eine Übersetzung des Vaterunsers in den neuen Geist. Die Kanzel wurde zum Vortragspult im Dienst der Aufklärung des Volkes, der Hebung seiner Bildung und seiner moralischen Besserung.

[6] Das praktische Christentum.

4. **Die Bedeutung der Aufklärung** als einer geistesgeschichtlichen Erscheinung steht hier nicht unmittelbar zur Debatte. Wenn sie wirklich wesenhaft ein „sapere aude" war, dann war es auf jeden Fall ein notwendiger, ja ein dem Menschen gebotener Weg, den sie eingeschlagen hat (vgl. Gen. 1,28). Und sie hat Großes geleistet, noch Größeres angebahnt, wie noch einmal betont werden muß. Daß die Gefahr, der Hybris zu verfallen, auf diesem Weg riesengroß war, ist freilich zugleich unübersehbar.

Die Bedeutung der Aufklärung für das Leben der *Kirche* ist gerade wegen ihrer positiven Leistung schwer zu erfassen. Daß sie auch im Raum der Kirche eine notwendige Frage stellte, ist oben schon gesagt (S. 431). Wichtig ist hier auf jeden Fall die eben zuletzt geschilderte konsequente Moralisierung des Christentums, die die Aufklärung, freilich nicht ohne Vorarbeit des Pietismus, vollzog. Sie wirkt bis heute hin nach und ist die stärkste Hemmung für die Verkündigung des sola fide sola gratia, die sich denken läßt. Wichtig ist daneben, was auch schon erwähnt wurde, die neue wissenschaftlich begründete Weltanschauung, weil sie *alle* Kirchen, so verschieden ihre Reaktion auch war, in eine noch bis heute hin dauernde Auseinandersetzung mit ihr genötigt hat, deren echte Tiefe vielleicht erst heute aufleuchtet. Sie nötigte vor allem zu einem neuen Ringen darum, was denn nun eigentlich die tragende Mitte der kirchlichen Botschaft ist, und zugleich um die Frage, wie diese den Menschen einer veränderten Zeit und eines veränderten Lebensgefühls zu verkündigen sei; sie nötigte schließlich zu einem Ringen um die Sachfrage nach dem Verhältnis von Gott und Welt und das heißt, von Gott und Kultur. Daß diese Aufgaben gesehen und von der Kirche angepackt wurden, ist ein Beweis ihrer geistigen Lebendigkeit. Trotzdem erhielt die Kirche über dem Ringen mit ihnen aber die Signatur des Altmodischen. Wie E. Hirsch klar gezeigt hat, auch durchaus mit Recht: Positionen, die eine bestimmte Generation leidenschaftlich bekämpfte, hat nämlich schon die nächstfolgende oft bejaht, dafür aber die inzwischen erarbeiteten wissenschaftlichen Thesen energisch abgelehnt. Mit solcher „Apologetik" war und ist kein Sieg zu erringen. Ein „Wirrwarr ohnegleichen" ist denn auch auf dem Boden des Protestantismus das eigentliche Resultat gewesen, das freilich erst im 19. Jahrhundert voll spürbar wurde. Daß die Antworten, die die Theologie der Aufklärung selbst gab — mit ihnen haben wir es hier zunächst zu tun —, nicht nur unzulänglich waren, sondern mit ihrem Sichausliefern an den Zeitgeist eine Entleerung, eine Aushöhlung des Christentums von sehr gefährlichem Ausmaß bedeutet haben, ist wieder ohne Frage. Das hat schon Lessing gesehen und ist gerade dadurch zu seinem *Zwei*frontenkrieg gegen die Neologie *und* die so schlecht verteidigte Orthodoxie (Goeze) gekommen. Nur ist dabei noch einmal zu bedenken, daß die Männer des 18. Jahrhunderts das Christentum keineswegs aushöhlen *wollten;* sie glaubten sogar ernsthaft, es zu erfüllen, es als Lebensmacht Wirklichkeit werden zu lassen. Das ist ihnen nun freilich keineswegs gelungen. Es konnte ihnen schon deswegen nicht gelingen, weil sie sich der Botschaft des Evangeliums nicht hingaben, sondern diese nur gelten ließen, *soweit* sie ihren individualistischen Maßstäben entsprach, und das heißt, da jeder Mensch irgendwie zeitgebunden ist, soweit sie den Maßstäben der damaligen Zeit entsprach. Man wollte doch nur relativ gebunden sein. Man bejahte also das Christentum, aber „man bejahte es voll heimlicher Souveränität" (Barth). Solche Haltung ihm gegenüber, solche Selbstherrlichkeit auch ihm gegenüber hat es in der Kirchengeschichte, rein auf das Faktum gesehen, oft gegeben. Das Neue ist, daß die Kritik hier *bewußt* angewandt wurde, daß die Vorbehalte zum Prinzip erhoben wurden, daß die nur relative Bejahung zur Methode gemacht wurde. Das ist der große Einbruch, der hier erfolgte. Die Absolutheit der Botschaft Gottes ging verloren. „Entweder ist die Kirche aber wirklich die Hütte Gottes bei den Menschen oder sie ist gar nichts, eine schillernde Belanglosigkeit" (Halfmann). Die Relativierung, die sich hier ergab, geschah nun aber *in* der Kirche, ja die Kirche selbst vollzog sie durch ihre berufenen Organe; sie vollzog sie *im Willen,* fromm zu sein. Darin liegt die eigentliche Not, die die Aufklärung kirchlich mit sich gebracht hat.

Es müßte eigentlich jeden evangelischen Christen anfechten, zu sehen, wie sehr gerade die „Kirche des reinen Wortes Gottes" mit alledem der Häresie anheimgefallen ist. Hier muß uns das Rühmen gründlich vergehen. Statt dessen muß ein immer erneutes, ernsthaftes und vielfältiges Fragen beginnen. Wo ist denn nun die Kontinuität der wahren Kirche? Karl Barth sagt zu Beginn seiner Schilderung der Aufklärungstheologie: „Jede *Periode* der Kirche will in der Tat als Periode der *Kirche* verstanden werden, d.h. als eine Zeit der Offenbarung, der Erkenntnis und des Bekenntnisses der *einen* christlichen Wahrheit, aber als eine *besondere,* als *diese* Zeit solcher Offenbarung, solcher Erkenntnis und solchen Bekenntnisses" (S. 13). Aber wie *diese* Periode, die der Aufklärung, ernsthaft als eine Zeit der Offenbarung oder auch nur der Erkenntnis der einen christlichen Wahrheit verstanden werden kann und nicht als Abfall gewertet werden muß, das wird auch bei ihm nicht deutlich. Worin liegt denn nun eigentlich die Kontinuität der einen Kirche, der einen Wahrheit? So muß noch einmal gefragt werden. Nur in dem Rest der Altgläubigen dieser Zeit? So hat es selbst im 19. Jahrhundert unter denen, die die Aufklärung leidenschaftlich ablehnten, niemand angesehen. Kirche ist ja doch auch mehr als nur eine Summe von wahrhaft Gläubigen. In der Bewahrung von

Gottes Wort und Bekenntnis? Aber beides blieb doch nur rein formal bewahrt. Es hat so tolle Dinge nicht verhindern können, wie sie damals unangefochten — unangefochten! — in der Kirche geschehen sind. Liegt die Kontinuität der Kirche darin, daß dieser konsequente Versuch, das Christentum dem Zeitgeist anzupassen und es zugleich zu humanisieren, doch verhindert ist? Das ist ohne Frage wichtig. Aber ist das genug? Hier wird die Frage nach der Kontinuität der Kirche inmitten der Häresie wirklich *noch* brennender als im Mittelalter. Sie erhält aber erst ihr volles Gewicht, wenn noch ein Weiteres hinzugenommen wird. Gott ist der Herr der Geschichte und Christus das Haupt der Kirche. Welchen Sinn hat es, daß sie die Kirche geschichtlich in diese Versuchung und in diese Tiefe des Irrens geführt haben? Und nicht bloß in eine Tiefe des Ringens, das heute noch andauert; wir alle stehen ja noch unter dieser Nachwirkung der Aufklärung, schon angesichts der Technik, ohne die wir doch unser Leben nicht mehr weiterführen können. Nur Selbsttäuschung kann also meinen, dem geschichtlichen Einfluß der Aufklärung entzogen zu sein. Da die Geschichte kein Zurück kennt, kann auch niemand hinter die Aufklärung zurück; wir alle sind in bestimmter Hinsicht ihre Kinder. Welchen Sinn hat es also, daß Gott uns, uns als Kirche, *diesen* Weg geführt hat und führt? Mit dem Optimismus des Fortschrittsglaubens können wir diese Frage keinesfalls mehr beantworten, so sehr wir uns einiger Dinge freuen müssen, die die Aufklärung geschaffen hat; schon Troeltsch hat es im Grunde nicht mehr gekonnt[7]. Mit dem Pessimismus der Annahme eines steten „Verfalls“ können wir sie aber auch nicht beantworten; er ist letztlich Unglaube gegenüber dem Gott, der trotz aller Sünde der Menschen die Führung der Geschichte und die Gestaltung seiner Kirche in der Hand behält. Wie aber dann, wenn diese beiden Möglichkeiten ausscheiden? Die Frage, welchen Sinn die Aufklärung im Rahmen der Geschichte der *Kirche* hat, ist aber in der Forschung bisher nicht wirklich gestellt und deshalb ist auch keine Antwort erarbeitet. Ist die Frage nach dem Verhältnis Gottes zur Welt und zur Kultur so wichtig, daß Gott eine ganze Periode der Geschichte für sie bereitstellen mußte? Auch dann, wenn die Antwort, wie geschehen, total unzureichend ausfiel? Gott verliert über der Schau des Deismus wie des Materialismus ja sogar die direkte Beziehung zur Welt und damit zugleich auch zum Ich! Daß also von einem neuen Ausgangspunkt her noch einmal versucht werden mußte, diese Frage zu beantworten, ist klar. Aber die Grundfrage nach dem Sinn dieser göttlichen Führung ist damit noch nicht gelöst. So kann der Verfasser nur bekennen, daß er zwar Gott auch hinter *dieser* Phase der Kirchengeschichte am Werke glaubt, aber nicht weiß, wozu sie ihm dienen sollte.

[7] Vgl. Carlo Antoni, Vom Historismus zur Soziologie, 1951, S. 57 ff.

Literatur

Herbert Schöffler, Deutsches Geistesleben zwischen Reformation und Aufklärung. Von Martin Opitz zu Christian Wolff, 1956;
Wolfgang Philipp, Das Werden der Aufklärung in theologiegeschichtlicher Sicht, 1957;
Karl Barth, Die protestantische Theologie im 19. Jahrhundert, 1952², S. 16—152;
Emanuel Hirsch, vgl. S. 400;
Paul Hazard, Die Krise des europäischen Denkens 1680—1715. Deutsche Übersetzung 1939;
Ders., Die Herrschaft der Vernunft. Das europäische Denken im 18. Jahrhundert. Deutsche Übersetzung 1949.

§ 49. Der Idealismus

Das geistige Leben stand gegen Ende des 18. Jahrhunderts vor der einen großen Aufgabe, sich mit den Problemen auseinanderzusetzen, die die Aufklärung aufgeworfen, aber nicht gelöst hatte. Dabei ist zu unterscheiden zwischen den geistigen Aufgaben, die die Aufklärung auch uns Heutigen noch überlassen hat (vgl. oben S. 447), und dem Ringen mit der Ausprägung, die die Aufklärung geschichtlich im 17. und 18. Jahrhundert fand. Zunächst darf uns nur das Letztere beschäftigen. Wir müssen uns dabei auf Deutschland beschränken.

Als erste Gegenmacht trat der Aufklärung geistig der Idealismus entgegen.

1. **Die neue Fragestellung.** Die Aufklärung hatte über ihrem Ringen mit den beiden Polen „Gott und Welt" das Verhältnis „Gott und Ich" total vernachlässigt. Vom deistischen Ansatz her war sogar überhaupt keine Möglichkeit zu einer befriedigenden Beantwortung dieses Problems gegeben. Die materialistische Gruppe der Aufklärung bedrohte das Ich sogar vollends; sie ließ überhaupt keinen Raum für eine lebendige Persönlichkeit. Von daher mußte die Frage nach der Freiheit brennend werden. Zugleich damit brach aber das Problem des Verhältnisses eines freien Ich zu Gott auf.

Die rationale Einseitigkeit der Aufklärung hatte zudem ganze Provinzen des menschlichen Seins verkümmern lassen. So erhob sich auch das Problem des vollen, ganzen Menschseins, das Problem eines sinnerfüllten Vollebens, der Humanität. Das sind die wesentlichen Fragen, mit denen der Idealismus gerungen hat. Bei dem Versuch, sie zu lösen, sind die kritischen Gedanken der Aufklärung über die historische Grundlage der Bibel sowie über die Kirche und ihre Entwicklung im wesentlichen beibehalten.

2. **Der Begriff „Idealismus"** ist besonders durch Ernst Troeltsch ins allgemeine Bewußtsein erhoben worden. Er wird aber keineswegs

überall eindeutig verwandt. Nicht wenige Forscher beschränken ihn auf die kritische Philosophie des beginnenden 19. Jahrhunderts. Vielfach wird er jetzt aber auf die ganze große geistige Bewegung ausgedehnt, die in der Mitte des 18. Jahrhunderts mit dem „Sturm und Drang" begann und einerseits in der Philosophie Hegels, andererseits in der Spätromantik ihr Ende fand. Eine Bewegung, die auf dem Gebiet der Dichtung, der Musik (Mozart, Haydn, Beethoven), der Malerei (Caspar David Friedrich) sowie der Philosophie gleichzeitig zu wirklichen Höchstleistungen führte, ein Ausbruch geistiger Fähigkeiten, ein Reichtum geistiger Schöpfungen im deutschen Volk, wie er, so zusammengeballt, in der bisherigen Geschichte der Menschheit sehr selten gewesen ist.

Klar *abgegrenzt* ist der Idealismus, so weit gefaßt, zunächst gegen die Aufklärung, gegen die er selbst ein lebhaftes Abstandsgefühl besaß. Aber auch gegen die neuen geistigen Regungen, die um 1835 entstanden, den Positivismus, den Sozialismus usw., ist die Grenze klar. Seine *Einheit* hat er einmal darin, daß er in all seinen Gruppen den Geist als eine „überintellektuelle Macht" ansah; daneben darin, daß er Weltanschauung und Kultur auf dem schöpferischen Berührtwerden des inneren Menschen durch ein *Übersinnliches* begründet sah. Was dies Übersinnliche ist, wird sehr verschieden bestimmt.

3. **Die romantische Gruppe**

a) Im *Sturm und Drang*, der ersten Periode der idealistischen Bewegung, wurde statt des analytischen *Denkens* vielmehr *das Gefühl* die entscheidende Lebensfunktion. Dem Vater der Bewegung, Jean Jacques Rousseau, folgten auf deutschem Boden Klopstock, Hamann, Herder als die wegbereitenden Gestalten. Herder z.B. wurde die Gestalt des *Glaubens in der Empfindung* das allein Wichtige; die greifbare Wirkung im Glaubenden, nicht etwa der Gegenstand des Glaubens. Hand in Hand damit ging eine Begründung der Religion allein auf das Gefühl, das Empfinden, das Widerfahrnis, das Erleben. Mit dieser Wiederaufnahme des pietistischen Ansatzes ist bereits ein äußerster Pol gegenüber der Aufklärung erreicht. Da Herder Nachfolge fand, hat Karl Barth recht, wenn er urteilt, daß ohne Herder die Theologiegeschichte des 19. Jahrhunderts nicht zu verstehen ist.

Aber indem Herder die Religion so in einem humanen Ansatz begründet sein ließ, war er an einem entscheidenden Punkt mit der Aufklärung eines Sinnes: die anthropozentrische Begründung der Religion ist auch hier nicht preisgegeben; im Gegenteil, der Mensch wird sogar inthronisiert. Stärker als es in den folgenden Versen geschieht, ist das wohl kaum mehr möglich (der *Mensch* ist in ihnen angeredet!):

„Nur wenn uneingedenk des engen Ichs
Dein Geist in allen Seelen lebt, dein Herz
In tausend Herzen schläget, dann bist du
Ein ewiger, allwirkender, ein Gott
Und auch, wie Gott, unsichtbar — namenlos."

Wir dürfen die schöne Voraussetzung dieser Gottwerdung, die Überwindung des Ichs zur Gemeinschaft, gewiß nicht überhören. Das Ergebnis ist aber doch: „Du bist ein Gott." Und im Gedicht „Die Schöpfung" wird die Vertauschung des Bildes mit dem Urbild, des Geschöpfes mit dem Schöpfer ebenso konsequent vollzogen: „Ich wie Gott!" Warum? Weil das Ich, gleich Gott *schöpferisch* ist. Müller-Armack hat gezeigt, daß der Kult des Genies die *erste* Form gewesen ist, in der sich der Ersatzglaube des 19. Jahrhunderts kundtat, der Kult des Genies, der in der Schöpferkraft des genialen Menschen seinen Grund hat. Dieser Ersatzglaube wird also hier, mitten in der Theologie, von einem Generalsuperintendenten und Oberhofprediger, wenn nicht geprägt, so doch gerechtfertigt. Und damit ist zugleich zum erstenmal klar, warum die Kirche auch im 19. Jahrhundert so kraftlos gegen einen sie in Frage stellenden Zeitgeist war, wie es der Fall gewesen ist (vgl. S. 396): selbst führende Männer in der Kirche haben sich nur allzu oft an diesen Zeitgeist verloren.

Das Merkwürdige ist nun aber, daß sich diese Genievergottung bei Herder paarte mit Äußerungen eines fast orthodox zu nennenden christlichen Glaubens. Diese Doppelheit ist das eigentlich Rätselhafte seiner Person. Aber sie ist bei Hamann oder bei einem so typischen Vertreter der Romantik, wie Novalis es war, genau so zu finden. Es wäre dringend notwendig, dieser für die damalige Zeit so charakteristischen Doppelheit in der Forschung einmal näher nachzugehen.

b) *Die Romantik im engeren Sinne.* Eine saubere Definition für das, was Romantik ist, gibt es nicht; es kann sie wahrscheinlich auch nicht geben, weil das Unfaßbare, das Ungreifbare, das Unbegrenzte, die Stimmung, die Ahndung, die „blaue Blume der Sehnsucht" gerade charakteristisch für sie ist. Einig ist man sich aber in allen ihren Gruppen, auch den philosophischen, darin, daß das neue Weltbild, das dem der Aufklärung entgegentreten sollte, allein vom menschlichen Geist her aufgebaut werden kann, vom geheimnisvollen „Weg nach innen" her. Nur so kann man den *Sinn* der Wirklichkeit erspüren. Die Phantasie wird von daher das Mittel, ungeahnte Erlebnismöglichkeiten zu erschließen, übrigens auch in der Malerei. Damit ist schon ausgesprochen, daß für die Romantik das Ich der ruhende Pol ist, von dem aus die Flucht der Erscheinungen bewältigt wird (Günther Müller). Dies Ich aber hat für Novalis wie für Fichte das Nicht-Ich, das Universum, sich gegenüber. Die Mitte, um die die beiden Pole, Ich und Nicht-Ich, kreisen, ist nach Novalis das „Leben", das aber in seinem geheimnisvollen Jenseits von allem Bestimmten nirgends zu fassen ist. *Deshalb* ist die Sehnsucht das tiefste Mittel, es zu verstehen.

Wir können nun das Ringen, das die fruchtbare Spannung zwischen dem Ich und dem Nicht-Ich ausgelöst hat, nicht auf allen Lebensgebieten verfolgen: dem der Poesie etwa, der Kunst, der Geschichte, der Natur; es sei nur ein Phänomen kurz gestreift, in dem es brennend und zugleich geistesgeschichtlich wichtig geworden ist: *die Liebe* zwischen Mann und Frau. Sie gerade macht für Novalis die Wechselwirkung, das reziproke Verhältnis von Ich und Nicht-Ich, von Ich und Du offenbar. Die Liebe versteht das Nicht-Ich nämlich nicht als fremd, sondern als liebendes und geliebtes Du und ist deshalb „das höchste Reale", der „Urgrund", das „Amen des Universums", der „Mittelpunkt des Paradieses". „Absolute Liebe", das folgt daraus, „ist Religion". Damit tritt uns in der Liebe die zweite Größe entgegen, die, vergöttlicht, zur Ersatzreligion wurde. Und Novalis blieb in diesem Kult der Liebe wahrhaftig nicht allein.

Aber auch bei ihm findet sich der große Widerstreit, daß er mit gleicher Inbrunst Christus anzubeten versuchte wie die Geliebte. Denn in seinem Ringen mit dem Todesproblem wurde Christus ihm die Gewißheit des ewigen Lebens. Sein jubelndes Osterlied „Ich sag es jedem, daß er lebt" ist ein wirklich schönes Zeugnis dafür. Der Ausgleich *dieser* Gewißheit mit der Religion der Liebe gelang ihm nicht.

c) *Goethe*. In diese Form, das Leben zu erfassen, gehört, kirchengeschichtlich betrachtet, auch Goethe hinein. Dem ungeheuren Reichtum seines Denkens hier nachzugehen, ist natürlich unmöglich. Er hat, geistig jung bis in sein Alter, eigentlich mit allen Strömungen, die ihm begegneten, sich innerlich auseinandergesetzt: mit der Aufklärung wie mit dem Pietismus, mit dem Sturm und Drang wie mit Spinoza, mit Kant und Fichte wie mit Hamann und Herder, mit der Antike wie mit der Bibel. Darauf beruht der große Reichtum seines Lebenswerkes. Wenn er sich während der italienischen Reise, in die Antike versunken, einen „dezidierten Nichtchristen" genannt hat, so ist das, isoliert, ebensowenig typisch für ihn, wie die Bezeugungen der Ehrfurcht vor der Bibel und vor Christus, die sich finden, isoliert, es wären.

Das Neue, das Goethe zu dem Denken des Idealismus beitrug, ist seine *religiöse Naturauffassung*. In ihrem Hintergrund steht wahrscheinlich ein Gegensatz gegen den aufgeklärten Gottesbegriff. Gott ist für Goethe nicht Idee, sondern Sein. „Gott ist Sein" bedeutet aber: Gott ist Leben, bedeutet „die Unerschöpflichkeit der schöpferischen Kraft, die unauslotbare Tiefe und Weite des grundlosen Abgrundes" (Leese). „Ich bete den an, der eine solche Produktionskraft in die Welt gelegt hat, daß, wenn auch nur der millionste Teil davon ins Leben tritt, die Welt von Geschöpfen wimmelt ... das ist *mein* Gott" (Eckermann, 20.2.1831). Wir verstehen von da aus, daß „ein glühend Leben der Gottheit lebendiges Kleid" ist. „Wie oft hab' ich mich mit Fittigen eines Kranichs, der über mich hinflog, zu dem Ufer des ungemessenen Meeres gesehnt, aus dem schäumenden Becher des Unendlichen jene schwellende Lebenswonne zu trinken, und nur einen Augenblick, in der eingeschränkten Kraft meines Busens, einen Tropfen der Seligkeit des Wesens zu fühlen, das alles in sich und durch sich hervorbringt", läßt Goethe Werther sagen. Das könnte er sich selbst ersehnt haben.

Aber neben solche Gedanken kann dann bei Goethe nun auch Christus treten. „Fragt man mich, ob es in meiner Natur sei, Christus anbetende Ehrfurcht zu erweisen, so sage ich: durchaus! Fragt man mich, ob es in meiner Natur sei, die Sonne zu verehren, so sage ich abermals: durchaus! Denn sie ist gleichfalls eine Offenbarung des Höchsten, und zwar die mächtigste, die uns Erdenkindern wahrzunehmen vergönnt ist. Ich anbete in ihr das Licht und die zeugende Kraft Gottes, wodurch wir allein leben, weben und sind, und alle Pflanzen und Tiere mit uns" (Eckermann, 11.3.1832).

Überwindung der Aufklärung! Des Deismus nämlich, der Gott und Welt auseinanderreißt, während sie hier so innig verknüpft werden, daß die Natur ein Gott kündendes Ganzes wird, „der Gottheit lebendiges Kleid". In dieser Naturverehrung sind Goethe Unzählige gefolgt bis heute hin. Aber sie ist bei Goethe selbst, anders als bei vielen seiner Nachfolger, verbunden mit hoher Zucht sittlichen Strebens. Und er schaut auch als Vorbild auf *diesem* Wege Christus. Jedoch zu dem sola fide sola gratia der Reformation konnte Goethe von da aus keinen Zugang finden; nur zu Luther als Person fand er ihn. Über eine Umformung des christlichen Denkens ist so auch Goethe nicht hinausgekommen.

d) *Schelling.* Die Goethesche Naturreligiosität wurde im philosophischen Bereich aufgenommen durch Schelling († 1854). Er glaubte, daß die Natur sich durch die mannigfachen Stufen des anorganischen wie des organischen Seins hindurch entwickle bis zu ihrer Bewußtwerdung im Menschen. Das Prinzip dieser Entwicklung kann aber nach Schelling nicht die sittliche Idee sein (Fichte!), weil auch die anorganische Natur in sie einbezogen ist. Schelling sah vielmehr den Trieb zur Schönheit als den die Entwicklung auslösenden Faktor an; er kam also zu einem ästhetischen Idealismus. Die ästhetische Vernunft ist ihm die absolute. Aber ihr Mutterschoß ist das Unbewußte, das Empfinden. Darin liegt der Gegensatz Schellings gegen die Aufklärung; zugleich wird verständlich, daß er der eigentliche Philosoph der Romantik wurde.

Weil die Natur nun das vollkommenste Kunstwerk und der vollkommenste Organismus zugleich ist, deshalb ist sie für Schelling identisch mit Gott. So findet er den Weg vom ästhetischen zum religiösen Denken. Der Ausgleich mit dem Christentum war wieder nur durch dessen Umformung möglich.

4. Der philosophische Idealismus

a) *Kant.* Er muß in gewissem Sinn als der Vollender der Aufklärung gelten, denn er schiebt die Vernunft, die nach dem Glauben der Aufklärung ja allein das Kriterium für Recht, Sittlichkeit und Religion bildet, keineswegs beiseite, sondern will nur ihre Eigenheit und Kraft kritisch bestimmen. „Kritik der Vernunft heißt Verständigung der Vernunft über sich selbst" (Barth).

Aber über dieser kritischen Bestimmung wird Kant nun der Überwinder der Aufklärung, indem er nämlich zugleich um den Ausgleich zwischen Empirie und Theorie ringt. Erfahrung ist nur möglich in Raum und Zeit. Begreiflich wird das dort Gegebene uns aber nur in den Kategorien unseres Verstandes, in denen wir das Angeschaute, Erfahrene zu denken versuchen. So vollzieht sich also die Erkenntnis eines Seienden nur in der konkreten Einheit von Anschauung und Begriff. Die Folge ist: wo die Anschauung fehlt, ergibt sich nur die Illusion einer Erkenntnis. Also können die Ideen Gott, Freiheit, Unsterblichkeit nicht Gegenstand der theoretischen Erkenntnis sein; sie sind der *reinen Vernunft* unzugänglich, womit der Aufklärung der Boden entzogen ist. Zugleich aber ist damit der Weg frei zu einem *echten* Offenbarungsglauben, der eben nicht auf metaphysischen Fähigkeiten des Menschen beruht, sondern allein auf dem offenbarenden Tun Gottes. „Daß ein Gott sei, beweist der biblische Theolog daraus, daß er in der Bibel geredet hat", sagt Kant selbst.

In seiner „Kritik der praktischen Vernunft" hat Kant dann auch noch den eudämonistischen Moralismus der Aufklärung überwunden. Sittlich ist nach ihm nur *die* Handlung, die aus freiem Gehorsam gegen ein kategorisches, d.h. unbedingt gültiges, Gebot erfolgt. Ein kategorischer Imperativ hat aber nur da Sinn, wo es *Freiheit* gibt. Ferner, da die Erde vollendete Sittlichkeit nicht kennt, muß, wenn die Idee der Sittlichkeit nicht hinfällig werden soll, ein Leben nach dem auf dieser Welt, also *Unsterblichkeit*, postuliert werden. Und schließlich muß ein *Gott* sein, der den Ausgleich zwischen Glückswürdigkeit und Glückserfahrung schafft, den die Welt nicht zuläßt. So ergeben sich Kant von der *praktischen* Vernunft her, philosophisch, die Postulate „Gott, Freiheit, Unsterblichkeit". Damit bleibt Kant nun aber doch auch selbst noch wieder im Raum der Aufklärung; denn die Vernunft, mag es auch die praktische sein, ist ja auch für ihn noch philosophisch das

Maß aller religiösen Möglichkeiten. Nur muß noch einmal gesagt werden, daß Kant daneben Raum gelassen hat für eine biblische Theologie des Glaubens. Dem biblischen Glauben kommt er auch selbst nahe in seiner Lehre von dem *radikal bösen* Prinzip im Menschen, das neben einem guten steht, womit er dem anthropologischen Optimismus der Aufklärung entgegentrat; zugleich gab er damit die monistische Weltdeutung von Leibniz preis.

Aber auch Kant kam dabei zu Umdeutungen des evangelischen Ansatzes:

α) indem er die Rechtfertigung energisch als eine effektive auffaßte, die sich im moralischen Leben des Menschen auswirken mußte;

β) indem er daneben eine Disposition des Menschen für den Empfang der Gnade in einem Streben nach der Tugend forderte.

b) An Kant hat sich *Schiller* weitgehend angeschlossen. Nur an *einem* Punkt hat er den kantischen Ansatz weitergebildet, indem er nämlich eine Pflichterfüllung aus freier Neigung der kantischen Gesetzlichkeit vorzog. Die Pflichterfüllung wird aber in Momenten schwerer Bedrohung durch nichts so gut gesichert wie durch den „guten Geschmack" für den gebildeten Menschen, durch die „Religion" für die Masse. Damit tut sich hier für den Gebildeten eine *vierte Form der Ersatzreligion* auf: *die Kunst;* sofern nicht auch Schiller von da aus zu einer Umdeutung des Christentums als einer „ästhetischen Religion" kam; diese kann den Gegensatz zwischen Pflicht und Neigung ebenso überwinden wie die Kunst, in der sich „Stoff und Gedanke, Sinnlichkeit und Geist, Irdisches und Himmlisches, Gesetz und Freiheit vermählen" (Schuster).

c) In einem anderen Sinn schloß sich *Fichte* († 1814) an Kant an, wenn er den Vorstoß in die Metaphysik zwar auch vom sittlichen Willen her unternahm, aber nun über Kant hinausging, indem er von da aus wieder ein ganzes idealistisch-monistisches System errichtete. Nur wenn das reine Ich, der sittliche Wille, selber die Welt, das Nicht-Ich, erzeugt, glaubt Fichte es nämlich vor einer Abhängigkeit gesichert, die für seine Freiheit tödlich werden würde. Damit aber hat die Welt ihren Charakter als ein Gegenüber verloren. Das reine Ich, das sie erzeugt, steht dem absoluten Ich, Gott, so nahe, daß für ihn kaum noch Raum bleibt. So wurde Fichte des Atheismus beschuldigt.

Unter dem Einfluß Spinozas und Schellings kam Fichte seit 1804 dann freilich zu einem neuen Ansatz, indem er die geistige Existenz vielmehr auf die Erfahrung göttlichen Seins und Lebens gründete, das im Menschen wirksam wird und das in ihm jedem gebietenden Soll durch die Tat zuvorkommt. Diese Einheit mit Gott ist in jedem Menschen so eng, daß die Entzweiung faktisch undenkbar ist; der Mensch kann sich immer nur entzweit *wähnen.* Von da aus lehnte

Fichte Paulus und implicite auch Luther radikal ab. Durch Paul de Lagarde († 1891) ist diese Anschauung der Deutschkirche und damit auch Alfred Rosenberg übermittelt.

d) Der philosophische Idealismus erreichte seinen Höhepunkt in *Hegel* († 1831). Dieser glaubte die bei Kant offengebliebene Frage nach dem Verhältnis von Begriff und Erscheinung lösen, beide als Wirklichkeit verknüpfen zu können.

Das eigentlich Wirkliche ist für Hegel die Idee: „nur in seinem Begriff hat etwas Wirklichkeit". Durch seine berühmte dialektische Methode gewann er aus der Idee aber auch die Erscheinungen. Denn durch einen Denkakt, die Thesis, wird immer zugleich auch sein Gegenteil, die Antithesis, mitgesetzt. Aus der Spannung beider ergibt sich dann als Ausgleich eine höhere Einheit, die Synthese. Als Synthese enthält diese aber eine lebendige Spannung in sich und löst so die weitere dialektische Entwicklung aus. Die Antithese zur Idee ist die Natur, die Synthese beider der Geist. Logik (= Entfaltung der Idee), Naturphilosophie und Philosophie des Geistes bilden also zusammen das philosophische Gesamtsystem.

Nur noch etwas zur Philosophie des Geistes. Dem „subjektiven" Geist ist der „objektive" übergeordnet, der in Familie, Gesellschaft und zuhöchst im Staat Gestalt findet. Das Leben im Staat ist, wie sich von da aus ergibt, die absolute Sittlichkeit; der Staat darf unbedingte Autorität beanspruchen. So ist die Hegelsche Philosophie zur Grundlage des vielbeklagten deutschen Servilismus, der Staatshörigkeit geworden — und nicht Luther.

Über dem objektiven Geist steht aber noch der „absolute". Er entfaltet sich in der *Geschichte.* Die ihr zugrunde liegende Idee ist die Selbstdarstellung und damit zugleich eine *Offenbarung Gottes,* ein Gedanke, der im 19. und 20. Jahrhundert vielfach aufgenommen ist. Der absolute Geist findet nun seine Verkörperung in der Kunst, nämlich als Anschauung, in der Religion, da als Vorstellung, in der Philosophie schließlich als Begriff. Die höchste Stufe der Religion, das Christentum, ist jedoch identisch mit der Philosophie. So vollzieht Hegel auf höchster philosophischer Ebene eine Verschmelzung von Glauben und Wissen, Glauben und Denken, „die glänzendste, aber auch die letzte Synthese großen Stils zwischen dem Christentum und der Wissenschaft" (Werner Elert). Hier entsteht ein Weltbild, das in seiner Weite und zugleich seiner Lebendigkeit seinesgleichen sucht, ein Weltbild, das trotz seines idealistischen Monismus alle Gegensätze des Lebens zu erfassen vermag, ja in ihnen sogar den eigentlichen Motor der Entwicklung sehen muß.

Aber auch *diese* Überwindung der Aufklärung ist von einer merkwürdigen Zuversicht zum Vermögen des menschlichen Geistes getragen, der die Wirklichkeit sach- und sinngemäß erfassen kann; freilich nur, *weil* der Kern der Weltwirklichkeit selbst vernünftig ist. —

5. Der Ertrag des Idealismus. Die eigentliche Blüte des Idealismus hat nicht lange gedauert, denn er drängte selbst über sich hinaus. Aber als eine halb verborgene Komponente, als Stimmung, hat idealistisches Denken das ganze 19. Jahrhundert begleitet, ja ist noch heute lebendig. So darf es nicht unterschätzt werden.

Karl Barth stellt die Frage, warum Hegel mit seiner vollendeten Synthese zwischen Wissen und Glauben, Theologie einerseits, der Philosophie, ja aller Wissenschaft andererseits, nicht dieselbe Stellung für die protestantische Welt bekommen hat, die Thomas von Aquin für die katholische in der Tat hat. Barth deutet diese Absage an Hegel als ein Eingeständnis oder doch als ein Empfinden dafür, daß die erste Vollendung und Überwindung der Aufklärung, die in Hegel ihren Gipfel erreichte, nicht gelungen sei, daß also, hinter Idealismus und Romantik zurückgehend, ein zweiter Anlauf hätte genommen werden müssen. Das aber sei sachlich nur möglich gewesen, indem man auch das Erbe der Aufklärung noch einmal aufnahm, wie im Liberalismus geschehen. Und Barth urteilt dann verzweifelt herbe über diesen neuen Versuch, gerade indem er ihn mit Hegel vergleicht. Warum also Abkehr von Hegel? Barth sieht den Grund der Abkehr von ihm einmal darin, daß in Hegels Denken Einzelfragen, Anliegen unerledigt geblieben sind, die nicht unerledigt bleiben können. Aber letztlich scheiterte das Hegelsche Denken doch, so meinte er, an seinem eigenen Titanismus. Das *Selbst*vertrauen, das die Hegelsche Philosophie trägt, ist nach ihm ja zugleich wahrstes eigentliches Gottvertrauen, das Gott allein die Ehre geben will, das also die ganze Majestät des Gottvertrauens wahrt. Aber dieses Gottvertrauen konkretisiert sich nun eben doch als Selbstvertrauen, denn der Mensch, das Ich ist notwendig für Gott, für die Selbstentfaltung Gottes. Darin aber, daß es *notwendig* ist für Gott, liegt ein Angriff auf die Freiheit Gottes; darin daß der Mensch notwendig ist für Gott, liegt auch seine prometheische Überhebung. Und diese ist also doch — man denke an Herder und Goethe, Fichte und Schelling oder auch an Novalis — kennzeichnend für die ganze Gruppe der Idealisten nach der *einen* Seite ihres Selbstverständnisses hin. Daß *diese* Form der Überwindung der Aufklärung nicht die theologisch allein legitime, nicht *die* kirchlich akzeptierte werden konnte, ist von da aus voll verständlich.

Aufs Ganze gesehen ist es aber eine ganz große Tragik, daß die Idealisten weder geschichtlich ein wirkliches Verhältnis zum reformatorischen Christentum bekommen haben, noch durch ihre Bibellektüre zu einem vollgültigen biblischen Christentum geführt worden sind (aber dann hätten sie auch zur Reformation einen Zugang gehabt). Ihr Ja zum christlichen Glauben enthielt doch so starke Eigenwilligkeiten der Deutung, so starke Umdeutungen, daß die evangelischen Kirchen es als solches nicht aufnehmen konnten.

Aber auch die Aufklärung war nicht wirklich überwunden. Denn die autonome Vernunft ist nicht wirklich besiegt, wo nur ein innermenschlicher Geist oder ein innermenschliches Gefühl ihr entgegentritt, wie beides auch immer transzendental verankert sein soll. Auch von hier aus gesehen war ein neuer Ansatz notwendig.

Literatur

Emanuel Hirsch, Die Umformung des christlichen Denkens in der Neuzeit, 1938 (Quellenbuch);
Kurt Leese, Krisis und Wende des christlichen Geistes, 1941[2];
Gerhard Fricke, Der religiöse Sinn der Klassik Schillers, 1927;
Wilhelm Flitner, Goethe im Spätwerk. Glaube, Weltsicht, Ethos, 1957[2];
Emanuel Hirsch, vgl. S. 400.

§ 50. Die Erweckungsbewegung

1. Einleitung. Die Vorgeschichte im 18. Jahrhundert. Der Pietismus hatte das *Problem der Heilsgewißheit* neu aufgerissen, indem er in eine gewisse Unsicherheit geführt hatte. Weder Aufklärung noch Idealismus hatten die so neu gestellte Frage beantwortet. Für die Aufklärung war sie überhaupt kein Problem. Der Idealismus hatte ihr mit dem Hinweis auf die Selbstgewißheit des Gewissens, das den kategorischen Imperativ vernimmt, keineswegs genug getan. *Diese* Frage rückte nun in der Erweckungsbewegung einseitig wieder in den Vordergrund.

Die Erweckung ist in der historischen *Forschung* geradezu peinlich schlecht behandelt worden. Zwar hat fast jede der großen Persönlichkeiten, die sie trugen, von dankbaren Anhängern eine Biographie bekommen, mit aller Liebe geschrieben, aber auch mit all dem Mangel an Abstand und Kritik, der damit gegeben ist. Insbesondere wird in diesen Werken selten nach den theologiegeschichtlichen Zusammenhängen gefragt. Eine kritische Gesamtdarstellung fehlt völlig, und die Lehrbücher widmen der Bewegung immer nur wenige Seiten. Dabei ist das gesamte kirchliche Leben von heute ohne sie überhaupt nicht vorstellbar, auch weder die Innere noch die Äußere Mission und schon gar nicht der Kirchenkampf der nationalsozialistischen Zeit. Hier ist eine Neubesinnung und Neubewertung also dringend notwendig, für die einige Ansätze glücklicherweise auch schon vorhanden sind.

Über die *Abgrenzung* der Erweckungsbewegung ist man sich in der Forschung nicht völlig einig. Karl Barth hebt z. B. Gottfried Menken in Bremen als einen Biblizisten von der Erweckung ab, Karl Holl und ihm nachfolgend E. Hirsch sehen in ihm den Vater der ganzen Bewegung. Die Abgrenzung ist auch in der Tat schwierig, vor allem gegen die Nachwirkungen des alten Pietismus.

Es war der Aufklärung nämlich nicht gelungen, *alle* innerkirchlichen Kreise in ihren Bann zu ziehen; sowohl pietistische wie orthodoxe Gruppen behaupteten sich. Der Gegensatz zwischen diesen beiden Gruppen und dem Aufklärungschristentum wurde aber so tief, daß sie, die bis dahin leidenschaftliche Gegner gewesen waren, sich vor dem gemeinsamen Feind fanden. Selbst der innerevangelische konfessionelle Gegensatz verlor angesichts dieses Gegners seine Kraft. Die *Bedeutung* dieser orthodoxen und pietistischen Restgruppen beruht vor allem darauf, daß sie unaufgebbare Gedanken lebendig erhalten haben. Landschaftlich ragen in dieser Gegnerschaft gegen die Aufklärung Württemberg und der Niederrhein hervor. Aber fast überall gab es solche „Stillen im Lande" (Ps. 35, 20), die ihr schlichtes biblisches Christentum lebten. Durch ihre Sammlung und Stärkung hat sich die Diaspora-Pflege der Brüdergemeine ein großes Verdienst erworben. Organisatorisch noch wichtiger wurde die „Deutsche Christentumsgesellschaft" in Basel, die Samuel Urlsperger 1780 gründete. Fast alle sogenannte Reich-Gottes-Arbeit des beginnenden 19. Jahrhunderts hat in ihr ihren Wurzelboden, die Missionsvereine, Missionsgesellschaften, Bibelgesellschaften und auch die Liebestätigkeit.

Neben diesen Gruppen sind einzelne Persönlichkeiten zu nennen, die in der gleichen Richtung wirkten. So der weltbekannte Pfarrer des Steintals in den Vogesen, *Fritz Oberlin* († 1826), der mit pietistischer Innerlichkeit die gut aufgeklärte Arbeit an der wirtschaftlichen und sozialen Hebung seiner Gemeinde verband. Für Württemberg wäre etwa der wahrhaft originelle *Johann Friedrich Flattich* († 1797) zu nennen, oder der Bauer *Michael Hahn* († 1819), der Gründer der Hahnschen Gemeinschaften. Am Niederrhein wirkte der Arzt *Samuel Collenbusch* († 1803), der eine eigenartige Entwicklungsmöglichkeit des Menschen durch sieben Werdestufen hindurch bis zur Vollkommenheit schon hier auf Erden kraft des „Christus in uns" lehrte.

Besonders durch ihren Verkehr mit Goethe sind Joh. H. Jung, später *Jung-Stilling* genannt († 1817), und *Johann Caspar Lavater* († 1801) bekannt geworden. Gerade durch diesen ihren Einfluß auf frühidealistische Kreise haben sie Bedeutung gewonnen.

In diesem Rahmen muß auch des „Wandsbeker Boten" *Matthias Claudius* († 1815) gedacht werden, der damals und heute mit seiner schlichten und zugleich zupackenden Frömmigkeit manchem ein Helfer geworden ist.

Die größte geistige Kraft war freilich dem „Magus des Nordens", *Johann Georg Hamann*, zu eigen († 1788), dessen Leben durch eine typische Bekehrung, die er über der Lektüre der Bibel 1785 in London erlebte, völlig umgestaltet wurde. Von da aus wurde

α) die Bibel ihm als Gottes lebendiges Wort gewiß, dem deshalb auch nur eine existentielle Auslegung angemessen ist;

β) zugleich erkannte er seine — krause! — Lebensführung als durch Gott gewirkt und betonte von daher stark die providentia specialissima Dei[1];

γ) die Bekehrung wurde ihm zur Berufung, d.h. zur Verpflichtung, alle seine Gotteskräfte in den Dienst der erkannten Wahrheit zu stellen;

δ) nur durch die Höllenfahrt der eigenen Sündenerkenntnis wird uns, so weiß er nun, Jesus Christus groß.

Von dieser eigenen Erfahrung aus wurden Hamann die Schriften Luthers wichtig; er ist ihm so nahe gekommen wie lange vorher und nachher sonst keiner.

Aber auch bei Hamann findet sich daneben eine merkwürdige andere Linie, wenn er z.B. 1785 an Auerswald schreibt: „Natur und Erde, die unser aller Mutter ist, sei ihre Bibliothek und Lieblingsstudium." Auch betont er stark den Wert der „Leidenschaften"; *sie* sind es, die Umkehr und Erlösung schaffen für eine sich in Abstraktionen versteigende Vernunft. Auch der Grund der Religion liegt in unserer ganzen Existenz, nicht in den „Vernunftwahrheiten unseres herrschenden seculi"[2].

Aber was dieser Nebenton neben dem biblisch-reformatorischen Christentum bei Hamann alles umschließt und welche Bedeutung er hat, darüber ist sich die Forschung noch nicht einig. Seiner Nachwirkung auf Herder und durch ihn auf die Romantik, weiter auf Goethe, wie auf Kierkegaard und durch ihn auf den modernen Existentialismus geht Johann Nadlers Biographie nach.

2. Zeitgeschichtliche Vorbereitung. Eine Bewegung entstand aus diesen Anlässen aber erst, als die großen geschichtlichen Ereignisse um die Jahrhundertwende, die französische Revolution und die Befreiungskriege, die Herzen dafür bereitet hatten.

Die französische Revolution hat weithin die Bedeutung eines Fanals bekommen. Zuerst begeistert begrüßt, hat sie sehr bald abschreckend und zutiefst ernüchternd gewirkt. Der sich in ihr austobende Atheismus wie ihr Gott von Frankreichs Gnaden, die in Gestalt einer Dirne verehrte Vernunft, ihr Sich-Vergreifen an der geheiligten Person des Königs wie die Scheußlichkeiten ihres Blutregimentes überhaupt, das alles mußte gerade ein Geschlecht wie das der Aufklärung zutiefst

[1] Die ganz persönliche Fürsorge Gottes. [2] Jahrhunderts.

treffen. Wie konnte der frohe Glaube an die natürliche Güte des Menschen aufrechterhalten bleiben, wenn er solcher Greuel fähig war?! Wo blieb der väterlich fürsorgende Gott, wenn er solche Schrecken zuließ?! Gerade das, was man durch die Religion suchte, die heitere Ruhe des Gemüts und das Glück der Seele, ging verloren. Ein tiefes Erschrecken über Gott *und* über den Menschen war die Folge.

Die Kriege verstärkten diesen Zug zum ethischen Pessimismus bei vielen. Dazu aber kamen nun die großen geschichtlichen Folgen der Revolution, die die Seelen mit Spannung und Zwiespalt füllten. Hatte die Aufklärung Gott häufig nur in der Natur gesucht und dort gerade in deren Gesetzmäßigkeit, so trat nun die Geschichte gewaltig wieder vor das geistige Auge und damit die besonderen, exzeptionellen, irrationalen Ereignisse. Von der Geschichte her wurde nun auch die Gottesfrage aufgeworfen. Daneben erweckten die Kriege einen deutschen Nationalismus und dazu ein starkes Gemeinschaftsgefühl: „Jeder rechte deutsche Mann soll Freund und Bruder heißen!" Man ahnte wieder, daß der Einzelne nur als Glied eines größeren Ganzen, dem er sich einordnet, seine rechte Aufgabe und seine Würde bekommt.

3. **Das Wesen der Erweckung.** Das Wesen der Erweckung kann man sich (gegen Karl Barth) gut an dem Denken des Bremers *Gottfried Menken* († 1831) vergegenwärtigen. Er wertete schon 1794/95 vom Boden eines ausgesprochenen Biblizismus her das siegreiche Vordringen der Franzosen am Rhein nicht als das Ja Gottes zu ihren Taten, sondern als ein Gericht Gottes über sie, in dem Gott nämlich ihre Gottlosigkeit durch Erfolg noch steigere, — womit die Zeitgenossen geradezu schockiert wurden. Verständlich, denn Menken traf mit diesem seinem Urteil

a) den oberflächlichen Begriff der Aufklärung von der Gerechtigkeit Gottes, der äußeren Erfolg schon als einen Beweis der Gnade Gottes ansah;

b) die falsche Hochschätzung des Menschen. Sie war ihm nur Selbstüberhebung, die Gott straft, indem er die Menschen in solche Greueltaten fallen läßt, wie sie in Paris geschehen waren;

c) damit gewann Menken zugleich ein Verständnis für den tiefen Ernst der Sünde und die zentrale Bedeutung der Buße zurück. Ein Gefühl ursprünglicher Gottesferne trat bei ihm wieder an die Stelle unmittelbarer Einheit mit Gott, die die Aufklärung wie auch der späte Fichte lehrte.

In dem allen war aber die reformatorische Frage wieder brennend geworden: „Wie kriege ich einen gnädigen Gott?" Indem aber die Frage nach der Rechtfertigung wieder zentral wurde, gewannen die *pietistischen Kreise* am entscheidenden Punkt *sachliche Fühlung mit der Orthodoxie.* Auch deren Anhänger hatten inzwischen das Pochen auf die Einzellehren des ausgebauten Systems aufgegeben und sich auf die Betonung der zentralen Heilslehren beschränkt. Die Inspiration der Bibel und die Gottheit Christi wurden zum eigentlichen Angelpunkt des Urteils. Beide Lehren teilte der Pietismus. Damit war die Bahn frei für eine echte Verschmelzung der beiden Richtungen, die sich im 17. und 18. Jahrhundert so leidenschaftlich bekämpft hatten. Wohl auf dieser Verschmelzung beruht die große Anziehungskraft, die die Erweckung noch heute ausübt. Die Verschmelzung bedeutet,

a) daß der Pietismus orthodox wird. Er übernimmt, wenn auch nicht in allen seinen Gruppen, das Drängen auf die reine Lehre und das Bekenntnis. Er übernimmt auch das orthodoxe System in seinen Grundzügen. Darauf beruht die Tatsache, daß die Erweckung für die wissenschaftliche Theologie nicht eben viel bedeutet hat;

b) daß die Orthodoxie pietistisch wird. Sie übernimmt das Drängen auf persönliche Bekehrung, die Betonung des Bekennens neben der Verpflichtung, das Bekenntnis zu wahren. Sie sagt auch Ja zu dem Tatchristentum, das der Pietismus pflegte, wie zu dem Ernstnehmen der Heiligung des Lebens, leider sogar unter Übernahme des weltflüchtigen, gesetzlich engen, kulturgegnerischen Einschlages, der sich beim Pietismus findet. Und auch die pietistische Lehre von der Mitwirkung des Menschen beim Zustandekommen des Heils wird übernommen.

4. **Innerhalb der Erweckungsbewegung** lassen sich **drei Sondergruppen** unterscheiden:

a) die *biblizistische Gruppe*, deren erster Vertreter, *Gottfried Menken*, uns schon beschäftigt hat. Ihm war wirklich eigen, was man ihm vorwarf, daß er sich nämlich „entêtiere[3], sein Christentum nur aus der Bibel schöpfen zu wollen". In der Tat las er sie, ohne auf Stimmen der Überlieferung auch nur im geringsten zu achten und — fiel damit praktisch der Methode Collenbuschs anheim; nur verstärkte er noch dessen synergistischen Zug, wenn er ausdrücklich ablehnte, daß der Glaube eine Gabe Gottes sei, in ihm vielmehr „schuldiges und höchstes Wohlverhalten des Menschen gegen Gott und einziges Mittel der Erkenntnis und Gemeinschaft Gottes" sah. Sein Biblizismus machte Menken auch zu einem Gegner des Konfessionalismus.

b) *die emotionale, im engeren Sinn erweckliche Gruppe*, für die *Friedrich August Tholuck* (†1877) etwa typisch ist. Kennzeichnend ist für sie,

---

[3] In den Kopf setze ...

α) daß die neue Frömmigkeit ganz im Erleben wurzelt, und zwar als tiefes Erlebnis der Sündenschuld und als ebenso tiefes Gefühl für die Gnade. An eine kritische Untersuchung dieses Gefühls, wie sie Kant in bezug auf die Vernunft vorgenommen hatte, dachte dabei aber niemand. Tholuck rechtfertigte diese Unterlassung sogar ausdrücklich: „Es gibt eine Wahrheit, die nicht da ist, um bespekuliert, sondern um genossen zu werden, das sagt (dir) der, welcher sie genossen hat.“ Solche Erfahrung bei dem einzelnen herbeizuführen, mußte hier dann natürlich das Ziel alles kirchlichen Bemühens werden. Diese Arbeit kann aber nach Tholuck anknüpfen an etwas, das in jedem Menschen zu Gott hindrängt und das durch die christliche Offenbarung nur geweckt, angezogen, erfüllt wird. Von hier aus ergab sich ein Zwiespalt zu der tiefen Sündhaftigkeit, die vorausgesetzt wurde. Ihn auszugleichen gelang nicht.

c) *Die Hinwendung zum Konfessionalismus* steht natürlich in engem Zusammenhang mit der Verschmelzung von Orthodoxie und Pietismus, die in der Erweckung erfolgte. Wie und wo sie zuerst erfolgt ist, ist noch nicht im Zusammenhang untersucht worden. Mitgespielt haben dabei auf jeden Fall zeitgeschichtlich bedingte Momente insofern, als die Erweckung die Restauration auf dem Gebiet der Kirche ist. Die Jubelfeier von 1817 führte zudem gedanklich zu Luther zurück, die von 1830 zur Confessio Augustana. Die Kämpfe um die Union in Preußen (s. unten S. 494) taten ein übriges.

Theologisch hat *Klaus Harms* in Kiel († 1855) einen ersten Schritt getan. Durch Schleiermachers „Reden ...“ (unten S. 480ff.) hatte er einen ersten inneren Anstoß erhalten, ohne daß sie ihn doch zu vollem Frieden geführt hätten. Das tat erst die Lektüre der Bibel und der Schriften Luthers. So kam er den lutherischen Bekenntnisschriften innerlich nahe. Zum Reformationsjubiläum 1817 gab er Luthers 95 Thesen erneut heraus und gab ihnen 95 eigene, scharf antirationalistisch gehaltene bei. In ihnen hat er das lutherische Bekenntnis und die Geschiedenheit der lutherischen Kirche von den anderen Kirchen ruhig bejaht. Die Thesen haben zwar, neben begeisterter Zustimmung, einen wahren Sturm der Entrüstung hervorgerufen, aber zugleich das konfessionelle Bewußtsein weithin gestärkt.

Es bekam auf lutherischer Seite neue Mittelpunkte zunächst in *Schlesien*, wo das zu großen Kämpfen um die preußische Union führte, und in *Bayern*. Ob die Betonung des Luthertums hier auf Anregungen von Klaus Harms zurückgeht (so Leube) oder spontan, „frei von innen heraus“ entstanden ist (so Thomasius), ist noch nicht geklärt. Auf jeden Fall war die Erweckung auch in Bayern zunächst unionistisch: „Herrnhuter, Pietisten, Lutheraner, Reformierte, Katholiken waren einmütig beieinander und freuten sich in ihrem einigen Herrn und Erbarmer. Von einem konfessionellen Unterschied wußte man nichts. Es war doch wirklich eine schöne Zeit des wiedergekehrten Glaubens" (Thomasius). Man entdeckte dann, daß das lutherische Bekenntnis die eigene Lehre enthielt, und bejahte es von daher echt und fröhlich. So etwa Adolf Harleß und auch Thomasius selbst. Aber neben solchen, die erst zum Bekenntnis hinfanden, standen in Bayern solche, die, Orthodoxe von Haus aus, es von vornherein bejahten: die Brüder Bomhardt, Heinrich Brandt und vor allem *Wilhelm Löhe,* der freilich auch der Erweckung nahestand.

Einen ähnlichen Weg wie Thomasius sind in *Hannover* Philipp Spitta und *Ludwig Harms,* der Erwecker der Lüneburger Heide, geführt worden.

Selbständig ist auch *E. W. Hengstenberg* in Berlin, der aus einem reformierten Elternhaus stammte, zu einem bewußten Luthertum gekommen, für das er in der „Evangelischen Kirchenzeitung", die er seit 1827 herausgab, dann einen leidenschaftlichen Kampf gekämpft hat.

Aber der Konfessionalismus war damals nicht auf die lutherische Seite beschränkt. *Joh. Krafft,* der Prediger der reformierten Sondergemeinde in Erlangen († 1845), von dem die dortige Erweckung ausging, hat sogar solchen, die ihm ihren Glauben verdankten, konsequent das Abendmahl in seiner Kirche verweigert, wenn sie Lutheraner waren. Sein Nachfolger Ebrard wurde der Begründer der „Reformierten Kirchenzeitung". In Bremen hatte Menken das Wertlegen auf das reformierte Bekenntnis noch strikt abgelehnt, die jüngere Generation der Erweckten: Mallet, Treviranus, Krummacher, betonte es schon stark. Der Führer des reformierten Konfessionalismus wurde aber *Hermann Friedrich Kohlbrügge* († 1875), der in Holland bewußt vom Luthertum zum Calvinismus übergetreten war und dann in Elberfeld tätig wurde.

Nur muß beachtet werden, daß der *Konfessionalismus der Erweckung nirgends militant* war. Löhe hat in seinen „Drei Büchern von der Kirche" ein wahrhaft ökumenisches Luthertum vertreten. Und auch Ludwig Harms sagte: „Ich kann als Lutheraner einem jeden Gläubigen die Bruderhand reichen und tue es mit Freuden." Der *Weg zum Bekenntnis* war für Kohlbrügge wie für L. Harms vielmehr ein *Weg zur Heilsgewißheit,* die gerade da erwacht, wo man sich der *von außen* objektiv gültig zugesprochenen Absolution getröstet.

5. Besonders große Bedeutung hat die Erweckungsbewegung für die **Ekklesiologie** bekommen. Das Gemeinschaftsgefühl, das für die damalige Zeit charakteristisch ist, wie die Betonung der äußeren Gnadenmittel, mußte die irdische Kirche wieder wichtig werden lassen.

Aber bei der Frage, was diese Kirche sei, ergab sich nun für viele eine bis heute hin bedeutsame Wendung. Sie beruht auf der Verbindung zwischen der neuen Betonung des Bekenntnisses und der Nachwirkung des aufgeklärten Kirchenbegriffes, der Schau der Kirche als eines Religionsvereins. Ein solcher wird konstituiert durch seine Verfassung und bleibt, was er ist, nur, solange sie gilt. Dementsprechend formulierte von Bülow: „Eine Kirche ist eine Gesellschaft von Menschen, vereinigt zu einer gemeinsamen Religion; ihr Band oder Symbolum, das Bekenntnis, macht die Vereinigung zu einem *bestimmten* Religions- oder Lehrbegriffe aus, und wird dieser gemeinsame, bestimmte Begriff verändert oder aufgehoben, so geht damit auch die Kirche unter." Auch wo die erste Aussage — „Eine Kirche ist eine Vereinigung von Menschen" — abgelehnt wurde, die Kirche vielmehr als eine von Christus gestiftete Institution betrachtet wurde, wie es meist geschah, blieb doch die Meinung, daß *das Bekenntnis die Kirche konstituiere.* Entscheidend war dabei, wie für die preußischen Altlutheraner so auch für Wilhelm Löhe (bei ihm nach längerem Schwanken), die *rechtliche* Gültigkeit des Bekenntnisses. In dieser Konzeption liegt aber eine vierfache Änderung gegenüber Luthers Auffassung von der Kirche vor, die meist einer Verengung gleichkommt:

a) an die Stelle der Größen, die nach Confessio Augustana V und VII die Kirche konstituierten, Wort und Sakrament, tritt hier das Bekenntnis. Natürlich soll das Bekenntnis die pura doctrina evangelii und die recta administratio sacramentorum[4] sichern, und eine Norm braucht die verfaßte Kirche schon, wenn sie sich innerlich nicht auflösen soll. Aber hier wird doch aus der normierenden eine konstituierende Größe. Das aber kann höchstens für die *verfaßte* Kirche gelten. Für die Kirche als corpus Christi kann immer nur Gottes lebenschaffendes Wort und Sakrament konstitutiv sein;

b) Luther sah die Kirche personell, als Volk Gottes, als communio vere credentium[5]; hier aber wird sie eben als eine *Institution* geschaut. Menschen können bekennen; eine Institution aber kann das Bekenntnis wirklich nur in ihre Verfassung einbauen.

c) Das war insofern folgenreich, als häufig diese Institution, die lutherische Partikularkirche, mit der Kirche Jesu Christi, der Braut des Herrn, gleichgesetzt wurde. Die notwendige Folge war, daß die Kirche Christi wieder im augustinisch-katholischen Sinn als ein „corpus permixtum" (s. oben S. 119f.) verstanden werden mußte, was gerade Luther überwunden hatte. Auch wurde — etwa von Löhe, Delitzsch,

---

[4] Die reine Lehre des Evangeliums und die rechte Verwaltung der Sakramente.
[5] Gemeinschaft der wahrhaft Glaubenden.

Kliefoth, Vilmar — behauptet, daß es tote, sündige Glieder am Leibe Christi gäbe, was Luther als Lästerung des Herrn gebrandmarkt hatte;

d) hier wird in falscher Weise die konfessionelle Aufspaltung der Kirche als selbstverständlich vorausgesetzt. Man denkt nicht mehr in der Kategorie der Kirche Gottes oder Christi — so noch ernergisch Luther — sondern in der Kategorie der Partikularkirche, sie als Bekenntniskirche verstanden, und sie freilich dann mit der Kirche Christi gleichgesetzt.

Das hier wurzelnde Verständnis von Kirche hat nicht nur im Kirchenkampf der nationalsozialistischen Zeit eine große Rolle gespielt, sondern ist auch für das innere Leben der EKD noch höchstbedeutsam. —

Ein ernsthafter Zwiespalt erwuchs innerhalb der Erweckungsbewegung, sogar innerhalb der lutherisch-konfessionellen Gruppe, über der Frage des *kirchlichen Amtes. Joh. Wilhelm Höfling* faßte es, auf bestimmten Schriften Luthers fußend, ganz streng als Funktion *innerhalb* der Gemeinde, ja *der* Gemeinde. Es gilt das allgemeine Priestertum aller Gläubigen. Um der Ordnung willen darf aber nur ein öffentlich Beauftragter das Amt *öffentlich* ausüben; deshalb und nur deshalb muß es das Amt geben.

Gegen ihn opponierte am schärfsten *August Friedrich Vilmar* († 1868), Gedanken von Friedrich Julius Stahl und Theodor Kliefoth aufnehmend und verschärfend. Er betonte leidenschaftlich den Institutionscharakter der Kirche unter schärfster Ablehnung von Synoden, dazu die Einsetzung des Amtes durch Christus. Dieser will auch in seinem Amtsträger der Welt sichtbar werden. So faßte Vilmar den Amtsträger, der durch Handauflegung mit dem Heiligen Geist begabt ist, als vicarius Christi und erkannte ihm in demselben Sinn Unfehlbarkeit zu, wie die katholische Kirche sie dem Papst zuerkennt.

Auch dieser damals aufgebrochene Streit um Wesen und Vollmacht des Amtes ist bis heute hin nicht wirklich ausgetragen worden, wenn sich auch für die überspitzte Anschauung Vilmars wohl kaum noch Verfechter finden.

6. Die Wirkung und Bedeutung der Erweckungsbewegung. Es ist keine Frage, daß Männer wie Volkening, Löhe, Hofacker, L. Harms und wie sie alle heißen, geistesgewaltige Persönlichkeiten waren, fast alle hochgebildet, auch theologisch, dazu von einem eisernen Fleiß beseelt, besonders in ihrer geistlichen Wirksamkeit. Aber daß aus ihrer Tätigkeit jeweils Bewegungen entstanden, die das Gesicht ganzer Landschaften veränderten, muß zugleich doch auf die zeitgeschichtlichen Bedingungen ihrer Wirksamkeit zurückgeführt werden. Die Menschen damals waren der rationalistischen Verkündigung gründlich müde und hungerten geradezu nach einer Speise, die sie des Heils wieder gewiß machen konnte. Hier wurde sie ihnen geboten.

Landschaftlich sind besonders betroffen

a) der *Niederrhein,* wo G. D. Krummacher und Kohlbrügge unter den Reformierten wirkten, Sander und Döring unter den Lutheranern;

b) *Minden-Ravensberg,* wo *Johann Heinrich Volkening* († 1877) der führende Mann wurde;

c) die *Lüneburger Heide,* die Ludwig Harms erweckte;

d) *Baden,* wo nach Jung-Stilling *Alois Henhöfer* mit Erfolg wirkte;

e) *Württemberg,* wo *Ludwig Hofacker* († 1828) in der folgenden Generation in *Johann Christoph Blumhardt* d.Ä. in Bad Boll († 1880) einen Nachfolger fand.

f) Für *Bayern* sind Krafft, Löhe, Harleß, Thomasius schon genannt. Auch von Hofmann kam aus diesen Kreisen.

g) Zu nennen wäre auch noch *Berlin,* das der Mittelpunkt für den Nordosten wurde, mit *Johannes Baptista Goßner* und dem berühmten Prediger Theremin. Daß viele Glieder des Adels erfaßt wurden (von Thadden in Trieglaff, die von Gerlachs, von Arnim usw.), von denen dann auch Bismarck erweckt wurde, war auch politisch bedeutsam.

Überall wandte sich die Bewegung auch sofort praktisch kirchlicher Arbeit zu. Die Innere wie die Äußere Mission hat hier ihren Wurzelboden; beide werden bis heute hin auch wesentlich von den Strömen gespeist, die damals entsprungen sind. —

Wie kam es aber, daß durch die Erweckung nur bestimmte Landschaften und *nicht die ganze Kirche* erfaßt wurde? Mag die Frage letztlich ein Geheimnis Gottes umschließen, der Historiker muß sie sich doch stellen.

Ein Grund liegt da auf der Hand. Wie die ganze restaurierende Bewegung des beginnenden 19. Jahrhunderts, so stieß auch die Erweckung auf erbitterten Widerstand, sowohl bei den Rationalisten wie bei den vom Idealismus bestimmten Theologen.

Aber auch *in ihr selbst* lagen *Schwächemomente,* die ihrer Wirksamkeit Grenzen setzen mußten. Sie sind zu sehen

a) in ihrer Verständnislosigkeit für die soziale Frage. So Großes sie in der Wohltätigkeit geleistet hat, so wenig hat sie Augen gehabt für die Not, die die Industrialisierung über die Massen brachte; so erfaßte sie auch nur Adel, Bürger und Bauern, kaum Arbeiter;

b) in ihrer Ablehnung der nationalen Bewegung, die damals von den „liberalen" Kreisen getragen wurde, und in ihrer Betonung des dynastisch-legitimistischen Konservatismus. Das führte nämlich zu einer so engen Verbindung von Thron und Altar, daß daraus ebenfalls Hemmungen erwuchsen (vgl. unten S. 503 ff.);

c) in ihrem geringen theologischen Interesse. Von da aus blieben nicht nur manche Unklarheiten in ihrer eigenen Verkündigung, von da aus verzichtete sie sogar auf die Errichtung eines eigenen Baus und schloß sich der Orthodoxie an. Dabei sollte der Intention nach die biblische Objektivität an die Stelle der rationalen treten. Aber hier unterblieb nun die Klärung etwa der Frage nach dem Verhältnis von Bibelglaube und eigenem Erlebnis, wenigstens bei vielen; hier wurde auch die Frage nach dem Recht oder Unrecht der historischen Methode einfach beiseitegeschoben. Niemand aber kann eine tiefgreifende geschichtliche Entwicklung, wie sie die Aufklärung ohne jeden Zweifel bedeutete, ungestraft einfach negieren. Schleiermacher traf diese Haltung scharf, wenn er fragte, ob denn am Ende die Bildung mit dem Unglauben, der Glaube aber mit der Barbarei gehen solle;

d) hinzu kommen noch die Spannungen, die z. B. über die Frage nach der Kirche und dem Amt oder dem Recht der Inneren Mission zu Scheidungen innerhalb der Erweckungsbewegung selbst führten und die Kräfte der inneren Diskussion verbrauchten, statt sie nach außen einzusetzen.

Aus diesen Gründen wird verständlich, daß die äußeren und inneren Erfolge der Erweckung nicht noch größer gewesen sind, als sie es tatsächlich waren.

Die Erweckungsbewegung ist für viele heute wieder sehr anziehend geworden. Das ist insofern auch verständlich, als ihre Führer Männer von wirklicher geistlicher Vollmacht waren, unter deren Einfluß zu stehen fruchtbar ist. Zugleich vereinigt sie die beiden größten Ausprägungen des Protestantismus, Orthodoxie und Pietismus. Auch das macht sie anziehend. Aber auch sie ist bei all ihrer Größe doch auch eine zeitgebundene Erscheinung, die nicht repristiniert werden kann und darf. Wir müssen schon eine eigene Antwort auf die uns bewegenden und bedrängenden Fragen suchen.

Literatur

L. Tiesmeyer, Die Erweckungsbewegung in Deutschland während des 19. Jahrhunderts, 4 Bde., 1905²;

Martin Schmidt, Die innere Einheit der Erweckungsbewegung im Übergangsstadium zum lutherischen Konfessionalismus (Theol. Lit.-Zeitung 74, 1949, Sp. 18—28);

Holsten Fagerberg, Bekenntnis, Kirche und Amt in der deutschen konfessionellen Theologie des 19. Jahrhunderts, 1952.

§ 51. Der Urzwiespalt des 19. Jahrhunderts

Zwei große geistige Bewegungen, in sich völlig verschieden, haben also zu Beginn des 19. Jahrhunderts in Deutschland mit der Aufklärung gerungen: der Idealismus und die Erweckung. Es gelang mithin nicht, die Aufklärung in *einem* großen Entwurf zu überwinden. *So beginnt das 19. Jahrhundert,* innerevangelisch gesehen, *mit einem tiefen geistigen Zwiespalt,* der sich in vielen Einzelheiten ausgewirkt hat. Griff z.B. die Erweckungsbewegung die weltflüchtige Stimmung des Pietismus wieder auf, so stellten sich die Idealisten in tätigem Schaffen an ihr mit beiden Füßen in die Welt hinein. Eine ausgesprochene *Kulturfreudigkeit* kennzeichnet sie, denn auch die Kultur gehört ja zur Selbstentfaltung des absoluten Geistes. Auch der vaterländische Gedanke führte sie dahin; mit der politischen Freiheit fürchteten Fichte und seine Freunde zugleich die innere Freiheit zu verlieren, das Höchste, um das sie kämpften, das Göttliche im Menschen; so wurde ihnen der Kampf um das Vaterland zugleich ein direkter Kampf um Gott. Ein Glied der Erweckungsbewegung aber, Stolberg, konnte so weit gehen, mitten im Freiheitskrieg um der inneren Läuterung des Volkes willen erst eine Niederlage zu wünschen, die für die Idealisten Anlaß zu vollendeter Skepsis gewesen wäre. Das politische Ideal der französischen Revolution, ein Himmelreich der Gerechtigkeit und Freiheit auf Erden zu schaffen, war für Menken nichts als Hybris, ein widergöttliches Unterfangen; der Mensch *soll* bei den durch Tradition geheiligten Ordnungen bleiben. Die Erweckung führte so zur Bejahung der Monarchie, ja zu Patriarchalismus; wenigstens in Norddeutschland; in Württemberg, wo die Landstände auch im Zeitalter des Absolutismus nicht beseitigt waren, war eine Beteiligung des Volkes an der Regierung dagegen das alte geheiligte Recht; so waren dort die Erweckten demokratisch-liberal. Wenn aber nach idealistischer Anschauung die Freiheit das Göttliche im Menschen ist, dann muß ihr auch innenpolitisch Raum gegeben werden. So wurden die vom Idealismus erfaßten Kreise die Vorkämpfer des politischen Liberalismus. Damit stellten sich also die politischen Ideale gegeneinander. Da aber beide Teile ihr politisches Ideal als ein heiliges, gottgewolltes ansahen, wurde der Gegensatz unüberbrückbar, eine schwere Belastung des deutschen politischen Weges.

Der politische Gegensatz wurde leider auch ein gesellschaftlicher. Adel und Bauerntum wurden von der Erweckung ergriffen, Bildung und Bürgertum vom Liberalismus. So wurde der Riß in der Frömmigkeit zugleich ein Riß im Volk. Die Erweckung bekam zudem einen kleinbürgerlichen Zug, auf jeden Fall fehlte ihr alles kulturell Vorwärtsdrängende, das den Idealismus kennzeichnet. Der Riß im Volk schließt also auch einen Bruch in der Kultur ein.

Bedeutsam wurde der Zwiespalt daneben auf dem Gebiet der Geschichtsauffassung (über die Theologie s. unten S. 479 ff.) „Gott ist der Herr der Geschichte", das hieß für die Erweckungstheologen, die zwischen Religion und Kultur scharf schieden, die der Menschheit die Fähigkeit bestritten, sich aus eigenen Kräften zur Vollkommenheit zu entwickeln: Nur durch ein direktes Eingreifen Gottes kann die Entwicklung gefördert werden, durch seine Offenbarung, durch sein Reich, das sich *gegen* die natürliche Geschichte durchkämpft.

„Gott ist der Herr der Geschichte", das schloß aber für die Idealisten die Verpflichtung ein, die Geschichte in ihrer ganzen Breite auf Gott zurückzuführen (vgl. oben S. 457). Indem man das tat, wurde

1. das Ziel der Geschichte innerweltlich bestimmt,

2. aber die religiöse Entwicklung nur ein Teil der Gesamtgeschichte, der allgemeinen geistigen Entwicklung, und das heißt: Religion und Kultur werden gleichrangig; auch Kulturentwicklung ist Gottes Entfaltung. Die Folge war, daß die Gebildeten, die sich diesen Ideen hingaben, *entkirchlicht* wurden, ohne dadurch entchristlicht sein zu wollen: der erste *große* Einbruch in die Gleichung Christentum und Kirche, der erfolgte, denn der außerkirchliche Pietismus hatte nur ganz kleine Kreise erfaßt.

Ohne die stete Beachtung dieses Urzwiespaltes, mit dem das 19. Jahrhundert kirchlich in Deutschland seinen Weg begann, ist seine weitere Geschichte nicht zu verstehen.

Literatur

Karl Holl, Die Bedeutung der großen Kriege für das religiöse und kirchliche Leben innerhalb des deutschen Protestantismus (Gesammelte Aufsätze Bd. 3: Der Westen, 1928, S. 302—384, besonders S. 347 ff.).

§ 52. Neue geistige Strömungen in Deutschland seit 1835

Die Erweckung hatte relativ weite Kreise wieder mit lebendigem Glauben erfüllt. Aber auch der Idealismus bzw. die Befreiungskriege hatten eine religiöse Hochstimmung hervorgerufen. So sah es um 1835 in Deutschland ganz anders aus als um 1800. Wer nur auf die Oberfläche des Lebens sah, konnte schon der Meinung sein, daß Deutschland vor dem aufgeklärten Atheismus gerettet und ein Weg gebahnt sei, der als christlich gelten könne. Statt diese Erwartung zu erfüllen, wurde das Jahrhundert vielmehr „das Jahrhundert ohne Gott".

Dabei war der Weg der intellektualistischen Bildungsschicht charakteristisch verschieden von dem der neu entstehenden Industrie-

Arbeiterschaft. Wir haben es hier zunächst mit dem ersteren zu tun, wobei wir uns auf das Allerwichtigste beschränken müssen, z. T. nur Andeutungen in Stichworten geben können.

Drei große Wandlungen im geistigen Leben Deutschlands sind auch kirchengeschichtlich bedeutsam geworden. Es handelt sich

1. um die **Säkularisierung der Philosophie,** die sich vollzog

a) in der *Auflösung des Idealismus,* nämlich seiner eigenen inneren Fortbildung, die einer Selbstauflösung gleichkam. Die Spaltung der Hegelschen Schule in Rechts- und Linkshegelianer war bedingt durch die Dialektik Hegels selbst. Schon Fr. Engels hat diese nicht konservativ, wie Hegel, sondern als Prinzip der ewigen Veränderung, also revolutionär verstanden, wie es heute noch in Rußland geschieht. Ebenso konnte das System theistisch *und* atheistisch fortgebildet werden. In letzterer Hinsicht haben David Friedrich Strauß, Bruno Bauer, Ludwig Feuerbach und Karl Marx radikale Konsequenzen aus ihm entwickelt.

Strauß († 1874) entnahm Hegel die Unterscheidung von Mythus = Vorstellung und Begriff. Schon Hegel selbst sollte nach Strauß die geschichtlichen Heilstatsachen der Vorstellung, also dem Mythus, geopfert haben. Strauß seinerseits sah in ihnen nur noch freigeschaffene, freilich unbewußt geschaffene Mythen. Was in der Bibel historisch vom Gottmenschen gesagt ist, das verstand Strauß von der Menschheit als Gattung. So wurde der christliche Glaube in Humanismus aufgelöst.

Auch Bruno *Bauer* († 1882) ging von der These aus, daß Hegels Auffassung von der Religion in Wahrheit ihre Zerstörung gewesen sei, da schon er das menschliche Selbstbewußtsein an die Stelle Gottes gesetzt habe. So wird nach Bauer die Religion ein Produkt des menschlichen Selbstbewußtseins. Es gibt keinen Gott. Die evangelischen Berichte sind nichts als theologische Kunstprodukte, verständlich nur aus den Wirren des untergehenden Römischen Reiches.

Hieran knüpfte *Feuerbach* († 1872) an. Er entwickelte Hegels Idealismus zu einem Sensualismus weiter. Der Geist kann sich nicht aus sich selbst begründen und vor allem wird die Natur nicht erst durch den Geist gesetzt. Die sinnliche Anschauung ist vielmehr eine unmittelbare Voraussetzung der Philosophie. Die Wendung gegen das Christentum ergab sich schon von diesem Ansatz her. Einmal warf Feuerbach diesem Leibfeindlichkeit vor. Dann aber bekämpfte er den Gedanken der Unsterblichkeit. Entscheidend war freilich seine Auffassung von der Religion. Ihr Wesen ist Gefühl; ein solches ist aber wesenhaft zugleich in uns *und* über uns, nämlich als eine von uns unterschiedene, von uns unabhängige Macht. Es ist unser eigenstes Wesen, das uns doch als ein anderes Wesen, als unser Gott ergreift. Die Transzendenz Gottes ist, von daher geurteilt, nur ein Schein. Er ist überhaupt kein gegenständliches Wesen; objektiv ist Gott nichts sonst als das Wesen des Gefühls, wenn subjektiv das Gefühl die Hauptsache an der Religion ist. Religion ist dementsprechend eine Vergegenständlichung ursprünglicher Wesensbedürfnisse des Menschen und Gotteserkenntnis, recht verstanden, eine Selbsterkenntnis, aber eine solche, die nicht weiß, daß sie es ist. „Religion ist das erste und zwar *indirekte* Selbstbewußtsein des Menschen, ein Umweg des Menschen zu sich selbst."

Das ist der berüchtigte *Illusionismus Feuerbachs.* Alle Gestaltungen des Glaubens sind Schöpfungen des Menschengeistes, verobjektivierte, personifizierte Wünsche. Gott ist das vergötterte Wesen des Menschen, das von allen Banden der Natur und der Gesetze erlöste Herz. Die religiöse Entwicklung muß demnach, wenn die Bewußtwerdung des Menschengeistes fortschreitet, Gott immer mehr absprechen, dem Menschen immer mehr zusprechen. Das ist, trotz Marx, wohl der schwerste Angriff auf das Christentum, der bisher unternommen ist!

Karl Marx († 1883) knüpfte direkt an Feuerbach an, obwohl auch er ein Schüler Hegels war. Hegels Versöhnung von Idee und Wirklichkeit vollzieht sich nach Marx nicht *in* der Wirklichkeit, sondern versöhnt die Idee nur *mit* der Wirklichkeit. So ist eine Neubesinnung nötig, über der Marx bekanntlich zu einer Umkehrung des Hegelschen Ansatzes gekommen ist: nicht der Geist setzt die Materie, sondern die Materie setzt den Geist. Marx endete also in einem konsequenten Materialismus, der das ganze Verhältnis des Menschen zur Welt umgestalten mußte. Hegels Ja zur Welt, wie sie ist, die Wurzel seines Konservatismus, kam, wie Karl Löwith gezeigt hat, aus seinem christlichen Glauben. Hinter Marx' radikaler Kritik am Bestehenden aber steht ein prometheischer Aufstand gegen den christlichen Schöpfungsgedanken. Nur der Atheismus des an sich selber glaubenden Menschen kann wirklich eine *neue* Welt schaffen. So ist die Destruktion der Religion Voraussetzung für eine Welt, in der der Mensch Herr seiner selbst ist. Philosophische Voraussetzung für die so notwendig gewordene Kritik der Religion ist dann bei Marx eben Feuerbachs Zurückführung der Theologie auf Anthropologie. Aber warum, so fragte Marx von da aus weiter, hebt sich der Mensch überhaupt hinauf in eine nichtirdische Welt? Feuerbach meinte, daß das im Wesen des Menschen läge. Marx konnte den Grund nur in einem Selbstwiderspruch des Menschen finden. Dieser Selbstwiderspruch wurzelt aber letztlich in den ökonomischen Verhältnissen. Um ihn zu überwinden, ihn verschwinden zu lassen, müssen also die gesellschaftlichen Verhältnisse geändert werden. Hier erwächst Marx' Gesellschaftskritik.

In der gesellschaftlichen Entwicklung herrscht nach Marx ein Gesetz höchster Ordnung. Durch die Technik, also durch die Fähigkeit des Menschen, die Naturkräfte für die Güterherstellung nutzbar zu machen, werden die Produktionsverhältnisse gestaltet. Jede Änderung der Produktionsverhältnisse zieht aber eine Wandlung der Betriebsformen, der Eigentumsordnung, der Rechtsordnung und dadurch der Gesellschaftsstruktur nach sich. Diese aber formt die geistige Haltung des Menschen. So kommt es für die Formung des Menschen auf die Gestaltung der Produktionsverhältnisse an. Sie sollen aber so gestaltet werden, daß die Selbstentfremdung des Menschen, das heißt die Notwendigkeit für ihn aufhört, seine Arbeitskraft — und nur sie! — zu verkaufen, wodurch er nur mit einem *Teil* seines Ichs, nicht als Gesamtpersönlichkeit in Anspruch genommen wird. Diese Teilung hofft Marx dadurch zu überwinden, daß er die Arbeiter zu Eigentümern der Produktionsmittel macht.

Darin lag eine lockende philosophische Begründung für den Kampf der Arbeiterschaft um bessere Lebensbedingungen. Sie hat Millionen von Arbeitern zu Marxisten gemacht und das heißt zu entschlossenen Gegnern von Christentum und Kirche.

b) An Hegel knüpfte auch Arthur *Schopenhauer* an († 1860). Aber wenn für Hegel die Idee der Grund der Welt ist, so ist für Schopenhauer der Wille ihr Grund; er ist das Wahre, das aller Erscheinung zugrunde liegt: „Zähne, Schlund und Darm sind objektivierter Hunger." In der anorganischen Natur regt sich der Wille nur unbewußt, die höchstmögliche Stufe erreicht das Genie. Hier nimmt Schopenhauer den Geniekult der Romantik auf. Schopenhauer ersetzte also den Idealismus durch einen Voluntarismus. Zugleich vertauschte er den idealistischen Optimismus mit einem Pessimismus. Denn das Wollen war ihm Qual, da der Wille, wie Ursache und Träger des Daseins, so auch der Quell aller Leiden und Schmerzen ist. Glück gibt es nach Schopenhauer nicht, höchstens ein zeitweiliges Aufhören des Schmerzes. Erlösung aus diesem Jammer bietet nur die Verneinung des Lebenswillens. Sie voll zu erlangen reicht ein einzelnes Menschenleben aber nicht aus. So kommt Schopenhauer dazu, mit Buddha eine Seelenwanderung zu postulieren.

Da Schopenhauer das Christentum nur in rationalistischer oder idealistisch-intellektueller Ausprägung kennengelernt hat, aller unmittelbaren Empfindungen bar, lehnte er es als eine auf chronische Geistesschwäche berechnete Metaphysik ab.

In der großen Enttäuschung, die das Scheitern des Jahres 1848 weckte, ist Schopenhauers Philosophie eine Macht geworden, die nicht wenige dem christlichen Glauben entfremdet hat.

c) In dasselbe antichristliche Horn stieß dann, nicht ohne von Schopenhauer beeinflußt zu sein, *Friedrich Nietzsche* († 1900). Die angebliche Kulturwidrigkeit des christlichen Glaubens machte Nietzsche zu dem scharfen Gegner des Christentums, der er gewesen ist. Die christliche Ethik negiert nach ihm die Herrenmoral: Schönheit, Weisheit, Macht, Pracht, Gefährlichkeit. So ist der christliche Glaube „décadence im Prinzip". Nächstenliebe ist Schamlosigkeit, Keuschheit ist Verleumdung der Natur, Reue der Beweis, daß man mit einer Sache nicht fertig geworden ist, Unsterblichkeitsglaube der Gipfel des Egoismus. Eigentlich müßte ein freiwilliger Verzicht auf das Leben nach Nietzsche die Konsequenz des christlichen Glaubens sein. Aber dazu sind die Christen zu schwach. Die Folge ist, daß die Dekadenten *κατ' ἐξοχήν*, die die Christen sind, am Leben bleiben und nur die Gattung verschlechtern, die negative Gegenauslese treibend, Feind der Züchtung eines höheren Typus Mensch.

Oberstes Prinzip der Lebensgestaltung ist nach Nietzsche der Wille zur Macht. Er ist das Gute schlechthin, weil er das Leben schafft, erhält und erhöht. Mit dem Ruf nach dem Menschen der Kraft, dem Übermenschen, will Nietzsche eine Verlogenheit von Jahrhunderten überwinden. Vor sich sieht er die Heraufkunft des europäischen *Nihilismus*, das heißt: Nach dem Verfall des christlichen Glaubens an Gott und damit auch der Moral wird nichts mehr wahr und alles erlaubt sein.

Aber Nietzsche hat nun selbst diesen Nihilismus, den er bejahte, wieder zu überwinden gesucht; und zwar im Gedanken der ewigen Wiederkehr aller Dinge, einer Weiterbildung der Schopenhauerschen Metamorphose. Die Freiheit zum Nichts wandelt sich ihm in die freigewollte Notwendigkeit einer ewigen Wiederkehr des Gleichen. Das zeitliche Schicksal wird also Nietzsche zugleich zu einem ewigen, das er bejaht. Indem er es bejaht, ist Zarathustra der Besieger Gottes *und* des Nichts geworden.

Aber es ist kein Zufall, daß diese Rekapitulationslehre Nietzsches weithin unbekannt geblieben ist, sein Kampf gegen Gott dagegen nicht. Nietzsche hat selbst in überschwenglichen Worten die Bedeutung dieses seines Kampfes gegen Gott gepriesen, die Umwertung aller Werte, die er durch den Nachweis der Sinnlosigkeit des Schuldgefühls und durch die Wiedergewinnung der Unschuld im Jenseits von Gut und Böse vornahm.

Jaspers hat 1938 in seinem Buch „Nietzsche und das Christentum" versucht, diesen wesentlich christenfreundlicher zu interpretieren, als das bis dahin üblich war. Selbst wenn er darin, auf Nietzsche selbst gesehen, recht hätte, muß doch gesagt werden, daß die geschichtliche

Wirkung, die von Nietzsche ausgegangen ist, eine dem Christentum zutiefst abträgliche war.

d) Weite Schichten der sogenannten „gebildeten“ Kreise waren, wie früher ausgeführt, schon durch den Idealismus der *Kirche* entfremdet worden. Sie lebten rein für sich einem Christentum persönlicher Ausprägung. Die tiefe Krise des Idealismus, die dann folgte, hat die von ihr Betroffenen auch vom christlichen *Glauben* fortgeführt. Und in dieselbe Richtung wies auch die wohl mächtigste philosophische Strömung der zweiten Hälfte des 19. Jahrhunderts, der *Positivismus.* Er geht zurück auf den Franzosen Auguste Comte († 1857), der seine Gedanken in den „Cours de philosophie positive“ zwischen 1830 und 1842 entwickelt hat. Die Wissenschaft hat es nach Comte nur mit Tatsachen und deren Beziehungen untereinander zu tun; weiter reicht ihr Vermögen nicht. Indem sie dieser Aufgabe gerecht wird, führt sie aber das dritte und höchste Stadium der geistigen Entwicklung herauf, das positive. Ihm voran ging als erstes ein theologisches, das mit Göttern rechnete; dann folgte ein metaphysisches, für das „Ideen“ konstitutiv waren. Die positive Wissenschaft, die übrigbleibt, kann lediglich die Entwicklungsgesetze auf den einzelnen Gebieten empirisch erarbeiten. Sache der Philosophie ist es dann nach Comte, deren Ergebnisse zur Weltanschauung zu verarbeiten.

Religiös ergibt sich aus dem Positivismus folgerichtig ein vollendeter *Agnostizismus.* Die Einzeldinge sind dem wissenschaftlichen Forschen zugänglich. Sie sind auch auf dem Boden dieses Denkens mit einem Fleiß und einer Liebe zum Kleinen geschildert worden, die bewundernswürdig ist und die einen erstaunlichen wissenschaftlichen Fortschritt gezeitigt hat. Aber diese seine Größe enthält zugleich die Grenze des Positivismus: zur Erhellung eines Sinnganzen kam er nicht. Die Wirkung war — bei größter Akribie in der Methode — weithin eine Geistlosigkeit des wissenschaftlichen Betriebes, die schon Nietzsche leidenschaftlich gebrandmarkt hat. Wie aber nach ihm schon innerweltlich kein Sinnganzes zu erkennen ist, so erst recht nicht überweltlich. Die Transzendenz ist uns verschlossen. Das ist kein Grund, der Religion und der Metaphysik kämpferisch gegenüberzutreten. Aber Gleichgültigkeit ihnen gegenüber, ein Abseitsstehen, mußte die Folge sein. Zugleich entstand hier eine ausgesprochen nichtchristliche, säkulare Kultur, was um so folgenschwerer war, als auch viele Theologen die Autonomie der Kulturgebiete bejahten. —

Der *Wandel der Zeiten* vom ersten zum zweiten Drittel des 19. Jahrhunderts ist also sehr groß gewesen. Im ersten Drittel waren alle die wahrhaft großen Denker, die ihm geschenkt wurden, um eine Synthese zwischen Denken und Glauben, Philosophie und Christentum bemüht.

Jetzt sind sie alle, auch die bedeutenden unter ihnen, sich einig in der Ablehnung des Christentums. Nur *Kierkegaard* wäre hier als eine Ausnahme zu nennen; er aber kam erst im 20. Jahrhundert zur Wirkung. Diese Wendung zum Achristlichen und Antichristlichen ist weithin als eine Antithese gegen die idealistische Synthese von beidem zu verstehen. Sie ist aber zugleich ein neuer Beweis für die Tatsache, daß die Erweckungsbewegung keinerlei Einfluß auf das allgemeine Geistesleben bekommen hat.

2. Die Naturalisierung der Weltanschauung. Schelling ist für lange Zeit der letzte Natur*philosoph* gewesen. An die Stelle der philosophischen Bewältigung des Problems Natur trat vielmehr immer gewaltiger das Bemühen um ihre *empirische* Beherrschung. Diese Bemühung aber wurde in zunehmendem Maße von dem Axiom der lückenlosen Kausalkette, des Kausalmechanismus beherrscht, der das makrophysikalische Geschehen ja in der Tat zu bestimmen scheint. Ein Hindernis waren dafür freilich zunächst noch die scheinbar teleologischen Vorgänge, die man registrieren mußte. Aber diese Lücke hat *Darwin* mit seiner Lehre von der natürlichen Zuchtwahl geschlossen. Sie ermöglichte ein kausales Verständnis auch der Dinge, die man bis dahin nur teleologisch deuten konnte. Da sein System zugleich den Gedanken der Entwicklung, des Fortschritts einschloß, ist die große Zustimmung zu seinen Ideen verständlich. Auch der Mensch wurde nun in diese Entwicklung eingespannt. Den Glauben, daß er das Werk eines besonderen Schöpfungsaktes sei, erklärte Darwin als mit seinen Voraussetzungen nicht vereinbar. Damit fiel zugleich auch der Unsterblichkeitsglaube hin. Die Gottesfrage hat Darwin nicht berührt.

Auf diesem Boden mußte fast zwangsläufig versucht werden, eine rein immanente Weltanschauung zu bilden. Man konnte dabei dann das geistige Leben entweder leugnen nach Art der alten Materialisten wie Lamettrie: Liebe und Haß, Edelmut und Verrat, Mord, Verbrechen, Heuchelei sind notwendige (!) Folgen gewisser Stoffverbindungen im Gehirn (Büchner); oder aber man konnte das geistige Leben als ein Produkt der natürlichen Entwicklung auffassen, was meist geschah.

Die Folge war auf jeden Fall

a) ein konsequenter Determinismus, der eine normative Ethik unmöglich machte. Die Naturalisierung auch des *Lebens* war unausbleiblich;

b) die Ablehnung jeglichen Gottesglaubens. Auch für den deistischen Schöpfungsglauben — Gott die auslösende Ursache des Alls — blieb kein Raum.

Die schärfste Popularisierung all dieser Ideen erfolgte durch *Ernst Häckels* Buch „Die Welträtsel" 1899. Das Universum ist nach ihm konstant, unendlich an Raum und ewig. Der Mensch stammt von einer ausgestorbenen Affenart ab. Das Bewußtsein hat sich allmählich aus der Reflextätigkeit des Psychoplasmas entwickelt. Für Gott, Freiheit, Unsterblichkeit, die Leitsterne der Aufklärung, ist im kausalen Zusammenhang kein Platz mehr.

Die verheerende Wirkung Häckels kann man sich kaum groß genug vorstellen.

3. **Die Ästhetisierung des Lebens.** Durch die Naturwissenschaft einerseits, durch Philosophen wie Feuerbach, Nietzsche andererseits wurde auch das Moralische, das sich bis dahin von selbst verstanden hatte, weithin zu einem Problem (Elert). Vielleicht ist das die tiefste Wirkung dieser Männer gewesen. Anerzogene ethische Grundsätze, die Lebensgewohnheiten geworden sind, legt der Mensch aber nicht leicht ab. So folgte der theoretischen Liquidierung der Einbruch in die praktische Moral nicht gleich nach. Aber *die* Folge hat ihre Anzweifelung doch gehabt, daß diese nun als problematisch empfunden wurde. Typisch sind dafür etwa Ibsens Dramen, wie überhaupt die Kunst des Naturalismus: nicht Schicksale, sondern Probleme werden auf die Bühne gebracht oder in den Film. Die Kunst verstand, wie immer, darin die Zeit recht, daß nicht eine neue Weltanschauung verkündet werden konnte, sondern man diese *suchen* mußte. Das eben tat die Kunst. Die Folge war eine Ästhetisierung des Lebens; denn „was künstlerisch wahr und echt war, erschien eben deswegen vorbildlich ... Die Idee der Wahrhaftigkeit war aus einer ethischen zu einer ästhetischen, die Kunst der entscheidende Gestalter des Daseins geworden" (Elert). Geradezu typisch spiegelt diese Tatsache Paul Fechter in seinen beiden Büchern „Menschen und Zeiten" und „An der Wende der Zeit" (1948/49). Daß und wie Schiller und Feuerbach dieser achristlichen Ästhetisierung schon vorgearbeitet haben, ist oben bereits geschildert (S. 456 bzw. 472 f.).

Aber die ganze Publizistik ist erfüllt von der Ablehnung bzw. Nichtbeachtung des christlichen Glaubens. Für die Ästhetisierung bedeutete er nichts, da wirklich große Künstler der Kirche damals nicht geschenkt wurden. Für die Problematisierung bedeutete er auch nichts, weil die Idee der Kulturautonomie die Hineinnahme christlicher Impulse in die allgemeinen Erwägungen verhinderte. So wurde der christliche Glaube für die Welt eine uninteressante Größe. —

Diese geistige Entwicklung hat fraglos dem einzelnen ein Maß von Entscheidungsfreiheit, von wirklicher, echter Entscheidungsfreiheit beschert, das wohl einmalig in der Weltgeschichte ist. Sie hat freilich auch zu einer geistigen Zersplitterung geführt, die unheimlich ist. Die Entscheidungsfreiheit war heiß begehrt und ist schwer errungen worden; sie hat auch große Kräfte entbunden. Aber es hat sich dann zugleich gezeigt, daß der einzelne mit ihr total überfordert ist. Er soll sich seine Weltanschauung selbst zimmern; er soll sich auch seine Lebensmaximen selbst erarbeiten. Und das alles ohne die tragende Hilfe einer Gemeinschaft wie der Kirche, ohne die befruchtende Kraft des Wortes Gottes! Der psychologische Gegenschlag heißt Autoritätsbedürfnis. So ist durch die Freiheit dem Totalitarismus, so ist durch sie auch bis zu einem gewissen Grade einer katholischen Grundhaltung der Weg gebahnt.

Literatur

Werner Elert, Der Kampf um das Christentum seit Schleiermacher und Hegel, 1921;

Karl Löwith, Von Hegel zu Nietzsche. Der revolutionäre Bruch im Denken des 19. Jahrhunderts, 1964[5].

§ 53. Aus dem inneren Leben der evangelischen Kirchen Deutschlands im 19. Jahrhundert

I. Die theologische Entwicklung

Wirft man mit dem Ziel, die Bewegung des theologischen Denkens im 19. Jahrhundert zu erfassen, die Frage auf, um welche Probleme in erster Linie gerungen wurde und an welchen sich die Geister schieden, so wird sofort deutlich, daß es sich, den komplizierten Verhältnissen der Gegenwart entsprechend, nicht mehr nur um zwei oder drei Themen handelte, denen das leidenschaftliche Bemühen galt, wie etwa in der alten Kirche und in der Reformationszeit, sondern daß *ein ganzes Bündel von Problemen zugleich* seine Beantwortung suchte.

Die Aufklärung hatte die Frage nach dem Wie und Wo der Offenbarung ungelöst hinterlassen. Kants Kritik hatte zwar zum mindesten den theologischen Ansatz der Aufklärung als unmöglich erwiesen, aber er hatte auch den des rationalen Supranaturalismus zugleich mit getroffen, da auch dieser sich als eine rational begründete Offenbarungsmetaphysik verstand. Die Romantik lehnte zudem jede Religionsauffassung, die sich als Lehre, als Begriff oder Meinung gab, leidenschaftlich ab. So drohten gerade die Gebildeten Deutschlands Religionsverächter zu werden.

1. Hiergegen einen wesentlichen Schritt vorwärts getan zu haben, ist das erste Verdienst Friedrich Daniel **Schleiermachers** († 1834). Kritisch von Kant bestimmt, positiv von der Brüdergemeine, in deren

Mitte er erzogen war, dann von der Romantik, von Spinoza und — wie Emanuel Hirsch erneut gezeigt hat — ziemlich weitgehend auch von Fichte, suchte er zunächst einen neuen *eigenen Ansatz für die Religion,* der Kants Kritik standhalten konnte. Und er fand ihn nun eben nicht im „Denken", sondern im „Gefühl" und in der „Anschauung", hierin Herder und Fichte nahe. Dem individuellen Ich ist nach Schleiermacher die ursprüngliche Anlage eigen, des Unendlichen im Endlichen gewahr zu werden, im Endlichen, das ganz Widerschein, Abglanz des Wesens des Unendlichen ist — wie nahe steht das auch Goethe! —, und zwar eben mit den Mitteln des Gefühls und der Anschauung. Dabei ist ihm das Gefühl die aktive, die Anschauung aber die rezeptive Seite der Hingabe an das Universum bzw., was für Schleiermacher dasselbe ist, an Gott. In der zweiten seiner Reden „Über die Religion" (1799) beschreibt Schleiermacher dieses Gefühl mit den, wie er selbst sagt, stammelnden Worten: „Ich liege am Busen der unendlichen Welt: ich bin in diesem Augenblick ihre Seele; denn ich fühle all ihre Kräfte und ihr unendliches Leben wie mein eigenes; sie ist in diesem Augenblicke mein Leib, denn ich durchdringe ihre Muskeln und ihre Glieder wie meine eigenen, und ihre innersten Nerven bewegen sich nach meinem Sinn und meiner Ahndung wie die meinigen." Völlige Harmonie, ja vielleicht muß man sogar sagen: Identität mit dem Unendlichen ist also der wesentliche Gehalt dieses Gefühls.

In der „Glaubenslehre" (1821 f.) definierte er genauer (die „Anschauung" hatte er inzwischen wieder fallen lassen): Glaubenssätze sind „Auffassungen der christlich-frommen Gemütszustände, in der Rede dargestellt". Und das Gefühl, um das es hier geht, sollte inhaltlich ein jenseits aller Reflexion stehendes Ergriffenwerden des Gemüts von dem Unendlichen sein, so also das „der schlechthinnigen Abhängigkeit" (der Ausdruck stammt von Zinzendorf!). *Relative* Abhängigkeit gibt es auch innerweltlich, schlechthinnige nur vom Absoluten; insofern glaubte Schleiermacher mit dieser Definition auch Gott zugleich mit erfaßt zu haben, allerdings Gott in einer unpersönlichen Auffassung. Das Abhängigkeitsgefühl ist also der Erkenntnisgrund für Gott im Universum, Gott selbst aber der Realgrund für dieses Gefühl, wie Kattenbusch einmal formuliert hat.

Diese totale Abhängigkeit von Gott ist nun aber gleichbedeutend mit dem Bestimmtwerden des Menschen durch den Kausalnexus des Naturzusammenhangs, da Gott durch ihn den Menschen bestimmt. Auf diese Weise können frommes Fühlen und wissenschaftliche Weltansicht nicht divergieren. Die von der Aufklärung hinterlassenen Fragen nach dem Verhältnis von Gott und Welt, Religion und Wissenschaft, sowie von Gott und Ich sind also in diesem Ansatz zugleich mit gelöst.

Damit ist schon gesagt, daß sich bei Schleiermacher mit dem Anliegen, eine eigene Provinz für das Religiöse zu finden, ein zweites verband: das leidenschaftliche Bemühen, die *Harmonie zwischen der Religion und dem philosophischen Denken* herzustellen. Das Ergebnis dieser seiner Bemühung bietet eben die Glaubenslehre. Zwei Grundbestimmungen tragen sie also: negativ die Ablehnung aller metaphysischen Spekulation, wodurch Schleiermacher auch ein Gegner Hegels geworden ist, und positiv die Gewißheit um ein geheimnisvolles Leben aus und mit Gott, das dem Menschen zuteil werden kann. Aber dieses Leben baut sich nicht auf den Erkenntnissen der Wissenschaft auf, sondern auf Erfahrungen, die in der Tiefe des Gemüts empfunden werden und die sachlich als ein „Sein Gottes in uns" gedeutet werden müssen. Das bleibt dem Denken ein Rätsel, demgegenüber es sich bescheiden muß. Aber die Scheidung der beiden Sphären, der religiösen und der wissenschaftlichen, die sich so ergibt, führt doch nicht zu einem Widerspruch — so Schleiermacher zunächst —, denn auch die religiöse Gewißheit wird sich ihrerseits den Erkenntnissen von Philosophie und Wissenschaft beugen, einfach weil die Religion keine Quelle von Erkenntnissen wissenschaftlichen Gehaltes ist — eine diametral andere Haltung, als sie die Erweckungsbewegung vollzog. Die Vorstellung von einem überweltlichen persönlichen Gott und die von der Fortsetzung des individuellen Lebens nach dem Tode sind z. B. schon solche verbotenen Grenzüberschreitungen der Theologie.

Da Schleiermacher aber die Religion als das Gefühl beschreiben konnte, das mit der Einheit und Ganzheit, die als das Unendliche der Welt zugrunde liegt, in Gemeinschaft tritt, Gott aber durch die Welt, nur durch die Welt, auf uns wirkt, konnte er später allem Erkennen und allem Handeln, weil und soweit es auf die Welt bezogen ist, auch eine religiöse Seite zuschreiben. Umgekehrt schließt Religion nach ihm immer auch ein Verhältnis zur Welt ein, nicht nur zu Gott. E. Hirsch formuliert von da aus: „Allein durch das religiöse Gefühl wird Erkennen in das Gebiet echter ganzer Wissenschaft und Handeln in das echter vollständiger Sittlichkeit gehoben." Beide Gebiete, Religion und Kultur, bleiben zwar eigenständig. Aber beiden fehlt doch eine letzte Vollendung, wenn sie nicht Gott als letzten verborgenen Grund auch alles Wissens denken, wenn also das religiöse Gefühl beim Forschen und Handeln nicht beteiligt ist. Hier sind Theologie und Philosophie in der Tat ganz eng verknüpft. Hier sind aber auch, freilich ganz anders als bei Kant, Theologie und Ethik ganz eng verbunden. Mit dem Ergebnis, daß „homo religiosus der im tiefsten Sinn in der Bildung begriffene Mensch" ist (Barth). Kultur und Reich Gottes werden also ganz eng zusammengeschaut, der Fortschritt der Kultur muß höchstes Anliegen auch der Theologie werden. Daß hier die theologische Grundlegung eines Kulturprotestantismus erfolgt ist, ist nach alledem klar.

Entscheidend an der Religion ist nach diesem Ansatz also nicht, daß sie ewige Wahrheiten mitteilt — das kann sie gar nicht —, sondern daß die religiösen Anschauungen und Gefühle ursprünglich, persönlich notwendig und also echt sind. Die vom Pietismus angelegte Frage nach der *Echtheit* der Gottesbeziehung wird hier demnach zum entscheidenden Kriterium. Von da aus mußte Schleiermacher aber sowohl die Vorstellung der Aufklärung von einer allgemeingültigen, natürlichen Religion, wie die Fichtes von *einer* gültigen, nämlich vernünftigen Religion, leidenschaftlich ablehnen. Religion ist *immer* individuell und in dem Sinn positiv. In den Fragen der Kirchgestaltung hat Schleiermacher das durchgehalten, indem er ein strenges Personalgemeindeprinzip vertrat. Zugleich hat er mit diesem Ansatz den Grund für die religionsgeschichtliche und auch für die religionspsychologische Arbeit des 19. Jahrhunderts gelegt.

Denn Schleiermacher mußte von da aus die positiven geschichtlichen Religionen aus einem bestimmten ursprünglichen Erlebnis ihres Stifters geboren ansehen, das zu erforschen ein Hauptanliegen der Theologie werden mußte. Die theologischen *Lehren* sind sekundärer Art. Damit ist zugleich gegeben, daß der Begriff der *Offenbarung* ganz subjektiv gefaßt werden muß: *jede* ursprüngliche und echte Anschauung des Universums muß als solche gelten. Allerdings kann sie nach Schleiermacher geschichtlich weiterwirken, wie denn auch die ursprüngliche Anlage des Menschen zur Religion, gleich allen seinen Anlagen, der Weckung und der Förderung bedarf. So ist der Zusammenhang von Offenbarung und Geschichte wenigstens relativ gewahrt und zugleich ein kirchliches Handeln als möglich, ja, als nötig erwiesen.

Das *Wesen des Christentums* sieht Schleiermacher in erster Linie in dem Erschauen des Göttlichen als einer Macht, die dem Verderben entgegenwirkt und sich selbst zu diesem Zweck liebevoll in das Endliche hineinbegibt. So kann er das Christentum als Erlösungsreligion schildern, nämlich als die „entscheidende im menschlich-geschichtlichen Leben wirkende Kraft, die uns zu höherer durchseelter und durchgeistigter Menschlichkeit erhebt“ (Hirsch).

Von da aus ergibt sich als das große Problem aber die Frage nach der Person des Erlösers. Dies um so mehr, als wir — so sieht es Schleiermacher zuerst — eigentlich nur das Zeugnis der Gemeinde über ihn haben, geschichtlich sonst aber sehr wenig von ihm wissen. Entscheidend wird auch hier *das Gefühl der Erlösung;* das erst macht uns des *Erlösers* als des ursprünglichen aus Gott Geborenen, als dessen, in dem das Wort Gottes Fleisch geworden ist, gewiß. Dabei ist von der ersten Auflage der „Reden“ bis zur zweiten der „Glaubenslehre“ eine deutliche Steigerung in der Wertung Christi zu konstatieren, von einem möglichen Beispiel, das er nach den Reden nur bildet, hin zu einem „aller Vermittlung Mittelpunkt“.

Von dem allen her war ein totaler theologischer Neubau nötig, den Schleiermacher eben in seinem schon erwähnten Buch „Der christliche Glaube“ versucht hat. Das erste Hauptproblem ist hier, ob sich ein, notwendig immer individualistisch bestimmter, Erlösungsglaube zusammendenken läßt mit der Einheit eines allbedingenden göttlichen Willens, den Schleiermacher, wie dargelegt, vorausgesetzt. Aber wenn die Sünde ein mit dem Setzen der Individualität fast unausweichlich werdendes Faktum ist, nämlich als Selbstseinwollen und als Selbstbehauptung und also als Disharmonie mit dem Unendlichen, so weist sie doch auch notwendig über sich selbst hinaus, nämlich auf eine Einordnung in das Ganze hin, auf die Hingabe an Gott als auf die Erlösung. Da aber die Sündhaftigkeit dem gesamten menschlichen Leben eigentümlich ist, bezieht sich auch die Erlösung, durch die die ursprüngliche Bestimmung des Menschen ihrer Vollendung zugeführt wird, auf die gesamte Menschheit. Schleiermacher wird so zum Prediger der Wiederbringung aller. Vom Zorn Gottes und von der Erlösung als einer Versöhnung Gottes kann er freilich nicht sprechen.

In bezug auf die Prinzipienlehre muß Schleiermacher natürlich jeden Beweis der theologischen Sätze aus Lehrnormen ablehnen. Der Glaube entsteht unmittelbar aus der Kraft des heiligen Geistes, der uns in die Lebensgemeinschaft mit dem Erlöser hineinnimmt. Das ist ein Spiritualismus, der kaum noch durch den Gedanken, daß das religiöse Gefühl geweckt und entwickelt werden muß, gemildert wird. Von hier aus wird Schleiermacher ein starker Gegner der Orthodoxie. Der Glaube will in der Dogmatik überhaupt nicht *begründet*, sondern nur entfaltet und seinem inneren Wesen nach verständlich gemacht werden. Schleiermacher tat das in einem streng systematischen Aufriß; so wurde er der erste große Systematiker der neueren Zeit, dessen Werk auch Karl Barth als „eine schlechthin einzigartige intellektuelle Leistung“ ansieht.

Die *Eigenart Schleiermachers* beruht also darauf, daß auch er das *Gott-Welt-Verhältnis kritisch durchdenkt*, aber nun nicht von rationalen, sondern von religiösen Maßstäben her.

Kritisch ist zu sagen:

a) daß in der Begründung der Religion auf dem Gefühl der schlechthinnigen Abhängigkeit ein betont *anthropozentrischer Ansatzpunkt* gewählt ist. Von da aus ergab sich aber zugleich

b) ein *Subjektivismus*, der die Kirche als ein Gemeinschaftsgebilde sehr stark in den Hintergrund treten lassen mußte.

c) Indem Schleiermacher die Religion allein auf das Gemüt gründete, sah er tatsächlich, seiner Absicht zum Trotz, nur e i n e *psychische Provinz* des Menschen von Gott *angesprochen*, nicht den Menschen total. Indem die Religion von ihm verselbständigt wird, wird sie also zugleich eigentümlich isoliert. In Wahrheit wird aber auch das Erkennen von Gott bestimmt, nicht nur das Fühlen. Die Folge des Schleiermacherschen Ansatzes ist demnach, daß nun doch bestimmte Kulturprovinzen wieder auseinandertreten müssen, die Religion hier, die Philosophie da, und zwar *jede in voller Selbständigkeit und Autonomie*. Der Totalitätsanspruch Gottes ist dadurch zum mindesten gefährdet.

Doch muß noch einmal betont werden, daß Schleiermacher sich auf jeden Fall eine riesige Aufgabe gestellt und mit großer Beharrlichkeit und Kraft um ihre Lösung gerungen hat. Er hat mit seiner Arbeit, obwohl er nicht eigentlich eine Schule bildete, die Theologie des 19. Jahrhunderts weithin bestimmt.

2. Die Folgezeit ist gekennzeichnet durch den **Zerfall des theologischen Bemühens in drei Richtungen,** die das Erbe des Idealismus und Schleiermachers in verschiedener Form aufnahmen und zum Teil auch polemisch verarbeiteten. *Hauptthemen* bleiben einmal das Verhältnis von Glaube und Wissenschaft, dazu das Problem der Offenbarung und das heißt zugleich das von Glaube und Geschichte. Aber auch das Problem der Heilsgewißheit wurde brennend.

Es handelt sich

a) um die sogenannte *spekulative Theologie,* deren Hauptvertreter Karl Daub († 1836) und Philipp Marheineke († 1846) gewesen sind. Marheineke wollte Offenbarungstheologe sein in dem Sinn, daß er die in der Bibel als der Norm und den Bekenntnisschriften als der Regel vorliegende Offenbarung Gottes darlegen wollte. Aber damit verband sich bei ihm ein lebhafter Wille, diese Gotteserkenntnis in der Form der Wissenschaft zu entfalten. Das Mittel dazu bot ihm die Hegelsche Philosophie, nach der die in der christlichen Religion sich darstellende Idee die eine göttliche *und* menschliche Wahrheit ist. So glaubt er Autorität und freie Vernunfttätigkeit versöhnen zu können.

b) Auf der *konfessionell lutherischen* Seite bildete sich zunächst eine Schule in *Erlangen.* Ihre Hauptvertreter waren J. C. K. (von) Hofmann († 1877), Gottfried Thomasius († 1875) und Fr. H. R. (von) Frank († 1894). Ihre Eigenart hat die Erlanger Theologie darin, daß sie

α) ihren letzten Grund in einem konkreten persönlichen Erlebnis, dem der Wiedergeburt, sieht, das sie ausmünzen will („ich der Christ bin mir dem Theologen eigenster Stoff meiner Wissenschaft"), das sie aber zugleich als das „Korrelat der persönlich-geschichtlichen Bezeugung Gottes an die Menschen in der Geschichte, in Schrift und Bekenntnis" glaubt. So kann sie beides in Eins schauen. Das Hauptproblem, das sich von hier aus ergibt, ist das der Heils*gewißheit*. Darum hat sich die Erlanger Theologie gemüht bis hin zu ihrem Ausklang in Ludwig Ihmels. Aber auch Karl Heim war von diesem Problem bestimmt;

β) daß sie eine *heilsgeschichtliche* Grundlegung der Theologie versucht (Hofmann), wonach die übernatürliche Heilsordnung Gottes als ein in sich geschlossener Zusammenhang göttlich gewirkter Geschichte allem Natürlichen, Menschlichen als etwas Einzigartiges, Unvergleichliches gegenübertritt. Die Gott-Welt-Frage wird von da aus weithin antithetisch gelöst.

Neben der Erlanger Richtung ist Ernst Wilhelm *Hengstenberg* in Berlin († 1869) wichtig geworden. Aus der Erkenntnis heraus, daß es einen philosophischen Weg zur Gotteserkenntnis nicht gäbe, sah er sich ganz auf die geschichtliche Offenbarung gewiesen, d.h. darauf, biblisch zu denken, sich der göttlichen Autorität des biblischen Wortes schlechthin zu unterwerfen, auch und gerade in seinen widervernünftigen Teilen. Zu der Bibel, auf die sich der christliche Glaube gründet, gehört aber auch das Alte Testament; deshalb tastet nach Hengstenberg Christus an, wer das Alte Testament antastet. Von da aus mußte Hengstenberg ein leidenschaftlicher Gegner aller natürlichen oder philosophischen Gotteserkenntnis werden. Zugleich aber auch ein leidenschaftlicher Gegner aller historisch-kritischen Arbeit an der Bibel. Das Urteil über die Verfasserschaft biblischer Bücher wurde ihm so zum Kriterium der Rechtgläubigkeit. Hengstenberg mußte aber auch den biblischen Lehrbegriff mit dem der lutherischen Bekenntnisschriften gleichsetzen und zwar von seinem eigenen Durchsbruchserlebnis her, das ihn von einem Reformierten zum Lutheraner gemacht hatte. So wurde er zugleich konfessioneller Lutheraner. Die preußische Union hat er freilich trotzdem bejaht.

c) Neben den genannten beiden Gruppen stand schließlich noch die *Vermittlungstheologie*. Auch sie wollte zunächst den wahren Vermittlungen zwischen dem wissenschaftlichen Bewußtsein der modernen Welt und dem christlichen Glauben, genauer, der „Idee des Christentums" dienen, zugleich damit aber auch dem Ausgleich zwischen den theologischen Gruppen. Hauptvertreter dieser, zeitweilig sehr einflußreichen Richtung waren Carl Immanuel Nitzsch († 1868), Karl Ullmann († 1865) und Isaak August Dorner († 1884). Man vollzog hier mit Schleiermacher die Ablehnung der lehrgesetzlichen Bindung an die Bibel und die Bekenntnisschriften, aber man sah, gegen ihn, das religiöse Gefühl doch als Quelle echter objektiver *Erkenntnis* von Gott an, die deshalb auch in der Bibel als vorhanden geglaubt werden müsse. Die *Idee* des Christentums ist also göttlich, ihre *Verwirklichung* menschlich und natürlich. Damit war eine historische Kritik an der Bibel trotz starker Bejahung ihrer objektiven Geltung möglich. Dorner hat sich daneben vor allem um die Versöhnung der Trinitätslehre und der Christologie mit den neueren historischen und philosophischen Erkenntnissen bemüht, also den Christus der Geschichte mit dem Christus des Glaubens zusammenzuschauen gesucht. —

Diese Möglichkeit hatte freilich schon David Friedrich Strauß 1835/36 in seinem ersten „Leben Jesu" energisch bestritten und damit im Grunde genommen die eine Seite des theologischen Baus, wie man ihn bei allen Gruppen versucht hatte, eingerissen, indem er nämlich die urbildliche Vollendung des göttlichen Willens mit der Menschheit in der geschichtlichen Person Jesu leugnete. Der Jesus der Geschichte und der Christus der Idee decken sich nach ihm schlechterdings nicht. Die andere Seite aber, die Begründung auf das Gefühl, das Gemütserlebnis, die Erfahrung, hatte Feuerbach fast gleichzeitig als bloße Anthropologie begreifen zu müssen gemeint. So endete die Periode in einer offenen Aporie.

3. Diese Not konnte auch weiterhin nicht in einem großen Neuansatz überwunden werden. Die Aufsplitterung in die „Richtungen" erhielt sich vielmehr, wobei es freilich an einem Austausch der Ideen, an gegenseitiger Beeinflussung keineswegs fehlte.

a) Im Anschluß an die „spekulative" entstand die *„freie Theologie"*, wie ihr Führer Biedermann sie selbst genannt hat, die „liberale", die sich vor allem von der kirchlichen *Überlieferung* frei wußte und deshalb alle kritischen Arbeiten, die die Überlieferung betrafen, fortsetzte und sich dabei nur an die Gesetze der Logik gebunden erachtete. Sie stand in einem Zweifrontenkrieg insofern, als sie gegen die Linkshegelianer, die Glauben und Wissen als unvereinbar ansahen (vgl. S. 472 ff.), das Christentum verteidigte, gegen die biblisch-bekenntnismäßige Theologie aber das Recht der freien Forschung. Für die historische Erkenntnis der Welt der Bibel wie der Geschichte der Kirche und der Dogmen hat sie, vieler Irrungen im einzelnen zum Trotz, Großes geleistet. Ob aber die konsequente Anwendung des Entwicklungsgedankens auf die Religionsgeschichte, einschließlich des Christentums, wirklich ein Schlüssel zur Welt- und Menschheitsgeschichte ist, muß gefragt werden. Sehr wichtig ist freilich die dabei gewonnene Einsicht, daß alles menschliche Leben, ja selbst die Natur nur als „geschichtlich" existiert; Geschichte als das Durchlaufen eines einmaligen und also nicht wiederholbaren und auch nicht umkehrbaren Prozesses verstanden. Mit dieser neuen Erkenntnis des 19. Jahrhunderts wirklich Ernst gemacht zu haben, ist trotz der fragwürdigen Form, die man ihr in der Idee der Entwicklung gab, das Verdienst der Schule. Systematisch wurde der schon genannte *A. E. Biedermann* († 1885) entscheidend. Er wollte christlich, ja kirchlich sein, leugnete aber, daß Christlichkeit gleich Übereinstimmung mit den altkirchlichen Lehren sei. Prinzip des Christentums wurde ihm vielmehr Christus selbst, von dem die — kritisch bearbeitete! — Schrift Kunde gibt. Theologie war ihm im strengen Sinne Wissenschaft, die die religiöse Erkenntnis von der widerspruchsvollen Stufe der Vorstellung auf die höhere, *von allen Verstandeswidersprüchen gereinigte* Stufe des spekulativen Begriffs und damit der objektiven Wahrheit zu erheben hat. Der Einfluß Hegels auf ihn ist also unverkennbar; vor allem macht das *Kriterium* für die religiöse Erkenntnis seine Verwandtschaft mit der Aufklärung unübersehbar. Hier wird die Theologie abhängig von der Philosophie. Der Ausgleich zwischen dem „christlichen Prinzip“ und der Bezogenheit des christlichen Gottesglaubens auf Jesus gelang Biedermann mit alledem nicht.

b) Der liberalen Theologie gegenüber lehnte die *„positive“ Theologie* die kritische Arbeit an der Bibel als ein Zeichen von Aufklärung, ja als Auflehnung gegen Gottes Ordnung ab und betonte die Bindung an Bibel und Bekenntnis, deren Aussagen auf die Gegenwart lediglich anzuwenden seien.

Auch sie wurde aber von der historischen Forschung genötigt, die altkirchliche Christologie mit dem modernen, reich profilierten Jesusbild in Ausgleich zu bringen. Die entscheidende Anregung für die Verwirklichung dieser Aufgabe gab *Gottfried Thomasius* mit einer Umprägung der altprotestantischen Kenosislehre, die vielfach aufgenommen wurde. Der Logos Gottes hat nach Thomasius in der Menschwerdung seine Daseinsform vom Göttlichen in das Menschliche umgesetzt. Damit gewann Thomasius Freiheit für ein vollmenschliches Leben Jesu, tauschte dafür freilich die Schwierigkeit ein, daß eine Veränderung in Gott selbst gelehrt werden mußte.

Daneben wandte sich die positive Theologie stark der Klärung der ekklesiologischen Fragen zu, die *Theodor Kliefoth* geradezu als die spezifische dogmengeschichtliche Aufgabe der neueren Zeit ansah (vgl. oben S. 465 ff.). Das steht in engem Zusammenhang mit der Frage nach dem *Verhältnis des Glaubens zur Geschichte* überhaupt. Kliefoth meinte nämlich, daß jede Geschichtsperiode ihr bestimmtes Dogma als Mittelpunkt ihres geistigen Lebens habe, die alte Kirche zuerst das christologische, dann, in Augustin, das anthropologische, die Reformationszeit das soteriologische und die Neuzeit eben das ekklesiologische. So versuchte er einen Ausgleich zwischen dem modernen Entwicklungsgedanken und dem Ja zur kirchlichen Überlieferung herbeizuführen. Auch er fand viele Nachfolger.

c) Von der *Vermittlungstheologie* sagt Horst Stephan mit Recht, daß sie nicht die Überwindung der Gegensätze auf einer höheren Ebene versucht hat, sondern daß nur eine eklektizistische Personalunion der verschiedenen Motive entstand, die keine echte Realunion wurde. Bedeutend wurde *Richard Rothe,* der vor allem die alte Frage nach dem Verhältnis Gottes zur Welt wieder aufgriff und damit das Problem Christentum und Kultur. Von Hegel beeinflußt, wollte er die Kirche schließlich im Staate als der allumfassenden Größe aufgehen lassen.

4. Einen neuen Ansatz jenseits der Richtungen versuchte **Albrecht Ritschl,** ohne doch echten Erfolg damit zu haben. Unter starker historischer Unterbauung seiner Arbeiten und besonders unter Rückgriff auf Luther schloß er sich zugleich eng an Kant an. So kämpfte er gegen alle Metaphysik in der Theologie und damit gegen die spekulative Theologie. Er wollte aber auch die Bewußtseinstheologie zugunsten einer Offenbarungstheologie überwinden. Jedoch auch nach Ritschl begegnet uns Gott in seinen Beziehungen zu uns, in seinen erfahrbaren Wirkungen auf uns — jede andere Objektivität greift nach Ritschl ins Leere —, und auch für ihn ist der Ausgangspunkt für die Religion ein Erlebnis, nun freilich das Erlebnis des sittlichen Kampfes und zwar der Überwindung des Zwiespaltes von Geist und Natur. Das Gott-Welt-Verhältnis, als sittliche Aufgabe gefaßt, steht also auch hier im Vordergrund. Die Freiheit der Gotteskindschaft führt nach Ritschl zu einem Handeln aus Liebe, das auf die sittliche Organisation der Menschheit gerichtet ist. Von daher ist es zu verstehen, wenn die Zeitschrift der Ritschlschen Schule den Titel „Christliche Welt" bekam. Von hier aus ergab sich zugleich eine Verstärkung der kulturprotestantischen Haltung, die schon von Schleiermacher begründet war. Ritschl hat auch insofern den Liberalismus begünstigt, als er die Theologie, so sehr er sie als Funktion in der Kirche bestimmte, doch mit Betonung als eine *freie* Funktion der Kirche ansah; sie war ihm zugleich aber auch die maßgebende.

Wie sehr Ritschl dem Liberalismus vorgearbeitet hatte, wurde deutlich an der *religionsgeschichtlichen Schule.* Sie wurde gebildet von Schülern Ritschls, die, z.T. unter dem Einfluß de Lagardes stehend, die historisch-kritische Arbeit ihres Meisters noch als systematisch gebunden empfanden. Sie selbst erstrebten eine wirklich „freie" Bibelforschung, wobei die moderne Weltanschauung den wesentlichen Maßstab für die Kritik lieferte, ihr die Bibel also untergeordnet wurde.

Das führte zu einer starken Reduktion. Zugleich wollten sie den religionsgeschichtlichen Hintergrund der Bibel erhellen, mußten das auch, weil sie sie als einen Ausschnitt der allgemeinen Geistesgeschichte, speziell der Religionsgeschichte, ansahen. Dabei wandten sie entschlossen auch den Entwicklungsgedanken auf die Bibel an. So führte das Vorgehen zugleich zu einer umfassenden Historisierung: die Geschichte wird das Mittel, alle Probleme zu lösen (Harnack). Von da aus wurde also das Problem „Geschichte und Offenbarung" in neuer Weise akut, vor allem aber wurde die Frage der Absolutheit des Christentums brennend. Ihr ist *Ernst Troeltsch* besonders nachgegangen. So sehr er die Religion als eine letzte Vernunftnotwendigkeit bejahte und so gewiß er im Christentum die höchstentwickelte Religionsform sah, lösen konnte er das Problem mit seiner rein historisierenden Methode doch nicht.

Im einzelnen entdeckte die Schule vom Spätjudentum her das wichtige Problem der biblischen Eschatologie. Zugleich wurde durch *Hermann Gunkel* die Frage des Mythischen in der Bibel wieder akut. Wenn *Rudolf Bultmannn* sie aufgriff, so wollte er doch nicht, wie die alte religionsgeschichtliche Schule, das Mythische eliminieren, sondern es mit formaler Hilfe der Heideggerschen Existentialphilosophie nur für unsere Zeit gültig interpretieren.

5. Große Bedeutung für das kirchliche Leben hat die **„biblische Schule"** erhalten (Martin Kähler, Adolf Schlatter, Julius Schniewind, die ihrerseits von Hofmann und Beck beeinflußt waren). Kählers Arbeit war innertheologisch ausgerichtet. Es ging ihm um die Klärung des Problems der Glaubensgewißheit und zugleich um die Stärkung der Gewißheit. In dem Christus Gottes, von dem die Apostel zeugen — der historische Jesus ist uns nicht mehr zugänglich —, sah er nun die *Einheit* von geschichtlicher Tatsächlichkeit und ewiger Bedeutung gegeben. Er zog damit also die Geschichte ganz in den Glauben hinein und überwand so den Zwiespalt zwischen Geschichte und Offenbarung. Ähnlich urteilte *Adolf Schlatter*, der aber insofern einen eigenen Zug bekam, als er sich eine große innere Freiheit für ein Ja zur Welt als der Welt Gottes bewahrte, darin von der alten Erweckung merklich geschieden.

6. Mit der Bibeltheologie zusammen wirkte die *Besinnung auf Luther* (Karl Holl, Carl Stange u. a.) nach 1917 stark in Richtung auf eine Neubesinnung der Theologie.

7. Dazu kam in einer fortschreitend wachsenden Bedeutung nach dem ersten Weltkrieg **die dialektische Theologie.** Ihr Ursprung ist auf der einen Seite die Krise des Fortschrittsglaubens, die der Krieg

heraufführte, die Erkenntnis der Sündhaftigkeit alles Menschentums. Von da aus ergab sich eine leidenschaftliche Ablehnung des Kulturprotestantismus. Daneben stand die notvolle Frage, *was* muß ich predigen; und damit zugleich die Frage nach der Haltung des theologischen Denkens vor seinem „Gegenstand", die einen immer neuen Vollzug fordert, niemals statisch auf gesicherten Ergebnissen aufbauen kann.

Die Grundlage aller Theologie bildet nach Barth die Offenbarung Gottes in seinem Wort, dem Wort, das von außen auf uns zukommt, und auch nur, weil Gott einmal gesprochen hat, zu uns kommen kann, dem „fremden" Wort, das also nicht *in* uns laut wird. Von dieser Erkenntnis aus mußte alle Mystik (die Troeltsch als das Urphänomen der Religion angesehen hatte) scharf abgelehnt werden: es gibt keine Unmittelbarkeit zu Gott; ebenso alles religiöse Apriori, alle Bewußtseins- und Erfahrungstheologie; und schließlich alle Ableitungen des Christentums aus der Religion, und so ergab sich ein Nein zur religionsgeschichtlichen Schule. Die „Unverfügbarkeit" Gottes bedingte zugleich eine starke Bindung an den Heiligen Geist, der fast neu ins Blickfeld trat, dazu ein „Warten", das eine eschatologische Haltung in sich schloß. Von hier aus mußte zur Wiederentdeckung der Eschatologie in der Bibel Ja gesagt werden. Gott ist als creator ex nihilo[1] das große Wunder jenseits aller Kausalität. Hier begegnet sich die dialektische Theologie mit dem neuen physikalischen Weltbild, übrigens auch in ihrem antimetaphysischen Zug. —

Die Entwicklung führte die Theologie also negativ zur Ablehnung alles innermenschlichen Ursprungs sowie aller innermenschlichen Zwecksetzung der Religion, aber auch zur inneren Überwindung aller metaphysischen Grundlegung, positiv aber zur Hochwertung der biblischen Offenbarung im Verständnis der reformatorischen Theologie. Das wurde insofern sofort geschichtlich bedeutsam, als damit die Kirche in Deutschland innerlich dahin geführt war, den Ideen abzusagen, denen der Nationalsozialismus anhing. Viele Einzelheiten, die früher Schulen schieden, sind zugleich bei dieser Entwicklung Allgemeingut der Theologie geworden, so etwa das Ja zur historischen Arbeit auch an der Bibel, das Ernstnehmen des Eschatologischen in ihr, vor allem aber auch das Ja zur Bibel als zur Offenbarung Gottes. Der Kampf, der in der nationalsozialistischen Zeit um die Existenz des Christentums geführt ist, und sein Ausgang haben zunächst alle, die widerstanden, zusammengeführt und die theologischen Schulen verwischt. Es ist inzwischen freilich schon wieder deutlich geworden, daß erhebliche Unterschiede zwischen den einzelnen Theologen bestehen. Eine klare Schulbildung hat sich aber noch nicht wieder ergeben.

[1] Als Schöpfer aus dem Nichts.

Literatur

Werner Elert, Der Kampf um das Christentum seit Schleiermacher und Hegel, 1921;
Horst Stephan, Geschichte der evangelischen Theologie seit dem deutschen Idealismus, 1960[2];
Karl Barth, Die protestantische Theologie im 19. Jahrhundert, 1960[3].

§ 54. Aus dem inneren Leben der evangelischen Kirchen Deutschlands im 19. Jahrhundert

II. Die konfessionelle Frage

Die Aufklärung hatte nicht nur die Konfessionsgrenzen nivelliert, sondern sogar die Religionsgrenzen, denn nicht das Besondere, das Eigentümliche wurde gewertet, sondern das Allgemeine war, eben weil es allgemein war, gültig, „allgemeingültig". Konfession aber heißt Sonderung. Merkwürdigerweise war das Ideal der kirchlichen Aufklärung trotzdem die Nationalkirche. Aus Gegensatz gegen die „Vorgestrigkeit" des universalen Papsttums lehnte man dieses, und damit den kirchlichen Zentralismus, zugunsten eines nationalen Aufbaus ab. Innerprotestantisch aber hieß Nationalkirche Überwindung der Konfessions- *und* der Territorialgrenzen. Nun ergab sich in den Verhandlungen, die gegen Ende des 17. Jahrhunderts zwischen Leibniz, Spinola und Bossuet über diese Frage geführt wurden, aber doch ein großer Unterschied der Auffassungen: die Katholiken wollten die Entwicklung der nationalen Gewohnheiten und Rechte sichern, der Papst sollte als Symbol und Garant der universalen Einheit aber eine gewisse Lehrautorität behalten. Leibniz dagegen wollte die Glaubensfreiheit und um ihretwillen auch die Lehrfreiheit wahren; der Papst mochte in äußeren Dingen eine gewisse organisatorische Einheit herbeiführen. Über diesem Gegensatz zerbrachen die Verhandlungen.

Doch blieb als das Erbe der Aufklärung die Nivellierung des Konfessionsunterschiedes. Sie wirkte sich praktisch in zweifacher Wirkung aus:

1. als **direkt nationalkirchliches Streben.** Es bekam neue Nahrung durch die national*religiösen* Elemente, von denen gleich zu reden ist (S. 503 ff.), bei Herder, Fichte, Arndt, Jahn also. Die Menschheit ist nach Fichte ein idealer Organismus, gegliedert in Nationen. Die reinste Verwirklichung der Idee Nation war für ihn aber Deutschland. Nur in der Nation hat auch der Einzelne nach Fichte Ewigkeit. In der Nation darf es nun nur *eine* Religion geben, soll sie nicht zerflattern. So erhob Fichte 1813 in seinen Vorlesungen über die Staatslehre die Forderung: „Es wird eine Religion festgesetzt, über die alle ohne Zwang und aus freier Einsicht einig sein können; diese ist die Staats-

religion." Eine neue deutsche Kirche jenseits der Konfessionen, jenseits *aller* Konfessionen, sollte diese Staatsreligion tragen.

Genauso dachte der Turnvater *Jahn*. Ohne die Einnistelung der Jesuiten, meinte er, wäre in der Reformationszeit „eine freigläubige, einige, deutsche Kirche entstanden, in welcher Staatskunst, Volksthumskunde und Völkerlehre alles Wirksame einer Volksreligion gehabt hätten". Solche Kirche war ihm auch jetzt noch das erstrebenswerte Ziel. Die Idee der Nation postulierte also, so meinte man, die Einheit von König, Volk, Heer und Kirche. Dementsprechend forderte etwa der „Deutsche Bund": „Treue gegenüber dem Vaterlande, Förderung seines Wohles und seiner Einheit, die auch Einheit der Religion erfordert". Oder es heißt in den Jenaischen „Grundsätzen und Beschlüssen zur Wartburgfeier" von 1817: „Die Lehre von der Spaltung Deutschlands in das katholische und protestantische ist irrig, falsch, unglückselig. Wenn viele Deutsche sich zur katholischen Kirche bekennen und viele den protestantischen Grundsätzen anhängen, so sind sie darum nicht minder Deutsche und Eins durch das gemeinsame Vaterland. Wir Deutschen haben alle Einen Gott, an den wir glauben, und Einen Erlöser, den wir verehren, Ein Vaterland, dem wir angehören. Wenn wir in diesem Sinne leben und handeln, können wir alles andere dem Allerbarmer vertrauensvoll anheimstellen." Alfred Adam hat recht: „Das Morgenrot jener Tage leuchtete über Jahrzehnte. Wer das süße Lied von der Einheit von Gott und Volk einmal gehört hatte, dem blieb der berauschende Ton im Herzen; ihm war das Streben der Nation zur Einheit ihres Lebens solange unerfüllt, als nicht auch die Kirche in diese Einigung einbezogen war."

Einen ersten Versuch zur Verwirklichung einer solchen Nationalkirche machte der *Deutschkatholizismus*. Die Ausstellung des — so gut wie sicher unechten — Ungenähten Rockes Christi in Trier im Jahre 1844 rief eine starke Gegenbewegung hervor, die schließlich zur Bildung einer eigenen Kirche führte, die als „Deutsch-katholische Kirche" (konstituiert 1845) zusammen mit aufgeklärten Tendenzen ausgesprochen nationalkirchliche Ziele verfolgte. Da sie aber wesentlich aus der Negation katholischen Denkens lebte, sackte sie, nur in der Gärung der vierziger Jahre wirklich populär, schnell zur Freigeisterei ab. Die Deutschkirche zeigt aber besonders deutlich, was freilich auch sonst feststeht, daß die Bejahung des Nationalen keinesfalls ein Ausfluß lutherischen Denkens ist; die nationalkirchliche *Formung* ist sogar auf katholischem Boden zuerst versucht; die Aufnahme des „Volksgeistes" in das Ideengut der kirchlichen Verkündigung war dagegen auf protestantischer Seite wohl stärker als dort.

Auf evangelischer Seite ist unter Friedrich Wilhelm IV. ebenfalls ein praktischer Vorstoß in Richtung auf eine Nationalkirche gemacht worden. Hinter seinem Wunsch, den spätmittelalterlichen Schwanenorden, einen Orden praktischer sozialer Arbeit, neu zu beleben, stand nämlich der Gedanke, durch ihn die „dritte Konfession“, die der tätigen Liebe, als Einheitskirche der Volksgemeinschaft zu schaffen. Das ist im Grunde genommen eine Vorwegnahme der konstituierenden Idee von Stockholm. Aber der Versuch erwies sich schnell als Utopie.

Immer an Höhepunkten des nationalen Lebens oder bei stark nationalistisch empfindenden Männern ist dann auch der Gedanke an die Nationalkirche, meist unter direktem Einfluß Fichtes, wieder erwacht. So 1848, wo kein Geringerer als Karl Hase ihr Vorkämpfer wurde, der damals eine dogmenfreie, priesterlose Kirche der allgemeinen Gläubigkeit, erfüllt von „deutscher Frömmigkeit“ erstrebte. So bei de Lagarde. So dann vor allem in der nationalsozialistischen Zeit (siehe § 58).

2. Die evangelische Nationalkirche. Von den Bestrebungen, die *ganz* Deutschland religiös einen wollten, sind deutlich die zu unterscheiden, denen es nur um eine innerprotestantische Einigung ging. Sie gliedern sich wieder in zwei Gruppen, nämlich

a) in die Versuche, zu *innerterritorialen Unionen* zu gelangen. Diese setzen natürlich die große theologiegeschichtliche Wandlung voraus, die durch Pietismus und Aufklärung inauguriert war. Das zeigte sich deutlich etwa in den Verhandlungen der Nassauer Generalsynode zu Idstein 1817; sie taten kund, daß eine Bekenntnisunion nur noch eine äußere Aufgabe war; innerlich wußte man sich „in dem Wesentlichen des Bekenntnisses“ bereits eins, die *eigentliche* Union war bereits geschehen. Das muß auch für andere Territorien vorausgesetzt werden.

Aber mit diesem konfessionellen Einheitsbewußtsein verbanden sich nun *staatspolitische Nötigungen.* Das gibt der Unionsepoche des beginnenden 19. Jahrhunderts ihr charakteristisches Gepräge. Nach der staatskirchenrechtlichen Doktrin des Territorialismus, die damals galt, waren die „sichtbaren“ Kirchen Staatsdepartements (vgl. oben S. 436). Die neuen Großterritorien, die damals entstanden (vgl. S. 398), mußten aber ein Interesse daran haben, die vielen Lokalkirchen ihres Landes zusammenzufassen, einmal, um die alten und die neuen Staatsgebilde möglichst eng miteinander zu vereinen, dann aber auch, um die Verwaltung zu vereinfachen. Die Frage war nur, ob so bloße „Verwaltungsunionen“ oder „Konsensusunionen“ zustande kommen würden. Sogar in Bayern hat von 1808 bis 1849 eine Verwaltungsunion bestanden, da dem Oberkonsistorium in München bis 1849 nicht nur die reformierten Gemeinden des Landes, sondern auch die Kirche der Pfalz unterstand. Auch in Hannover gab es von 1816 bis 1864 solche Verwaltungsunion. Zusammenschlüsse mit einem gemeinsamen

Bekenntnis, d. h. Konsensusunionen, wurden 1817 in Nassau, 1818 in Hanau, ebenfalls 1818 in der Pfalz, 1821 in Baden getätigt. Verwaltungsunionen entstanden noch in Hessen-Darmstadt (praktisch seit 1803), in Kurhessen (seit 1821), sowie vor allem in Preußen.

Auf *Preußen* hat, wie Alfred Adam gezeigt hat, das nassauische Vorgehen stark anregend gewirkt. Das Land erhielt nach den Freiheitskriegen zu 5 Millionen ihm verbleibenden alten Einwohnern 5½ Millionen neue hinzu; es stand also vor einer staatspolitisch besonders schwierigen Aufgabe. Dazu war das Königshaus seit 1613 reformiert. Kein Wunder, daß jetzt auch in Preußen Unionsversuche wieder aufgenommen wurden. 1808 wurden zunächst, territorialistischen Grundsätzen gemäß, das lutherische Oberkonsistorium und das reformierte Kirchendirektorium aufgelöst und ihre Aufgaben einer neu gebildeten Sektion für Kultus und Unterricht im Innenministerium übertragen; sie wurde 1817 zu einem eigenen Ministerium verselbständigt. Damit war, ohne daß sich Widerstand erhob, eine Verwaltungsunion herbeigeführt. 1817 schlug der König auch formell die Union vor; die beiden protestantischen Kirchen sollten sich zu einer evangelisch-christlichen vereinigen. Eine gleichförmige Liturgie sollte diese Einheit befördern. Im Sinne Friedrich Wilhelms III. sollte daraus eine Konsensusunion werden. Als im Jubiläumsjahr der Augustana 1830 die dahin zielenden königlichen Bemühungen erneuert wurden, erhob sich aber so starker Widerstand, besonders in Schlesien — inzwischen hatte die Erweckung das konfessionelle Sonderbewußtsein wieder verstärkt (vgl. S. 464 f.), die schlesische Kirche sich zudem mühsam ihren lutherischen Glauben gegen die Gegenreformation bewahrt —, daß es in Preußen bei einer zugleich liturgischen und verwaltungsrechtlichen Union geblieben ist.

Durch diese Unionen ist ein dritter evangelischer Kirchentyp geschaffen worden, der den Protestantismus noch stärker aufgespalten hat, als es vorher schon der Fall war. Und da es in Reaktion gegen ihn zur Gründung von Freikirchen kam (S. 496), so hat der Unionswille zunächst leider das Gegenteil von dem erreicht, was ihm vorschwebte.

b) Neben die innerterritorialen Unionen traten im Laufe des Jahrhunderts dann aber auch *Bemühungen, alle evangelischen Kirchen Deutschlands zusammenzuführen.* Nationale Impulse, antiultramontane Motive und das Bewußtsein der Zusammengehörigkeit wirkten hier in einer kaum für den Einzelfall entwirrbaren Mischung zusammen. Zuerst 1846 sind auf Betreiben Friedrich Wilhelms IV. Abgeordnete von 27 Kirchen, d. h. praktisch von 27 Landesregierungen, in Berlin zusammengetreten zur (Ersten) „Deutsch-Evangelischen Kirchen-Konferenz". Nach der preußischen Instruktion war der

Zweck der Konferenz, „das Bewußtsein der Zusammengehörigkeit und Einheit (der Kirchen) durch gegenseitige Mittheilung und Verständigung zu beleben, sodann aber auch die Mittel zu berathen, wodurch diese Einheit in Bezug auf die drei Hauptgegenstände Bekenntniß, Verfassung und Cultus gefördert werden könne". Auf jeden Fall sollte preußischerseits eine künftige „allgemeine deutsche Synode" beantragt werden, für die die Abgeordneten schon eine Denkschrift mitbekommen hatten. Obwohl die Fortsetzungskommission dementgegen nur neue Konferenzen, nicht einen irgendwie gearteten Zusammenschluß vorsah, scheiterte die direkte Fortsetzung am Widerstand der Landesregierungen, die für die Souveränität ihrer Länder fürchteten. Auch die Impulse des Jahres 1848 führten nicht wirklich weiter. Was blieb, war nur eine ständige Fühlungnahme der Kirchen seit 1852 in Eisenach, daher Eisenacher Kirchenkonferenzen genannt.

Das Zusammengehörigkeitsgefühl, das sich immerhin darin kundtat, ist dann langsam verdichtet worden, z.B. durch überterritoriale und überkonfessionelle Arbeitsgemeinschaften wie den Zentralausschuß für die Deutsche Innere Mission, den Gustav-Adolf-Verein und den Evangelischen Bund. In gleicher Richtung wirkte sich die an keine Schranken gebundene Gemeinschaftsbewegung aus mit ihren Unterarbeitsgruppen, etwa den Vorläufern der Studentengemeinden. Auch die Fürsorge für die Militärseelsorge und die Auslandsgemeinden schlossen sich zusammen. Auf dieser Grundlage kam es 1903 auf Anregung des Herzogs von Gotha zum Deutschen Evangelischen Kirchenausschuß, in dem die evangelischen Kirchen Deutschlands zum erstenmal ein Organ erhielten, das für alle gemeinsam sprechen konnte, und 1922, nach dem Wegfall des landesherrlichen Summepiskopates, zum Deutsch-Evangelischen Kirchenbund. Er hat als solcher, d.h. als ein Bund bekenntnisbestimmter Kirchen, nach dem Intermezzo der nationalsozialistischen Zeit in der „Evangelischen Kirche in Deutschland" seine Fortsetzung gefunden.

Warum nur ein „Bund" und nicht, was doch der Name besagt, eine evangelische „Kirche" in Deutschland? Das lag auch hier an der zwiespältigen Entwicklung, die für das 19. Jahrhundert überhaupt charakteristisch ist, nämlich an dem erneuerten konfessionellen Bewußtsein.

3. Die Wiedererweckung des konfessionellen Sonderbewußtseins. Die Ultramontanisierung der katholischen Kirche (S. 404) hatte gleichzeitig das Ausschließlichkeitsbewußtsein in ihr wieder lebendig gemacht. Der Ultramontanismus erweckte zugleich als Gegenbewegung ein antikatholisches Bewußtsein in den evangelischen Kirchen. Der Kulturkampf hat dies noch gewaltig gesteigert. Daran schon mußten die eigentlich nationalkirchlichen Pläne scheitern. Die Erweckungsbewegung aber ließ, wie oben (S. 464 f.) schon geschildert, auch ein lutherisches bzw. reformiertes Sonderbewußtsein wieder wach werden, das sich im Fortgang des Jahrhunderts als ein unübersteigliches Hindernis für alle immer wieder laut werdenden neuen Unionspläne erwies. Es hat sogar schon 1830 zur Separation geführt, nämlich in Schlesien, wo man unter den Habsburgern den lutherischen Glauben mühevoll genug gewahrt hatte. Der Entstehung der Altpreußischen Lutherischen Kirche folgte 1873, auch aus Gegnerschaft gegen die Union, unter der Nachwirkung Vilmarschen Geistes die Gründung der „Renitenten Kirche Niederhessens" und 1874 die der „Selbständigen evangelisch-lutherischen Kirche in den hessischen Landen", 1878 endlich die der „Hannoverschen Lutherischen Freikirche".

Es kann auch nicht übersehen werden, daß neuerdings die Ablehnung der Theologie Karl Barths, wo solche erfolgt, sich als eine Vertiefung des Grabens zwischen Reformierten und Lutheranern in Deutschland auswirkt.

1868 schlossen sich die Lutheraner zu der Allgemeinen Lutherischen Konferenz, 1948 in Eisenach die lutherischen Kirchen (ohne Württemberg und Oldenburg) zur „Vereinigten Evangelisch-Lutherischen Kirche Deutschlands" zusammen. 1884 gründeten die Reformierten den „Reformierten Bund".

Dieser Gegensatz ist auch durch die Kampfgemeinschaft der nationalsozialistischen Zeit und das gemeinsame antihäretische Bekenntnis von Barmen nicht völlig überwunden worden, führte vielmehr schon 1936 zu tiefen Spannungen in der Bekennenden Kirche. An ihm scheitern bisher auch alle Bestrebungen, die Evangelische Kirche in Deutschland über den Bundescharakter hinaus fester zusammenzuschließen; diese Versuche rufen in manchen Kreisen sogar eine Müdigkeit gegen die EKD hervor.

Literatur

Alfred Adam, Nationalkirche und Volkskirche im deutschen Protestantismus, 1938.
Ders., Die Nassauische Union von 1817 (Jahrbuch der Kirchengeschichtlichen Vereinigung in Hessen und Nassau 1, 1949, S. 35—408);
Erich Förster, Die Entstehung der preußischen Landeskirche, 2 Bde., 1905/07.
Ferner die Literatur zu § 57.

§ 55. Aus dem inneren Leben der evangelischen Kirchen Deutschlands im 19. Jahrhundert

III. Die Verfassung der Kirche

Obwohl eine grundsätzliche Opposition auch hier nicht fehlte, verlief die Entwicklung der Kirche auf diesem Gebiet im 19. und 20. Jahrhundert doch verhältnismäßig einlinig.

Der *Territorialismus* (S. 436) hatte die Kirchen völlig ihrer Selbständigkeit beraubt und sie ganz der Staatsgewalt unterstellt. Demgegenüber bedeutete das neue staatskirchenrechtliche System des *Kollegialismus*, das Christoph Matthäus Pfaff († 1766) entwickelte, zwar einen großen grundsätzlichen, aber noch keinen praktischen Fortschritt. Auch er sah die Kirche als einen Verein an. Die Neuerung, die er anbahnte, liegt darin, daß er die Vereinsrechte, die iura collegialia — daher der Name des Systems — ganz erheblich erweiterte. Alle entscheidenden Dinge sollten Sache der Kirchen selbst sein; dem Staat blieben nur die allgemeinen Hoheitsrechte über sie. Aber die Kirchen haben nach Pfaff die ihnen zustehenden Rechte von sich aus auf die Fürsten übertragen; so haben diese jetzt das Recht, sie auszuüben. Auf diese Weise blieb, der starken theoretischen Betonung der Selbständigkeit der Kirchen zum Trotz, praktisch doch alles beim alten.

Ob die Neugestaltung der deutschen kirchlichen Verhältnisse nach den staatlichen Umwälzungen am Anfang des 19. Jahrhunderts auf territorialistischer Basis vollzogen ist oder nicht, muß jeweils konkret untersucht werden. Auf jeden Fall erfolgte sie immer auf einseitig staatliches Vorgehen hin. Die Kirchen wurden von den Fürsten als ihren Oberbischöfen jetzt fast stärker abhängig, als sie es im Zeitalter des Absolutismus gewesen waren. Wie wenig das aber dem kirchlichen Empfinden von damals widersprach, zeigt die Tatsache, daß sich die evangelischen Kirchen Frankens nach dessen Eingliederung in Bayern dem katholischen König als ihrem summus episcopus[1] unterstellten.

1. **Die neuen staatlichen Verhältnisse** drängten aber fast zwingend auf eine Änderung hin. In vielen Ländern wurden in den ersten Jahrzehnten des neuen Jahrhunderts neue Landesverfassungen eingeführt; sie waren ein Anlaß, auch das Verhältnis der Staatsgewalt zu den einzelnen Kirchen neu zu durchdenken und deren Befugnisse zu bestimmen. Dazu machte der paritätische Charakter, den fast alle Staaten bekommen hatten, das besonders enge Verhältnis zu *einer* Kirche zweifelhaft. Insbesondere wurde die Herrschaft des Landesherrn über die evangelische Kirche meist nicht mehr mit seiner Stellung als Landesherr begründet, sondern als Annex dazu, nämlich mit der Tatsache, daß er das praecipium membrum ecclesiae[2] sei. Die praktische Folge mußte sein, daß die Regelung der eigentlich kirchlichen Probleme im Laufe der Zeit, d. h. bis etwa 1850 hin, den Staatsregierungen genommen und eigenen kirchlichen Oberbehörden übertragen wurde, die mehr oder minder direkt dem Landesherrn als dem summus episcopus unterstellt waren. Dazu kommt,

[1] Oberstem Bischof.
[2] Das hervorragende Glied der Kirche.

2. daß die französische Revolution das **Prinzip der Trennung von Kirche und Staat** aufgestellt hatte und die deutschen Liberalen es übernahmen. Auch die Katholiken bejahten es damals vielfach, um mit seiner Hilfe staatsfrei zu werden. Doch hat der Grundsatz erst durch die Ereignisse des Jahres 1848 in Deutschland praktische Bedeutung erlangt. Gab der Staat aber die katholische Kirche frei, dann mußte er den Evangelischen aus Parität über kurz oder lang die gleiche Freiheit gewähren. So bestimmte schon der § 17 der Frankfurter Grundrechte von 1848: „Jede Religionsgesellschaft ordnet und verwaltet ihre Angelegenheiten selbständig, bleibt aber den allgemeinen Staatsgesetzen unterworfen." Doch hat sich der Grundsatz erst langsam ausgewirkt. Zum Teil erst nach 1870 sind die evangelischen Kirchen wirklich zu einer gewissen Selbstverwaltung gekommen. Vom Ausgangspunkt her wird aber deutlich, daß darin nicht eigenständige kirchliche Prinzipien ihren Niederschlag fanden, sondern daß darin moderne säkulare Ideen und demokratische Ideale von außen her auf die Kirchen übertragen wurden oder doch sich in den Kirchen ausgewirkt haben.

Kirchlicherseits war der Wille zur Selbständigkeit in den einzelnen Landeskirchen und den kirchlichen Gruppen sehr verschieden stark ausgeprägt. Relativ am stärksten natürlich in der rheinisch-westfälischen Kirche, wo die „Gemeinden unter dem Kreuz", d. h. reformierte Gemeinden unter katholischer Herrschaft, sich ihr Existenzrecht und ihre Selbständigkeit mühsam gewahrt hatten. Hier ist denn auch die erste Kirchenordnung mit einer presbyterial-synodalen Verfassung schon 1835 erlassen worden. Die Kirche baut sich nach ihr auf den Gemeinden auf, die ein Presbyterium leitet, und geht über Kreissynoden zur Provinzialsynode weiter, deren Präsidium dauernde Verwaltungsbefugnis bekam. Aber doch nicht die allgemeine Leitung der Kirche, denn neben es trat ein vom König gebildetes Konsistorium, auch ein königlicher Generalsuperintendent. Diese Gestaltung aber ist typisch für die ganze zweite Hälfte des 19. Jahrhunderts. Sie entsprach genauso dem Prinzip des damaligen Staatsaufbaus, wie der Territorialismus dem ehemaligen staatlichen Absolutismus entsprochen hatte: vom König als dem summus episcopus gingen, etwa in Preußen, der Evangelische Oberkirchenrat und die Konsistorien als königliche Behörden aus, königliche Superintendenten folgten, entsprechend dem Ministerium, Oberpräsidium der Provinz, Landrat. Aber neben die königliche Verwaltung trat eine Selbstverwaltung. Im Staat: Gemeinde mit gewähltem Bürgermeister, gewählter Kreistag aber mit dem königlichen Landrat als Vorsitzendem, gewählter Provinziallandtag mit eigenem Vorsitzenden und dem Landeshauptmann als dauerndem Leiter der provinziellen Selbstverwaltung (aber das Oberpräsidium neben ihm); das Ministerium hat den Landtag neben sich. Kirche:

Gemeindekirchenrat (Presbyterium, Kirchenvorstand) evtl. sogar mit gewähltem Pastor, Kreiskirchentag aber mit dem königlichen Superintendenten als Vorsitzendem, Provinzialsynode mit eigenem Präses (aber dem Konsistorium daneben); die Landes(General-)Synode mit eigenem Präses, aber dem Evangelischen Oberkirchenrat daneben. Die Parallele ist also bis in alle Einzelheiten hinein durchgeführt. Aufs Ganze gesehen wirkte bis 1918 die von oben kommende Verwaltung sehr viel stärker als die Selbstverwaltung, vielleicht mit Ausnahme des Rheinlandes. Erst die Weimarer Verfassung hat den Kirchen relative Selbständigkeit geschenkt. Geheime direkte Wahl setzte fortan die kirchlichen Behörden, die nun nur noch kirchliche, nicht zugleich auch landesherrliche oder staatliche Organe waren. Der Frage, ob es sinnvoll sei, die Gemeindeglieder, die bisher wesentlich Objekte volks- bzw. landeskirchlicher Betreuungsarbeit gewesen waren, ohne weiteres zu Subjekten eines kirchlichen Aufbauprinzips zu machen, ist man kirchlicherseits nach 1918 fast geflissentlich ausgewichen. Die Folge bekamen die Kirchen 1933 zu spüren. Doch ist der Versuch, der Kirche das Führerprinzip aufzuzwingen, nicht gelungen. Die Zeit von 1933—1945 blieb, auf die Entwicklung der Verfassung gesehen, vielmehr ein Intermezzo. Mit geringen Änderungen ist man 1945 meist zu den vor 1933 gültigen Ordnungen zurückgekehrt. Das 19. und das beginnende 20. Jahrhundert haben also in einer im allgemeinen sehr folgerichtigen Entwicklung zunächst rechtlich überall aus der reinen Staatskirche die voll selbständige Landeskirche gemacht. Weimarer Zeit und nationalsozialistische Bedrückung haben aber zugleich in den Kirchen ein lebhaftes Selbständigkeitsbewußtsein geweckt, das sie dem Staate gegenüber, wenn nötig, zu betätigen bereit sind. Dies Ergebnis wird von den meisten Gliedern der Kirche heute voll bejaht.

Nur eine kleine Gruppe stand und steht abseits. Einmal hat Friedrich Julius Stahl, wie er für die Monarchie gegen die Demokratie kämpfte, so sich auch gegen die Lösung der Kirche vom Staat gewandt und dabei bis 1918 hin relativ viele Anhänger gefunden. Ebenso wehrte er sich, die Kirche konsequent als eine von Christus gestiftete Institution wertend, gegen das Synodalprinzip und kämpfte für eine autoritäre Episkopalverfassung. Auch das ist aufgenommen, insbesondere von Theodor Kliefoth und August Friedrich Vilmar (s. oben S. 465 ff.). Und diese Ansicht wirkt nun in kleinen Kreisen bis heute fort. Vielleicht gewinnen sie im 20. Jahrhundert sogar noch an Bedeutung.

Literatur

Carl Rieker, Die rechtliche Stellung der evangelischen Kirche Deutschlands in ihrer geschichtlichen Entwicklung bis zur Gegenwart, 1893;

Kurt Dietrich Schmidt, Staat und evangelische Kirche seit der Reformation, 1947;

Walter Göbell, Die rheinisch-westfälische Kirchenordnung, 2 Bde., 1948/54.

§ 56. Aus dem inneren Leben der evangelischen Kirchen Deutschlands im 19. Jahrhundert

IV. Die soziale Frage

Der erste Deutsche, der gesehen hat, daß die Herausbildung des 4. Standes der Fabrikarbeiter (vgl. S. 397) ein schweres soziales Problem in sich schloß, das auch die Kirchen auf den Plan rufen mußte, scheint *Friedrich Schleiermacher* gewesen zu sein; auf jeden Fall forderte schon er konkrete Abhilfe (Predigten, Bd. 7, S. 487 f.; Bd. 10, S. 136). Aber auch *Hegel* hat das gewußt. Karl Marx ist auch in dieser Beziehung sein Schüler. Die beiden großen Denker haben mit ihrer Weitsicht aber innerkirchlich nicht anregend gewirkt; die Kirchen blieben im allgemeinen bei einem konservativen Patriarchalismus, der durchaus die persönliche Mildtätigkeit bejahte *und* betätigte, und zugleich bei einem ebenso konservativen Standesdenken. Auch das wirklich große Elend, das auf den ersten Generationen der Industriearbeiter lag, hat sie nicht daraus geweckt. Zwanzig Jahre später erst kam es zu einer Aktion. Zwei Männer stehen bei ihr im Vordergrund.

1. **Victor Aimé Huber** († 1869). Hubers Ziel, wahrhaft ein Hochziel, war „die Verwandlung eigentumsloser Arbeiter in arbeitende Eigentümer“. Zwei Vorschläge zur Beseitigung der Arbeiternot, die er gemacht hat, sind für Huber charakteristisch (neben einem Aufruf zu tätiger Sozialhilfe an die Begüterten freilich), nämlich einmal seine Bestrebungen zur Hebung des Arbeiterstandes, dazu dann dessen Verselbständigung durch Schulung der Arbeiter für die genossenschaftliche Arbeit (Gewerkschaft!) und für die organisatorische Tätigkeit (Konsumvereine). Huber sieht, daß die Zeit der vorkapitalistischen Arbeitsform, die noch Gemeinschaft in sich barg, weithin vorbei ist. In den Millionen isolierter Arbeiter ist aber bereits ein Klassenbewußtsein erwacht, das man bejahen und dem man helfen muß, damit es sich *positiv* auswirkt. Die materielle Hilfe *und* der Einbau in das Gesellschaftsgefüge gehören also zusammen. Hier liegt das Schwergewicht von Hubers Denken.

Lassalle und zugleich die Bismarcksche Sozialpolitik sind ohne Huber nicht denkbar.

2. **Johann Hinrich Wichern** († 1881). Wichern hat, früh Waise geworden, in seiner Jugend selbst Armut kennengelernt. Er hat an seiner frommen Mutter aber auch gesehen, wie die Not in lebendigem Glauben getragen werden kann. Beide Erfahrungen haben sein Leben bestimmt. Von der ersten her erfüllte ihn ein brennender Drang, den Armen und Elenden zu helfen; von der zweiten her wußte er, auch selbst von der Erweckung bestimmt, daß alle materielle Hilfe, so nötig

sie ist, doch unzulänglich bleibt, wenn dem Menschen nicht auch innerlich geholfen wird. Theologisch sah er dies sein doppeltes Mühen, unter Neanders Einfluß, als eine Arbeit an der Verwirklichung des Reiches Gottes an. Mit diesem kirchlichen Motiv verband sich bei ihm aber ein ausgesprochen nationales Interesse an der Wohlfahrt des christlichen Staates und an der Einung des deutschen Volkes.

Terminologisch unterschied Wichern die „natürliche" Armut, durch Krankheit oder Unglück hervorgerufen, von der „künstlichen" derer, die als Folge der sozialen bzw. technischen Revolution arm geworden waren. Seine primäre Fürsorge galt dabei der natürlichen Armut. Von da aus ist er zum Vater der „Inneren Mission" geworden und hat unzähligen Einzelnen durch sie Hilfe geboten, eine wahre Großtat. Aber für ihn selbst stand, wenn er das Wort „Innere Mission" prägte, nicht eigentlich die Fürsorge, sondern der Kampf mit der Gottlosigkeit durch eine umfassende evangelistische Tätigkeit im Vordergrund, ein Wille, der damals weithin keinem Verständnis begegnete.

Das Jahr 1848 hat Wichern dann freilich veranlaßt, auch dem sozialen Problem der Arbeiterschaft seine Aufmerksamkeit zuzuwenden. Gedanken Hubers aufgreifend, wollte Wichern nun dem atheistischen Sozialismus einen „christlichen Sozialismus" entgegenstellen (der Begriff ist von ihm geprägt). Es war für die Kirche und für Deutschland schicksalhaft, daß *diese* Ideen Wicherns keinen Erfolg hatten. Die Hauptgründe dafür sind:

a) daß Wichern selbst den Gedanken des christlichen Sozialismus nicht zu konkreten Forderungen in bezug auf Lohnfragen, Arbeitszeit, Kranken-, Unfall- und Altersversorgung verdichtet hat;

b) Wicherns Nähe zum konservativen Staatsdenken; die christliche Heimholung des Arbeiters war für ihn gleichzeitig ein Dienst an der konservativen Staatsdoktrin, eine gefährliche Kombination;

c) dem mangelnden Verständnis weiter Kreise für das Drängende der Lage.

So erreichte der christliche Sozialismus Wicherns das Proletariat praktisch nicht. Das bleibt das traurige Ergebnis *dieser* Seite seines Wirkens.

3. **Adolf Stöcker** († 1909) ist als junger Pastor auf dem Stuttgarter Kirchentag von Wichern so hingerissen worden, daß daraus eine Generation später, in den Wirren der „Gründerzeit", ein neuer Versuch zu einem christlichen Sozialismus erwachsen ist. Geistig bestimmten Stöcker daneben die Ausläufer der Erweckungsbewegung. Auch bei ihm verband sich damit aber als unantastbar die monarchische Gesinnung. Was Stahl gesagt hat, hätte auch Stöcker sagen können: „Christlich sein und monarchisch sein ist dasselbe." Ihn trieb die Ver-

zweiflung um sein armes Volk und die Liebe zu den Seelen, die er retten wollte — wobei die Reihenfolge wieder bezeichnend ist. Die allgemeine Abtrünnigkeit sieht Stöcker nun *geballt* — nur das! — in der Arbeiterfrage, „in deren dämonischen Tiefen das Herz unseres Jahrhunderts pulsiert". Wenn sie angepackt werden soll, dann ist zweierlei notwendig:

a) *ein Studium der sozialen Frage.* Von da aus wurde Stöcker 1890 der Begründer des „Evangelisch-sozialen Kongresses", dem er dann freilich 1897 die „Kirchlich-soziale Konferenz" entgegenstellte;

b) daß *die Kirche,* wenn niemand sonst das Problem anfaßt, *auch direkt eingreifen* muß. So gründete Stöcker 1878 die Christlich-soziale Arbeiterpartei, die freilich schnell scheiterte. Warum?

Die Gründe liegen z. T. wieder in eigenen Schwächen Stöckers, zum Teil an anderen:

a) eine solche Politik, wie er sie wollte, erfordert den ganzen Mann; im Konflikt zwischen Politik und Oberhofpredigeramt wählte Stöcker aber das letztere, anders als Marx, der seine Lebensstellung um der Arbeiter willen aufgab;

b) der Antisemitismus Stöckers, zu dem er durch den Kulturbolschewismus der Berliner Presse geführt wurde, wirkte sich schädigend aus; der ihm von hier aus erwachsenden Feindschaft war er nicht gewachsen;

c) der Widerstand weiter kirchlicher Kreise war hemmend; ebenso

d) der freilich wechselnde Widerstand der Staatsleitung, den die Kirchenleitung jeweils in gleichem Wechsel aufnahm; 1879: nach anfänglichem Abseitsstehen ein vorsichtiges Mitgehen des Evangelischen Oberkirchenrates, 1889: noch unter dem Einfluß Kaiser Friedrichs († 1888) ein erneutes Abrücken, 1890: anläßlich der sozialen Botschaft Kaiser Wilhems II. eine neue Unterstützung, 1896: mit dem Kaiser ein neues Contra. Dieser Zickzackkurs blieb der kritisch beobachtenden Sozialdemokratie natürlich nicht verborgen; er hat zu einer direkten und nicht unbegründeten Diskreditierung der Kirche geführt.

4. Auch **Friedrich Naumann** († 1919) hat keine wirkliche Wende herbeiführen können. Er begann seine Arbeit in der Inneren Mission und wurde von da aus ein eifriges Mitglied des Evangelisch-sozialen Kongresses, dessen Führung von Stöcker weg ganz in liberale Hände gekommen war. In Stöckers Bestreben doch noch den Geist der Bevormundung sehend, wollte Naumann

a) die Achtung vor dem „kämpfenden, emporsteigenden und ringenden Bruder" wecken, ihn reif machen zum Wagnis der eigenen Stellung;

b) von der These der Eigengesetzlichkeit von Politik und Wirtschaft her eine Scheidung von Religion und Politik erreichen. Auch das trennte ihn von Stöcker. Naumann selbst kam dabei im Blick auf die bedrohte Innenlage Deutschlands zu einer klaren Bejahung der Machtpolitik. Ein nationaler Sozialismus müßte also, so meinte er, an die Stelle des internationalen treten. So wurde aus dem christlichen Sozialismus Stöckers bei Naumann ein Sozialliberalismus. Nur Gebildete wurden durch Naumann gewonnen.

5. **Das Ergebnis:** Huber, Wichern, Stöcker, Naumann beweisen, daß *die evangelischen Kirchen* des 19. Jahrhunderts *kein Verständnis* für die soziale Frage gehabt haben. Die Kirchen hatten in diesen Männern weitsichtige, geradezu prophetische Mahner, aber — sie hörten nicht auf sie. So verloren die Kirchen die Arbeiter an die damals rein marxistisch orientierte Sozialdemokratie und an die eng mit ihr zusammenarbeitende freie Gewerkschaftsbewegung und wurden der Kirche innerlich völlig entfremdet. Es ist ein Wunder, daß sie ihr nicht auch äußerlich den Rücken gekehrt haben. Das ist das traurige Ende der evangelischen Sozialpolitik im 19. Jahrhundert. Um so trauriger, als der Weg der katholischen Kirche ganz anders verlaufen ist (vgl. oben S. 406 f.).

Literatur

Werner Bredendiek, Christliche Sozialreformer des 19. Jahrhunderts, 1953 (Texte);
Erich Thier, Die Kirche und die soziale Frage, 1950.

§ 57. Aus dem inneren Leben der evangelischen Kirchen Deutschlands im 19. Jahrhundert

V. Kirche und Nationalismus

Der moderne Nationalismus hat seine Wurzeln in der französischen Revolution; Nationalismus nicht nur als übersteigertes Nationalgefühl verstanden, sondern als Vorherrschaft des Nationalen über *alle* Lebensgebiete. Im Frankreich der Revolution ist 1792 der Beschluß gefaßt, in allen Gemeinden einen Vaterlandsaltar zu errichten, der die Inschrift erhalten sollte: „Die Staatsbürger werden geboren, leben und sterben für das Vaterland." Hier ist also der Grund gelegt für die meistverbreitete und gefährlichste Ersatzreligion des 19. und 20. Jahrhunderts.

Die Freiheitskriege waren die Geburtsstunde für den *deutschen* Nationalismus. Durch seine Verbindung mit dem Idealismus bekam dieser aber auch bei uns für viele sofort den Wert einer Ersatzreligion, durchaus den einzelnen tragend, ihn über sich selbst hinaushebend, ja ihm das Gefühl gebend, in der Nähe Gottes zu sein. Typisch dafür ist etwa Ernst Moritz Arndts Ausspruch: „Ein Volk zu sein, Ein Gefühl zu haben für Eine Sache, mit dem blutigen Schwert der Rache zusammen zu laufen, das ist die Religion unserer Zeit.“ Ja, Arndt läßt Gott selbst sagen: „Weil Ihr das Herz sein sollt von Europa, seid Ihr mir lieb gewesen wie mein eigen Herz und werdet mir lieb bleiben ewiglich.“ In Herders Nachfolge, aber zugleich den deutschen Verhältnissen entsprechend, war dieser deutsche Nationalismus rein völkisch orientiert und nicht, wie der französische, am Staat ausgerichtet.

Metternich war nicht nur aus seiner politischen Konzeption heraus ein Gegner dieses Nationalismus, weil er nämlich das Ende der österreichischen Donaumonarchie bedeutet hätte, deren Aufgabe für Europa er sehr hoch wertete. Mit Recht, wie wir heute erkannt haben! Metternich sah vielmehr auch den wurzelhaften Zusammenhang des Nationalismus wie der demokratischen Tendenzen mit der französischen Revolution und wollte dieser nicht im Innern Raum geben, nachdem sie eben nur mit letzter Kraftanstrengung äußerlich abgewehrt worden war. Trotzdem war es eine schwere Belastung für Deutschland, daß beide Strömungen, Demokratie und Nationalismus, bei uns in die Opposition gedrängt worden sind. Die revolutionsreiche, krisenhafte Entwicklung Deutschlands im 19. und 20. Jahrhundert ist die Folge gewesen. Aber hier geht es jetzt nur noch um das Verhältnis der *Kirche* zum Nationalismus.

Da die Kirche, dem territorialistischen Prinzip entsprechend, in *Preußen* ein Teil des Staates geworden war, wurde sie selbstverständlich während des Krieges in seinen Dienst gestellt. Aber auch „idealistisch“ wurde der Krieg als ein „heiliger“ empfunden und deshalb „mit Gott“ für König und Vaterland gekämpft, eine „verklärte“ Schau des Krieges, die das ganze Kriegsdenken in Deutschland bis 1939 hin überschattet hat. So drangen die damals neu gebildeten Worte „Volkstum“, „Volksgeist“ usw. in die Predigten ein, was teilweise auf eine Verherrlichung des deutschen Volkes als des Volkes Gottes hinausführte. Dräseke, später Generalsuperintendent von Magdeburg, sagte 1813: „Unser Deutschland ist unser sichtbares Jerusalem. Der Bund aller ächt deutschen Seelen ... ist das unsichtbare himmlische Jerusalem unseres Volkes“, 1815 gar: „Wir stehen gereinigt da, im Blute gewaschen (!), im Herzensblut der Unsrigen (!), und damit bildet sich ein neues Geschlecht, ein heiliges Volk, ein Volk des Eigentums“ (!). Und so wie hier wurde eine Fülle von biblischen Ausdrücken national umgedeutet. Auch Schleiermacher ist darin sehr weit gegangen. Die in den Freiheitskriegen vollzogene Verschmelzung der religiösen, nationalen und demokratischen Ideen ist dann weiter getragen worden von der Burschenschaft, der „gläubiges und volksthümliches Streben innig Eins war“ (Karl Follen), und erreichte durch sie erhebliche Teile des Pfarrerstandes. Hier kommt die Stimmung auf, daß zwischen Germanentum und Christentum eine prästabilierte Harmonie besteht, daß „dem deutschen Charakter ... nichts mehr zuwider ist als Frivolität und Unglaube“ (Pfizer 1831).

Wirkliche Orgien feierte diese Ineinsschau von Evangelium und Deutschtum, von Gott und Reich Gottes dann wieder bei der Tausendjahrfeier des Deutschen Reiches, die 1843 auf Veranlassung König Friedrich Wilhelms IV. begangen wurde. Aber selbst Wilhelm Löhe, der Mann der Erweckung, schrieb 1845: „Wahrlich, ein Deutscher, der nicht deutsch ist, ist ein gestrafter Mann auf Erden, *weil* — die Begründung ist hier das Entscheidende! — ihm alle Privilegien, die ihm Gott *vor* den Nationen aus Gnade gab, entwendet, und mit nichts erstattet wurden.“ Von da aus ist es klar, das die Nationalitätsidee nicht nur als ein Mittel der Versittlichung des *Staates* galt, sondern daß man auch die höchsten sittlichen Kräfte des *Einzelnen* durch sie aufgerufen wußte.

Im Dienst des nationalen Gedankens standen auch die überkirchlichen Vereinigungen, die für die Zusammenbringung des deutschen Protestantismus so viel getan haben, sofern sie nicht gar *in* ihm ihre Wurzel haben. Die Gustav-Adolf-Stiftung, die schon 1832 gegründet wurde, sollte nach dem Willen ihres Urhebers zugleich auch „dem großen heiligen Gebäude der allgemeinen deutschen Vereinigung dienen“. Und als 1846 Abgesandte von 27 deutschen Kirchenregierungen sich in Berlin zur ersten deutschen Kirchen-Konferenz zusammenfanden, geschah das nicht zuletzt aus einem nationalen Impuls heraus. Als sie scheiterte, griffen Einzelpersonen das Anliegen, eine deutsche Nationalkirche zu schaffen, auf und beriefen die „Deutschen Evangelischen Kirchentage“, deren erster durch Wicherns Aufruf für die Innere Mission so berühmt geworden ist. Wichern hat diese nationale Aufgabe der Kirchentage auch bewußt bejaht. Auch nach ihm ist „nichts patriotischer als das Christentum, denn es birgt den Keim und die Kraft zur inneren Vollendung der Nationalität, die von ihm nicht zerstört, sondern verklärt wird“ (1847). Um der Gerechtigkeit willen muß aber gesagt werden, daß er sich gegen idealistische Überspannung des Nationalen gelegentlich auch klar abgegrenzt hat.

Ein Wächteramt gegen die enge Verschmelzung von Nation und Reich Gottes ist eigentlich nur der Erweckungsbewegung zugefallen. Da sie dem dynastischen Legitimismus anhing (oben S. 468 f.), mußte sie die auf die Gründung eines deutschen Reiches gerichteten Tendenzen ablehnen. Die Revolution von 1848 hat das Festhalten am Legitimitätsprinzip bei ihr noch gewaltig verstärkt. Selbst Tholuck erhob, obwohl er ein einiges Deutschland an sich begrüßt hätte, seine warnende Stimme: „Deutsches Volk! Auch Du hast in diesen letzten Jahren ... Deine hohen Ideen zu Deinem Götzen gemacht und bist vom lebendigen Gott abgefallen. Götze ist alles, worauf ein Volk neben und außer dem lebendigen Gott seine Hoffnung setzt. Vaterland und Freiheit, Deutschlands Einheit und Volksvertretung und wie die Losungsworte heißen mögen, Götzen sind es, sobald Ihr Eure Hoffnung darauf setzt neben und außer dem lebendigen Gott." Aber auch ein Glied der Erweckungsbewegung wie Friedrich Julius Stahl verfiel einer falschen Vermischung von Religion und Politik, wenn er 1850 im Blick auf den schleswig-holsteinischen Freiheitskrieg sagte: „Der Kampf um die Erhaltung dieser Gottesordnung (des Gehorsams gegenüber der Dynastie!) ist kein weltlich Geschäft. Er ist ein Kreuzzug." Doch liegt das auf einer anderen Ebene. Im allgemeinen hat die Erweckungsbewegung mit ihrer Kritik und ihrer warnenden Stimme doch erreicht, daß die Kirche sich nicht an die nationale Bewegung *verlor*. Sie hat damit zugleich die völlige Politisierung der evangelischen Kirchen verhindert.

Der Krieg von 1870/71 hat die Begeisterung von 1813 nicht wiederzuerwecken vermocht. Auf jeden Fall kam es nicht zu einer einheitlichen Haltung, auch in der Folgezeit nicht. Doch hat die Bismarckzeit die Folge gehabt, eine nationale *Stimmung* in *allen* kirchlichen Kreisen zu erzeugen. Da die Fürsten sich zum Deutschen Reich zusammenschlossen, konnte sich vom Legitimismus her auch keine Opposition mehr dagegen erheben. Und der Liberalismus wurde durch den Kulturkampf nur noch in seinem Nationalismus bestärkt.

Gelegentliche Überspannungen fehlen nicht. Der Göttinger Orientalist *Paul de Lagarde* († 1891) trat in seinen publizistischen Arbeiten leidenschaftlich für eine *deutsche Religion* ein. Im Anschluß an ihn forderte Arthur Bonus um die Jahrhundertwende die Germanisierung des Christentums. Solche Ideen verdichteten sich nach 1918 zu einer deutsch-kirchlichen Bewegung, die sich 1924 in Weimar als „Deutschchristliche Arbeitsgemeinschaft" zusammenschloß, gebildet vom „Bund für Deutsche Kirche", dem Stahlhelm, der allerdings bald wieder austrat, dem Wehrwolf, dem deutschen Herold, dem Bartelsbund, dem Deutschbund, der deutschen Bauernhochschule Hellerau, der Freien völkischen Gemeinschaft, dem Bund völkischer Lehrer, der deutschen Richtwoche. Die Aufzählung zeigt, welch eine Macht die deutsch-kirchliche Bewegung 1924 schon war. Man forderte eine Kirche, die jesuitischem Geist und semitischer Entartung nicht, wie bisher, unbewußt die Wege bahne, sondern beides bekämpfe, aber sich positiv einsetze für „heldische Weltanschauung, nordische Religion der Sehnsucht nach dem Licht". Das Hauptziel war: Pflege des von Gott gegebenen Volkstums und der Kenntnis der unserem Volke von Gott gegebenen Gottesmänner als unserer Propheten, Ablehnung des Alten Testaments, aber die positive Stellung zum eigenen Volk, „weil der Weg zum Heiland über die Märchen viel reiner zu finden und zu gehen ist als über die Erzvätergeschichten". Hier konnte die deutsch-christliche Bewegung der nationalsozialistischen Zeit direkt anknüpfen.

Es ist klar, daß gegen solche völkisch-christliche Mischreligion in der Bismarckzeit wie nach 1918 erheblicher Widerspruch laut wurde. Aber auch auf der Seite der Opponenten sind Dinge zu beobachten, über die man heute nur staunen kann. Der Oberhofprediger Rudolf Kögel, ein Mann der kirchlichen Rechten, lehnte es zwar ab, in Luther einen Nationalheiligen zu sehen; aber er konnte doch als das Fundament des Preußischen Staates — in *dieser* Reihenfolge! — „Thron, Bajonett und Katechismus" bezeichnen. Ein Mann der Mitte, W. Beyschlag, aber sah es als selbstverständlich an, daß die evangelische Kirche mit dem protestantischen Staate als dem Sohn der Reformation von Haus aus verschwistert war. Und auch Stöcker sprach von der „heiligen Ehe zwischen Reformation und Deutschtum". Daß in den Gottesdiensten der nationalen Feiertage die christlichen Gedanken oft im Schatten des Patriotischen standen, ist bei alledem nicht erstaunlich. Verherrlichung des deutschen Volkscharakters, Verklärung der monarchischen Staatsform und des jeweiligen Trägers der Krone, Steigerung des Selbstgefühls der Nation, das waren Tendenzen, die solche Predigten durchzogen. Natürlich fehlte nicht die Polemik gegen die Feinde von Thron und Altar, gegen die Ungläubigen und Vaterlandslosen.

Eine Sonderform nahm das Ringen um das Verhältnis des deutschen Protestantismus zum nationalen Machtproblem bei *Friedrich Naumann* an. Er war unter dem Einfluß völkischer Ideen groß geworden, suchte dann aber das Nationale mit dem Sozialen zu verbinden; so wurde er der Gründer der nationalsozialen Partei. Das Nationale wollte er dabei streng vom Kirchlichen trennen. „Machtpolitik *oder* Mission, vielleicht zur Not eines neben dem anderen, aber keinesfalls beides zur Einheit verschmolzen." Von da aus trat er auch der 1896 vom Kaiser verkündeten Parole entgegen (die nach 1933 so bezeichnend abgewandelt wurde): „Ein Reich, ein Volk, ein Gott!" Im eigenen Leben Naumanns gewann bei dieser Scheidung der beiden Gebiete das Nationale oder wenigstens das Politische den Vorrang.

Der Krieg von 1914 hat die nationalen Wellen zunächst *sehr* hoch schlagen lassen. Die Kriegspredigten enthalten vielfach eine so unbefangene Gleichsetzung nationaler Wünsche mit Forderungen des

Reiches Gottes, militärischer Pflichten und christlicher Tugend, daß man nur staunen kann. Der preußische Feldpropst hat Anfang 1916 nicht ohne Grund gemahnt, daß „auch gerade im Kriege die Darbietung des unverkürzten Evangeliums die Hauptaufgabe der Seelsorge sei". Naumann hat die Kriegspredigten eine „Mischung von Bethlehem und Potsdam" genannt, die für die Strenggläubigen peinlicher sei als für die Völkischen, da in ihr „doch schließlich Mars die Stunde regiere". Daß die Pastoren seit 1917 direkt für die vaterländische Aufklärungsarbeit in Anspruch genommen wurden, machte die Lage nicht einfacher.

Bei solchen Verhältnissen mußte die Niederlage viele, auch viele Pastoren, in ernsthafte Zweifel stürzen. Bei anderen entstand geradezu ein „Nationalismus der Niederlage". Auf jeden Fall band die „Vorherrschaft nationaler Leitbilder" viele an Auffassungen und Ideale, die vergangen oder im Vergehen waren, mit der Wirkung, daß sie für die Nachkriegssituation kein Verständnis gewannen, das zu gewinnen sowieso nicht leicht war (Fahnenänderung!). Man hat geurteilt, daß die Weimarer Republik an diesem feindlichen Abseitsbleiben des bewußt protestantischen Volksteils zugrunde gegangen sei — der katholische arbeitete ja mit. Solch Urteil ist zu einseitig. Aber daß angesichts der Stärke des Nationalgeistes in der Pfarrerschaft die betont national orientierte Revolution von 1933 eine riesige Versuchung für die evangelische Kirche war, ist leicht zu verstehen. Von da aus wird aber auch deutlich, welch große geistige Wandlung sich in 10 Jahren vollzogen hat, indem aus einem jubelnden Ja aktive Teilnahme an der Widerstandsbewegung wurde.

Die Vermischung von nationalem und christlichem Denken, von Gottes Reich und irdischem Reich — „Das Reich muß uns doch bleiben!" —, die sich so trotz mancher Gegenströmungen weithin ergab, hat den deutschen Protestantismus folgenschwer belastet. In mehrfacher Form sogar.

1. Der Nationalismus der Pastoren trennte sie stärker von der Arbeiterschaft, als deren Materialismus es tat. Materialismus gab es im Bürgertum auch genug; das war nicht entscheidend. Soziales Empfinden war in nicht wenigen Pastoren wach. Natürlich tat die marxistische Ablehnung der Kirche das Ihre. Aber warum mühte man sich nicht ernsthaft um sie als um irrende Brüder? Warum eine so affektbetonte Ablehnung von vornherein, wie sie nur allzuoft erfolgte? Der Haß gegen die vaterlandslosen Gesellen, die Feinde von Thron und Altar, die Internationalen, war das Hemmnis. Gewiß ist der Nationalismus nicht der einzige Faktor gewesen, der das Verhältnis belastete; aber er hat ein groß Teil dazu beigetragen, das Bündnis der Kirche mit

den antisozialistischen Mächten herbeizuführen und so den Graben zu vertiefen, der aufgerissen war. Wir leiden noch heute darunter und haben alle Veranlassung, hier wachsam zu sein. „Die Geltung der Kirche ist (nämlich) in Gefahr, wo evangeliumsfremde Motive ihre Haltung bestimmen."

2. Das starke Nationalgefühl raubte den führenden evangelischen Kreisen etwa von 1928 ab die klare Sicht für das, was eine nationalsozialistische Regierung *kirchlich* bedeuten würde. Dabei lag alles doch schon vorher offen da. Aber der warnende Ruf, den einzelne erhoben, wurde nicht gehört. Warum nicht? Weil der Nationalismus blind gemacht hatte. Da liegt die größte Schuld der evangelischen Kirchen gegenüber dem Nationalsozialismus; sie hatten die Gabe der Unterscheidung der Geister verloren. Die katholische Kirche sah dank ihrer Geschichte hier klarer.

3. Aber schwerwiegender als diese beiden äußeren Folgen war, daß die Reinheit der Verkündigung in Gefahr geriet, sogar weithin verloren wurde. Naumann hat das einmal in der Frage ausgedrückt: „Werden die kirchlich-religiösen Triebkräfte durch die national-religiösen zurückgedrängt werden?" Biblisch müßte man sagen: Hier ergab sich der Versuch, zweien Herren zu dienen, Gott *und* der Nation. Deutsch-protestantisch, mit Voranstellung des Wortes deutsch!

So bedeutete der Nationalismus, soweit er voll zur Ersatzreligion wurde, eine schwere äußere Einbuße der Kirche; sofern er aber die Reinheit ihrer Verkündigung antastete, schloß er eine schwere innere Lähmung, geistliche Entmächtigung in sich, denn das Evangelium ist die einzige wirkliche Macht der Kirche. —

Daß auch in anderen Ländern die Kirchen von einer nationalistischen Überfremdung bedroht gewesen sind — die USA, England, Dänemark könnten etwa genannt werden —, ist keine Entschuldigung für uns Deutsche. Höchste Wachsamkeit ist auch für uns immer noch nötig. Vestigia terrent!

Daß mit alledem echte Vaterlandsliebe nicht geächtet ist, braucht kaum betont zu werden.

Literatur

Adolf Heger, Evangelische Verkündigung und deutsches Nationalbewußtsein, 1939;

Reinhard Wittram, Kirche und Nationalismus in der Geschichte des deutschen Protestantismus im 19. Jahrhundert (enthalten in R. Wittram, Das Nationale als europäisches Problem, 1954) (bietet das Material fast vollständig);

Rolf Kramer, Nation und Theologie bei J. H. Wichern, 1959.

§ 58. Nationalsozialismus und Kirche

1. Die geschichtlichen Voraussetzungen

a) Daß und wie der *Nationalsozialismus* aus der Geschichte Deutschlands im 19. und 20. Jahrhundert, insbesondere aus den Verhältnissen nach dem ersten Weltkrieg, hervorgewachsen ist, kann hier nicht geschildert werden. Kennzeichnend für ihn ist im Blick auf die Kirche

α) der *Wille zur Macht*. Stand dieser Wille zunächst noch im Dienste des deutschen Volkstums bzw. der nordischen Rasse, so wurde er bald absolut, ein „gelebter Dogmatismus der Macht" (Conrad). Der Einfluß Nietzsches ist unverkennbar;

β) sein *Totalitätsanspruch*. Alle Menschen und alle Einrichtungen haben dem Staat zu dienen, der seinerseits freilich nur ein Instrument der Partei wird. Da diese eine Weltanschauungspartei ist, wird nicht nur der äußere Dienst des Menschen beansprucht, sondern von allen ein inneres Ja zur Weltanschauung der Partei verlangt. „Die Partei erstrebt den Totalitätsanspruch auf die *Seele* des deutschen Menschen" (Ley). Freiheit des Denkens gibt es nicht mehr, also auch keine echte Religionsfreiheit. Eine rein utilitaristische „Ethik" war die weitere Folge. Sie stand ebenfalls in Einklang mit Nietzsches Denken.

γ) Die Weltanschauung des Nationalsozialismus basierte ihrerseits auf einer *Rassenideologie*. Menschliche *Höchst*werte gibt es danach *nur* bei Angehörigen der nordischen Rasse. Diese zu schützen und zu fördern ist deshalb unabdingbare Pflicht. Auch darf die politische und kulturelle Führung nur „nordischen" Menschen anvertraut werden (Hitler selbst war freilich ein Dinarier). Ein wilder Antisemitismus war die Kehrseite dieser Ideologie. Auch diese biologische Züchtungslehre kann sich neben H. St. Chamberlein auf Nietzsche berufen.

δ) In bezug auf die *Religionen* wurde die aufgeklärte Theorie übernommen, daß diese im menschlichen Geist ihren Ursprung haben. Also sind sie abhängig von der rassischen Eigentümlichkeit ihrer Begründer und Auspräger. Der Gegensatz gegen das Alte Testament und gegen Paulus ergab sich von hier aus von selbst; ein solcher gegen Jesus und damit gegen das Christentum überhaupt lag sehr nahe. Positiv wurde eine Volksreligion angestrebt, die der nationalsozialistischen Weltanschauung Raum gab, wobei eine Weiterführung des überkommenen Kirchentums in Form einer nationalkirchlichen Einung als das politisch günstigste angesehen wurde. So ergab sich zunächst ein Kampf *um* die Kirche (nicht gegen sie), nämlich um ihre „Gleichschaltung": „Ein Volk, ein Staat, eine Kirche!" Die Hoffnung, diesen Kampf zu gewinnen, war nicht einfach illusionistisch, denn die Geschichte des 19. Jahrhunderts hatte solchem Sieg in vieler Beziehung vorgearbeitet. Für die großen, dem Christentum entfremdeten Volksteile konnten die neuen Ideen sofort voll zu einer neuen Ersatzreligion werden (die „deutsche Glaubensbewegung“ in ihren verschiedenen Formen [Näheres unter b]); aber auch innerkirchlichen Gruppen konnte ein Zusammengehen mit dem Nationalsozialismus verlockend erscheinen (die „Deutschen Christen“ in ihren verschiedenen Gruppen [Näheres unter c]). Die Verhältnisse hatten aber zugleich auch dafür gesorgt, daß eine ernsthafte Gegenwirkung nicht zu fehlen brauchte (die kirchliche Opposition in ihrer jeweiligen Form [siehe unter d]).

b) *Der Nationalsozialismus als eine Ersatzreligion* fand seine wirksamste Ausprägung in Alfred Rosenbergs „Mythus des 20. Jahrhunderts“, der zuerst 1930 erschien. Rosenberg erstrebte eine Religion, die auf dem Felsen der völkischen Not Deutschlands erbaut war, zugleich eine Religion, die der nationalen Ehre genug tat. Das steht in Einklang mit seiner, wie er meinte, aus Eckhart geschöpften Gottesauffassung; der Gott, den er verehrt, wäre nicht, wenn unsere Seele und unser Blut nicht wären. Auch Gott ist also hineingezogen in den Rassemythus. So wird mit dem Blut „das göttliche Wesen des Menschen überhaupt“ verteidigt. Nur soweit das Christentum germanische Bestandteile übernommen hat, vermittelt es noch eine — eingeschränkte! — Beziehung zum Ewig-Wirklichen. Soweit es sich „der deutschen Wiedergeburt widersetzt“, ist es die „Pflicht, es geistig zu überwinden, organisatorisch verkümmern zu lassen und politisch ohnmächtig zu erhalten“ (Rosenberg). Hier war, sofern die Eroberung der Kirche mißlang, gedanklich schon der Grund für ihre Bekämpfung gelegt.

Nach dem Führer der „Deutschen Glaubensbewegung“, Jakob Wilhelm Hauer, vermittelt an sich jede Religion die „Beziehung zum Ewig-Wirklichen“, aber keine tut es absolut. Echt vor allem ist diese Beziehung nur da, wo sie in Einklang steht mit der Art des Volkes, dem jemand angehört. So kann ein „Deutscher Glaube“ allein konstitutiv für Deutschland sein. Kennzeichnend ist für ihn einmal die Überpersönlichkeit Gottes, das Nein ferner zu einem einmaligen Mittler, das Ja aber zu dem unendlichen Rhythmus des Werdens und Vergehens, das Ja auch zu der nie ganz abreißenden Beziehung des Menschen zum Ewig-Wirklichen, zu seinem Ruhen in der ewigen Realität und damit das „demütig-stolze“ Bekenntnis zu dieser gottverliehenen Würde. Auch die Welt ist Gestaltwerdung Gottes und überall, wo der Mensch echt und ganz in ihr steht, ist er unmittelbar mit der Gottheit verbunden. Von da aus ergibt sich eine unendlich tiefe Daseinslust und ein nie rastender Tätigkeitsdrang.

Andere Gruppen haben den „Deutschen Glauben“ anders zu bestimmen versucht. Bei nicht wenigen verband er sich mit einer geradezu kultischen Verehrung des „Führers“ als des „Heilands“ der Deutschen.

Wie diese Grundgedanken der deutschen Glaubensbewegung in der Geschichte des 19. Jahrhunderts vorgebildet sind, kann nicht im einzelnen entfaltet werden; daß sie es sind, muß aber betont werden.

c) Auch *das innerkirchliche Ja zum Nationalsozialismus* ist nur vom 19. Jahrhundert her voll zu verstehen. Seit Herder schon durchzog ja eine Sehnsucht nach einer völkischen Religiosität und nationalkirchlicher Einung bestimmte Kreise. Außerdem war man seit dem 18. Jahrhundert bereits gewohnt, an dem Ausgleich zwischen dem allgemeinen Denken und dem christlichen Glauben zu arbeiten, dem Ausgleich also zwischen dem Christentum und der Vernunft, der modernen Kultur, dem Nationalismus, dem Sozialismus und nun also dem Nationalsozialismus. Der Antisemitismus Stöckers kam dem Nationalsozialismus sogar weit entgegen, dazu die nationalistische Stimmung großer kirchlicher Kreise. Und auch das soziale Programm, das die NSDAP verkündete, warb für sie. Besonders bedeutsam war dabei die Anschauung, daß die Geschichte eine Offenbarung Gottes sei. In der Tat ist sofort der Anspruch erhoben worden, daß die Ereignisse von 1933 die Bedeutung einer Offenbarung für das deutsche Volk hätten und ihm den von Gott gewollten Weg wiesen: „Durch den Führer spricht Gott zu uns."

Da die Theologie damals den Gedanken der Autonomie der Lebensgebiete weithin bejahte, der Kunst also, der Wirtschaft, des *Staates*, war ein Nein gegen die neue Ausrichtung des staatlichen Lebens auch fast unmöglich gemacht. Daß die Partei auf dem Boden des positiven Christentums zu stehen vorgab, kam noch erschwerend hinzu.

Die Gruppe der „Deutschen Christen" entstand anläßlich der Wahlen zur preußischen Generalsynode 1932 als Zusammenschluß von Nationalsozialisten in der Kirche. Sie wollten der nationalsozialistischen Weltanschauung erst Raum, dann sogar Alleingeltung in der Kirche verschaffen und hofften zugleich, daß eine große volksmissionarische Erweckung aus solcher Gleichschaltung mit der „Bewegung" sich ergeben würde.

d) *Das kirchliche Nein zur nationalsozialistischen Weltanschauung* wurzelt geschichtlich zum großen Teil in der geistigen Wende, die der erste Weltkrieg herbeigeführt hat. Er hat zunächst dem oberflächlichen Weltoptimismus und dem ungebrochenen Fortschrittsglauben, der alle Welt erfüllte, einen starken Stoß versetzt. Auch die dialektische Theologie begann ihren Weg als solche kulturkritische, insbesondere dem Kulturprotestantismus entgegengesetzte Gruppe. Das erneute Bewußtwerden der Sündhaftigkeit alles Menschentums schloß aber eine Nähe zur reformatorischen Frage nach dem Sünderheiland in sich. Die Lutherjubiläen von 1883 und 1917 hatten zudem einen äußeren Anlaß gegeben, sich mit der reformatorischen Botschaft wieder zu befassen. Und das nationale Unglück von 1918 führte dann auf die tiefsten Tiefen in Luthers Theologie, die theologia crucis und den deus absconditus. So ist ein echtes inneres Ja zur reformatorischen Botschaft theologisch schon vor 1933 von nicht kleinen Kreisen in der Kirche zurückgewonnen, die absolute Voraussetzung dafür, daß der Kampf um das Bekenntnis echt geführt werden konnte. Zudem hatte die Zeit nach 1918 ein kirchliches Selbständigkeitsbewußtsein auch dem Staat gegenüber geweckt, das es bis dahin nur in liberalen Gruppen gegeben hatte. Auch stand das erneute Gefühl für die Bedeutung des konfessionellen Gegensatzes einem allzu unbeschwerten Einheitswillen entgegen. Zudem hatte das neue Ja zur Reformation den Totalitätsanspruch Gottes auf das *ganze* Leben, das Leben auch im Bereich der als autonom reklamierten Kulturgebiete, neu bewußt werden lassen. Auch hier erstrebte man eine Erneuerung der Kirche, hier natürlich im reformatorischen Geist.

e) Von da aus ergibt sich *das vielfältige Gegeneinander*, das *der* „Kirchenkampf" in sich schloß:

hier ein nationalkirchlicher Einheitswille —
dort ein konfessionelles Sonderbewußtsein;
hier ein Führungsanspruch des Staates auch über die Kirche —
dort ein kirchliches Selbständigkeitsbewußtsein;

hier eine behauptete Eigengesetzlichkeit und ein Totalitätsanspruch des Staates —
dort der verkündete Totalitätsanspruch Gottes;

hier die Geschichte eine Offenbarung Gottes —
dort die Schrift allein die Offenbarung Gottes;

hier ein vorbehaltloses Ja zur nationalsozialistischen Weltanschauung —
dort eine strenge Bindung an die reformatorisch verstandene Botschaft;

hier ein Sich-Verlassen auf Menschen —
dort ein neues Wissen um die Alleinwirksamkeit Gottes.

Man kann die These wagen: *Der Zwiespalt, der das ganze 19. Jahrhundert in wechselnden Formen durchzieht, kommt hier zu einer akuten Entladung.*

Der Staat versuchte die von ihm erstrebte Einheitsreligion zuerst mit Hilfe der „Deutschen Christen" zu verwirklichen; von dieser Hoffnung her hielt Hitler am Vorabend der Kirchenwahlen 1933 eine Ansprache zu ihren Gunsten über alle deutschen Sender. Dann versuchte man, dasselbe Ziel durch die „Deutsche Glaubensbewegung" zu erreichen. Als auch sie keinen Erfolg hatte, wurde die Partei selbst eingesetzt, insbesondere die SS. Da aber die Deutschen Christen und die Deutsche Glaubensbewegung nicht einfach verschwanden, als klar geworden war, daß sie die ihnen zugedachte Aufgabe nicht erfüllen würden, hatte die kirchliche Opposition während der ganzen Zeit zu kämpfen

α) gegen die Deutschen Christen,
β) gegen die deutsche Glaubensbewegung,
γ) gegen die nationalsozialistische Partei und
δ) gegen den durch sie beherrschten Staat, dessen Wesen zu erkennen eine der schwierigsten Aufgaben war;

ein Drei- bzw. Vierfrontenkrieg, natürlich mit wechselnder Schwerpunktbildung. Daß er zugleich durch innere Spannungen belastet war, trug auch noch eine tragische Note in ihn hinein.

2. Der Verlauf des Kirchenkampfes. Hier kann es sich nicht um die Schilderung von Einzelheiten handeln, sondern nur um den Versuch, die Phasen seines Ablaufs zu erkennen und ihre wesentlichen Züge zu erfassen.

a) *Erste Phase.* Die Machtergreifung Hitlers hat 1933 fast im ganzen deutschen Volk die Stimmung geweckt: Jetzt muß alles neu werden. Schon vorher hatten sich einige Gruppen um eine Erneuerung des als veraltet empfundenen Kirchentums bemüht, die Berneuchener, die Sydower Bruderschaft, der Kreis um Hermann Schafft, die Neuwerk-Bewegung. Sie alle schlossen sich nun mit Männern, die von der Lutherrenaissance oder der dialektischen Theologie bestimmt waren, zusammen zur „jungreformatorischen Bewegung". Die „Junge Kirche", die sie erstrebten, sollte zugleich eine dienende sein. So forderten sie den Leiter der Betheler Anstalten, Friedrich von Bodelschwingh jun., als Reichsbischof für eine auch von ihnen bejahte Deutsche Evangelische Kirche. Damit schon war eine klare innerkirchliche Opposition gegen die Deutschen Christen (= DC) geschaffen; sie hat freilich nach der Juliwahl 1933 sich als Organisation wieder aufgelöst. Das Eingreifen des Staates nötigte aber von Bodelschwingh, sich sofort wieder zurückzuziehen. Hitlers Wahlhilfe verschaffte dann den DC die Mehrheit in den landeskirchlichen Synoden und damit das Regiment in den Landeskirchen. Die Deutsche Evangelische Kirche (DEK) wurde gegründet, der kirchliche Vertrauensmann Adolf Hitlers, Wehrkreispfarrer Ludwig Müller, zu ihrem ersten Reichsbischof gewählt, ein Mann, der in *jeder* Beziehung für ein solches Amt unfähig und auch unwürdig war. Die Opposition erreichte aber, daß in der Verfassung der DEK die Verpflichtung auf die reformatorischen Bekenntnisse ausgesprochen wurde. Die Einführung des Führerprinzips in den Kirchen konnte dagegen nicht verhindert werden.

Die Art, wie dies gehandhabt wurde, die Rechtsverletzungen, deren die neuen Kirchenregimente sich schuldig machten, die Einführung des Arierparagraphen in der Kirche sowie die bekenntniswidrigen Äußerungen vieler DC-Führer veranlaßten dann *Martin Niemöller*, den *Pfarrer-Notbund* zu gründen; er sollte den Betroffenen brüderliche, auch finanzielle Hilfe bringen. Seine Mitglieder erneuerten in ihrer Beitrittserklärung ihr Ja zu den reformatorischen Bekenntnissen und sprachen vor allem ein Nein aus gegen die Ausschließung der getauften Juden aus Amt und Kirche. Da die DC sich des Kirchenregiments bemächtigt hatten oder es, wo noch nicht geglückt, zu tun versuchten, war der Kampf in dieser ersten Phase vor allem ein Kampf um das Kirchenregiment, um seine Wiedergewinnung, beziehungsweise, so in Bayern, Württemberg und Hannover, um seine Behauptung. Das letztere gelang, das erstere nirgends. Dadurch wurde die Opposition notwendig weitergedrängt.

Die unmittelbare Wirkung der deutschchristlichen Häresien, die durch die Sportpalastkundgebung vom November 1933 für jedermann sichtbar wurden, war freilich zugleich eine große Abwanderung von den DC und deren Aufspaltung in eine gemäßigte Richtung und in eine schroffere, die die nationalkirchlichen Ziele weiter verfolgte, die Thüringer DC. Die äußerste Linke wanderte zur Deutschen Glaubensbewegung ab.

b) *Zweite Phase.* Schon im März 1934 hatten sich die verschiedenen territorialen Gruppen, die gegen flagrante Verletzungen des Rechtes *und* des Bekenntnisses durch die DC sich erhoben hatten, zusammengeschlossen zur „Bekenntnisgemeinschaft der DEK" und einen Reichsbruderrat mit ihrer Leitung beauftragt. Am 22. April 1934 sprach die Opposition aus konkretem Anlaß heraus in Ulm zuerst das schwerwiegende Wort, daß sie sich als die „rechtmäßige Evangelische Kirche Deutschlands" wisse. In Barmen hat dann die erste Bekenntnissynode der DEK — Lutheraner, Reformierte und Unierte gemeinsam — dogmatisch durch ihre „Theologische Erklärung" die Absage an die deutschchristliche Theologie vollzogen[1] und in Dahlem im Herbst den

---

[1] Die „Theologische Erklärung von Barmen" lautet (ohne die Bibelworte):

„1. Jesus Christus, wie er uns in der Heiligen Schrift bezeugt wird, ist das eine Wort Gottes, das wir zu hören, dem wir im Leben und im Sterben zu vertrauen und zu gehorchen haben.

Wir verwerfen die falsche Lehre, als könne und müsse die Kirche als Quelle ihrer Verkündigung außer und neben diesem einen Worte Gottes auch noch andere Ereignisse und Mächte, Gestalten und Wahrheiten als Gottes Offenbarung anerkennen.

nun einzig folgerichtigen Schritt getan, auf Grund des kirchlichen Notrechtes eine eigene Kirchenleitung als „Vorläufige Kirchenleitung der DEK" (VKL) zu bilden, deren Vorsitz Landesbischof Marahrens übertragen wurde. Damit war ein offenes kirchenrechtliches Schisma entstanden. Doch gelang es nicht, das reichsbischöfliche Regiment völlig lahmzulegen oder gar zu beseitigen, vielmehr wurde die Tätigkeit der VKL durch staatliche Instanzen derart eingeengt, daß der Versuch,

---

2. Wie Jesus Christus Gottes Zuspruch der Vergebung aller unserer Sünden ist, so und mit gleichem Ernst ist er auch Gottes kräftiger Anspruch auf unser ganzes Leben; durch ihn widerfährt uns frohe Befreiung aus den gottlosen Bindungen dieser Welt zu freiem, dankbarem Dienst an seinen Geschöpfen.

Wir verwerfen die falsche Lehre, als gebe es Bereiche unseres Lebens, in denen wir nicht Jesus Christus, sondern anderen Herren zu eigen wären, Bereiche, in denen wir nicht der Rechtfertigung und Heiligung durch ihn bedürfen.

3. Die christliche Kirche ist die Gemeinde von Brüdern, in der Jesus Christus in Wort und Sakrament durch den Heiligen Geist als der Herr gegenwärtig handelt. Sie hat mit ihrem Glauben wie mit ihrem Gehorsam, mit ihrer Botschaft wie mit ihrer Ordnung mitten in der Welt der Sünde als die Kirche der begnadigten Sünder zu bezeugen, daß sie allein sein Eigentum ist, allein von seinem Trost und von seiner Weisung in Erwartung seiner Erscheinung lebt und leben möchte.

Wir verwerfen die falsche Lehre, als dürfe die Kirche die Gestalt ihrer Botschaft und ihrer Ordnung ihrem Belieben oder dem Wechsel der jeweils herrschenden weltanschaulichen und politischen Überzeugung überlassen.

4. Die verschiedenen Ämter in der Kirche begründen keine Herrschaft der einen über die anderen, sondern die Ausübung des der ganzen Gemeinde anvertrauten und befohlenen Dienstes.

Wir verwerfen die falsche Lehre, als könne und dürfe sich die Kirche abseits von diesem Dienst besondere, mit Herrschaftsbefugnissen ausgestattete Führer geben oder geben lassen.

5. Die Schrift sagt uns, daß der Staat nach göttlicher Anordnung die Aufgabe hat, in der noch nicht erlösten Welt, in der auch die Kirche steht, nach dem Maß menschlicher Einsicht und menschlichen Vermögens unter Androhung und Ausübung von Gewalt für Recht und Frieden zu sorgen. Die Kirche erkennt in Dank und Ehrfurcht gegen Gott die Wohltat dieser seiner Anordnung an. Sie erinnert an Gottes Gebot und Gerechtigkeit und damit an die Verantwortung der Regierenden und Regierten. Sie vertraut und gehorcht der Kraft des Wortes, durch das Gott alle Dinge trägt.

Wir verwerfen die falsche Lehre, als solle und könne der Staat über seinen besonderen Auftrag hinaus die einzige und totale Ordnung menschlichen Lebens werden und also auch die Bestimmung der Kirche erfüllen.

Wir verwerfen die falsche Lehre, als solle und könne sich die Kirche über ihren besonderen Auftrag hinaus staatliche Art, staatliche Aufgaben und staatliche Würde aneignen und damit selbst zu einem Organ des Staates werden.

6. Der Auftrag der Kirche, in welchem ihre Freiheit gründet, besteht darin, an Christi Statt und also im Dienst seines eigenen Wortes und Werkes durch Predigt und Sakrament die Botschaft von der freien Gnade Gottes auszurichten an alles Volk.

Wir verwerfen die falsche Lehre, als könne die Kirche in menschlicher Selbstherrlichkeit das Wort und das Werk des Herrn in den Dienst irgendwelcher eigenmächtig gewählter Wünsche, Zwecke und Pläne stellen."

mit Hilfe eines Notrechtes ein eigenes Kirchenregiment aufzurichten, praktisch gescheitert ist. Immerhin ist die zweite Phase des Kirchenkampfes durch diesen Versuch charakterisiert.

c) Die *dritte Phase* ist gekennzeichnet durch staatliche Ausgleichsversuche. Dem Staat mußte von seiner Einheitsideologie her die Aufspaltung der evangelischen Kirche, die in den beiden sich gegenüberstehenden Kirchenregimenten jedermann sichtbar war, ein Dorn im Auge sein. So versuchte im September 1935 der Reichsminister für die kirchlichen Angelegenheiten, den es seit dem Juli gab, den Kirchenstreit dadurch zu beenden, daß ein von ihm bestellter Kirchenausschuß die Leitung der DEK übernahm; er sollte auch in den „zerstörten" Landeskirchen solche Ausschüsse bestellen. An seine Spitze trat der angesehene frühere Generalsuperintendent von Westfalen, D. Zöllner. Die „intakten" Kirchen Bayern, Württemberg, Baden, Hannover blieben von Eingriffen des Ausschusses verschont. Die „Bekennende Kirche" ist zunächst über der Frage nach der Zusammenarbeit mit den Ausschüssen in schwierige Auseinandersetzungen gestürzt, die nicht zu einer wirklich einheitlichen Haltung führten. So wurde die Bekennende Kirche dadurch aufgespalten. Die eine Gruppe sammelte sich um den „Rat der Evangelisch-Lutherischen Kirche Deutschlands", die andere um eine neugebildete „Vorläufige Leitung", die in sehr mutigen Kundgebungen zu vielen Schwierigkeiten im „Dritten Reich" Stellung nahm.

Da dem Reichskirchenausschuß das Eingreifen in rein deutsch-christlich regierte Kirchen unmöglich gemacht wurde, trat er im Februar 1937 zurück. Der staatliche Ausgleichsversuch war gescheitert.

d) Die *vierte Phase* ist äußerlich gekennzeichnet durch ein sich immer mehr verstärkendes Eingreifen des Staates. Einmal wurden die Befugnisse *aller* Kirchenregierungen auf die Führung der laufenden Geschäfte beschränkt. Dazu wurden in vielen Kirchen staatliche Finanzabteilungen gebildet, ohne deren Genehmigung kein Geld ausgegeben, keine Kollekte gesammelt werden durfte usw.; die Folge war eine Auflösung der Kirche vom finanziellen Bereich her. Die theologische Ausbildung des Pfarrer-Nachwuchses durch die Bekennende Kirche wurde verboten. Das Prinzip Rosenbergs wurde also genau befolgt, die Kirche geistig und organisatorisch verkümmern zu lassen. Unter dem Vorwand des Krieges wurden die Maßnahmen noch verstärkt, insbesondere das ganze kirchliche Schrifttum verboten und die übergemeindliche Arbeit sehr erschwert. Praktisch war die Kirche völlig zurückgeworfen auf die einzelnen Gemeinden. Von ihrer Haltung, ihrer Festigkeit hing alles ab.

In den neu besetzten Gebieten, insbesondere dem Warthegau, wurden auch schon neue Richtlinien ausprobiert, die den Kirchen die staatliche Anerkennung als Körperschaften des öffentlichen Rechts raubten und sie dem Vereinsrecht unterordneten, jegliche Zusammenarbeit über die Gaugrenzen hinaus verboten, nur Volljährigen die Mitgliedschaft in der Kirche gestatteten, den Kirchen das Eigentumsrecht absprachen (außer am Kultraum) und nur noch eine *neben*amtliche Tätigkeit als Geistlicher gestatteten. Durchgeführt ist der Erlaß freilich nicht voll; er zeigte aber das Ziel der Staatsführung deutlich an. Es ist wohl kaum ein Zweifel, daß ein gewonnener Krieg eine blutige Christenverfolgung in Deutschland ausgelöst hätte. Ganz ohne Martyrium war der Kampf sowieso schon nicht geblieben (vgl. S. 560).

Die wachsende Bedrängung der Kirche führte alle diejenigen Gruppen, denen es ernsthaft um „Kirche“ ging, unausweichlich näher zusammen. Der württembergische Landesbischof Wurm, der sich durch sein mutiges Auftreten weithin große Achtung erworben hatte, hat hier seit 1941 unentwegt und nicht ganz ohne Erfolg versucht, die Gruppen der Bekennenden Kirche wiederzuvereinigen und darüber hinaus alle, die zu Schrift und Bekenntnis stehen wollten, praktisch gesprochen: die bisherige Mitte, dazuzugewinnen. Doch scheiterte das volle Gelingen an den Unterschieden, die sich *durch* den Krieg ergaben: Die intakten Kirchen waren für einen Burgfrieden im Krieg, die VKL dagegen; die einen wahrten trotz allem ihre Staatstreue, andere stießen zu einem entschlossenen politischen Nein gegen Hitler vor, bis hin zur offenen Teilnahme an der Widerstandsbewegung.

Der Kriegsausgang entmächtigte natürlich die DC und spielte der Bekennenden Kirche das Regiment zu; ein Sieg, der ihr *von außen* zugetragen wurde, den sie sich nicht allein durch innere Vollmacht erkämpft hatte.

Mit dem Kampf verschlangen sich eine ganze Reihe von **Sachfragen,** um deren Klärung gleichzeitig gerungen werden mußte. Es ging

a) um das *Verhältnis von Glauben und Volkstum.* Die Frage war schon in der Renaissance aufgebrochen, nämlich als das Problem „Antike und Christentum“; sie ist damals nicht bis zu Ende geklärt, weil die Reformation ein neues, gewichtigeres Thema anschlug. Auch jetzt hat sie keine endgültige Lösung gefunden, weil die Situation einer sachlichen Erörterung im Wege stand, die Klärung *durch* die Verhältnisse aber nicht mehr erfolgte.

b) Die *Frage nach dem Quell der Offenbarung.* Hier hat die Barmer Synode eine klare Absage an alle Formen der „natürlichen Theologie“ vollzogen. Freilich nicht ohne Widerspruch auch von seiten einer positiven Theologie. Die Erörterung ist noch heute nicht abgeschlossen.

c) Das *Verhältnis des Volksnomos zum Evangelium.* Insbesondere Wilhelm Stapel vertrat die These, daß das Gesetz *jedes* Volkes ein

Weg zum Glauben sein könne, nicht nur das jüdische Gesetz. Die Volksgesetze sind die durch die Natur vermittelte Offenbarung Gottes, die durch das Evangelium „erfüllt" wird. Die Konsequenz dieses Ansatzes war eine Auslieferung der gesamten Ethik an die „Welt", den Staat. Der Kirche blieb nur die Aufgabe, die Gnade Gottes zu verkündigen. Ein Sonderfall also des Problems der natürlichen Theologie. Praktisch muß die These als erledigt gelten.

d) Das Problem des *Aufbaus der Kirche.* Bestimmt nach evangelischer Lehre der Staat über die Organisation der Kirche — so hatte ein Rudolf Sohm gelehrt —, oder gehören auch die organisatorischen und regimentlichen Fragen zu dem Bereich, in dem die Kirche eigenständig ist? Grundsätzlich ist hier klargeworden, daß auch die Kirchenleitung an das Bekenntnis gebunden sein muß, da sie an der Verkündigung teilhat und ihr dienen muß; durch Aufstellung einer eigenen Leitung ist dieser Erkenntnis auch entsprochen worden. Doch gelang es nicht, solche kirchlich legitime Leitung praktisch zum Funktionieren zu bringen, da der Staat ihr die Legalität versagte.

e) Das auch im Raum der Kirche proklamierte *Führerprinzip* stellte die Frage nach dem Recht der Synoden und damit zugleich nach dem Recht der Laien in der Kirche. Hier ist gegen das Führerprinzip wie gegen alle hochkirchliche Amtsüberschätzung das allgemeine Priestertum der Gläubigen *und* die Bedeutung der Einzelgemeinde klar erkannt.

f) Unbeantwortet blieb damals noch die Frage nach dem *Widerstandsrecht* gegenüber dem Staat.

g) Dagegen ist klar geworden, daß es *zwischen einem wirklich totalen Staat,* einem Staat, der seinen Anspruch nirgends, und sei es auch nur faktisch, einschränkt, *und der Kirche nur Kampf* geben kann. Ein irdischer Totalitätsanspruch verträgt sich nicht mit dem Totalitätsanspruch Gottes.

4. **Das Ergebnis des Kirchenkampfes** war

a) negativ die *Enthüllung der „Volkskirche"* in ihrer inneren Fragwürdigkeit. Dadurch, daß die Kirche voll auf die Einzelgemeinden zurückgeworfen war, wurde deutlich, wie sehr sie eine „Anstalt zur Pflege eines Firnischristentums" geworden war (G. Jacob). Insbesondere ist auch das Bürgertum, bis dahin die Hauptstütze des evangelischen Kirchentums, durch den Nationalsozialismus der Kirche entfremdet worden. Es ist die große Frage an uns, ob das alles auch fernerhin so bleiben wird, oder ob es gelingen wird, wirklich lebendige Gemeinden zu bekommen, die eine erneuerte Kirche bilden.

b) positiv ist zu werten, daß die *Kirche* durch den Kampf der *BK. vor der Gleichschaltung bewahrt* geblieben ist. Eine solche hätte sie äußerlich sehr stark und mächtig gemacht. Aber sie hätte dadurch die Freiheit ihrer Verkündigung verloren, hätte, statt Kritik an untragbaren Maßnahmen zu äußern, vielmehr aktiv die nationalsozialistische Propaganda unterstützen müssen. Das Ende wäre gewesen, daß sie als Institution zusammen mit der irdischen Größe, der sie sich in die Arme geworfen hätte, untergegangen wäre — wie die DC. Der erste Erfolg des Kirchenkampfes, d.h. der Wahrung ihrer geistigen Freiheit, war also die Bewahrung der Existenz der Kirche.

c) Der Kampf erwarb ihr *neues Vertrauen* in weiten Kreisen. Arbeiter sahen, daß die Pastoren doch nicht nur „so redeten, wie sie mußten, weil sie dafür bezahlt wurden", daß sie dafür vielmehr Gefängnis, KZ. und andere Leiden auf sich nahmen. Akademiker erkannten, daß die Kirche, indem sie für ihre Freiheit focht, zugleich für die Freiheit des Geistes überhaupt kämpfte. Wenn heute zwischen Kirche, Arbeiterschaft *und* Wissenschaft, etwa in den evangelischen Akademien, ein offenes Gespräch geführt werden kann, so ist das weithin Frucht des Kirchenkampfes.

d) Es erwuchs in Deutschland ein *neues Verhältnis der Konfessionen zueinander.* Unter der gemeinsamen Bedrängung erkannte einer den anderen als Bruder in Christus. Was das *grundsätzlich* für das Verhältnis der Kirchen zueinander bedeutet, ist noch nicht klar zu sehen, die Entspannung ist aber deutlich spürbar.

e) Die *ökumenische Zusammenarbeit* (vgl. § 62) ist auch durch den Krieg nicht unterbrochen worden, ganz anders als im ersten Weltkrieg. Was das geschichtlich für Deutschland nach 1945 bedeutet hat, ist kaum zu überschätzen.

f) Das Wichtigste aber ist: Die *äußere Bedrohung bewirkte eine innere Besinnung.* Die Kirche, äußerlich reduziert auf das Leben in den Gemeinden, mußte erkennen, daß *alle* irdischen Sicherungen bedeutungslos waren: Geld, Recht, Staatshilfe, Tradition. Ihr blieb nur Eines: der Herr selbst. Dieses Zurückgeworfensein auf Christus schloß ein:

α) *ein neues Hören auf Gottes Wort;* auch von da aus zerbrach die natürliche Theologie;

β) *eine neue Wertung der Sakramente* als des Ortes, da Gott selbst handelt und Christus leibhaftig gegenwärtig ist und uns mit seiner Gegenwart und seinem Zuspruch stärkt.

γ) Darin liegt zugleich *eine neue Wertung des Gottesdienstes.* Als Sammlung um Wort und Sakrament ist er das entscheidende Geschehen in der Kirche. Dabei muß seine Objektivität im Sinne des Handelns und Redens *Gottes* gewahrt werden. So ergab sich die Abkehr vom Subjektivismus in ihm und ein völlig neues Verständnis für die Liturgie;

δ) *ein neues Verständnis für die Kirche* als die Sammlung der Glaubenden um Wort und Sakrament, d.h. eine Abwendung vom institutionellen Kirchenbegriff;

ε) *ein neues Verständnis des Amtes,* das im Namen Gottes *mit Vollmacht* reden und handeln darf und deshalb muß. Aber es ist an dem vielfältigen Laiendienst, den die Verhältnisse erzwangen, ebenso klargeworden,

ζ) daß die *Laien* an der Verkündigung des Wortes Gottes Anteil haben und, wo sie es verkündigen, dies mit derselben Vollmacht tun wie die Amtsträger.

Man wird nicht zuviel behaupten, wenn man sagt, daß in dem allen eine wirkliche Erneuerung der Kirche von Gott geschenkt ist. War es menschliches Versagen, das die Fundamente schaffen half, auf denen es zum Kirchenkampf kommen mußte (vgl. S. 509, 512f.), so hat Gott auch hier, wie so oft, Schuld in Segen verwandelt.

5. Die Nachwirkung des Alten im Neuen

Auch der gemeinsame Kampf, zu dem der Nationalsozialismus alle die nötigte, die an Schrift und Bekenntnis festhalten wollten, hat nun aber doch nicht sämtliche Schwierigkeiten beseitigt, die von der Geschichte her Zwiespalt bedeuteten. *Ungeklärt blieb*

a) *die konfessionelle Frage.* Neben entschlossenen Freunden einer Konsensus-Union stehen nach wie vor solche, die das konfessionelle Gegeneinander keineswegs als behoben ansehen. Die Grundordnung der Evangelischen Kirche in Deutschland, die 1948 beschlossen wurde, bringt diese Doppelheit des Mit- und Gegeneinanders in dem klassischen — oder verzweifelten! — Satz zum Ausdruck: „Die Evangelische *Kirche* in Deutschland ist ein *Bund* lutherischer, reformierter und unierter Kirchen." Das Nebeneinander der „Vereinigten Evangelisch-Lutherischen Kirche Deutschlands", die ebenfalls 1948 gegründet wurde, und des „Reformierten Bundes" in ihr tut dasselbe kund.

b) Auch der *Aufbauwille ist nicht* völlig *einheitlich,* insofern als dem reinen Synodalprinzip auf der einen Seite die Konzeption eines spannungsreichen Zueinanders von Amt und Gemeinde, Bischof und Synode, gegenübersteht.

c) Das *Schwergewicht der kirchlichen Tradition* droht die Ansätze zur Erneuerung der Kirche, die die Frucht des Kirchenkampfes waren, nicht zur Entfaltung kommen zu lassen. Und daß durch die Teilung Deutschlands, das Flüchtlingselend, die Frage der Remilitarisierung, des Atomkrieges auch neue schwere Probleme aufgetaucht sind, ist ebenfalls nicht zu übersehen. Ein Ausruhen auf Erreichtem gibt es in der Kirche nicht.

Aber entscheidend sind nicht diese Einzelheiten, so wichtig sie sind; entscheidend ist in Deutschland die gegenüber 1910 etwa völlig veränderte geistige Lage: das Ende des Positivismus, das durch das Ende der Kausalmechanik neu ermöglichte Ja der Naturwissenschaft zu Christentum und Kirche, die *überall* aufgebrochene anthropologische Sinnfrage. Von hier aus steht die Kirche in Deutschland vor einer völlig neuen, außerordentlich verheißungsvollen Situation. Ob sie die Kraft hat, ihr geistlich und geistig gerecht zu werden, das ist die große Frage.

Literatur

Quellensammlungen:

Kurt Dietrich Schmidt, Die Bekenntnisse und grundsätzlichen Äußerungen zur Kirchenfrage 1933—1935, 3 Bde., 1934—1936;

Kirchliches Jahrbuch 1933—1944, 1945—1948, 2 Bde., hrsg. von Joachim Beckmann, 1948/49;

Heinrich Hermelink, Die Kirche im Kampf, 1950;

Joachim Gauger, Chronik der Kirchenwirren, 3 Bde., 1934/35 (= Gotthardbriefe 138—158).

Darstellungen:

Wilhelm Niemöller, Kampf und Zeugnis der Bekennenden Kirche, 1948 (Sicht der Bekennenden Kirche);

Paul Fleisch, Erlebte Kirchengeschichte, 1952 (Sicht des Lutherischen Rates);

Hans Buchheim, Glaubenskrise im Dritten Reich, 1953;

Ernst Loycke, Die rechtliche Entwicklung in der Evangelischen Kirche der altpreußischen Union von 1937—1945 (Zeitschr. für ev. Kirchenrecht Jg. 2, 1952/53, S. 64—83, 169—185, 270—311) (Sicht der Kirchenregierung);

Ernst Wolf, Barmen. Kirche zwischen Versuchung und Gnade, 1957;

Edmund Schlink, Der Ertrag des Kirchenkampfes, 1947;

(kath.) Joh. Neuhäusler, Kreuz und Hakenkreuz, 2 Bde., 1946;

Arbeiten zur Geschichte des Kirchenkampfes (Quellen und monographische Darstellungen), hrsg. in Verbindung mit H. Brunotte und E. Wolf von K. D. Schmidt, 1958 ff.

§ 59. Das englische Kirchenwesen seit der glorreichen Revolution

Das englische Kirchentum hat eine für die gesamte Christenheit bedeutsame Entwicklung durchgemacht; deshalb muß hier in der gebotenen Kürze darüber berichtet werden.

1. **Die Grundlagen des Deismus.** Schon im Parlament der Heiligen (S. 376 f.) sind naturrechtliche Gedanken vertreten worden. Wollten aber die „Heiligen" die Ordnungen des Reiches Gottes zur Grundlage auch des Staatswesens machen, so vertraten die Naturrechtler, die

Leveller, das Prinzip unbedingter Weltlichkeit und das der Trennung beider Gewalten. Die beiden Gruppen sind, weil sie dieselben konkreten Ziele erstrebten, zwar eine Zeitlang zusammengegangen, mußten sich dann aber doch bald trennen; sie gehörten zwei verschiedenen Welten an. Und den Aufklärern gehörte dabei zunächst die Zukunft. Der Hochspannung des religiösen Enthusiasmus, die die englische Revolutionszeit erfüllte, folgte eine Zeit der Reaktion, einer Verkehrung der wichtigsten Dinge in ihr Gegenteil: des puritanischen Ernstes in Vergnügungssucht, des Glaubens an eine unmittelbare Erleuchtung durch Gott in Vertrauen auf das eigene, vernünftige Urteil, des religiösen Enthusiasmus in Indifferentismus. Der politische Liberalismus und der aufgeklärte Deismus sind so als Folgeerscheinung der Revolutionswirren in England geschichtlich gut verständlich. Nur eines hat auch die Folgezeit festgehalten: das leidenschaftliche Interesse an der Gestaltung der sozialen Verhältnisse. Der Moralismus der Aufklärung (S. 441 f.) und das Erbe der Revolutionszeit klang hier gut zusammen. England hat so einen bleibenden Impuls für ein praktisches, bewußt tätiges Christentum erhalten wie kaum ein anderes Land sonst.

2. Die Neuregelung der kirchlichen Verhältnisse. Äußerlich fanden die kirchlichen Fragen ihre Regelung durch die Bill of Rights von 1689. Die königliche Gewalt wurde durch sie auch auf kirchlichem Gebiet an die Mitwirkung des Parlaments gebunden. Die Toleranzakte von demselben Jahr hob alle kirchlichen Zwangs- und Verfolgungsgesetze gegen die Dissenters auf; nur Gruppen, die nicht als Christen galten, wie etwa die Sozinianer, blieben von der Duldung ausgeschlossen. Aber auch die Dissenters wurden bis 1828 von den Beamtenstellungen in Stadt und Land ausgeschlossen, ebenso verblieben alle Schulen, Universitäten usw. der anglikanischen Kirche. Obwohl diese also ihren staatskirchlichen Charakter behielt, war damit doch das Prinzip der unbedingten Einheit von Staat und Kirche preisgegeben und eine Mannigfaltigkeit kirchlicher Gestaltungen auf englischem Boden prinzipiell zugestanden. Die Opposition, die innerhalb der englischen Kirche, ja *um sie* gekämpft hatte, mußte sich selbständig neben ihr organisieren. Quäker, Baptisten, Kongregationalisten und Presbyterianer haben sofort von dieser Möglichkeit Gebrauch gemacht.

Aber auch die Staatskirche selbst blieb von den Wandlungen nicht verschont. Hatte unter Karl I. die Laud'sche (hochkirchliche) Richtung unbestritten die Herrschaft in ihr gehabt, so bestimmten jetzt zunächst die Latitudinarier sie, d. h. Weitherzige, Männer, die weder auf die episkopale Verfassung noch auf die liturgischen Formen einen spezifischen Wert legten, beides aber konservierten; Männer, die sogar gewissen puritanischen Einflüssen, wie etwa der Forderung strenger

Sonntagsheiligung oder der Hochachtung der Predigt, offenstanden. Sie haben unter Wilhelm III. erheblichen Einfluß auf den englischen Episkopat bekommen. Auch die Meinung, mit solcher Gestaltung der Verhältnisse das Reich Gottes herbeizuführen, hielt sich. Dies Reich galt also nach wie vor als eine sich in entsprechenden irdisch-sozialen Gestaltungen verwirklichende Größe. Hier ergab sich ein tiefgreifender Unterschied zwischen dem englischen sowie dem von ihm beeinflußten nordamerikanischen Reich-Gottes-Denken und dem des Luthertums. Daß es sich dort mit dem politischen Liberalismus und zeitweilig auch mit dem britischen Imperialismus verband, vergrößerte die Spannung noch.

3. **Die Entstehung der methodistischen Kirche.** Der Methodismus war ursprünglich eine Erweckungsbewegung in der englischen Staatskirche, die, negativ, die Schäden bekämpfte, die aus dem Deismus, aus der erwähnten Vergnügungssucht und schließlich aus den Folgen der beginnenden Industrialisierung sich ergeben hatten; daneben aber, positiv, ein persönliches, herzenswarmes und getätigtes Christentum erstrebte. Er geht zurück auf die Brüder *John* und *Charles Wesley*, sowie auf George Whitefield, von denen John Wesley († 1791) die größte Bedeutung gewann. Schon als Student begründete er einen Club für methodisches Beten, für die Werke der Nächstenliebe, aber auch zum Studium, dessen Mitglieder bereits den Spottnamen „Methodisten" bekamen. Trotzdem ist John Wesley erst 1738 im Verkehr mit Gliedern der Brüdergemeine und unter dem direkten Einfluß von Luthers Vorrede zum Römerbrief zum inneren Frieden gekommen, eine typische Bekehrung pietistischer Art erlebend, deren Nachwirkungen sein ganzes Denken und all seine Tätigkeit fortan bestimmt haben. Von da aus wurde der Methodismus zunächst einmal eine *Erweckungsbewegung*, die, als man ihr die Kanzeln verweigerte, kurzerhand zum Predigen im Freien überging.

Daneben war Wesley ein *Organisator* großen Formates. „Die apostolische Predigt ohne eine Sammlung der Erweckten und eine Erziehung derselben in den Wegen Gottes ist nichts anderes, als Kinder zeugen für den Mörder." Von dieser Erfahrung her sammelte er *alle*, die durch seine Predigt erweckt wurden, in religious societies[1], die er, nach dem Herrnhuter Vorbild, noch in kleine Gruppen, Klassen genannt, unterteilte. Durch sie wurde jeder Bekehrte der Einsamkeit entrissen; in ihnen fand aber zugleich auch eine Kontrolle der Mitglieder statt. Wesley erreichte also ein doppeltes Ziel durch sie. In den classleaders[2] hatte die Gruppe schließlich auch von vornherein tätige

[1] Religiösen Gesellschaften, Vereinen.
[2] Führer der Klassen.

Laienarbeiter. Schon seit 1742 ist denn auch die *Laienpredigt* eine allgemeine Einrichtung im Methodismus geworden.

Wesley selbst hat mit aller Kraft versucht, seine sehr schnell sich ausbreitende Bewegung innerhalb der Kirche von England zu halten. Da aber die anglikanischen Bischöfe sich weigerten, Methodisten zu Priestern zu weihen, wurde die Sakramentsfrage allmählich schwierig. Zuerst in Nordamerika und in Schottland kam es darüber zur Bildung einer eigenen methodistischen Kirche. Spätestens seit 1797 ist die Bewegung auch in England als eine solche anzusprechen. Auch die staatliche Gesetzgebung Englands behandelt sie seit dem Anfang des 19. Jahrhunderts so.

In der Lehre dachte Wesley arminianisch, lehnte die Prädestination sogar ausdrücklich ab. Sehr stark wurde dagegen die Heilsgewißheit betont. Zudem lebte er mit Zinzendorf des Glaubens, daß der Mensch schon hier auf Erden durch die Gabe des heiligen Geistes von aller Sünde auch faktisch frei werden könne; Wesley lehrte also, mindestens gelegentlich, den Perfektionismus. Methodisten selbst haben diese Erwartung gelegentlich als den Zentralpunkt ihrer Lehre angegeben.

Aber entscheidend für die Wirksamkeit des Methodismus blieb doch die Arbeit für die Bekehrung. Jedoch begnügte er sich nicht, wie der deutsche Pietismus, mit der Bekehrung einzelner, sondern suchte auch Massen, Massen gerade von Verirrten, zu gewinnen. Es ist kein Zufall, daß die Heilsarmee aus ihm herausgewachsen ist. Auch theoretisch widmete er sich der Untersuchung des Bekehrungserlebnisses stark. Die moderne Disziplin der Religionspsychologie hat so auch in ihm eine ihrer Wurzeln. Groß sind daneben seine Verdienste um die englische Arbeiterschaft, religiös *und* sozial. Wenn die Labour Party Englands ein ganz anderes Verhältnis zum Christentum hat als die deutschen Arbeiter, so ist das weitgehend dem Methodismus zu verdanken.

Der Methodismus ist heute in England relativ stark, in Nordamerika bildet er sogar die stärkste evangelische Gruppe. Alle methodistischen Kirchen sind seit 1887 im Methodistischen Weltrat verbunden.

Auf dem Umweg über die Gemeinschaftsbewegung hat er auch in unser kirchliches Leben, besonders in das Vereinswesen, tief eingegriffen.

Die anglikanische Kirche hat sich dadurch, daß sie es nicht vermochte, dem Methodismus Raum zu gewähren, selbst um einen großen Segen gebracht. Nur kleine Kreise, methodistischen Geistes voll, sind als Low Church Party in ihr geblieben. Durch das Ausscheiden des Methodismus hat auch wohl erst die High Church Party im 19. Jahrhundert die große Bedeutung erlangt, die sie tatsächlich bekommen hat.

Für England als Ganzes kann der Methodismus aber nur als höchst segensreich angesehen werden. Entscheidend war, daß er, die pietistische Bewegung Englands, nicht *vor* dem Deismus, sondern *nach* ihm seine Zeit fand. So ist die Aufklärung in England, umgekehrt wie in Deutschland, durch eine große Erweckungsbewegung abgelöst worden und hat sich deshalb im Volksganzen längst nicht so stark auswirken können wie bei uns.

4. **Der Anglokatholizismus** (die Oxfordbewegung). Der Anstoß zu dieser neuen Bewegung ist wieder durch die Zeitumstände gegeben worden. 1828 erhielten *alle* Engländer das Recht, ins Parlament gewählt zu werden. Doch verlor die anglikanische Kirche darüber nicht die Stellung als established church[3]. Auch das nun konfessionslos gewordene Parlament bestimmte noch immer über sie.

Dazu blieben die *gebildeten* Kreise bis ins 19. Jahrhundert hinein dem Deismus verhaftet, weil der Methodismus nie versucht hat, zu den *Denk*bewegungen seiner Zeit Verbindung aufzunehmen. Die Überwindung des Deismus fiel auch in England vielmehr der Romantik zu. Aus einem fast schrankenlosen Drängen nach Freiheit wandte sich die Romantik gerade den stärksten Autoritäten wieder zu, aus einem kosmopolitischen Individualismus den Werten des nationalen Volkslebens, aus einem geschichtslosen Rationalismus dem freudigen Versenken in die alte Zeit. Diese geistige Einstellung ließ auch die alten kirchlichen Dinge wieder in einem neuen Licht erscheinen.

Eine kirchenpolitische Komponente kommt hinzu. Das in seiner Mehrheit liberale Parlament versuchte nach 1830 dem König die oberinstanzlichen Rechte bei geistlichen Rechtsstreitigkeiten zu nehmen (er pflegte sie einem ad hoc aus Geistlichen zusammengesetzten Gericht zu überlassen) und sie einem weltlichen Gremium zu übertragen, also ein solches wie zur höchsten gesetzgebenden so auch zur höchsten richterlichen Instanz der Kirche von England zu machen.

Ursprünglich gegen diese antikirchlichen Tendenzen, dann als Reformbewegung gegen die Schäden der Zeit überhaupt, ist die neue Bewegung angetreten. Die allgemeine Geisteslage führte aber dazu, daß man das Heil positiv in der Wiederherstellung alter Ideale sah.

Drei Phasen hat die Oxfordbewegung durchlaufen.

a) Die erste ist der *Traktarianismus.* In einer Fülle von Traktaten — daher der Name — protestierten Keble, Froude, Pusey und der als römischer Kardinal gestorbene *John Henry Newman* gegen die kirchenfeindlichen Maßnahmen der Regierung. Sie kämpften zugleich *für* die Rückkehr zu den Formen der alten Kirche, vor allem für „die Gemeinschaft mit dem Herrn durch die Nachfolger der Apostel", also

[3] Als (staatlich) geordnete Kirche.

für die apostolische Sukzession, dazu für häufigen Abendmahlsgenuß und für die alten Formen des Common Prayer Book.

b) Die 2. Phase der Oxfordbewegung bildet der *Puseyismus*. Sie ist gekennzeichnet durch eine Reihe von Lehrstreitigkeiten, über die Taufwiedergeburt z.B. und über die Gegenwart Christi im Abendmahl. Dabei lehnte das erzbischöfliche Gericht die katholische Auslegung der 39 Artikel ab. Da der Staat schon vorher der Kirche die Selbständigkeit verweigert hatte, scheiterte vorerst der Versuch, die Oxforder *Theologie* in der Kirche durchzusetzen.

c) In der 3. Phase wandte die Bewegung ihre Hauptkraft deshalb dem Kultus zu; es ist die Phase des *Ritualismus*, eines Versuches, den Kult der anglikanischen Kirche, soweit irgend möglich, dem der römisch-katholischen Kirche anzugleichen. Er ist gelungen. Bis hin zu Marienaltären in Kirchen und zu Orden mit ewigem Keuschheitsgelübde findet sich heute fast das ganze katholische Brauchtum in der englischen Kirche.

Das Erstaunliche ist nun, daß ausgerechnet die ritualistische Oxfordbewegung *eine wirkliche Erweckung* der anglikanischen Kirche herbeigeführt hat. Das ist gar nicht zu übersehen. Freilich wohl nicht allein durch die liturgischen Bestrebungen selbst — die Ehrfurcht, mit der der Gottesdienst gefeiert und das Sakrament verwaltet wird, ist allerdings auch eindrucksvoll — als vielmehr durch den großen Eifer, der die Anglokatholiken beseelte. Sie haben zugleich der anglikanischen Kirche, den 39 Artikeln zum Trotz, einen katholischen Charakter gegeben. Auch das sola scriptura ist zugunsten der patristischen Exegese und Dogmatik weithin preisgegeben.

Das zweite Charakteristikum der anglikanischen Kirche ist ihre innere Weite. Neben den Anglokatholiken, als der freilich wohl stärksten Gruppe, stehen in ihr nicht nur die Evangelicals, sondern steht auch noch eine zeitweilig bedeutungsvolle, heute freilich kleine broad church party (= Modernisten, Liberale), die um 1830 von Coleridge begründet wurde. Alle brüderlich nebeneinander, eine ökumenische Gemeinschaft im Kleinen. Das bezeichnen die Anglikaner selbst als die charakteristische „Dialektik" ihrer Kirche.

Die anglikanische Kirche sieht sich von da aus auch selbst als die Mitte der Konfessionen an und ist deshalb eine treibende Kraft in der ökumenischen Arbeit geworden, besonders in der Bewegung on faith and order[4] (vgl. S. 547 f.). Dank des englischen Einflusses ist die Kirche aber auch selbst über fast die ganze Erde verbreitet. Wo sie an örtlichen Unionen teilhat wie in Südindien, da setzt sie praktisch jeweils Eines voraus, nämlich daß die apostolische Sukzession, minde-

[4] Um Glauben und Verfassung (der Kirche).

stens für die Zukunft, gesichert wird. Diese gilt den Anglokatholiken als schlechthin konstitutiv für eine Kirche Jesu Christi, den Evangelikalen auf jeden Fall als ein gutes Erbe. In ihr liegt zugleich die Frage, die der Anglikanismus an die evangelische Christenheit stellt.

Die Anglikaner der Welt sind seit 1867 in einer Konferenz geeinigt, die nach ihrem Tagungsort, dem Londoner Palast des Erzbischofs von Canterbury, die Lambeth-Conference genannt wird. Sie tagt etwa alle 10 Jahre. Obwohl ohne gesetzliche Befugnisse, haben ihre Beschlüsse, die oft sehr konkrete Lebensprobleme betreffen, doch große Bedeutung.

Literatur

J. M. Moorman, A History of the Church in England, 1953;
Martin Schmidt, John Wesley, 2 Bde., 1953/9;
Yngve Brilioth, The Anglican Revival. Studies in the Oxford Movement, 1925.

§ 60. Das nordamerikanische Kirchentum

Obwohl das Christentum in Gestalt der katholischen Kirche sofort nach der Entdeckung Amerikas dort Raum gewann, ja — mit oft fragwürdigen Methoden! — fast ganz Süd- und Mittelamerika oberflächlich christianisiert wurde, hat Amerika doch erst in der Neuzeit wirkliche kirchliche Bedeutung gewonnen, und zwar von Nordamerika aus. Diese ist inzwischen auch so groß geworden, daß man sich das ganze kirchliche Geschehen auf der Welt ohne die Mitwirkung Amerikas überhaupt nicht mehr vorstellen kann. Was wäre denn die Mission, was die Ökumene ohne diese Mitarbeit?! Diese beschränkt sich auch wahrhaftig nicht auf finanzielle Hilfe, was leider in Europa betont werden muß.

Die *Grundlage* des nordamerikanischen Christentums ist nicht die Mission, sondern die *Einwanderung*. Damit war zugleich der Ansatz für die große konfessionelle oder besser denominationelle Aufspaltung gegeben, die für die USA charakteristisch ist. Denn die europäischen Einwanderer brachten ihre konfessionellen Sonderheiten nach drüben mit, ja sie suchten häufig das neue Land, nur um diesen frei leben zu können. Aus England kamen Puritaner, Kongregationalisten, Baptisten und Quäker, aus Schottland und Nordirland Presbyterianer; auch die Hugenotten, die aus Frankreich kamen, und die holländischen Einwanderer in Neu-Amsterdam (heute New York) waren solche. So ist das calvinische Element von vornherein sehr stark vertreten gewesen. Deutschland und Skandinavien steuerten aber auch Lutheraner bei, Deutschland außerdem Schwenckfeldianer, Mennoniten und Herrnhuter. Aus West- und Südosteuropa, dazu aus Deutschland kamen die Vorfahren der rund 30 Millionen Katholiken, die es heute in den USA gibt. Selbstverständlich fehlen auch Glieder der orthodoxen Ostkirchen nicht.

Die religiöse Freiheit, die die Voraussetzung dieser konfessionellen Vielschichtigkeit ist, hat freilich nicht von Anfang an bestanden. Zunächst haben einige der neuenglischen Kolonien bzw. Staaten noch das heimatliche Prinzip der Staatskirchlichkeit beizubehalten versucht, wobei jeweils verschiedene Konfessionen im Vordergrund standen. Kennzeichnend ist dabei, daß die Kolonialkirchen größtenteils von radikalen Elementen gegründet wurden und daß dieser religiöse Radikalismus mit einem politischen, demokratischen, der eine neue Gesellschaftsordnung erstrebte, häufig Hand in Hand ging.

Der Anglikanismus wurde im 17. Jahrhundert zunächst in Virginia Staatskirche, freilich mit einem puritanischen Einschlag, ebenso in Carolina und, nach einem toleranten Beginn, in Maryland. In Massachusetts landeten die „Pilgerväter", Kongregationalisten (vgl. S. 374 f.), die im Verein mit Puritanern dort ebenfalls eine dem Staatskirchentum ähnliche Verfassung einführten, denn nur Kirchenmitglieder erhielten das Wahlrecht zur gesetzgebenden Versammlung. Die Kirchgebäude wurden zugleich politische Versammlungslokale, konnten es werden, da der Staat eine fast theokratische Form bekam: „Demokratie ist die Herrschaft Christi in Staat und Kirche" (John Wise 1717). Ähnlich ging es in Connecticut; doch siegte dort schließlich der Presbyterianismus über den Kongregationalismus.

Aber in anderen Staaten ist sofort eine weitgehende religiöse Toleranz durchgeführt worden oder gar volle Glaubensfreiheit. Zuerst von dem Baptisten Roger Williams in Rhode Island und dem Quäker William Penn in Pennsylvanien, dazu von dem katholischen Lord Baltimore, der in England erfahren hatte, was Verfolgung heißt, in Maryland. Und dies Prinzip hat sich dann im ganzen Lande durchgesetzt. Die Folge war, daß es in Nordamerika nicht oder kaum zur Bildung von Richtungen *innerhalb* einer Kirche kam, sondern daß neue geistige Strömungen fast immer auch zur Bildung neuer Kirchen führten. Rassische und soziale Unterschiede (Sklavenfrage!) führten ebenfalls zu kirchlichen Sondergründungen, wie auch die sprachlich-nationale Verschiedenheit der Einwanderer. So ist die erste Eigenheit des nordamerikanischen Christentums *eine starke Aufspaltung*. Die neueren Zählungen ergaben über 250 Denominationen, von denen manche freilich klein sind und unter denen manche gruppenmäßig zusammengehören (Methodisten, Baptisten, Lutheraner, Reformierte). Immerhin: in Städten von 20000 Einwohnern arbeiten durchschnittlich 15—20 konfessionell geschiedene Kirchen. Diese Zerspaltung ist die Kehrseite der großen religiösen Freiheit Nordamerikas. Sie hat zugleich zur Folge, daß von den etwa 130 Millionen Einwohnern der USA (1790: 4 Millionen) nur etwa 70 Millionen Glieder einer Kirche sind. Da diese aber meist ihrer Kirche sehr bewußt angehören, bedeutet das eine viel stärkere Kirchlichkeit, als sie Europa aufweisen kann. So sind die Kirchen eine große öffentliche Macht, an der auch die Regierung keinesfalls vorbeigehen kann.

Die vollständige Trennung von Staat und Kirche schließt zugleich ein, daß alle Kirchen finanziell völlig auf eigene Leistung angewiesen sind. Außerdem sind sie nicht von oben her erbaut worden, sondern von unten, von der Gemeinde her. Diese ist das Lebenselement, die eigentliche Zentrale alles Kirchentums, vielfach auch in bezug auf die Lehre, so in allen kongregationalistisch bestimmten Kirchen, zu denen auch die baptistischen gehören. Der *Fundamentalismus* ist z.B. eine direkte Gegenbewegung der *Gemeinden* gegen die Bibelkritik, der gegenüber er die Verbalinspiration, und damit die Jungfrauengeburt, die Versöhnung durch das Blut Christi und ähnliche „fundamentals" festzuhalten versucht. Seit 1909 ist er eine beachtliche Macht. Die Gemeinde stellt den einzelnen aber auch entschlossen in den Dienst, in selbstverantwortlichen Dienst. Schon die religiöse Erziehung der Jugend, aber auch die Verwaltungsarbeit der Kirchen wäre ohne die stete Mitarbeit der Laien gar nicht möglich. Die Trennung von Staat und Kirche hat nämlich zur Folge gehabt, daß in den Staatsschulen kein Religionsunterricht erteilt wird; alle religiöse Erziehung ist lediglich Sache der Kirchen. Mit ihr alle zu erreichen und nachhaltig genug zu beeinflussen ist ein echtes Problem geworden.

Aber die nordamerikanische Christenheit ist sich der Not und der Kraftverschwendung, die diese starke kirchliche Differenzierung mit sich bringt, fortschreitend stärker bewußt geworden. Schon das ganze 19. Jahrhundert war von Einigungsbewegungen durchzogen. Wie in Deutschland kam es zunächst zu überdenominationeller Zusammenarbeit in praktischen Dingen, in der Arbeit für die Mission und für die Verbreitung der Bibel (schon seit 1806), in der Betreuung der Jugend seit der Mitte des 19. Jahrhunderts (YMCA 1850, YWCA 1858). 1872 folgte die Sonntagsschulvereinigung, 1886 das Christian Student Movement. Daneben stehen Vereinigungen von Kirchen des gleichen Bekenntnisses oder der gleichen Grundhaltung. So schlossen sich 1939 mehrere methodistische Kirchen zusammen, die seitdem die größte evangelische Kirche der USA bilden. 1918 vereinigten sich die Generalsynode, der Generalrat und die Vereinigte Kirche des Südens zur United Lutheran Church, der größten lutherischen Kirche Nordamerikas, 1931 die Synoden von Ohio, Iowa und Buffalo zur American Lutheran Church. Noch weitergehende Zusammenschlüsse der Lutheraner stehen bevor. Viele lutherische Kirchen sind verbunden im National Lutheran Council, von dem sich freilich die lutherische Synodalkonferenz (Synoden von Missouri und Wisconsin) noch fernhält. Seit 1846 suchte die Evangelische Allianz auch schon eine Einigung der Kirchen auf rein geistlicher Basis herbeizuführen. Entscheidend für den Zusammenschluß wurde aber das Vorgehen der Protestant Episcopal Church (anglikanisch) seit 1886. Unter ihrem Bemühen traten 1908 26 Kirchen zum Federal Council of the Curches of Christ in America zusammen, das 1950 zum National Council umgebildet wurde und jetzt über 30 Kirchen umfaßt. Bewußt abseits von ihm stehen vor allem die südlichen Baptisten, die lutherische Missouri-Synode und einige kleinere Kirchen. Das Ziel des Bundes war und ist:

a) die Gemeinschaft und die katholische Einheit der christlichen Kirche (Singular!) zum Ausdruck zu bringen;

b) die Kirchen zu gemeinsamem Dienst zusammenzufassen;

c) sich gegenseitig geistlich zu beraten;

d) der Kirche größeren Einfluß auf das öffentliche Leben zu sichern.

Örtliche Ausschüsse sollen die Ziele des Bundes in den Gemeinden verfolgen. Die Zusammenarbeit zwischen den Kirchen ist heute auch so eng geworden, daß sie europäische Besucher der USA immer wieder in Erstaunen setzt und ihnen das Empfinden gibt, einem geeinten Kirchentum gegenüberzustehen. „Die Großzahl dieser Kirchen leben, glauben, lieben, kämpfen, arbeiten *zusammen*", sagt Adolf Keller mit Recht. Die starke Einheitlichkeit des amerikanischen Protestantismus ist so seine zweite Eigenart. Zum Teil sind auch unionistische Kirchen entstanden, wie die Disciples of Christ und die United Brethren of Christ, freilich mit dem Erfolg, daß auch die Unionsbewegung noch die denominationelle Aufspaltung gefördert hat.

Die Eigenart des amerikanischen Kirchentums ist verstärkt durch inhaltliche Sonderzüge, die aus den amerikanischen Verhältnissen erwachsen sind. Das ganze nordamerikanische Christentum hat zunächst durch eine Reihe von großen Erweckungsbewegungen einen erwecklichen Zug bekommen. Mit all den Vorteilen, die ihm eigen sind und die vor allem in einem lebendigen, bewußten, einsatzbereiten Glauben bestehen. Aber auch mit den psychologischen Gefahren, die Erweckungsbewegungen in sich tragen können. Da spiritualistisch oder pietistisch bestimmte Radikale (neben Areligiösen freilich) die ersten Einwanderer bildeten, ist das Aufkommen solcher Bewegungen auch nicht auffällig. Die erste Welle, die für die ganze amerikanische Geschichte bedeutungsvoll wurde, insofern, als sie das ganze Land erfaßte und die Grundlage für die Zusammenarbeit der verschiedenen Gebiete schuf, begann 1734 unter der Führung von Jonathan Edwards, mit dem dann der gewaltige methodistische Prediger George Whitefield zusammenarbeitete. Die methodistischen und die baptistischen Kirchen sind auch am stärksten von der Erweckung her bestimmt worden und so, auch durch die zahlenmäßige Größe, weithin typisch für das amerikanische Kirchenwesen geworden. Schon die erste Erweckung, wie auch einige der großen folgenden Wellen (1797—1803; 1826—1832; 1857/58, 1890), führte übrigens zu kirchlichen Sonderbildungen.

Weitere Eigenheiten ergaben sich aus den *Aufgaben*, vor die die amerikanische Christenheit in ihrer Geschichte gestellt worden ist. Zunächst die Durchdringung des Kontinents! Die rastlos über die Weite des Kontinents nach Westen strebende weiße Bevölkerung nötigte die Kirchen, mit diesem Vordringen Schritt zu halten. Das System der Reiseprediger, das der Methodismus entwickelt hatte, erwies sich hierbei als besonders fruchtbar. Der bewunderungswürdige Einsatz der circuit-riders hat wesentlich dazu beigetragen, daß die methodistische Kirche die zahlenmäßig stärkste unter den evangelischen Kirchen der USA geworden ist.

Die überaus schwierigen Verhältnisse, unter denen die Grenzer leben mußten, ließen sich zugleich nur meistern, wenn sie zusammenstanden. So haben sie, verstärkt durch den calvinischen und methodistischen Ansatz zur Gemeinschaftsbildung (vgl. S. 367 u. 524 f.), den starken *Gemeingeist* gezeitigt, der für das Leben der USA kennzeichnend ist. Zur Gemeinschaft fähig zu machen ist von daher auch ein wesentliches Ziel der amerikanischen Erziehungsarbeit geworden. Daß die Grenzer-Verhältnisse manchmal auch neue Sekten gezeitigt haben, steht damit gar nicht in Widerspruch, denn innerhalb ihrer war der Zusammenhang um so inniger. Mit dem allen mag zugleich zusammenhängen, daß die einzelnen *Denominationen* in den USA sehr häufig nur eine bestimmte *Gesellschaftsschicht* in einer Stadt zusammenfassen, eine Erscheinung, die den europäischen Kirchen ganz fremd ist. Die Verhältnisse nach dem zweiten Weltkrieg scheinen hier aber einen Wandel anzubahnen.

Zudem forderte die Pionierarbeit in den Prärien und Savannen, sowie in den Gebirgen des Westens aber auch den heroischen, einsatzbereiten Geist heraus, der, verstärkt durch die Erweckungsfrömmigkeit, die großen Leistungen des amerikanischen Christentums bis heute hin trägt. Ein stark aktiver, dynamischer Zug zeichnet es aus. Es ist „ganz und gar Wille, Einsatz für ein gegebenes Ziel, Opfer, Glaubenstat, die das Wort Jesu wörtlich nimmt, daß solcher Glaube eine Kraft ist, Berge zu versetzen“ (Keller). In den großartigen Hilfsaktionen

Nordamerikas, für die weite Teile der Welt lebhaften Dank empfinden, ist diese Tatbereitschaft erneut schön zum Ausdruck gekommen. Solche Aktivität schließt zugleich eine große Wandlungsfähigkeit in sich, die kein Verharren beim einmal Erreichten erlaubt. Sie ist freilich auch in der Gefahr, in den rein praktischen Aufgaben aufzugehen und darüber den jenseitigen Ursprung und das jenseitige Ziel des christlichen Glaubens zu verlieren. Auch der Sinn für den Ernst der theologischen Wahrheitsfrage geht leicht über dem Einsatz für die praktischen Aufgaben verloren.

Die kirchliche Not der Grenzer und die Berührung mit den Indianern hat auch das Ihre dazu getan, ein starkes missionarisches Ethos zu wecken und zu erhalten, das ebenfalls zu einem Kennzeichen amerikanischen Christentums geworden ist. Die Erweckungen haben auch das immer wieder gestärkt.

Eine große Krise brachte die Sklavenfrage über und in die Kirchen insofern, als Gegner wie Verteidiger der Sklaverei sich auf die Bibel beriefen. Bei der großen wirtschaftlichen Bedeutung der Sklaverei war dieser Zwiespalt um so gefährlicher. Aber der Sieg der Antisklaverei-Bewegung war trotzdem ein Sieg des Glaubens, denn sie wurzelte zum größten Teil in Erkenntnissen, die aus dem Evangelium kamen. Einen ähnlichen Sieg bedeutete die prohibition, die „Trockenlegung" Amerikas nach dem ersten Weltkrieg, denn auch die Antialkohol-Bewegung wurde in erster Linie von den Kirchen getragen. Wer sehen will, was der Versuch, die *Welt* mit dem christlichen Ethos zu regieren, bedeutet, der hat hier freilich zugleich ein beredtes Anschauungsbild. Der Versuch führte zu so großer Gesetzlosigkeit in weitesten Kreisen, daß die Kirchen bald selbst für die Abschaffung der betreffenden Gesetze eintraten.

Das ausgehende 19. und das beginnende 20. Jahrhundert standen im übrigen unter dem Zeichen des social gospel. Amerika war von Anfang an von sozialen und anderen unmittelbaren Fragen des nackten Lebens stärker bedrängt als von denen des Denkens. Die Sklaverei war z.B. eine von ihnen. Schwere wirtschaftliche Kämpfe der 70er und 80er Jahre führten dazu, den Soziallehren erneut ein besonderes Augenmerk zu widmen. Da die Kirchen immer wieder große und größte Summen aus der Hand der Reichen erhielten, zogen sie sich den Vorwurf zu, Werkzeuge des Kapitalismus zu sein. Der Mittelstand verdammte zunächst auch jede Störung des Arbeitsfriedens durch Streik. Andererseits konnten die Kirchen nicht an der Not weiter Schichten der Bevölkerung vorbeisehen. So wandten sie den sozialen Problemen immer größere Aufmerksamkeit zu. Gleich die Gründungsversammlung des Federal Council hat ein soziales Credo angenommen, das erste der Kirchengeschichte[1]. 1932 wurde es revidiert unter scharfer Kritik am Spekulationsprofit und -geist.

Keller sieht, abgesehen von der Bedeutung, die das soziale Credo als solches hat, in ihm eine weitere typische Erscheinung des amerikanischen Christentums: programmatisches Denken als Herausforderung und als Leitung der dynamischen Kräfte. Dies Denken wurde so stark, daß die Theologie des social gospel nach 1918 einen großen Teil des amerikanischen Kirchentums beherrscht hat. Seine Macht wurde noch vergrößert durch den Bund, den es mit dem Liberalismus und dem fortschrittlichen Geist des jungen Amerika schließen konnte. „Das

[1] Es lautet: „Wir halten es für die Pflicht aller Christen, sich mit gewissen praktischen Fragen der Wirtschaft und der Industrie zu befassen. In dieser Stellung stehen die Kirchen ein für

1. gleiche Rechte und Gerechtigkeit für alle Menschen in allen Lebenslagen;

2. Schutz der Familie auf der Grundlage einer für beide Geschlechter verbindlichen Forderung der Reinheit, eine einheitliche Regelung der Scheidungsgesetze, angemessene Ehebestimmungen und Wohnungsverhältnisse;

3. größte Entwicklungsmöglichkeiten für jedes Kind, besonders hinsichtlich der Erziehung und der Freiheit;

4. Abschaffung der Kinderarbeit;

5. solche Fürsorge für die arbeitende Frau, wie nötig ist, um die physische und moralische Gesundheit der Gemeinschaft zu schützen;

6. Abschaffung und Verhinderung der Armut;

7. Schutz des Individuums und der Gesellschaft vor den sozialen, wirtschaftlichen und moralischen Gefahren, die der Alkoholismus mit sich bringt;

8. Schutz und Erhaltung der Gesundheit;

9. Schutz des Arbeiters vor Gefahren von seiten der Maschine, der Berufskrankheiten und Ursachen größerer Sterblichkeit;

10. das Recht aller Menschen auf die Möglichkeit, sich selber zu erhalten und dieses Recht gegen Hemmungen zu wahren. Ebenso Schutz des Arbeiters vor den Folgen erzwungener Arbeitslosigkeit;

11. passende Fürsorge für die alten Arbeiter und die, die durch Unfall arbeitsunfähig geworden sind;

12. das Recht der Arbeitgeber und Arbeitnehmer, sich zu organisieren und für geeignete Mittel der versöhnungs- und schiedsgerichtlichen Verhandlungen bei industriellen Streitigkeiten zu sorgen;

13. einen Ruhetag in der Woche;

14. Festlegung der Arbeitszeit auf das niedrigst mögliche Niveau und von einem Maß von Freiheit für alle, die eine Bedingung für höheres Menschenleben ist;

15. einen Minimallohn in jeder Industrie und den höchsten Lohn, den jede Industrie zahlen kann;

16. eine stärker betonte Anwendung christlicher Grundsätze auf die Erwerbung und den Gebrauch des Eigentums; eine billigste Verteilung der Industrieprodukte, die geplant werden kann."

christliche Ideal ist das gleiche wie die reine Demokratie." Schon William Penn hatte den Grundsatz aufgestellt: "We put the power in the people." Und auch die Verfassung von 1791 ist ganz getragen von der Idee der Menschenrechte und ihrer Sicherung durch die Demokratie. So rechnete man in einem angriffslustigen Optimismus mit der Möglichkeit einer totalen Verwandlung der Welt zum Reich Gottes, sogar in kürzester Frist. Bei Einzelnen hat sich dies Bewußtsein zu einem regelrechten Messianismus gesteigert. Alle Denominationen haben zwar teil am amerikanischen Nationalgeist. In vielen Kirchen findet sich die Nationalflagge. Die Treue zum Staat sei in den Kirchen des Nordens nach dem Bürgerkrieg fast zu einem Bestandteil des Glaubensbekenntnisses geworden, sagt Sweet. Hier weitete sie sich aber aus zum Sendungsbewußtsein. Und daß man die Ziele, denen man nachjagte, auch durch politische Maßregeln herbeiführen wollte, entspricht der calvinischen Grundhaltung. Schon 1639 erklärte die puritanische Regierung von Connecticut, daß die Heilige Schrift eine perfekte Anweisung gebe, wie man Menschen auf allen Gebieten zu führen und zu regieren habe, und noch nach dem ersten Weltkrieg hat eine Kommission des Federal Council den Völkerbund als „an international manifestation of the Kingdom of God" angesprochen. Auch der erste Weltkrieg ist weithin als ein „heiliger" Krieg geführt worden. Aber die mäßige, gerechte, kriegslose Welt, die man als das Reich Gottes auf Erden erhoffte, haben auch die amerikanischen Kirchen mit all ihrem großen Sozialwillen nicht schaffen können. Heute ist nicht nur das Scheitern dieses Willens deutlich, sondern zugleich auch, daß das social gospel oft eine Gefahr der Verflachung, ja der Säkularisierung für die Kirchen selbst bedeutet hat. So hat eine Besinnung begonnen, die tief geht und die sich zum Teil der Argumente Karl Barths bedient. Es gibt Gruppen, die geradezu daran zweifeln, daß es einem „optimistischen, selbstsicheren, genußfrohen Volk" gelingen könne, der Welt zu helfen; sie glauben, daß nur aus tiefer Buße und aus der Kraft, die aus dem Leiden erwächst, das fruchtbringende Neue ersprießen kann. Damit ist das amerikanische Kirchentum in eine tiefe Besinnung hineingeführt, deren Ausgang noch nicht zu sehen ist. Seine Bedeutung kann diese Besinnung nur noch heben.

Literatur

Joseph Höffner, Christentum und Menschenwürde. Das Anliegen der spanischen Kolonialethik im Goldenen Zeitalter, 1947;

William Warren Sweet, Der Weg des Glaubens in den USA (1930), deutsche Übersetzung 1951;

Adolf Keller, Amerikanisches Christentum heute, 1943.

§ 61. Die Ausbreitung des Christentums seit dem 16. Jahrhundert

An anderer Stelle ist schon die merkwürdige Divergenz festgestellt, die darin besteht, daß der christliche Glaube in derselben Zeit, in der große Teile der abendländischen Bevölkerung sich von ihm abwandten, doch eine riesige werbende Kraft nach außen entfalten konnte (S. 396). Fragt man nach den Gründen für diese große missionarische Leistung, so müssen

1. als *Voraussetzung* zunächst **die geographischen Entdeckungen** genannt werden, die im 15. und 16. Jahrhundert gemacht wurden, vor allem die Entdeckung Amerikas und die des Seeweges nach Indien. Schon Kolumbus selbst hat in seinem ersten Bericht über die Fahrt gesagt: „Es frohlocke Christus auf Erden, wie er im Himmel frohlockt, wenn er sieht, daß die vorher verlorenen Seelen so vieler Völker gerettet werden." Er erwartete als Folge seiner Entdeckung also die Ausbreitung des Christentums, und diese Erwartung ist auch nicht enttäuscht worden. Den damaligen staatsrechtlichen Zuständen entsprechend waren zunächst nur Spanien und Portugal an der Missionsarbeit beteiligt, wobei Papst Alexander VI. 1493 die Interessensphären von Spanien und Portugal abgrenzte. Erst Richelieus Weitblick sorgte dafür, daß auch Franzosen sich missionarisch betätigten. Auf jeden Fall sind die Entdeckungen für **die katholische Kirche** ein „Missionsantrieb ohnegleichen" gewesen. Fast sämtliche Orden sind in diese Arbeit eingetreten. Besondere Hervorhebung verdient aber der Jesuitenorden, der die Missionsarbeit so hoch wertete, daß er ihr ausdrücklich in einem vierten Gelübde Raum gab. In Franz Xavér fand Ignatius zudem einen außergewöhnlich einsatzbereiten und fähigen Mitarbeiter für die Mission.

In Süd- und Mittelamerika ist bei der Mission noch die im Mittelalter entwickelte *Methode der Zwangsbekehrung* angewandt worden. Doch begegnete sie wachsendem geistigen Widerstand, als dessen Vorkämpfer Erasmus mit Ehren genannt werden muß. Das Ergebnis war eine *oberflächliche Christianisierung von Süd- und Mittelamerika*, Ansätze in Nordamerika hatten nur vorübergehenden Erfolg.

Über die Grenzen der Kolonialländer drängte vor allem der Jesuitenorden hinaus, der unter Xavér († 1552) in Ostindien, China und Japan eine bis heute unvergessene Arbeit begann, die große Erfolge zeitigte. Allerdings sind sie in *Japan* seit 1614 in einer blutigen Verfolgung, die etwa 350 000 Christen das Leben kostete, so gut wie ganz wieder erstickt. In China führte die Rivalität der Orden zu einem großen Streit über das erlaubte Maß der Anpassung an heidnische Gebräuche und Denkgewohnheiten, in der die Jesuiten besonders weit gegangen waren, selbst nach Meinung der Kurie im allgemeinen *zu* weit.

Das Gesamtergebnis der auf jeden Fall mit großem Einsatz und echter Martyriumsbereitschaft geleisteten Arbeit war, daß *die katholische Kirche* schon im 16. Jahrhundert aus einer Kirche Europas eine wirkliche *Weltkirche* geworden ist. Sie hat aber nicht auf dem Erreichten ausgeruht, sondern ist bis heute in sehr starkem Maße an der Arbeit beteiligt, die Welt für Christus zu gewinnen.

Ihre Eigenart gewinnt die katholische Missionspraxis aus dem Brauch, *schnell,* oft sehr schnell, die *Taufe* zu spenden und der nachfolgenden Erziehung die Arbeit für die eigentliche Einwurzelung im christlichen Glauben und Leben zu überlassen. Ob die evangelische Kritik an diesem Verfahren immer gerechtfertigt gewesen ist, muß ernsthaft neu erwogen werden. *Organisatorisch* ist bezeichnend, daß *alle* katholische Missionsarbeit der 1622 an der Kurie gegründeten Kardinalskongregation De propaganda fide, meist kurz *Propaganda* genannt, untersteht. Sie hat volle Weisungsbefugnis und kann also die katholischen Missionskräfte planmäßig ansetzen. Das hat der katholischen Missionsarbeit große Stetigkeit gesichert.

2. a) Die praktische Voraussetzung einer **evangelischen Mitarbeit** an der Missionierung der Welt war, wie das katholische Beispiel im Fernen Osten zeigt, nicht die Gründung eines Kolonialreiches unter evangelischer Herrschaft, wohl aber der Eintritt evangelischer Mächte in den Überseeverkehr. Wenn in der Forschung bezweifelt ist, daß ein Missions*wille* auf evangelischer Seite vor dem 17. Jahrhundert vorhanden gewesen sei, so ist das inzwischen eindeutig als irrig erwiesen; richtig war an dieser These nur, daß es einzelne Bestreiter des Missionsgedankens gegeben hat. In der Form der Judenmission ist der Missionswille sogar getätigt. Er erwies sich auch sofort als vorhanden, als die *Niederlande* ihre überseeischen Besitzungen erwarben; in demselben Augenblick, 1598, ist die niederländisch-indische Kolonialmission entstanden. Große Mittel wurden der Arbeit zur Verfügung gestellt. Dem Grundsatz cuius regio eius religio entsprechend (vgl. S. 350f.) erhielt diese Mission auch ein Monopol in den niederländischen Besitzungen.

In Nordamerika haben die *Puritaner* freilich zunächst einen „heiligen Ausrottungskrieg“ nach alttestamentlichem Muster gegen die Indianer entfesselt. Erst John Eliot († 1690) hat dort dem Gedanken, sie nicht auszurotten, sondern für den christlichen Glauben zu gewinnen, die Bahn gebrochen. Er hat damit zugleich geistig den Grund für die ersten Missionsgesellschaften gelegt, die in England seit der Mitte des 17. Jahrhunderts zusammentraten. Die Form der Gesellschaften wurde gewählt, weil die offizielle Kirche sich versagte.

b) Aber *entscheidend* für die missionarische Arbeit wurden doch *die großen Erweckungsbewegungen,* die der evangelischen Christenheit seit der Zeit des Pietismus immer wieder geschenkt worden sind. Mit ihrer Begeisterung und der tatbereiten Frömmigkeit, die für sie charakteristisch ist, und zugleich mit dem ihnen innewohnenden evangelistischen Drang haben sie eine in die Weite gehende missionarische Tätigkeit begonnen, die bis heute hin nicht abgerissen ist.

Der erste Ansatz zeigt freilich noch ein Miteinander des kolonialen und des rein erwecklich-evangelistischen Motivs. König Friedrich IV. von Dänemark und Norwegen suchte Missionare für seine Besitzungen in Indien. Er fand sie schließlich 1706 durch August Hermann Francke in Halle. 1721 begann Hans Egede auch eine Arbeit auf Grönland. Durch Francke und Hans Egede ist auch Zinzendorf für die Mission gewonnen worden und hat die Verpflichtung zu ihr bleibend der Brüdergemeine übermittelt. Zinzendorf überwand auch als erster auf evangelischem Boden die koloniale Voraussetzung der Mission und hat schon dadurch, ganz abgesehen von der Weite seines Werkes, große Bedeutung erlangt. Außerdem wurde die Mission durch ihn Sache der ganzen Gemeine; hier wird sie also zur Sache der Kirche, nicht nur einer Gesellschaft. Daß die Missionsarbeit nur dort angepackt wird, wo neben den praktischen Möglichkeiten auch die entsprechenden theologischen Voraussetzungen und persönlichen Motive vorhanden sind, wird schon hier sichtbar. Weithin geht die Missionsgeschichte so der Geschichte der Theologie parallel.

c) *Die modernen Verkehrsmittel,* die alle Teile der Erde erschlossen, und die Weite der Handelsbeziehungen, die sie ermöglichten, haben dann im 19. Jahrhundert zu einer grandiosen Ausbreitung der missionarischen Arbeit geführt, an der alle Kirchen beteiligt gewesen sind; sie ist z. T. mit großen Mitteln und unter dem Einsatz vieler Menschen unternommen.

d) Die fast überall proklamierte *Religionsfreiheit* kam dem von einer anderen Seite her entgegen.

Als neue *Motive* ergaben sich dabei

α) *theologisch der Gehorsam gegenüber dem Befehl des Herrn.* Er ist bis heute hin das stärkste zur Mission treibende Motiv. Merkwürdigerweise ist also ein gesetzlicher Zug dafür maßgebend geworden;

β) psychologisch die *Barmherzigkeit mit den „armen Heiden“*, denen die Seligkeit, mit der die Erweckten sich beschenkt und erfüllt wußten, auch zuteil werden sollte;

γ) *imperialistische Züge.* In England ist noch 1901 der Jubiläumsfestschrift der SPG der Titel gegeben worden: The Spiritual Expansion *of the Empire.* Im Hintergrund steht die früher oft geübte Gleichsetzung des englischen Reiches und dem Reiche Gottes (vgl. S. 377), die freilich heute kaum noch vollzogen wird. Aber auch deutsche Missionskreise sind von nationalistischen bzw. kolonial-imperialistischen Nebenmotiven nicht verschont geblieben;

δ) *kulturelle Impulse.* Es galt — zugleich oder gar in erster Linie! — den Eingeborenen die Errungenschaften der abendländischen Kultur zu übermitteln;

ε) *Wiedergutmachungsgedanken.* Die zerstörende Wirkung, die die Berührung mit dem Abendland für die Eingeborenen hatte, sollte durch die Darbietung des Besten, was es hat, ausgeglichen werden. Als ein Sonderzweig dieses Motivs kann wohl die *ärztliche Mission* gelten, die es seit der Mitte des 18. Jahrhunderts gibt. Was die Mission aber auch direkt getan hat im Kampf gegen die Vergewaltigung der Eingeborenen, vor allem gegen die Sklavenjagd und den Sklavenhandel, das kann hier nicht ausgeführt werden.

Alle diese Motive haben die jeweilig angewandte *Missionsmethode* entscheidend bestimmt.

e) Die *Träger der Missionsarbeit* waren zunächst überall so gut wie ausschließlich die Kreise der „Erweckten", organisiert in Gesellschaften. Jede neue Erweckung führte so auch zu neuen Gesellschaften, die den besonderen Geist festhielten, der hier jeweils lebendig geworden war. Entsprechend galt als Ziel der Arbeit auch draußen nicht die Christianisierung ganzer Völker, sondern die Gewinnung einzelner Seelen und ihre Zusammenfassung in kleinen Gemeinden. Das hatte meist ein starkes Drängen auf echte persönliche Bekehrung als Vorbedingung der Taufe zur Folge, wodurch die evangelische Mission zugleich einen stark individualistischen Einschlag bekam, der dem Gemeinschafts-(Sippen-)Denken der Eingeborenen oft keineswegs entsprach. Sie hat sich dadurch ungewollt und unerkannt viele, oft wohl unnötige, Schwierigkeiten bereitet. Wo allerdings kulturelle Motive vorherrschend waren, wie etwa zunächst in der deutschen Ostasienmission, verschob sich das Ziel der Arbeit sofort. Auch hat das volkskirchliche Denken des 19. Jahrhunderts natürlich die Begründung von Volkskirchen der Missionsarbeit als Ziel gesetzt.

3. Das **Ergebnis** ist, daß

a) aus kleinsten Anfängen heraus die *Mission das größte Werk* geworden ist, das die evangelischen Kirchen überhaupt betreiben. Da es *völlig* auf Freiwilligkeit beruht, ist es zugleich das relativ reinste Werk, das kirchliche Verantwortung geschaffen hat;

b) *die Kirche Christi wahrhaft weltweite Bedeutung erlangt hat.* Jede Darstellung, die nicht nur der heimischen Arbeit, sondern auch dem auf den Missionsfeldern geleisteten Werk gewidmet ist, läßt handgreiflich deutlich werden, daß wir mit einem regionalkirchlichen Denken der Wirklichkeit der Kirche heute nicht mehr entsprechen. Die Kirche Jesu Christi global zu sehen, haben wir vielmehr alle Veranlassung.

c) Damit ist zugleich schon angedeutet, daß „draußen" durch die Missionsarbeit zum Teil große und auch selbstbewußte, organisatorisch völlig selbständige Kirchenkörper entstanden sind, meist *„junge Kirchen"* genannt, die mehrfach auch die Verantwortung für die weitere missionarische Arbeit in ihrem Gebiet und darüber hinaus übernommen haben. Ohne sie wäre das ökumenische Gespräch von heute nicht mehr denkbar.

4. Die evangelische Mission hat naturgemäß *an der Zersplitterung des evangelischen Kirchentums Anteil;* durch die Organisationsform der Gesellschaften wird diese Aufsplitterung noch verstärkt. Aber die Not dieses Neben- und Gegeneinanders ist auch nirgends so früh und so stark empfunden worden wie im Ringen mit den Heiden. So ist es zu immer neuen Versuchen seiner Überwindung gekommen. Schon 1810 schlossen sich Freunde der Mission in den USA zum American Board of Commissioners for foreign missions zusammen. Nach mancherlei Vorversuchen folgte 1866 die kontinentale Missionskonferenz. *Die Mission ist so die Keimzelle des ökumenischen Gedankens geworden* und wird sich höchstwahrscheinlich als die wesentlichste einende Kraft des Protestantismus erweisen, die es gibt (Schlunk).

Auf dem Missionsfeld ist dieser Wille zur Einheit besonders spürbar geworden. Etwa durch die Gründung des Nationalen Missionsrates in Indien, der schon 1912/13 erfolgte. 1927 ist in China die Kirche Christi gegründet worden; 1941, nicht ohne Zwang, eine einheitliche evangelische Kirche in Japan; 1947 die Kirche von Südindien. Theologisch bieten diese Gründungen freilich noch manche Probleme, auf die hier, wie auch auf die Gesamtproblematik der missionarischen Praxis, aber nicht eingegangen werden kann.

Das Ergebnis ist auf jeden Fall staunenerregend.

Daß das 20. Jahrhundert Rückschläge gebracht hat und solche auch weiterhin noch drohen, ist freilich ebenfalls nicht zu übersehen.

Literatur

K. S. Latourette, A History of the Expansion of Christianity, 7 Bde., 1937 bis 1945; deutsch in 1 Bd. 1956;

Martin Schlunk, Die Weltmission der Kirche Christi. Ein Gang durch 19 Jahrhunderte, 1951[2];

Joseph Höffner, Christentum und Menschenwürde. Das Anliegen der spanischen Kolonialethik im Goldenen Zeitalter, 1947;

Wilhelm Oehler, Geschichte der deutschen evangelischen Mission, 2 Bde., 1949/51.

§ 62. Die ökumenische Bewegung des 20. Jahrhunderts

Man kann die Geschichte der Kirche in den letzten vierhundert Jahren und besonders in den letzten 150 Jahren unschwer als eine Geschichte ihrer Aufspaltung schildern. Der dadurch geschaffene Zwiespalt widerstreitet aber der biblischen Forderung auf Einheit der Christenheit.

Das 19. Jahrhundert hat nun durch die von ihm entwickelten Verkehrsmittel die Christen der Welt aber auch zusammengeführt. Sie sind sich darüber, besonders auf dem Missionsgebiet, zunächst ihres Getrenntseins bewußt geworden. Aber sie haben auch begonnen, ernsthaft darüber nachzudenken, wie dieser Zwiespalt überwunden werden könnte. Das 20. Jahrhundert ist so ein Jahrhundert ökumenischer Bemühungen geworden.

1. **Die Haltung Roms gegenüber der ökumenischen Bewegung** wurde zunächst durch die Enzyklika „Mortalium animos" Papst Pius' XI. vom Jahr 1928 bestimmt. Die Kurie lehnte jede aktive Teilnahme der katholischen Kirche an den ökumenischen Konferenzen ab und verbot es jedem einzelnen Katholiken, sich an der ökumenischen Bewegung aktiv zu beteiligen.

Allerdings muß daneben auch gesagt werden, daß die römisch-katholische Kirche selbst damit begonnen hatte, *ein eigenes Zentrum der Unionsarbeit* zu bilden: sämtliche nichtkatholischen Christen sollen in die Papstkirche eingegliedert werden. Die Bemühungen, dieses Ziel zu erreichen, differenzierten sich je nach der Eigenart der Kirche, der Rom jeweils konkret gegenüberstand. Die Hauptarbeit galt vor allem den *Ostkirchen*. Mit ihnen fühlt sich die römisch-katholische Kirche nahe verwandt. Sie findet in der liturgischen und geistlichen Tradition der Orientalen einen Reichtum, den sie mit ihnen gemeinsam hat: das Priestertum in apostolischer Sukzession, die Eucharistie, Marien- und Heiligenverehrung, monastische Spiritualität im Mönchtum. Die Bemühung um die Ostkirchen hatte zunächst den Erfolg, sechzehn kirchliche Gruppen, etwa sieben Millionen Menschen, mit Rom wieder zu vereinigen. Ihnen allen ist dabei ein großes Maß von Entgegenkommen gegen ihre alten nationalen Gebräuche zugestanden worden: die nationale Kultsprache, die alte Liturgie, die communio sub utraque (der Laienkelch), die Priesterehe usw. Rom hatte auf die Durchführung der liturgischen *und* der rechtlichen Einheit verzichtet, um diese Gruppen zu gewinnen. Diese sind freilich zu einem nicht geringen Teil dem Umschwung der Verhältnisse in Osteuropa, der mit 1917 begann, zum Opfer gefallen (vgl. § 63). In den Jahren des II. Vatikanischen Konzils hat die Werbung um die Ostkirchen erneut und verstärkt eingesetzt. Das Konzil, an dem offizielle Beobachter der orthodoxen Kirchen teilnahmen, dokumentierte seine Verwandtschaft mit den Orthodoxen in dem *„Dekret über die orientalischen Kirchen"* und auch in dem *„Dekret über den Ökumenismus"*, das den Orientalen eine „besondere Beachtung" widmet. Auf einer Palästinareise (1964) traf *Paul VI.* mit dem Patriarchen von Konstantinopel, *Athenagoras I.*, in Jerusalem zusammen und tauschte mit ihm den Friedenskuß. Am Ende des Konzils (Dezember 1965) wurden in einem feierlichen Akt in Rom wie in Konstantinopel jene Bannbullen zurückgenommen, die im Jahre 1054 den Bruch zwischen Ost und West besiegelten (S. 183). Die Annäherung zu den Ostkirchen ist das Nahziel des römisch-katholischen Ökumenismus. Für die Orthodoxen ist aber noch immer das Primatsdogma das entscheidende Hindernis. Hinzu kommen interne, z. T. politische Schwierigkeiten und Rücksichten. Doch sind in den letzten Jahren die gegenseitigen Besuche und Gespräche intensiver geworden und haben einen offiziellen Charakter angenommen. *Johannes Paul II.* besuchte 1979 den neuen Patriarchen von Konstantinopel, *Dimitros I.* Eine gemischte katholisch-orthodoxe Kommission hat 1980 mit der Arbeit für einen offiziellen theologischen Dialog begonnen, der die Wiederherstellung der Einheit zum Ziel hat.

Die Bemühungen um die *protestantischen Kirchen* erreichten längst nicht die gleiche Intensität. Eigentlich nur mit der anglikanischen Kirche sind 1921—1926 in Mecheln (Belgien) ernsthafte Verhandlungen geführt worden. Rom hat in ihnen aber nicht das gleiche Entgegenkommen gezeigt wie gegenüber den unierten Ostkirchen; auf jeden Fall scheiterten sie. Aber auch hier hat sich in den Jahren des II. Vatikanischen Konzils ein gewisser Wandel angebahnt. Das 1960 von Papst *Johannes XXIII.* eingerichtete *„Sekretariat zur Förderung der Einheit der Christen"* ist mit seiner vielseitigen Aktivität zu einem sichtbaren Ausdruck für die ökumenischen Bestrebungen der römisch-katholischen Kirche geworden. Seit 1960 entsendet das Sekretariat Beobachter zu den großen Konferenzen der Ökumenischen Bewegung und der konfessionellen Weltbünde. Zwischen Rom und Genf entwickelte sich ein reger Gedankenaustausch, der 1965 zu einer ständigen Arbeitsgruppe über gemeinsame praktische Aufgaben führte. Die theologischen Gespräche hingegen wurden mit den konfessionellen Weltbünden bzw. einzelnen Kirchen geführt. Solche bilateralen Dialoge, die sich mit kontroversen Fragen der Lehre und der kirchlichen Strukturen (z. B. Papstamt) beschäftigen, kamen zustande zwischen der römisch-katholischen Kirche und dem Lutherischen Weltbund (seit 1967), dem Methodistischen Weltrat (seit 1967), der Anglikanischen Kirchengemeinschaft (seit 1970), dem Reformierten Weltbund (seit 1970) und Vertretern der Pfingstbewegung (1976). Auf regionaler Ebene sind vor allem die lutherisch-katholischen Gespräche in den

USA zu nennen (seit 1965), die eine Reihe von Konsensustexten erbracht haben. In Deutschland begannen 1966 Kontaktgespräche zwischen dem Rat der EKD und der Deutschen Bischofskonferenz; sie sind – wie auch die Gespräche mit einzelnen Landeskirchen und der Vereinigten Evangelisch-Lutherischen Kirche – inzwischen zu einer Dauereinrichtung geworden. In den theologischen Gesprächen erreichten die Teilnehmer meist Annäherung oder gar Übereinstimmung in den diskutierten Kontroversfragen. Doch wurden die vorgelegten Gesprächsergebnisse bislang nicht kirchen-offiziell rezipiert.

Die „Wiederherstellung der Einheit unter allen Christen" ist ein erklärtes strategisches Ziel der römisch-katholischen Kirche. Das mit diesen Worten beginnende Konzilsdekret legt die Prinzipien eines solchen *„Ökumenismus"* fest und stellt sie in den Zusammenhang mit der dogmatischen Konstitution über die Kirche (Lumen Gentium). Auf dem Hintergrund des dort dargelegten Selbstverständnisses der römisch-katholischen Kirche und im Rahmen des auf dem II. Vatikanum entfalteten Aktionsprogramms (S. 413 a/b) bedeutet „Ökumenismus"

a) den Vollzug der universalen Gnade Gottes, der alle Menschen zu seinem Heil geführt wissen will, durch die Kirche als Gottes Werkzeug *(heilsgeschichtlicher Aspekt)*;

b) die Verwirklichung der Einheit der Kirche in der „einen und einzigen Kirche Christi", die in der römisch-katholischen Kirche ihre „konkrete Existenzform" hat (Konstitution De Ecclesia), unter Aufnahme ekklesialer Elemente und geistlicher Güter der nichtrömischen Kirchen *(ekklesiologischer Aspekt)*;

c) die Integration aller Menschen und Völker mit ihrer Vielfalt in die Universalität und Katholizität der Kirche, die das Menschengeschlecht zur Harmonie und Einheit führen wird *(eschatologischer Aspekt)*;

d) die Aktivierung des Apostolats zu einem glaubwürdigen Zeugnis durch die innere Erneuerung der Kirche *(pastoraler Aspekt)*;

e) die Vermittlung der Offenbarungswahrheit im Dialog mit den „getrennten Brüdern" und ihren Kirchen (die Polemik gegen Häretiker und Schismatiker wird vermieden) wie mit allen Menschen und Religionen *(missionarischer Aspekt)*.

Das Verhältnis der römisch-katholischen Kirche zu der übrigen Christenheit und darüber hinaus zur Menschheit wird mit der Vorstellung von *konzentrischen Kreisen* ausgedrückt. Dem römisch-katholischen Zentrum stehen die orthodoxen Kirchen am nächsten; ferner gerückt sind die reformatorischen Kirchen, unter denen die anglikanische Gemeinschaft noch einen besonderen Platz einnimmt. Die weiteren Kreise bilden die anderen Religionen und die Ungläubigen; für den Dialog mit ihnen wurde 1964 bzw. 1965 das „Sekretariat für die Nichtchristen" (Kardinal *Marella*) und das „Sekretariat für die Ungläubigen" (Kardinal *König*) eingerichtet.

2. **Die Unionsarbeit in der außerrömischen Christenheit.** Hier sind sehr verschiedenartige Bemühungen und Bestrebungen zu beobachten und zu unterscheiden; nämlich

a) *innerkonfessionelle, aber übernationale Zusammenschlüsse.* Es ist selbstverständlich, daß das Zusammengehörigkeitsgefühl bei den Kirchen gleichen Bekenntnisses besonders groß ist und daß es unter ihnen deshalb verhältnismäßig schnell zu Vereinigungen, freilich verschieden starker Intensität, kam, als sie verkehrstechnisch zueinander fanden. Genannt seien nur der Methodistische Weltbund (als Konferenz seit 1881), der Baptistische Weltbund (seit 1905), der Reformierte Weltbund, der 1921 aus der Pan-Presbyterian Alliance von 1875 hervorging, die Lambeth-Conference der Anglikaner (vgl. oben S. 528), sowie der Lutherische Weltbund, der als solcher erst 1947 in Lund gegründet wurde; sein Vorläufer, der Lutherische Weltkonvent, trat 1923 in Eisenach zum erstenmal zusammen. Der Protestantische Weltverband, gegründet 1924, der zum Zusammenschluß von 61 Kirchen in 26 Ländern führte und den Gesamtprotestantismus gegen römisch-katholische Angriffe zu stärken suchte, hat sich nach 1945 nicht mehr neu konstituiert.

b) Daneben stehen *überkonfessionelle, aber nationale Zusammenschlüsse.* Hier ist die weitestgehende Vereinigung die *Kirche von Südindien,* die unter anglikanischer Führung außer den Lutheranern fast alle evangelischen Kirchen Südindiens seit 1947 zusammenfaßt. Eine ähnliche Union kam in *Japan* 1941 zustande, in der sich 42 denominationelle Gruppen unter dem Druck eines staatlichen Gesetzes zusammenschlossen. In *Kanada* vereinigten sich 1925 Methodisten, Presbyterianer und Kongregationalisten zu einer Union gleichsam als kirchliches Gegenstück zur nationalen Integration. In den USA fanden sich 1957 Kirchen von sehr verschiedener Herkunft nach langwierigen Verhandlungen zur *United Church of Christ in USA* zusammen. Andere Bemühungen um überkonfessionelle Zusammenschlüsse, vor allem unter den Kirchen Afrikas und Asiens, haben sich in den letzten Jahren verstärkt und sind z. T. schon erfolgreich gewesen. Nur zu einem losen *Bund* vereinigt sind gewisse Kirchen in England (National Council of the Free Churches seit 1895) und in *Frankreich* (Fédération protestante de France seit 1905), zu der auch die Methodisten und die Baptisten gehören, und in den *Vereinigten Staaten* von Amerika (National Council of the Churches of Christ seit 1950) sowie in der Schweiz (Schweizerischer Evangelischer Kirchenbund seit 1950). Nur ein Bund bekenntnisbestimmter Kirchen, freilich ein enger, ist auch die Evangelische Kirche in *Deutschland*.

c) *Überkonfessionelle und zugleich übernationale Vereinigungen* schlossen sich fernerhin zusammen *zu gemeinsamer Arbeit* an konkreten Zielen oder an bestimmten Personenkreisen. So etwa der christliche Studentenweltbund, die Christlichen Vereine junger Männer bzw. Frauen (YMCA und YWCA); oder aber das World Wide Sunday School Work bzw. das Temperance Council of the Christian Churches. Drei solcher Werke sollen besonders herausgehoben werden. Es sind:

α) *Der Weltbund für Freundschaftsarbeit der Kirchen.* Er ist seinem Ursprung nach eine Parallelerscheinung zur politischen völkerrechtlichen Arbeit. Die Gründung des Haager Schiedsgerichtshofes rief 1907 Christen wach, auch ihrerseits für den Frieden und die Versöhnung der Völker sich einzusetzen. 1914 hatten die Bestrebungen sich soweit verdichtet, daß in Konstanz die Gründung des Weltbundes beschlossen werden konnte, wobei Friedrich Siegmund-Schultze führend mitwirkte. Der Bund arbeitete auch für die religiöse Freiheit und die Rechte von Minderheiten und suchte die ökumenische Zusammenarbeit der Christenheit zu fördern. Als der Ökumenische Rat der Kirchen und der Internationale Missionsrat in einer gemeinsamen Kommission 1948 diese Aufgaben übernahm, löste sich der Weltbund formell auf.

β) *Der Internationale Missionsrat.* Auf dem Missionsfeld hat sich das Gegeneinander der Konfessionen am schmerzlichsten ausgewirkt. So ist es im Bereich der Mission auch zu den ersten Zusammenschlüssen gekommen. Auf dem europäischen Festland hatten schon 1837 Abgesandte verschiedener Missionsgesellschaften gemeinsam beraten. Wichtiger wurde aber dann die „Kontinentale Missionskonferenz", die seit 1866 etwa alle 3–4 Jahre zusammentrat. Sie bildete die Grundlage für den Deutschen Evangelischen Missionsausschuß (1885), der der Einigung der deutschen Missionsgesellschaften vorarbeitete. 1879 und 1888 traten auch schon *Welt*missionskonferenzen in London zusammen, 1890 eine dritte in New York. Die vierte bildete die berühmte *Edinburger Konferenz von 1910*, die zu einer Versammlung des Gesamtprotestantismus wurde und dadurch den Auftakt gegeben hat für die moderne ökumenische Bewegung überhaupt; denn sie hat den Eindruck hinterlassen, daß die Christenheit im Glauben stärker verbunden sei, als man ahnte. Aus dem Continuation Committee, das zunächst gewählt wurde, ist 1921 der Internationale Missionsrat geworden. Auf seiner Weltkonferenz in *Willingen* (Deutschland) 1952 bemühte sich der Rat, die Mission als übernationale „Mission in Einheit“ im Zusammenhang mit der Frage nach der Einheit der Kirche zu sehen und neu zu bestimmen. Seine enge Zusammenarbeit mit der ökumenischen Bewegung führte 1958 auf der Vollversammlung in *Achimota* (Ghana) zu dem allerdings erst 1961 durchgeführten Beschluß, den Internationalen Missionsrat mit dem Ökumenischen Rat der Kirchen zu verschmelzen.

γ) Die *Weltkonferenz für Praktisches Christentum* (Life and Work) hat ihre Wurzeln in den Friedensbemühungen amerikanischer und englischer Christen und skandinavischer Bischöfe (vor allem Nathan Söderblom, 1866–1931) während des Ersten Weltkrieges. Der Plan einer Kundgebung für soziale und internationale Friedensarbeit der Kirchen konnte 1925 mit einer Konferenz in *Stockholm* verwirklicht werden. Zwar zeigten sich konfessionelle und nationale Gegensätze in der Behandlung sozialer Probleme, auch blieb der Konferenz ein unmittelbarer Erfolg versagt. Aber der Grundgedanke, daß die Kirchen bei allem Unterschied in der Lehre doch in praktischen Aufgaben zusammenarbeiten könnten („Lehre trennt, Dienst eint“), ist zu einem die ökumenische Bewegung antreibenden Motiv geworden. Die Konferenz von Stockholm fand 1937 in Oxford eine Fortsetzung. In Amsterdam 1948 wurde auf der gemeinsamen Konferenz mit der Bewegung für Glauben und Kirchenverfassung (Faith and Order) der Zusammenschluß im Ökumenischen Rat der Kirchen vollzogen.

d) *Überkonfessionelle, übernationale Bewegungen mit dem Ziel direkter Zusammenführung der Kirchen.*

α) *Die Evangelische Allianz.* Sie hat ihren Ursprung in der schottischen Freikirche. Unter der Führung des durch seine soziale Tätigkeit bekannten Thomas Chalmers tagte 1845 in Liverpool eine vorbereitende Konferenz, bei der 20 evangelische Gemeinschaften vertreten waren. Sie beschloß die Gründung einer Evangelical Alliance, nicht als einen Kirchenbund, sondern als eine Vereinigung gläubiger Christen, um unter ihnen die Verständigung zu fördern, sowie dem Irrtum und der Gottlosigkeit entgegenzutreten. 1846 wurde die Vereinigung in London verwirklicht. Die Mitglieder eint ein Bekenntnis zur Inspiration der Heiligen Schrift und zur Rechtfertigung allein aus Glauben, sowie zur Bekehrung durch den Heiligen Geist. Sie will die Einheit aller wahren Jünger Jesu darstellen. Ihren Höhepunkt hatte sie in den sechziger Jahren des 19. Jahrhunderts, sie arbeitet aber auch heute noch in dem angegebenen Sinn. Jedes Jahr gestaltet sie die erste volle Januarwoche als Allianzgebetswoche.

β) Die *Weltkonferenz für Glauben und Kirchenverfassung* (Faith and Order) ist anglikanischen Ursprungs. Sie entstand in der Überzeugung, daß die Vereinigung von Kirchen eine Einigung in Glauben und Kirchenverfassung (on faith and order) voraussetzt und Lehr- und Strukturfragen auf die Dauer nicht ausgeklammert bleiben können (wie 1910 in Edinburgh); praktische Zusammenarbeit kann das Bemühen um die „wahre christliche Verkündigung“ und um einen dem Willen Christi entsprechenden Aufbau der Kirche nicht ersetzen. Nach langjährigen Vorbereitungen trat 1927 die erste Konferenz in *Lausanne* zusammen, der 1937 eine weitere in Edinburgh folgte. Beide Konferenzen führten zumindest zu einem besseren Kennenlernen der vorhandenen Unterschiede zwischen den Kirchen und bereiteten damit die Gespräche vor, die später in der Kommission für Glauben und Kirchenverfassung des Ökumenischen Rates der Kirchen gewisse Annäherungen konfessioneller Positionen erbrachte.

e) Auf der *Weltkirchenkonferenz in Amsterdam 1948* fanden sich offizielle Vertreter von 147 Kirchen aus 44 Ländern zusammen. Sie konstituierten den *„Ökumenischen Rat der Kirchen“* als „eine Gemeinschaft von Kirchen, die unseren Herrn Jesus Christus als Gott und Heiland anerkennen“ (1. Artikel der Verfassung, die sog. „Basis“, die später ergänzt wurde). An der Gründung hatte man seit den beiden Weltkonferenzen von Oxford und Edinburgh (1937) gearbeitet, doch bedingt durch den Zweiten Weltkrieg konnte der Plan erst 1948 verwirklicht werden. Das ökumenische Zusammengehörigkeitsgefühl war durch den Krieg nicht beeinträchtigt worden. Die Konferenz bedeutete einen großen Fortschritt in den ökumenischen Bemühungen. Sie vereinigte die bis dahin getrennten Bewegungen für praktisches Christentum (Life and Work) und für Glauben und Kirchenverfassung (Faith and Order). Sie beteiligte die „Jungen Kirchen“ aus den Missionsländern, die mit großem Ernst den Ruf zur Einheit erhoben hatten. Sie gab der nicht-römischen Christenheit ein Organ, das für sie sprechen konnte, obgleich es keine legislativen oder administrativen Befugnisse besaß, und das zudem die zwischenkirchliche Hilfe zu organisieren wie den ökumenischen Zusammenhalt in Lehre und Leben zu fördern hatte.

f) Neben dem Ökumenischen Rat der Kirchen entstanden ökumenische Zusammenschlüsse auf nationaler und regionaler Ebene. Auch die Christliche Friedenskonferenz ist hier zu nennen.

α) Die *Nationalen Kirchenräte* (National Councils of Churches) bilden das Pendant zum Ökumenischen Rat auf regionaler Ebene und sind in vielen Ländern ein unentbehrliches Forum des multilateralen Dialogs und der zwischenkirchlichen Zusammenarbeit geworden. In diesen Räten arbeitet teilweise auch die römisch-katholische Kirche mit. Besonders bekannte nationale Kirchenräte sind das National Council of the Churches of Christ in the USA (1950 aus dem 1908 gegründeten amerikaischen Kirchenbund hervorgegangen), das British Council of Churches (gegr. 1942), der Rat der Kirchen in den Niederlanden (gegr. 1945). In der Bundesrepublik und Berlin-West besteht seit 1948 die Arbeitsgemeinschaft christlicher Kirchen, an der sich seit 1974 auch die römisch-katholische Kirche beteiligt. In der Regel haben die nationalen Kirchenräte die „Basis" des Ökumenischen Rates als Grundlage ihrer Zusammenarbeit übernommen.

β) Die *Nationalen Christenräte* (National Christian Councils) stellen in den ehemaligen Missionsgebieten die interdenominationelle Vereinigung von Mission und einheimischen Kirchen dar. Die ersten Christenräte haben sich aus den nationalen Fortsetzungsausschüssen der Weltmissionskonferenz von Edinburgh (S. 544 a) entwickelt. Nach der Gründung des Internationalen Missionsrates (1921) wurden viele Christenräte Mitglied dieser Organisation und schlossen sich nach 1961 meist der „Konferenz für Weltmission und Evangelisation" an. In den westlichen Ländern entsprechen den nationalen Christenräte die *Missionsräte* als interdenominationelle Zusammenschlüsse selbständiger Missionsgesellschaften bzw. kirchlicher missionarischer Körperschaften. Für die Bundesrepublik ist hier das Evangelische Missionswerk zu nennen.

γ) Als *Regionale Konferenzen,* fast alle mit Unterstützung des Ökumenischen Rates gegründet, bestehen z. Zt. die Konferenz Europäischer Kirchen (1959), die Christliche Konferenz Asiens (1959), die Gesamtafrikanische Kirchenkonferenz (1963), der Nahöstliche Rat der Kirchen (1974), die Pazifische (1966) und die Karibische Kirchenkonferenz (1973) sowie der noch in Bildung befindliche Lateinamerikanische Rat der Kirchen. Alle diese Konferenzen haben es sich zur Aufgabe gemacht, die kirchliche Zusammenarbeit unter regionalen bzw. kontinentalen Aspekten zu fördern, wobei teilweise auch kulturelle Gesichtspunkte eine Rolle spielen. Es könnte sein, daß sich in diesen Konferenzen ein regionales Element in der Ökumene entwickelt, das – etwa in der Dritten Welt – in Konkurrenz zu den konfessionellen Interessen tritt. Regionalspezifische Probleme haben jedenfalls ein besonderes Gewicht; in den Dritte-Welt-Kirchen sind es vornehmlich Fragen des Rassismus und der sozialen Ungerechtigkeit der interreligiöse Dialog und die Entwicklung einer einheimischen Theologie, während in der Konferenz Europäischer Kirchen der Ost-West-Dialog eine gewichtige Rolle spielt.

δ) Die *Christliche Friedenskonferenz* (CFK) erwuchs 1958 aus der Überzeugung, daß in der Vergangenheit die Christen ihre Verantwortung für den Frieden in der Welt vernachlässigt und eine historische Schuld auf sich geladen haben. Ihre Initiatoren (vor allem J. Hromádka, H. J. Iwand, B. Pospišil) waren von dem Willen beseelt, über die Grenzen der verschiedenen Konfessionen, Ideologien und Gesellschaftssysteme hinweg zum Aufbau einer gerechteren und friedlicheren Welt beizutragen. Nach vorbereitenden Tagungen wurde 1961 die 1. Allchristliche Friedensversammlung einberufen. In den folgenden Jahren fanden weitere Versammlungen statt (zuletzt 1978), wobei sich neue Schwerpunkte der Arbeit in Asien, Afrika sowie in Lateinamerika und der Karibik ergaben. Im Gesamtbild der CFK als einem Ort der Begegnung von Christen aus Ost und West, Nord und Süd in der gemeinsamen Sorge um den Frieden in der Welt mischen sich ernstes christliches Engagement der Versöhnung, religiös-soziale Überzeugungen, ideologisch-propagandistische Absichten und das Existenzinteresse der Kirchen in einer sozialistischen und atheistischen Umwelt.

3. Die **fortschreitende Integrierung** von über dreihundert Kirchen (1983; ca. 400 Mill. Gläubige) im Ökumenischen Rat, dem auch die altkatholische Kirche und die nicht mit Rom unierten orthodoxen Kirchen des Ostens (die orthodoxe Kirche von Rußland erst seit 1961) beigetreten sind, läßt sich an den weiteren Weltkonferenzen ablesen:

a) Ziel und Wesen des Ökumenischen Rates formulierte die sogenannte *Toronto-Erklärung*, die der aus neunzig Mitgliedern bestehende Zentralausschuß 1950 auf einer Konferenz in Toronto (Kanada) den Mitgliedskirchen vorlegte. Ausgehend von der Voraussetzung, daß auf Grund des Neuen Testamentes die Kirche eine ist, soll der Rat Raum und Gelegenheit schaffen für den lebendigen Austausch der Kirchen, für ein allgemeines Zeugnis zu dem gemeinsamen Herrn vor der Welt, für brüderliche Beziehung und gegenseitige Hilfe in der Not. So will er den Kirchen helfen, ihre Einheit in Christus sichtbar zu machen. Dabei soll der Rat aber zu keiner „Über-Kirche" werden oder selbst Unionsverhandlungen betreiben. „Keine Kirche ist wegen ihrer Mitgliedschaft im Ökumenischen Rat der Kirchen dazu genötigt, ihr volles Wahrheitsbekenntnis, mit dem sie in ihrem Sein und Auftrag als Kirche steht und fällt, zu unterdrücken, zu verkürzen oder zu verändern"; — auch nicht „dazu genötigt, jede andere Mitgliedskirche als Kirche im wahren und vollen Sinne des Wortes anzusehen. Das bedeutet, daß eine Kirche, die von ihrem Bekenntnis her gewisse Lehren einer anderen Mitgliedskirche als Irrtümer und Häresien und gewisse ihrer Bräuche als Mißbräuche ansehen muß, nicht veranlaßt werden darf, diese Urteile um der gemeinsamen Mitgliedschaft im Ökumenischen Rat willen zurückzunehmen oder zurückzuhalten, sondern daß sie diese weiterhin im vollen Umfange aufrechterhalten und auch zum Ausdruck bringen kann, ja soll." Diese vielbeachtete Formel von Toronto ist insofern von Bedeutung, als sie eine viel größere Offenheit für ein ökumenisches Gespräch ermöglicht als vom Standpunkt der römisch-katholischen Ekklesiologie her.

b) Die nach Amsterdam folgende Zweite Vollversammlung des Ökumenischen Rates, die 1954 in *Evanston* (USA) stattfand, sagte rückblickend: „Wir danken Gott für den Segen, den Er in diesen sechs Jahren auf unsere Arbeit und unsere Gemeinschaft gelegt hat. Jetzt treten wir in einen zweiten Abschnitt ein. Es genügt nicht, beieinander zu bleiben. Wir müssen vorwärts. Je mehr wir unsere Einheit in Christus erkennen, um so schwerer ist es zu ertragen, wenn wir vor der Welt im Widerspruch zu dieser Einheit leben.“ Eine weitere Erklärung interpretierte die Basisformel des Rates (vgl. S. 544 c): „Diese Basis leistet einen dreifachen Dienst: Sie kennzeichnet das *Wesen* der Gemeinschaft, ... Sie bietet den *Orientierungspunkt* für die Arbeit, ... Sie kennzeichnet die *Reichweite* der Gemeinschaft ...“

c) Eine erweiterte Fassung der *Basisformel* kam auf Betreiben der orthodoxen Kirchen zustande, denen die bisherige Fassung ungenügend erschien. Einmütig beschloß der Zentralausschuß 1960 in St. Andrews folgende Fassung: „Der Ökumenische Rat der Kirchen ist eine Gemeinschaft von Kirchen, die den Herrn Jesus Christus gemäß der Heiligen Schrift als Gott und Heiland bekennen und darum zu erfüllen trachten, wozu sie gemeinsam berufen sind, zur Ehre Gottes, des Vaters, des Sohnes und des Heiligen Geistes.“ Obwohl diese neue Formel, die 1961 von der Vollversammlung in Neu-Delhi angenommen wurde, nicht als Fundament einer umfassenden Kircheneinheit verstanden werden wollte, so brachte sie doch zum Ausdruck, was die Kirchen im Ökumenischen Rat verbindet und antreibt.

d) Das Ziel, die wahre Einheit der Kirche in der Erfüllung der gemeinsamen Berufung zu verwirklichen, faßte die Dritte Vollversammlung in *Neu-Delhi* (Indien) 1961 prägnanter als bisher ins Auge. Dazu drängten vor allem die Jungen Kirchen, die vom „Sterben der Konfessionen“ sprachen, während die Traditionskirchen nur zögernd oder gar ablehnend die neue „Einheitsformel“ von Neu-Delhi aufnahmen. Sie lautet: „Wir glauben, daß die Einheit, die zugleich Gottes Wille und seine Gabe an seine Kirche ist, sichtbar gemacht wird, indem alle an jedem Ort, die in Jesus Christus getauft sind und ihn als Herrn und Heiland bekennen, durch den Heiligen Geist in eine völlig verpflichtete Gemeinschaft geführt werden, die sich zu dem einen apostolischen Glauben bekennt, das eine Evangelium verkündet, das eine Brot bricht, sich im gemeinsamen Gebet vereint und ein gemeinsames Leben führt, das sich in Zeugnis und Dienst an alle wendet. Sie sind zugleich vereint mit der gesamten Christenheit an allen Orten und zu allen Zeiten in der Weise, daß Amt und Glieder von allen anerkannt werden und daß alle gemeinsam so handeln und sprechen können, wie es die gegebene Lage im Hinblick auf die Aufgaben erfordert, zu denen Gott sein Volk ruft."

e) Nach Neu-Dehli verstärkte sich die Mitarbeit der orthodoxen Kirchen und der römisch-katholischen Kirche an der ökumenischen Bewegung. Orthodoxe und katholische Theologen arbeiteten intensiv auf der Weltkonferenz für Glauben und Kirchenverfassung in Montreal (1963) an den Studien über die Kirche, Schrift und Tradition, Gottesdienst und Einheit der Kirche mit. Sie beteiligten sich ebenso an der Weltkonferenz für Kirche und Gesellschaft in Genf (1966), auf der die weltweiten sozialethischen Probleme wie technische und wissenschaftliche Revolution und friedliches Zusammenleben der Völker diskutiert wurden. Die Vierte Vollversammlung des Ökumenischen Rates fand 1968 in *Uppsala* statt, die von 235 Mitgliedskirchen beschickt wurde. In den Mittelpunkt der ökumenischen Arbeit rückte jetzt die Erneuerung der Mission unter dem Leitgedanken des Heils der Welt und das Programm zur Bekämpfung des Rassismus. Hinzu kamen Studien u. a. über die „Rechenschaft von der Hoffnung, die in uns ist" und über „Einheit und Modelle der Union".

f) Die Fünfte Vollversammlung in *Nairobi* 1975 stand unter dem Thema „Jesus Christus befreit und eint". Es deutete eine doppelte Aufgabenstellung an, den Dienst an der Welt und den Dienst an der Einheit, zugleich aber auch ein spannungsvolles Gegenüber, das sich aus der Konkurrenz zwischen Weltengagement und Einheitsstreben ergibt. In allen ökumenischen Bemühungen ist noch immer die Frage offen, wie die erstrebte Einheit der Kirche aussehen soll, praktisch und konkret. In Nairobi ging es um eine Zielbestimmung der „sichtbaren Einheit" und das Konzept der „konziliaren Gemeinschaft". Im derzeitigen Meinungsstreit sind drei Modelle im Gespräch: korporative Wiedervereinigung der Kirchen, konziliare Gemeinschaft und versöhnte Verschiedenheit.

g) Die doppelte Aufgabe, wie sie mit dem Leitthema von Nairobi angedeutet war, beschäftigte auch die Sechste Vollversammlung in *Vancouver* 1983. An dieser bisher größten Vollversammlung, umrahmt von einem bunten Beiprogramm, nahmen 847 Delegierte der 304 Mitgliedskirchen und weitere 326 offizielle Besucher (Berater, Beobachter usw.) aus etwa 100 Ländern teil. Sie verteilten sich auf 65 Arbeitsgruppen und wurden zu Gottesdiensten und Plenarsitzungen zusammengerufen. Mit dem quantitativen Wachstum, der größeren Beteiligung von Frauen (30% der Teilnehmer) und Jugendlichen (13%), dem Sprachenreichtum und der Vielfalt von Ausdrucksweisen gingen unterschiedliche Interessen und Erwartungen einher, die das Bemühen um Verständigung und Gemeinsamkeit erschwerten. Das Thema der Konferenz „Jesus Christus – das Leben der Welt" war ein Appell, die Wirklichkeit des christlichen

Lebens zu realisieren. Er wurde in den Eucharistiefeiern, im Gebet und Gesang als gemeinsamer Lobpreis aufgenommen. In den Diskussionen um eine „wachsende Einheit“ wandelte er sich zu einer „eucharistischen Gesamtschau (Vision)“. Indessen drückte er in den Auseinandersetzungen über die „Problembereiche“ des heutigen Lebens eine kontroverse Parole aus. So konnte die Versammlung am Ende nur an bleibende „Verpflichtungen“ erinnern. In ihrer „Botschaft“ erneuerte sie die Verpflichtung für die ökumenische Hoffnung, für Mission und Evangelisation und für Gerechtigkeit und Frieden.

4. Nach der fortschreitenden Integrierung ist die *heutige Situation* des Ökumenischen Rates durch Anzeichen einer *Polarisierung* gekennzeichnet. Neben dem Willen zur Gemeinschaft und Zusammenarbeit, der die Mitgliedskirchen zusammengeführt hat und den sie alle bekunden, stehen eigene Interessen unterschiedlich geprägter Kirchen, von denen die einen ihre Existenz vornehmlich von ihrer Tradition und die anderen sie mehr von ihrer Situation bestimmt sein lassen. Daraus ergeben sich Spannungen, die auf die ökumenische Zielsetzung einwirken, die Programme und Initiativen des Ökumenischen Rates bestimmen und die weitere Entwicklung beeinflussen.

a) Der Anfang der ökumenischen Bewegung war von der Absicht bestimmt, eine unterschiedliche personale und kollektive Praxis der Glaubensentscheidung für Christus, das Bekenntnis „Jesus der Herr“, in gemeinsamer Arbeit und Verkündigung (Life and Work, Faith and Order; vgl. S. 544 ff.) als *Einheit in Christus* zu verwirklichen. Mit dem Eintritt der orthodoxen Kirchen in den Ökumenischen Rat und mit der Beteiligung der römisch-katholischen Kirche an multi- und bilateralen Lehrgesprächen haben sich bereits vorhandene Neigungen verstärkt, die *sichtbare Einheit der Kirchen* als das Ziel ökumenischen Bemühens zu bestimmen. Zwischen beidem muß kein Widerspruch sein, doch die Einheit der Gläubigen in Christus ist nicht dasselbe wie die Einheit der Kirchen, in der die Christen organisiert sind. Das ekklesiologische Problem ist eine bleibende Aufgabe.

Daneben ist ein weiteres Gefälle entstanden, bedingt durch zeitgenössische Erfahrungen besonders in den Kirchen der Dritten Welt: wirtschaftliche, soziale, politische Ungerechtigkeit, Unterdrückung usw. So hat in der Verkündigung des *Heils durch Christus* (Erlösung, Reich Gottes) der Dienst an der Welt größere Beachtung gefunden, d. i. die Verantwortung für die Zukunft des Menschen und die Veränderung der Welt wie die Verpflichtung für eine gerechte, lebensfähige und partizipatorische Gesellschaft (das Heil der Welt im *gesellschaftlichen Aspekt*). Die Aufgabe der *einen Kirche*, in solidarischer Gemeinschaft gegen die sozialen, wirtschaftlichen und politischen Übel zu kämpfen und in einen Dialog mit den Menschen verschiedener Religionen und

Ideologien einzutreten, ist auf die *eine Menschheit* hin orientiert. Hier stehen schwierige sozialethische Probleme an.

b) In welche Richtung die Bestrebungen und Aktivitäten des Ökumenischen Rates zielen, veranschaulichen seine Programme und Initiativen. Nach vielen Jahren sind die *theologischen Konsensbemühungen* um Taufe, Eucharistie und Amt in der Kommission für Glauben und Kirchenverfassung auf einer Konferenz in Lima (1982) mit einer Konvergenzerklärung zum Abschluß gekommen. Dieser sog. *Lima-Text* wurde den Kirchen zur offiziellen Stellungnahme (bis Ende 1985) und zur Eröffnung eines Rezeptionsprozesses zugeschickt. Hier wie in dem noch nicht abgeschlossenen Studienprojekt *„Auf dem Weg zu einem gemeinsamen Ausdruck des apostolischen Glaubens heute"* geht es um eine vollkommene und glaubwürdige Verwirklichung der Einheit. Dazu gehört, daß sich die Kirchen über „gemeinsame Formen der Entscheidung und des verbindlichen Lehrens" verständigen. Als ein weiteres ekklesiologisches Projekt schlug die Vollversammlung in Vancouver (1983) eine Studie über *„die Kirche als Zeichen der zukünftigen Einheit der Menschen"* vor (Kirche „als prophetische Gemeinschaft, durch die die Welt verwandelt werden kann"; vgl. II. Vatikanum: Kirche als „Sakrament der Welt"). Diese Studie soll das Kernstück im Programm über „Die Einheit der Kirche und die Erneuerung der menschlichen Gemeinschaft" sein.

Auf die „Problembereiche" des heutigen Lebens sind bezogen: das *Anti-Rassismus-Programm*, das die Kirchen auf die Seite der Unterdrückten ziehen und die rassistischen Strukturen bekämpfen will; das Engagement für die *Menschenrechte*, für *Gerechtigkeit und Frieden*, für die *Chancengleichheit der Frau* und die *Gemeinschaft von Frauen und Männern*; das Programm gegen *Militarismus und Wettrüsten*, in dem es um den Abbau des Konfliktpotentials geht; der Dialog mit Wissenschaftlern und Technologen über die *Zukunft der Schöpfung* und der Dialog mit Menschen verschiedener *Religionen und Ideologien*, der „Ausdruck der Liebe" sein soll, „die wir in Christus erfahren haben". Obgleich die Vollversammlung in Vancouver proklamierte, „daß es weder in der Kirche noch auf der Tagesordnung des Ökumenischen Rates eine Trennung zwischen Einheit und Erneuerung der Menschheit geben kann", sind die unterschiedlichen Interessen nicht überwunden. Während die einen dem theologischen Bemühen um Einheit und eucharistische Gemeinschaft den Vorrang einräumen, betrachten die anderen das politische Engagement um Frieden, Gerechtigkeit und Menschenwürde als die vordringlichste Aufgabe.

c) Für das oben angezeigte Gefälle in der ekklesiologischen und sozialethischen Problematik, die der Ökumenische Rat in seinen Programmen und Initiativen zu lösen sucht, sind zwei Umstände maßgebend: (1) die sog. *Kontextualisierung* theologischen Denkens und kirchlichen Handelns und (2) das Rollenspiel der *Weltweiten Christlichen Gemeinschaften* (früher als „Konfessionelle Weltbünde" und „Konfessionsfamilien" bezeichnet, zu denen auch die orthodoxen Kirchen und die römisch-katholische Kirche zu rechnen sind). Bei dem ersten handelt es sich um kontroverse Interpretationen des „Textes" (des Glaubens und des christlichen Auftrages gemäß dem Evangelium), die aus dem unterschiedlichen „Kontext" erwachsen, in dem die Kirchen leben (d. i. ihre konkrete Situation in verschiedenen politischen, sozialen, wirtschaftlichen und kulturellen Verhältnissen). Bei dem zweiten geht es um die zunehmende Bedeutung der Weltweiten Christlichen Gemeinschaften, die als selbstbewußte „Partner" dem Ökumenischen Rat gegenüberstehen, eigenständige Aktivitäten und Dialogprogramme betreiben und damit das ökumenische Bemühen zu beeinflussen und zu prägen versuchen.

Indessen wird die Zukunft des Ökumenischen Rates wie die weitere ökumenische Entwicklung nicht nur bestimmt von „Kontextualisierung" und von „wachsender Partnerschaft und gegenseitigem Vertrauen" in den Beziehungen zwischen dem Rat und den Weltweiten Gemeinschaften. Hinzu kommen *Kritik und Protest*, wie sie in den weit differierenden evangelikalen, charismatischen und politisch-sozialen Bewegungen geäußert werden. Sie richten sich teils gegen ein Christentum, das mit seinen traditionsgeleiteten Lebensformen und Strukturen wie in seiner zeitgenössischen Gestalt und Begründung als dem Evangelium Jesu Christi unangemessen erscheint, teils gegen die sozioökonomischen und ideologischen Herrschaftsstrukturen und Entwicklungstendenzen, die der Entfaltung des gottgewollten Menschseins entgegenstehen. Hier wird reklamiert, was in einer ekklesiozentrischen Interpretation und der herrschenden westlichen (abendländischen) Sicht des Evangeliums vernachlässigt wurde, verkümmert oder verfremdet ist.

Literatur

Ruth Rouse / Stephen Neill, Geschichte der ökumenischen Bewegung 1517–1948, 2 Bde, 1957–58;

H. E. Fey (Hg.), Die ökumenische Bewegung 1948–1968, 1974;

Hanfried Krüger, Ökumenische Bewegung 1969–1972, 1974;

Ders., Ökumenische Bewegung 1973–1974, 1975;

W. Müller-Römheld, Zueinander – Miteinander. Kirchliche Zusammenarbeit im 20. Jahrhundert, 1971;

Lukas Vischer, Veränderung der Welt – Bekehrung der Kirchen, 1976;

Erwin Fahlbusch, Kirchenkunde der Gegenwart, 1979 (zusammenfassende Darstellung und umfangreiche Literaturhinweise).

Texte:
H. L. Althaus, Ökumenische Dokumente. Quellenstücke über die Einheit der Kirche, 1962;
H. J. Margull, Zur Sendung der Kirche. Material der ökumenischen Bewegung, 1963;
L. Vischer, Die Einheit der Kirche. Material der ökumenischen Bewegung, 1965.
H. Meyer / H. J. Urban / L. Vischer (Hg.), Dokumente wachsender Übereinstimmung. Sämtliche Berichte und Konsenstexte interkonfessioneller Gespräche auf Weltebene 1931–1982, 1983.

Konferenzen:
(Amsterdam) F. Lüpsen, Amsterdamer Dokumente, 1948;
St. C. Neill, Amsterdamer Studienbuch, 1948;
(Evanston) F. Lüpsen, Evanston-Dokumente, 1954[2];
H. Grüber / G. Brennecke, Christus – die Hoffnung der Welt, 1955;
(Neu-Dehli) Evanston – Neu Dehli, 1954–1961. Bericht des Zentralausschusses an die Dritte Vollversammlung des Ökumenischen Rates der Kirchen, 1961;
W. A. Vissert't Hooft, Neu-Dehli 1961. Dokumentarbericht, 1962[2];
(Montreal) P. C. Rodger / L. Vischer, Montreal 1963, 1963;
(Genf, Kirche und Gesellschaft) H. Krüger, Appell an die Kirchen, 1968[3];
(Uppsala) N. Goodall, Bericht aus Uppsala 1968, 1968;
(Nairobi) H. Krüger / W. Müller-Römheld, Bericht aus Nairobi 1975, 1976;
P. Beyerhaus / U. Betz, Ökumene im Spiegel von Nairobi '75, 1976;
P. W. Scheele, Nairobi–Genf–Rom. Die Weltchristenheit vor und nach der Fünften Vollversammlung des Ökumenischen Rates der Kirchen, 1976 (röm.-kath. Würdigung).
(Vancouver) W. Müller-Römheld (Hg.), Bericht aus Vancouver 1983. Offizieller Bericht, 1983.

Situation, Probleme:
G. Gassmann, Die Zukunft des Ökumenismus, 1972;
Ph. Potter, Das Heil der Welt heute, 1973;
L. Vischer, Theologie im Entstehen. Beiträge zum ökumenischen Gespräch im Spannungsfeld kirchlicher Situationen, 1976;
R. Boeckler, Welche Ökumene meinen wir? Eine Bilanz der Ökumene seit Nairobi, 1978.

§ 63. Die Christenverfolgungen des 20. Jahrhunderts

Die wachsende Feindschaft, die dem christlichen Glauben während des 19. Jahrhunderts begegnete, führte meist doch nur zu einer Bedrückung der Kirche, einer Einschränkung ihrer freien Wirkungsmöglichkeit. Das ist im 20. Jahrhundert völlig anders geworden. In ihm kam es an so vielen Stellen der Erde und in solchem Ausmaß zu direkter blutiger Verfolgung, daß alle Verfolgungen aller Jahrhunderte dadurch *weit* überboten sind. Obwohl erst halb vorbei, ist so das 20. Jahrhundert doch schon das blutigste der ganzen Kirchengeschichte geworden.

Wenn hier von Verfolgung die Rede ist, dann ist damit also, wie schon angedeutet, nicht nur die Einengung der kirchlichen Tätigkeit durch eine kirchenfeindliche Gesetzgebung gemeint — *die* gibt es vielerorts! —, sondern ein das *Leben* der Christen bedrohendes Vorgehen. Merkwürdigerweise sind es dabei sehr verschiedene Motive gewesen, die jeweils die geistige Grundlage einer Verfolgung gebildet haben.

1. Als erstes ist die **Feindschaft des Islam** zu nennen, die sich in unserer Zeit erneut in Ausrottungsfeldzügen gegen Christen entlud. Sie traf

a) die *Armenier*. Bereits im August 1894 kam es im Bergland von Sassun zu einem Blutbad, da die Armenier die Steuerzahlung verweigerten, weil sie, von den Kurden bedrängt, von der türkischen Regierung ohne Schutz gelassen wurden. Als die Armenier dann 1895 in Istanbul selbst gegen die Bedrückungen demonstrierten, führte das fast in der ganzen Türkei zu einem Vorgehen gegen die dort verstreut lebenden Armenier, dem nach einer amtlichen Note der Großmächte 88 243 Armenier aller Gesellschaftsklassen und jeden Alters zum Opfer fielen. 328 Kirchen wurden in Moscheen verwandelt; viele Christen sind der Nötigung erlegen und Mohammedaner geworden. Wer sich zum Islam bekannte, war gerettet. Damit ist, allem Widerstreiten zum Trotz, der wesentlich religiöse Charakter der Verfolgung gesichert. 1896 haben abermals gegen 20 000 den Tod gefunden. Hunger und Krankheit, die im Gefolge der Plünderungen usw. einherzogen, rafften weitere Zehntausende dahin. Die Frauen hatten ein hartes Sonderschicksal zu erleiden; gegen 100 000 sind allein in moslemische Harems verschleppt worden. Das Jahr 1909 brachte eine neue Verfolgungswelle. Aber erst im Weltkrieg, 1916, kam es zu dem entscheidenden Vorgehen gegen die Armenier, das zu dem „Todesgang" des Volkes wurde. Die Männer der betreffenden Orte wurden meist sofort getötet, die Frauen und Kinder deportiert, wobei die allermeisten den Tod durch Kälte, Hunger, Durst fanden und finden sollten. Selbst die Armenier im Heer wurden nicht ausgenommen. Wer zum Islam übertrat, blieb wieder verschont. Im ganzen sind damals nach gewissenhafter Berechnung 1 396 350 Armenier deportiert und zum großen Teil dabei umgekommen. Lepsius beziffert die Zahl der Todesopfer auf etwa 1 Million. Ein ganzes Volk ist so, bis auf wenige Reste, die in der Emigration leben, vernichtet oder gewaltsam islamisiert.

b) Auch die *Assyrer,* die nur noch als kleine Gruppe von etwa 150 000 Mann in den kurdischen Bergen existierten, sind schon 1895 von der Verfolgung mitbetroffen worden. Von den Resten mußten die, die sich nach Mesopotamien hatten flüchten können, noch im August 1933 eine Verfolgung erdulden. Nur etwa 30 000 überlebten. Hier bei den Assyrern ist freilich die Verbindung des religiösen Gegensatzes mit einem nationalen besonders deutlich. Vom Traum des Selbstbestimmungsrechts der Völker aufgestachelt, hatten sie sich mit den Westmächten verbündet und zugleich versucht, eine selbständige Nation zwischen Mittelmeer und Persischem Golf zu schaffen und darin das Orientchristentum wiederherzustellen. Das war in den Augen der Jungtürken natürlich Hochverrat. Hier liegt also eine tragische Schuldverkettung vor. Trotzdem wird man auch hier von Verfolgung sprechen müssen, denn ein Vergehen gegen ein nichtreligiöses Staatsgesetz ist fast zu allen Zeiten der formale Grund der Verfolgung gewesen. Mehr als den *formalen* Grund darin sehen, hieße, die Sache der Christenfeinde betreiben.

c) Auch christliche *Syrer,* die im Nordosten der Türkei und im Nordwesten Persiens wohnten, sind zum Teil von den Verfolgungen während des Krieges mit heimgesucht worden.

d) Eine neue Katastrophe brachten die Jahre 1921/22 über die Christenheit des Orients. Diesmal traf sie die *Griechen,* die zu Hunderttausenden den Tod fanden, als der türkisch-griechische Krieg ausbrach. Die Abtretung Smyrnas an Griechenland im Frieden von Sèvres 1920 war der Hauptgrund der Erhebung, die in Smyrna denn auch am blutigsten verlief. Die meisten Griechen sind freilich nach Griechenland ausgesiedelt worden.

Das kirchengeschichtlich bedeutsame, freilich höchst traurige *Ergebnis dieser Verfolgungen* und Aussiedelungen ist, daß in ganz Kleinasien heute keine Christen mehr wohnen. Ein Jahrtausend lang haben sich geschlossen christliche Siedlungen dort auch unter islamischer Herrschaft noch halten können. In unserem Jahrhundert erst ist Kleinasien, das zu der Brunnenstube des Christentums gehörte, völlig entchristlicht worden; wahrhaftig ein Zeichen, das zu denken gibt.

f) Auf islamischen Fanatismus sind schließlich auch die Leiden zurückzuführen, die in der Zeit nach dem Aufhören der niederländischen Herrschaft, also nach dem zweiten Weltkrieg, die Christenheit von *Celebes* zu erdulden hat, in der Minahassa und jetzt vor allem im Süden von Celebes. Über ihren Ausgang kann, da sie noch andauern, bisher nichts gesagt werden.

2. Weltbekannt sind die Verfolgungen, zu denen es **unter bolschewistischem Vorzeichen** kam.

a) Die Verfolgung in *Rußland* hat zwei Wurzeln. Die erste liegt in der russischen Geschichte begründet. Das Verhältnis von Staat und Kirche ist im 19. Jahrhundert in Rußland starken Wandlungen unterworfen gewesen. Die Entwicklung hat schließlich dahin geführt, daß beide dort gerade in dieser Zeit und erst in dieser Zeit ganz eng verbunden wurden, und zwar so, daß *die orthodoxe Kirche dem Staat untergeordnet* wurde. Im Sinne eines russischen Nationalismus wurde gleichzeitig versucht, die unierten Katholiken im russischen Reich (vgl. S. 541) und auch andere Christen (Lutheraner, Armenier) mit mehr oder weniger Druck in die orthodoxe Kirche zu überführen. Gewalttätigkeiten, die dabei vorkamen, bewirkten nur, daß in den Betroffenen ein tiefer Haß gegen den Staat *und* gegen seine Kirche aufkam. Jeder Widerstand gegen die eine Macht mußte bei der engen Verbindung beider sich so automatisch auch gegen die andere richten. So traf die staatliche Revolution sofort auch die orthodoxe Kirche. Von hier aus war freilich *nur sie* betroffen.

Die *zweite* Wurzel liegt in dem *marxistischen Denken* der Revolutionäre, von dem aus sie *jede* Religion ablehnten. Allerdings besagt die marxistische Doktrin, daß mit der Änderung der wirtschaftlichen Verhältnisse das religiöse Denken *von selbst* verschwinden werde (oben S. 473 f.). Von da aus wäre zwar eine Einschränkung des kirchlichen Einflusses noch sinnvoll, vielleicht auch noch eine antireligiöse Propaganda, eine eigentliche Verfolgung aber sinnlos. Daß es in Rußland sofort dazu kam, lag also wohl in den dortigen Verhältnissen begründet, mag auch Marx selbst schon an gewaltsame Unterdrückung gedacht haben.

Die Verfolgung selbst ist in vier Wellen oder Phasen verlaufen.

α) Die *erste* fällt in die eigentlich revolutionäre Zeit (1917 bis etwa 1920). Zwar begann auch die bolschewistische Regierung zuerst mit Maßnahmen, die nur eine Bedrückung der Kirche enthielten: Abschaffung aller konfessionellen Vorrechte, Verbot jeglichen Religionsunterrichts in der Schule, Trennung von Staat und Kirche, Einstellung aller Zahlungen an die Kirchen, Unterdrückung der Klöster usw. Die Geistlichen bekamen als „Nichtarbeiter“ keine Lebensmittelkarten. Aber schon in dieser Zeit sind viele Geistliche dem Haß erlegen und verfahrenslos getötet worden; andere wurden als Gegenrevolutionäre zum Tode oder zur Verbannung verurteilt, was dem Tod gleichkam. Eine organisierte Führung der Verfolgung ist in der ersten Phase nicht sichtbar.

Die *Desorganisation der Kirche* sollte das Werk der Zerstörung vollenden. 1920 wurde alle Tätigkeit der Bischöfe für illegal erklärt, nur Pfarreien blieben. Um der Zerstörung der orthodoxen Kirche willen sind Freikirchen und Sekten zunächst sogar gefördert worden. Auch Abspaltungen von der orthodoxen Kirche wie die sogenannte „lebendige“ Kirche fanden zunächst die Gunst der Bolschewisten. Der Sturm des Hasses galt also in dieser Zeit in erster Linie der orthodoxen früheren Staatskirche.

β) Die *zweite Phase* begann 1922 anläßlich der Beschlagnahme der Kirchenschätze, gegen die sich die Kirchen zur Wehr setzten. Sie führte zu einem ersten *allgemeinen* Angriff gegen die Kirche, den die staatliche Zentralbehörde selbst leitete. Russische Exulanten scheinen an ihrem Ausbruch aber nicht unbeteiligt gewesen zu sein, indem sie die Wiederherstellung der Monarchie in Rußland als aus *religiösen* Gründen notwendig erklärten (November 1921 in Karlowitz) und die europäischen Völker zu einem Kreuzzug gegen die Bolschewisten aufforderten (Frühjahr 1922 in Genua). Die Folge war ein Beschluß der Volkskommissare, eine aktive Arbeit gegen die Kirche zu beginnen, um das religiöse Bewußtsein in den breiten Massen zu vernichten.

γ) Eine *dritte Phase* begann 1927, als mit dem Kulakentum (selbständigen Bauerntum) zugleich das Christentum als solches, nicht nur die orthodoxe Kirche, getroffen wurde und auch getroffen werden sollte. Allein 1929 wurden 1440 Kirchen geschlossen und der Sonntag als Feiertag abgeschafft. Wieder wurden viele Geistliche getötet, aber sehr viel größer ist die Zahl derer, die als gläubige Angehörige des Bauernstandes ihr Leben verloren. Insgesamt sind vom Kampf gegen die Bauern etwa 5 Millionen Menschen betroffen worden.

δ) Als bei der Volkszählung von 1937 sich immer noch sehr viele Sowjetbürger als gläubig bekannten, begann eine *vierte Welle*, die furchtbarste von allen. Sie dauerte akut bis 1939.

1943 ging die Sowjetregierung aber zur religiösen Duldung über. Das gesamtrussische Patriarchat wurde wiederhergestellt, selbst Klöster konnten wieder errichtet werden. Die Zahl der Geistlichen einschließlich der Diakone wird für 1947 mit 52 000 angegeben (1914: 203 500).

Das Verhalten der orthodoxen Kirche gegenüber dem neuen Staat ist gewissen Wandlungen unterworfen gewesen. Seit 1923 (Patriarch Tychon) hat sie sich auf jeden Fall um einen modus vivendi mit dem Staat bemüht. Die sowjetfreundliche Abspaltung der „lebendigen Kirche“ hat sich trotz staatlicher Unterstützung auch nicht halten können. Unter russisch-nationalem Vorzeichen wird heute vielmehr mit der orthodoxen Kirche, d. h. dem Moskauer Patriarchat, zusammengearbeitet. Dieses bemüht sich, *alle* orthodoxen Kirchen der Welt mit sich zu verbinden.

Ob die orthodoxe Kirche ihre Integrität über dieser Zusammenarbeit hat bewahren können oder nicht, darüber steht einem Fremden kaum ein Urteil zu. Wir können nur zu Gott hoffen, daß sein Wort sich nach den furchtbaren Leiden der Christenheit in Rußland auch dort wieder als mächtig erweist. Praktisch vernichtet sind heute alle nichtorthodoxen Kirchen in Rußland bis auf die Baptisten, von denen Reste noch existieren. Von einem modus vivendi auch mit ihnen ist bisher nichts bekannt geworden. Insbesondere gilt die Feindschaft weiter der römisch-katholischen Kirche.

b) Einem Ausrottungsfeldzug ähnlich dem, den das armenische Volk erleiden mußte, sind 1944/45 auch *die baltischen Völker* der Letten, Esten und Litauer ausgesetzt gewesen, die schon 1919/20 unter der ersten Welle der kommunistischen Verfolgung hatten leiden müssen. Nach Edzard Schapers erschütterndem Bericht[1] sind aber auch die Weißrussen, Polen, Ukrainer und Ruthenen (Karpatho-Ukrainer) im russischen Reich davon mitbetroffen. Millionen von Menschen sind direkt getötet oder auch evakuiert, was einem administrativen Todesurteil gleichkommt. Der primäre Grund des Vorgehens ist hier sicher die Politik der Sowjetregierung gegen die völkische Eigenart der Betroffenen. Aber die Kirche ist auch mitgemeint, nicht nur mitgetroffen; das zeigt die Tatsache, daß in Estland 1950 statt 150 lutherischer Pastoren nur noch etwa 30 wirken konnten und nur noch zwei katho-

[1] Edzard Schaper, Kyrie ...! Die Not der baltischen Völker (Civitas Jg. 5, 1950, S. 434—439); Wilhelm Neander, Das Martyrium der baltischen Kirchen, in: Baltische Kirchengeschichte, hrsg. von R. Wittram, 1956.

lische Priester. Das katholische Litauen ist ohne Bischof, die beiden Priesterseminare sind aufgelöst. „Acht Jahrhunderte christlicher Kultur im Bereich der baltischen Staaten sind (damit) völlig in der Geschichtslosigkeit des atheistischen Materialismus untergegangen" (Schaper). Auf die ernste geschichtstheologische Frage, die dies Geschehen stellt, ist oben (S. 362) schon hingewiesen worden.

c) Der Kampf gegen die Kirche erstreckt sich auch noch weiter nach Westen. Er wird auch in den bolschewisierten Staaten des *Balkans* (Rumänien, Bulgarien, Albanien), sowie in Ungarn, der Tschecho-Slowakei und in Polen geführt, wenn auch jeweils in verschieden starker Intensität. In Rumänien richtete er sich zuerst gegen die 1½ Millionen Katholiken des orientalischen Ritus[2]. Sie wurden, auf jeden Fall nicht ohne Nötigung, der orthodoxen rumänischen Kirche wieder eingegliedert, wie es auch mit den unierten Kirchen in der Ukraine und in Galizien geschehen ist.

d) In *Jugoslawien* ist besonders die katholische Kirche, die im kroatischen Volksteil zu Hause ist (vgl. S. 177), während und nach dem zweiten Weltkrieg von schweren Leiden heimgesucht worden. Der nationale Gegensatz zwischen den orthodoxen Serben und den katholischen Kroaten hat dabei freilich eine große Rolle mitgespielt. Doch hat auch die serbisch-orthodoxe Kirche zunächst es sehr schwer gehabt, als Tito die Macht übernahm. Dort haben aber die Kirchen eine — eingeschränkte! — Wirkmöglichkeit wiederbekommen. Die diplomatischen Beziehungen zur Kurie blieben jedoch abgebrochen.

e) Unter kommunistischem Vorzeichen stand auch schon die Verfolgung, die über die Christenheit *Chinas* 1925/27 erging; doch wirkten dort ebenfalls nationalistische Motive mit. Seit 1950 steht sie wieder in schwerster Bedrängnis. Auch die Christen Nord-*Koreas* wurden davon betroffen, die schon vorher unter dem japanischen Nationalismus hatten leiden müssen.

3. Der **Nationalismus** nichtchristlicher Völker ist ebenfalls die Grundlage von Verfolgungen geworden. Daß er 1925 in China als Motivation beteiligt gewesen ist, ist eben schon erwähnt. Japanischer Nationalismus hat auch den Christen Koreas, sowie der besetzten pazifischen Inseln und Neuguineas einen schweren Blutzoll abgefordert. Ebenso ist die Feindschaft der ostafrikanischen Mau-Mau-Bewegung (Kenia) gegen die Christen wohl als nationalistisch zu betrachten.

---

[2] Vgl. Wilhelm de Vries, Die Kirchenverfolgung in Rumänien (Stimmen der Zeit Bd. 144, 1948/49, S. 333—342, 443—450). Regelmäßige Berichte über alle genannten Länder in der Herder-Korrespondenz.

4. Gerade in katholischen Staaten hat ein meist als freimaurerisch angesprochener **Liberalismus** mehrfach zu blutiger Verfolgung geführt; er verband sich dann aber auch mit kommunistischem Denken. Schon 1905 kam es in *Frankreich* zu einer ausgesprochenen kirchenfeindlich ausgerichteten Trennung von Kirche und Staat. Aber sie führte nur zu einer Bedrückung, nicht zu einer Verfolgung der Kirche, wie in Spanien.

a) Die leidenschaftliche Absage eines sehr großen Teils der *spanischen* Arbeiterschaft an die Kirche hat eine lange Vorgeschichte. Durch die Wiedereinführung des Absolutismus nach der napoleonischen Zeit entstanden sehr scharfe politische Gegensätze im Lande, in deren Verlauf es schon 1835 zu einem Klostersturm kam. Doch erhielt der König im Konkordat von 1851 das fast unbeschränkte Patronatsrecht zurück. Indem die Krone es benutzte, um konservative Strömungen zu verstärken, geriet die Kirche in offenen Gegensatz zum oppositionellen Volksteil. Die großen Vorrechte der Klöster zogen diesen noch eine besondere Ablehnung zu, die sich 1909 z.B. in Barcelona in Klosterbränden entlud. Unter Primo de Rivera hat ein solches, sich auf die Kirche stützendes Regiment noch bis 1930 die Herrschaft in Spanien geführt, ohne die längst fälligen sozialen und wirtschaftlichen Reformen zu bringen. Als 1931 die Republik ausgerufen wurde, kam es denn auch sofort wieder zu einem Kirchen- und Klostersturm, besonders in Malaga. Daß auch eine die Kirche sehr einengende Gesetzgebung erfolgte, ist nach alledem klar. Die Revolution von 1936 führte dann zu einer planmäßigen Zerstörung aller Kirchen, zur Unterdrückung jeglichen Kultus und zur Ermordung von über 6700 Priestern. Auch Nonnen und Angehörige kirchlicher Bruderschaften, Küster und andere kirchliche Angestellte haben vielfach den Tod gefunden, nicht selten unter großen Quälereien. Der Sieg General Francos brachte das Ende dieser Notzeit. Aber ob es angesichts der Vorgeschichte klug gehandelt ist, die katholische Kirche in dem Maß, wie es durch die Verfassung von 1945 geschah, in ihre alten Rechte und Vorrechte wieder einzusetzen, muß doch gerade von kirchlicher Sicht her mit Ernst gefragt werden.

b) Zu einer ähnlich ernsten Verfolgung kam es in *Mexiko*, besonders in den Jahren 1926—1938. Auch dort ist schon das ganze 19. Jahrhundert gezeichnet gewesen durch wirre Kämpfe zwischen den politischen Gruppen. Auch dort kam es dabei schon mehrfach zu Ausschreitungen gegen die Kirche, zumal der Klerus meist spanischer Nationalität war. Die Verfassung von 1917 verbot allen Religionsunterricht in den Schulen, sie verbot auch den Zölibat (!), den Ordensstand und geistliche Gelübde, geistliche Tracht, gottesdienstliche Handlungen außerhalb der Kirchgebäude und machte die Kirche eigentumsunfähig. Die Bundesstaaten können nach Art. 130 sogar die Höchstzahl der Priester bestimmen, die in ihnen tätig sein dürfen (Mexiko: 25 für 1,25 Millionen; Tabasco: 1 für 25 000 Bewohner!). Im Verfolg dieser Bestimmungen wurden Hunderte von Priestern und Tausende von Nonnen verjagt. Unter Präsident Calles verschärfte sich die Lage unter kommunistischem Einfluß noch, wobei auch hier eine schismatische Abspaltung von der katholischen Kirche durch die Regierung gefördert wurde. Insbesondere wurde eine staatliche Registrierung des Klerus verlangt, die die Bischöfe ablehnten. Um die Priester nicht gesetzlos zu machen, suspendierten sie gleichzeitig den gesamten öffentlichen Kultus (1926). Daraufhin ist die Regierung gegen Übertretung der geltenden Bestimmungen mit den härtesten Strafen vorgegangen. Die Kirche wurde völlig in die Katakomben gedrängt. Viele Priester, aber auch andere, fanden für ihren Glauben den Tod (bis 1935 über 5000). Mancherorts führte das Vorgehen sogar zum bewaffneten Widerstand der Katholiken, besonders 1926 unter General Gonzalez. 1938 ist aber ein modus vivendi wiederhergestellt; Präsident Camacho (1940—1942) hat Kirche und Staat sogar völlig versöhnt. Die viel zu enge Bindung der Kirche an ein unzeitgemäß gewordenes Regime ist auch in Mexiko an der Verfolgung zum mindesten mitschuldig gewesen.

5. Die Grundlage der Verfolgung, zu der es unter dem **Nationalsozialismus** in Deutschland und in den besetzten Gebieten kam, ist eine Mischung von nationalem und *rassischem Denken.* Oben (S. 510) ist schon geschildert, daß der Nationalsozialismus das Christentum ablehnte, weil er es als semitischen Ursprungs ansah. Der Widerstand, den er in kirchlichen Kreisen fand, verstärkte nur noch die an sich schon leidenschaftliche Antipathie. Doch blieb die Zahl der Todesopfer in Deutschland gering.

Wesentlich schwerer hatte besonders der Klerus in den während des Krieges besetzten Gebieten zu leiden. Allein im Konzentrationslager Dachau waren über 1000 polnische Priester inhaftiert. 548 polnische Priester wurden standrechtlich erschossen und 1283 starben in Konzentrationslagern — das sind 18,1% des Klerikerbestandes von 1939[3]. Das Ende des Nationalsozialismus bedeutete natürlich auch das Ende dieser Verfolgung. —

Von der Fülle des Leidens und der Qual, die dieser fast schematisch kurze Bericht umschließt, kann nicht einmal eine Andeutung gegeben werden.

---

[3] Vgl. Harald Kruska, Kirche und Staat in Polen (Materialdienst 1963, S. 21).

6. Überblickt man das Ganze, so ist das anfangs ausgesprochene Urteil voll bestätigt: Das 20. Jahrhundert ist das blutigste der bisherigen Kirchengeschichte. Weder die Verfolgung der alten Kirche noch die der Gegenreformation, weder die Ausrottung der katholischen Christenheit Japans im 17. Jahrhundert noch die Madagaskars im 19. erreichen an Zahl der Märtyrer auch nur entfernt die der heutigen Verfolgungen.

Leider kann man nicht einfach sagen: So ist es von dem Herrn selbst seinen Jüngern vorhergesagt: „Ich sende euch wie Schafe mitten unter die Wölfe." Die natürliche Feindschaft der Welt gegen das Christentum ist es doch nicht allein, die sich heute in blutigen Verfolgungen austobt. Die Christenheit ist vielmehr im Laufe einer zweitausendjährigen Geschichte eine Fülle von Bindungen ideologischer, politischer, völkischer, wirtschaftlicher Art eingegangen. Der *durch sie* hervorgerufene Widerspruch ist in sehr vielen Fällen ursächlich an den Verfolgungen mitbeteiligt. Das ist unübersehbar. Oben ist aber auch schon gesagt, daß es uns verwehrt ist, deshalb überhaupt nicht von Verfolgung zu reden. Die Tatsache enthält trotzdem eine mehr als ernste Warnung an die Kirche, sich zu besinnen, ob und wo solche Bindungen sie etwa um die Reinheit ihrer Verkündigung bringen; um der Sache willen, aber auch, damit sie, wenn sie schon leiden muß, doch um des Herrn willen und nicht um „nichttheologischer Faktoren" willen leidet.

Natürlich hat es auch im 20. Jahrhundert Männer und Frauen gegeben, die über dem Leiden ihren Glauben verleugnet haben. Nicht umsonst betet Luther:

> „Daß in uns die Sinne nicht verzagen,
> wenn der Feind wird das Leben verklagen."

Im allgemeinen ist es den Leidenden aber nachzurühmen, daß sie Glauben gehalten und bis zum Tod getreu gewesen sind.

Was Gott mit dieser Riesenverfolgung für die Geschichte seiner Kirche will, ist unseren Augen noch verborgen.

Literatur

Jacob Künzler, Im Lande des Blutes und der Tränen, 1921;
Johannes Lepsius, Der Todesgang des armenischen Volkes, 1930[4];
Deutschland und Armenien 1914—1918. Eine Sammlung diplomatischer Aktenstücke, hrsg. von Johannes Lepsius, 1919;
Rudolf Strothmann, Heutiges Orientchristentum und Schicksal der Assyrer (Zeitschr. für Kirchengeschichte 55, 1936, S. 17—82);
R. S. Stafford, The Tragedy of the Assyrians, 1935;
Bertold Spuler, Die Gegenwartslage der Ostkirchen, 1948;
Das Notbuch der russischen Christenheit, hrsg. von K. Kramer, 1930;

Christentum in der Sowjetunion, hrsg. von Wilhelm de Vries S. J., 1950;
J. S. Curtius, Die Kirche in der Sowjetunion (1917—1956), 1957;
Four Years Struggle of the Church in Hungary, 1949;
Edmund Schramm, Über das Schicksal der spanischen Kirche (Stimmen der Zeit 34, 2, 1936/37, S. 265—277);
Juan Estelrich, La persecuzione religiosa in Spagna, 1937;
Charles S. Macfarland, Chaos in Mexico, 1935;
Wilfried Parsons, Mexican Martyrdom, 1936;
Bernhard H. Forck, ... und folget ihrem Glauben nach, 1949;
Religious Persecution. Report of Conditions in Occupied Territories No. 3, 1943;
J. G. H. Hoffmann, Die Kirche lebt und ergibt sich nicht, 1943 (Finnland — Norwegen).

SCHLUSS

§ 64. Eine doppelte Aporie

1. Wir haben die Geschichte der Kirche betrachtet von ihren Anfängen an bis in unsere Tage hinein. Wirklich die Geschichte *der* Kirche? Wo war sie denn nun in der Fülle der Kirch*en*, Kirch*e* als eine geschichtlich greifbare Gestalt, als die sie doch ihren Weg angetreten hat? Die Frage muß leider offen bleiben. Das Problem „die Kirche und die Kirchen" ist systematisch noch nicht bezwungen, so gewiß eine Geschichte seiner Lösungsversuche geschrieben werden könnte. Auch die Anschauung, der die römisch-katholische Kirche mit ihrer neuen Bestimmung des Begriffs „Katholizität" folgt, nach der nichtkatholische Christen und unter besonderen Umständen selbst Heiden, die als solche sterben, selig werden können, bietet in seinem Gegensatz zu dem ebenfalls gelehrten „Extra ecclesiam nulla salus"[1] keine wirkliche Lösung; auch hier verliert die Kirche ihre geschichtliche Gestalt und wird spiritualisiert. Das ehrliche Eingeständnis dieser Aporie ist deshalb die einzige Möglichkeit, die bleibt; sie ist eine *theologische* Aporie.

2. Die Kirche, wie wir abgekürzt nun doch sagen dürfen, hat durch die Jahrhunderte hindurch ihre werbende Kraft erwiesen. Die Fülle der „jungen Kirchen", die im 19. und 20. Jahrhundert entstanden sind, zeigt, daß diese Kraft auch bis heute hin mächtig ist. Sie hat sogar mitten in Leiden und Verfolgung schönste Blüten solcher inneren Mächtigkeit gezeitigt, ebenfalls bis heute hin. Es gibt daneben im geistigen Leben der neuesten Zeit nicht wenige Symptome, die der Kirche vielversprechend entgegenkommen. Viele Menschen sind mit den Versuchen, das Leben und die Denkprobleme autonom, statt theonom, zu meistern, am Ende und wenden sich der Kirche neu oder wieder zu. Es wäre kleingläubig und undankbar zugleich, das nicht zu sehen und zu würdigen.

Aber demgegenüber steht freilich auch die harte Tatsache, daß die Kirchen in aller Welt, auch die römisch-katholische, Massen von Getauften nicht wirklich innerlich haben bei sich festhalten können, ja daß ihnen in großen Gebieten der Erde offene Feindschaft begegnet, die

[1] Außerhalb der Kirche gibt es kein Heil.

sich vielfach sogar der nackten Gewalt bedient, um sie zu zerstören. Wir können noch nicht sehen, ob diese Gewalt mit ihrem Vorgehen wenigstens in bestimmten Gebieten den Erfolg haben wird, die Kirche ganz zu zerstören, wie es dem Islam etwa in Nordafrika gelungen ist; oder ob sich die Verfolgung hier noch einmal als der „Samen des Glaubens“ erweisen wird (vgl. S. 60). Die Feindschaft und die Verfolgungen zeigen jedenfalls, daß die Lage der Kirche trotz dessen, was eben gesagt ist, als sehr ernst angesehen werden muß. Stirbt sie an akuter Gegnerschaft oder doch an langsamer Auszehrung? Auch die Missionare müssen heute von vielen verschlossenen Türen reden!

Man kann die Zwiespältigkeit der Lage, die sich so ergibt, nicht als eine Antinomie ansehen, die zwangsläufig und also unaufhebbar ist. Das wäre sachlich falsch und zugleich eine unzulässige Verharmlosung. Hier handelt es sich um ein echtes feindliches Gegeneinander von Glauben und Unglauben, bei dem es um Sieg oder Niederlage geht, und bei dem schon jeder Teilsieg der einen oder der anderen Seite von Bedeutung ist. Die Not des Leidens und der Verfolgung ist auf jeden Fall die zweite, praktische Aporie, auf die die Betrachtung der Kirchengeschichte hinführt. Der Historiker von heute kann noch nicht sehen, welches Ziel Gott damit verfolgt (vgl. S. 550). Er kann auch nicht vorhersagen, wie der Ausgang hier oder dort sein wird. So ist es nicht das Wort des nüchtern urteilenden, sondern das des zugleich gläubig vertrauenden Betrachters der Kirchengeschichte, wenn er zum Schluß die Gewißheit ausspricht, daß die Pforten der Hölle auch jetzt die Kirche Jesu Christi nicht überwältigen werden (Matth. 16, 18).

NAMEN- UND SACHREGISTER

AUSWAHLBIBLIOGRAPHIE

Einleitung: Allgemeine Grundlegung

§ 1 Aufgabe und Methode der Kirchengeschichte

Kurt *Aland*, Geschichte der Christenheit, 2 Bde., 1980/82.
Carl *Andresen* (Hg.), Handbuch der Dogmen- und Theologiegeschichte, 3 Bde., 1982–84.
Gerhard *Ebeling*, Kirchengeschichte als Geschichte der Auslegung der Heiligen Schrift. In: Ders., Wort Gottes und Tradition, 1964.
Johannes *Haller*, Die Epochen der deutschen Geschichte, 1926.
Hubert *Jedin* (Hg.), Handbuch der Kirchengeschichte 1962–1973.
Kirchen- und Theologiegeschichte in Quellen, 4 Bde., 1980–1982.
Bernd *Moeller*, Geschichte des Christentums in Grundzügen, 1979².
Ernst *Opgenoorth*, Einführung in das Studium der neueren Geschichte, 1969.
Quellen zur Geschichte des Papsttums und des römischen Katholizismus, Bd. 1 Von den Anfängen bis zum Tridentinum (C. Mirbt), neubearb. v. K. Aland 1967⁶. Reihe 2, Die Kirche nach dem 2. Vatikanischen Konzil, hg. v. K. Aland, Bd. 1 (1966–1969), 1972.
Gerhard *Ruhbach*, Kirchengeschichte, 1974.
Kurt D. *Schmidt*, Gerhard *Ruhbach*, Chronologische Tabellen zur Kirchengeschichte, 1979⁴.
K. D. *Schmidt*, E. *Wolf*, B. *Möller* (Hg.), Die Kirche in ihrer Geschichte (KiG). Ein Handbuch, 1961 ff.
Kurt-Victor *Selge*, Einführung in das Studium der Kirchengeschichte, 1982.

§ 3 Eigenart und Hauptprobleme des Zeitalters

Carl *Andresen*, Geschichte des Christentums I, 1975.
Norbert *Brox*, Kirchengeschichte des Altertums, 1983.
Henry *Chadwick*, Die Kirche in der antiken Welt, 1972.
Leonhard *Goppelt*, Die Apostolische und Nachapostolische Zeit (Die Kirche in ihrer Geschichte I, A) 1966².
A. *Heilmann*, Hermann *Kraft* (Hg.), Texte der Kirchenväter, 4 Bde., Kirchenväterlexikon und Register, 1963–1966.
Reinhard *Kottje*, Bernd *Moeller* (Hg.), Oekumenische Kirchengeschichte. Bd. I, 1978².
Heinrich *Kraft*, Die Entstehung des Christentums, 1981.
Adolf M. *Ritter* (Hg.), Alte Kirche (Kirchen- und Theologiegeschichte in Quellen, Bd. I), 1982².

§ 4 Das Römische Reich; die hellenistisch-römische Kultur

Heinzg. *Frohnes* (Hg.), Kirchengeschichte als Missionsgeschichte, Bd. I, 1974.
O. *Gigon*, Die antike Kultur und das Christentum, 1969².
Werner *Jaeger*, Das frühe Christentum und die griechische Bildung, 1963.

§ 5 *Das Judentum zur Zeit Jesu*

Hans *Conzelmann,* Heiden, Juden, Christen. Auseinandersetzungen in der Literatur der hellenistisch-römischen Zeit, 1981.
K. E. *Grözinger* u. a. (Hg.), Qumran (Wege der Forschung, Bd. 410), 1981.
Martin *Hengel,* Juden, Griechen und Barbaren, 1976.
Martin *Hengel,* Judentum und Hellenismus, 1973[2].

§ 6 *Jesus und das Urchristentum*

Hans *Conzelmann,* Geschichte des Urchristentums, 1983[5].
Oskar *Cullmann,* Die Christologie des Neuen Testaments, 1975[5].
Martin *Hengel,* Nachfolge und Charisma, 1968.
Helmut *Köster,* Einführung in das Neue Testament ..., 1980.
Werner G. *Kümmel,* Einleitung in das NT, 1980[20].
Werner G *Kümmel,* Kirchenbegriff und Geschichtsbewußtsein in der Urgemeinde und bei Jesus, 1968[2].
Gerd *Lüdemann,* Paulus der Heidenapostel, Bde I/II, 1980/83.
Wolfgang *Schrage,* Ethik des Neuen Testaments, 1982.
Gerd *Theißen,* Soziologie der Jesusbewegung, 1977.
Theologien des Neuen Testaments: Hans Conzelmann, 1976[3]; Leonhard Goppelt, 1978[3]; Werner G. Kümmel, 1976[3]; J. Jeremias, Bd. I, 1973[2].
Philipp *Vielhauer,* Geschichte der urchristlichen Literatur, 1975.

§ 7 *Die Ausbreitung des Christentums*

Heinzgünter *Frohnes* u. a. (Hg.), Kirchengeschichte als Missionsgeschichte, Bd. I, 1974.
Dieter *Georgi,* Die Geschichte der Kollekte des Paulus für Jerusalem, 1964.
Gerhard *Rosenkranz,* Die christliche Mission. Geschichte und Theologie, 1977.

§ 8 *Innere Krisen des frühen Christentums*

Barbara *Aland* (Hg.), Gnosis (Festschrift Hans Jonas), 1978.
Karlmann *Beyschlag,* Simon Magus und die christliche Gnosis, 1974.
Hans *Jonas,* Gnosis und spätantiker Geist, I, 1964[3], II,1, 1966[2].
Hans *Langerbeck,* Aufsätze zur Gnosis, 1967.
Gerd *Lüdemann,* Untersuchungen zur simonianischen Gnosis, 1975.
Peter *Nagel* (Hg.), Von Nag Hammadi bis Zypern, 1972.
Kurt *Rudolph,* Die Gnosis, 1980[2].
Kurt *Rudolph* (Hg.), Gnosis und Gnostizismus (WdF 262), 1975.
Wilhelm *Schneemelcher,* Neutestamentliche Apokryphen in deutscher Übersetzung, 2 Bde., 1959–1964[3].
Robert M. *Wilson,* Gnosis und Neues Testament, Urban TB 118, 1971.
Robert M. *Wilson,* Nag Hammadi and Gnosis, 1978.

§ 9 *Die Konsolidierung der Kirche in festen Formen*

Kurt *Aland,* Die Säuglingstaufe im Neuen Testament und in der alten Kirche, 1961.

Karlmann *Beyschlag*, Evangelium als Schicksal, 1979.
Hans *Frhr. v. Campenhausen*, Die Entstehung der christlichen Bibel, 1960.
Oskar *Cullmann*, Petrus, Jünger – Apostel – Märtyrer, 1960².
Joachim *Jeremias*, Die Kindertaufe in den ersten vier Jahrhunderten, 1958.
Josef A. *Jungmann*, Die Liturgie der christlichen Frühzeit, 1967.
Howard C. *Kee*, Das frühe Christentum in soziologischer Sicht, 1982.
John N. *Kelly*, Altchristliche Glaubensbekenntnisse, 1972³.
Wayne A. *Meeks* (Hg.), Zur Soziologie des Urchristentums, 1979.
Peter *Stockmeier*, Glaube und Religion in der frühen Kirche, 1973.

§ 10 Der Kampf des Christentums mit dem römischen Staat

Norbert *Brox*, Zeuge und Märtyrer, 1961.
Hans *Frhr. v. Campenhausen*, Die Idee des Martyriums in der alten Kirche, 1964².
Hans *Frhr. v. Campenhausen*, Aus der Frühzeit des Christentums, 1963.
Torben *Christensen*, Christus oder Jupiter, 1981.
K. M. *Giradet*, Kaisergericht und Bischofsgericht, 1975.
Robert M. *Grant*, Christen als Bürger im Römischen Reich, 1981.
Heinrich *Karpp*, Die Buße, 1969.
Max *Kaser*, Römische Rechtsgeschichte, 1982³.
Rudolf *Knopf*, Gustav *Krüger*, Gerhard *Ruhbach*, Ausgewählte Märtyrerakten, 1965.
Heinrich *Kraft*, Kaiser Konstantins religiöse Entwicklung, 1955.
Joachim *Molthagen*, Der römische Staat und die Christen im zweiten und dritten Jahrhundert, 1975².
Jaques *Moreau*, Die Christenverfolgung im römischen Reich, 1961.
Gerhard *Ruhbach* (Hg.), Die Kirche angesichts der Konstantinischen Wende (Wege der Forschung, Bd. 306), 1976.
Antonie *Wlosok*, Rom und die Christen, 1970.

§ 11 Glaube, Theologie und Dogma

Bertold *Altaner*, Alfred *Stüber*, Patrologie, 1980⁹.
Carl *Andresen* (Hg.), Handbuch der Dogmen- und Theologiegeschichte, Bd. I, 1982.
Carl *Andresen* (Hg.), Zum Augustinus-Gespräch der Gegenwart 1, 1975².
Karlmann *Beyschlag*, Grundriß der Dogmengeschichte, Bd. 1, 1982
Wolfgang A. *Bienert*, Dionysius von Alexandrien, 1972.
Hermann *Dörries*, Die Theologie des Makarios/Symeon. 1978.
Hermann *Dörries*, Wort und Stunde, Bd. I, 1966.
Arnold *Gilg*, Weg und Bedeutung der altkirchlichen Christologie, 1966².
Aloys *Grillmeier*, Das Konzil von Chalkedon, 1951.
Heinrich *Karpp*, Textbuch zur altkirchlichen Christologie, 1972.
John N. *Kelly*, Altchristliche Glaubensbekenntnisse, 1972³.
Heinrich *Kraft*, Clavis Patrum Apostolicorum. Konkordanz zu den Schriften der Apostolischen Väter, 1964.
Heinrich *Kraft*, Kirchenväterlexikon, 1966.
Rudolf *Lorenz*, Arius judaizans?, 1980.
Rudolf *Lorenz*, Das vierte bis sechste Jahrhundert (KiG), 1970.
Adolf M. *Ritter*, Das Konzil von Konstantinopel und sein Symbol, 1965.
Michael *Schmaus* u. a. (Hg.), Handbuch der Dogmengeschichte, Bd. I Fasc. 1a, 1971, Fasc. 2a, 1974; Bd. III, Fasc. 2a, 1978, Fasc. 3a+b, 1974/70; Bd. IV, Fasc. 1a, 1980.

Lukas *Vischer* (Hg.), Geist Gottes – Geist Christi, 1981.
Friedhelm *Winkelmann*, Die östlichen Kirchen in der Epoche der christologischen Auseinandersetzungen, 1980.

§ 12 Das christliche Leben

Hans *Frhr. v. Campenhausen*, Kirchliches Amt und geistliche Vollmacht in den ersten drei Jahrhunderten, 1963².
Karl S. *Frank*, Askese und Mönchtum in der Alten Kirche. (WdF 409), 1975.
Karl S. *Frank*, Grundzüge der Geschichte des christlichen Mönchtums, 1975.
Robert M. *Grant*, Christen als Bürger im Römischen Reich, 1981.
A. R. *Hands*, Charities and Social Aid in Greece and Rome, 1968.
Theodor *Klauser*, Christlicher Märtyrerkult, heidnischer Herrenkult und spätjüdische Heiligenverehrung, 1960.
Herbert *Krimm*, Quellen zur Geschichte der Diakonie 1, 1965.
Bernhard *Lohse*, Askese und Mönchtum in der Antike und in der alten Kirche, 1969.
Peter *Nagel*, Die Motivierung der Askese in der alten Kirche, 1966.
Bernhard *Poschmann*, Paenitentia Secunda, 1940.
Eduard *Schweizer*, Gemeinde und Gemeindeordnung im NT, 1959.

§ 13 Das gottesdienstliche Leben

Joachim *Beckmann*, Quellen zur Geschichte des christlichen Gottesdienstes, 1956.
Oskar *Cullmann*, Urchristentum und Gottesdienst, 1962⁴.
Ferdinand *Hahn*, Der urchristliche Gottesdienst, 1970.
Josef A. *Jungmann*, Liturgie der christlichen Frühzeit, 1967.
Theodor *Klausner*, Kleine abendländische Literaturgeschichte, 1965.
Hermann A. *Wegmann*, Geschichte der Liturgie im Westen und Osten, 1979.

§ 14 Die Entstehung des Papsttums

Kurt *Aland*, Quellen zur Geschichte des Papsttums und des römischen Katholizismus, 1967⁶.
Georg *Denzler* (Hg.), Päpste und Papsttum, Bde. 1–7, 1971–1976.
H. E. *Feine*, Kirchliche Rechtsgeschichte, 1964⁴.
Joseph *Ludwig*, Die Primatworte Mt 16,18–19 in der altkirchlichen Exegese, 1952.

§ 15 Der Islam

Jes P. *Asmussen* u a. (Hg.), Handbuch der Religionsgeschichte, Bd. 3, 1982.
Rudi *Paret*, Der Koran, 1971.
Rudi *Paret*, Mohammed und der Koran, Urban-TB 32, 1957.
Richard W. *Southern*, Das Islambild des Mittelalters, 1981.
Hermann *Strägtecker*, Die Glaubenslehren des Islam, 1959–1962.

§ 17 *Abgrenzung und Hauptprobleme des Mittelalters*

Carl *Andresen*, Geschichte des Christentums I, 1975.
Hartmut *Bockmann*, Einführung in die Geschichte des Mittelalters, 1978.
Herbert *Grundmann*, Ketzergeschichte des Mittelalters (KiG), 1963.
Herbert *Grundmann*, Geschichtsschreibung im Mittelalter, 1965.
Gert *Haendler*, Geschichte des Frühmittelalters und der Germanenmission (KiG), 1961.
Paul E. *Hübinger* (Hg.), Zur Frage der Periodengrenze zwischen Altertum und Mittelalter, 1969.
Walther *Lammers* (Hg.), Geschichtsdenken und Geschichtsbild im Mittelalter, 1965.
Bernd *Moeller*, Spätmittelalter (KiG), 1966.
Reinhart *Staats*, Theologie der Reichskrone, 1976.
Günther *Stökl*, Geschichte der Slawenmission (KiG), 1976².
Harald *Zimmermann*, Das dunkle Jahrhundert, 1971.
Harald *Zimmermann*, Das Mittelalter, 2 Bde., 1975/79.

§ 18 *Kultur und Religion der Germanen*

Jes P. *Asmussen* u. a. (Hg.), Handbuch der Religionsgeschichte, Bd. I, 1971.
Herbert *Jankuhn* (Hg.), Vorgeschichtliche Heiligtümer und Opferplätze in Mittel- und Nordeuropa, 1968.
K. F. *Stroheker*, Germanentum und Spätantike, 1965.
Adolf W. *Ziegler*, Stimmen aus der Völkerwanderung, 1950.

§ 19 *Die Christianisierung der Germanen*

Ludwig *Bieler*, Irland – Wegbereiter des Mittelalters, 1961.
Gert *Haendler*, Geschichte des Frühmittelalters und der Germanenmission (KiG), 1976².
Wolfgang *Lange*, Texte zur germanischen Bekehrungsgeschichte, 1962.
Knut *Schäferdiek*, Die Kirche in den Reichen der Westgoten und Suewen bis zur Errichtung der westgotischen katholischen Staatskirche, 1967.
Knut *Schäferdiek* (Hg.), Die Kirche des frühen Mittelalters, erster Halbband (Kirchengeschichte als Missionsgeschichte, Bd. II), 1978.
Erich *Zöllner*, Geschichte der Franken bis zur Mitte des 6. Jahrhunderts, 1970.

§ 20 *Die Christianisierung der Slawen*

Günther *Stökl*, Geschichte der Slawenmission (KiG), 1976².

§ 21 *Das Schisma zwischen der Kirche des Ostens und der des Westens*

Hans G. *Beck*, Geschichte der orthodoxen Kirche im byzantinischen Reich (KiG), 1980.
Perikles P. *Joannou*, Die Ostkirche und die Cathedra Petri im 4. Jahrhundert (Päpste und Papsttum, Bd. 3), 1972.
Friedhelm *Winkelmann*, Die östliche Kirche in der Epoche der christologischen Auseinandersetzungen (Kirchengeschichte in Einzeldarstellungen 1/6), 1980.

§ 22 Der Aufstieg des Papsttums zur universalen Macht in Kirche und Welt

Reinhold *Mokrosch* u. a. (Hg.), Kirchen- und Theologiegeschichte in Quellen, Bd. II, Mittelalter, 1980.
Richard W. *Southern*, Kirche und Gesellschaft im Abendland des Mittelalters, 1976.

§ 23 Die Entwicklung der Gegenmacht, des Kaisertums

Wolfgang *Braunfels*, Karl der Große, Bde. 1–4, 1965–1968.
Erich *Caspar*, Das Papsttum unter fränkischer Herrschaft, 1956².
Josef *Fleckenstein*, Karl der Große, 1962.
Horst *Fuhrmann*, Konstantinische Schenkung und abendländisches Kaisertum (Deutsches Archiv 22), 1966.
Horst *Fuhrmann*, Einfluß und Verbreitung der pseudoisidorischen Fälschungen, Bde. 1–3, 1972–1976.
Gert *Haendler*, Epochen karolingischer Theologie, 1958.
Theodor *Schieffer*, Winfrid Bonifatius und die christliche Grundlegung Europas, 1954.
Gerd *Tellenbach*, Europa im Zeitalter der Karolinger (Historia Mundi 5), 1956.

§ 24 Der Kampf zwischen Imperium und Sazerdotium

Josef *Fleckenstein* (Hg.), Investiturstreit und Reichsverfassung, 1973.
Hellmut *Kämpff* (Hg.), Canossa als Wende, 1963.
Gottfried *Koch*, Auf dem Wege zum Sacrum Imperium, 1972.
O. *Santifaller*, Zur Geschichte des Ottonisch-Salischen Reichskirchensystems, 1964².
Theodor *Schieder* (Hg.), Handbuch der europäischen Geschichte. Bd. 1: Europa im Wandel von der Antike zum Mittelalter, 1976.
Percy E. *Schramm*, Kaiser, Rom und Renovatio, 1962³.
Harald *Zimmermann* (Hg.), Otto der Große, 1976.

§ 25 Die Kreuzzüge

Martin *Erbstößer*, Die Kreuzzüge, 1977.
Hans-Eberhard *Mayor*, Geschichte der Kreuzzüge, Urban-TB 86, 1965.
Helmut *Roscher*, Papst Innozenz III. und die Kreuzzüge, 1969
Steven *Runciman*, Geschichte der Kreuzzüge, I–III, 1978.

§ 26 Neue Regungen im Mönchtum

Ernst *Benz*, Ecclesia spiritualis, 1934.
David *Brett-Evans* (Hg.), Bonaventuras „Legenda Sancti Francisci“ in der Übersetzung der Sibilla von Bondorf (Texte des späten Mittelalters und der frühen Neuzeit 12), 1960.
Herbert *Grundmann*, Religiöse Bewegungen im Mittelalter, 1961².
Anton *Potzetter* u. a., Franz von Assisi, 1981.
Ambrosius *Schneider* (Hg.), Die Cistercienser, 1974.
Basilius *Steidle*, Die Regel des heiligen Benedikt, 1975, 13. Aufl. o. J.
Gerd *Wendelborn*, Franziskus von Assisi, 1982².

§ 27 *Wissenschaft und Bildung im Abendland*

Marie D. *Chenu*, Das Werk des heiligen Thomas von Aquin, 1960².
Alois *Dempf*, Sacrum Imperium. Geschichts- und Staatsphilosophie des Mittelalters und der politischen Renaissance, 1962³.
Willehard P. *Eckert* (Hg.), Thomas von Aquino, Interpretation und Rezeption, 1974.
Herbert *Grundmann*, Vom Ursprung der Universität im Mittelalter, 1964³.
Ulrich *Köpf*, Die Anfänge der theologischen Wissenschaftstheorie im 13. Jahrhundert, 1974.
Henri de *Lubac*, Exégèse Médiévale, 1959–1964.
Beryl *Smalley*, The Study of the Bible in the Middle Ages, 1952.

§ 28 *Mystik und Volksfrömmigkeit im Mittelalter*

Louis *Cognet*, Gottes Geburt in der Seele. Einführung in die deutsche Mystik, 1980.
Joachim *Ehlers*, Hugo von St. Viktor, 1973.
Theodor *Filthaut* (Hg.), Johannes Tauler, ein deutscher Mystiker, 1961.
Norman *Foster*, Die Pilger, 1982.
Kurt *Goldammer*, Kirchliche Kunst im Mittelalter, 1969.
Johan *Huizinga*, Herbst des Mittelalters, 1969¹⁰.
Ulrich *Köpf*, Religiöse Erfahrung in der Theologie Bernhards von Clairvaux, 1980.
Udo M. *Nix*, Raphael *Öchslin* (Hg.), Meister Eckhart der Prediger, 1960.
Friedrich *Prinz*, Askese und Kultur, 1980.
Richard W. *Southern*, Gestaltende Kräfte des Mittelalters, 1960.

§ 29 *Das Ketzertum und seine Bekämpfung*

Gustav A. *Benrath*, Wyclifs Bibelkommentar, 1966.
Arno *Borst*, Die Katharer, 1953.
James *Fearns* (Hg.), Ketzer und Ketzerbekämpfung im Hochmittelalter, 1968.
Herbert *Grundmann*, Ketzergeschichte des Mittelalters (KiG), 1978³.
Amedeo *Molnar*, Die Waldenser, 1980.
Kurt-Victor *Selge*, Die ersten Waldenser, Bd. 1–2, 1967.

§ 30 *Die Eigenart des Mittelalters*

Hans *Blumenberg*, Die Legitimität der Neuzeit, 1977.
Aaron J. *Gurjewitsch*, Das Weltbild des mittelalterlichen Menschen, 1980.
Wolfram *von den Steinen*, Menschen im Mittelalter, 1967.

§ 31 *Papsttum und Kirche im Spätmittelalter*

Remigius *Bäumer* (Hg.), Das Konzil von Konstanz, 1976.
Remigius *Bäumer*, Konziliarismus, 1977.
August *Franzen* u. a. (Hg.), Das Konzil von Konstanz, 1964.
Bernd *Moeller*, Spätmittelalter (KiG), 1966.
Heiko A. *Obermann*, Spätscholastik und Reformation I, 1965.
Bernhard *Poschmann*, Der Ablaß im Lichte der Bußgeschichte, 1948.
B. *Zaddach*, Die Folgen des Schwarzen Todes für den Klerus Mitteleuropas, 1971.

§ 32 *Renaissance und Humanismus*

August *Buck* (Hg.), Zu Begriff und Problem der Renaissance, 1969.
Hermann *Heimpel*, Deutschland im späten Mittelalter, 1957.
Johan *Huizinga*, Europäischer Humanismus: Erasmus, 1958.
R. R. *Post*, The Modern Devotion, 1968.

§ 33 *Eigenart und Hauptprobleme des Zeitalters*

Heinrich *Bornkamm*, Das Jahrhundert der Reformation, 1966².
Geoffrey R. *Elton*, Europa im Zeitalter der Reformation, Bde. I, II, 1971.
Kirchen- und Theologiegeschichte in Quellen, Bd. III: Heiko A. Obermann (Hg.), Die Kirche im Zeitalter der Reformation, 1981.
Bernd *Moeller*, Deutschland im Zeitalter der Reformation, 1977.

§ 34 *Luthers geistige Entwicklung bis 1517*

Martin *Brecht*, Martin Luther, 1983².
Gerhard *Ebeling*, Luther, 1981⁴.

§ 35 *Luthers theologisches Denken*

Heinrich *Bornkamm*, Martin Luther in der Mitte seines Lebens, 1979.
Ulrich *Duchrow*, Christenheit und Weltverantwortung, 1983².
Helmar *Junghans* (Hg.), Leben und Werk Martin Luthers von 1526–1546, Bd. 1–2, 1983.
Julius *Köstlin*, Luthers Theologie in ihrer geschichtlichen Entwicklung und ihrem inneren Zusammenhange dargestelllt, 1968³.
Marc *Lienhard*, Martin Luthers christologisches Zeugnis, 1979.
Walther *v. Loewenich*, Martin Luther, 1983².
Bernhard *Lohse*, Martin Luther, 1982².
Gerhard *Müller*, Die Rechtfertigungslehre, 1977.
Heiko A. *Obermann*, Luther. Mensch zwischen Gott und Teufel, 1983.
Otto H. *Pesch*, Hinführung zu Luther, 1982.

§§ 36 – 37 – 38 *Die Durchführung der Reformation in Deutschland*

Peter *Blickle*, Die Reformation im Reich, 1982.
Karl *Brandi*, Kaiser Karl V., 2 Bde. 1967²/1976⁴.
Wolfgang *Günter*, Martin Luthers Vorstellung von der Reichsverfassung, 1976.
Hans J. *Goertz*, Die Täufer, 1980.
Franz *Lau*, Ernst *Bizer*, Reformationsgeschichte Deutschlands bis 1555 (KiG), 1969².
Bernd *Moeller* (Hg.), Stadt und Kirche im 16. Jahrhundert, 1978.
Gerhard *Müller*, Die römische Kurie und die Reformation 1523–34, 1969.
Stephan *Skalweit*, Reich und Reformation, 1967.
Rainer *Wohlfeil*, Einführung in die Geschichte der deutschen Reformation, 1982.
John H. *Yoder*, Täufertum und Reformation im Gespräch, 1968.

§ 39 *Die Entwicklung des Luthertums zur Orthodoxie*

Carl *Andresen* (Hg.), Handbuch der Dogmen- und Theologiegeschichte, Bd. 2: Die Lehrentwicklung im Rahmen der Konfessionalität, 1980
Holsten *Fagerberg*, Die Theologie der lutherischen Bekenntnisschriften von 1529–1537, 1965.
Leif *Grane*, Die Confessio Augustana, 1980².
Wilhelm *Maurer*, Der junge Melanchton, 2 Bde., 1967/1969.
Paul *Tschackert*, Die Entstehung der lutherischen und der reformierten Kirchenlehre samt ihren innerprotestantischen Gegensätzen, 1979 (= 1910).
Ernst W. *Zeeden*, Die Entstehung der Konfessionen, 1965.

§ 40 *Die Ausbreitung des Luthertums außerhalb Deutschlands*

Geoffrey R. *Elton*, Policy and Police, 1972.
Poul G. *Lindhardt*, Skandinavische Kirchengeschichte seit dem 16. Jahrhundert (KiG), 1982.
Georg *Schwaiger*, Die Reformation in den nordischen Ländern, 1962.

§ 41 *Zwingli, Calvin und der reformierte Protestantismus*

Gordon *Donaldson*, The Scottish Reformation, 1960.
Gottfried W. *Locher*, Zwingli und die schweizerische Reformation (KiG), 1982.
Gottfried W. *Locher*, Die Zwinglische Reformation im Rahmen der europäischen Kirchengeschichte, 1979.
Wilhelm *Niesel*, Die Theologie Calvins, 1957².
Joachim *Staedtke*, Reformation und Zeugnis der Kirche, 1978.
Otto E. *Strasser-Bertrand*, Otto J. *de Jong*, Die Geschichte des Protestantismus in den Niederlanden (KiG), 1975.
F. *Wendel*, Calvin. Ursprung und Entwicklung seiner Theologie, 1968.
T. H. L. *Parker*, John Calvin. A Biography, 1975.

§ 42 *Begründung und Konsolidierung der anglikanischen Kirche*

Owen *Chadwick*, The Reformation, 1964.
P. *Collinson*, The Elizabethian Puritan Movement, 1967.
Hans H. *Harms* (Hg.), Die Kirche von England und die anglikanische Kirchengemeinschaft (Die Kirchen der Welt IV), 1966.
Stephen *Neill*, Anglicanism, 1965³.
S. E. *Prall*, The Puritan Revolution, 1968.
N. *Sykes*, The English Religious Tradition, 1961².

§ 43 *Die innere Erneuerung der katholischen Kirche als Grundlage der Gegenreformation*

Remigius *Bäumer* (Hg.), Concilium Tridentinum (WdF 313), 1979.
Wilhelm *Dantine*, Das Dogma im tridentinischen Katholizismus. In: C. Andresen (Hg.), Handbuch der Dogmen- und Theologiegeschichte, Bd. II, 1980.

Josef R. *Geiselmann*, Die Heilige Schrift und die Tradition, 1962.
Hugo *Rahner*, Ignatio von Loyola als Mensch und Theologe, 1964.
Kurt D. *Schmidt*, Die katholische Reform und die Gegenreformation (KiG), 1975.
Georg *Söll*, Dogma und Dogmenentwicklung (Handbuch der Dogmen-Geschichte, Bd. I 5), 1971.
Bonifacius A. *Willems*, Reinhold Weier, Soteriologie (Handbuch der Dogmen-Geschichte, Bd. III 26), 1972.
Ernst W. *Zeeden* (Hg.), Gegenreformation (WdF 331), 1973.

§ 44 Der Kampf der Gegenreformation

Erwin *Iserloh* u. a., Reformation, Katholische Reform und Gegenreformation (Handbuch der Kirchengeschichte, Bd. 4), 1967.
Gerhard *Müller*, Die römische Kurie und die Reformation 1523–1534, 1969.
Kurt D. *Schmidt*, Die katholische Reform und die Gegenreformation (KiG), 1975.
Ernst W. *Zeeden*, Das Zeitalter der Gegenreformation, 1967.

§ 45 Eigenart und Hauptprobleme des Zeitalters

Richard H. *Grützmacher*, Textbuch zur deutschen systematischen Theologie und ihrer Geschichte vom 16. bis 20. Jahrhundert, Bd. I, 1955[4], Bd. II, 1961.
Hans–Walter *Krumwiede*, Geschichte des Christentums III, 1977.
Hans–Walter *Krumwiede* u. a., Kirchen- und Theologiegeschichte in Quellen, Bd. IV[1], 1979.

§ 46 Die katholische Kirche von 1648 bis zur Gegenwart

K. O. *v. Aretin*, Papsttum und moderne Welt, 1970.
Friedrich *Heyer*, Die katholische Kirche von 1648 bis 1870 (KiG), 1963.
Gottfried *Maron*, Die römisch-katholische Kirche von 1870–1970 (KiG), 1972.
Georg *Schwaiger* (Hg.), Kirche und Theologie im 19. Jahrhundert, 1975.

§ 47 Der Pietismus

Kurt *Aland*, Pietismus und moderne Welt, 1974.
Cornelis P. *van Andel*, Gerhard Tersteegen, 1973.
Erich *Beyreuther*, August Hermann Francke, 1957.
Erich *Beyreuther*, Studien zur Theologie Zinzendorfs, 1962.
Erich *Beyreuther*, Geschichte des Pietismus, 1978.
Erich *Beyreuther*, Frömmigkeit und Theologie, 1980.
Hermann *Dörries*, Geist und Geschichte bei Gottfried Arnold, 1963.
Martin *Greschat* (Hg.), Zur neueren Pietismusforschung (WdF 440), 1977.
Carl *Hinrichs*, Preußentum und Pietismus, 1971.
Martin *Kruse*, Speners Kritik am landesherrlichen Kirchenregiment und ihre Vorgeschichte, 1971.
August *Langen*, Der Wortschatz des deutschen Pietismus, 1968[2].
Gottfried *Mälzer*, Johann Albrecht Bengel, 1970.
Erhard *Peschke*, Studien zur Theologie August Hermann Franckes, Bd. I, 1964, Bd. II, 1966.

Martin *Schmidt*, Pietismus, 1978[2].
Johannes *Wallmann*, Philipp Jacob Spener und die Anfänge des Pietismus, 1970.

§ 48 Die Aufklärung

Fritz *Blanke*, Hamann Studien, 1956.
Hartmut *Lehmann*, Das Zeitalter des Absolutismus, 1980.
Wolfgang *Philipp*, Die Anfänge der historisch-kritischen Theologie, 1961.
Fritz *Rendtorff* (Hg.), Glaube und Toleranz. Das theologische Erbe der Aufklärung, 1982.
Klaus *Scholder*, Ursprünge und Probleme der Bibelkritik im 17. Jahrhundert, 1966.
Theodor *Siegfried*, Luther und Kant, 1930.
Fritz *Valjavec*, Geschichte der abendländischen Aufklärung, 1961.

§ 49 Der Idealismus

Felix *Flückiger*, Wilhelm *Anz*, Theologie und Philosophie im 19. Jahrhundert (KiG), 1975.
Martin *Redeker*, Friedrich Schleiermacher (Göschen TB 1177/1177a), 1968.
Friedrich *Schnabel*, Deutsche Geschichte im 19. Jahrhundert, Bde. 1–4, 1959[5].
Hans *Stephan*, Martin *Schmidt*, Geschichte der deutschen evangelischen Theologie seit dem Deutschen Idealismus, 1973[3].

§ 50 Die Erweckungsbewegung

Erich *Beyreuther*, Die Erweckungsbewegung (KiG), 1977[2].
Martin *Geiger*, Aufklärung und Erweckung, 1963.
Karl *Kupisch*, Der deutsche CVJM, 1958.

§ 52 Neue geistige Strömungen in Deutschland seit 1835

Klaus E. *Bockmühl*, Leiblichkeit und Gesellschaft. Studien zur Religionskritik und Anthropologie im Frühwerk von L. Feuerbach und K. Marx, 1980[2].
Hermann *Diem*, Sören Kierkegaard, 1964.
Per *Frostin*, Materialismus, Ideologie, Religion. Die materialistische Religionskritik bei Karl Marx, 1978.
Helmut *Gollwitzer*, Die marxistische Religionskritik und der christliche Glaube, 1981[7].
Heinrich *Hermelink*, Das Christentum in der Menschheitsgeschichte, Bd. II, 1953.
Günther *Rohrmoser*, Emanzipation und Freiheit, 1970.
Bernhard *Welte*, Nietzsches Atheismus und das Christentum, 1958.

§ 53–§ 57 Aus dem inneren Leben der evangelischen Kirchen Deutschlands im 19. Jahrhundert: I. Die theologische Entwicklung, II. Die konfessionelle Frage, III. Die Verfassung der Kirche, IV. Die soziale Frage, V. Kirche und Nationalismus

Ernst *Bammel*, Die Reichsgründung und der deutsche Protestantismus, 1973.
Gerhard *Besier*, Preußische Kirchenpolitik in der Bismarckära, 1980.

Hans-Joachim *Birkner*, Spekulation und Heilsgeschichte, 1959.
Günther *Brakelmann*, Die soziale Frage des 19. Jahrhunderts, 1981[7].
Günther *Brakelmann*, Kirche und Sozialismus im 19. Jahrhundert, 1966.
Carsten *Colpe*, Die religionsgeschichtliche Schule, Bd. 1, 1960.
Erich *Foerster*, Die Entstehung der preußischen Landeskirche, Bd. I, 1905, Bd. II, 1907.
Martin *Greschat*, Das Zeitalter der Industriellen Revolution, 1980.
Heiner *Grote*, Sozialdemokratie und Religion 1863–1875, 1968.
Friedrich W. *Kantzenbach*, Die Erlanger Theologie, 1960.
Gottfried *Kretschmar*, Der Evangelisch-soziale Kongreß, 1972.
Karl *Kupisch*, Die Deutschen Landeskirchen im 19. und 20. Jahrhundert (KiG), 1966.
Hans *Maier*, Revolution und Kirchen, 1965[2].
Klaus E. *Pollmann*, Landesherrliches Kirchenregiment und soziale Frage, 1973.
Martin *Redeker*, Schleiermacher, 1968.
Werner *Schultz*, Schleiermacher und der Protestantismus, 1957.
William O. *Shanahan*, Der deutsche Protestantismus vor der sozialen Frage 1815–1871, 1972.
Rudolf *Sohm*, Kirchenrecht, 1892.
Hans-Otto *Wölber*, Dogma und Ethos, Christentum und Humanismus von Ritschl bis Troeltsch, 1950.

§ 58 Nationalsozialismus und Kirche

Raimund *Baumgärtner*, Weltanschauungskampf im Dritten Reich, 1977.
Eberhard *Bethge*, Dietrich Bonhoeffer, 1983[5].
Alfred *Burgsmüller*, Rudolf *Weth*, Die Barmer Theologische Erklärung, 1984[2].
John S. *Conway*, Die nationalsozialistische Kirchenpolitik 1933–1945, 1969.
Georg *Kretschmar*, Dokumente zur Kirchenpolitik des Dritten Reiches, Bd. 1, 1971, Bd. 2, 1975.
Kurt *Meier*, Der evangelische Kirchenkampf, Bd. I, 1984[2], Bd. II, 1984[2], Bd. III, 1984.
Kurt *Meier*, Die deutschen Christen, 1964.
Kurt *Meier*, Kirche und Judentum, 1968.
Klaus *Scholder*, Die Kirchen und das Dritte Reich, Bd. I, 1977.

§ 59 Das evangelische Kirchenwesen seit der glorreichen Revolution

Joseph *Fletcher*, William Temple, 1963.
Hans H. *Harms* (Hg.), Die Kirche von England und die anglikanische Kirchengemeinschaft (Die Kirchen der Welt IV), 1966.
Martin *Schmidt*, John Wesley, Bd. 1, 1953, Bd. 2, 1966.

§ 60 Das nordamerikanische Kirchentum

George *Beagley* (Hg.), Die Kirche der Jünger Christi (Disciples) (Die Kirchen der Welt, Bd. 16), 1977.
Ernst *Benz*, Der Heilige Geist in Amerika, 1970.
Fritz *Buri*, Gott in Amerika, 2 Bde., 1970/72.
Norman *Goodall* (Hg.), Der Kongregationalismus (Die Kirchen der Welt, Bd. 11, 1973.
Nolan B. *Harmon* (Hg.), The Encyclopedia of World Methodism, 2 Bde.

Peter *Kawerau*, Martin *Begrich*, Manfred *Jacobs*, Kirchengeschichte Nordamerikas, Kirchengeschichte Brasiliens, Kirchengeschichte Südamerikas spanischer Zunge (KiG), 1963.
B. E. *Patterson*, Reinhold Niebuhr, 1977.

§ 61 Die Ausbreitung des Christentums seit dem 16. Jahrhundert

Hans W. *Gensichen*, Missionsgeschichte der neueren Zeit (KiG), 1976[3].
Stephen C. *Neill*, Geschichte der christlichen Mission, 1974.
Hans-Jürgen *Prien*, Die Geschichte des Christentums im Lateinamerika, 1977.
Karl *Rennstich*, Mission und wirtschaftliche Entwicklung, 1978.

§ 62 Die ökumenische Bewegung des 20. Jahrhunderts (bereits ergänzte Literatur S. 552/53)

Günther *Gassmann*, Konzeptionen der Einheit in der Bewegung für Glauben und Kirchenverfassung 1910–1937, 1979.
Reinhard *Groscurth* (Hg.), Kirchenunionen und Kirchengemeinschaft, 1971.
Jean *Meyendorff*, Die orthodoxe Kirche gestern und heute, 1963.
Hans M. *Moderaw*, Matthias Sens, Orientierung Ökumene, 1980.

§ 63 Die Christenverfolgungen des 20. Jahrhunderts

Hans-Jürgen *Prien*, Die Geschichte des Christentums in Lateinamerika, 1977.

Die Kirche in ihrer Geschichte

*L1 KURT DIETRICH SCHMIDT †: Die katholische Reform und die Gegenreformation (Posthum hrsg. von Manfred Jacobs). 52 Seiten, kart.

L2 JOHANNES WALLMANN, Bochum: Lutherische Orthodoxie / ERNST BIZER † / SUSI HAUSAMMANN, Wuppertal: Reformierte Orthodoxie

*M1 KONRAD ONASCH, Halle: Grundzüge der russischen Kirchengeschichte. 137 Seiten, kart.

*M2 OTTO ERICH STRASSER-BERTRAND, Bern: Die evangelische Kirche in Frankreich / OTTO JAN DE JONG, Utrecht: Niederländische Kirchengeschichte seit dem 16. Jahrhundert. IV, 99 Seiten, kart.

*M3 POUL GEORG LINDHARDT, Aarhus: Skandinavische Kirchengeschichte seit dem 16. Jahrhundert. IV, 79 Seiten, kart.

M4 MARTIN SCHMIDT, Heidelberg: Englische Kirchengeschichte seit dem 16. Jahrhundert / JAMES K. CAMERON, St. Andrews: Schottische Kirchengeschichte seit dem 16. Jahrhundert

BAND 4

*N1 FRIEDRICH HEYER, Heidelberg: Die katholische Kirche von 1648 bis 1870. 200 Seiten, kart.

*N2 GOTTFRIED MARON, Kiel: Die römisch-katholische Kirche von 1870–1970. 135 Seiten, kart.

O JOHANNES WALLMANN, Bochum: Pietismus / MARTIN GRESCHAT, Gießen: Aufklärung

*P FELIX FLÜCKIGER, Thun/Schweiz: Die protestantische Theologie des 19. Jahrhunderts / WILHELM ANZ, Bielefeld: Idealismus und Nachidealismus. IV, 212 Seiten, kart.

*R1 ERICH BEYREUTHER, München: Die Erweckungsbewegung. 2., erg. Aufl. 60 Seiten, kart.

*R2 KARL KUPISCH. Berlin: Die deutschen Landeskirchen im 19. und 20. Jahrhundert. 2., durchges. Aufl. 132 Seiten, kart.

*S PETER KAWERAU, Marburg: Kirchengeschichte Nordamerikas / MARTIN BEGRICH †: Kirchengeschichte Brasiliens / MANFRED JACOBS, Münster: Die Kirchengeschichte Südamerikas spanischer Zunge. 68 Seiten, kart.

*T HANS-WERNER GENSICHEN, Heidelberg: Missionsgeschichte der neueren Zeit. 3., verb. u. erg. Aufl. IV, 66 Seiten, kart.

U ANDREW F. WALLS, Edinburgh: Die Ökumenische Bewegung; Die Kirchen Asiens und Afrikas

V Register(gegebenenfalls Sonderheft)

(= liegt vor)*